Sport als Beruf

Europäische Hochschulschriften
Publications Universitaires Européennes
European University Studies

Reihe II
Rechtswissenschaft

Série II Series II
Droit
Law

Bd./Vol. 3341

PETER LANG
Frankfurt am Main · Berlin · Bern · Bruxelles · New York · Oxford · Wien

Matthias Kirschenhofer

Sport als Beruf

PETER LANG
Europäischer Verlag der Wissenschaften

Die Deutsche Bibliothek - CIP-Einheitsaufnahme

Kirschenhofer, Matthias :

Sport als Beruf / Matthias Kirschenhofer. - Frankfurt am Main ; Berlin ; Bern ; Bruxelles ; New York ; Oxford ; Wien : Lang, 2002
(Europäische Hochschulschriften : Reihe 2, Rechtswissenschaft ; Bd. 3341)
Zugl.: Chemnitz-Zwickau, TU, Diss., 2001
ISBN 3-631-38349-5

Ch 1
ISSN 0531-7312
ISBN 3-631-38349-5

www.peterlang.de

Für meine Freundin
Jana Rytlewski

Besonders bedanken möchte ich mich bei Herrn Prof. Dr. Gramlich für die engagierte Betreuung der vorliegenden Arbeit als Doktorvater. Hierbei möchte ich insbesondere die rasche Durchsicht der von mir eingereichten Unterlagen und die Bereitschaft, jederzeit inhaltliche Fragen zu erörtern, erwähnen.

Dank gilt auch den Mitarbeitern des Lehrstuhls von Herrn Prof. Dr. Gramlich, insbesondere Frau Schmidt u. a. für die aufwendige Organisation der jährlichen stattfindenden Doktorandenseminare und Herrn Prof. Dr. Senne, Herrn Prof. Dr. Geppert und Herrn Prof. Helmedag für die Abnahme der mündlichen Prüfung am 03.05.2001.

Inhaltsverzeichnis

Abkürzungsverzeichnis

a. A.	anderer Ansicht
Abschn.	Abschnitt
a. F.	alte Fassung
AG	Aktiengesellschaft
AGBG	Gesetz zur Regelung des Rechts der Allgemeinen Geschäftsbedingungen
AK	Alternativkommentar
AKP-Staaten	Staaten aus dem afrikanischen, karibischen und pazifischen Raum
Anm.	Anmerkung
AP	Arbeitsrechtliche Praxis (Nachschlagewerk des Bundesarbeitsgerichts)
ArbG	Arbeitsgericht
ArbGG	Arbeitsgerichtsgesetz
Art.	Artikel
Aufl.	Auflage
AZP	Abkommen über Partnerschaft und Zusammenarbeit
BAG	Bundesarbeitsgericht
BAGE	Entscheidungen des Bundesarbeitsgerichts
BayObLGZ	Entscheidungen des Bayerischen Obersten Landesge-richts in Zivilsachen
BayVBl	Bayerische Verwaltungsblätter
BB	Der Betriebs-Berater
Bd.	Band
BDR	Bund Deutscher Radfahrer
Bensh. Slg.	Entscheidungen des Reichsarbeitsgerichts und der Landesarbeitsgerichte verlegt bei Bensheimer (ab 1934: Arbeitsrechtssammlung ARS)
BetrVG	Betriebsverfassungsgesetz
BGB	Bürgerliches Gesetzbuch
BGBl.	Bundesgesetzblatt
BGH	Bundesgerichtshof
BGHZ	Entscheidungen des Bundesgerichtshofs in Zivilsachen
BUrlG	Bundesurlaubsgesetz
BVerfG	Bundesverfassungsgericht
BVerfGE	Entscheidungen des Bundesverfassungsgerichts
BVerwG	Bundesverwaltungsgericht
BVerwGE	Entscheidungen des Bundesverwaltungsgerichts
bzw.	beziehungsweise
ca.	circa
DB	Der Betrieb
DEB	Deutscher Eishockey-Bund
DEB-RO	Rechtsordnung des Deutschen Eishockey-Bundes

DEL	Deutsche Eishockeyliga
DFB	Deutscher Fußball-Bund
DFB-RVO	Rechtsverordnung des Deutschen Fußball-Bundes
DHB	Deutscher Handball-Bund
DLV	Deutscher Leichtathletik Verband
DM	Deutsche Mark
DÖV	Die Öffentliche Verwaltung
DSB	Deutscher Sportbund
DSchachB	Deutscher Schachbund
DSV	Deutscher Skiverband
DTB	Deutscher Tennisbund
DTTB	Deutscher Tischtennisbund
DVolleyballV	Deutscher Volleyball Verband
DZWir	Deutsche Zeitschrift für Wirtschaftsrecht
EA	Europa-Abkommen
EBU	European Broadcasting Union
EG	Europäische Gemeinschaften
EGBGB	Einführungsgesetz zum Bürgerlichen Gesetzbuch
EGV	Vertrag zur Gründung der Europäischen Gemeinschaft
EMRK	Europäische Menschenrechtskonvention
EntgeltfortzG	Entgeltfortzahlungsgesetz
Erg.-Lfg.	Ergänzungslieferung
EstG	Einkommensteuergesetz
e. t. c.	et cetera
EU	Europäische Union
EuGH	Europäischer Gerichtshof
EuGRZ	Europäische Grundrechte Zeitschrift
EuR	Europarecht
EUV	Vertrag über die Europäische Union
EuZW	Europäische Zeitschrift für Wirtschaftsrecht
EWG	Europäische Wirtschaftsgemeinschaft
f.	für
FAZ	Frankfurter Allgemeine Zeitung
FC	Fußball Club
ff.	folgende
FIFA	Fédération Internationale de Football Association
FIS	Fédération Internationale de Ski
FIVB	Fédération Internationale de Volleyball
Frankfurt a. M.	Frankfurt am Main
GA	Generalanwalt
GG	Grundgesetz
GmbH	Gesellschaft mit beschränkter Haftung
GmbH & CoKG	Gesellschaft mit beschränkter Haftung und Company-Kommanditgesellschaft
Gr.Sen.	Großer Senat
GVG	Gerichtsverfassungsgesetz
GWB	Gesetz gegen Wettbewerbsbeschränkungen

Hg.	Herausgeber
HGB	Handelsgesetzbuch
IAAF	International Amateur Athletic Federation
i. d. R.	in der Regel
i. e. S.	im engeren Sinne
IIHF	International Ice Hockey Federation
Inf AuslR	Informationsbrief Ausländerrecht
insb.	insbesondere
IOC	International Olympic Committee
IPR	Internationales Privatrecht
i. S. d.	im Sinne des
i. V. m	in Verbindung mit
IWB	Internationale Wettkampfbestimmungen
IZPR	Internationales Zivilprozeßrecht
JuS	Juristische Schulung
JZ	Juristenzeitung
KartG	Kartellgesetz
KG	Kammergericht
KGaA	Kommanditgesellschaft auf Aktien
Kom.	Kommentar
KSchG	Kündigungsschutzgesetz
KunstUrhG	Gesetz betreffend das Urheberrecht an Werken der bildenden Künste und der Photographie
LAG	Landesarbeitsgericht
LAGE	Entscheidungen des Landesarbeitsgerichts
LAO	Leichtathletik-Ordnung
LG	Landgericht
LiSpSt	Lizenzspielerstatut
LV	Leichtathletik-Verbände
MDR	Monatsschrift des Deutschen Rechts
Mio.	Millionen
Mü-Ko	Münchener Kommentar
NGO	Non-Governmental-Organisations
NJW	Neue Juristische Wochenschrift
NJW-RR	Rechtsprechungs-Report Zivilrecht der Neuen Juristischen Wochenschrift
NOK	Nationales Olympisches Komitee
Nr.	Nummer
NRW	Nordrhein- Westfalen
NVwZ	Neue Zeitschrift für Verwaltungsrecht
NZA	Neue Zeitschrift für Arbeitsrecht
OLG	Oberlandesgericht

RAG	Reichsarbeitsgericht
RdA	Recht der Arbeit
Rdnr.	Randnummer
RDS	Rivista di diritto sportivo (italienische Zeitschrift)
RGZ	Entscheidungen des Reichsgerichts in Zivilsachen
RIW	Recht der Internationalen Wirtschaft
Rs.	Rechtssache
RuS	Recht und Sport (Schriftenreihe)
S.	Seite
SGB	Sozialgesetzbuch
s. o.	siehe oben
sog.	sogenannt
SpO	Spielordnung
SpuRt	Zeitschrift für Sport und Recht
SV	Sportverein
TSV	Turn- und Sportverein
TTC	Tischtennis Club
TVG	Tarifvertragsgesetz
u. a.	unter anderem
UdSSR.	Union der sozialistischen Sowjetrepubliken
UEFA	Union Européenne de Football Association
UmwG	Umwandlungsgesetz
USA	United States of America
VfK	Verein für Kraftsport
Vgl.	Vergleiche
VO	Verordnung
Vorb.	Vorbemerkung
WettkampfO	Wettkampfordnung
WM	Wertpapiermitteilungen
WuW/E	Wirtschaft und Wettbewerb/Entscheidungssammlung
www.	world wide web
z. B.	zum Beispiel
ZHR	Zeitschrift für das gesamte Handels- und Zivilrecht
ZIP	Zeitschrift für Wirtschaftsrecht und Insolvenzpraxis
zit.	zitiert

Vorbemerkungen: Einleitung und Gang der Untersuchung

I. Einleitung:

Ursprünglich stand der Begriff „Sport" für Zeitvertreib und die „schönste Nebensache der Welt". Dieses ergibt sich auch schon aus der Bedeutung des Begriffs „Sport", der im „Duden" als „nach bestimmten Regeln aus Freude an Bewegung und Spiel, zur körperlichen Ertüchtigung ausgeübte körperliche Betätigung" beschrieben wird. Das Wort „Sport" wurde vor ca. hundert Jahren aus dem Englischen in die deutsche Sprache übernommen. Es ist zurückzuführen auf das altfranzösische „desport" (Vergnügung, Zerstreuung) und entstammt ursprünglich dem lateinischen „disportare" (sich vergnügen, sich zerstreuen") [1].
Diese Charakter hatte der Sport jedoch schon früher, z. B. im kaiserlichen Rom verloren, als Gladiatorenwettkämpfe zur Befriedigung der Sensationslust der Massen und mit dem Ziel abgehalten wurden, das einfache Volk u. a. von ökonomischen Mißständen abzulenken[2].
Auch heute ist die organisierte Sportausübung nicht mehr nur Zeitvertreib, sondern vielmehr zu einem beachtlichen wirtschaftlichen Faktor geworden. Mit einer Bruttowertschöpfung von mehr als 30 Milliarden Mark hat der Sport einen Stellenwert erlangt, der mit dem der mineralölverarbeitenden Industrie vergleichbar ist. Rund 700.000 Menschen, also 2,4 % aller Berufstätigen arbeiten in der Bundesrepublik Deutschland mittelbar und unmittelbar im Sportbereich. Dem Staat flossen 1993 Steuereinnahmen in Höhe von ca. 5,6 Milliarden DM aus dem Sportsektor zu, wobei 2,6 Milliarden DM aus der Umsatzsteuer der Sportindustrie und 1,7 Milliarden DM aus der Einkommensteuer der dort Beschäftigten stammten[3]. Im Jahr 1995 wurden von privaten Sponsoren 1,75 Milliarden DM in den deutschen Leistungssport investiert[4]. Ausgelöst durch die Zulassung privater TV- und Hörfunkstationen in den achtziger Jahren haben die „Kommerzialisierung", das „Sponsoring" und die „Sportvermarktung" neue Dimensionen erreicht. So erhielt die UEFA für den Verkauf der Fernsehrechte der Fußball-Europameisterschaft 1996 von der EBU, einem Zusammenschluß aller öffentlich- rechtlichen Sender in Europa, ca. 100 Mio. DM[5]. Die FIFA konnte für den Verkauf der Übertragungsrechte an der Fußballweltmeisterschaft 1998 Einnahmen in Höhe von rund 280 Mio. DM erzielen[6]. Für die Rechte an den Weltmeisterschaften 2002 und 2006 bezahlte eine private Sportrechteverwertungsgesellschaft ca. 3,4 Milliarden DM an die FIFA[7]. Auch die Spielergehälter haben sich als Folge des „Bosman"–Urteils des EuGH extrem erhöht.
Infolge der gestiegenen wirtschaftlichen Bedeutung des Sports entstanden vermehrt Konflikte zwischen den verschiedenen gesetzlich geschützten wirtschaftlichen und rechtlichen Interessen der Beteiligten, so daß eine zunehmende Verrechtlichung des Sports eingetreten ist. Der Zusammenhang zwischen Professionalisierung und Verrechtlichung des Sports läßt sich wiederum am Beispiel der römischen Gladiatoren aufzeigen. Auch deren Tätigkeit erforderte, vergleichbar mit dem Sportprofi des ausgehenden 20. Jahrhunderts, jahrelanges hartes Training und ließ keine Zeit, einem anderen Beruf nachzugehen, so daß auch diese Personen als Berufssportler einzuordnen waren[8]. Als Konsequenz dieser Professionalisierung beschäftigten sich schon die römischen Juristen mit der Abhängigkeit des Sportlers vom Wettkampfveranstalter, deren rechtli-

[1] Duden, S. 3184.
[2] *Schneider*, Sport und Recht, S. 22.
[3] Pressemitteilung der Landesregierung NRW, SpuRt 1994, 70 (70 f.).
[4] *Schneider*, Sport und Recht, S. 28.
[5] *Heidersdorf*, Ausländerklauseln im Profisport, S. 87.
[6] Ebenda.
[7] Ebenda.
[8] *Schneider*, Sport und Recht, S. 41.

cher Relevanz und der Möglichkeit für Gladiatoren, ein Darlehen aufzunehmen, das nur im Falle sportlichen Erfolges zurückzuzahlen war.[9]
In der Rechtswissenschaft der Bundesrepublik Deutschland spielte bis Ende der 60er Jahre die Frage des Sports nur eine untergeordnete Rolle. So hatte das BAG bis Mitte der 70er Jahre im Bereich von sportspezifischen Fragestellungen lediglich ca. 10 Entscheidungen zu treffen. Durch die, Anfang der 70 er Jahre, zunehmende Professionalisierung des Sports begannen sich auch die Rechtswissenschaft und die Rechtsprechung mit den Fragen des Sports zu beschäftigen, so daß das BAG in den letzten 20 Jahren mit ca. 160 Rechtsstreitigkeiten auf diesem Gebiet befaßt war[10].
Vorläufer dieser Entwicklung war *Werner*, der in seinem Artikel „Sport und Recht" aus dem Jahre 1967[11] die Parallelen zwischen Sport und Recht aufzeigte und dahingehend beschrieb, daß beide Materien von Regeln beherrscht werden.
Neben der gestiegenen wirtschaftlichen Bedeutung des Sports führte auch der Bundesligaskandal in den Jahren 1971/72 dazu, daß der Sport verstärkt in das Blickfeld der Rechtswissenschaft gerückt ist. Damals wurde erstmals durch die Juristen die Selbstherrlichkeit der Sportverbände bei der Aufstellung ihrer Verbandsnormen und eine „Versklavung" der Sportler bei der Anwendung dieser Normen kritisiert[12]. Seit dieser Zeit hält die Beschäftigung der Rechtswissenschaft, der Gerichte und der Öffentlichkeit mit Fragen des Zusammenhangs zwischen Sport und Recht an. So erregten unter anderem das Verfahren Krabbe ./. DLV und IAAF vor der Kartellkammer des LG München I[13] und dem OLG München[14] in den Jahren 1995/96, das „Bosman"-Urteil des EuGH[15] aus dem Jahre 1995, der Dopingfall Petr Korda von 1999 vor dem obersten Gericht in London[16], die Anti–Doping-Weltkonferenz in Lausanne[17] im Februar 1999 und der „Streik" von jugoslawischen Sportlern anläßlich des Krieges um den Kosovo[18] im April 1999 die Aufmerksamkeit, nicht nur von Juristen, sondern auch von weiten Teilen der Öffentlichkeit, und zeigen eine zunehmende „Verrechtlichung" des Sports auf.
Eine neue Dimension erhielt diese Verrechtlichung durch eine zunehmende Internationalisierung der zu beurteilenden Sachverhalte, die u.a. durch eine gestiegene Mobilität der Sportler, die Abschaffung von Ausländerklauseln in den Staaten der EU, aber auch durch eine Zunahme von Wettkämpfen mit internationalem Charakter ausgelöst wurde (z. B. die Diskussion um die Gründung einer Fußball-Europaliga[19]). Hierbei haben insbesondere die Beziehungen zwischen den internationalen Sportverbänden und den Sportlern zu Rechtsproblemen und gerichtlichen Auseinandersetzungen geführt.

II. Gang der Untersuchung:

Die vorliegende Arbeit soll das Regelungsgeflecht, dem ein Berufssportler im Verhältnis zu Verbänden, Vereinen und Wirtschaftsunternehmen als Sportveranstaltern unterliegt, untersuchen und darstellen, wie diese Beziehungen rechtlich zu qualifizieren und inhaltlich ausgestaltet sind.

---

[9] *Schneider*, Sport und Recht, S. 42 (mit Zitaten des Juristen Cervidius Scaevola zu „Athletendarlehen").
[10] *Hilpert*, RdA 1997, 92 (92).
[11] *Werner*, Recht und Staat 1968, S. 3 ff.
[12] *Hilpert*, RdA 1997, 92 (92).
[13] LG München I, SpuRt 1995, 161 ff.
[14] OLG München, DZWir 1996, 412 ff.
[15] EuGH, Slg. 1995 I, 4921 ff. (Rs. C-415/93).
[16] Süddeutsche Zeitung vom 04.02.1999, S. 39.
[17] Süddeutsche Zeitung vom 03.02.1999, S. 37.
[18] Süddeutsche Zeitung vom 15.04.1999, S. 41.
[19] FAZ vom 18.01.1996, S. 25.

Hierbei bleibt das Verhältnis Sportler-Manager[20]/Sponsor[21], das Urheberrecht, das Medienrecht[22] und das Verhältnis zwischen privatrechtlich organisiertem Sportbetrieb und Staat[23] außer Betracht.
Im wesentlichen beschränkt sich die vorliegende Arbeit, wegen der Verschiedenartigkeit der Regelungen, denen diese Sportler unterliegen, auf die in den Sportarten Fußball, Eishockey und Leichtathletik tätigen Profis und behandelt ausschließlich Sachverhalte, die sich in der Bundesrepublik Deutschland zutragen, wobei es keine Rolle spielt, ob es sich bei den Beteiligten um einen ausländischen oder um einen deutschen Berufssportler handelt.
Im ersten Abschnitt werden die beiden „Säulen" des Sportrechts (staatliches und durch die Sportverbände gesetztes Recht), die die Rechtsbeziehungen des Berufssportlers bestimmen, dargestellt und eine Differenzierung zwischen Amateur und Berufssportler nach den Verbandsregelwerken und nach staatlichem Recht vorgenommen. Darauf erfolgt im Rahmen des ersten Abschnitts eine Beschreibung der Rechtsverhältnisse des Berufssportlers zu nationalen und internationalen Verbänden/Vereinen/Wirtschaftsunternehmen als Sportveranstalter und werden die unterschiedlichen existierenden rechtlichen Gestaltungsmöglichkeiten zur Begründung dieser Bindungen dargelegt, um in den folgenden Abschnitten eine inhaltliche Bewertung dieser Rechtsbeziehungen vornehmen zu können. Hierbei wird zwischen einer individual- und einer kollektivrechtlichen Seite der Rechtsverhältnisse unterschieden. Im Zentrum der Darstellung der Bindung des Sportlers an das durch die internationalen Sportverbände geschaffene Recht steht die Problematik, ob es sich bei diesen Regelwerken um eine originäre, eigenständige und von jedem staatlichen Recht unabhängige Rechtsordnung handelt, wobei auch einleitend auf den „Klassiker" im Rahmen dieser Fragestellung eingegangen wird, ob den internationalen Verbänden Völkerrechtssubjektivität zukommt.
Dem folgt ein Abschnitt, in dem die individualrechtliche Seite der Rechtsverhältnisse des Berufssportlers, also der Sportleistungsvertrag, einer Betrachtung unterzogen wird. In diesem Zusammenhang wird zunächst auf eine zivilrechtliche Einordnung dieses Rechtsverhältnisses unter die Vertragstypen des Privatrechts eingegangen, um anschließend die inhaltliche Ausgestaltung des Sportleistungsvertrages zu erläutern. Weiter wird aufgezeigt, nach welcher Rechtsordnung Sachverhalte mit Auslandsberührung zu beurteilen sind, wobei sich die vorliegende Arbeit auf die Darstellung der Rechtsstellung ausländischer Profis in Deutschland beschränken will. Hierbei stellen -bei einer Verweisung in die deutsche Rechtsordnung nach dem IPR- Ausführungen zu einer Gleichstellung von Ausländern verschiedenster Nationalität mit deutschen Profis, welche sich, im Rahmen der mittelbaren Wirkung der Grundrechte im Privatrechtsverkehr, alleine auf Art. 12 GG berufen können, einen Schwerpunkt dieses Abschnitts dar.
Im dritten Abschnitt wird die kollektivrechtliche Seite der Rechtsverhältnisse des Berufssportlers, also seine Beziehung zu den nationalen und internationalen Sportverbänden dargestellt. Hierbei wird zunächst eine zivilrechtliche Qualifizierung dieser Rechtsbeziehung vorgenommen. Anschließend werden die autonome Rechtsetzungsfähigkeit der Verbände und ihre rechtlichen Grundlagen im nationalen Recht transparent gemacht, um darauf die Beschränkung der Verbandsautonomie durch nationales Recht und Vorschriften des Gemeinschaftsrechts zu verdeutlichen. In diesem Zusammenhang wird insbesondere auf das Verhältnis der zugunsten der Sportler wirkenden Grundrechte bzw. Grundfreiheiten und der zugunsten der Verbände auf den Regelungsebenen des deutschen Verfassungsrechts und des Gemeinschaftsrechts geschützten Vereinigungsfreiheit, im Hinblick auf verbandsrechtliche Transfer- und Ausländerbestimmungen, eingegangen. Hierbei soll insbesondere herausgearbeitet werden, ob und wie die grundrechtliche Gewährleistung der Verbandsautonomie im Gemeinschaftsrecht ausgestaltet ist und

---

[20] Vgl. *Nasse*, SpuRt 1996, 113 ff.
[21] Vgl. *Schneider*, Sport und Recht, S. 53 ff.
[22] Vgl. u. a. *Summerer* in: Praxishandbuch Sportrecht, S. 277 ff.
[23] Vgl. *Fritzweiler* in: Praxishandbuch Sportrecht, S. 23 ff.

wie eine Kollision mit, die Interessen der Profisportler schützenden, EGV-Grundfreiheiten zu lösen ist.
Weiter wird in diesem Abschnitt die Notwendigkeit der Berücksichtigung rechtsstaatlicher Grundsätze bei der Erstellung der Regelwerke der Verbände und deren Kontrolle durch staatliche Gerichte aufgezeigt.
Im Rahmen der Abhandlung des Spannungsverhältnisses zwischen Verbands- und Europarecht bildet die Erweiterung der Anwendung der Grundfreiheiten des EG-Vertrages auf Staatsangehörige von Drittstaaten, die Abkommen mit der EU/deren Mitgliedstaaten geschlossen haben und Verstöße der Verbandsregelungen gegen europäisches Kartellrecht weitere Schwerpunkte.

Zielsetzung dieser Arbeit ist es, auch auf Grund der immensen wirtschaftlichen und gesellschaftlichen Bedeutung des Phänomens Profisport, die Funktion und das Wirken der am Sportleben Beteiligten, unter Berücksichtigung sporttypischer Eigenheiten und des Umstands, daß sich die berufliche Sportausübung in einem Spannungsfeld zwischen Kultur und Wirtschaftsleben bewegt, in allgemeine rechtliche Kategorien einzuordnen. Hierbei sollen die rechtlich geschützten Belange der Sportler, Vereine und Verbände auf nationaler sowie auf internationaler Ebene dargestellt und der Konflikt dieser Interessen unter Berücksichtigung der spezifischen Rolle des Profisports zwischen Staat und Gesellschaft rechtlich gewürdigt werden.

1. Abschnitt: Grundlagen

I. Die beiden Normgruppen (Säulen) des Sportrechts

Die Rechtsverhältnisse des Berufssportlers werden in Deutschland, im Gegensatz zu anderen Lebensbereichen (z. B. das HGB für das Handelsrecht), nicht durch ein generelles Sportgesetz geregelt. Vielmehr ist unter dem Begriff „Sportrecht" die Gesamtheit der für den Sport bedeutsamen Normen des staatlichen und des durch die Verbände gesetzten Rechts zu verstehen.
Hierdurch ist auch schon die Zweispurigkeit des Sportrechts umrissen, welches einerseits aus dem durch die Sportverbände privatautonom gesetzten Verbandsrecht und andererseits aus den allgemeingültigen Rechtsnormen des staatlichen Rechts besteht[24].
Ursprünglich war der Einfluß des hoheitlichen Rechts auf den Sportbereich sehr begrenzt, weil schützenswerte wirtschaftliche Interessen des Einzelnen kaum betroffen waren, so daß zunächst die eine Säule des Sportrechts, die selbstgeschaffenen Regelwerke der Verbände, stark ausgeprägt wurde[25]. Erst durch die mit der eingangs beschriebenen Professionalisierung einhergehende „Verrechtlichung" des Sports wurde der bis dahin von hoheitlichem Recht fast freie Raum des Sports von staatlichen Regelungen durchdrungen[26].

1. Die Verbandsnormen (private lex sportiva)

Bei dieser Normgruppe des Sportrechts handelt es sich um durch die nationalen und internationalen Sportverbände erlassene Spielregeln im „engeren" (Sportausübungsregeln) und „weiteren" (Zulassungsvoraussetzungen zu Wettkämpfen, Dopingsanktionen, Werbeverbote etc.) Sinne.
Die Bezeichnung als Verbandsnormen soll nicht als Stellungnahme gegen die sogenannte Vertragstheorie[27], welche in den Satzungen der Verbände einen privatrechtlichen Vertrag sieht, und für die sogenannte (modifizierte) Normentheorie[28], nach der diese Regelwerke nach der Gründung des Verbandes Rechtsnormqualität erhalten, verstanden werden. Vielmehr ist es zweckmäßiger, die in diesem Theorienstreit steckenden inhaltlichen Fragen der Rechtsqualität und der Bindungswirkung des Verbandsrechts gesondert[29] und nicht auf der begrifflichen Ebene zu behandeln.
Das durch die Verbände gesetzte Recht wird, zumindest in Deutschland[30], als von der staatlichen Rechtsordnung abgeleitet und nicht als eigene, originäre und vorstaatliche Rechtsordnung[31] qualifiziert[32].

---

[24] *Vieweg*, JuS 1983, 825 (825).
[25] *Pfister* in: Praxishandbuch Sportrecht, S. 5.
[26] Ebenda.
[27] Dazu näher unten, 1.Abschn., III.2.b.aa.(2).(b).
[28] Ebenda.
[29] Vgl. unten, 1.Abschn., III.2.b.
[30] Vgl. u. a. *Pfister* in: Praxishandbuch Sportrecht, S. 5; *Malatos*, Berufsfußball, S. 11.
[31] Anders z. B. in Italien, wo die herrschende Meinung die Verbandsnormen als den einzigen Fall der Schaffung und Formation einer neuen und komplexen Rechtsordnung in der neueren Zeit ansieht. Dort wird hinsichtlich der Verbandsnormen auf eine Pluralität von Rechtsordnungen, die neben der staatlichen Rechtsordnung existieren, verwiesen und das Recht der Sportverbände als originäre und eigene Rechtsordnung, vergleichbar mit dem Kirchenrecht und der Rechtsordnung supranationaler Institutionen, qualifiziert, vgl. *Malatos*, Berufsfußball, S.12 ff. (mit vielen Verweisungen auf Darstellungen in der italienischen Literatur, welche aber zur Einordnung des Rechts der deutschen nationalen Sportverbände noch keine Rolle spielen soll).
[32] Näher zu der Problematik der Einordnung der internationalen Sportverbände als Völkerrechtssubjekte und der Qualifizierung des durch diese Verbände gesetzten Rechts als einer von staatlichen Recht unabhängigen Rechtsordnung unten, 1.Abschn., III.2.b.bb.(1).(a)./(b).

Für diese Einschätzung spricht schon das praktische Argument, daß es im Zusammenhang mit dem Sport wegen der Unvollständigkeit und Lückenhaftigkeit der Verbandsnormen der Anwendung des hoheitlichen Rechts bedarf[33]. Darüber hinaus läßt unsere Rechtsordnung eine vollständige Loslösung des Rechts vom Staat nicht zu[34], da die Sportverbände nicht über ein zugrundeliegendes Rechtssystem verfügen, in dem die Grenzen der Rechtsetzungsbefugnis geregelt sind und somit ein effektiver Rechtsschutz gegen die Maßnahmen der Verbände und deren Rechtsetzung nicht gewährleistet ist. Diese Grenzen ergeben sich für den demokratischen Rechtsstaat aus seiner Verfassung und für Private aus zwingenden staatlichen Normen[35] und müssen daher auch von den Verbänden beachtet werden. Jede Normsetzungsbefugnis Privater bedarf infolgedessen staatlicher Verleihung, welche den Sportverbänden durch §§ 21 ff. BGB und Art. 9 GG gewährt wird. Die Verbandsnormen leiten sich somit von staatlichem Recht ab und haben infolgedessen auch die Wertungen des hoheitlichen Rechts zu respektieren[36]. Dieses muß insbesondere bezüglich des Berufssports gelten, weil in diesem Bereich wegen der betroffenen Interessen der Sportler und der aus ihrer Monopolstellung resultierenden, übermächtigen Position der Verbände kein Freiraum von der Anwendbarkeit der hoheitlichen Rechtsordnung hingenommen werden kann.

2. Das staatliche Recht

In Deutschland ist der Sport, wie dargestellt, an die allgemeinen staatlichen Gesetze gebunden. Jedoch hat der Staat, abgesehen von einzelnen sportspezifischen steuer-, sozial- und baurechtlichen Bestimmungen, kein generelles Sportgesetz erlassen. Demgegenüber haben z.B. Spanien, Griechenland, Italien und Frankreich[37] allgemeine Sportgesetze geschaffen und andere Länder, wie z. B. Belgien[38], zumindest größere Teilbereiche des Sports explizit durch hoheitliches Recht geregelt.

Bei der Anwendung des hoheitlichen Rechts auf die Rechtsverhältnisse des Profis ist darüber hinaus auch zu beachten, daß im Gegensatz zu Ländern, in denen den Verbänden die Ausübung von Hoheitsgewalt zugestanden wird[39], so daß dort auch der Verwaltungsrechtsweg für Klagen gegen die Verbände eröffnet ist, die Rechtsbeziehungen zwischen den am Sport Beteiligten, den Vereinen, den Verbänden als Subjekten des Privatrechts, den Sportlern und den privaten Sportveranstaltern hierzulande privatrechtlicher Natur sind.

Es besteht somit hinsichtlich des hoheitlichen Rechts zur Regelung der Rechtsverhältnisse des Sportlers eine Gemengelage von nationalen Normen (einfachgesetzlich und mit Verfassungsrang), Regelungen des Völker- und Europarechts und Vorschriften des internationalen Privat- (IPR) und internationalen Zivilprozeßrechts (IZPR), was in Hinblick auf die Internationalisierung der Sachverhalte Gefahren für die einheitliche Rechtsanwendung birgt.

---

[33] *Pfister* in: Praxishandbuch Sportrecht, S. 430.
[34] Vgl. *Malatos*, Berufsfußball, S. 11 mit weiteren Verweisungen; *Vieweg*, Normsetzung und -anwendung, S. 320.
[35] *Pfister* in: Praxishandbuch Sportrecht, S. 430.
[36] *Malatos*, Berufsfußball, S. 11.
[37] Spanien, Gesetz Nr. 10 vom 15.10.1990; Griechenland, Gesetz Nr. 75/1975; Italien, Dekret des Staatspräsidenten Nr. 157 vom 28.03.1986; Frankreich, Gesetz vom 13.07.1992; Vgl. dazu Beiträge in: *Will* (Hrsg.) Sportrecht in Europa.
[38] Dort sind die Arbeitsverträge der Sportler durch das Gesetz vom 24.02.1978 geregelt.
[39] Z. B in Frankreich sind die Sportverbände seit dem Gesetz vom 16.07.1984 Bestandteil des service public.

II. Die Unterscheidung Amateur–Profi nach den Verbandsregelwerken und die Qualifizierung als Berufssportler nach staatlichem Recht

In rechtlicher Hinsicht ist die Einordnung als Berufssportler für den Sportler schon in Hinblick auf den gesetzlich gewährleisteten Schutz von höchster Relevanz. So fällt der Berufssportler z. B. in den Schutzbereich von Art. 12 GG und der Art. 12, 39 und 49 EGV, wohingegen der reine Amateur nur nach Art. 2 Abs. 1 GG in seiner allgemeinen Handlungsfreiheit geschützt und fraglich ist, ob er vom Anwendungsbereich des EGV erfaßt wird.
Auch kann, wie im Fall der Statuten des Deutschen Leichtathletikverbandes (DLV) und des Internationalen Leichtathletikverbandes (IAAF), die Erteilung des Startrechts für Wettbewerbe von dem Amateurstatus des Sportlers abhängen[40].

1. Der Amateurbegriff der Verbände und seine historische Entwicklung

Nach dem allgemeinen Sprachgebrauch ist Amateur der Sportler, der alleine aus Freude Sport treibt, ohne daraus unmittelbar oder mittelbar materielle Vorteile zu erzielen, wohingegen der Profi wirtschaftliche Vorteile in nicht ganz unerheblichem Umfang erhält[41].
Zurückzuführen ist diese Vorstellung auf die Anfänge der neuzeitlichen olympischen Bewegung, welche die Wiederentdeckung der Spiele mit den aristokratischen Vorstellungen des 19. Jahrhunderts verband[42]. Dieses Idealverständnis des Sportlers ging davon aus, daß der antike Olympiasieger als Auszeichnung lediglich einen symbolischen Olivenzweig erhalten hat[43] und allen Versuchen widerstand, sich seine Leistung materiell belohnen zu lassen. Diese Vorstellung stimmte jedoch nicht mit dem tatsächlichen Sportlerbild der Antike überein. Zwar läßt sich nicht mehr genau feststellen, wann erstmals Sportler gegen Bezahlung angetreten sind, jedoch wurden seit ca. 400 v. Chr. die olympischen Spiele vorwiegend von Berufsathleten bestritten[44]. Diese erhielten für einen Olympiasieg, neben immateriellen Vorteilen wie der Ehrenbürgerschaft ihrer Gemeinde und einem Ehrensitz im Theater, auch großzügige Preisgelder und sonstige geldwerte Vorteile in Gestalt von Befreiungen von staatlichen Abgaben und Steuern oder unentgeltliche Speisung auf Kosten der Gemeinschaft[45].
Auch die römischen Gladiatoren, die im Mittelalter umherziehenden Athleten- und Artistengruppen und die am türkischen Sultanshof fest angestellten Ringer sind ihrer Tätigkeit hauptberuflich und zum Gelderwerb nachgegangen[46].
Trotzdem bedurfte es in den letzten beiden Jahrhunderten einer langwierigen Entwicklung und einer Steigerung des Leistungsniveaus in fast allen Sportarten, die bewirkte, daß neben einer ernsthaften sportlichen Betätigung kein anderer Beruf ausgeübt werden kann, bis die Sportverbände finanzielle Zuwendungen zugunsten der Sportler akzeptierten, das durch sie lange Zeit propagierte Leitbild des edlen, weil profitfreien Athleten nach und nach aufgaben und ein Wandel des Amateurbegriffs einsetzte.
So definierten die Regeln der 1866 in England gegründeten Amateur Athletic Association den Amateur noch als „Gentleman, der noch nie an einem öffentlichen und für alle Teilnehmer offenen Wettbewerb teilgenommen hat, der noch nie für Geld gestartet ist, der noch niemals mit einem Berufsathleten um einen Preis oder um Wettkämpfe gekämpft hat, der noch nie in seinem

---

[40] Nach § 15 Nr. a DLV-Satzung i.V.m. Regel 51 ff. der internationalen Wettkampfbestimmungen (IWB) des Internationalen Leichtathletikverbandes (IAAF).
[41] Aktuelles Sportrechtslexikon, SpuRt 1997, 60.
[42] *Hilpert*, RdA 1997, 92 (93).
[43] *Reschke*, Sport als Arbeit, S. 2.
[44] *Börner*, Berufssportler als Arbeitnehmer, S. 23.
[45] *Buhmann*, Der Sieg in Olympia, S. 108 ff., 112 ff; *Hilpert*, RdA, 92 (93).
[46] *Börner*, Berufssportler als Arbeitnehmer, S. 23.

Leben den Beruf eines Lehrers und Trainers im Sport ausgeübt hat und der schließlich weder Arbeiter noch Künstler oder Journalist ist"[47].

Dieser restriktiven Definition des Amateurs entsprach weitgehend auch der Beschluß des von *Coubertin* 1894 einberufenen Kongresses für internationale Leibeserziehung in Paris, auf dem die Wiedereinführung der Olympischen Spiele beschlossen wurde[48]. Diese Regelung wurde auch bei der Zulassung der Athleten zu den 1. olympischen Spielen der Neuzeit umgesetzt und lediglich bei den Fechtern eine Ausnahme erlaubt[49]. Seit dieser Zeit wird der Amateurbegriff durch das IOC definiert, welches ihn erstmals 1930 lockerte, als es den Sportlern, welche anläßlich der Teilnahme an den Olympischen Spielen Urlaub in ihrem Arbeitsverhältnis nahmen, den Bezug eines Urlaubsgeldes durch den Arbeitgeber zugestand[50]. Auf der 36. IOC-Tagung in Warschau 1937 wurde auch bezahlten Lehrern für Körpererziehung und Sport die Teilnahme an den Olympischen Spielen gestattet, sofern diese Sport nur als Nebenfach zu anderen Schulfächern unterrichteten[51]. Erst auf der 75. Vollversammlung des IOC im Jahre 1974 in Wien wurde die IOC-Regel Nr. 26 und die dazugehörige Ausführungsbestimmung, welche den Amateurstatus definierten, wegen der veränderten Realitäten einschneidend reformiert. Nun war es nach Nr. 2 der Ausführungsbestimmung dem Sportler erlaubt, von seinem NOK Unterstützung für Unterkunft, Verpflegung, Transport, Nebenspesen, Versicherungen gegen Unfall und Krankheit und Sportausrüstung entgegenzunehmen. Entscheidender war aber die Bewilligung einer Entschädigung für Verdienstausfälle während der Teilnahme an den olympischen Spielen und anderen internationalen Wettkämpfen, welche aber unter keinen Umständen die Summe überschreiten durfte, die der Sportler im gleichen Zeitraum durch seine ordentliche Berufstätigkeit eingenommen hätte[52]. Zwar durfte diese Zuwendung nur durch das jeweilige NOK erfolgen, um ein privates Sponsoring auszuschließen, jedoch wurden schnell Vertragskonstruktionen zwischen Sportler, Verband und privatem Geldgeber gefunden, um diese Regelung zu umgehen[53]. Weiterhin war es dem Sportler nach der Ausführungsbestimmung zu der IOC-Regel Nr. 26 aber nicht gestattet, sich selbständig zu Werbezwecken zu vermarkten. Dieses war nur über das NOK oder über den internationalen Fachverband möglich, wobei auch die Bezahlung dieser Tätigkeit nur an diese Verbände und nicht an den einzelnen Athleten erfolgen durfte[54].

Im Jahre 1981 wurden diese Ausführungsbestimmungen zu IOC-Regel Nr. 26 gelockert, um den veränderten Realitäten Rechnung zu tragen. Nun durfte der Sportler nahezu unbegrenzt materielle Zuwendungen für die Vorbereitung und die Teilnahme an Wettkämpfen annehmen und seine Person für Werbezwecke vermarkten, wenn ein Förder- oder Ausrüstervertrag mit dem jeweiligen Fachverband oder dem NOK abgeschlossen worden war. Jedoch mußte die Bezahlung dieser Tätigkeit weiterhin über das NOK oder den Fachverband abgewickelt werden[55].

Die IOC-Regel Nr.26 wurde 1991 endgültig durch die nunmehr gültige IOC-Regel Nr. 45 ersetzt, welche in ihren Ziffern 4 und 5 dem Sportler lediglich für die Dauer der Olympischen Spiele die Benützung seiner Person, seines Namens, seines Bildes oder seiner sportlichen Darbietung zu Werbezwecken verbietet und eine finanzielle Gegenleistung für die Meldung oder Teilnahme an den Olympischen Spielen ausschließt[56]. Dieses hatte zur Folge, daß bei den

---

[47] NOK f. Deutschland, Bulletin Nr. 7, S. 11.

[48] *Reschke*, Sport als Arbeit, S. 3.

[49] Ebenda.

[50] *Reschke*, Sport als Arbeit, S. 4.

[51] *Reschke*, Sport als Arbeit, S. 5.

[52] *Reschke*, Sport als Arbeit, S. 7; *Klein*, Deutsches Sporthandbuch, 14. Erg.-Lfg. I 2.1.

[53] *Fritzweiler* in: Praxishandbuch Sportrecht, S. 214; zur Zahlung der privaten Fördermittel an das NOK s. *Seiter*, RuS 3, S. 57 ff.

[54] *Reschke*, Sport als Arbeit, S. 8.

[55] *Reschke*, Sport als Arbeit, S. 9.

[56] Olympische Charta vgl. Praxishandbuch Sportrecht, S. 558.

Olympischen Spielen in Atlanta im Jahre 1996 auch „millionenschwere" Berufssportler wie *Boris Becker* oder *Michael Jordan* antreten durften.

Eine wesentlich rasantere Entwicklung nahm die Professionalisierung im Bereich des Fußballsports. Nachdem in England Mitte des 19. Jahrhunderts die ersten Vereine und im Jahre 1863 die „Football Association" als Dachverband von Regionalverbänden und einzelnen Clubs gegründet worden war, wuchs die Popularität dieser Sportart rasch an[57].
Dieses wachsende Interesse breiter Schichten der Bevölkerung führte dazu, daß ab den 70er Jahren des letzten Jahrhunderts die Leitung der erfolgreichsten Arbeiterclubs von reichen Unternehmern übernommen wurde[58]. Die Spieler dieser Clubs waren schon überwiegend Halbprofis, die zwar in den Unternehmen der Vereinseigentümer angestellt waren, aber tatsächlich nur dem Fußballspiel nachgingen[59]. Durch die Gründung der „Football League" im Jahre 1888 durch die 12 erfolgreichsten und wohlhabendsten Clubs und der damit verbundenen Etablierung einer nationalen Meisterschaft wurde die Kommerzialisierung des Fußballs weiter voran getrieben[60] und seit dem Ende des 19. Jahrhunderts der reine Berufsfußballer eingeführt[61].
Nach der zu dieser Zeit einsetzenden raschen Verbreitung der Fußballspiels auf dem europäischen Kontinent wurde in den späten zwanziger und frühen dreissiger Jahren dieses Jahrhunderts die Tätigkeit als Profispieler auch in Frankreich, Italien, Ungarn und in Österreich zugelassen[62].
In Deutschland dagegen verlief diese Entwicklung wesentlich langsamer. Zwar war eine Entlohnung der Spieler „unter der Hand" in den späten zwanziger Jahren an der Tagesordnung, jedoch war durch die Amateurregelungen des DFB von 1928 und 1934 festgelegt worden, daß das Fußballspielen ohne Entschädigung und Gewinnabsicht zu erfolgen habe[63]. Aus diesem Grund wurde 1930 die Mannschaft des FC Schalke 04 mit den heute noch bekannten Spielern *Ernst Kuzorra* und *Fritz Szepan* wegen Verstoßes gegen die Amateurregeln des DFB vom Oberligaspielbetrieb ausgeschlossen und erst nach energischen Protesten der Fans wieder zugelassen[64].
Erst 1948 wurde in Deutschland der Vertragsspieler vom DFB eingeführt, der Zuwendungen bis zu einer Höhe von 420,-- DM pro Monat von seinem Verein erhalten durfte[65]. Dieser definierte sich dadurch, daß er mit seinem Verein mit Genehmigung des Regionalverbandes einen Vertrag über eine fußballsportliche Betätigung eingehen und hierfür eine Entschädigung als Ausgleich für die besondere Inanspruchnahme entgegennehmen durfte[66]. Durch die Gehaltsobergrenze waren „Schwarzzahlungen" an der Tagesordnung. Mit der Gründung der Bundesliga im Jahre 1963 wurde das Lizenzspielerstatut eingeführt und Grundgehalts-, Prämien- und Handgeldzahlungen in erheblich weiterem Umfang gestattet[67]. Erst 1974 wurde der Vertragsspieler durch den DFB abgeschafft[68], und es existierten fortan nur noch Amateur- und Lizenzspieler, wobei die Lizenzspieler seit dieser Zeit mit ihrer Tätigkeit unbegrenzt viel Geld verdienen dürfen.
Heute unterscheiden die Regelwerke des DFB drei Arten von Fußballspielern:
Amateurspieler ist nach § 15 Ziff. 1 DFB-SpielO der Spieler, der kein Entgelt, sondern nur einen Ersatz seiner Aufwendungen für seine sportliche Leistung erhält.

---

[57] *Malatos*, Berufsfußball, S. 4; Sportbrockhaus, S. 62.
[58] *Imping*, Die arbeitsrechtliche Stellung des Fußballspielers, S. 46; *Hilpert*, RdA 1997, 92 (93).
[59] *Hilpert*, RdA 1997, 92 (93).
[60] *Malatos*, Berufsfußball, S. 4.
[61] *Börner*, Berufssportler als Arbeitnehmer, S. 24.
[62] *Imping*, Die arbeitsrechtliche Stellung des Fußballspielers, S. 46.
[63] *Reschke*, Sport als Arbeit, S. 19.
[64] *Hilpert*, RdA 1997, 92 (93).
[65] Ebenda; *Reschke*, Sport als Arbeit, S. 19.
[66] *Reschke*, Sport als Arbeit, S. 19.
[67] *Imping*, Die arbeitsrechtliche Stellung des Fußballspielers, S. 46; *Reschke*, Sport als Arbeit, S. 19.
[68] *Reschke*, Sport als Arbeit, S. 19.

Ein Vertragsamateur spielt gegen Entgelt Fußball und hat vertragliche Beziehungen zu seinem Verein (§ 15 Ziff. 2 DFB-SpielO). Dieser Spielertypus wurde durch den DFB Ende der achziger Jahre eingeführt. Die damals bestehende Differenzierung zwischen Amateur- und Lizenzfußballer wurde den in den höchsten Amateurklassen („Nettoligen") herrschenden Umständen nicht mehr gerecht, weil in diesen Ligen „unter der Hand" Beträge an die Spieler bezahlt wurden, die den seiner Zeit für Amateure gestatteten Betrag von 700,-- DM weit überstiegen[69].
Lizenzspieler ist nach § 15 Ziff. 3 DFB-SpielO, wer zusätzlich noch durch den Verband lizensiert ist.

Demgegenüber klassifiziert der DEB in Art. 9 Nr. 1 Satz 1 und 2 SpO die Eishockeyspieler in „Spieler", deren Zuwendungen den nach § 67 a AO zulässigen Höchstbetrag nicht übersteigen dürfen, und „Ligenspieler", deren Einnahmen diese Summe übertreffen.

Ein etwas komplizierterer Ansatz wurde in den Satzungen der Leichtathletikverbände gewählt. Nach § 15 lit. a der DLV-Satzung wird hinsichtlich der Definition des Amateurstatus auf Regel 51 ff. der Internationalen Wettkampfbestimmungen (IWB) des Internationalen Leichtathletikverbandes (IAAF) verwiesen und werden diese Vorschriften zu einem Bestandteil der DLV-Satzung erklärt. Gemäß Regel 51 IWB ist Amateur, wer sich an die Zulassungsbestimmungen der IAAF hält. Diese sind in Regel 52 f. IWB festgelegt und erfordern eine Zulassung des Athleten durch seinen nationalen Verband, welcher wiederum Mit-glied der IAAF zu sein hat und nicht durch die IAAF suspendiert sein darf. Die Voraussetzung einer Zulassung durch den DLV sind in § 4 LAO (Leichtathletik-Ordnung) hinsichtlich der Erteilung des Startrechts und in § 5 LAO für das Teilnahmerecht an Wettkämpfen geregelt. Darüber hinaus darf der Sportler nach Regel 53 IWB u. a. nicht wissentlich an Wettkämpfen teilgenommen haben, an denen nicht nach IAAF-Regeln zugelassene Athleten beteiligt waren, oder die in einem Gebiet eines suspendierten Mitgliedsverbandes stattfanden. Auch darf der Sportler nicht gegen die in Regel 55 ff. IWB normierten Bestimmungen zur Kontrolle des Medikamentenmißbrauchs verstoßen haben. Die Höhe und Art der wirtschaftlichen Zuwendungen, die ein Athlet erhalten darf, um den Status als „Amateur" i. S. d. Regel 51 IWB zu behalten, sind in Regel 53 lit. f-k IWB festgelegt. Danach darf er nicht gegen Entgelt in einer anderen Sportart als der Leichtathletik gestartet sein, nicht gegen die in Regel 14-18 IWB enthaltenen Normen über die wirtschaftlichen Zuwendungen zugunsten der Athleten verstoßen und nicht die Dienstleistungen eines Beraters in Anspruch genommen haben, der nicht nach Regel 19 IWB zugelassen ist.
Nach Regel 14 IWB darf der Sportler einen Auslagenersatz für Transport, Reise, Versicherung, Unterkunft, Verpflegung, ein Taschengeld bis zu 50 US $ und ein Tagegeld annehmen. Regel 15 IWB bestimmt, daß der Sportler u. a. Sportausrüstung und Kleidung durch den Hersteller und Dienstleistungen eines vom nationalen Verband eingesetzten Trainers entgegennehmen darf.
Die für die Einnahmenerzielung der Athleten bedeutsamste Norm stellt Regel 16 IWB dar, welche die finanzielle Unterstützung für den Sportler regelt. Finanzielle Zuwendungen darf er nach Nr.1 dieser Regelung seitens des nationalen Verbandes zur Begleichung von Ausgaben für Training und Teilnahme an Wettkämpfen in unbegrenzter Höhe erhalten. Auch ist es ihm gemäß Nr. 2 erlaubt, von Dritten finanzielle Unterstützung, ganz gleich in welcher Höhe, entgegen zu nehmen, wenn eine schriftliche Erlaubnis des nationalen Verbandes vorliegt. Darüber hinaus kann der Athlet noch nach Nr. 4 Unterstützungszahlungen in unbestimmter Höhe aus den gemäß Regel 17 IWB durch die nationalen Verbände geführten und durch private Gelder gespeisten Leichtathletik-Fonds beziehen.
Werbung für seinen persönlichen Sponsor darf er nach Regel 18 Nr. 7 nicht während eines Wettkampfes betreiben.

---

69 *Imping*, Die arbeitsrechtliche Stellung des Fußballspielers, S. 42.

Die Gründe für die geschilderte Veränderung und Aufweichung des Amateurstatus in den Regelwerken der Verbände sind darin zu sehen, daß die Vorbereitung auf Wettkämpfe im Leistungssport von der zeitlichen Inanspruchnahme her derart intensiv geworden ist, daß daneben ein normaler Beruf durch den Sportler nicht mehr ausgeübt werden kann. Auch hat die beschriebene Entwicklung lediglich den tatsächlichen Verhältnissen Rechnung getragen, weil das idealistische Bild des Amateurs hinter die tatsächlich bestehenden ökonomischen Verhältnisse und Bedürfnisse der Sport- und Medienwelt zurückgetreten ist. Die finanziellen Aufwendungen zur Aufrechterhaltung des Leistungssportbetriebes sind mittlerweile soweit gestiegen -und dabei die Unterstützung seitens des Staates wegen der angespannten Finanzsituation der öffentlichen Kassen nicht mehr zu erweitern-, daß es sich die Vereine und Verbände nicht mehr erlauben konnten, an ihren Amateurvorstellungen und der starren Unterscheidung zwischen Amateur und Profi festzuhalten[70].

Faktisch hat sich diese Differenzierung seit längerem völlig verwischt, weil die Sportler auch im sogenannten Amateurbereich nicht ganz unerhebliche Beträge verdienen, so daß eine Qualifizierung anhand der Gegenleistung für die sportliche Betätigung nicht mehr vorzunehmen ist. Der Amateurbegriff der Verbände hat somit seine Funktion als juristisch klares Abgrenzungsmerkmal verloren und sollte deshalb zu diesem Zweck auch nicht mehr verwendet werden.

2. Die Einordnung als Berufssportler nach staatlichem Recht

Die am Anfang dieses Abschnitts dargestellte rechtliche Auswirkung der Einordnung als Berufssportler wird wegen der fehlenden Präzision des verbandsrechtlichen Amateurbegriffs und der Tatsache, daß auch durch die Verbände als Amateure bezeichnete Sportler beachtliche Geldbeträge verdienen, im staatlichen Recht unabhängig von den Satzungen der Verbände und deren Amateurbegriff dahingehend vorgenommen, daß Sportler, die im Zusammenhang mit der Sportausübung Geldbeträge in nicht nur unerheblichem Umfang erhalten, die über der steuerrechtlich zulässigen Aufwandsentschädigung liegen, als Berufssportler i. S d. Art. 12 GG einzuordnen sind[71].
Hierbei spielt es keine Rolle, ob die wirtschaftliche Zuwendung unmittelbare Gegenleistung für die sportliche Leistung darstellt oder ob der Sportler das Entgelt nur aufgrund von Werbeverträgen mit Unternehmen verdient, weil auch dem Werbevertrag die bisherige oder zukünftige sportliche Leistung zugrundeliegt[72].
Auch erfüllen Doppel- und Nebenberufe unter den oben genannten Voraussetzungen den Berufsbegriff[73], infolgedessen auch der nach den Verbandssatzungen als Amateur zu qualifizierende Sportler unter den Berufsbegriff von Art. 12 GG fällt, wenn er nicht Zuwendungen in nur unerheblichem Umfang erhält[74]. Hierbei reichen kleinere materielle Vorteile, wie z. B. Handgelder beim Vereinswechsel, für eine Einordnung als Berufssportler nicht aus. Etwas anderes gilt aber beispielsweise schon dann, wenn der Verein einem Spieler ein Kraftfahrzeug für längere Zeit zur freien Benutzung zur Verfügung stellt[75].
Unter den Berufsbegriff von Art. 12 GG fällt auch die Ausbildung, als Vorbereitung der Berufsaufnahme, wobei kein festgelegter Ausbildungsgang vorausgesetzt wird, sondern eine bestimmte Tätigkeit, die nach gesellschaftlichen Anschauungen als Lernvorgang für einen be-

[70] *Reschke*, Sport als Arbeit, S. 13.
[71] Aktuelles Sportrechtlexikon, SpuRt 1997, 60 (60).
[72] Ebenda.
[73] Vgl. BVerfGE 7, 377 (397); 54, 301 (313); 97, 228 (253); *Jarass/Pieroth*, Art. 12 GG, Rdnr. 4; *Gubelt* in: *v. Münch/ Kunig*, Art. 12 GG, Rdnr. 63.
[74] BGH, WM 1999, 2319 (2320).
[75] *Fritzweiler* in: Praxishandbuch Sportrecht, S. 26.

stimmten späteren Beruf angesehen wird, ausreicht[76]. Dieser Status kann schon durch die vertragliche Bindung eines talentierten Jugendspielers an einen Lizenzverein erreicht sein[77].

Auch der Anwendungsbereich des EGV wird unabhängig von einer Einordnung des Sportlers als Amateur nach den Verbandsstatuten eröffnet, soweit die Betätigung einen Teil des Wirtschaftslebens i. S. d. Art. 2 EGV darstellt.
Dieses ist nach Interpretation der Entscheidungen des EuGH in den Verfahren „Walrave"[78] und „Dona"[79] und der Auffassung der EU-Kommission[80] nur in den Fällen nicht gegeben, wenn der Sport ohne jeglichen Erwerbszweck ausgeübt wird. Zwar hat der EuGH sich mit dieser Frage noch nicht explizit auseinandersetzen müssen, weil die Fälle „Walrave" und „Dona" alleine den Berufssport betrafen, jedoch traf der EuGH im Verfahren „Walrave" die Aussage, daß sportliche Tätigkeit „*nur* insoweit dem Gemeinschaftsrecht unterfällt, als sie einen Teil des Wirtschaftslebens im Sinne von Art.2 des Vertrages ausmacht", wohingegen im Urteil „Dona" das Wort „nur" weggelassen wurde.
Demgegenüber hielt es der Generalanwalt *Trabucchi* im Verfahren „Dona" durchaus für „denkbar, daß im Anwendungsbereich des Verbots auf der Staatsangehörigkeit beruhender unterschiedlicher Behandlung auch Betätigungen außerwirtschaftlicher Art in Betracht gezogen werden"[81].
Auch in der Literatur ist umstritten, ob die ohne jeglichen Erwerbszweck ausgeübte sportliche Betätigung im Freizeitbereich unter die Begriffe „Arbeitsbedingungen" oder „soziale Vergünstigungen" i. S. d. Art. 39 EGV und Art. 7 Abs. 1 und 2 Verordnung (EWG) Nr. 1612/68[82] über die Freizügigkeit der Arbeitnehmer innerhalb der Gemeinschaft fällt. Sofern Bürger von Mitgliedstaaten der EU ihre berufliche Leistung in einem Abhängigkeitsverhältnis zu einem Arbeitgeber erbringen, handelt es sich um Arbeitnehmer i. S. d. Art. 39 EGV und Art. 7 VO (EWG) Nr. 1612/68. Eine unterschiedliche Behandlung dieser Personen hinsichtlich der Arbeitsbedingungen und der sozialen Vergünstigungen ist somit untersagt. Fraglich ist aber, ob es sich bei der Möglichkeit der Ausübung von Sport als Freitzeitbeschäftigung um „Arbeitsbedingungen" oder „soziale Vergünstigungen" i. S. d. vorgenannten Regelungen handelt.
Nach einem Teil der Literatur[83]bildet der Freizeitsport durch seine integrierende Wirkung einen Teil der sozialen Voraussetzungen für den Aufenthalt und die berufliche Tätigkeit des Arbeitnehmers aus einem anderen EU-Mitgliedsstaat. Er ist infolgedessen nicht lediglich Bestandteil der allgemeinen Lebensbedingungen in dem Gastland, sondern wirkt zumindest mittelbar auch auf die „Arbeitsbedingungen" ein und stellt eine „soziale Vergünstigung" dar.
Richtiger erscheint es jedoch, nach einer anderen Meinung in der Literatur[84] den reinen Freizeitsport nicht als von den oben erwähnten Diskriminierungsverboten umfaßt anzusehen. Zwar ist der Begriff der „Arbeitsbedingungen" weit auszulegen und die Aufzählung in Art. 39 Abs. 2 EGV, der seine Ausgestaltung in Art.7 Abs. 1 VO (EWG) Nr. 1612/68 gefunden hat, als nicht unbedingt abschließend zu verstehen[85]. Jedoch enthält Art. 7 Abs. 1 VO (EWG) Nr. 1612/68, als Ausformung des Gleichbehandlungsgebotes, in seiner Aufzählung nur Aktivitäten mit einer un-

---

[76] Ebenda.
[77] Ebenda.
[78] EuGH, Slg. 1974, 1405 (1406), Rdnr. 2, (Rs. 36/74).
[79] EuGH, Slg. 1976, 1333 (1340), Rdnr. 12/13, (Rs. 13/76).
[80] Antworten der Kommission auf die Anfragen des Abgeordneten des Europäischen Parlaments *Seefeld*, ABl. EG 1971, Nr. C 12, 10 und 1974, Nr. C 77, 35; und des Abgeordneten des Europäischen Parlaments *Müller*, ABl. EG 1974, Nr. C 58, 1.
[81] Schlußanträge des Generalanwalts *Trabucchi*, Slg. 1976, 1343 (1347), (Rs. 13/76).
[82] Abl. EG 1969, Nr. L 13, 29
[83] *Schroeder*, Sport und europäische Integration, S. 44 ff.
[84] *Klose*, Die Rolle des Sports, S. 116 ff.
[85] U. a. *Wölker* in: *Groeben/Thiesing/Ehlermann*, Art.48 EGV a. F., Rdnr. 40.

mittelbaren Beziehung zu einem bestehenden oder anvisierten Arbeitsverhältnis[86]. Demgegenüber besteht zwischen reinem Freizeitsport und der Berufswelt, trotz der unbestrittenen integrierenden Wirkung des Sports, ein lediglich mittelbares Verhältnis.
Auch stellt der als reines Hobby betriebene Sport keine „soziale Vergünstigung" nach Art. 7 Abs. 2 VO (EWG) Nr. 1612/68 dar. Zwar betont der EuGH, daß auch diese Vorschrift weit auszulegen sei und nicht an das Bestehen eines Arbeitsvertrages gebunden ist.[87] Jedoch ist bei der Auslegung der VO (EWG) Nr. 1612/68 stets von ihrer Ermächtigungsnorm -Art.40 EGV- auszugehen, die wiederum auf die Arbeitnehmerfreizügigkeit des Art. 39 EGV Bezug nimmt, weshalb zumindest ein mittelbarer Zusammenhang mit dem Berufsleben bestehen muß[88].

Der reine Freizeitsport fällt somit nicht unter den Anwendungsbereich des EGV.

III. Die Grundlagen der Rechtsverhältnisse des Berufssportlers zu den Verbänden, Vereinen und privaten Sportveranstaltern

Der Berufssportler geht vor dem Beginn der Ausübung seiner Tätigkeit ein Geflecht von rechtlichen Bindungen ein, das auf verschiedenen Rechtsgrundlagen beruht.
Diese Beziehungen bestehen u. a. zu Beratern der Sportler, Sponsoren, Vereinen, privaten Sportveranstaltern, nationalen und internationalen Sportverbänden. Dabei kann es im Verhältnis zu den Verbänden, Vereinen und privaten Sportveranstaltern, welches der Gegenstand dieser Arbeit ist, zu komplizierten Dreiecksverhältnissen kommen, deren Bewertung dadurch erschwert wird, daß das Verhältnis zu den Vereinen nicht nur durch privatautonome Vereinbarungen mit dem Profi, sondern auch durch die Regelwerke der Verbände bestimmt wird.

Um aber Aussagen über die inhaltliche Ausgestaltung der Rechtsbeziehungen zu den Verbänden und Vereinen und der sich aus diesen Verbindungen ergebenden Rechte und Pflichten treffen zu können, müssen diese Rechtsbeziehungen und die daraus entstehenden Bindungen an verschiedene Normengruppen (z.B. Verbands-/Vereinssatzungen) erst einmal aufgezeigt und in Bezug auf ihre rechtliche Qualität eingeordnet werden.
Hinsichtlich der verschiedenen rechtlichen Bindungen des Profis ist zwischen den privatrechtlichen Verträgen mit Vereinen, Verbänden und privaten Sportveranstaltern, die den Berufssportler zur Sportleistung verpflichten (individualrechtliche Seite), und dem Verhältnis zu den nationalen und internationalen Verbänden und den Vereinen, durch welches im wesentlichen eine Unterwerfung unter die Vereins- und Verbandsgewalt erreicht werden soll (kollektivrechtliche Seite), zu unterscheiden.

1. Die individualrechtliche Seite der Rechtsbeziehungen des Profisportlers

Diese Seite der Rechtsbeziehungen bezeichnet die privatrechtlichen Vereinbarungen des Sportlers mit Vereinen, Verbänden und Wirtschaftsunternehmen als Sportveranstalter, durch welche ein Schuldverhältnis begründet wird, dessen Inhalt die Leistung (§ 241 BGB) einer sportlichen Tätigkeit ist[89].
Zur individualrechtlichen Seite der Rechtsbeziehungen des Profis zählen neben diesem „Sportleistungsvertrag" noch die vertraglichen Bindungen zu Sponsoren, an Berater und zu Sportver-

[86] *Klose*, Die Rolle des Sports, S. 116 f.
[87] EuGH, Slg. 1975, 1085 (1095), Rdnr. 14/18, (Rs. 32/75).
[88] *Klose*, Die Rolle des Sports, S. 121.
[89] *Fritzweiler* in: Praxishandbuch Sportrecht, S. 215.

anstaltern, zur Regelung der Verwertung der Rechte an dem Produkt Sport. Die Bewertung dieser Verträge ist jedoch nicht Gegenstand dieser Arbeit[90].
Die Hauptleistung des Sportlers im Rahmen des Sportleistungsvertrages besteht in der Erbringung einer sportlichen Tätigkeit, wobei als Nebenleistung i. d. R. die Werbeleistung hinzutritt. Die Gegenleistung des Vertragspartners des Profis besteht in der Bezahlung, also einer Geldleistung.
Eine nähere Qualifikation des Sportleistungsvertrages als Werk-, Dienst- oder Arbeitsvertrag kann wegen der verschiedenen Arbeitnehmerbegriffe der unterschiedlichen im Sportbereich berührten Rechtsgebiete noch nicht an dieser Stelle der Arbeit, an der es nur um eine Darstellung der Rechtsbeziehungen des Sportlers geht, aus denen eine schuldrechtliche Verpflichtung zur Sportleistung resultiert, erfolgen.
Im Hinblick auf die Erbringung der Sportleistung ist zwischen Sportlern wie den Fußball- und Eishockeyspielern, deren Tätigkeit durch die Teilnahme ihrer Mannschaft am laufenden Ligawettbewerb geprägt wird, und Sportlern wie den Leichtathleten, die an einzelnen Wettkampfveranstaltungen teilnehmen, zu unterscheiden, um die Tätigkeit des Profis im Rahmen des Sportleistungsvertrags genauer einzuordnen.

a. Die individualrechtlichen Vertragsbeziehungen der Fußball- und Eishockeyprofis

Die laufenden Wettkämpfe werden, wie im Fall der Fußball- und Eishockeybundesliga oder der Deutschen Eishockeyliga (DEL), in bestimmter zeitlicher Reihenfolge abgehalten. Hierbei ist der Sportler in ein mannschaftliches Gefüge eingebunden, dem ein Trainer vorsteht. Er erbringt seine Sportleistung gegenüber seinem Vertragspartner durch Bereitstellung seiner Leistung bei den Wettkampfveranstaltungen und durch seine Teilnahme am Training oder an Werbeveranstaltungen seines Vertragspartners.

aa. Der Sportleistungsvertrag mit dem Verein

Das Zustandekommen des Sportleistungsvertrages zwischen Profisportler und Verein ist unproblematisch und erfolgt durch zwei korrespondierende Willenserklärungen.
Nach § 10 LiSpSt des DFB ist als Grundlage der Sportleistung eines Lizenzfußballspielers der Abschluß eines Arbeitsvertrages mit dem Verein vorgesehen, wobei an anderer Stelle noch zu klären sein wird, ob der Lizenzspieler tatsächlich als Arbeitnehmer zu qualifizieren ist.[91] Nach Art. 9 Nr. 1 SpO des DEB erbringt auch der Eishockeyligenspieler seine Sportleistung gegenüber dem Verein aufgrund eines Vertrages und erhält hierfür eine Zuwendung von diesem. Auch bestimmt z. B. § 2 der Mustervertrages des DFB für den Vertrag zwischen Spieler und Vereinen, daß sich der Profifußballer verpflichtet, „seine ganze Kraft und seine sportliche Leistungsfähigkeit uneingeschränkt für den Verein einzusetzen". In diesem Rahmen werden Ort, Art und Weise der Trainings- und Wettkampfveranstaltungen und das Ob und Wie eines Einsatzes des Profis bei diesen durch den Trainer festgelegt, was z.B. auch in § 6 des Mustervertrages des DFB geregelt ist.

---

[90] Vgl. hinsichtlich des Sponsorings *Schneider*, Sport und Recht, S. 83 ff. und hinsichtlich des Verhältnisses zu dem Manager *Nasse*, SpuRt 1996, 113 ff.
[91] Vgl. unten, 2.Abschn., I.

bb. Die Sportleistungspflicht gegenüber dem Verband

(1). Bei Teilnahme am laufenden Spielbetrieb für den Verein

Parallel zu dem Vertrag mit dem Verein hat der Profi nach § 11 LiSpSt des DFB einen Lizenzvertrag mit dem DFB abzuschließen, ohne den ein gegen Entgelt spielender Fußballsportler nicht von seinem Verein in den Bundesligen eingesetzt werden darf. Auch Art. 49 Nr. 2 SpO des DEB sieht vor, daß ein Eishockeyspieler nur eine Spielberechtigung für seinen Verein erhält, falls er eine Vereinbarung mit dem DEB getroffen hat, in der er sich dessen Regelwerk und seinen Entscheidungen unterwirft.
Problematisch ist, ob diese Verträge auch als Sportleistungsverträge anzusehen sind, weil die Lizenzierung durch die Verbände Wirkung auf das Sportleistungsverhältnis zwischen Spieler und Verein hat. So sieht schon § 12 lit. a LiSpSt des DFB vor, daß der „Arbeitsvertrag" zwischen Spieler und Verein „unter dem Vorbehalt der Lizenzerteilung geschlossen wird", und es kann z. B. nach § 21 Nr. 3 SpO des DFB ein durch diesen gesperrter Spieler nicht in Bundesligaspielen eingesetzt werden.
Diese Frage, ob der Sportler wegen der beschriebenen Einwirkung der Verbände auf das Vertragsverhältnis zu den Vereinen auch gegenüber den Verbänden zur Sportleistung verpflichtet ist, ist strengstens von den Problemkreisen zu unterscheiden, welche Rechtsqualität dem Lizenzierungsvertrag zukommt[92] und ob durch die Einwirkungsmöglichkeit der Verbände, aber unabhängig von einer Sportleistungspflicht, zu diesen ein arbeitsvertragliches Verhältnis[93] besteht.
Die Vereine werden durch die Verbände in der Durchführung und z. B. durch die Vorgabe eines Mustervertrages (DFB) in der inhaltlichen Ausgestaltung des Sportleistungsvertrages beschränkt. Darüber hinaus erkennt der Sportler durch die mit der Lizenzierung einhergehende Unterwerfung die Regelwerke der Verbände und die Benutzungsbestimmungen der Verbandseinrichtung (Bundesliga) an. Hieraus alleine ergibt sich aber noch keine Pflicht zur Sportleistung gegenüber dem Verband.
Etwas anderes folgt auch nicht aus dem Sinn und Zweck dieser Regelanerkennungsverträge, durch die eine Bindung des Sportlers an die Regelwerke der Verbände hergestellt werden soll und dafür dem Profi die Teilnahme am Sportbetrieb gestattet wird.[94] Viele Berufssportler sind aus steuerrechtlichen Gründen nicht Mitglieder ihrer Vereine, weil anderenfalls die Gemeinnützigkeit der Vereine in Frage gestellt würde.[95] Der Sportler ist somit nicht auf vereinsrechtlicher Grundlage, durch sein Mitgliedschaftsverhältnis zum Verein, welcher wiederum Mitglied des Verbandes ist, der Verbandsgewalt unterworfen. Diese Verbandsgewalt wird daher lediglich durch die vertragliche Unterwerfung im Rahmen des Lizenzierungsvorgangs aufrechterhalten[96].
Aus diesem Grund könnte man auch das durch die Lizenzierung entstandene Verhältnis als „quasi-mitgliedschaftlich" ansehen[97], weil eine mitgliedschaftliche Bindung gewollt ist, diese aber nur aus steuerrechtlichen Gründen nicht hergestellt wird. Die Frage einer „quasi-mitgliedschaftlichen" Bindung durch die Lizenzierung kann aber bei der Beantwortung der Frage einer Sportleistungspflicht des Sportlers gegenüber den Verbänden noch offen bleiben, weil auch eine

---

[92] Vgl. unten, 1.Abschn., III.2.b.aa.(2).(b).; wobei es um die Frage geht, ob der Lizenzierungsvertrag ein „quasimitgliedschaftliches" Verhältnis zum Verband herstellt (vereinsrechtlicher Ansatz) oder ob es sich um einen schuldrechtlichen Vertrag handelt (zivilrechtlicher Ansatz).
[93] Vgl. unten, 3.Abschn., I.
[94] Vgl. unten, 1.Abschn., III.2.b.aa.
[95] *Imping*, Die arbeitsrechtliche Stellung des Fußballspielers, S. 198; demgegenüber sind aber manche Eishockeyspieler und alle Leichtathleten Mitglieder ihrer Vereine (vgl. unten, 1.Abschn., III.2.a.).
[96] U. a. *Buchner*, RdA 1982, 1 (10).
[97] Vgl. unten, 1.Abschn., III.2.b.aa.(2).(b).

Qualifikation des Verhältnisses zu den Verbänden als vereinsrechtlich nicht zu einer Verpflichtung zu einer Sportleistung führen würde[98].
Mitgliedschaftspflichten unterteilen sich in primäre und sekundäre Pflichten, also in die Pflicht zur Beitragszahlung[99] und zur Förderung des Verbandszwecks[100]. Zwar besteht eine Pflicht des Mitglieds, den Verbandszweck zu fördern. Allerdings muß wegen der möglichen erheblichen Reichweite und Unbestimmtheit einer allgemeinen Förderpflicht des Vereinszwecks eine aktive Förderpflicht durch eine Satzungsbestimmung konkretisiert sein[101]. Eine derartige Konkretisierung, daß die Profis den Verbandszweck der Durchführung und Aufrechterhaltung des Sportbetriebes durch Sportleistung zu fördern haben, ist aber in den Verbandssatzungen nicht erfolgt, weil die Spieler aus oben genannten Gründen gerade nicht Mitglieder der Vereine und somit auch der Verbände sein sollen. Es besteht infolgedessen keine schuldrechtliche Pflicht des Profis zur Sportleistung aus dem Lizenzierungsvertrag gegenüber dem Verband, auch wenn man diesem vereinsrechtlichen Charakter zuweist, weil sich der Sportler durch diesen Vorgang alleine lediglich einer Benutzungsordnung unterwirft, indem er die Regelwerke der Verbände als für sich bindend anerkennt.

(2). Im Rahmen der Nationalmannschaft

Etwas anderes könnte sich aber im Rahmen eines Einsatzes des Sportlers in der Nationalmannschaft ergeben, weil hier der Sportler die Sportleistung nicht im Rahmen seiner Zugehörigkeit zu einer Vereinsmannschaft gegenüber dem Verein, sondern durch seine Eingliederung in die Nationalmannschaft des Verbandes erbringt.

Nach §§ 11 a, 12 SpO des DFB und Art. 12 SpO des DEB stellen die Verbände die Nationalmannschaften auf und sind die Vereine verpflichtet, ihre Spieler zum Einsatz in der Nationalmannschaft abzustellen. Durch diese Regelung in den Verbandsnormen alleine ergibt sich aber noch kein Sportleistungsvertrag zwischen Spieler und Verband, aus dem eine Pflicht des Sportlers zur Sportleistung gegenüber dem Verband erwächst. Vielmehr ergibt sich nur eine Verpflichtung des Vereins, den Spieler abzustellen.
Nach § 12 Nr. 1 Satz 2 SpO DFB ist aber der Spieler selber verpflichtet, der Aufforderung zur Einberufung in die Nationalmannschaft Folge zu leisten, wohingegen die SpO des DEB eine derartige Regelung nicht enthält. Diese Regelung des DFB ist für den Profi wegen der mit der Lizenzierung verbundenen vertraglichen Unterwerfung unter die Verbandsnormen bindend (§ 3 Lizenzierungsvertrag des DFB). Jedoch ergibt sich, egal ob man die durch die Lizenzierung entstandene Bindung zum Verband als „quasi-mitgliedschaftlich" oder als rein schuldrechtlich qualifiziert[102], aus der Verpflichtung des Lizenzspielers, der Nominierung in die Nationalmannschaft nachzukommen, alleine keine schuldrechtliche Verpflichtung zur Sportleistung gegenüber dem Verband. Die Nominierungsregelungen in den Verbandssatzungen betreffen die Auswahl der Sportler für die Nationalmannschaft und somit lediglich eine der tatsächlichen Sportausübung vorgelagerte Frage[103]. Die Verpflichtung, der Nominierung nachzukommen, steht somit nicht einer schuldrechtlichen Pflicht zur Erbringung einer Sportleistung gleich. Vielmehr wird alleine durch die Nominierung nur eine interne Auswahlentscheidung des Verbandes mitteilt[104], welche Vorstufe für die Begründung eines wie auch immer gearteten Rechtsverhältnisses ist.

[98] So auch *Fritzweiler* in: Praxishandbuch Sportrecht, S. 221.
[99] Mü-Ko/*Reuter*, § 38 BGB, Rdnr. 24; *Reichert*, Handbuch des Vereins- und Verbandsrechts, Rdnr. 578.
[100] Mü-Ko/*Reuter*, § 38 BGB, Rdnr. 25; *Reichert*, Handbuch des Vereins- und Verbandsrechts, Rdnr. 608.
[101] *Reichert*, Handbuch des Verbands- und Vereinsrechts, Rdnr. 608.
[102] Vgl. unten, 1.Abschn., III.2.b.aa.(2).(b).
[103] *Hohl*, Nominierung von Leistungssportlern, S. 95.
[104] Ebenda, S. 99.

Auch aus § 4 lit. e des Musterarbeitsvertrages des DFB zwischen Lizenzspieler und Verein, in dem eine Verpflichtung des Vereins festgelegt ist, den Spieler im Falle einer Nominierung in die Nationalmannschaft abzustellen, ergibt sich selber keine schuldrechtliche Verpflichtung des Sportlers zur Sportleistung gegenüber dem Verband im Rahmen der Nationalmannschaft (die Musterverträge des DEB enthalten eine derartige Klausel nicht). Dem Profi wird nur ein Anspruch auf Abstellung gegenüber dem Verein eingeräumt, falls dieser der Berufung des Verbandes nachkommen will.

Es besteht somit alleine durch die Lizenzierung kein Sportleistungsvertrag, der auf eine Pflicht zur Erbringung einer Sportleistung gegenüber dem Verband gerichtet ist. Wenn also der Sportler nicht in der Nationalmannschaft spielen will, so hat der Verband diesen Verzicht zu respektieren[105].
Etwas anderes ergibt sich nur, wenn der Sportler der Berufung nachkommt. In diesem Fall hat er, wie dargestellt, aus dem Sportleistungsvertrag mit dem Verein einen Anspruch auf Abstellung zur Nationalmannschaft gegen diesen. Es ist dann unerheblich, ob man mit einigen Autoren[106], welche in der Nominierung neben der Mitteilung einer verbandsinternen Auswahlentscheidung gleichzeitig ein Angebot des Verbandes auf Abschluß eines Sportleistungsvertrages sehen, eine unmittelbare vertragliche Beziehung zwischen Verband und Profi annimmt oder ob nach der herrschenden Meinung[107] nicht unmittelbar zwischen Sportler und Verband ein Sportleistungsvertrag geschlossen wird, sondern die schuldrechtliche Verpflichtung zur Sportleistung auf einem Leiharbeitsverhältnis[108] beruht, nach dem nur zum Verein eine vertragliche Zuordnung besteht, die Sportleistung aber vorübergehend gegenüber dem Verband geschuldet wird.

Als Fazit ist demnach festzuhalten, daß zwischen dem Verband und dem Sportler alleine aufgrund des Lizenzierungsvertrages kein Sportleistungsvertrag im Sinne einer schuldrechtlichen Verpflichtung zur Sportleistung besteht. Eine solche Verpflichtung kommt erst zustande, wenn sich der Sportler zu einem Einsatz in der Nationalmannschaft bereiterklärt.

b. Die individualrechtlichen Vertragsbeziehungen der Leichtathleten

Im Falle der meisten Einzelsportarten, wie z. B. Leichtathletik und Tennis, ist der Berufssportler nicht in einen laufenden Wettkampf im Sinne eines Ligabetriebes eingebunden, sondern nimmt freiwillig an selbstgewählten Wettkampfveranstaltungen und Turnieren im In- und Ausland (z. B. Leichtathletik–Meetings) teil.
Er ist in der Regel nicht in ein mannschaftliches Gefüge eingebunden und kann sich seine Betreuer und Trainer selber aussuchen. Der Leichtathlet ist nach § 1 LAO Mitglied eines Vereins, woraus sich alleine aber keine schuldrechtliche Verpflichtung zur Sportleistung ergibt[109].

Es besteht mit dem Verein keinen Sportleistungsvertrag.

---

[105] *Kaske*, Berufssport, S. 30.
[106] U. a. *Hohl*, Nominierung von Leistungssportlern, S. 102 ff.
[107] U. a. *Kaske*, Berufssport, S. 30; *Gitter/Schwarz*, RdA 1982, 37 (37); *Börner*, Berufssportler als Arbeitnehmer, S. 132.
[108] Vgl. *Marschall* in: Münchner Handbuch Arbeitsrecht, § 168, Rdnr. 69, nach dem das Recht auf die Sportleistung aufgrund des Arbeitsvertrages grundsätzlich nur dem Verleiher zusteht und dieser dieses Recht zusammen mit dem Direktionsrecht auf den Entleiher überträgt. Diese Übertragung ist zwischen den Vereinen und dem Verband in § 12 SpO DFB/DEB geregelt.
[109] Vgl. unten, 1.Abschn., III.2.b. hinsichtlich der aus der mitgliedschaftlichen Bindung zum Verband nicht resultierenden schuldrechtlichen Verpflichtung zur Sportleistung.

aa. Der Sportleistungsvertrag mit dem Veranstalter

Ein Sportleistungsvertrag wird zunächst mit dem Verein, Verband oder Unternehmer geschlossen, der den Wettkampf veranstaltet. Bei derartigen Teilnahmeverträgen wird die Teilnahmepflicht des Profis vereinbart, wobei sich die zu erbringende Tätigkeit meist aus der durch den Sportler ausgeübten Sportart von selber ergibt[110].

bb. Die Sportleistungspflicht gegenüber dem Verband

Nach § 4 Nr. 3 c Leichtathletik Ordnung (LAO) hat sich der Athlet, um ein Startrecht für Wettkampfveranstaltungen zu erlangen, dem Regelwerk des Verbandes zu unterwerfen. Aus diesem Vorgang alleine resultiert, wie oben dargestellt[111], kein Anspruch auf Sportleistung. Darüber hinaus sind aber die Spitzensportler der Leichtathletik, namentlich die Athleten des Bundeskaders, mittels Athletenvereinbarung an den Verband gebunden, in welcher unter § 4 eine schuldrechtliche Verpflichtung zur Sportleistung gegenüber dem Verband geregelt ist.[112] Der Leichtathlet unterhält somit im Gegensatz zu dem Fußball- oder Eishockeyprofi auch einen Sportleistungsvertrag mit dem Verband.

2. Die kollektivrechtliche Seite der Rechtsbeziehungen des Profis

Diese Seite der Rechtsbeziehungen des Sportlers bezeichnet, im Gegensatz zu der unter 1. Abschn.,III.,1. dargestellten individualrechtlichen Seite, nicht die schuldrechtliche Verpflichtung des Berufssportlers zur Sportleistung gegenüber einem Vertragspartner, sondern seine Bindung an Verbände und Vereine, durch die eine Unterwerfung unter deren Regelwerke erreicht werden soll und dafür dem Sportler die Teilnahme an dem durch die Verbände organisierten Sportbetrieb gestattet wird.

a. Das kollektivrechtliche Verhältnis des Profisportlers zum Verein

Lizenzfußballspieler unterhalten nach § 10 LiSpSt des DFB lediglich einen dort als Arbeitsvertrag bezeichneten Sportleistungsvertrag zum Verein und sind demnach nicht dessen Mitglieder. Die fehlende mitgliedschaftliche Bindung des Lizenzfußballspielers an den Verein, welche manche Vereine sogar in ihre Satzung aufgenommen haben[113], beruht auf steuerrechtlichen Erwägungen, um unter anderem die Gemeinnützigkeit des Lizenzvereins nach § 5 Abs. I Nr. 9 KStG zu erhalten[114].

Eine Bindung an die Satzung des Vereins wird aber über entsprechende Klauseln in den Sportleistungsverträgen (§ 1 des Musterarbeitsvertrages des DFB/§ 1 des Musterarbeitsvertrages des DEB) hergestellt.
Ein Teil der Literatur[115] sieht das Verhältnis des Profis zu dem Verein trotzdem als „quasimitgliedschaftlich" an, weil durch die schuldrechtliche Unterwerfung unter die Vereinssatzungen durch den Sportleistungsvertrag zwar alle Mitgliedschaftspflichten, aber keine entsprechen-

---

[110] *Fritzweiler* in: Praxishandbuch Sportrecht, S. 226.
[111] Vgl. oben, 1.Abschn., III.1.a.bb.
[112] Vgl. *Fritzweiler* in: Praxishandbuch Sportrecht, S. 222; *Haas/Prokop*, SpuRt 1996, 109 (109 ff.).
[113] Z. B. § 22 der Satzung des TSV München von 1860.
[114] Ausführlicher *Samstag*, Grenzen der Verbandsgewalt, S. 10 und *Fritzweiler* in: Praxishandbuch Sportrecht, S. 191 ff.
[115] U. a. *Malatos*, Berufsfußball, S. 86.

den Rechte begründet werden und somit eine Behandlung als „Quasi–Mitglied“ geboten ist[116]. Für diese Meinung sprach auch, daß nach den alten Fassungen des § 29 LiSpSt des DFB unabhängig von dem Bestehen eines wirksamen Sportleistungsvertrages zwischen Profi und Verein ein Transfer zu einem anderen Klub nur bei einer Freigabeerklärung (Regelung bis 01.09.1980) des abgebenden Vereins oder bei einer Transferzahlung an diesen (Regelung bis 01.07.1997) möglich war[117]. Dieses über die schuldrechtliche Bindung des Sportleistungsvertrages hinausgehende „Zugehörigkeitsverhältnis“ zum Verein war Indiz für eine „Quasi–Mitgliedschaft“[118]. Auch spricht für diese Meinung, daß das Fehlen der mitgliedschaftlichen Bindung an den Verein nur auf steuerrechtlichen Aspekten und nicht auf Gründen, die im Verhältnis zwischen Spieler und Verein selber liegen, beruht und deshalb der Lizenzspieler wie ein Mitglied zu behandeln sei.
Heute ist aber das Hauptargument, das auf dem Transfersystem beruhende besondere „Zugehörigkeitsverhältnis“, weggefallen, weil nach den Entscheidungen des EuGH im Verfahren „Bosman“[119] und des BAG im Fall „Kienas“[120] § 29 LiSpSt des DFB dahingehend abgeändert wurde, daß die Pflicht zur Zahlung einer Ablösesumme nach dem Auslaufen des Sportleistungsvertrages entfallen ist. An die Stelle dieser Regelung ist nach § 30 LiSpSt des DFB eine Ausbildungs- und Förderungsentschädigung getreten, die aber nur in dem Fall zu entrichten ist, wenn ein (Vertrags-) Amateur durch einen Verein der Lizenzligen als Lizenzspieler unter Vertrag genommen wird. Es besteht somit für den Transfer eines Spielers, welcher schon bei dem abgebenden Verein Lizenzspieler war, keine Pflicht zur Bezahlung einer Ablösesumme; demnach unterliegt dieser Spieler nach der Neuregelung des LiSpSt des DFB nicht einer über den Sportleistungsvertrag hinausgehenden und nach dessen Beendigung fortbestehenden Bindung an den Verein. Auch würde die Einräumung der Stellung als „Quasi-Mitglied“ eine Umgehung der Steuergesetze darstellen und somit zu einer Gefährdung des Status der Gemeinnützigkeit der Vereine führen. Das Steuerrecht bietet, aufgrund seiner Eigenständigkeit, durch die Vornahme einer „wirtschaftlichen Betrachtungsweise“ die Möglichkeit, sich von der zivilrechtlichen Gestaltung zu distanzieren und eine eigene Bewertung des Rechtsverhältnisses vorzunehmen.[121].
Der Lizenzfußballspieler ist daher nicht (quasi) Mitglied seines Vereins, sondern an diesen nur durch den schuldrechtlichen Sportleistungsvertrag gebunden. Die Bindung an die Vereinssatzung durch den Sportleistungsvertrag hat deshalb, unabhängig von dem Meinungsstreit über die Rechtsqualität der Vereinsnormen im Falle eines mitgliedschaftlichen Verhältnisses zu dem Verein, vertraglichen Charakter.

Demgegenüber kann der Eishockeyligenspieler neben einem Sportleistungsvertrag nach § 9 Nr.1 Satz 2 SpO des DEB auch ein mitgliedschaftliches Verhältnis zu seinem Klub unterhalten und hat der Leichtathlet nach § 1 LAO des DLV sogar Mitglied eines Vereines zu sein.

Der Vereinsbeitritt des Sportlers erfolgt durch Aufnahmevertrag, mit dem das Mitglied die Vereinssatzungen anerkennt und an dieses Regelwerk gebunden wird[122].
Problematisch ist hierbei lediglich die Beurteilung der Rechtsqualität der Vereinsnormen. Hierbei stehen sich eine kooperationsrechtliche Auffassung, welche der Satzung Rechts-

---

[116] *Malatos*, Berufsfußball, S. 128.
[117] Darstellung der Entwicklung des Transfersystems bei *Summerer* in: Praxishandbuch Sportrecht, S. 143 ff.
[118] *Malatos*, Berufsfußball, S. 86 f., 128 ff.
[119] EuGH, Slg. 1995 I, 4921 ff. (Rs. C-415/93).
[120] BAG, NZA 1997, 647 ff.
[121] *Schmidt*, EStG, § 2, Rdnr. 40.
[122] *Summerer* in: Praxishandbuch Sportrecht, S. 132.

normqualität zuweist, und eine rechtsgeschäftliche Betrachtungsweise, die der Satzung vertragliche Wirkung zuschreibt, gegenüber[123].
Durch das BGB ist die Rechtsqualität der Satzung nicht in der einen oder anderen Richtung geregelt, und auch das Reichsgericht und der Bundesgerichtshof haben bisher darauf verzichtet, sich mit diesem Theorienstreit auseinanderzusetzen.

Nach überwiegender Ansicht[124] stellt die ursprüngliche Vereinbarung der Vereinsgründer einen Vertrag dar, die reine „Normentheorie"[125], nach welcher der Satzung von Anfang an Rechtsnormqualität zukommt, ist wegen der ihr zugrundeliegenden Ansicht von einer originären, nicht vom Staat abgeleiteten Rechtsetzungsautonomie der Vereine und der nationalen Verbände nicht mehr vertretbar[126].
Nach der „Vertragstheorie"[127] bleibt die Satzung auch nach der Gründung Vertrag; demgegenüber erhält nach der „modifizierten Normentheorie"[128] die Satzung nach der Gründung Rechtsnormqualität.

Art. 9 Abs. 1 GG selber trifft nach seinem Wortlaut keine Entscheidung über die Rechtsqualität der Vereinssatzungen, sondern gewährleistet neben dem Recht des Einzelnen, sich in Vereinen zusammenzuschließen, auch den Bestand und die funktionsgerechte Betätigung der Vereinigung selber[129], wobei es hier offen bleiben kann, ob die Vereinigung selber aus Art. 9 GG Grundrechtsschutz erfährt[130] oder dieser über Art. 19 Abs. 3 GG hergestellt wird[131]. Das Recht auf funktionsgerechte Betätigung schließt das Recht zur Verbandsnormsetzung mit ein[132], wodurch aber noch keine Aussage über die Rechtsqualität dieser Verbandsnormen getroffen ist[133].

Die Verfechter der „Vertragstheorie"[134] machen geltend, daß eine rechtsgeschäftlich zustandegekommene Vereinssatzung nicht später zu einer Rechtsnorm werden kann, wenn dieses nicht gesetzlich angeordnet wird. So kommt auch den rechtsgeschäftlichen „Schöpfungen" Tarifvertrag und Betriebsvereinbarung erst kraft gesetzlicher Anordnung (§§ 1 Abs. 1, 4 Abs. 1 und 2 TVG und § 77 Abs. 4 Satz 1 BetrVG) normative Wirkung zu. Darüber hinaus spricht laut diesen Autoren für den vertraglichen Charakter der Vereinssatzungen, daß nach überwiegender Meinung der Beschluß einer Satzungsänderung durch die Mitgliederversammlung ein Rechtsgeschäft darstellt[135]. Hätte aber die Satzung ihre vertragliche Qualifikation verloren, könnte sie nicht mehr rechtsgeschäftlich geändert werden[136].

Dem hält der Teil des Schrifttums, welcher die „modifizierte Normentheorie" vertritt,[137] entgegen, daß die Satzung, anders als ein Vertrag, der das Ergebnis von Verhandlungen zwischen Individuen ist, die ihre Interessen im Wege eines Kompromisses miteinander regeln wollen, die

[123] *Vieweg*, Normsetzung und -anwendung, S. 319.
[124] Ebenda; BGHZ, 47, 172 (179 f.).
[125] U. a. *Otto v. Gierke*, Deutsches Privatrecht, Bd. I, S. 150 f.
[126] Vgl. oben, 1.Abschn., I.; *Vieweg*, Normsetzung und –anwendung, S. 319.
[127] U. a. *Hadding* in: *Soergel*, § 25 BGB, Rdnr. 17 ff.
[128] U. a. Mü-Ko/*Reuter*, § 25 BGB, Rdnr. 7 ff.; *Lohbeck*, MDR 1972, 381 (383).
[129] U. a. BVerfGE 13, 174 (175); 84, 372 (378); *Vieweg*, Normsetzung und –anwendung, S. 151.
[130] BVerfGE 13, 174 (175); 84, 372 (378); *Vieweg*, Normsetzung und –anwendung, S. 151.
[131] *Kemper* in: Bonner Kommentar, Art. 9 GG, Rdnr. 137; *Scholz* in: *Maunz/Dürig*, Art. 9 GG, Rdnr. 25.
[132] *Löwer* in: v. *Münch/Kunig*, Art. 9 GG, Rdnr. 34.
[133] Ähnlich *Vieweg*, Normsetzung und –anwendung, S. 320.
[134] Vor allem *Hadding* in: *Soergel*, § 25 BGB, Rdnr. 16.
[135] Fundstellen *Hadding* in: *Soergel*, § 25 BGB, Rdnr. 17.
[136] Ebenda.
[137] U. a. Mü-Ko/*Reuter*, § 25 BGB, Rdnr. 7 ff.; *Meyer-Cording*, NJW 1966, 225 (226).

Ordnung des Vereinslebens bezweckt und somit im Gegensatz zu einem Vertrag die Verwirklichung eines überindividuellen Zwecks sicherstellen soll. Für den Raum des Vereinslebens erfüllt die Satzung den gleichen Zweck wie die staatlichen Gesetze für den Bereich des gesellschaftlichen Lebens, weil sie nicht auf die Besonderheiten bestimmter Personen abstellt, sondern Geltung für alle gegenwärtig und zukünftig am Vereinsleben Beteiligten entfaltet. Der Unterschied zu staatlichem Recht besteht lediglich darin, daß der Vereinssatzung als privater Norm nicht per se Rechtsqualität zukommt, sondern diese, im Gegensatz zu der „Normentheorie", erst durch den Staat legitimiert sein muß[138].
Das Argument der Verfechter der „Vertragstheorie", daß auch der Satzungsänderungsbeschluß ein Rechtsgeschäft darstellt und eine Norm nicht durch Rechtsgeschäft geändert werden kann, übersieht, daß die Satzungsänderung dem Bereich der ursprünglichen Vereinbarung der Satzung durch die Vereinsgründer zuzurechnen ist. Die Satzungsänderung greift in den Akt der erstmaligen Satzungsschaffung ein und steht deshalb in ihrer Wirkung diesem Vorgang gleich. Auch die „modifizierte Normentheorie" erkennt aber die rechtsgeschäftliche Qualität der ursprünglichen Satzungserstellung an. Demnach besagt die Rechtsqualität der Satzungsänderung, welche einer erstmaligen Aufstellung gleichsteht, nichts über die Einordnung der Satzung nach deren Schaffung.
Auch haben die Vereine und Verbände im Rahmen von Art. 9 GG die Chance der „endgültigen Selbstregulierung", also die Erstregelungs- und entscheidungskompetenz gegenüber staatlichen Maßnahmen, wie z. B. der Gewährung von Rechtsschutz vor staatlichen Gerichten[139]. Dieses Recht ergibt sich aus dem verfassungsrechtlichen Subsidiaritäts- und Verhältnismäßigkeitsprinzip. Das Prinzip der negativen Subsidiarität macht staatliche Eingriffe davon abhängig, daß kleinere gesellschaftliche Gemeinschaften, wie im vorliegenden Fall die Sportvereine, eine bestimmte Aufgabe nicht zu leisten vermögen.[140] Infolgedessen und unter Anwendung des Grundsatzes der Erforderlichkeit, als Bestandteil des Verhältnismäßigkeitsprinzips, ist das Spannungsverhältnis zwischen der Verbandsautonomie einerseits und dem staatlichen Korrektur- und Kontrollvorbehalt andererseits im Rahmen von Art. 9 GG dahingehend zu lösen, daß staatliches Handeln nur zulässig ist, wenn die Vereine die Aufgabe nicht oder nur mit überwiegenden Nachteilen für andere oder die Allgemeinheit zu erfüllen vermögen.[141] Diese Chance der „endgültigen Selbstregulierung" umfaßt aber nicht nur das „Ob", sondern auch das „Wie" der Selbstregulierung, also die Wahl der Rechtsqualität der Vereinsnormen.[142] Dieses Ergebnis ist die Konsequenz daraus, daß das Prinzip der Chance zur „endgültigen Selbstregulierung" den Vereinen die Wahl der rechtlichen Ausgestaltung der Satzung als Rechtsnorm oder Rechtsgeschäft solange vorbehält, bis der Staat in verfassungskonformer Weise in dieses Recht eingreift. Die Vereinsatzungen können somit sowohl vertraglichen als auch normativen Charakter haben[143].
Die Rechtsqualität bestimmt sich also nach der Ausgestaltung der Vereinssatzungen und deren Bezeichnung. Die meisten Vereine nennen ihre Regelwerke „Satzung" oder „Ordnung"[144] und eben nicht „Vertragsbestimmungen" oder „Allgemeine Geschäftsbedingungen"; sie haben deshalb ihren Regelwerken einen normativen Charakter gegeben.
Es existieren somit in unserer Rechtsordnung neben den staatlich „oktroyierten" Gesetzen auch durch die Vereine/Verbände im Rahmen von Art. 9 GG geschaffene, „akzeptierte" Rechtsnormen, die das Vereinsmitglied durch seinen Beitritt als für sich bindend anerkennt. Infolgedessen greift auch das Argument der Autoren der „Vertragstheorie" nicht durch, daß eine gesetzesglei-

[138] Ebenda.
[139] BGHZ 13, 5 (16); 47, 172 (174 f.); *Vieweg*, Normsetzung und -anwendung, S. 182.
[140] *Isensee*, Subsidiaritätsprinzip und Verfassungsrecht, S. 30.
[141] *Vieweg*, Normsetzung und -anwendung, S. 178; im Ergebnis auch BGHZ 13, 5 (16); 47, 172 (174 f.).
[142] *Vieweg*, Normsetzung und -anwendung, S. 321.
[143] Ebenda.
[144] Z. B. die Satzung des TSV München von 1860.

che Wirkung, wie im Fall der Betriebsvereinbarung oder des Tarifvertrages, nur durch gesetzliche Anordnung zustande kommen kann. Es existieren neben der Gruppe der Vereinbarungen, deren normative Wirkung sich erst aus einer gesetzlichen Anordnung ergibt, auch ursprünglich rechtsgeschäftliche Vereinbarungen, die kraft der Verbandsautonomie aus Art. 9 GG, ohne gesetzliche Bestimmung, normativen Charakter entfalten und nur im Rahmen einer Mitgliedschaft Geltung haben.

Vereinssatzungen kommt somit nach der „modifizierten Normentheorie" Rechtsnormqualität zu.

b. Das kollektivrechtliche Verhältnis des Profisportlers zu den nationalen und internationalen Sportverbänden

aa. Das kollektivrechtliche Verhältnis zu den nationalen Sportverbänden

Diese Beziehung zu den nationalen Sportverbänden ermöglicht dem Sportler generell die Teilnahme an den von dem zuständigen Sportverband veranstalteten Wettbewerben und hat somit z. B. im Bereich des Profifußballs und des -eishockeys die Funktion einer „Benutzungserlaubnis" für die Verbandseinrichtungen (erste oder zweite) Bundesliga. Dafür hat der Sportler die Regelungen des zuständigen Sportverbandes und die Entscheidungen und Maßnahmen, die durch dessen Organe erlassen werden, zu beachten (z. B. nach § 3 des Lizenzierungsvertrages des DFB).

Es bestehen verschiedene Gestaltungsmöglichkeiten zur Herbeiführung der kollektivrechtlichen Bindung an die Verbände

(1). Die mitgliedschaftliche Bindung

(a). Die unmittelbare Mitgliedschaft

Die Sportler können -neben einer Mitgliedschaft in ihrem Verein- auch zugleich selber Mitglieder ihres übergeordneten Dachverbandes sein. Diese unmittelbare vereinsrechtliche Beziehung zum Verband kann entweder durch eine entsprechende Verankerung in der Vereinssatzung oder in den Verbandssatzungen verbunden mit einer Verweisung in der Vereinssatzung hergestellt werden[145].
Die Rechtsqualität der Satzung der Verbände ist, wie im Rahmen der Rechtswirkung der Vereinssatzungen gegenüber Mitgliedern dargestellt[146], nach der „modifizierten Normentheorie" als normativ einzuordnen.
In den Satzungen der bundesdeutschen Sportverbänden ist aber, bis auf wenige Ausnahmen[147], die unmittelbare Mitgliedschaft des Sportlers in dem Verband nicht vorgesehen[148]. Diese Lösung würde, vergleichbar der Mitgliedschaft der Profis in den Vereinen,[149] die Gemeinnützigkeit der Sportverbände gefährden und wäre somit schon aus steuerrechtlichen Gründen unattraktiv. Auch würde eine unmittelbare Mitgliedschaft der Sportler neben den aus dem immensen Verwaltungsaufwand resultierenden Schwierigkeiten für die Sportverbände auch gegen die histo-

---

[145] *Schimke*, Sportrecht, S. 99; *Hohl*, Nominierung von Leistungssportlern, S. 64.
[146] Vgl. oben, 1.Abschn., III.2.a.
[147] Lediglich der Bund Deutscher Radfahrer (§ 6 Nr. 1 BDR-Satzung), der Deutsche Schachbund (§ 4 Nr. 3 DSchachB-Satzung) und die Deutsche Reiterliche Vereinigung (§ 5 Nr.1.3 FN-Satzung) sehen die Möglichkeit einer unmittelbaren Mitgliedschaft der Sportler in dem Verband in ihren Satzungen vor.
[148] *Schimke*, Sportrecht, S. 99.
[149] Vgl. oben, 1.Abschn., III.2.a.

risch gewachsene Organisationsstruktur des deutschen Sports verstoßen,[150] nach der die aktiven Sportler unmittelbare Mitglieder der Vereine und diese unmittelbare Mitglieder der Landes- oder nationalen Sportverbände sind[151].

(b). Die mittelbare Mitgliedschaft

Eine mittelbare Mitgliedschaft in den Sportverbänden kommt für Berufssportler in Frage, die, wie im Fall der Leichtathleten oder einiger Eishockeyligenspieler[152], neben einem Sportleistungsvertrag auch ein mitgliedschaftliches Verhältnis zu ihren Vereinen unterhalten. Hierbei ist der Sportler lediglich unmittelbares Mitglied seines Vereins. Dieser ist nach den Satzungen der Landessportverbände unmittelbar mitgliedschaftlich an den jeweiligen Landessportverband gebunden, welcher wiederum unmittelbares Mitglied des nationalen Sportverbandes ist (§ 4 Satz 1 DLV-Satzung, § 2 Nr.2.1 Spiegelstrich 1 DEB-Satzung) oder wie im Fall der Eishockeyvereine auch der Verein selber unmittelbares Mitglied des nationalen Sportverbandes sein kann (§ 2 Nr. 2.1 Spiegelstrich 2 DEB-Satzung).
Diese Form der über eine unmittelbare Mitgliedschaft der Vereine oder Landessportverbände vermittelten mittelbaren Mitgliedschaft in den nationalen Sportverbänden ist jedoch rechtlich nicht als Mitgliedschaft zu beurteilen[153], da die betroffenen Sportler nicht über die für eine Mitgliedschaft im rechtlichen Sinne charakteristische unmittelbare Möglichkeit der demokratischen Mitwirkung im Verband verfügen, sondern auf diesen lediglich mittelbar über ihre Vereinsführung Einfluß nehmen können.
In der Verbandshierarchie bindet das Regelwerk eines Verbandes zunächst nur dessen unmittelbare Mitglieder. Der höhere Verband kann Nichtmitglieder, wozu, wie dargestellt, im rechtlichen Sinne auch seine mittelbaren Mitglieder zählen, nur durch eine Satzungsbestimmung nicht an sein Regelwerk binden[154], weil dieses nur gegenüber (unmittelbaren) Mitgliedern Geltung entfaltet. Eine Verbindlichkeit der Verbandsnormen für den Sportler kann deshalb nur durch eine Verweisung der Satzung des Mitgliedsvereins hergestellt werden, in der dieser das Recht des übergeordneten Landes- oder nationalen Verbandes für seine Mitglieder als verbindlich erklärt[155]. So sind z. B. nach § 5 Satz 2 DLV-Satzung die Landes-Leichtathletik-Verbände (LV) verpflichtet, die Satzungen und andere Ordnungen des DLV in ihr eigenes Regelwerk zu übernehmen und somit die Vereine als ihre unmittelbaren Mitglieder an das Regelwerk des DLV zu binden. Diese werden dann wiederum durch die Satzungen der LV gezwungen, die Regelwerke des DLV in ihre Satzung aufzunehmen. Eine Bindungswirkung für den Sportler kann also nur durch eine mehrfache lückenlose Satzungsverankerung hergestellt werden[156]. Hierbei ist eine wörtliche Wiedergabe der Verbandsnormen in der Vereinssatzung nicht erforderlich, die Verweisung muß jedoch widerspruchsfrei und verständlich gefaßt sein und die einzelnen in bezug genommenen Regelungen des Verbandes bestimmt bezeichnen[157]. Eine „dynamische“ Verweisung, also eine Verweisung in einer Satzungsbestimmung auf den jeweils gültigen Inhalt übergeordneten Verbandsrechts, dessen Änderungen automatisch übernommen werden, ist nicht

[150] BGH, SpuRt 1995, 43 (45).
[151] Vgl. zum Aufbau der Sportverbände und der Einbindung der Vereine *Summerer* in: Praxishandbuch Sportrecht, S.87 ff.
[152] Vgl. oben, 1.Abschn., III.2.a.
[153] *Summerer* in: Praxishandbuch Sportrecht, S. 120.
[154] *Pfister*, SpuRt 1996, 50 (50).
[155] *Schimke*, Sportrecht, S. 100.
[156] Ebenda; BGH, SpuRt 1995, S. 43 (46).
[157] *Reichert*, Handbuch des Verbands- und Vereinsrechts, Rdnr. 297 a.

zulässig[158], vielmehr darf nur durch sog. „statische“ Verweisungen auf eine Satzung in einer bestimmten Fassung verwiesen werden[159].

Die Rechtsqualität der über die Vereinssatzung inkorporierten Verbandssatzungen ist mit der „modifizierten Normentheorie“ als normativ zu beurteilen.

Die Verbände kommen aber zunehmend davon ab, nur durch die Begründung einer mittelbaren Mitgliedschaft ein kollektivrechtliches Verhältnis zu den Sportlern herzustellen, weil dieses mit erheblichen Schwierigkeiten und Risiken verbunden ist.
So sind, wegen der Unzulässigkeit sog. „dynamischer“ Klauseln, die jeweiligen Vereins- und Verbandssatzungen bei jeder Fortschreibung des in Bezug genommenen Regelwerkes durch entsprechende Beschlüsse ihrer Mitgliederversammlungen zu ändern. Dieses wäre insbesondere bei Vereinen, die mehrere Sportarten unter ihrem Dach ausführen, wegen der Vielzahl der zuständigen Sportverbände praktisch unmöglich[160]. Auch ist es von vornherein schwierig, angesichts des dargestellten stufenförmigen Aufbaus und der zur Herbeiführung der Bindungswirkung notwendigen Beschlußfassung auf allen Ebenen ein System der lückenlosen Satzungsverankerungen zu installieren[161]. Darüber hinaus nehmen zunehmend auch ausländische Sportler, die nicht durch eine mittelbare Mitgliedschaft an die Regelwerke der deutschen Sportverbände gebunden sind, am Wettkampfgeschehen teil (z. B. bei einzelnen Leichtathletikmeetings). In deren Fall greift eine Bindung durch eine mittelbare Mitgliedschaft an die nationalen deutschen Verbände nicht durch[162].
So hat auch der BGH in dem sog. „Reiter“-Urteil[163] wegen der aufgezeigten Schwierigkeiten angemerkt, daß die Bindung an das Verbandsrecht über eine mittelbare Mitgliedschaft nicht geeignet sei, eine flächendeckende, gleichmäßige und einheitliche Geltung der Verbandsnormen für alle Sportler herzustellen. Das Gericht hält aber eine Bindung des Sportlers durch eine mittelbare Mitgliedschaft trotz dieser Schwierigkeiten nach wie vor für möglich[164]. Demgegenüber lehnen Teile der Literatur[165] diese Form der Bindung, mit dem Hinweis auf die dargestellten Schwierigkeiten, eine Bindungswirkung herzustellen, und der im Gegensatz zum unmittelbaren Mitglied bestehenden fehlenden unmittelbaren Einwirkungsmöglichkeit des mittelbaren Mitgliedes auf die Fortentwicklung des Verbandsrechts als undemokratisch und dem Verbandsrecht fremd ab.

(2). Die vertragliche Bindung

Der Sportler kann einzelvertraglich die Regelwerke der Verbände als für sich bindend anerkennen.
Diese Unterwerfung kraft Vertrages ist hinsichtlich der Lizenzfußballspieler und der Eis-

---

[158] BGH, NJW 1995, 583 (585); BGH, NJW-RR 1989, 376 (377 f.); *Reichert*, Handbuch des Verbands- und Vereinsrechts, Rdnr. 411, 3049.
[159] *Schimke*, Sportrecht, S. 101; *Summerer* in: Praxishandbuch Sportrecht, S. 134.
[160] BGH, SpuRt 1995, 43 (46).
[161] *Schimke*, Sportrecht, S. 101.
[162] BGH, SpuRt 1995, 43 (46); *Fenn*, SpuRt 1997, 77 (78).
[163] Ebenda.
[164] BGH, SpuRt 1995, 43 (46), der zwar im 2. Leitsatz des Urteils feststellt, daß die Unterwerfung von Nichtmitgliedern und somit auch von mittelbaren Mitgliedern nur durch rechtsgeschäftlichen Einzelakt erfolgen kann, jedoch in den Urteilsgründen eine Lösung über eine mehrfache lückenlose Satzungsverankerung nicht völlig verwirft, wenn diese „Kettenkonstruktion“ richtig geknüpft ist.
[165] So *Fenn*, SpuRt 1997, 77 (78); *Haas-Prokop*, SpuRt 1996, 109 ff.

hockeyligenspieler, welche nicht unmittelbare Mitglieder ihrer Verbände[166] und Vereine[167] sind und deshalb auch zu den Verbänden in keinem mittelbaren Mitgliedsverhältnis stehen, die einzige Möglichkeit, eine Bindung des Profis an die Regelwerke der Verbände herbeizuführen[168]. Darüber hinaus lassen sich aber auch bezüglich der Sportler, namentlich der Leichtathleten und mancher Eishockeyligenspieler[169], die eine mitgliedschaftliche Beziehung zu ihrem Verein unterhalten, die im Rahmen einer Bindung an die Verbände durch eine mittelbare Mitgliedschaft auftretenden Schwierigkeiten und Risiken durch eine zusätzliche vertragliche Bindung vermeiden. Dieses ist besonders im Bereich des Berufsports sinvoll, da hier, auch wegen der im Raum stehenden Geldsummen, ein hohes Maß an Rechtssicherheit und -klarheit notwendig ist. So können auch nicht an einen deutschen Verein oder Verband (mittelbar) mitgliedschaftlich gebundene (ausländische) Sportler vertraglich an die Regelwerke der nationalen Verbände gebunden werden[170]. Zudem hat die Unterwerfung unter die Verbandsregeln durch Vertrag den Vorteil, daß in diesem Rahmen nach der herrschendeMeinung[171] eine „dynamische" Verweisung auf die Regelwerke der Verbände „in der jeweils geltenden Fassung" kraft Vertragsautonomie zulässigerweise vereinbart werden kann und das Risiko einer fehlerhaften mehrfachen lückenlosen Satzungsverankerung ausgeschlossen wird. Infolgedessen sind auch die Leichtathleten und die Eishockeyspieler mit mitgliedschaftlicher Bindung an den Verein, über ihr mittelbar mitgliedschaftliches Verhältnis zum Verband hinaus, noch vertraglich gegenüber dem Verband zur Beachtung der Verbandsnormen verpflichtet (gemäß § 2 der Athletenvereinbarung mit dem DLV; § 1 Nr. 1 des Lizenzierungsvertrages mit dem DEB).
Bei der Unterwerfung unter die Verbandsnormen und der damit verbundenen Zulassung des Profis zum Betrieb der deutschen Sportverbände handelt es sich wegen der privatrechtlichen Organisation und Ausgestaltung der deutschen Sportverbände[172] um einen privatrechtlichen Vertrag[173], bei dem die Unterwerfung und die Zulassung in einem Austauschverhältnis stehen.

(a). Die Formen der vertraglichen Bindung an die Verbandsregeln

Der BGH hat in dem „Reiter"-Urteil[174] drei unbedenkliche Formen der vertraglichen Bindung des Sportlers an die Verbandsnormen aufgezeigt.

(aa). Der individuell zwischen Profi und Verband ausgehandelte Einzelvertrag

Einzelverträge werden in der Regel nur von wenigen herausragenden Spitzensportlern abgeschlossen[175], weil diese Form der Bindung an den Verband viel Aufwand verursacht und eine seitens der Verbände unerwünschte Sonderbehandlung der Spitzensportler gegenüber ihren nicht derart verhandlungsstarken Mitsportlern mit sich bringt.

---

[166] Vgl. oben, 1.Abschn., III.2.b.aa.(1).(a).
[167] Vgl. oben, 1.Abschn., III.2.a.
[168] BGH, SpuRt 1995, 43 (46).
[169] Vgl. oben, 1.Abschn., III.2.a.
[170] BGH, SpuRt 1995, 43 (46).
[171] Vgl. u. a. *Schimke*, Sportrecht, S. 102; *Fenn*, SpuRt 1997, 77 (79).
[172] Vgl. oben, 1.Abschn., I.2.
[173] Anders in Ländern, in denen den Verbänden, wie z. B. in Frankreich, die Ausübung von Hoheitsgewalt zugestanden wird und somit der Zulassung zu den Wettkampfveranstaltungen der Verbände Verwaltungsaktcharakter zukommt; vgl. *Malatos*, Berufsfußball, S. 103.
[174] BGH, SpuRt 1995, 43 (47 f.).
[175] Z. B. *Michael Schumacher* mit dem Formel-1 Veranstalter und *Boris Becker* mit dem DTB.

(bb). Die mit der Anmeldung zum einzelnen Wettkampf verbundene Unterwerfung unter die Verbandsregeln und die Strafgewalt der Verbände

Diese Form der rechtsgeschäftlichen Anerkennung besteht darin, daß Einzelwettkämpfe ausdrücklich nach dem Regelwerk des jeweiligen nationalen Verbandes ausgeschrieben werden und der Profi durch seine Anmeldung zu dem Wettkampf sein Einverständnis mit der Geltung dieser Regeln erklärt[176]. Es muß jedoch sichergestellt sein, daß die bei der Ausschreibung des Wettkampfes zugrundegelegten Regelwerke eindeutig bezeichnet sind und für den Sportler die Möglichkeit einer zumutbaren Kenntnisnahme besteht[177].
Die Anerkennung bei der Anmeldung zu einem Einzelwettkampf ist die einzige Möglichkeit, um z. B. die Unterwerfung ausländischer Leichtathleten, die sich nur zur Teilnahme an einem einzelnen Leichtathletikmeeting im Bundesgebiet aufhalten, unter die Regelwerke des DLV herzustellen.

(cc). Die generelle Anerkennung der Verbandsregeln

Durch diese Art der rechtsgeschäftlichen Unterwerfung wird eine längerfristige, über den einzelnen Wettkampf hinausgehende Bindung des Sportlers an die Verbandsregelwerke hergestellt und diesem in der Regel eine generelle Teilnahmeberechtigung an den Wettkampfveranstaltungen des Verbands (Lizenz) eingeräumt. Hierbei müssen die Verbände dafür Sorge tragen, daß der antragstellende Sportler die Möglichkeit hat, „in zumutbarer Weise von dem Inhalt der (Ordnungen) Kenntnis zu nehmen“[178], weil der Profi im Falle einer Unterwerfung durch rechtsgeschäftlichen Einzelakt unter die Verbandsordnungen nicht schlechter gestellt werden darf, als bei einer Unterwerfung in Folge einer unmittelbaren Mitgliedschaft[179]. Zu deren Wirksamkeit ist es nach ständiger Rechtsprechung[180] des BGH erforderlich, daß die wesentlichen Bestimmungen, zu deren Beachtung der Beitritt verpflichtet, und die aus der Nichtbeachtung resultierenden Nachteile aus der dem Beitretenden zugänglichen Satzung ersichtlich sind.
Die Leichtathletikprofis sind durch die Athletenvereinbarung mit dem DLV diesem gegenüber nicht nur schuldrechtlich zur Sportleistung verpflichtet[181], sondern nach § 2 dieses Vertrages auch dem DLV-Regelwerk und dessen Schiedsgerichten unterworfen. Somit enthält die Athletenvereinbarung neben einer individualrechtlichen auch eine kollektivrechtliche Seite, und der Leichtathlet ist zusätzlich zu der Bindung als (mittelbares) Mitglied den Verbandsregelwerken auch rechtsgeschäftlich unterworfen. Jedoch wird als Gegenleistung für diese Bindung keine generelle Startberechtigung für die Wettkämpfe des DLV erteilt, weil die Leichtathletikturniere meist von privaten, vom Verband unabhängigen Veranstaltern abgehalten werden, sondern nur eine Kostentragungs- und Förderpflicht der DLV gegenüber dem Profi festgelegt.
Demgegenüber erhalten die Fußball- und Eishockeyprofis als Gegenleistung für die rechtsgeschäftliche Unterwerfung (in § 2 des DFB-Lizenzierungsvertrages/Nr. 1 des Zulassungsvertrages des DEB) und den Abschluß einer Schiedsvereinbarung eine generelle Teilnahmeberechtigung für die 1. und 2. Bundesliga (Lizenz). Dadurch ist der Eishockeyspieler, der auch ein mitgliedschaftliches Verhältnis zu seinem Verein unterhält, durch eine (mittelbare) Mitgliedschaft und eine rechtsgeschäftliche Bindung in zweifacher Weise kollektivrechtlich an den DEB gebunden.

---

[176] BGH, SpuRt 1995, 43 (47).
[177] *Fenn*, SpuRt 1997, 77 (79).
[178] BGH, SpuRt 1995, 43 (48).
[179] Ebenda.
[180] U. a. BGHZ 47, 172 (175).
[181] Vgl. oben, 1.Abschn., III.1.b.bb.

Die Stärke einer generellen Anerkennung der Verbandsregelungen gegenüber einer Unterwerfung im Rahmen der Meldung zu einem einzelnen Wettkampf besteht darin, daß sich die Bindungswirkung auch auf den wettkampffreien Zeitraum erstreckt[182]. So sind z. B. durch das Verbandsrecht vorgeschriebene Dopingkontrollen nur für den Profi verbindlich, wenn er auch außerhalb des Wettkampfes an das Regelwerk der Verbände gebunden ist. Das Entstehen einer solchen Bindungslücke kann nur durch eine generelle und somit permanente Anerkennung der Verbandsregelungen verhindert werden.

(b). Die rechtliche Qualifizierung der vertraglichen Anerkennung

Problematisch ist die Bestimmung der Rechtsqualität des Verhältnisses zwischen Sportler und nationalem Verband, welches durch die vertragliche, insb. generelle Unterwerfung unter die Verbandsnormen entsteht.
Hierbei geht es um die Frage, ob durch die vertragliche kollektivrechtliche Bindung eine „Quasi-Mitgliedschaft" (vereinsrechtlicher Ansatz) oder nur ein schuldrechtliches Verhältnis, gerichtet auf die Beachtung der Verbandsregelwerke (zivilrechtlicher Ansatz), begründet wird. Diese Frage ist genauestens von der Problematik zu unterscheiden, ob trotz einer fehlenden schuldrechtlichen Verpflichtung zumindest der Eishockey- und Fußballprofis zur Sportleistung gegenüber dem Verband[183] aufgrund der kollektivrechtlichen Bindung an dessen Regelwerke ein Arbeitsverhältnis mit diesem besteht[184].
Die Fußball-, Leichtathletik- und Eishockeyprofis sind, wie dargestellt[185], nicht unmittelbare Mitglieder der nationalen Sportverbände.
Es könnte jedoch, durch die zumindest mit der generellen Anerkennung der Verbandsregelungen erfolgte faktische Integration des Sportlers in den Verband ein als „quasi-mitgliedschaftlich" zu bezeichnendes und einer unmittelbaren Mitgliedschaft gleichzusetzendes Verhältnis zu diesem entstanden sein.
Dieses kommt demgegenüber im Falle einer vertraglichen Bindung im Rahmen einer Meldung zu einem einzelnen Wettkampf oder durch einen individuell ausgehandelten Einzelvertrag nicht in Frage. Die Bindungswirkung gegenüber dem Verband durch eine Einzelmeldung zum Wettkampf erlischt schon mit der Beendigung dieses Wettkampfes, demnach kann nicht von einer dauerhaften, mit einer unmittelbaren Mitgliedschaft vergleichbaren Integration des Sportlers in den Verband gesprochen werden.
Eine solche kommt auch nicht bei der Möglichkeit einer individuellen Aushandlung der vertraglichen Bindung des Sportlers an den Verband in Betracht, weil hier der Spitzensportler, anders als das unmittelbare Mitglied, welches an vorgegebene Satzungen gebunden ist, sein Verhältnis zu dem Verband frei und privatautonom bestimmen kann.
Die Problematik einer der unmittelbaren Mitgliedschaft gleichstehenden „Quasi-Mitgliedschaft" in den Verbänden ergibt sich somit nur im Falle einer vertraglichen Bindung durch generelle Anerkennung der Verbandsstatuten, wie bei den Spitzenleichtathleten durch Athletenvereinbarung und bei Berufsfußballspielern und -eishockeyspielern durch Lizenzierung.

(aa). Der vereinsrechtliche Ansatz

Die Verfechter des vereinsrechtlichen Ansatzes[186] sehen in der generellen Unterwerfung des

[182] OLG München, SpuRt 1996, 133 (134).
[183] Vgl. oben, 1.Abschn., III.1.a.bb.(1).
[184] Vgl. unten, 3.Abschn., I.
[185] Vgl. oben, 1.Abschn., III.2.b.aa.(1).(a).
[186] U. a. *Baumann*, Die Vereinsstrafgewalt, S. 41 ff.; *Ernst*, Die Ausübung der Vereinsgewalt, S. 144 ff.; *Reuter*, NJW 1983, 649 (651 ff.); *Samstag*, Grenzen der Verbandsgewalt, S. 11 ff.

Profis unter die Regelwerke der Verbände und insb. in der Lizenzierung der Fußball- und Eishockeyspieler ein „quasi–mitgliedschaftliches" Verhältnis zu den nationalen Sportverbänden begründet.
Die fehlende Aufnahme der Profis in den Verband als Mitglieder sei nur durch die schon oben aufgezeigten[187] steuerlichen Gründe bedingt. Zudem werden die Berufssportler durch ihre enge Bindung an die Verbände de facto in diese integriert und unterliegen durch die Unterwerfung unter die Verbandsnormen einer Fülle mitgliedschaftsähnlicher Pflichten, ohne aber in den Genuß entsprechender Rechte zu kommen; infolgedessen sei es unbillig, dem Sportler eine mitgliedschaftliche Beziehung zu seinem Verband zu verweigern. So kann der Verband z. B. gegenüber dem Profi die in seinen Satzungen vorgesehenen Maßnahmen wie gegenüber einem unmittelbarem Mitglied ergreifen[188]. Demgegenüber enthält er aber dem Sportler die Rechte eines unmittelbaren Mitglieds vor. Auch seien die in den Lizenzverträgen vorgesehenen Sanktionen (z. B. Nr. I. Ziff. 1 Unterwerfungsvertrag mit dem DEB) typische Vereinsstrafen, die üblicherweise gegen Mitglieder verhängt werden, und keine Vertragsstrafen, weil sie nicht der Erfüllung von Schuldnerpflichten dienen und keine Gläubigerentschädigung bezwecken[189], sondern vielmehr reine Sanktionsmaßnahmen für Verstöße gegen mitgliedschaftsähnliche Verpflichtungen sind.
Auch wird angeführt[190], daß Inhalt, Funktion und Form der Lizenzierung auseinanderklaffen, weil die Lizenzspielerstatuten nach ihrem Inhalt und ihrer Funktion Normenkomplexe darstellen, die die Organisation der jeweiligen Sportart bezwecken und deshalb eine gesetzgeberische Ordnungsaufgabe, ähnlich der öffentlich-rechtlichen Zwangskörperschaften im Bereich der Ärzteschaft und des Handwerks erfüllen. Der Form nach ist die Lizenzierung jedoch Rechtsgeschäft, da die Sportverbände mangels Verfügbarkeit hoheitlicher Normsetzungsinstrumente[191] gezwungen sind, ihre Rechtsbeziehung zu den Berufssportlern vertraglich zu gestalten. Weil aber zur Bewertung von Rechtsverhältnissen nicht auf deren rechtstechnische Form, sondern auf den Inhalt und die Funktion, also im Falle der Lizenzierung auf die Schaffung einer gesetzesgleichen Ordnung, abzustellen sei, handle es sich bei dem auf der Lizenzierung beruhenden Rechtsverhältnis zum Verband nicht um einen schuldrechtlichen Vertrag, sondern um eine mit der Mitgliedschaft in öffentlich-rechtlichen Zwangskörperschaften vergleichbare Mitgliedschaft.

Nach einer Mindermeinung der Verfechter des vereinsrechtlichen Ansatzes[192] soll die „Quasi-Mitgliedschaft" des Sportlers im Verband schon auf dessen faktischer Integration in den Verbandsbetrieb beruhen und dem Lizenzvertrag nur deklaratorische Wirkung zukommen.
Demgegenüber mißt die überwiegende Ansicht[193] dem Lizenzierungsvertrag konstitutive Wirkung hinsichtlich der Begründung eines „quasi-mitgliedschaftlichen" Verhältnisses zu, dieses kommt erst durch die wirksame Lizenzierung zustande.

(bb). Der zivilrechtliche Ansatz

Jedoch ist mit dem übrigen sportrechtlichen Schrifttum[194] und der Rechtsprechung[195] die An-

---

[187] Vgl. oben, 1.Abschn., III.2.a.
[188] *Samstag*, Grenzen der Verbandsgewalt, S. 14.
[189] Ebenda.
[190] So *Reuter*, NJW 1983, 649 (651).
[191] Vgl oben, 1.Abschn., I.1.
[192] U. a. *Baumann*, Die Vereinsstrafgewalt, S. 41 ff.; *Ernst*, Die Ausübung der Vereinsgewalt, S. 144 ff.
[193] U. a. *Samstag*, Grenzen der Verbandsgewalt, S. 14; *Preis*, Der Lizenzspieler , S. 23 ff.; *Westermann*, Die Verbandsstrafgewalt, S. 36 ff.
[194] U. a. *Börner*, Berufssportler als Arbeitnehmer, S. 91 ff.; *Osthoff*, Entscheidungsbeschränkungen für Berufssportler, S. 125 ff.; *Imping*, Die arbeitsrechtliche Stellung des Fußballspielers, S. 205 ff.
[195] BAGE 23, 171 (176); OLG Frankfurt, NJW 1973, 2208 (2209).

sicht einer „Quasi - Mitgliedschaft“ des Profisportlers im Verband abzulehnen und in der generellen Anerkennung der Verbandstatuten ein schuldrechtliches Verhältnis gerichtet auf die Beachtung der Verbandsregelwerke, welche im Falle der Fußball- und Eishockeyprofis zusätzlich die Gewährung einer Spielerlizenz beinhaltet, zu sehen.

Die Einordnung des Rechtsverhältnisses des Spielers zum Verband als rein schuldrechtlich-vertraglich ist aber noch nicht im Sinne einer Bewertung als Arbeitsvertrag zu verstehen[196]. Grundsätzlich kann jede Leistungs- und Unterlassungspflicht privatautonom vertraglich vereinbart werden; demnach kann nicht schon durch die bloße Übernahme von mitgliedschaftsähnlichen Pflichten eine „Quasi–Mitgliedschaft“ angenommen werden[197].

Außerdem ist die auf der generellen Anerkennung beruhende Rechtsbeziehung zwischen Sportler und Verband, zumindest im Falle der Fußball- und Eishockeyprofis, kein mitgliedschaftliches, sondern eher ein synallagmatisches Verhältnis, weil der Spieler eine Lizenz zum Zwecke der Berufsausübung und der Verband als Gegenleistung eine Respektierung seines Regelwerkes erhält[198].

Aus diesem Grund ist die Aufbürdung von mitgliedschaftsähnlichen Pflichten ohne die Gewährung entsprechender Rechte auch nicht als unbillig anzusehen, weil der Spieler als Gegenleistung eine Teilnahmeberechtigung an den Veranstaltungen des Verbandes erhält. Auch sprechen nicht die in den generellen Anerkennungsverträgen festgelegten Sanktionen für vertragswidriges Verhaltens für eine „Quasi–Mitgliedschaft“. Zwar haben diese Klauseln auch Sühnecharakter für Verstöße gegen Verbandsstatuten. Dieses läßt sie jedoch nicht als Vereinsstrafe erscheinen, weil gerade die Einhaltung der Verbandsregelungen Schuldnerpflicht des Sportlers ist, zu deren Beachtung Vertragsstrafen typischerweise anhalten sollen[199]. Sollten die vorgesehenen Strafklauseln aber noch zusätzlich zu ihrem Hauptzweck, den Leistungsausgleich zu fördern, Abschreckungsfunktion haben, ändert dies nichts an deren Qualifizierung als Vertragsstrafe, weil dieses auch Nebenzweck einer Vertragsstrafe sein kann[200].

Die Sportverbände möchten, u. a. aus den erwähnten steuerlichen Gesichtspunkten, ein mitgliedschaftliches Verhältnis mit den Berufssportlern vermeiden und haben dies, wie aufgezeigt, auch ausdrücklich in ihren Statuten zum Ausdruck gebracht. Jedes andere Ergebnis würde deshalb den anerkannten Regeln der Vertragsauslegung nach §§ 133, 157 BGB zuwiderlaufen. Der Inhalt eines Rechtsgeschäfts bestimmt sich gemäß §§ 133, 157 BGB nach dem Willen der Beteiligten und nicht, wie von *Reuter*[201] angenommen, nach der Funktion der generellen Unterwerfung, als Mittel zur Schaffung einer gesetzesgleichen Ordnung, vergleichbar mit der Einbindung in öffentlich-rechtliche Zwangskörperschaften.

Darüber hinaus hat der BGH in seinem „Reiter“–Urteil [202] festgestellt, daß die Überprüfung von Ordnungsmaßnahmen von Verbänden gegenüber ihrer Disziplinargewalt durch Vertrag unterworfenen Nichtmitgliedern durch ordentliche Gerichte anhand derselben Maßstäbe, die für entsprechende Maßnahmen gegen Mitglieder gelten, zu erfolgen hat. Der BGH hat diese Ansicht nicht durch eine „Quasi–Mitgliedschaft“ begründet, sondern ausdrücklich von einem fehlenden mitgliedschaftlichen Verhältnis zu den Verbänden gesprochen[203]. Der externe Sportler wird somit hinsichtlich der Schutzes vor Verbandsmaßnahmen einem unmittelbaren Verbandsmitglied gleichgestellt, wodurch die Konstruktion einer „Quasi–Mitgliedschaft“ zur Begründung eines entsprechenden Schutzes obsolet geworden ist.

---

196 Dazu näher unten, 3.Abschn., I.
197 *Lukes*, Festschrift für Westermann, S. 21 ff.
198 *Malatos*, Berufsfußball, S. 101.
199 *Samstag*, Grenzen der Verbandsgewalt, S. 12.
200 Ebenda.
201 *Reuter*, NJW 1983, 649 (651).
202 BGH, SpuRt 1995, 43 ff.
203 Ebenda, 51.

Auch im Falle einer generellen vertraglichen Unterwerfung ist infolgedessen die Rechtsqualität des dadurch entstandenen kollektivrechtlichen Verhältnisses zu den Verbänden nicht als „quasi–mitgliedschaftlich“, sondern als vertraglich–schuldrechtlich zu beurteilen.

(3). Der Kontrahierungszwang

Durch das monopolbildende Ein–Platz–Prinzip zugunsten der Verbände, welches besagt, daß für jede Sportart nur ein nationaler Spitzenverband in den DSB (§ 5 Nr. 2 DSB–Satzung), das NOK (§ 32 Ziff. 1.2 IOC–Satzung) und die internationalen Fachsportverbände (z. B. § 4 Abs. I IAAF–Satzung) aufgenommen wird, besteht neben einer denkbaren satzungsmäßigen Selbstbindung der Verbände ein kartellrechtlicher (§ 20 Abs. 6 GWB)[204] und bürgerlichrechtlicher Anspruch (§ 826 BGB)[205] des Sportlers gegenüber den Verbänden auf Begründung eines kollektivrechtlichen Verhältnisses.
Die auch international abgesicherte Monopolstellung der Verbände[206] soll eine einheitliche Regelsetzung und Bindungswirkung von der Spitze des internationalen Verbands bis zur „kleinsten“ Untergliederung des Sportwesens (Sportler) herbeiführen. Auch hat das Ein–Platz–Prinzip den Zweck, eine eindeutige Ermittlung des Meisters einer Sportart zu gewährleisten, um Zustände wie z. B. im Boxsport zu vermeiden[207]. Dort konkurrieren fünf Weltverbände miteinander, so daß auch meist fünf Weltmeister einer Gewichtsklasse nebeneinander amtieren und jeder Weltverband seine Wettkämpfe nach anderen Regeln austrägt.
Die Folge für den Sportler ist jedoch, daß, wenn es ihm nicht gelingt, ein kollektivrechtliches Verhältnis zu den Verbänden zu begründen, er es schwer haben wird, sich wettkampfmäßig zu betätigen, weil die Wettkämpfe in der Regel durch die Verbände organisiert und ausgetragen werden. Dieses wiegt im Falle des Profisportlers um so schwerer, weil dieser zur Ausübung seines Berufes der Begründung eines kollektivrechtlichen Verhältnisses mit dem Verband bedarf[208]. Aus diesem Grund hat insb. der Berufssportler einen Anspruch auf Begründung eines kollektivrechtlichen Verhältnisses zu den Verbänden.

(a). Der kartellrechtliche Kontrahierungszwang

Nach § 20 Abs. 6 GWB kann die Kartellbehörde einem Unternehmen die Mitgliedschaft zwangsweise verschaffen, wenn die Ablehnung der Aufnahme in eine Wirtschafts- oder Berufsvereinigung eine sachlich nicht gerechtfertigte ungleiche Behandlung darstellt und zu einer unbilligen Benachteiligung des Unternehmens im Wettbewerb führt.
Es muß sich also bei dem Sportler um ein *Unternehmen* i. S. d. § 20 GWB und nicht um einen Arbeitnehmer handeln, wobei ein Unternehmen auch eine natürliche Person sein kann.
Problematisch ist aber, ob insb. die Eishockey- und Fußballprofis, u. a. wegen der dargestellten Möglichkeit des Vereins, Ort, Zeit sowie Art und Weise der zu leistenden Dienste zu bestimmen, und der Einflußnahme des DFB auf die Rechtsbeziehung des Sportlers zum Verein, ein Arbeitsverhältnis im z. B. arbeitsrechtlichen oder europarechtlichen Sinne zu den Vereinen[209] und Verbänden[210] unterhalten.

---

[204] LG Frankfurt NJW 1983, 761 (763) (in diesem Fall ging es aber nicht um den Anspruch eines Spielers gegen den DFB, sondern um den Anspruch des Vereins TSV München von 1860 auf Erteilung einer Lizenz für die 2. Bundesliga); *Vollkommer*, NJW 1983, 726 (727).
[205] Mü-Ko/*Reuter*, vor § 21 BGB, Rdnr. 112; *Reichert*, Handbuch des Verbands- und Vereinsrechts, Rdnr. 655 ff.
[206] BGHZ 63, 282 (284); LG Frankfurt a. M., NJW 1983, 761 (763), OLG Düsseldorf, NJW-RR 1987, 503 (504).
[207] *Summerer* in: Praxishandbuch Sportrecht, S. 122.
[208] So ist die Wirksamkeit des Sportleistungsvertrages des Profis mit dem Verein aufschiebend bedingt durch die Erteilung einer Spielerlizenz durch den DFB (§ 10 Nr. 2 des Sportleistungsvertrages).
[209] Vgl. unten, 2.Abschn., I. zur Frage, ob ein arbeitsrechtliches Verhältnis zu den Vereinen besteht.
[210] Vgl. unten, 3.Abschn., I. zum Problem einer arbeitsrechtlich zu beurteilenden Beziehung zum Verband.

Jedoch läßt sich der Unternehmensbegriff des GWB nicht anhand eines vorgefaßten, aus einem anderen Gesetz übernommenen Begriffsinhalts bestimmen. Vielmehr ist der Unternehmensbegriff des GWB aus dem Gesetzeszusammenhang und dem Sinn und Zweck dieses Gesetzes selber zu entnehmen, weil anderenfalls die eigenen Wertungen des GWB unberücksichtigt blieben und die Definition des Unternehmens verselbständigt würde[211]. Dabei können durchaus den einzelnen kartellrechtlichen Vorschriften unterschiedliche Unternehmensbegriffe zugrunde liegen, wenn diese Normen verschiedene Zwecke verfolgen[212].

§ 20 Abs. 6 GWB richtet sich gegen die Beeinträchtigung der wettbewerblichen Betätigungsmöglichkeit durch diskriminierende Verweigerung der Mitgliedschaft in Wirtschaftsverbänden[213]. Der Zweck der Bestimmung ist es daher, gleiche Wettbewerbsbedingungen durch eine Aufnahme in den entsprechenden Verband herzustellen; Sie beinhaltet ein besonderes Diskriminierungsverbot[214]. Es soll somit , im Gegensatz zum Arbeitsrecht, nicht einer besonderen sozialen Schutzbedürftigkeit einer bestimmten Gruppe Rechnung getragen, sondern unbillige Behinderung im Wettbewerb verhindert werden. Der Kartellsenat des BGH[215] hat infolgedessen den Unternehmensbegriff des GWB als „jedwede Tätigkeit im geschäftlichen Verkehr" sehr weit gefaßt, um den beschriebenen Schutzzweck möglichst umfassend zu verwirklichen. Weiter hat der BGH[216] ausgeführt, daß als Unternehmen i. S. d. GWB derjenige tätig ist, „der zum Zwecke des marktwirtschaftlichen Leistungsaustausches auf dem Markt als Anbieter oder Nachfrager von Waren oder Dienstleistungen erscheint".

Dieses liegt auch im Falle eines in seine Mannschaft eingebundenen, den Weisungen des Trainers unterworfenen und dem Regelwerk des Verbandes unterliegenden Eishockey- und Fußballspielers vor, weil dieser eine geldwerte Leistung auf dem Markt der Sportveranstaltungen anbietet[217].

Etwas anderes könnte sich aber dann ergeben, wenn man mit *Immenga*[218] richtigerweise den Unternehmensbegriff des GWB enger faßt und denjenigen, der abhängige und weisungsgebundene Arbeit leistet, beim Erbringen seiner Arbeitskraft nicht als autonomen Marktteilnehmer ansieht. Diese Ansicht differenziert zwischen dem Arbeitsmarkt, auf dem der Arbeitnehmer gegenüber seinem Arbeitgeber seine Arbeitskraft anbietet oder besser erbringt und somit als selbständiger Marktteilnehmer auftritt, und dem Markt, auf dem die vom Arbeitnehmer erzeugten Dienstleistungen und Waren angeboten werden und infolgedessen nicht der Arbeitnehmer, sondern der Arbeitgeber, im Fall von Fußball und Eishockey der Verein, als selbständiger Marktteilnehmer tätig ist. Grund für die Nichtanwendbarkeit des GWB auf den Arbeitsmarkt ist ein bewußtes Zurücktreten des Kartellrechtes zugunsten des Arbeitsrechts, welches aber seinerseits erst ab Begründung eines Arbeitsverhältnisses angewandt werden kann. Dieses ergibt sich aus dem Ausnahmecharakter des Arbeitsmarktes, auf den die das GWB beherrschenden Grundsätze von Angebot und Nachfrage aus sozialstaatlichen Gründen nicht angewandt werden können.

Jedoch ist auch nach dieser Ansicht der den Anweisungen seines Vereines unterliegende Spieler gegenüber dem Verband als Unternehmen anzusehen. Auch wenn im Verhältnis zu den Verbänden durch die auf der kollektivrechtlichen Bindung beruhende Einwirkungsmöglichkeit auf die Rechtsbeziehung zwischen Spieler und Verein ein arbeitsrechtliches Verhältnis bestehen sollte, würde dies eine Unternehmerschaft des Profis i. S. d. GWB nicht ausschließen. Ein Arbeitsver-

---

[211] *Immenga* in: *Immenga/Mestmäcker*, Kom. zum KartellG, § 1, Rdnr. 32.
[212] *Bunte* in: *Langen/Bunte*, § 1, Rdnr. 5.
[213] *Markert* in: *Immenga/Mestmäcker*, Kom. zum KartellG, § 27, Rdnr. 1.
[214] *Schultz* in: *Langen/Bunte*, § 27, Rdnr. 1.
[215] BGHZ 36, 91 (103); Großer Zivilsenat des BGH, WuW/E, 1469 (1469).
[216] BGH, WuW/E 1474 (1477); BGH, WuW/E, 1661 (1663).
[217] So auch OLG Frankfurt a. M., BB 1986, 554 (554) zur Qualifizierung als „Unternehmer" nach § 18 GWB; *Schneider*, Sport und Recht, S. 153; *Hohl*, Nominierung von Leistungssportlern, S. 195; *Bunte* in: *Langen/Bunte*, § 1, Rdnr. 13 ff.
[218] *Immenga* in: *Immenga/Mestmäcker*, Kom. zum KartellG, § 1, Rdnr. 35.

hältnis mit dem Verband würde nämlich erst durch die Lizenzierung durch diesen zustande kommen, wohingegen ein solches zum Zeitpunkt der Geltendmachung des Anspruches auf Begründung eines kollektivrechtlichen Verhältnisses noch gar nicht besteht und zu diesem Zeitpunkt eine Unternehmerstellung des Sportlers nicht beseitigen kann. Es handelt sich bei der Frage des Anspruchs auf Begründung eines kollektivrechtlichen Verhältnisses gegenüber den Verbänden um eine dem Arbeitsverhältnis zu den Verbänden vorgelagerte Frage.
Auch greift die Begründung der Nichtanwendbarkeit des GWB nur im Verhältnis zu den Vereinen, weil der Spieler nur diesen gegenüber zur Sportleistung verpflichtet ist und diese auch erbringt. Gegenüber den Verbänden besteht, wie aufgezeigt[219], keine schuldrechtliche Verpflichtung zur Sportleistung und demnach mangels Erbringung von Arbeitsleistung auch kein „Arbeitsmarkt" i. S. d. dargestellten Ansicht.
Darüber hinaus tritt das GWB im Rahmen eines Arbeitsverhältnisses nur aus sozialstaatlichen Gründen und wegen der besonderen Schutzbedürftigkeit des Arbeitnehmers hinter das Arbeitsrecht zurück. Dieser Zweck würde aber durch eine fehlende Qualifizierung des Berufssportlers als Unternehmen im Rahmen von § 20 Abs. 6 GWB gerade nicht erreicht, weil er in diesem Fall durch die Nichtanwendbarkeit des GWB schlechter und nicht wie bezweckt besser gestellt sein würde.
Alle Profisportler sind also, zumindest gegenüber dem Verband, als Unternehmen gemäß § 20 Abs. 6 GWB anzusehen.

Der aufnehmende Verband muß eine *Wirtschafts- oder Berufsvereinigung* sein.
Dieses setzt voraus, daß durch ihn eine umfassende Wahrnehmung und Förderung der gemeinsamen Wirtschafts- und Berufsinteressen bezweckt wird[220]. Dieses hat die Rechtsprechung[221] im Fall des DFB bejaht, weil dieser wegen seiner international abgesicherten Monopolstellung auf dem Gebiet des bezahlten Fußballs und zugleich durch die vertragliche Bindung der zur Bundesliga zugelassenen Spieler eine Berufsvereinigung darstellt. Diese Argumentation ist auch auf andere Sportverbände, insb. den DEB und den DLV, übertragbar. Auch wird man wegen der flächendeckenden Vermarktung des Sports durch die nationalen Verbände diese als Wirtschaftsvereinigungen ansehen müssen[222].

Auch stellt die Nichtbegründung eines kollektivrechtlichen Verhältnisses eine *sachlich nicht gerechtfertigte ungleiche Behandlung* gegenüber den Spielern dar, mit denen ein Lizenzvertrag geschlossen wird, wenn kein rechtfertigender Grund für diese Ungleichbehandlung, wie z. B. in § 12 DFB-LiSpSt festgelegt, vorliegt.

Durch den mit der Nichtlizenzierung verbundenen Ausschluß vom Wettkampfbetrieb wird dem Profisportler die Berufsausübung unmöglich gemacht; demnach besteht eine *unbillige Benachteiligung im Wettbewerb.*

(b). Der zivilrechtliche Kontrahierungszwang

Außerhalb des Kartellrechts besteht in § 826 BGB eine zivilrechtliche Anspruchsgrundlage des Profis auf Begründung eines kollektivrechtlichen Verhältnisses zum Verband. Es besteht wegen der Monopolstellung der Verbände eine *vorsätzliche sittenwidrige Schädigung* des Sportlers

---

[219] Vgl. oben, 1.Abschn., III.1.a.bb.
[220] *Markert* in: *Immenga/Mestmäcker*, Kom. zum KartellG, § 27, Rdnr. 4.
[221] LG Frankfurt a. M., NJW 1983, 761 (763) (hierbei ging es um den Anspruch auf Lizenzierung im Verhältnis Verein-Verband); zustimmend *Vollkommer*, NJW 1983, S. 726 (727).
[222] *Summerer* in: Praxishandbuch Sportrecht, S. 123.

durch den Verband, wenn diesem ohne einen sachlich rechtfertigenden Grund die Begründung eines kollektivrechtlichen Verhältnisses vorenthalten wird[223].

bb. Die kollektivrechtliche Beziehung zu den internationalen Sportverbänden

Durch die Begründung dieses Rechtsverhältnisses soll eine Unterwerfung des Profis auch unter die Regelwerke der internationalen Fachsportverbände erreicht werden.
Auch hierbei bestehen grundsätzlich die schon zur Herstellung einer kollektivrechtlichen Bindung an die nationalen Verbände dargestellten Gestaltungsmöglichkeiten[224].

(1). Die mitgliedschaftliche Bindung

Eine unmittelbare Mitgliedschaft des Profis in den internationalen Fachsportverbänden ist zwar denkbar, besteht aber in der Realität wegen der schon im Rahmen der Beschreibung der kollektivrechtlichen Beziehungen zu den nationalen Sportverbänden dargestellten Nachteile[225] nicht.

Eine mittelbare Mitgliedschaft in den internationalen Fachsportverbänden besteht im Fall der Berufssportler, die, wie die Leichtathleten oder einige Eishockeyspieler, ein unmittelbar mitgliedschaftliches Verhältnis zu ihrem Verein unterhalten[226] und infolgedessen auch mittelbares Mitglied[227] der nationalen Sportverbände sind, wodurch ein mittelbar mitgliedschaftliches Verhältnis zu den Kontinentalsportverbänden und durch dieses eine mittelbar mitgliedschaftliche Beziehung zu den Weltverbänden hergestellt wird.
Diese Art der über eine unmittelbare Mitgliedschaft in den Vereinen herbeigeführten mittelbaren Bindung an die internationalen Verbände ist jedoch nicht als Mitgliedschaft im rechtlichen Sinne zu verstehen[228].
Durch die Zwischenschaltung weiterer Normen- und Entscheidungsebenen kommt es gegenüber der mittelbaren Mitgliedschaft in den nationalen Sportverbänden[229] zu einem gesteigerten Schwierigkeits- und Konfliktpotential hinsichtlich einer rechtlich einwandfreien Ausgestaltung dieses Verhältnisses.
So kann eine Bindung des Profis an die Regelwerke der Kontinental- und Weltsportverbände nur durch eine mehrfache lückenlose Satzungsverankerung hergestellt werden, wobei lediglich durch „statische" Verweisungen auf die Satzungen der übergeordneten Verbände eine Bindungswirkung hergestellt werden darf[230]. In den Regelwerken der deutschen Sportverbände finden sich im wesentlichen vier Gestaltungswege, um eine mehrfach lückenlose Satzungsverankerung zu den Normen der internationalen Fachsportverbände herbeizuführen[231]:
So gibt z. B. der DEB in § 1 Nr. 3 Satz 1 seiner Satzung eine ausdrückliche und generelle Anerkennungserklärung hinsichtlich der Satzungen, Ordnungen und Anordnungen des IIHF ab.
Der zweite Weg, eine Bindungswirkung der Regelwerke der internationalen Verbände herzustellen, besteht in einer Inkorporation, d. h. einer wortwörtlichen Übernahme einzelner Normen oder ganzer Normenkoplexe in die Statuten der nationalen Sportverbände. Dieser Weg wurde durch den DLV in § 15 Satz 1 lit. a der DLV-Satzung, welcher Teile der internationalen

---

[223] BGH, NJW 1975, 771 (772).
[224] Vgl. oben, 1.Abschn., III.2.b.aa.
[225] Vgl. ebenda.
[226] Vgl. oben, 1.Abschn., III.2.a.
[227] Vgl. oben, 1.Abschn., III.2.b.aa.(1).(b).
[228] Vgl. ebenda.
[229] Vgl. ebenda.
[230] Vgl. ebenda.
[231] *Vieweg*, Normsetzung und –anwendung, S. 71

Wettkampf-Bestimmungen (IWB) des IAAF zum Bestandteil der Satzung des DLV erklärt, und durch den DEB, welcher in § 1 Nr. 3 Satz 1 der DEB-Satzung die in § 1 Nr. 5.1 l genannten Regelwerke des IIHF in die DEB-Satzung übernimmt, beschritten.
Verbreitet ist darüber hinaus drittens die sinngemäße oder angepaßte Übernahme einzelner Normen oder gesamter Normenkomplexe[232] in die Regelwerke der nationalen Verbände.
Geläufig ist auch eine vierte Konstruktion, welche darin besteht, daß die Normen der nationalen Verbände entweder generell auf sämtliche Normen und/oder Entscheidungen oder aber speziell auf einzelne Normen, Normenkomplexe und/oder Entscheidungen des betreffenden internationalen Verbandes verweisen[233].

Problematisch ist aber die Bestimmung des Rechtsstatus der internationalen Sportverbände und daher auch der Rechtsqualität ihrer Regelwerke.

(a). Der Rechtsstatus der internationalen Sportverbände

In der älteren deutschen und internationalen Literatur[234] war umstritten, ob es sich bei den internationalen Sportverbänden um Völkerrechtssubjekte handelt. Würde man diese Frage bejahen, müßte auch hinsichtlich der Bewertung der Rechtsqualität der durch diese geschaffenen Regelwerke eine von der Bewertung der Normen der nationalen Verbände nach der „modifizierten Normentheorie"[235] abweichende Einschätzung vorgenommen werden.
Nach dieser Theorie erhält die Satzung erst nach der Gründung des Verbandes Rechtsnormqualität, wohingegen die ursprüngliche Vereinbarung der Vereinsgründer einen Vertrag darstellt. Eine von Anfang an bestehende Einordnung als Rechtsnorm wird den Satzungen mit der Begründung verweigert, daß eine originäre, nicht vom Staat abgeleitete Rechtsetzungsautonomie der nationalen Verbände nicht besteht. Sollte man aber zu der Überzeugung kommen, daß den internationalen Sportverbänden eigene Völkerrechtssubjektivität zukommt, müßten diese als eigene Völkerrechtssubjekte auch in der Lage sein, unabhängig und nicht vom Staat abgeleitet Recht zu setzen. Die Rechtsqualität der durch die internationalen Verbände geschaffenen Regelwerke wäre somit nach der reinen „Normentheorie" als von Anfang an normativ zu beurteilen.
Heute, nachdem selbst das IOC 1992 insoweit seine Statuten geändert hat[236], ist es unbestritten, daß den internationalen Sportverbänden keine Völkerrechtssubjektivität zukommt[237]. Völkerrechtssubjekte sind Staaten, die von ihnen gegründeten internationalen und supranationalen Organisationen und Organisationen, denen aus historischen Gründen und kraft besonderer Verleihung Völkerrechtssubjektivität zugestanden wird[238].
Die internationalen Sportverbände wurden jedoch i. d. R. durch die nationalen Sportverbände, also durch juristische Personen nationalen Rechts, gegründet. Diese sind zwar in manchen Staaten im innerstaatlichen Bereich mit staatlichen Befugnissen betraut[239], jedoch stets privatrechtlich organisiert[240] und demnach keine Staaten, die durch einen Gründungsakt Völkerrechts-

---

[232] So hat z. B. der DSV in der DWettkampfO für Skilauf des DSV die von der FIS aufgestellten Wettkampfbestimmungen in leicht modifizierter Fassung übernommen.
[233] Z. B verweist § 4 der Satzung des DVolleyballV auf die Statuten des FIVB.
[234] Vgl. zur umfassenden Darstellung der damals in den unterschiedlichen Ländern vorherrschenden Ansichten: *Summerer*, Internationales Sportrecht vor dem staatlichen Richter, S. 29 ff.
[235] Vgl. oben, 1.Abschn., III.2.b.aa.(1).(b).
[236] Regel 19 Nr.1 der olympischen Charta besagt über den Rechtsstatus des IOC, daß dieses eine „nichtstaatliche internationale Organisation" sei.
[237] *Pfister* in: Praxishandbuch Sportrecht, S. 427.
[238] *Ipsen/Epping*, Völkerrecht, S. 67 ff.
[239] *Malatos*, Berufsfußball, S. 103.
[240] *Pfister* in: Praxishandbuch Sportrecht, S. 428.

subjektivität verleihen können. Die internationalen Sportverbände waren demnach nach ihrer Gründung Non-Governmental-Organisations (NGO's)[241]. Auch ist ihnen nicht im nachhinein durch Beleihung Völkerrechtssubjektivität verliehen worden, weil keine ausdrückliche oder konkludente Aufgabenübertragung durch die Staatengemeinschaft erfolgt ist. Eine völkergewohnheitsrechtliche Beleihung kann zwar nach Art. 38 Abs. 1 Nr. b IGH-Statut durch eine allgemeine und ständige Übung i. V. m. einer einhergehenden Überzeugung der beteiligten Staaten entstehen[242]. Vorliegend fehlt es zumindest an einer entsprechenden opinio iuris der Staatengemeinschaft[243], auch wenn man die Organisation der Olympischen Spiele und der Weltmeisterschaften als originäre staatliche Aufgaben ansieht, welche den Sportverbänden in ständiger Übung übertragen worden sind[244].
Die internationalen Sportverbände sind infolgedessen NGO's und daher nicht in der Lage, unabhängig vom Staat Recht zu setzen, demnach beurteilt sich auch die Rechtsqualität der durch sie geschaffenen Regelwerke nach der „modifizierten Normentheorie".

(b). Die Rechtsqualität der Regelwerke der internationalen Verbände

Umstritten ist aber nach wie vor, ob das durch die internationalen Verbände gesetzte Recht, unabhängig von einer Völkerrechtssubjektivität dieser Verbände und im Gegensatz zu den Regelwerken der nationalen Sportverbände[245], eine originäre, eigenständige und von jedem staatlichen Recht unabhängige Rechtsordnung darstellt.

Vor allem in der italienischen[246] und belgischen[247] Lehre wird die durch die internationalen Sportverbände geschaffene Rechtsordnung als von jedem staatlichen Recht unabhängig bezeichnet. Diese Meinung geht von einer Vielfalt der Rechtsordnungen aus und wendet sich gegen die Ansicht, daß alle Ordnungen ausschließlich auf staatliches Recht zurückzuführen seien. Vielmehr seien durch die Regelwerke und den Aufbau der internationalen Sportverbände die drei typischen Merkmale einer eigenen Rechtsordnung, nämlich Personen-, Organisations- und Normengefüge verwirklicht[248]. Darüber hinaus werden die Verbandsnormen als der „einzige Fall der Schaffung und Formation einer neuen und komplexen Rechtsordnung in der neuen Zeit" angesehen und auf die Existenz anderer, vom staatlichen Recht autonomer Rechtsordnungen wie das Kirchenrecht und das Recht supranationaler Organisationen verwiesen[249]. In diesem Zusammenhang sind die internationalen Verbände wegen des grenzüberschreitenden Charakters ihrer Tätigkeit mit supranationalen Organisationen vergleichbar.

Nach der überwiegenden Ansicht englischer, deutscher und französischer Autoren[250] und der Rechtsprechung, welche sich aber noch nicht ausdrücklich mit dem Gedanken einer durch die internationalen Verbände geschaffenen Rechtsordnung auseinandergesetzt hat[251], wird die These einer eigenständigen Sportrechtsordnung abgelehnt. Hierzu werden die Argumente angeführt,

---

[241] Ebenda.
[242] *Verdross/Simma*, Universelles Völkerrecht, S. 348 ff.
[243] *Pfister* in: Praxishandbuch Sportrecht, S. 50.
[244] Ebenda, S. 49 (so sieht die FIFA die Organisation der Fußballweltmeisterschaften als staatliche Aufgabe an, weil diese nach ihrem Charakter ein Leistungswettkampf der Nationen sind).
[245] Vgl. oben, 1.Abschn., I.1.
[246] Z. B. *Romano*, L'ordinamento giuriddico, S. 88 ff.; *Giannini*, Prime osservazioni sugli ordinamenti giuridici sportivi, S. 17; weitere Nachweise bei: *Malatos*, Berufsfußball, S. 13 ff.
[247] Nachweise bei *Summerer*, Internationales Sportrecht, S. 97.
[248] Ebenda.
[249] Nachweise bei *Malatos*, Berufsfußball, S. 13 ff.; *Summerer*, Internationales Sportrecht, S. 97.
[250] Nachweise ebenda.
[251] Z. B. OLG München, DZWir 1996, 412 ff.

welche schon bei der Begründung einer von der staatlichen Rechtsordnung unabhängigen nationalen Verbandsrechtsordnung herangezogen wurden[252]. Auch würde durch eine originäre internationale Sportrechtsordnung eine zwischen der völkerrechtlichen und der einzelstaatlichen Rechtsordnung angesiedelte dritte Rechtsordnung anerkannt, für die aber wegen der Normen des IPR und des IZPR zur Regelung internationaler Sachverhalte außerhalb des Völkerrechts kein Bedürfnis besteht.

(2). Die vertragliche Bindung

Der Sportler kann sich auch einzelvertraglich den Regelwerken der internationalen Sportverbände unterwerfen. Diese Form der Anerkennung wird, wegen der beschriebenen Schwierigkeiten bei der Herstellung einer einwandfreien mitgliedschaftlichen Bindung[253] und eines fehlenden mittelbaren mitgliedschaftlichen Verhältnisses z. B. der Lizenzfußballer und vieler –eishockeyspieler zu den internationalen Verbänden, heute in fast allen Sportarten praktiziert.
Hierbei handelt es sich wegen der privatrechtlichen Konzeption der internationalen Sportverbände[254] um einen privatrechtlichen Vertrag, wobei auch, aufgrund der zur rechtlichen Qualifizierung der vertraglichen Anerkennung der nationalen Verbandsnormen dargestellten Diskussion[255], im Verhältnis zu den internationalen Sportverbänden keine „Quasi-Mitgliedschaft" besteht.
Die Ausgestaltung der vertraglichen Bindung an die Regelwerke wird wegen des mit der individuellen Aushandlung eines Einzelvertrages verbundenen Aufwands[256] und der mit der Anmeldung zu einem einzelnen Wettkampf erfolgten Unterwerfung verbundenen Nachteile[257] durch eine generelle Anerkennung der Regelwerke der jeweiligen internationalen Fachsportverbände im Rahmen der generellen Unterwerfung unter die Statuten des nationalen Verbandes vorgenommen.
So unterwirft sich der Leichtathlet in § 2 der Athletenvereinbarung mit dem DLV unmittelbar und ausdrücklich durch eine generelle vertragliche Anerkennung den Regelwerken der IAAF. Er ist somit an diese Normen sowohl rechtsgeschäftlich als auch kraft mittelbarer Mitgliedschaft gebunden.
Demgegenüber ist in dem Lizenzierungsvertrag der Fußball- und Eishockeyprofis eine ausdrückliche Anerkennung der Regelwerke der FIFA/UEFA und IIHF nicht enthalten. Es wird somit im Fall der Eishockeyspieler, die mangels unmittelbarer Mitgliedschaft in ihrem Verein nicht mittelbares Mitglied des IIHF sind, und aller Lizenzfußballspieler kein unmittelbares vertragliches oder mitgliedschaftliches Verhältnis zu den internationalen Fachsportverbänden begründet[258]. Infolgedessen geht ein Teil der Literatur von einem Nichtbestehen einer vertraglichen Bindung zu den internationalen Verbänden aus[259]. Die rechtliche Bindung des Spielers entsteht jedoch richtigerweise durch eine mittelbare vertragliche Anerkennung aufgrund einer Übernahme der Normen der FIFA/UEFA oder des IIHF durch den DFB (§ 2 Nr. a DFB-Satzung) oder den DEB (§ 1 Nr. 3 DEB-Satzung) in ihre Satzungen, welche wiederum der Spieler im Rahmen der Lizenzierung rechtsgeschäftlich anerkennt. Die Fußball- und Eishockeylizenzspieler sind somit durch die generelle vertragliche Anerkennung der Normen der jeweili-

---

[252] Vgl. oben, 1.Abschn., I.1.
[253] Vgl. oben, 1.Abschn., III.2.b.bb.(1).(b).
[254] Vgl. oben, 1.Abschn., III.2.b.bb.(1).(a).
[255] Vgl. oben, 1.Abschn., III.2.b.aa.(2).(b).
[256] Vgl. oben, 1.Abschn., III.2.b.aa.(2).(a).(aa).
[257] Vgl. oben, 1.Abschn., III.2.b.aa.(2).(a).(bb).
[258] Die Spieler werden auch nicht einzeln lizenziert, um an Wettbewerben der internationalen Verbände wie z. B. UEFA-Cup oder „Champions-League" teilnehmen zu dürfen.
[259] U. a. *Summerer* in: Praxishandbuch Sportrecht, S. 139.

gen nationalen Fachsportverbände auch den Regelwerken der internationalen Verbände rechtsgeschäftlich, neben einer mittelbar mitgliedschaftlichen Bindung mancher Eishockeyspieler, unterworfen. Diese Form der mittelbaren rechtsgeschäftlichen Anerkennung ist auch nach dem „Reiter"-Urteil des BGH[260] wirksam, weil der Profi wegen der ausdrücklichen Angabe der Normen der internationalen Sportverbände in den Satzungen des DFB und des DEB (z. B. § 1 Nr. 3 i. V. m. § 1 Nr. 5 l DEB-Satzung) eine zumutbare Möglichkeit zur Kenntnisnahme dieser Regelwerke hat.

(3). Die gewohnheitsrechtliche Bindung

Problematisch ist, ob über eine mittelbar mitgliedschaftliche oder eine rechtsgeschäftliche Bindung hinaus von einer gewohnheitsrechtlichen Unterwerfung der Sportler unter die Regelwerke der internationalen Sportverbände ausgegangen werden kann.
Gewohnheitsrecht entsteht durch fortwährende Übung in der Überzeugung, damit einem Rechtssatz zu folgen[261]
Nach einer Ansicht[262] erfolgt schon alleine durch die leistungsorientierte Sportausübung eine Bindung an die Regelwerke der internationalen Sportverbände, weil ohne diese Regelungen eine einheitliche Ausrichtung der Sportveranstaltungen und eine Durchführung des Sportbetriebes nicht möglich ist. Eine Bindung des Sportlers kommt demnach schon zustande, wenn seine Betätigung über den rein privaten Bereich hinausgeht und er den vom Verband zur Verfügung gestellten Sportbetrieb tatsächlich nutzt.
Teilweise wird die Bindung des Sportlers an das internationale Verbandsrecht aber nicht als gewohnheitsrechtlich qualifiziert, sondern eine Bindungswirkung nach den Grundsätzen des faktischen Vertrages oder im Wege einer Drittbegünstigung der Verbandssatzung nach § 328 BGB begründet[263].
Jedoch ist mit der herrschenden Meinung eine unabhängig von Vertrag oder mittelbarer Mitgliedschaft bestehende Bindung des Sportlers an die internationalen Verbände abzulehnen. Zum einen fehlt es, selbst wenn eine Rechtsüberzeugung der Beteiligten bejaht werden könnte, an der zur Begründung von Gewohnheitsrecht erforderlichen langwährenden Übung. Hierzu sind die Regelwerke der internationalen Sportverbände, wie in Zusammenhang mit dem Amateurbegriff aufgezeigt wurde[264], zu häufig geändert worden, als daß von einer langwährenden und gleichbleibenden Übung ausgegangen werden könnte[265]. Zum anderen könnte auf diesem Wege das Fehlen einer ausreichend ausgestalteten mittelbar mitgliedschaftlichen oder (un)mittelbar vertraglichen Bindung ohne weiteres überwunden werden[266], obwohl der BGH in seinem „Reiter"-Urteil[267], jedenfalls im Verhältnis zu den nationalen Sportverbänden, nur eine solche Bindung für zulässig hält. Darüber hinaus ist die Annahme einer gewohnheitsrechtlichen Bindung hinsichtlich der Leichtathleten, Fußball- und Eishockeyprofis schlicht überflüssig, weil diese schon anderweitig an die Regelwerke der internationalen Sportverbände gebunden sind.

---

[260] BGH, SpuRt 1995, 43 (48).
[261] BVerfGE 34, 293 (303 f.).
[262] U. a. *Haas*/Adolphsen, NJW 1995, 2146 (2147 f.).
[263] *Hohl*, Nominierung von Leistungssportlern, S. 76.
[264] Vgl. oben, 1.Abschn., II.1.
[265] *Vieweg*, Normsetzung und -anwendung, S. 331.
[266] *Summerer* in: Praxishandbuch Sportrecht, S. 139.
[267] BGH, SpuRt 1995, 43 (48).

2. Abschnitt: Die Ausgestaltung der individualrechtlichen Seite der Rechtsbeziehungen des Profisportlers

Bei der Untersuchung der individualrechtlichen Seite der Rechtsbeziehungen des Sportlers, also des Sportleistungsvertrages, dessen Inhalt die schuldrechtliche Verpflichtung zur sportlichen Tätigkeit und zur Werbeleistung als Nebenpflicht ist, ist zwischen rein nationalen und internationalen Sachverhalten zu unterscheiden.
Im Rahmen von rein nationalen Sachverhalten stehen sich als Vertragspartner des Sportleistungsvertrages auf deutschem Boden ein Sportler, der Deutscher i. S. d. Art. 116 GG ist, und ein deutscher Verein, Verband oder Unternehmer als Wettkampfveranstalter gegenüber. Demgegenüber werden unter Ziff. II. 4. dieses Abschnitts die rechtlichen Besonderheiten und Abweichungen dargestellt, die sich ergeben, wenn im Inland ein ausländischer Profi einen Sportleistungsvertrag mit einem deutschen Vertragspartner abschließt.
Voraussetzung für eine Bewertung der inhaltlichen Ausgestaltung des Sportleistungsvertrages, als dem Zivilrecht unterfallendes vertraglich vereinbartes Schuldverhältnis zwischen Privaten, ist eine rechtliche Einordnung der Tätigkeit des Profis nach zivilrechtlichen Maßstäben, weil sich aus einer solchen ergibt, an welchen Normen der Sportleistungsvertrag zu messen ist. So setzt z. B. die Anwendung von Arbeitnehmerschutzvorschriften eine Qualifizierung des Sportlers als Arbeitnehmer i. S. d. zivilrechtlichen Arbeitnehmerbegriffs voraus. Vorzunehmen ist somit zunächst die Einordnung des Sportleistungsvertrages unter die Vertragstypen des BGB.

I. Die zivilrechtliche Qualifizierung des Sportleistungsvertrages

1. Der Sportleistungsvertrag als „Spielvertrag" i. S. d. § 762 Abs. 1 Satz 1 BGB

Die enge Verbindung zwischen Sport und Spiel zeigt sich schon daran, daß der Ausdruck Spiel in vielen Sportarten für den sportlichen Wettkampf gebraucht wird. So spricht man von den Olympischen Spielen und vom Fußballspiel.
Nach § 762 Abs. 1 S. 1 BGB wird durch ein Spiel eine Verbindlichkeit nicht begründet. Jedoch handelt es sich bei den Sportleistungsverträgen der Profis nicht um Spielverträge im rechtlichen Sinne, weil es diesen an den typischen Begriffsmerkmalen des Spielvertrages, der reinen Zufallsabhängigkeit und der beiderseitigen Erbringung von Einsätzen mit Verlustrisiko für jeden Mitspieler[268], ermangelt.

2. Die Einordnung als Werkvertrag i. S. d. §§ 631 ff. BGB

Weil die Vergütung der Eishockey- und Fußballspieler neben dem Grundgehalt auch aus verschiedenen Prämien für eigene Spieleinsätze, Siege, Unentschieden oder sogar Zuschauerzahlen besteht (§ 5 Nr. 2 DFB-Mustervertrag), könnte, wegen dieser Erfolgsbeteiligung, der Sportleistungsvertrag dieser Sportler mit ihren Vereinen als Werkvertrag zu qualifizieren sein. Das Wesen des Werkvertrages liegt in der ausgeprägten Erfolgsbezogenheit, wobei in Abgrenzung zum Dienst- und Arbeitsvertrag, bei denen das bloße Wirken im Vordergrund steht, beim Werkvertrag die Herbeiführung des vereinbarten, gegenständlich faßbaren Leistungserfolges geschuldet ist[269]. Jedoch kann aus den derzeit üblichen Prämienregelungen nicht auf einen ausschließlich erfolgsbezogenen Vertrag geschlossen werden, solange das Grundgehalt nicht völlig minimiert

---

[268] *Engel* in: *Staudinger*, § 762 BGB, Rdnr. 3.
[269] *Palandt/Thomas*, vor § 631 BGB, Rdnr. 5.

ist und die Vergütung des Profis nicht fast ausschließlich auf einem leistungsabhängigen Prämiensystem beruht. Das Grundgehalt macht heute noch den größten Teil der Einnahmen der Spieler aus[270]. Darüber hinaus ist der Lizenzspieler neben der Teilnahme am Wettkampf in der Hauptsache zur Mitwirkung am täglichen Training verpflichtet. Die Spiele und der dabei angestrebte Erfolg stellen somit lediglich einen zeitlich geringen Teil der insgesamt zu erbringenden Sportleistung dar, so daß bei einer Gesamtbetrachtung der Tätigkeit des Spielers nicht von einer ausgeprägten Erfolgsbezogenheit ausgegangen werden kann. Auch sind an den Erfolg geknüpfte Prämienzahlungen, welche der Motivation des einzelnen Beschäftigten dienen, auch in gewöhnlichen Arbeitsverhältnissen in Form von Gratifikationen, Sonderzulagen und Prämien durchaus üblich und führen somit noch nicht zu einer Qualifikation als Werkvertrag.

Etwas anderes könnte jedoch für den Sportleistungsvertrag des Leichtathleten mit dem Sportveranstalter gelten, in dem i. d. R. neben einem festen Startgeld auch eine Prämie für das Erreichen eines bestimmten sportlichen Erfolges (z. B. Weltrekord) vereinbart wird[271], weil dieser nur für die Zeit des Wettkampfes geschlossen ist und deshalb gegenüber dem Veranstalter keine Verpflichtung zur Teilnahme am Training besteht.
Infolgedessen qualifiziert *Caninenberg*[272] den Sportleistungsvertrag des Leichtathleten als einen Werkvertrag und vergleicht diesen mit dem Aufführungsvertrag, der zwischen dem Veranstalter eines Gastspiels und einem einzelnen Künstler geschlossen wird. In beiden Fällen ist das Hauptinteresse des Veranstalters darauf gerichtet, daß der Sportler bzw. der Künstler garantiert, an der Veranstaltung teilzunehmen, so daß eine ausschließliche Erfolgsbezogenheit in der Teilnahme des Profis an der Veranstaltung besteht.
Dies überzeugt aber im Ergebnis nicht, da, wie schon bei den Eishockey- und Fußballspielern aufgezeigt, alleine aus der Tatsache der Existenz von erfolgsorientierten Prämien nicht auf einen Werkvertrag geschlossen werden kann. Auch die im Rahmen von Leichtathletikmeetings bezahlten Prämien stehen gegenüber den festen Antrittsgagen im Hintergrund. Sie haben lediglich den Zweck, die Sportler zur Erbringung von Höchstleistungen zu motivieren, und führen somit nicht zu einer ausgeprägten Erfolgsbezogenheit der Tätigkeit.
Darüber hinaus stellt auch die Antrittsgage selber nicht eine Gegenleistung für den Erfolg des bloßen Erscheinens des Profis bei der Veranstaltung dar, sondern ist nach ihrem Sinn und Zweck vielmehr als Vergütung für dessen Sportleistung anzusehen. Diese besteht aber nicht in der Erbringung eines konkreten Erfolges, sondern lediglich in einem bloßen Wirken und Bemühen um die bestmögliche sportliche Leistung.

3. Der Sportleistungsvertrag als Dienst- oder Arbeitsvertrag i. S. d. §§ 611 ff. BGB

Je nach Sportart und Organisation des Sportbetriebes wird zwischen dem Verein oder einem Wettkampfveranstalter und dem Profisportler ein Dienstvertrag oder ein Dienstvertrag mit arbeitsrechtlichen Sonderbestimmungen (Arbeitsvertrag) geschlossen, weil, wie oben dargestellt, nicht etwa ein sportlicher Erfolg, sondern lediglich die sportliche Tätigkeit geschuldet wird. Die Einordnung des Sportlers als Arbeitnehmer i. S. d. Zivilrechts ist entscheidend für die Anwendbarkeit von arbeitsrechtlichen Sonderregelungen auf den Sportleistungsvertrag.

---

[270] Süddeutsche Zeitung vom 03.02.1999, S. 40.
[271] *Caninenberg*, Die Sportveranstaltungsausfallversicherung, S. 67.
[272] Ebenda.

a. Der zivilrechtliche Arbeitnehmerbegriff des BAG und der Literatur

Entscheidendes Kriterium der Arbeitnehmereigenschaft im zivilrechtlichen Sinne ist nach ständiger Rechtsprechung des BAG[273] und der herrschenden Lehre[274] nicht die Bezeichnung des eine Rechtsbeziehung begründenden Vertrages als Arbeitsvertrag, sondern der Umstand, ob der tatsächliche Gehalt der konkreten Tätigkeit von einer persönlichen Abhängigkeit des zur Dienstleistung Verpflichteten vom Dienstberechtigten geprägt ist. Zweck des zivilrechtlichen Arbeitnehmerbegriffes ist es, den zur Dienstleistung in persönlicher Abhängigkeit Verpflichteten wegen seiner besonderen Schutzbedürftigkeit den Arbeitnehmerschutzvorschriften zu unterstellen[275]. Wesentliche Gesichtspunkte und Indizien zur Bestimmung der persönlichen Abhängigkeit des Dienstnehmers sind nach der Rechtsprechung des BAG die organisatorische Einbindung in den Betrieb des Dienstberechtigten[276], die Weisungsgebundenheit nach Ort, Zeit und Inhalt der Arbeitsleistung[277], eine organisatorische Abhängigkeit für die Erbringung der Arbeitsleistung[278] und ein Einsatz der Dienstleistung des Dienstverpflichteten zu fremdnützigen Zwecken[279]. Bei diesem letzten Kriterium der Fremdnützigkeit kommt es entscheidend darauf an, daß „der Dienstverpflichtete seine Arbeitskraft nicht wie ein Unternehmer nach selbst gesetzten Zielen unter eigener Verantwortung und mit eigenem unternehmerischen Risiko am Markt verwertet, sondern daß er darauf angewiesen ist, seine Leistung dem Dienstberechtigten zur Verwertung zu überlassen“[280]. Demgegenüber spielt eine bloß wirtschaftliche Abhängigkeit des Dienstverpflichteten zur Bestimmung der Arbeitnehmereigenschaft keine Rolle[281]. In einer Gesamtbetrachtung sind neben den genannten materiellen Indizien, auf welche es zur Bestimmung der Arbeitnehmereigenschaft überwiegend ankommt und welche im Einzelfall nicht sämtlich vorliegen müssen, aber auch formale Kriterien, wie Bezugnahme auf arbeitsrechtliche Grundsätze im Sportleistungsvertrag und äußere Bezeichnung des Rechtsverhältnisses, als Ausdruck des Willens der Parteien als Entscheidungshilfen zu beachten[282].

Nach einem anderen Ansatz in der Literatur[283] soll zur Bestimmung der Arbeitnehmereigenschaft weniger auf eine persönliche Abhängigkeit und formale Indizien, als vielmehr auf das Kriterium der sozialen Schutzbedürftigkeit abzustellen sein, weil nur derjenige in den Genuß von Arbeitnehmerschutzvorschriften kommen soll, der, gemäß der Zweckrichtung des zivilrechtlichen Arbeitnehmerbegriffs, auch tatsächlich schutzbedürftig ist.

b. Die Qualifizierung des Eishockey- und Fußballprofis als Arbeitnehmer im zivilrechtlichen Sinne

Der Lizenzfußballspieler wird in § 10 LiSpSt des DFB als „Arbeitnehmer besonderer Art eines vom DFB lizenzierten Vereins“ bezeichnet, und auch der Mustervertrag des DFB zur Begründung eines Sportleistungsvertrages zwischen Profi und Verein ist als Arbeitsvertrag betitelt. Demgegenüber enthalten die SpO des DEB und die Musterverträge zwischen Eishockeyspieler

---

[273] U. a. BAG, NZA 1991, 933 (934); BAG, NZA 1992, 407 (408).
[274] U. a. *Hilger*, RdA 1989, 1 (2); *Hueck*, RdA 1969, 216 (217); *Richardi* in: Münchener Handbuch Arbeitsrecht, § 23, Rdnr. 13 ff.
[275] *Richardi* in: Münchener Handbuch Arbeitsrecht, § 23, Rdnr. 7.
[276] BAG, Urteil vom 09.09.1981, AP Nr. 38 zu § 611 BGB.
[277] BAG, Urteil vom 21.01.1966, AP Nr. 2 zu § 92 HGB.
[278] BAG, Urteil vom 15.03.1978, AP Nr. 26 zu § 611 BGB.
[279] Ebenda.
[280] Ebenda.
[281] *Richardi* in: Münchener Handbuch Arbeitsrechts, § 23, Rdnr. 15.
[282] *Buchner*, RdA 1982, 1 (4).
[283] *Beuthien/Wehler*, RdA 1978, 1 (5); *Lieb*, RdA 1977, 210 (215).

und Verein keine derartigen Qualifizierungen. Die Einordnung nach den Verbandsnormen des DFB als Dritten kann aber keine Indizwirkung auf die Ausgestaltung der Rechtsbeziehung zwischen Spieler und Verein haben, weil dieses nicht den Willen der Parteien, sondern lediglich den eines Dritten zum Ausdruck bringt. Etwas anderes ergibt sich aber aus der Bezeichnung des zwischen Spieler und Verein selber geschlossenen Sportleistungsvertrages. Zwar können die Parteien des Vertrages nicht nach eigenem Belieben den Arbeitnehmerstatus vereinbaren, weil anderenfalls zwingende Arbeitnehmerschutzvorschriften umgangen werden könnten[284]. Jedoch kommt dieser Bezeichnung im Sportleistungsvertrag, wie oben dargestellt, in Verbindung mit der Verwirklichung materieller Indizien die Funktion einer Entscheidungshilfe zu, weil mit dieser vertraglichen Umschreibung der Wille der Parteien, ein Arbeitsverhältnis zu begründen, zum Ausdruck gebracht wird.

aa. Die arbeitsrechtliche Einordnung der Profispieler nach der Rechtsprechung und der herrschenden Meinung im Schrifttum

Nach der allgemeinen Rechtsüberzeugung der Instanzgerichte[285] und des BAG[286] handelt es sich zumindest bei den Lizenzfußballspielern um Arbeitnehmer i. S. d. Zivilrechts. Diese Einschätzung wird lapidar damit begründet, daß „der zwischen den Parteien geschlossene Vertrag die typischen Merkmale einer in persönlicher Abhängigkeit zu erbringenden Dienstleistung enthält"[287], was sich wegen der im Vergleich zum Profifußball identischen Verhältnisse auch auf den Eishockeyprofi übertragen läßt.
Auch nach der herrschenden Meinung in der Literatur[288] handelt es sich bei den Sportleistungsverträgen der in den Mannschaftssportarten Eishockey und Fußball tätigen Profis um Arbeitsverträge i. S. d. Zivilrechts. Wegen der täglich zu erbringenden Höchstleistungen wird das Arbeitsverhältnis zwar als ein untypisches bezeichnet, jedoch sind wegen der Gesamtgestaltung der Rechtsbeziehungen die durch das BAG aufgestellten Voraussetzungen zur Bestimmung der Arbeitnehmereigenschaft erfüllt.
So ist das materielle Indiz der Weisungsgebundenheit hinsichtlich Ort, Zeit und Inhalt der zu erbringenden Sportleistung durch die vertraglichen Bindungen des Profis sehr stark ausgeprägt. Nach § 6 Satz 1 des Mustervertrages des DFB wird der Einsatz und die Tätigkeit des Profis nach Art und Umfang vom Vorstand oder den von ihm Beauftragten (Trainer) bestimmt. Weiter hat der Lizenzfußballspieler gemäß § 6 Satz 2 diese Vertrages „den Weisungen aller vom Verein dazu eingesetzten Personen, insbesondere des Trainers, hinsichtlich der Teilnahme an Spiel, Training, Spielvorbereitung, Behandlungen und aller sonstigen Vereinsveranstaltungen zuverlässig und genau Folge zu leisten". Der Spieler ist also zur intensiven Mitarbeit unter dem Direktionsrecht des Trainers verpflichtet und hat vor allem dessen spieltechnischen und spieltaktischen Anweisungen während eines Wettspiels und im Training nachzukommen. Der Spieler ist somit auch verpflichtet, die Anweisungen hinsichtlich der durch ihn im Spiel einzunehmenden Position, seiner Spielweise und die Entscheidung des Trainers über das Ob seiner Aufstellung zu beachten und ist deshalb hinsichtlich des Inhalts der durch ihn zu erbringenden Sportleistung weisungsgebunden. Die mit diesen Verpflichtungen in § 6 Satz 2 verbundene Vertragsstrafenabrede ist zwar in dieser Form im Arbeitsleben als arbeitsvertragliche Vereinbarung eher unüblich, findet sich aber in ähnlicher Art und Weise häufig in Betriebsbußordnungen und steht infolge-

---

[284] *Gitter* in: Münchener Handbuch Arbeitsrecht, § 195, Rdnr. 16.
[285] U. a. ArbG Gelsenkirchen, NJW 1977, 598 (599).
[286] U. a. BAG, NJW 1980, 470 (470); BAG, NJW 1971, 855 (856).
[287] Ebenda.
[288] U. a. *Gitter* in: Münchener Handbuch Arbeitsrecht, § 195, Rdnr. 15; *Fritzweiler* in: Praxishandbuch Sportrecht, S. 224; *Malatos*, Berufsfußball, S. 90; *Imping*, Die arbeitsrechtliche Stellung des Fußballspielers, S. 51; *Kaske*, Berufssport, S. 14 ff.; *Buchner*, RdA 1982, 1 (4 f.); *Schimke*, Sportrecht.

dessen dem arbeitsvertraglichen Charakter des Vertrages nicht entgegen, sondern bestätigt diesen eher[289]. Darüber hinaus hat der Spieler nach § 2 lit. a des DFB-Mustervertrages an allen allgemein vorgesehenen oder besonders angeordneten Vereinsspielen, Lehrgängen, Trainingseinheiten, Spielerbesprechungen und sonstigen Spiel- und Wettkampfvorbereitungen teilzunehmen und sich nach § 2 lit. d des Vertrages an den durch die Vereinsführung bestimmten Reisen im In- und Ausland zu beteiligen. Er ist infolgedessen auch bezüglich der Zeit und des Ortes der Sportleistung weisungsgebunden. § 2 lit. b und c des Vertrages sehen ein Weisungsrecht der Vereinsführung in Hinblick auf die Auswahl des im Falle einer berufsmäßigen Verletzung zu konsultierenden Arztes vor und verpflichten den Profi, sich den sportmedizinischen und sporttherapeutischen Maßnahmen, die durch vom Verein beauftragte Personen angeordnet werden, umfassend zu unterziehen. Darüber hinaus unterliegt der Profi auch hinsichtlich der privaten Lebensführung dem Direktionsrecht des Vereins (§ 2 lit. g Mustervertrag des DFB) und hat somit z. B. auf Anweisung des Trainers gefährliche Freizeitbeschäftigungen, Alkohol- und Nikotingenuß zu unterlassen und zumindest im Trainingslager angeordnete nächtliche Ruhezeiten zu beachten. Zuletzt besteht noch gemäß § 2 lit. e des Vertrages eine Verpflichtung des Spielers, auf Anordnung des Vereins an dessen Öffentlichkeitsarbeit, insb. in Fernsehen, Hörfunk und Presse sowie bei öffentlichen Anlässen und Veranstaltungen teilzunehmen und mitzuwirken. Er hat bei diesen Veranstaltungen, bei Wettspielen, auf Reisen zu diesen, bei Lehrgängen und im Training die vom Verein gestellte Bekleidung, entsprechend der jeweiligen Weisung, zu tragen. Hinsichtlich der starken Weisungsgebundenheit des Eishockeyprofis gegenüber seinem Verein ergeben sich, wegen einer ähnlichen Ausgestaltung des diese Rechtsbeziehung prägenden Sportleistungsvertrages, gegenüber dem Lizenzfußballspieler keine wesentlichen Unterschiede.
Die Fußball- und Eishockeyprofis sind als Mannschaftssportler in das Mannschaftsgefüge, ohne welches die Ausübung des Sports unmöglich wäre, integriert und somit organisatorisch in den Betrieb des Vereins, als weiteres materielles Indiz für die Qualifizierung als Arbeitnehmer, eingebunden, und die Erbringung ihrer Sportleistung ist von der Organisation des Vereins abhängig.
Auch das durch das BAG[290] zur Bestimmung der Arbeitnehmereigenschaft aufgestellte materielle Kriterium der „Fremdnützigkeit" als Merkmal der persönlichen Abhängigkeit wird durch die Spieler erfüllt. Dieses Indiz stellt vor allem darauf ab, ob der Dienstverpflichtete unter eigener Verantwortung und mit eigenem Risiko, wie ein Unternehmer, die durch ihn erbrachte Leistung am Markt verwerten kann, oder ob der Dienstherr das unternehmerische Risiko zu tragen hat. Wie schon dargestellt, besteht ein Teil der Vergütung der Spieler aus einer leistungsabhängigen Prämie (§ 5 Nr. 2 DFB-Mustervertrag), deren Höhe sich an tatsächlichen Spieleinsätzen, erreichten Punkten und Zuschauerzahlen orientieren kann. Demnach ist der Profi sowohl an dem unternehmerischen Risiko des Vereins hinsichtlich der Zuschauereinnahmen und des sportlichen Erfolges als auch an seinem persönlichen Risiko in Form seiner eigenen sportlichen Leistung und körperlichen Verfassung beteiligt. Dieses spricht aber nicht gegen die Einordnung als Arbeitnehmer, weil leistungsbezogene Gratifikationen und Prämien auch einem Arbeitsverhältnis nicht fremd sind. Darüber hinaus besteht, wie dargestellt, der größte Teil der Spielervergütung nach § 5 Nr. 1 DFB-Mustervertrag aus einem festen Grundgehalt, so daß, anders als ein Unternehmer, der Profi nicht auf eigenes Risiko am Markt tätig ist, sondern seine Leistung lediglich vermittelt durch den Verein dort anbietet. Auch zeigt die Sportrealität, durch die in der Vergangenheit wegen mangelnder wirtschaftlicher Leistungsfähigkeit durch den DFB gegenüber Vereinen vorgenommenen Lizenzentzüge[291], daß letztendlich die Vereine das unternehmerische Risiko zu tragen haben.

---

[289] *Buchner*, RdA 1982, 1 (5).
[290] BAG Urteil vom 15.03.1978, AP Nr. 26 zu § 611 BGB.
[291] So wurden seit 1981 u. a. dem TSV 1860 München, Kickers Offenbach, Union Berlin und Rot-Weiß Essen die Lizenz für die 2. Fußballbundesliga verweigert.

Als weiteres Indiz spricht für eine Einordnung der Profispieler als Arbeitnehmer die typisch arbeitsvertraglich formulierte Bestimmung über die Genehmigungspflicht von Nebentätigkeiten (§ 3 DFB-Mustervertrag) und die klar arbeitsrechtlich orientierten Regelungen der Verträge hinsichtlich Urlaub und Krankheit (§§ 7 und 8 des DFB-Mustervertrages)[292]. Diese Bestimmungen sind inhaltlich an die Regelungen des Bundesurlaubsgesetzes[293] und des Entgeltfortzahlungsgesetzes[294] angelehnt, welche nur im Rahmen von Arbeitsverhältnissen Anwendung finden.
Auch sprechen, nach dem Arbeitnehmerbegriff des BAG, die zum Teil extrem hohen Bezüge, insbesondere der Profifußballspieler[295], nicht gegen deren Qualifizierung als Arbeitnehmer. Nach dieser Rechtsprechung[296] kommt es zur Bestimmung der persönlichen Abhängigkeit des Dienstverpflichteten auf eine besondere soziale Schutzbedürftigkeit oder eine wirtschaftliche Abhängigkeit und deshalb auf die Höhe der Vergütung nicht an.
Nachdem die Vertragsbestimmungen der Sportleistungsverträge der Eishockey- und Fußballprofis auch in der Realität entsprechend dem Vertragswortlaut durchgeführt werden[297], sind die durch das BAG zur Qualifizierung als Arbeitnehmer aufgestellten materiellen und formellen Indizien nicht nur durch die vertraglichen Formulierungen, sondern auch in der Praxis überwiegend erfüllt und ist somit der Sportleistungsvertrag mit der herrschenden Meinung in Literatur und Rechtsprechung als Arbeitsverhältnis i. S. d. Zivilrechts einzustufen.

Etwas anderes ergibt sich nicht daraus, daß der Sportler nach § 3 Satz 1 des DFB-Mustervertrages dem Verein sämtliche Vermarktungsrechte an seiner Person überträgt, sich zur Teilnahme an bestimmten Werbemaßnahmen verpflichtet und hierfür i. d. R. auch eine zusätzliche leistungsabhängige Vergütung erhält. Diese setzt sich mit gewissen Modifikationen im Einzelfall aus einem Provisionsfixum, gesondert vereinbarten Werbevermittlungsprovisionen und Sonderprämien zusammen[298]. Zwar ergibt sich weder aus § 3 Satz 1 DFB-Mustervertrag noch aus dessen Durchführung eine Weisungsgebundenheit des Spielers hinsichtlich Ort und Zeit der Werbetätigkeit[299]. Vielmehr wird die zeitliche und örtliche Lage zumindest der Wettkampfveranstaltungen, bei deren Durchführung der Profi u. a. die ihm vom Verein zur Verfügung gestellte Bekleidung zu tragen hat, nicht durch den Verein, sondern durch den Spielplan der Verbände vorgegeben und ist eine Zuordnung der gesonderten Vergütungen für die Werbetätigkeit zum Gehalt aus dem Sportleistungsvertrag fraglich. Jedoch ist der Profi zumindest bezüglich des Inhaltes der durch ihn zu erbringenden Werbeleistung weisungsgebunden, weil der Verein nach § 2 lit. e des DFB-Mustervertrages u. a. die Art der durch den Spieler zu tragenden Sportbekleidung bestimmen kann. Auch handelt es sich bei den vertraglichen Bestimmungen hinsichtlich der Werbetätigkeit des Spielers nicht um einen gegenüber dem Sportleistungsvertrag eigenständigen Vertrag, bei dem der Profi hinsichtlich seiner Werbetätigkeit für den Verein nicht als Arbeitnehmer zu qualifizieren wäre. Vielmehr bildet der Sportleistungsvertrag einen einheitlichen Vertrag, aus dessen inhaltlicher Gesamtbetrachtung die Arbeitnehmereigenschaft des Spielers zu bestimmen ist. Ein einheitlicher Vertrag setzt voraus, daß zwischen den einzelnen Vertragspflichten ein rechtlicher Zusammenhang besteht. Hierbei kommt es weniger darauf an, ob die verschiedenen Verpflichtungen in einer oder in mehreren Vertragsurkunden festgelegt sind, sondern ob nach der Vorstellung der Parteien die einzelnen Vereinbarungen nur gemeinsam

[292] *Buchner*, RdA 1982, 1 (4).
[293] BGBl. 1996 I, S. 1476.
[294] Ebenda.
[295] Z. B. beläuft sich das Jahresgehalt eines Spitzenspielers wie *Stefan Effenberg* vom FC Bayern München auf 6,5 Millionen DM im Jahr; vgl. Süddeutsche Zeitung vom 19.08.1999, S. 25.
[296] *Richardi* in: Münchener Handbuch Arbeitsrecht, § 23, Rdnr. 15; RAG Bensh. Slg. 8, 451 (452).
[297] *Buchner*, RdA 1982, 1 (6).
[298] *Jachmann*, SpuRt 1996, 185 (185).
[299] ArbG Oberhausen, SpuRt 1996, 213 (214).

gelten und durchgeführt werden sollen bzw. derart voneinander abhängen, daß sie miteinander „stehen und fallen"[300]. Die Werbeleistung des Profispielers hängt mit der sportlichen Tätigkeit beim Verein untrennbar zusammen. Nur in diesem Rahmen kann der Sportler z. B. die Verpflichtung zum Tragen der durch den Verein zu Wettkampfveranstaltungen vorgeschriebenen Bekleidung erfüllen.

Durch die Rechtsprechung des BAG [301] wird der Profispieler innerhalb der Gruppe der Arbeitnehmer den Angestellten zugerechnet. Zwar haben die Sportler im Rahmen der Sportleistung überwiegend, einem Arbeiter vergleichbar, körperliche Arbeit zu erbringen, jedoch ist die Beschäftigung des Spielers durch Taktik, Strategie und schnelles Reagieren auch geistig geprägt. Darüber hinaus wird die Zuordnung zur Gruppe der Angestellten damit begründet, daß die Wettkämpfe mit Vorführungen von Artisten und Künstlern vergleichbar seien. Diese werden nach § 133 Abs. 1 SGB VI, ohne Rücksicht auf den künstlerischen Wert ihrer Darbietungen, als Angestellte qualifiziert. Die Differenzierung ist aber heute nicht mehr von großer Relevanz, weil seit der Entscheidung des BVerfG[302] zu der Frage der unterschiedlichen Kündigungsfristen für Arbeiter und Angestellte eine weitgehende Angleichung der Rechtsstellung dieser beiden Gruppen stattgefunden hat.

bb. Von der Rechtsprechung des BAG und der herrschenden Meinung im Schrifttum abweichende Auffassungen in der neueren Diskussion

Die arbeitsrechtliche Einordnung des Sportleistungsvertrages zwischen Spieler und Verein hat in den letzten Jahren im juristischen Schrifttum wiederholt und gestützt auf verschiedenste Argumente Kritik erfahren. Auch hat sich in der öffentlichen Meinung, u. a. wegen der exponierten Stellung der Fußballprofis im öffentlichen Leben und der durch das „Bosman"-Urteil des EuGH[303] ausgelösten drastischen Steigerung der Spielergehälter nie die allgemeine Rechtsüberzeugung einer Einordnung der Spieler als Arbeitnehmer durchgesetzt.

(1). Der Profispieler als arbeitnehmerähnliche Person

Weite Teil des ausländischen Schrifttums[304] betrachten den Sportleistungsvertrag der Spieler als Dienstvertrag, der zwar dem Arbeitsvertrag ähnlich ist, auf den aber die speziellen Regelungen des Arbeitsrechts nicht anwendbar sind. Insbesondere wird darauf verwiesen, daß die ungewöhnlich starke, mit einer persönlichen Abhängigkeit in sonstigen Arbeitsverhältnissen nicht vergleichbare Subordination des Spielers unter die Vorgaben des Vereins in Wettspiel, Training und Privatleben nicht durch den Arbeitsvertrag, sondern durch das sportliche Moment und durch die Natur des Sports bedingt sei. Diese Form der Unterwerfung des Spielers existiert genauso im reinen Amateursport, dem eine Bindung an den Verein durch Sportleistungsverträge fremd ist, wo vielmehr eine solche durch ein mitgliedschaftliches Verhältnis hergestellt wird. Die aufgezeigte Weisungsbefugnis des Vereins ist demnach keine i. S. d. Arbeitsrechts, sondern beruht sowohl bei den Amateuren als auch bei den Profis auf Freiwilligkeit und ist dem Mannschaftssport immanent. Darüber hinaus sei die dargestellte, intensive Subordination, welche sogar weite Teile des Privatlebens erfaßt, mit dem Schutz des Arbeitnehmers unvereinbar und würde gegen zwingende Normen des Arbeitsrechts verstoßen. Weiter ergeben sich Bedenken gegen eine Weisungsbefugnis im arbeitsrechtlichen Sinne aus einer weitgehenden Entscheidungsfrei-

[300] BGHZ 76, 43 (49); 78, 346 (349).
[301] BAG Urteil vom 17.01.1979, AP Nr. 2 zu § 611 BGB.
[302] BVerfGE 82, 126 (127).
[303] EuGH, Slg. 1995 I, 4921 ff. (Rs. C-415/93).
[304] Nachweise bei *Malatos*, Berufsfußball, S. 88.

heit des Spielers während des Wettkampfes. Zwar hat der Spieler taktische Traineranweisungen zu befolgen, jedoch hängt der sportliche Erfolg des Vereins überwiegend von den persönlichen Fertigkeiten der Spieler ab, die ihre Fähigkeiten im Spiel eigenverantwortlich entfalten. Dies gilt nicht nur für die „Kreativspieler" einer Mannschaft, sondern für all ihre Profis, weil persönliches Geschick, Intuition, momentane Verfassung und schnelle Reaktion den Spielverlauf entscheidender prägen können als die Anweisungen des Trainers.

Gegen die Qualifizierung der Fußball- und Eishockeyprofis als arbeitnehmerähnliche Personen spricht jedoch, daß zwar auch im reinen Amateursport Anweisungen durch Trainer und Betreuer erteilt werden, jedoch bei den Profis gerade das Merkmal einer schuldrechtlichen und nicht bloß mitgliedschaftlichen Bindung an den Verein besteht und diese, anders als die reinen Amateure, für die Sportleistung entlohnt werden. Die Weisungsbefugnis des Trainers beruht infolgedessen nicht, wie im Amateurbereich, auf einer freiwilligen oder mitgliedschaftlichen Subordination, sondern auf einem schuldrechtlichen Vertrag. Dieser regelt, wie im Bereich des Arbeitsrechts üblich, die Verpflichtung zur Dienstleistung gegen Bezahlung einer Vergütung, weswegen eine Unterscheidung zur Subordination der Amateursportler geboten und die Unterwerfung des Spielers als arbeitsvertraglich zu charakterisieren ist.
Auch spricht die gegenüber dem typischen Arbeitsverhältnis vergleichsweise starke Weisungsbefugnis des Vereins nicht gegen, sondern eher für eine Einordnung des Profis als Arbeitnehmer. Nach der Arbeitnehmerbegriff des BAG ist eine intensive Unterordnung des Dienstverpflichteten unter die Weisungen des Dienstherren gerade ein starkes Indiz für das Bestehen eines Arbeitsverhältnisses und eine Anwendbarkeit der Arbeitnehmerschutzvorschriften um so mehr geboten. Darüber hinaus ist die Zulässigkeit einer derartig intensiven Subordination, vor allem hinsichtlich der Belange des Privatbereichs, nicht Frage der Anwendbarkeit des Arbeitsrechts, sondern soll gerade durch dieses überprüft werden. Ferner ist es auch in anderen Arbeitsverhältnissen durchaus üblich, daß einzelne Entscheidungen über das „Wie" der Ausführung der gestellten Aufgabe, wie die persönliche Spielweise des Profis, dem Arbeitnehmer überlassen werden und dieser in einem gewissen Rahmen eigenverantwortlich Entscheidungen trifft.

(2). Der Profispieler als selbständig Dienstleistender

Nach einem Teil der arbeitsrechtlichen Literatur[305] soll es für die Qualifizierung eines zur Dienstleistung Verpflichteten, abweichend vom Arbeitnehmerbegriff des BAG und der herrschenden Meinung in der Literatur, nicht auf das Merkmal der persönlichen Abhängigkeit ankommen, sondern vielmehr das Bestehen einer „sozialen und wirtschaftlichen Schutzbedürftigkeit" Anwendungsvoraussetzung für die Normen des Arbeitsrechts sein. Nach dieser Ansicht, welche auch die Überzeugung von weiten Teilen der öffentlichen Meinung widerspiegelt, handelt es sich bei den Profispielern aufgrund der hohen Spielergehälter nicht um eine Berufsgruppe, die als sozial und wirtschaftlich schutzbedürftig zu bezeichnen ist.
Für diese Ansicht spricht die historische Entwicklung des durch das RAG[306] aufgestellten und vom BAG übernommenen Merkmals der persönlichen Abhängigkeit[307]. Hierfür war die schlechte Situation der Lohnarbeiter in den Fabriken zur Zeit der Jahrhundertwende, als deren Ursache man die auf Vermögenslosigkeit beruhende wirtschaftliche Unselbständigkeit dieser Gruppe ansah, maßgeblich. Infolgedessen sah das RAG[308] das Abgrenzungsmerkmal zur Bestimmung der Arbeitnehmereigenschaft zunächst in der wirtschaftlichen und sozialen Schutzbe-

---

[305] *Wiedemann*, Das Arbeitsverhältnis, S. 15, 19; *Beuthien/ Wehler*, RdA 1978, 1 (5); *Lieb*, RdA 1977, 210 (215).
[306] U. a. RAG, BenshSlg. 15, 505, (550) (552).
[307] Beschrieben bei *Richardi* in: Münchener Handbuch Arbeitsrecht, § 23 Rdnr. 16.
[308] RAG, BenshSlg. 4, 143 (145).

dürftigkeit und änderte erst später seine Rechtsprechung dahingehend[309], daß es ausschließlich auf eine persönliche Abhängigkeit ankommt, weil in dieser auch ein großes Maß an wirtschaftlicher und sozialer Abhängigkeit liegt und da diese auch am besten den Arbeitsbedingungen der damaligen Lohnarbeiter entsprach. Grundgedanke des heutigen Arbeitnehmerbegriffs ist infolgedessen die wirtschaftliche und soziale Schutzbedürftigkeit, welche aber im Falle der gut bezahlten Berufssportler nicht festzustellen sei. Darüber hinaus orientiert sich diese Ansicht an dem Sinn und Zweck des Arbeitsrechts als Gesamtheit der Arbeitnehmerschutzvorschriften und betont, daß nur derjenige in den Genuß dieser Schutzvorschriften kommen soll, der auch tatsächlich, im Gegensatz zu den finanzstarken Profispielern, schutzbedürftig ist.

Gegen eine Abkehr vom Arbeitnehmerbegriff des BAG zugunsten des Merkmals der wirtschaftlichen und sozialen Schutzbedürftigkeit und die daraus resultierende Einordnung der Spieler als Arbeitnehmer spricht jedoch, daß es für die Feststellung, ob jemand auf Grund eines Vertrags Dienstleistungen als Arbeitnehmer oder als Selbständiger erbringt, keine Rolle spielen kann, ob er wirtschaftlich gezwungen ist, seine Arbeitskraft durch den Abschluß eines Dienstvertrages zu verwerten. Würde man lediglich auf das Merkmal einer wirtschaftlichen und sozialen Abhängigkeit abstellen, entstünde das wenig verständliche Resultat, daß zwei verschiedene Personen, die identische Tätigkeiten bei dem selben Dienstherren ausführen, einmal als Arbeitnehmer und im anderen Fall als selbständiger Dienstleistender zu qualifizieren wären, wenn die Vermögensverhältnisse dieser Beschäftigten aus anderen, außerhalb der Entlohnung liegenden Gründen (z. B. Erbschaft) divergieren. Auch spricht gegen eine Bezugnahme des Arbeitnehmerbegriffs auf die Vermögensverhältnisse des einzelnen Beschäftigten, daß der überwiegende Teil der berufstätigen Bevölkerung seiner Tätigkeit aus dem Grunde nachgeht, weil er darauf angewiesen ist, seinen Lebensunterhalt durch Erwerbstätigkeit zu bestreiten, so daß das Merkmal soziale und wirtschaftliche Abhängigkeit zu weit und zu ungenau zur Bestimmung der Arbeitnehmereigenschaft ist. Ein sich als Konsequenz des Merkmals der sozialen Schutzbedürftigkeit an der Unfähigkeit des Einzelnen zur eigenen Daseinsvorsorge orientierender Arbeitnehmerbegriff hätte auch zur Folge, daß die Verschiedenheit der Geltungsgründe arbeitsrechtlicher Gesetze unberücksichtigt bliebe. Diese sind aber bei der Bestimmung des Arbeitnehmerbegriffs zu beachten, um diese Normen auch auf den Personenkreis anwenden zu können, für den sie nach ihrem Sinn und Zweck geschaffen worden sind[310]. Eine solche Beachtung der gesetzlichen Zielrichtung ist demgegenüber im Rahmen des Abgrenzungsmerkmals „persönliche Abhängigkeit" möglich, weil dieses Platz für die Berücksichtigung verschiedenster materieller Indizien läßt. Letztendlich ergeben sich auch Bedenken gegen eine Anknüpfung an das Merkmal der sozialen und wirtschaftlichen Schutzbedürftigkeit aus der Tatsache, daß die Rechtsanwendung mit der Feststellung der Schutzbedürftigkeit als Anwendungsvoraussetzung des Arbeitsrechts im Einzelfall hoffnungslos überfordert wäre[311].

(3). Der absolute Spitzensportler als selbständig Dienstleistender

Nach *Fischer*[312] soll zwischen denjenigen Spitzensportlern in Mannschaftssportarten, die nicht nur einer Mannschaft, sondern dem Sport ganzer Länder das Gepräge geben und anderen Profispielern hinsichtlich der Bezeichnung als Arbeitnehmer i. S. d. Zivilrechts, unter Zugrundelegung des Arbeitnehmerbegriffs des BAG, zu differenzieren sein.
Spitzensportler sei, in Anlehnung an § 23 Abs. 1 Ziff. 1 KunstUrhG, nur der, „der sich aus einer Mannschaft und einer Sportart durch herausragende sportliche und persönlichkeitsbezogene

---

[309] RAG, BenshSlg. 8, 451 (452).
[310] *Richardi* in: Münchener Handbuch Arbeitsrecht, § 23, Rdnr. 31.
[311] Ebenda.
[312] *Fischer* SpuRt 1997, 181 (181 ff.).

Leistungen und Eigenschaften zu einer eigenständigen Person der Zeitgeschichte entwickelt hat, seiner Sportart und seiner Mannschaft durch überragende Leistungen und individuelle Persönlichkeitselemente sein Gepräge gegeben hat und dieses auch durch die vertragliche Gestaltung seiner Beziehung zum Verein umsetzen kann."[313] Diese Abgrenzung von den übrigen Berufsspielern soll durch eine Einschätzung des einzelnen Sportlers durch die beteiligten Verkehrskreise, also Verbände und Spielervereinigungen, vorgenommen werden[314]. Als objektive Abgrenzungskriterien dienen die Höhe der Bezüge, die im Fall eines Spitzensportlers ein Mehrfaches des Durchschnitts der übrigen Spieler betragen müssen, die außerhalb der eigentlichen sportlichen Tätigkeit durch Vermarktung der individuellen Persönlichkeit in der Werbung und in den Medien erzielten Einnahmen, die herausragende und sich in besonderen sportlichen Erfolgen (Meisterschaften und Pokalerfolgen) manifestierende Leistungsfähigkeit und wiederholte Einsätze in nationalen und internationalen Auswahlteams[315]. Für die Differenzierung zwischen den absoluten Spitzensportlern im vorgenannten Sinne und den „normalen" Mannschaftsspielern hinsichtlich einer Qualifizierung als Arbeitnehmer i. S. d. Zivilrechts wird angeführt, daß es sich bei den „Stars" des Profisports um Unterhaltungskünstler handelt, deren Tätigkeit mit der von darstellenden Künstlern und Artisten vergleichbar ist[316]. Wie die künstlerische Tätigkeit ist auch die durch den Spitzenspieler im Wettkampf zu erbringende Leistung durch kreative, innovative, intuitive und emotionale Komponenten geprägt und wird durch diesen frei gestaltet. Bei der Einordnung der im Kunstbereich Tätigen und der Anwendung des materiellen Rechts auf diese Personengruppe wurde von jeher zwischen Spitzen- und sonstigen Künstlern unterschieden, weil die Besonderheiten und Freiheiten der künstlerischen Tätigkeit der Spitzenkünstler der Anwendung allgemeiner arbeitsrechtlicher Grundsätze entgegenstehen. So waren diese nach der allgemeinen Rechtsüberzeugung schon von jeher freischaffend tätig und nicht durch Arbeitnehmerschutzrechte abgesichert, auch wenn sie in den organisatorischen Aufbau eines Ensembles eingebunden sind und z. B. die Anweisungen eines Regisseurs zu befolgen haben . Dieses hat der Gesetzgeber auch in § 101 ArbGG zum Ausdruck gebracht, indem er festlegte, daß für Bühnenkünstler, Filmschaffende und Artisten das ArbGG nicht zwingend anwendbar ist.

Weiter spricht bei Anwendung des Arbeitnehmerbegriffs des BAG gegen eine Einordnung des absoluten Spitzensportlers als Arbeitnehmer, daß das materielle Indiz der „Weisungsabhängigkeit" zur Feststellung „persönlicher Abhängigkeit" in dem Maße in den Hintergrund tritt, wie die Qualität der zu erbringenden Leistung steigt[317]. Infolgedessen ist die Weisungsabhängigkeit des Spitzenspielers wesentlich geringer ausgeprägt als die seines „normalen" Mannschaftskameraden, denn je qualifizierter, kompetenter, kreativer und innovativer eine Dienstleistung zu erbringen ist, desto weniger sind Weisungen möglich. Wie bei der künstlerischen Tätigkeit insgesamt, ist auch im Spitzensport die eigentliche Leistung, das „künstlerische Etwas", nicht durch fachliche und sachliche Weisungen des Trainers zu erreichen, sondern entstammt vielmehr der eigenen Intuition und der freien Gestaltung des Spielers. Vergleichbar mit einem „Star" des Kunstbereichs, der durch die Einbindung in eine vom Regisseur vorgegebene Gesamtkonzeption nicht seiner Individualität beraubt werden kann, verliert auch der Spitzensportler nicht durch seine Bindung an die taktischen Anweisungen des Trainers seine Individualität und eigene Gestaltungsfreiheit. Vielmehr führt er als Orientierungspunkt und Leitfigur die Mannschaft im Wettkampf in weit stärkerem Maße, als dies ein Trainer je könnte.

Zwar liegen die Merkmale der Eingliederung in die betriebliche Organisation der Mannschaft und des Vereins und der Weisungsgebundenheit bezüglich Ort und Zeit , ähnlich wie beim Star-

---

313 *Fischer*, SpuRt 1997, 181 (182).
314 Ebenda.
315 Ebenda.
316 *Kania*, SpuRt 1994, 121, (125) (126) und im Ergebnis auch *Scholz/Aulehner*, SpuRt 1996, 44 (47), die aber, ohne weitere Begründung, die Tätigkeit sämtlicher Profispieler mit der eines Künstlers gleichstellen wollen.
317 *Fischer*, SpuRt 1997, 181 (183).

künstler, der auch auf diese Art und Weise in das Ensemble eingebunden ist und die Vorstellungszeiten und -orte zu beachten hat, unzweifelhaft vor[318]. Jedoch sind individuelle, sportliche und künstlerische Höchstleistungen nicht in Eigenorganisation, sondern nur im Rahmen einer Gruppe (Ensemble/Mannschaft) möglich, weil sich diese erst durch das Herausragen der Leistung eines Einzelnen aus einer Menge manifestiert und darüber hinaus z. B. im Theaterbetrieb und im Mannschaftssport ohne die Mitspieler auch gar nicht möglich ist. Auch zählt im Spitzensport, anders als im typischen Arbeitsverhältnis, in dem kein Erfolg geschuldet wird, nur der sportliche Erfolg, welcher aber nicht als Erfolg im rechtlichen Sinne eines Werkvertrages, sondern als herausragende Dienstleistung zu verstehen ist[319]. Durch diesen Erfolg unterscheidet sich die Dienstleistung des „Stars" einer Mannschaft von der seiner Mitspieler. Deshalb trägt der Spitzenprofi im Vergleich zu den „normalen" Spielern auch ein ungleich höheres unternehmerisches Risiko[320], da sich deren Leistung im Wettkampf im Gefüge der mannschaftlichen Leistung relativiert, demgegenüber die Darbietung des „Stars" für sich alleine bewertet wird. Aus dieser isolierten Bewertung resultiert auch das besondere unternehmerische Risiko des „Stars", weil davon sein Marktwert, sein Status als Spitzensportler und somit auch die Höhe der durch die wirtschaftliche Verwertung seiner Person zu erzielenden Einnahmen entscheidend abhängen.
Darüber hinaus spricht gegen eine Qualifizierung des Spitzenspielers als Arbeitnehmer, daß durch eine Inanspruchnahme von arbeitsrechtlichen Schutznormen durch diesen Personenkreis die Möglichkeit der Pervertierung des Gesamtsystems entsteht. Hierbei wird durch *Fischer*[321] den „Stars" des Mannschaftssports, wegen deren wirtschaftlichen und sozialen Status, ähnlich wie nach der Ansicht, die sämtliche Profisspieler als selbständige Dienstleistende ansieht[322], die „soziale Schutzbedürftigkeit" abgesprochen. Im Unterschied zu dieser Ansicht wird jedoch weniger auf eine fehlende Schutzbedürftigkeit im Vergleich zu anderen Arbeitnehmergruppen verwiesen, sondern ein Gleichgewicht im Verhältnis zu den Vereinen in den Vordergrund gestellt, welches die Anwendung von Arbeitnehmerschutzvorschriften entbehrlich macht. Die Verhandlungsstärke des Vereins gegenüber dem „normalen Mannschaftssportler" wird im Fall des Spitzenspielers dadurch begrenzt, daß dieser i. d. R. auf Berater zurückgreifen kann und aufgrund seiner wirtschaftlichen Stärke, seiner Präsenz in den Medien und der Vielzahl der Vereine, die an seiner Verpflichtung Interesse haben, sich selber in einer hervorragenden Verhandlungsposition befindet, so daß von einer Verhandlungsparität gesprochen werden kann. So ging die Verhandlungsmacht von Spitzenspielern in der Vergangenheit sogar über die Gestaltung nur das Verhältnis zwischen ihm und den Verein bestimmender Verhandlungsgegenstände hinaus und es gelang ihnen, Verhandlungsziele wie die personelle Zusammensetzung der Mannschaft oder der Besetzung von Trainerposten zu verwirklichen. Somit ist die Anwendung von Arbeitnehmerschutzvorschriften auf den Spitzensportler nicht gerechtfertigt, weil diese nach ihrem Sinn und Zweck den Dienstleistenden schützen sollen, der sich gegenüber seinem Vertragspartner in der Position des Schwächeren befindet. Nach der Rechtsprechung des BVerfG[323] darf im Zivilrechtsverkehr nicht nur das Recht des Stärkeren gelten und ist das Arbeitsrecht Ausdruck dieser verfassungsrechtlichen Sicht des Zivilrechts, um die durch die faktische Übermacht eines Vertragspartners gestörte Vertragsfreiheit in diesem Teilmarkt wieder herzustellen.

Gegen einen Ausschluß der absoluten Spitzensportler aus der Gruppe der Arbeitnehmer im zivilrechtlichen Sinne spricht jedoch schon, daß eine Differenzierung zu den übrigen Mitspielern in Einzelfall sehr problematisch und wenig praktikabel sein dürfte. So ist vor allem das für diese

---

[318] Ebenda.
[319] Ebenda.
[320] Ebenda.
[321] *Fischer*, SpuRt 1997,181 (182, 184).
[322] Vgl. oben, 2.Abschn., I.3.b.bb.(2).
[323] BVerfGE 89, 214 (232).

Abgrenzung angeführte objektive und konstitutive Merkmal der herausragenden sportlichen Leistungsfähigkeit, welche sich an besonderen Erfolgen (Meisterschaft/Pokalgewinnen) und wiederholten Einsätzen in nationalen oder internationalen Auswahlteams orientiert, als Differenzierungsmerkmal hinsichtlich einer Qualifizierung als Spitzensportler völlig ungeeignet. Die mehrmalige Berufung in die Nationalmannschaft hängt nicht nur von der Leistungsfähigkeit des Profis ab, vielmehr können auch andere Faktoren, wie das Verhältnis zwischen Nationaltrainer und einzelnem Spieler oder private Gründe auf Seiten des Profis für die Anzahl der Nominierungen entscheidend sein[324]. Der Spieler hätte es somit in der Hand, selber durch eine Weigerung, der Nominierung in die Nationalmannschaft nachzukommen, seinen Status als Spitzenspieler und demnach auch als Arbeitnehmer zu bestimmen. Darüber hinaus sagt die Summe der sportlichen Erfolge nicht viel über die Leistungsfähigkeit des einzelnen Spielers aus, weil auch weniger erfolgreiche Mannschaften über absolute Spitzenspieler verfügen[325] und die Erfolge stets von der Mannschaft als ganzes errungen werden. Die Verwendung von mannschaftlichen Erfolgen als Abgrenzungsmerkmal würde jedoch im Gegensatz zum Sinn der Differenzierung, welche die Hervorhebung einzelner Spieler bezweckt, dazu führen, sämtliche Spieler einer erfolgreichen Mannschaft als Spitzenspieler zu qualifizieren. Auch ist die Höhe der Bezüge der Profis für die Differenzierung zwischen Spitzen- und Normalspieler nicht als Abgrenzungskriterium tauglich. Auf die wirtschaftliche und soziale Abhängigkeit soll es, wie oben dargestellt, nach dem BAG und der herrschenden Meinung im Schrifttum im Rahmen der Einordnung als Arbeitnehmer, welche hier durch die Zuordnung zu der Gruppe der Spitzensportler vorgenommen wird, gerade nicht ankommen[326]. Selbst wenn man den Darbietungen einzelner Spitzenspieler gewisse künstlerische Seiten abgewinnen kann, so ist der Fußball- oder Eishockeyprofi hinsichtlich der Bewertung seiner Rechtsbindungen nicht mit einem Künstler gleichzusetzen. Die dargestellte Argumentation verkennt, daß der besondere Status des Künstlers im Arbeitsrecht auf der Ausstrahlungswirkung der in Art. 5 Abs. 3 Satz 1 GG verfassungsverbürgten Kunstfreiheit beruht und den Zweck hat, diese auch im Dienstverhältnis des Künstlers gegenüber dem Dienstherren zu garantieren[327]. Dieser Gedanke trifft auf die Tätigkeit des Profispielers nicht zu, weil diese nicht unter den Kunstbegriff des BVerfG fällt. Dieser setzt sich aus drei Elementen zusammen und kann wie folgt gefaßt werden: „Kunst ist jede schöpferische Gestaltung, die vermittelt wird durch eine wie auch immer geartete erkennbare geistige Struktur in herkömmlicher kunsttypischer oder in ähnlicher neuartiger Formgebung und die ein Plus gegenüber dem Schutzbereich der Meinungs- und Versammlungsfreiheit darstellt“[328]. Auch wenn man die Darbietung des Spitzenprofis als schöpferisch einordnet, so handelt es sich nicht um eine der herkömmlichen kunsttypischen Tätigkeit von Malern, Bildhauern, Dichtern oder Schauspielern ähnliche neuartige Formgebung. Darüber hinaus steht historisch die Bedeutung der Kunst als kommunikativer Prozeß im Vordergrund. Sie unterscheidet sich als Plus zur Meinungs- und Versammlungsfreiheit durch das Vorliegen „ästhetischer Kommunikation“[329]. Die Darbietung der Profis enthält jedoch weniger kommunikative als spielerische Komponenten und stellt schon gar kein Mehr zur Meinungs- oder Versammlungsfreiheit dar. Eine bloße Ähnlichkeit der Tätigkeit von Spitzenprofis mit der Dienstleistung von darstellenden Künstlern rechtfertigt nicht eine

---

[324] So hat z. B. *Stefan Effenberg*, der als absoluter „Star“ der deutschen Spitzenmannschaft FC Bayern zu den wohl derzeit leistungsstärksten und bestverdienenden Spielern der Fußballbundesliga gehört, aus familiären und sportlichen Gründen und aufgrund von Streitigkeiten mit den jeweiligen Nationaltrainern kaum Länderspieleinsätze aufzuweisen.

[325] So hat z. B. der 100-fache Nationalspieler *Thomas Häßler*, der in der Saison 2000/2001 Spitzenspieler und -verdiener beim TSV 1860 München war, noch nie mit einem Verein die nationale Meisterschaft oder einen europäischen bzw. einen nationalen Pokal gewonnen.

[326] Vgl. oben, 2.Abschn., I.3.b.aa.

[327] *Richardi* in: Münchener Handbuch Arbeitrecht, § 26, Rdnr. 42.

[328] *Starck* in: *v. Mangoldt/Klein/Starck*, Art. 5 Abs. 3 GG, Rdnr. 280.

[329] *Pernice* in: *Dreier*, Art. 5 Abs. 3 GG, Rdnr. 22.

Anwendung von Art. 5 Abs. 3 GG, weil dieser gegenüber Art. 12 GG speziell ist, welcher wesentlich weitergehende Eingriffsmöglichkeiten in die Berufsausübungsfreiheit gestattet[330]. Ein Ausschluß der Spitzenspieler aus der Gruppe der Arbeitnehmer aufgrund einer bloßen Vergleichbarkeit mit der künstlerischen Tätigkeit ist auch nach dem Sinn und Zweck des Arbeitsrechts als Gesamtheit der Arbeitnehmerschutzvorschriften ausgeschlossen, welcher gebietet, Ausnahmen von der Anwendbarkeit des Arbeitsrechts auf Personen, die eigentlich den Arbeitnehmerbegriff des BAG unterfallen, streng restriktiv vorzunehmen.
Auch spielt es keine Rolle, daß sportliche Höchstleistungen im Mannschaftssport nicht in Eigenorganisation möglich sind, da in der heutigen komplexen und arbeitsteiligen Berufswelt „Teamwork" und eine Einbindung auch hochqualifizierter Arbeitnehmer in diese Arbeitsgruppen immer weiter Verbreitung findet und infolgedessen für gewöhnliche Arbeitsverhältnisse typisch ist.
Das unbestritten gegenüber seinen Mannschaftskameraden durch eine Abhängigkeit des Werbemarktwerts des Spitzenspielers von seiner individuellen Leistung erhöhte unternehmerische Risiko spricht nicht gegen eine Qualifizierung des „Stars" einer Mannschaft als Arbeitnehmer. Nach dem dargestellten Arbeitnehmerbegriff des BAG ist nicht auf ein gegenüber anderen Arbeitnehmern erhöhtes unternehmerisches Risiko abzustellen, sondern es kommt auf die Verteilung dieses Risikos zwischen Dienstherren und Dienstverpflichteten an. In diesem Verhältnis liegt jedoch, wie oben dargestellt[331], das unternehmerische Risiko eindeutig auf Seiten des Vereins.
Auch kann es auf die Parität hinsichtlich der Verhandlungsstärke zwischen Verein und Spitzenspieler zur Bestimmung von dessen Arbeitnehmereigenschaft nicht ankommen, weil ein derartiges Gleichgewicht, z. B. bedingt durch eine für den Arbeitnehmer günstige Situation auf dem Arbeitsmarkt oder dessen hoher Qualifikation, auch in typischen Arbeitsverhältnissen auftreten kann.

(4). Der Profispieler als leitender Angestellter

Nach einer anderen Meinung in der Literatur[332] sind die Profispieler als leitende Angestellte ihrer Arbeitgeber anzusehen. Der Gesetzgeber hat mit dem Begriff des „leitenden Angestellten" in § 14 KSchG[333] und § 5 Abs. 3 BetrVG[334] die Besonderheit herausgehobener Tätigkeiten im Berufsleben im Arbeitsrecht anerkannt. Dieser unterscheidet sich von den übrigen Arbeitnehmern dadurch, daß er für das Unternehmen oder einen Betrieb des Unternehmens als dessen Teilorganisation in eigener Verantwortung typische Unternehmerfunktionen mit einem erheblichen eigenen Entscheidungsspielraum wahrnimmt[335] und deshalb im Vergleich zu anderen Arbeitnehmern auch eine höhere Vergütung erhält.
Für eine Qualifizierung des Profispielers als leitender Angestellter spricht, daß diesem im Wettkampf Entscheidungsbefugnisse von weitreichenden finanziellen Auswirkungen zustehen, auf die der Trainer am Spielfeldrand, wegen der Schnelligkeit des Spiels, keinen Einfluß nehmen kann. Auch sei die Vergütung der meisten Profis mit der von Mitgliedern der Direktionsetage von Daimler-Benz, als typische leitende Angestellte, vergleichbar[336].

---

[330] *Starck* in: *v. Mangoldt/Klein/Starck*, Art. 5 Abs. 3 GG, Rdnr. 288.
[331] Vgl. oben, 2.Abschn., I.3.b.bb.(1).
[332] U. a. *Mayer-Vorfelder*, Die Ausgestaltung des Arbeitsverhältnisses eines Bundesligaspielers zu seinem Verein, S. 45.
[333] BGBl. 1997 I, S. 594.
[334] BGBl. 1989 I, S. 1.
[335] *Schaub*, Arbeitsrechts-Handbuch, S. 67.
[336] Ebenda.

Diese Meinung verkennt jedoch, daß der Spieler keine unternehmerischen Entscheidungen im Sinne eines leitenden Angestellten im Wettkampf trifft[337]. Einerseits nimmt der Profi aufgrund der taktischen Vorgaben des Trainers und dessen Möglichkeit, bei deren Nichtbefolgung den Sportler sofort auszuwechseln, nicht typische Unternehmerfunktionen völlig eigenverantwortlich wahr. Darüber hinaus ist für den Spielverlauf und den Erfolg nicht nur das individuelle Können des Einzelnen, sondern sind auch nicht durch den Profi beeinflußbare Umstände, wie z. B. Schiedsrichterentscheidungen oder die Stärke der gegnerischen Mannschaft entscheidend. Des weiteren widerspricht es auch dem Wesen des Spiels, im Wettkampf über bestimmte Handlungen im Sinne einer durch ihre Rationalität geprägten unternehmerischen Entscheidung nachzudenken. Gerade die Handlungen des Profis während eines Spiels, die nicht durch taktische Vorgaben des Trainers beeinflußt werden, sind durch das Geschick und den Instinkt des einzelnen Sportlers geprägt.
Schließlich sagt auch die Höhe des Gehalts nichts über die Qualifikation des Profispielers als leitender Angestellter aus. Zwar enthält § 5 Abs. 4 Ziff. 3 BetrVG einen Hinweis auf das für diese Personengruppe übliche Jahreseinkommen, jedoch beinhaltet diese Norm nur eine Auslegungshilfe für Zweifelsfälle. Eine solcher liegt aber im Falle des Berufsspielers nicht vor, weil dieser, wie dargelegt, unzweifelhaft keine unternehmerischen Entscheidungen trifft.

(5). Der Profi als Mitunternehmer seines Vereins

Zweifel an einer Arbeitnehmereigenschaft im zivilrechtlichen Sinne ergeben sich nach einer weiteren Ansicht im Schrifttum[338] vor allem in Hinblick auf die Verteilung der im Profisport durch den Verein erwirtschafteten Finanzmassen. So fließen die u. a. aus Zuschauer-, Sponsoren-, TV- und Werbeeinnahmen resultierenden wirtschaftlichen Mittel des Vereins fast ausschließlich dessen wenigen Berufsspielern zu und verbleiben nicht im Vermögen des Vereins, so daß mancher Verein aufgrund der horrenden Spielergehälter sogar gezwungen ist, Kredite aufzunehmen[339]. Infolgedessen ist es denkbar, den Profi neben dem Trainer und dem Verein als Mitunternehmer anzusehen, weil überwiegend ihm die aus der Teilnahme des Vereins am Spielbetrieb resultierenden Vorteile zugutekommen. Denn es entspricht in der Tat nicht dem Ziel des auf Gewinnerzielung ausgerichteten Wirtschaftslebens, einen Betrieb ausschließlich im Interesse hoher finanzieller Einkünfte der Arbeitnehmer bei ständiger Inkaufnahme hoher eigener wirtschaftlicher Verluste des Unternehmens aufrecht zu erhalten. Hierbei ist die notwendigerweise bestehende Abhängigkeit des Spielers vom Verein nicht zwingend im arbeitsrechtlichen Sinne zu verstehen. Das von Profis und Verein gemeinsam verfolgte Ziel des Erwirtschaftens von Geld ist vielmehr als vereins- oder gesellschaftsrechtlich zu bewerten, wobei die Abhängigkeit des Sportlers als Ausdruck der vereins- oder gesellschaftsrechtlichen Rücksichtnahme- und Treuepflicht einzuordnen ist[340].

Nach der herrschenden Meinung in der Literatur[341], welche auch das Finanzgebaren der Vereine kritisiert, ist jedoch eine Mitunternehmerschaft von Verein, Trainer und Profispielern zu verneinen. Das Weisungsrecht des Trainers beruht, wie oben dargestellt[342], gerade nicht auf einer freiwilligen und vereinsrechtlich einzuordnenden Subordination des Spielers, sondern auf einem

---

[337] *Imping*, Die arbeitsrechtliche Stellung des Fußballspielers, S. 54.
[338] U. a. *Dieckmann*, Zur Zuständigkeit der ordentlichen Gerichte bei Streitigkeiten zwischen Amateurfußballspieler und Verein, S. 27 f.
[339] So beläuft sich der derzeitige Schuldenstand von Real Madrid, welcher auf die hohen Spielergagen und Handgelder zurückzuführen ist, auf ca. 280 Mio. DM; vgl. Süddeutsche Zeitung vom 27.08.1999, S. 39.
[340] So im Ergebnis auch *Scholz/Aulehner*, SpuRt 1996, 44 (47).
[341] U. a. *Gitter* in: Münchener Handbuch Arbeitsrecht, § 195, Rdnr. 19 f.; *Buchner*, RdA 1982, 1 (5, 6).
[342] Vgl. oben, 2.Abschn., I.3.b.aa.

Dienstvertrag. Ein gesellschaftliches Verhältnis zwischen Verein und Sportler würde die Verfolgung eines gemeinsamen Zwecks voraussetzen[343] und nur in dem Fall, daß der Verein mit seiner Tätigkeit keine anderen als ausschließlich wirtschaftliche Interessen verfolgt, könnte davon auszugehen sein, daß dieser, der gesellschaftsrechtlichen Sicht des Wirtschaftslebens widersprechend, nur auf die Erzielung möglichst hoher wirtschaftlicher Einnahmen zugunsten seiner Arbeitnehmer ausgerichtet ist. Nach der herrschenden Meinung in der Literatur und den Satzungen der Bundesligafußball- und Eishockeyvereine besteht die Zielsetzung der Vereine aber nicht in der Verfolgung eigener wirtschaftlicher Interessen im Sinne einer Gewinnerzielung um des Gewinnes wegen, sondern in der Förderung des Spitzensports, wobei dieser auch Vorbildfunktion für den Breitensport übernimmt. Die wirtschaftliche Betätigung im Rahmen des Spielbetriebes und die Beschäftigung hochbezahlter Spieler sei dazu zwar notwendig, aber nur als Nebenzweck zu verstehen. Gestützt wird diese Argumentation auch durch die Gemeinnützigkeit der Vereine, die wiederum steuerliche Vorteile mit sich bringt. Demgegenüber läge dem Spieler nichts an der Förderung von Spitzen- und Breitensport, dieser nähme vielmehr nur aus wirtschaftlichen Gründen am Spielbetrieb teil.

Diese Argumentation ist aber mit *Imping*[344] als nicht zwingend zu erachten, weil die Behauptung, der Profispieler fühle sich nicht der Förderung des Spitzen- und Breitensports verpflichtet, womit es an einer gemeinsamen Zweckverfolgung von Sportler und Verein fehlt, nicht als bewiesen anzusehen ist. Die zum Teil extrem hohe Vergütung der Spieler mag zwar für viele Profis einen großen Anreiz darstellen, ihrer Tätigkeit nachzugehen, jedoch ist zu bedenken, daß alle Berufsspieler als Amateure im Jugendbereich angefangen haben. Zu dieser Zeit sind die Spieler dem Sport aber nur aus Freude nachgegangen, so daß es nicht plausibel erscheint, daß diese Freude mit dem Übertritt in das Profilager vollständig einer wirtschaftlichen Zielsetzung gewichen sein soll. Auch stellen die Aussichten auf Einsätze in internationalen Spielen und in der Nationalmannschaft ein entscheidendes Ziel in der Karriere der Sportler dar. Darüber hinaus kann spätestens mit der bevorstehenden Ausgliederung der Lizenzspielerabteilungen aus den Fußballbundesligavereinen und ihrer gesellschaftsrechtlichen Verselbständigung nicht mehr von einer fehlenden Verfolgung wirtschaftlicher Interessen ausgegangen werden.
Es ist jedoch im Ergebnis trotzdem richtig, der Meinung, die die zwischen Spieler und Verein bestehende Rechtsbeziehung dem Arbeits- und nicht dem Gesellschaftsrecht zuordnet, zuzustimmen. Zwar verfolgen Spieler und Verein, wie dargelegt, nicht zwangsläufig verschiedene Ziele mit ihrer Tätigkeit, so daß die Voraussetzung der gemeinsamen Zweckverfolgung für das Vorliegen einer Gesellschaft besteht. Jedoch ist für ein Gesellschafts- in Abgrenzung zum Arbeitsverhältnis charakteristisch, daß alle Beteiligten in gewissem Maße das unternehmerische Risiko zu tragen haben[345]. Dieses liegt aber hier, wie dargestellt[346], auch unabhängig von der Tatsache, daß die Vereine einen Großteil der erwirtschafteten Gelder an die Spieler weitergeben, in letzter Konsequenz fast ausschließlich auf Seiten des Vereins.

Als Ergebnis ist somit festzuhalten, daß die Fußball- und Eishockeyprofis, als Mannschaftssportler, mit der herrschenden Meinung in Literatur und Rechtsprechung als Arbeitnehmer i. S. d. Zivilrechts einzuordnen sind.

---

[343] *Keßler* in: *Staudinger*, Vorbem. zu § 705 BGB, Rdnr. 29.
[344] *Imping*, Die arbeitsrechtliche Stellung des Fußballspielers, S. 57.
[345] *Richardi* in: Münchener Handbuch Arbeitsrecht, § 23, Rdnr. 34.
[346] Vgl. oben, 2.Abschn., I.3.b.aa.

c. Die Qualifizierung der Leichtathleten als Arbeitnehmer i. S. d. Zivilrechts

Nach überwiegender Auffassung im Schrifttum[347] ist weder die individualrechtliche Athletenvereinbarung des Leichtathleten mit dem Verband noch dessen Sportleistungsvertrag mit den Sportveranstaltern mangels Erbringung abhängiger Tätigkeit als Arbeitsvertrag einzustufen, vielmehr ist der Leichtathlet als selbständiger Unternehmer zu qualifizieren. Demgegenüber hat sich die Rechtsprechung mit dieser Frage noch kaum beschäftigt.

aa. Die Athletenvereinbarung mit dem DLV

Der Wortlaut dieses Vertrags schweigt sich über die Rechtsstellung des Sportlers aus und enthält somit kein formelles Indiz zur Bestimmung der Rechtsqualität dieser Vereinbarung.
Einer teilweisen in der Literatur pauschal vorgenommenen Einordnung von Einzelsportlern als selbständige Unternehmer muß jedoch widersprochen werden. Auch in Individualsportarten können, gemessen an dem Arbeitnehmerbegriff des BAG, Arbeitsverträge vorliegen, wenn die konkrete Ausgestaltung der vertraglichen Beziehung zwischen Sportler und Verband durch „persönliche Abhängigkeit" geprägt ist[348].
Für die Arbeitnehmereigenschaft des Leichtathleten spricht[349], daß dieser gemäß § 3.2.1. der Athletenvereinbarung der Nominierung für Einsätze in der Nationalmannschaft Folge zu leisten hat und nach § 4.2.4. dieser Vereinbarung verpflichtet ist, an offiziellen Mannschaftsveranstaltungen des Verbandes aus Anlaß solcher Einsätze teilzunehmen. Er ist demnach weisungsabhängig hinsichtlich Ort und Zeit im Rahmen von Einsätzen in der Nationalmannschaft. Auch besteht nach § 4.2.1. und § 4.2.2. des Vertrages eine Weisungsgebundenheit bezüglich der durch den Sportler bei solchen Ereignissen zu verwendenden Bekleidung. So ist der Athlet verpflichtet, während der gesamten Dauer der Veranstaltung nur die Kleidung des offiziellen Ausrüsters der Nationalmannschaft und die Wettkampfschuhe des Verbands-Poolpartners zu tragen. Gegen diese Ansicht spricht nicht, daß durch die Athletenvereinbarung, wie oben dargestellt[350], neben der schuldrechtlichen Verpflichtung zur Sportleistung auch eine kollektivrechtliche generelle Anerkennung der Verbandsregeln durch rechtsgeschäftliche Unterwerfung herbeigeführt wird und deshalb die beschriebene Weisungsunterworfenheit nicht individual-arbeitsrechtlicher, sondern kollektivrechtlicher Natur sei[351]. Zwar enthält die Athletenvereinbarung mit dem DLV in § 2 auch eine Unterwerfung des Sportlers unter die Verbandsregelwerke. Jedoch trennt dieser Vertrag selber in § 5 Satz 4 zwischen der kollektiv- und der individualrechtlichen Ebene der Rechtsbeziehungen des Profis zum Verband, indem bei Verstößen gegen Pflichten des Sportleistungsvertrages eine Vertragsstrafe vorgesehen ist, wogegen Verletzungen der Verbandsregelwerke durch verbandsgerichtliche Sanktionen geahndet werden. Es ist infolgedessen auch im Rahmen der Athletenvereinbarung strikt zwischen der schuldrechtlichen Verpflichtung zur Sportleistung und der Unterwerfung unter die Verbandsnormen zu trennen. Demnach ist das Weisungsrecht zugunsten des Verbandes nicht als kollektivrechtlich, sondern als rein arbeitsvertraglich zu bezeichnen. Etwas anderes ergibt sich auch nicht daraus, daß der Athlet außerhalb von Einsätzen im Rahmen der Nationalmannschaft selbständig entscheidet, an wie vielen und an welchen Wettkampfveranstaltungen er teilnimmt. Diese Frage betrifft ausschließlich das indivi-

---

[347] U. a. *Fischer*, SpuRt 1997, 181 (181); *Fritzweiler* in: Praxishandbuch Sportrecht, S. 224; *Gitter* in: Münchener Handbuch Arbeitrecht, § 195, Rdnr. 21 ff.; *Poschenrieder*, Sport als Arbeit, S. 109.

[348] So bejahte das ArbG Bielefeld, NZA 1989, 966 (967) die Arbeitnehmereigenschaft eines Tennisspielers gegenüber seinem Verein.

[349] Auch bei *Schimke*, Sportrecht, S. 21 wird die Qualifizierung des Athleten als selbständiger Unternehmer angezweifelt.

[350] Vgl. oben, 1.Abschn., III.2.b.aa.(2).(a).(cc).

[351] So aber *Poschenrieder*, Sport als Arbeit, S. 109.

dualrechtliche Verhältnis zu den privaten Sportveranstaltern. Es ist, wie die vielen Teilzeitjobs in der Berufswelt zeigen, nicht Voraussetzung für ein Arbeitsverhältnis, daß der Arbeitnehmer seine gesamte berufliche Tätigkeit nur gegenüber *einem* Arbeitgeber erbringt[352]. Er kann somit im Rahmen eines auf die Erbringung einer Dienstleistung gerichteten Rechtsverhältnisses Arbeitnehmer und in einem anderen selbständiger Dienstleistender sein.

Gegen eine Qualifizierung des Athleten als Arbeitnehmer im Rahmen des Sportleistungsvertrages mit dem Verband spricht jedoch, daß die rechtsgeschäftliche Ausgestaltung seiner sportlichen Tätigkeit im übrigen nicht den materiellen Kriterien eines Arbeitsverhältnisses entspricht. So ist die Trainings- und Wettkampfanleitung durch die Verbandstrainer, im Gegensatz zu den Fußball- und Eishockeyprofis, nicht im Sinne eines arbeitsrechtlichen Weisungsrechts ausgestaltet. Zwar stellt der Verband nach § 3.1. der Athletenvereinbarung für die sportwissenschaftliche und sportmedizinische Betreuung im Rahmen seiner personellen Möglichkeiten fachlich geeignete Verbands-Trainer zur Verfügung. Diese sollen den Sportler jedoch gemäß dem Wortlaut dieser Klausel lediglich betreuen und sind durch die Athletenvereinbarung selber durch keinerlei Weisungsrecht ausgestattet. Ein sich aus den Verbandsnormen ergebendes Weisungsrecht des Betreuers ist nicht als arbeits-, sondern als kollektivrechtlich zu bewerten. Auch wird der Athlet als Individualsportler, schon weil er sein Training eigenverantwortlich gestaltet, nicht, wie der Mannschaftssportler im Rahmen der Vereinsmannschaft, in den organisatorischen Aufbau des Verbandes und der Nationalmannschaft eingebunden. Darüber hinaus hat der Profi nach § 3.4. der Athletenvereinbarung alleine das unternehmerische Risiko seiner Tätigkeit zu tragen, weil seine Vergütung durch die Beteiligung an den Sponsoreneinnahmen des Verbandes rein leistungsbezogen orientiert an den erreichten Wettkampfplazierungen erfolgt.

bb. Der Sportleistungsvertrag mit dem Sportveranstalter

Nach *Schimke*[353] spricht einiges für eine Arbeitnehmereigenschaft des Athleten im Rahmen des Teilnahmevertrages an einem einmaligen Leichtathletikmeeting. Der Veranstalter organisiert den Wettkampf in zeitlicher, örtlicher und inhaltlicher Hinsicht und verlangt vom Sportler die exakte Befolgung dieser organisatorischen Vorgaben. So hat der Sportler nach § 1 des Musterteilnahmevertrages an dem Wettbewerb selber, an der Siegerehrung, an Präsentationen und an Pressekonferenzen, deren zeitliche Dauer in der Anlage zum Mustervertrag fest vereinbart wird, teilzunehmen. Darüber hinaus ist er nach dieser Anlage verpflichtet, die Anweisungen der Kampfrichter und der Veranstalter bezüglich eines Dopingtests zu befolgen.Er ist somit gegenüber dem Veranstalter weisungsgebunden und in dessen organisatorischen Aufbau eingebunden. Auch kommt es für die Eigenschaft als Arbeitnehmer nicht auf die Dauer der Tätigkeit und außerhalb der Beschäftigung liegende Umstände an[354], so daß es entgegen der im Schrifttum vorherrschenden Meinung[355] keine Rolle spielt, daß die Sportmeetings meist nur von kurzer Dauer sind, der Athlet in der wettkampffreien Zeit keinerlei Weisungen seitens der Veranstalter unterliegt und selbständig entscheidet, an welchen Veranstaltungen er teilnimmt.

Jedoch ist mit der herrschenden Meinung[356] in der Literatur dem Dienstvertrag des Athleten hinsichtlich der einmaligen Teilnahme an einem Sportmeeting das Merkmal der „persönlichen Abhängigkeit" abzusprechen. Der Athlet hat in einer mit einem typischen Arbeitsverhältnis oder

---

[352] BAG, NZA 1992, 407 (409).
[353] *Schimke*, Sportrecht, S. 21 ff.
[354] *Reichert*, Handbuch des Verbands- und Vereinsrechts, Rdnr. 2716.
[355] U. a. *Gitter* in: Münchener Handbuch Arbeitrecht, § 195, Rdnr. 24; *Fritzweiler* in: Praxishandbuch Sportrecht, S. 224; *Caninenberg*, Die Sportveranstaltungsausfallversicherung, S. 67.
[356] *Gitter* in: Münchener Handbuch Arbeitrecht, § 195, Rdnr. 22.

den Sportleistungsverträgen von Fußball- und Eishockeyspielern nicht vergleichbaren Art und Weise das eigene unternehmerische Risiko zu tragen. Zwar besteht auch seine Vergütung aus einem festen Start- und einem leistungsabhängigen Preisgeld, jedoch ist i. d. R. die Antrittsgage gegenüber dem Preisgeld verschwindend gering. Darüber hinaus reduziert sich das Startgeld gemäß § 4 des Musterteilnahmevertrages in dem Fall, daß der Sportler durch Verletzung oder Formschwäche „ohne Leistung" bleibt, um 50% und bei Dopingmißbrauch um 100%. Auch ist die Höhe der festen Antrittsgage von der Plazierung des Profis in der Weltrangliste oder von dessen Abschneiden bei anderen Wettkämpfen abhängig. Hierbei handelt es sich zwar um einen außerhalb des konkreten Teilnahmevertrags liegenden Umstand, der aber auf dessen Gestaltung unmittelbaren Einfluß hat und somit als materielles Indiz zur Bestimmung der „persönlichen Abhängigkeit" zu beachten ist. Auch ist die beschriebene organisatorische Eingliederung des Athleten in den Ablauf des Meetings, im Vergleich zu der Eingliederung der Fußball- und Eishockeyspieler in die Vereine, lediglich gering ausgeprägt. Eine gewisse Integration in die übergeordnete Arbeitsorganisation des Dienstherren ist aber auch in sonstigen Dienstverhältnissen aufgrund der arbeitsteiligen Organisation der Berufswelt üblich. Darüber hinaus besteht auch keine Weisungsbefugnis des Veranstalters hinsichtlich des Inhalts der zu erbringenden Sportleistung, weil dieser über keinerlei Möglichkeiten verfügt, dem Sportler Anweisungen in Bezug auf Taktik und sonstiges sportliches Verhalten im Wettkampf zu erteilen.

Der Leichtathlet ist infolgedessen im Rahmen der Sportleistungsverträge mit dem Verband und den Veranstaltern von Sportmeetings nicht als Arbeitnehmer i. S. d. Zivilrechts zu qualifizieren.

II. Die inhaltliche Ausgestaltung des Sportleistungsvertrages

Der Inhalt, die Durchführung und die Beendigung des Sportleistungsvertrages der Eishockey- und Fußballprofis wird, wegen deren zivilrechtlicher Einordnung als Arbeitnehmer, durch die Anwendbarkeit von Arbeitnehmerschutzvorschriften geprägt; demgegenüber sind diese Normen auf die schuldrechtliche Verpflichtung des Leichtathleten zur Sportleistung gegenüber Verbänden und Veranstaltern von Sportmeetings nicht anwendbar.
Die Qualifizierung als Arbeitnehmer hat vor allem Bedeutung für die Fragen des Vergütungsanspruchs, insbesondere für die Vergütungsfortzahlung im Krankheitsfall, während des Urlaubs und bei Spiel- oder Wettkampfsperren, der durch das arbeitsrechtliche Direktionsrecht gedeckten Eingriffsmöglichkeiten des Dienstherren u. a. in den privaten Lebensbereich des Sportlers und für die Beendigung des Sportleistungsvertrages, wobei im Rahmen dieser Arbeit vor allem auf sportspezifische Problemstellungen eingegangen werden soll.
Darüber hinaus sind nach § 2 Nr. 3 ArbGG die Arbeitsgerichte ausschließlich zuständig für die aus dem Sportleistungsvertrag zwischen Eishockey- oder Fußballprofi und dem Verein entstehenden Streitigkeiten. Für Klagen aus der individualrechtlichen Seite der Rechtsbeziehung zwischen Leichtathlet und Verband und dessen schuldrechtlichen Vertrag zu den Sportveranstaltern sind demgegenüber die allgemeinen Zivilgerichte zuständig.

1. Die Pflichten des Profis gegenüber dem Vertragspartner des Sportleistungsvertrages

a. Die Sportleistungspflicht

Nach § 2 DFB-Mustervertrag, § 2 DEB-Mustervertrag, § 4 DLV-Athletenvereinbarung und § 1 des Musterteilnahmevertrages sind sowohl die Eishockey- und Fußballprofis als auch die Leichtathleten schuldrechtlich zur Erbringung einer Sportleistung gegenüber ihren jeweiligen Dienstherren verpflichtet.

Jedoch steht den Fußball- und Eishockeyvereinen als Arbeitgebern, wie dargestellt[357], hinsichtlich der Ausführung der Sportleistung selber in Wettkampf und Training ein wesentlich ausgeprägteres Weisungsrecht als dem DLV oder dem Veranstalter eines Meetings zu. So ist der Leichtathlet lediglich zur Erbringung der vertraglich genau fixierten Sportleistung verpflichtet, wohingegen bei Arbeitsverträgen die Sportleistung im Rahmen des Vereinbarten durch das arbeitsrechtliche Direktionsrecht genauer bestimmt werden kann. Hierbei gilt: Je weniger der Arbeitsvertrag selber regelt, desto größer ist der Spielraum des Vereins für die Zuweisung der wahrzunehmenden Tätigkeit im Wege des Direktionsrechts[358]. Die Grenzen des Weisungsrechts ergeben sich somit aus dem Arbeitsvertrag, so daß der Sportler nur zu Tätigkeiten angehalten werden kann, die vertraglich vorgesehen sind und dem „billigen Ermessen" (§ 315 Abs. 1 BGB) entsprechen[359]. Eine Weisung ist demnach unzulässig und muß nicht befolgt werden, wenn sie unverhältnismäßig ist, wobei bei der vorzunehmenden Abwägung sowohl die Grundrechte des Arbeitnehmers als auch das Interesse des Arbeitgebers an einem geordneten Arbeitsablauf im Betrieb zu berücksichtigen sind.[360]
Nach § 6 des DFB-Mustervertrages werden „Einsatz und Tätigkeit des Lizenzspielers nach Art und Umfang vom Vorstand oder den von ihm Beauftragten bestimmt und hat der Spieler den Weisungen aller vom Verein dazu eingesetzter Personen, insbesondere des Trainers, vor allem auch hinsichtlich seiner Teilnahme an Spiel, Training, Spielvorbereitung, Behandlung, sowie aller sonstigen Vereinsveranstaltungen zuverlässig und genau Folge zu leisten". Diese sehr allgemein gehaltene Vertragsklausel läßt einen weiten Spielraum für die Ausgestaltung der durch den Spieler konkret zu erbringenden Leistung im Wege des Direktionsrechts zu. Infolgedessen können der zeitliche, örtliche und sachliche Gesamtumfang des Trainings, das „ob" und „wie", also Anordnungen in Hinblick auf das taktische und spieltechnische Verhalten des Spielers und des Einsatzes des Profis in Pflicht- und Privatspielen durch den Trainer bestimmt werden. Somit kann der Arbeitgeber in Mannschaftssportarten wie Fußball oder Eishockey den Spieler auf jede beliebige Position versetzen[361], weil keine spezielle Tätigkeit innerhalb der Mannschaft vertraglich vereinbart ist. Das Weisungsrecht im Rahmen der Zuweisung von Tätigkeiten findet erst dort seine Grenzen, wo die zugewiesene Aufgabe nicht mehr in das Berufsbild eines Profieishockeyspielers oder –fußballspielers paßt. Eine Begrenzung des Direktionsrechts der Vereine ergibt sich aber aus dem Gesichtspunkt der Fürsorgepflicht der Vereine nach §§ 617, 618 BGB dort, wo es für die Gesundheit des Spielers gefährlich und schädigend sein könnte. So besteht z. B. bei schlecht bespielbaren Plätzen die Pflicht, auf die Gesundheit des Sportarbeitnehmers Rücksicht zu nehmen und ist der Sportler im Fall von bestehenden Gefahren, auch durch Zuschauerausschreitungen, berechtigt, zum Wettkampf nicht anzutreten[362]. Auch verstößt eine übermäßige sportliche Beanspruchung gegen das arbeitsrechtliche Direktionsrecht, wenn der Spieler zur Sportleistung in Wettkampf oder Training angewiesen wird, obwohl er nach überstandener Verletzung noch nicht voll einsatzfähig ist[363], oder Trainingspraktiken angewandt werden, die die Gefahr späterer Gesundheitsschäden in sich tragen[364].
Nach § 2 lit. c des DFB-Mustervertrages hat der Spieler den sportmedizinischen Maßnahmen, die durch vom Verein beauftragte Personen angeordnet werden, umfassend Folge zu leisten. Hierbei sind dort Grenzen zu ziehen, wo das Persönlichkeitsrecht des Spielers beeinträchtigt wird, insbesondere bei Eingriffen in die Gesundheit durch Operationen oder ähnliche ärztliche

---

[357] Vgl. oben, 2.Abschn., I.3.b.bb.(2)./(3).
[358] *Richardi* in: Münchener Handbuch Arbeitsrecht, § 12, Rdnr. 52.
[359] *Blomeyer* in: Münchner Handbuch Arbeitsrecht, § 46, Rdnr. 32.
[360] Ebenda, Rdnr. 33.
[361] *Fritzweiler* in: Praxishandbuch Sportrecht, S. 226; *Kaske*, Berufssport, S. 36.
[362] *Gitter/Schwarz*, RdA 1982, 37 (38).
[363] *Kaske*, Berufssport, S. 57.
[364] Ebenda.

Maßnahmen[365]. Auch verbieten es die allgemeine Fürsorgepflicht des Arbeitgebers und das allgemeine Persönlichkeitsrecht des Profis, diesen dazu zu drängen, sich für den Wettkampf mit schmerzstillenden Mitteln einsatzfähig spritzen zu lassen[366] oder ihm Dopingmittel zu verabreichen[367].

Die Arbeitszeit des Sportlers ergibt sich zwangsläufig daraus, daß Sportveranstaltungen zu üblicherweise arbeitsfreien Zeiten, wie Samstag, Sonntag, an Feiertagen oder Abendstunden ausgetragen werden, weil zu dieser Zeit die (Fernseh-) Zuschauer am besten zu erreichen sind. Durch § 10 Nr. 7 ArbZRG ist für als Arbeitnehmer zu qualifizierende Sportler eine Ausnahmeregelung zum allgemeinen Beschäftigungsverbot an Sonn- und Feiertagen geschaffen worden.

Der Ort der Sportleistung kann durch den Verein, orientiert an betrieblichen Erfordernissen, bestimmt werden. So sind kurzfristige Ortswechsel für Auslandseinsätze in Wettkampf und Training (§ 2 lit. a und d DFB-Mustervertrag) aufgrund des Direktionsrechts gerechtfertigt, weil diese meist einer intensiven Wettkampfvorbereitung oder der Einnahmenerzielung dienen[368]. Auch bestehen keine rechtlichen Bedenken hinsichtlich der Verpflichtung zur Teilnahme an Trainingslagern und der damit verbundenen Kasernierung der Spieler, die auch ein gemeinsames Verbringen der trainingsfreien Zeit beinhaltet. Die in § 2 lit. a DFB-Mustervertrag gebrauchten Begriffe „Lehrgänge" und „Training" umfassen auch durch den Verein vorgegebenes Verbringen der schulungsfreien Zeit, da sich inzwischen entsprechende Verkehrssitten hinsichtlich der Durchführung von Trainingslagern herausgebildet haben, die jedem Spieler bei Abschluß des Vertrages bekannt sind[369]. Im Rahmen des Direktionsrechts kann der Verein nach der herrschenden Meinung[370] nicht ohne Einwilligung des Spielers eine örtliche Veränderung des Tätigkeitsbereichs durch eine „Ausleihe" an einen anderen Verein herbeiführen. Zwar können für eine „Ausleihe" Interessen des Vereins, wie die Fortbildung insbesondere junger Spieler, die Einnahmenerzielung oder Gehaltseinsparungen sprechen[371]. Jedoch stehen diesen betrieblichen Erfordernissen das Interesse des Profis an der örtlichen Stabilität seines Arbeitsplatzes entgegen. Darüber hinaus bezieht sich das Direktionsrecht nur auf die Tätigkeit beim Arbeitgeber selber, so daß dieses eine „Ausleihe" an einen anderen Verein nicht mehr umfaßt.

b. Private Lebensführung

Der Leichtathlet unterliegt, mangels entsprechender Klauseln in seinen Sportleistungsverträgen, einem arbeitsrechtlichen Direktionsrecht des DLV und der Sportveranstalter oder einer entsprechenden Treuepflicht, keinen Beschränkungen hinsichtlich seiner privaten Lebensführung.

Demgegenüber sind die Fußball- und Eishockeyspieler vertraglich verpflichtet, ihre „ganze Kraft und ihre sportliche Leistungsfähigkeit uneingeschränkt für den Verein einzusetzen, alles zu tun, um sie zu erhalten und zu steigern und alles zu unterlassen, was im allgemeinen und im besonderen vor und bei Veranstaltungen des Vereins der Erfüllung dieser Pflicht abträglich sein könnte" (z. B. § 2 DFB-Mustervertrag). Auch haben sie den Anweisungen des Trainers bezüglich der Lebensführung Folge zu leisten (z. B. § 2 lit. g DFB-Mustervertrag).

Hierbei ist zur inhaltlichen Ausgestaltung dieser Klauseln zwischen Anweisungen des Arbeitgebers, die unmittelbar die zu erbringende Sportleistung betreffen, und Pflichten des Arbeitnehmers, die über den Austausch von Leistungen hinausgehen, zu unterscheiden. Durch das arbeits-

---

[365] *Burmeister*, DÖV 1978, 1 (11).
[366] *Kaske*, Berufssport, S. 60.
[367] *Kaske*, Berufssport, S. 61.
[368] *Fritzweiler* in: Praxishandbuch Sportrecht, S. 230.
[369] *Kaske*, Berufssport, S. 50.
[370] *Börner*, Berufssportler als Arbeitnehmer, S. 113; *Poschenrieder*, Sport als Arbeit, S. 142; *Kaske*, Berufssport, S. 129.
[371] *Fritzweiler* in: Praxishandbuch Sportrecht, S. 230.

rechtliche Direktionsrecht kann der Arbeitgeber Ort, Zeit und Inhalt der Arbeitsleistung konkretisieren, wohingegen sich über diese Verpflichtung hinausgehende Verhaltensregeln, insbesondere hinsichtlich des Verhaltens im Privatbereich, aus der allgemeinen Treuepflicht des Arbeitnehmers als Ausfluß des Grundsatzes von Treu und Glauben (§ 242 BGB) und des Gebots der gegenseitigen Rücksichtnahme ergeben können[372]. Der Umfang der Treuepflicht ist nicht allgemein zu bestimmen, sondern es muß im Einzelfall unter Berücksichtigung der Stellung des Arbeitnehmers im Betrieb geprüft werden, welche Anforderungen an seine Pflicht zur Rücksichtnahme auf die Interessen des Arbeitgebers zu stellen sind. Der Anspruch auf Rücksichtnahme besteht nicht grenzenlos, sondern ist stets an der Hauptleistungspflicht des Arbeitnehmers zu messen und vom jeweiligen Einzelfall abhängig[373]. Grundsätzlich ist der Arbeitnehmer aber nicht verpflichtet, seine private Lebensführung an den Interessen des Arbeitgebers auszurichten[374]. Jedoch kann er sich vertraglich zu einer gesünderen und ausgewogeneren Lebensführung verpflichten[375]. Diese Abreden über den außerdienstlichen Bereich müssen aber die verfassungsrechtlichen Wertungen des Grundgesetzes, insbesondere das allgemeine Persönlichkeitsrecht des Arbeitnehmers, beachten. Das BAG[376] war in seiner älteren Judikatur mit einem Teil des Schrifttums[377] von der „unmittelbaren Wirkung" der Grundrechte im Privatrechtsverkehr ausgegangen, da den Grundrechten die Funktion von Grundsatznormen für die gesamte Rechtsordnung zukomme. In seiner jüngeren Entscheidungen hat das BAG[378] aber im Einklang mit der (älteren) Rechtsprechung des BVerfG[379] und der ständigen Judikatur des BGH[380] die von *Dürig*[381] begründete Lehre von der „mittelbaren Drittwirkung" der Grundrechte[382] auf die Rechtsbeziehungen zwischen Privatrechtssubjekten übernommen, nach der die Grundrechte über die zivilrechtlichen Generalklauseln (§§ 138, 242, 315 BGB) auch im Rahmen des Arbeitsverhältnisses und anderer Dienstverträge Anwendung finden. Diese Ansicht sieht in der „unmittelbaren Wirkung" der Grundrechte zwischen Privaten eine Gefahr für die Privatautonomie[383] und benutzt die ausfüllungsbedürftigen Generalklauseln des Privatrechts, um grundrechtliche Wertungen in die Auslegung zivilrechtlicher Normen einfließen zu lassen, um der durch die Grundrechte geschaffenen objektiven Wertordnung in sämtlichen Bereichen des Rechts Geltung zu verschaffen[384].

Infolgedessen darf das aus den sehr weit formulierten Vertragsabreden resultierende Weisungsrecht des Vereins hinsichtlich der privaten Lebensführung des Spielers nicht weiter gehen, als es der Zweck des Arbeitsverhältnisses unter Achtung der Persönlichkeit des Profis unvermeidbar erforderlich macht, und hat im konkreten Einzelfall eine Abwägung des Interesses des Vereins an dem gewünschten privaten Verhalten des Profis gegenüber dem Interesse des Spielers an der Wahrung seiner Privatsphäre zu erfolgen.

---

[372] *Blomeyer* in: Münchener Handbuch Arbeitsrecht, § 49, Rdnr. 2 f.

[373] *Blomeyer* in: Münchener Handbuch Arbeitsrecht, § 29 Rdnr. 17.

[374] *Grunsky*, JuS 1989, 593 (597).

[375] *Preis*, Grundfragen der Vertragsgestaltung im Arbeitsrecht, S. 159.

[376] U. a. BAGE 1, 185 (193 f.); 7, 256 (260).

[377] U. a. *Schwabe*, Probleme der Grundrechtsdogmatik, S. 213.

[378] Beschluß des Gr. Sen. vom 27.02.1985, AP Nr. 14 zu § 611 BGB; Urteil des 1. Senats vom 27.05.1986, AP Nr. 15 zu § 87 BetrVG; (ursprünglich war das BAG von einer „unmittelbaren Drittwirkung der Grundrechte ausgegangen: u. a. Urteil des BAG vom 15.01.1955, AP Nr. Nr. 4 zu Art. 3 GG).

[379] U. a. BVerfGE 7, 198 (205); 49, 89 (142).

[380] U. a. BGH, WM 1999, 2319 (2320); BGH, SpuRt 1999, 236 (237).

[381] *Dürig*, Festschrift f. *Nawiasky*, S. 157 ff.

[382] Von „Ausstrahlungswirkung" spricht *Jarass* in: *Jarass/Pieroth*, Vorb. vor Art. 1 GG, Rdnr. 9.

[383] U. a. *Dürig* in: *Maunz/Dürig*, Art. 1 Abs. 3 GG, Rdnr. 129.

[384] Zur ausführlichen Darstellung sämtlicher Drittwirkungslehren vgl. *Stern*, Staatsrecht III/1, S. 1518 ff.

So ist der Verein nach der herrschenden Meinung in der Literatur[385] berechtigt, gegenüber den Spielern ein Verbot besonders gefährlicher Freizeitbeschäftigungen, wie z. B. Skifahren, auszusprechen. Zwar werden durch dieses Verbot Rechtspositionen des Profis mit Verfassungsrang berührt, weil die freie Wahl der Freizeitgestaltung einen wesentlichen Bestandteil des allgemeinen Persönlichkeitsrechts des Sportlers darstellt und sein Recht auf freie Entfaltung der Persönlichkeit berührt wird. Jedoch überwiegt das Interesse des Vereins am Unterlassen dieser Freizeitaktivitäten, weil er stärker als ein „normaler" Arbeitgeber um die Gesundheit seiner Spieler besorgt ist. Diese stellen einen Großteil des Unternehmenskapitals dar, und meist bringen verletzungsbedingte Ausfälle von Spielern sportliche und somit auch finanzielle Nachteile für den Verein mit sich. Auch ist die Besonderheit des Sportarbeitsvertrages zu berücksichtigen, daß zwischen Verein und Profi ein befristetes Arbeitsverhältnis besteht, in dem die körperliche Verfassung des Spielers von ganz entscheidender Bedeutung ist. Dem Aktiven ist es deshalb im Gegensatz zu einem „normalen" Arbeitnehmer, dessen Vertrag i. d. R. nicht auf die Erbringung körperlicher Höchstleistungen gerichtet und von unbegrenzter Dauer ist, zuzumuten, während der kurzen Zeit der vertraglichen Bindung an den Verein Einschränkungen im Privatbereich in Kauf zu nehmen. Auch ist zu beachten , daß die Lohnfortzahlungspflicht im Krankheitsfall den Verein, wegen der hohen Spielervergütungen, wesentlich härter trifft als den „normalen" Arbeitgeber und deshalb ein ausgeprägteres Interesse des Vereins an der Vermeidung von Verletzungen in Folge gefährlicher Freizeitbeschäftigungen besteht.
Nach der herrschenden Meinung im Schrifttum[386] gelten diese Überlegungen auch hinsichtlich eines Alkohol- und Nikotinverbots im Freizeitbereich, weil ein starker Zusammenhang zwischen der Hauptleistungspflicht zur Sportleistung und einer gesunden Lebensführung besteht. Im Training(-slager), also während der Arbeitszeit, ergibt sich die Berechtigung des Vereins zum Ausspruch eines Verbots bereits aus dem arbeitsrechtlichen Direktionsrecht, weil Verhalten am Arbeitsplatz betroffen ist, welches der Arbeitgeber zu regeln befugt ist.
Auch ist der Verein nach überwiegender Auffassung[387] berechtigt, eine Begleitung des Spielers durch seine Ehefrau oder Freundin ins Trainingslager zu untersagen. Auch die gemeinsame Gestaltung der trainingsfreien Zeit ist nach § 2 lit. a DFB-Mustervertrag Bestandteil der Hauptleistungspflicht „Sportleistung", weshalb streng genommen gar nicht der Bereich der privaten Lebensführung, sondern Verhalten am Arbeitsplatz betroffen ist, der durch das arbeitsrechtliche Direktionsrecht geregelt werden kann. Der Aufenthalt im Trainingslager dient der zielgerichteten Vorbereitung auf den Wettkampf und ist infolgedessen Voraussetzung für ein erfolgreiches Abschneiden der Mannschaft.
Auch ist eine zeitliche Anordnung der nächtlichen Bettruhe durch den Verein nach der herrschenden Meinung in der Literatur[388] zumindest in Zeiten der Wettkampfvorbereitung gerechtfertigt, weil das Interesse des Vereins an einer körperlich guten Verfassung des Spielers im Spiel, zumindest in der wettkampfnahen Zeit, gegenüber dem Interesse des Aktiven auf freie Wahl der Freizeitgestaltung überwiegt.

c. Werbung

Im Rahmen der Werbetätigkeit des Sportlers ist zwischen dessen Verpflichtung zur Teilnahme an Werbemaßnahmen des Vertragspartners des Sportleistungsvertrages (§§ 2 lit. e, 3 DFB-

---

[385] U. a. *Grunsky*, Rechtliche Probleme des Arbeitsverhältnisses, S. 55; *Imping*, Die arbeitsrechtliche Stellung des Fußballspielers, S. 73.
[386] U. a. *Grunsky*, Rechtliche Probleme des Arbeitsverhältnisses, S. 55; *Kaske*, Berufssport, S. 154, 156; *Imping*, Die arbeitsrechtliche Stellung des Fußballspielers, S. 74.
[387] U. a. *Kaske*, Berufssport, S. 160; *Imping*, Die arbeitsrechtliche Stellung des Fußballspielers, S. 70.
[388] U. a. *Kaske*, Berufssport, S. 157; *Börner*, Berufssportler als Arbeitnehmer, S. 113; *Poschenrieder*, Sport als Arbeit, S. 143.

Mustervertrag; Anlage des Musterteilnahmevertrages an einmaligen Sportmeetings zu Promotion-Aktivitäten und §§ 4.2.1, 4.2.2 Athletenvereinbarung mit dem DLV) und eigenen Werbeaktivitäten des Profis zu unterscheiden.

aa. Mitwirkungspflichten an Werbeaktivitäten des Dienstherren

Im Rahmen der Sportarbeitsverträge der Eishockey- und Fußballspieler kann die im Einzelfall im Interesse des Vereins zu erbringende Werbeleistung durch das arbeitsrechtliche Direktionsrecht des Vereins konkretisiert werden, wohingegen der Leichtathlet als selbständiger Dienstleistender einem derartigen Weisungsrecht nicht unterliegt und demnach nur zu den in den Verträgen mit Verband und Veranstalter genau festgelegten Werbetätigkeiten zugunsten seiner Vertragspartner verpflichtet ist. Eine Grenze hinsichtlich der Mitwirkungspflicht der Profis an den Werbeaktivitäten ihrer Vertragspartner des Sportleistungsvertrages ergibt sich aus den Verbotsnormen (§§ 134, 138 BGB) und der zivilrechtlichen Generalklausel (§ 242 BGB), über die nach der Lehre von der „mittelbaren Wirkung" der Grundrechte die verfassungsrechtlichen Wertungen auf den Dienstvertrag einwirken.
Nach § 2 lit. e DFB-Mustervertrag und nach § 4.2.1. Satz 2 DLV-Athletenvereinbarung ist der Sportler verpflichtet, die mit der Aufschrift des Werbepartners des Vereins/Verbands versehene Bekleidung zu tragen.

Rechtliche Bedenken gegen diese Werbetätigkeit im Interesse des Dienstherren können sich aus dem Gesichtspunkt des Schutzes der Menschenwürde des Profis ergeben. Die Garantie des Art. 1 Abs. 1 GG wird als „Wurzel und Quelle aller nachfolgenden Grundrechte" und als wichtigste Wertentscheidung des Grundgesetzes bezeichnet[389]. Diese Gewährleistung strahlt auf die folgenden Grundrechte aus, welche im Lichte von Art. 1 Abs. 1 GG auszulegen sind, um eine umfassende Verwirklichung der Garantie der Menschenwürde zu verwirklichen[390].
Umstritten ist jedoch, ob Art. 1 Abs. 1 GG ein eigenständiges Grundrecht enthält[391] oder ob dessen Gewährleistung lediglich die nachfolgenden Grundrechte konkretisiert[392]. Jedoch ist die praktische Bedeutung dieser Frage von geringer praktischer Relevanz, weil nach der Konzeption des BVerfG[393] Art. 2 Abs. 1 GG von dem Bekenntnis zur Würde des Menschen beherrscht wird und somit ein Betroffener jeden Verstoß gegen Art. 1 Abs. 1 GG geltend machen kann, auch wenn Art. 1 Abs. 1 GG nicht den Charakter eines eigenständigen Grundrechts haben sollte[394].
Die genaue Unterscheidung des Schutzbereichs von Art. 1 Abs. 1 GG und der Konkretisierung in den nachfolgenden Grundrechten ist aber dennoch geboten. Zum einen ist diese Differenzierung wegen der unterschiedlichen Schrankenregelungen von Art. 1 Abs. 1 GG und der folgenden Konkretisierungen notwendig[395]. Darüber hinaus dürfen nach Art. 79 Abs. 3 GG Verfassungsänderungen Art. 1 GG nicht berühren, weswegen auch die Art. 1 GG nachfolgenden Grundrechte insoweit unter das Abänderungsverbot des Art. 79 Abs. 3 GG fallen, als sie eine Konkretisierung der Menschenwürde darstellen[396].
Mit der Menschenwürde i. S. d. Art. 1 Abs. 1 GG ist der soziale Wert- und Achtungsanspruch gemeint, der dem Menschen wegen seines Menschseins zukommt[397]. Es besteht ein prinzipieller

[389] *Jarass* in: *Jarass/Pieroth*, Art. 1 GG, Rdnr. 1.
[390] *Kunig* in: v. *Münch/Kunig*, Art. 1 GG, Rdnr. 3.
[391] Ebenda.
[392] So u. a. *Dreier* in: *Dreier*, Art. 1 GG, Rdnr. 96.
[393] BVerfGE 27, 1 (5).
[394] *Jarass* in: *Jarass/Pieroth*, Art. 1 GG, Rdnr. 2 a.
[395] *Pieroth/Schlink*, Grundrechte, Art. 1 GG, Rdnr. 92.
[396] Ebenda.
[397] BVerfGE 87, 209 (228).

Unterschied zwischen dem Menschen und Gegenständen, insbesondere darf der Mensch nicht als Instrument benutzt werden[398]. Demnach stellt es einen Verstoß gegen die Menschenwürde dar, wenn die Trikotwerbung geeignet ist, den Sportler der Lächerlichkeit preiszugeben[399] oder den Sportler, wie in der Realität der Sportwelt üblich, als wandelnde Litfaßsäule zu verwenden[400].

Zudem haben die Vereine und Verbände im Rahmen des Einsatzes des Sportlers für Werbezwecke dessen allgemeines Persönlichkeitsrecht zu respektieren. Dieses wird zwischen Art. 2 Abs. 1 GG und Art. 1 Abs. 1 GG angesiedelt, gilt als „passive" Komponente persönlicher Entfaltungsfreiheit i. S. d. Art. 2 Abs. 1 GG und wird durch die Menschenwürdegarantie des Art. 1 Abs. 1 GG zusätzlich abgestützt. Zu dem allgemeinen Persönlichkeitsrecht zählen im wesentlichen die Individual-, die Privat- und Intimsphäre[401], so daß der Privatbereich des Sportlers in dessen Werbepflicht nicht einbezogen werden darf. So ist der Sportler z. B. nicht verpflichtet, Hochzeits-, Tauf- und sonstige Bilder seiner Familie für Werbemaßnahmen zur Verfügung zu stellen. Auch dürfen Bilder des Profis selber, außer das offizielle Mannschaftsphoto, vom Dienstherren nicht kommerziell genutzt werden[402].

Weiter kann sich der Sportler im Rahmen der Mitwirkungspflicht an Werbeaktivitäten des Dienstherren auf seine Rechte aus Art. 4 GG berufen, wenn die beabsichtigte Trikotwerbung seine Gewissens- und Religionsfreiheit berührt. Der Arbeitnehmer kann nach der Rechtsprechung des BAG[403] einen vom Schutzbereich dieses Grundrechts umfaßten Gewissenskonflikt geltend machen, soweit dieser nicht schon bei Arbeitsaufnahme vorhersehbar war. Diese Ansicht läßt sich auch auf den Dienstvertrag des Leichtathleten übertragen, weil die Grundrechte auf dessen Sportleistungsverträge in der gleichen Weise wie auf einen Arbeitsvertrag nach der Lehre von der „mittelbaren Wirkung der Grundrechte" einwirken. So wurde z. B. das Vorhaben des Eishockeyclubs ECD Iserlohn, auf den Spielertrikots Werbung für das „Grüne Buch" Gaddafis zu betreiben, vom DEB u. a. mit der Begründung abgelehnt, daß hierdurch das religiöse Empfinden der Spieler allzusehr beeinträchtigt würde. Eine Beeinträchtigung der Gewissens- und Religionsfreiheit ergab sich dadurch, daß das besagte Werk nicht nur den islamischen Glauben preist, sondern vielmehr zu gewaltsamem Kampf gegen alle Andersgläubigen aufruft[404].

bb. Selbständige Werbeaktivitäten des Sportlers

Neben der Verpflichtung zur Werbetätigkeit zugunsten des Partners des Sportleistungsvertrages werben viele Profis noch für einen persönlichen Sponsor. Infolgedessen kann das vitale Interesse der Vereine, Verbände und privater Sportveranstalter, die sich im Zusammenhang mit einer Sportveranstaltung bietenden Vermarktungsmöglichkeiten vollständig zu nutzen, mit dem Interesse des Sportlers, über die Nutzung der ihn selbst betreffenden Vermarktungsmöglichkeiten selbständig zu entscheiden, kollidieren. Zur Lösung solcher Konflikte zugunsten des Dienstherren des Athleten enthalten die Sportleistungsverträge Klauseln, mit denen die Möglichkeit des

---

[398] BVerfGE 45, 187 (228).
[399] So mußten sich das Land- und Oberlandesgericht Frankfurt (Urteil vom 07.02.1989, Az: 2/13 O 194/88) mit der Klage des ehemaligen Fußballbundesligisten FC Homburg 08 befassen, der gegen die Verweigerung der Erlaubnis zum Tragen der Trikots mit dem Schriftzug „London" durch den DFB vorgegangen war. Die Firma „London" vertreibt neben sonstigen Gummi- und Drogeriewaren auch Kondome.
[400] So sind z. B. die Trikots der Fußballspieler der 1. österreichischen Bundesliga übersät mit Werbesignets von Unternehmen verschiedenster Art.
[401] BVerfGE 75, 155 (170).
[402] *Fritzweiler* in: Praxishandbuch Sportrecht, S. 228.
[403] BAG, Urteil vom 24.05.1989, AP Nr. 1 zu § 611 BGB.
[404] Vgl. *Imping*, Die arbeitsrechtliche Stellung des Fußballspielers, S. 79.

Sportlers, sich selber zu vermarkten, eingeschränkt werden. Gemäß § 2 lit. e des DFB-Mustervertrages hat der Spieler bei sämtlichen Veranstaltungen des Vereins die vom Verein gestellte Bekleidung zu tragen und ist jegliche Art der Werbung für Konkurrenzerzeugnisse untersagt[405]. Darüber hinaus überträgt der Fußballprofi nach § 3 Satz 1 DFB-Mustervertrag dem Verein die Verwertung seiner Persönlichkeitsrechte, soweit sein Arbeitsverhältnis als Lizenzspieler berührt wird, wodurch jegliche Entfaltung von selbständigen Werbeaktivitäten seitens des Spielers im Zusammenhang mit Sportveranstaltungen ausgeschlossen ist. Auch der Leichtathlet hat gemäß § 4.2.1. Athletenvereinbarung im Rahmen von Einsätzen für den DLV ausschließlich die Kleidung des offiziellen Ausrüsters des DLV zu tragen, diese mit keinen weiteren Werbeträgern zu versehen und nach § 4.2.2. Athletenvereinbarung nur die Sport- und Wettkampfschuhe der Poolpartner des DLV zu tragen. Fraglich ist aber, ob der Profi durch derartige Klauseln verpflichtet werden kann, seine individuellen Sponsoring- und Werbeverträge zu brechen bzw. solche überhaupt einzugehen. Diese Problematik muß insbesondere auch vor dem Hintergrund der grundrechtlich geschützten Interessen der Beteiligten beurteilt werden.

(1). Verstoß gegen Art. 2 Abs. 1 i. V. m. Art. 1 Abs. 1 GG

Durch die dargestellten Werbebeschränkungen werden die durch das allgemeine Persönlichkeitsrecht (Art. 2 Abs. 1 i. V. m. Art. 1 Abs. 1 GG) als Selbstbestimmungsrecht im wirtschaftlichen Bereich geschützten Vermarktungsinteressen des Profis betroffen. Das allgemeine Persönlichkeitsrecht ergänzt die allgemeine Handlungsfreiheit zu einem umfassenden Persönlichkeitsschutz[406] und soll in erster Linie „die engere persönliche Lebenssphäre und die Erhaltung ihrer Grundbedingungen schützen“[407]. Wegen der Eigenart und Weite dieser Gewährleistung, die sich durch die Freiheitsgarantien der nachfolgenden Grundrechte nicht abschließend erfassen läßt, hat die Rechtsprechung des BVerfG und des BGH den Inhalt des Schutzbereiches nicht abschließend definiert, sondern jeweils anhand des Einzelfalles herausgearbeitet[408]. Die gebildeten Fallgruppen befassen sich, wie im Rahmen der Werbetätigkeit des Profis für den Dienstherren dargestellt, zum einen mit dem Schutz und der Ausgestaltung der Privatsphäre, zum anderen geht es um den Schutz der personalen Selbstentfaltung des Einzelnen, was insbesondere die eigene Darstellung in der Öffentlichkeit und die damit verbundene Vermarktung der eigenen Persönlichkeit betreffen kann[409]. Jedoch gehen bezüglich der personalen Entfaltung die anderen Freiheitsrechte als Spezialregelungen dem allgemeinen Persönlichkeitsrecht vor, wenn sie dessen Freiheitsgarantien abschließend umfassen[410], so daß gegenüber Art. 2 Abs. 1 GG die durch Art. 12 GG geschützte Berufsfreiheit als lex specialis wirkt, wenn eine Beeinträchtigung dieser Gewährleistung gegeben ist[411]. Soweit die Sportler ihren Sport als Beruf i. S. d. Art. 12 GG ausüben[412], fällt darunter, wie oben dargestellt[413], auch die mittelbar mit der Sportausübung verbundene kommerzielle Verwertung dieser Tätigkeit durch Entfaltung eigenständiger Werbeaktivitäten, wobei unerheblich ist, ob diese mit der Sportausübung zusammenfällt oder unabhängig davon vorgenommen wird. Die selbständigen Werbeaktivitäten der Profis, welche durch

---

[405] So entstanden z. B. bei dem Wechsel von *Lothar Matthäus* zum FC Bayern München Streitigkeiten, als dieser im Wettkampf die Fußballschuhe seines persönlichen Ausrüsters „Puma“ tragen wollte, jedoch der Verein von der Firma „Adidas“ ausgerüstet wurde.
[406] BVerfGE 54, 148 (153).
[407] Ebenda; BVerfGE 72, 155 (170).
[408] Z. B. ebenda.
[409] U. a. *Jarass* in: *Jarass/Pieroth*, Art. 2 GG, Rdnr. 27.
[410] BVerfGE 71, 183, (196, 201).
[411] U. a. BVerfGE 58, 358 (363); 77, 84 (118).
[412] Vgl. oben, 1.Abschn., II.2.
[413] Vgl. ebenda.

die dargestellten Vertragsklauseln beeinträchtigt werden, fallen somit in den Schutzbereich von Art. 12 GG, so daß dieser Art. 2 Abs. 1 GG verdrängt.

(2). Verstoß gegen Art. 12 GG

Die Freiheit der selbständigen Werbung des Profis im Rahmen der Wettkampfveranstaltungen (z. B. durch eigenmächtiges Anbringen von Werbeaufschriften des eigenen Sponsors an der Sportbekleidung) und bezüglich der Werbung, die unabhängig von der Sportausübung betrieben wird, ist also vom Schutzbereich von Art. 12 GG umfaßt. Fraglich ist jedoch, ob die dargestellten Beschränkungen der Berufsausübungsfreiheit gerechtfertigt sind.

Zur Einschränkung der Berufsfreiheit des Berufssportlers, zumindest durch die Vereine und Verbände als Dienstherren, kann im Rahmen des Sportleistungsvertrages, also der individualrechtlichen Seite der Rechtsbeziehungen des Profis, nicht die in Art. 9 Abs. 1 GG verankerte Vereins-/Verbandsautonomie herangezogen werden. Aus dieser ergeben sich zwar gegenseitige Treue- und Förderpflichten in Hinblick auf den Vereins-/Verbandszweck[414], woraus sich eine Beschränkung der Werbeaktivitäten unter dem Aspekt ergeben könnte, daß die Vereine und Verbände auf eine möglichst umfassende Abschöpfung der gesamten auf dem Sportmarkt zu erzielenden Werbeeinnahmen angewiesen sind, um den Hochleistungssport in seiner heutigen Form überhaupt finanzieren zu können. Auch ergibt sich aus der in Art. 9 GG enthaltenen „Bestandsgarantie"[415] zugunsten der Verbände, daß die dargestellten Beschränkungen gerechtfertigt sein können, um die Existenz und die Funktionsfähigkeit der Vereine/Verbände zu erhalten.
Jedoch gehört die Vermarktung eines bestimmten Ereignisses nicht zu der spezifisch verbandsmäßigen Form der wirtschaftlichen Betätigung und fällt somit nicht unter den Schutz- bereich der durch Art. 9 GG geschützten Selbstverwaltungsautonomie der Vereine und Verbände[416]. Darüber hinaus besteht im Fall der Fußball- und der meisten Eishockeyspieler zum Verein kein (quasi-) mitgliedschaftliches Verhältnis[417], sondern nur ein schuldrechtlicher Sportleistungsvertrag[418]. Infolgedessen hat das schuldrechtliche Verhältnis zwischen Spieler und Verein keinen Bezug zur vereinsmäßigen Struktur des Vereins und könnte auch begründet und durchgeführt werden, wenn der Verein als Dienstherr nicht als Vereinigung i. S. d. Art. 9 GG, sondern z. B., wie geplant, als Kapitalgesellschaft konzipiert wäre. Wird eine Vereinigung aber wie jedermann im Rechtsverkehr tätig, kann sie sich lediglich auf die wirtschaftliche Betätigungsfreiheit im Rahmen von Art. 2 Abs. 1 GG und nicht auf Art. 9 GG berufen[419].
Etwas anderes könnte sich aber hinsichtlich der Eishockeyspieler, die auch ein mitgliedschaftliches Verhältnis zu ihren Vereinen unterhalten[420], und bezüglich der Leichtathleten ergeben, die mittelbare Mitglieder des DLV [421] und zusätzlich dazu noch durch eine generelle Unterwerfung unter die Verbandsregelwerke kollektivrechtlich an den Verband gebunden sind[422].
Denkbar ist, daß dieser Umstand zu einer Rechtfertigung der Werbebeschränkungen durch Art. 9 GG führt, weil das Dienstverhältnis dieser Sportler wegen der neben dem Sportleistungsvertrag bestehenden kollektivrechtlichen Bindung zum Verein oder Verband einen Bezug zu der vereinsmäßigen Struktur des Dienstherren aufweist. Zwar ist streng zwischen der individual-

[414] *Reichert*, Handbuch des Verbands- und Vereinsrechts, Rdnr. 608.
[415] *Jarass* in: *Jarass/Pieroth*, Art. 9 GG, Rdnr. 9.
[416] Vgl. *Jarass* in: *Jarass/Pieroth*, Art. 9 GG, Rdnr. 10.
[417] Vgl. oben, 1.Abschn., III.2.a.
[418] Vgl. oben, 1.Abschn., III.1.a.aa.
[419] BVerfGE 70, 1 (25).
[420] Vgl. oben, 1.Abschn., III.2.a.
[421] Vgl. oben, 1.Abschn., III.2.b.aa.(1).(b).
[422] Vgl. oben, 1.Abschn., III.2.b.aa.(2).(a).(cc).

und der kollektivrechtlichen Seite der Rechtsverhältnisse des Profis zu trennen, jedoch ist denkbar, daß sich eine kollektivrechtliche Treue- und Förderpflicht auch auf den individualrechtlichen Sportleistungsvertrag auswirkt.
Der Verein bzw. der Verband nimmt aber auch bei einer zusätzlich bestehenden kollektivrechtlichen Bindung als „normaler" Dienstherr wie jedermann am Rechtsverkehr teil. Die Vermarktung eines Sportereignisses gehört, anders als z. B. die Erhebung von Mitgliedsbeiträgen, nicht zur spezifisch verbandsmäßigen Form der wirtschaftlichen Betätigung, weshalb im Rahmen des Dienstverhältnisses eine Rechtfertigung von Werbebeschränkungen durch Art. 9 GG ausscheidet. Auch ist die kollektivrechtliche Bindung nach ihrem Sinn und Zweck, eine Unterwerfung des Sportlers unter die Regelwerke und Satzungen der Vereine oder Verbände herzustellen, nicht geeignet, auf die Ausgestaltung der in dem Sportleistungsvertrag enthaltenen Klauseln Einfluß zu nehmen. Darüber hinaus ist zu beachten, daß zumindest durch die vertragliche Unterwerfung des Leichtathleten unter die Satzungen des DLV zwar eine kollektivrechtliche Bindung herbeigeführt wird, diese aber nicht mit einer Mitgliedschaft in einem Verein oder Verband zu vergleichen ist[423].

Ein gerechtfertigtes Interesse der Dienstherren der Profis an einer umfassenden kommerziellen Verwertung des Sportereignisses und somit eine Rechtfertigung des Eingriffs in die Berufsfreiheit des Sportlers könnte sich aus dem Gesichtspunkt ergeben, daß die Vereine, Verbände und privaten Sportorganisatoren als Vertragspartner des Sportleistungsvertrages auch „Veranstalter" der Wettkämpfe sind, an denen die Sportler teilnehmen[424]. Grundsätzlich stehen alle mit einer Sportveranstaltung zusammenhängenden Vermarktungsrechte dem Veranstalter dieses Ereignisses zu[425].
Veranstalter ist diejenige Person oder Institution, in deren Händen die organisatorische Vorbereitung und Durchführung sowie die Übernahme des finanziellen Risikos liegt[426]. Somit handelt es sich bei den privaten Sportmeetingausrichtern und dem DLV als Dienstherren der Leichtathleten um Veranstalter i. S. d. obigen Definition. Problematisch ist hingegen[427], ob auch die Vereine als Arbeitgeber der Eishockey- und Fußballprofis als Veranstalter zu bezeichnen sind, oder ob diese Funktion nicht den Verbänden DFB/ DEB zukommt mit der Folge, daß diese zur kommerziellen Nutzung der einzelnen Wettkämpfe befugt sind. Für eine Rolle der Verbände als Veranstalter spricht zwar, daß diese durch die Durchführung der Lizenzierungsverfahren, die Erstellung der Spielpläne und die Bereitstellung von Schiedsrichtern maßgebliche organisatorische Aufgaben wahrnehmen. Auch werden durch die Statuten des DFB (§ 1 Abs. 3 DFB-LSpSt) die 1. und 2. Bundesliga als „Vereinseinrichtungen des DFB" bezeichnet. Trotzdem sind als „Veranstalter" i. S. d. oben genannten Definition die jeweils gastgebenden Vereine anzusehen. Sie tragen die organisatorische Verantwortung und vor allem das unternehmerische Risiko hinsichtlich der Wettkämpfe. Darüber hinaus erkennt Art. 7 Abs. 1 Satz 1 DEB SpO die Rolle des Vereins als Veranstalter ausdrücklich an und sind die Fußballvereine der 1. und 2. Liga gegenüber dem DFB (z. B. § 20 Abs. 1 der Durchführungsbestimmungen für die Bundesligaspiele) für die Abwicklung der Bundesligaspiele entsprechend den DFB-internen und den gesetzlichen Bestimmungen (Polizei- und Baurecht) verantwortlich.

---

[423] BGH, SpuRt 1995, 43 (43).
[424] Vgl. *Krogmann*, Grundrechte im Sport, S. 121.
[425] KG Berlin, ZIP 1996, 801 (803).
[426] BGH, NJW 1990, 2815 (2817) (für Sportübertragungen); *Reichert*, Handbuch des Verbands- und Vereinsrechts, Rdnr. 2730.
[427] Diese Frage wird zur Zeit vor einem anderen Hintergrund heftig diskutiert. Hierbei geht es darum, daß nach § 3 Abs. 3 DFB-LiSpSt nicht den Vereinen, sondern nur dem DFB das Recht zusteht, über Fernseh- und Rundfunkübertragungen von Bundesligaspielen und internationalen Wettbewerbsspielen Verträge zu schließen, was durch die „großen" Vereine angefochten wird.

Fraglich ist jedoch, ob sich der verfassungsrechtliche Schutz der Rechtsposition des Veranstalters aus dessen Recht am eingerichteten und ausgeübten Gewerbebetrieb nach Art. 14 GG als grundrechtliche Schranke der Berufsfreiheit des Sportlers ergibt[428]. Während nach der herrschenden Meinung in der Literatur[429] und der Rechtsprechung des BGH[430] sowie des BVerwG[431] das Recht am eingerichteten und ausgeübten Gewerbebetrieb unter den Eigentumsbegriff von Art. 14 GG fällt und eine Idealkonkurenz hinsichtlich des Schutzes dieser Rechtsposition zwischen Art. 12 und 14 GG angenommen wird, tendierte das BVerfG[432] bisher dazu, den Schutzbereich der beiden Grundrechte voneinander abzugrenzen und solche Betätigungen, bei denen es primär um den Erwerb und nicht um das schon Erworbene geht, im Rahmen des Schutzes des Rechts am eingerichteten und ausgeübten Gewerbebetrieb Art. 12 GG und nicht Art. 14 GG zuzuordnen. Neuerdings wird durch das BVerfG[433] zwar in Frage gestellt, ob das durch die Zivilrechtsprechung entwickelte Recht am eingerichteten und ausgeübten Gewerbebetrieb überhaupt vom Schutzbereich von Art. 14 GG umfaßt wird. Das Gericht hat im Gegensatz zu seiner früheren Rechtsprechung[434], in der es den Gewerbebetrieb zunächst als Sach- und Rechtsgesamtheit dem Sacheigentum gleichstellte, nun ausdrücklich offen gelassen, ob das Unternehmen nur eine tatsächliche, aber keine rechtliche Zusammenfassung der zu seinem Vermögen gehörenden Sachen und Rechte ist. Diese Problematik kann aber hier offen bleiben, weil auch nach der neuen Rechtsprechung des BVerfG[435] die einzelnen zu dem Vermögen eines Gewerbebetriebes gehörenden Rechte, wie das Recht des Veranstalters an exklusiver Nutzung der Vermarktungsrechte, durch Art. 14 GG vor Eingriffen geschützt werden.
Infolgedessen wird das durch Art. 12 GG geschützte Interesse des Aktiven an Eigenvermarktung durch das durch Art. 14 GG garantierte Interesse des Veranstalters an der umfassenden kommerziellen Verwertung des durch ihn ausgerichteten Sportereignisses beschränkt. Diese Grundrechtskollision ist durch eine „Abwägung aller Umstände des Einzelfalls“ aufzulösen[436]. Dabei müssen die betroffenen Grundrechte „nach Möglichkeit zum Ausgleich gebracht werden. Läßt sich diese nicht erreichen, so ist unter Berücksichtigung der falltypischen Gestaltung und der besonderen Umstände des Einzelfalls zu entscheiden, welches Interesse zurückzutreten hat“. Notwendig ist somit hier ein Ausgleich der gegenläufigen Interessen nach dem Grundsatz praktischer Konkordanz[437].

So sind Vertragsklauseln als unverhältnismäßig anzusehen, die dem Sportler jegliche Werbeaktivität, auch für ein Konkurrenzunternehmen, sowohl im privaten als auch im sportlichen Bereich untersagen[438]. Demgegenüber kann es aber auch nicht als angemessen angesehen werden, wenn der Sportler die Veranstaltung seines Dienstherren zu einer Privatveranstaltung seines Sponsors umfunktioniert. Demnach ist der Dienstherr des Profis nicht zum Verbot, aber zur Reglementierung der Art und Weise der Durchführung der selbständigen Werbeaktivitäten des Sportlers berechtigt. Diese Befugnis ergibt sich auch schon vor dem Hintergrund, daß die Schutzbedürftigkeit des Sportlers dadurch herabgesetzt wird, daß er schon bei Vertragsschluß

[428] So *Vieweg*, Sponsoring und internationale Sportverbände, S. 80.
[429] U. a. v. *Depenheuer* in: *V. Mangoldt/Klein/Starck*, Art. 14 GG, Rdnr. 136; *Jarass* in: *Jarass/Pieroth*, Art. 14 GG, Rdnr. 8.
[430] BGHZ 23, 157 (162).
[431] BVerwG, NJW 1982, 63 (65).
[432] BVerfGE 30, 292 (334 f.); 38, 61 (101).
[433] BVerfGE 66, 116 (145); 68, 193 (222 f.).
[434] U. a. BVerfGE 1, 264 (277 f.).
[435] BVerfGE 66, 116 (145); 68, 193 (222 f.).
[436] *Jarass* in: *Jarass/Pieroth*, Vorb. vor Art. 1 GG, Rdnr. 41.
[437] BVerfGE 93, 1 (21).
[438] So auch *Schneider*, Sport und Recht, S. 138; anders *Reichert*, Handbuch des Vereins- und Verbandsrechts, Rdnr. 2733 a.

von den einzelnen Beschränkungen gewußt hat. Demgegenüber ist im Rahmen von Sportveranstaltungen das Interesse des Dienstherren des Profis an exklusiver Vermarktung gesteigert, da eine umfassende kommerzielle Verwertung meist zur Aufrechterhaltung von dessen wirtschaftlicher Leistungsfähigkeit unverzichtbar ist. So ist die finanzielle Situation der meisten Eishokkey- und Fußballprofivereine, einmal abgesehen von den wenigen „Großclubs" der ersten Fußballbundesliga, eher angespannt[439]. Dieser Umstand ist nicht zuletzt auf die immensen Gehälter der Sportler zurückzuführen[440], welche fast den gesamten Etat der Dienstherren aufzehren. Somit kann das Interesse der Vereine, Verbände und privaten Sportveranstalter, die selbständigen Werbeaktivitäten des Profis zu beschränken, im Einzelfall sehr weit gehen, weil die infolge der Vermarktung der Wettkampfveranstaltungen durch den Dienstherren erzielten Einnahmen letztendlich doch wieder dem Sportler zugute kommen.
So muß der Werbebeschränkung nicht immer ein im Einzelfall nachzuweisendes Interesse des Dienstherren aufgrund eigener konkurrierender Werbeverpflichtungen zugrunde liegen. Vielmehr läßt sich eine Beschränkung der selbständigen Werbeaktivitäten schon dadurch rechtfertigen, daß der Dienstherr des Profis versucht, sich selber zunächst den Abschluß zukünftiger Sponsorverträge vorzubehalten und sich die Verwertung des Werbepotentials des Sportlers zu sichern[441].
Je umfangreicher dem Profi die selbständige Vermarktung seiner Person unmöglich gemacht wird, desto mehr muß er aber in angemessener Weise durch seinen Dienstherren an den durch die Vermarktung der Veranstaltung erzielten Einnahmen beteiligt werden[442]. Dieses ergibt sich daraus, daß die Vergütung, die der Profi für die selbständige Vermarktung seiner Person erhält, nicht nur einen Beitrag zu seinem aktuellen Lebensunterhalt darstellt, sondern auch zur Existenzsicherung nach Karriereende dient. Die durchschnittliche Karrieredauer beträgt je nach Sportart 8-15 Jahre[443], falls der Sportler von schweren Verletzungen verschont bleibt. Infolgedessen besteht ein gerechtfertigtes Interesse des Berufssportlers, während seiner Laufbahn als Aktiver möglichst hohe Einnahmen zu erzielen, auch weil die Ausbildung zum Leistungssportler meist zu Lasten einer anderweitigen Berufsausbildung gegangen ist. Ob diese Einnahmen jedoch unmittelbar aus der selbständigen Vermarktung der eigenen Person stammen oder mittelbar durch eine angemessene Beteiligung an der exklusiven Verwertung des Wettkampfs durch den Veranstalter erzielt werden, kann dem Profi letztendlich egal sein. Eine sachgerechte Gegenleistung wird im Fall der im Rahmen dieser Arbeit dargestellten Sportlergruppen durch die extrem hohen Gehälter der Fußball- und Eishockeyspieler und die großzügigen Antrittsgagen und Preisgelder der Leichtathleten hergestellt, so daß die dargestellten Klauseln in den Sportleistungsverträgen zur Beschränkung der Werbetätigkeit der Sportler eine rechtmäßige Beschränkung der durch Art. 12 GG geschützten Berufsfreiheit der Profis darstellen.

(3). Verstoß gegen § 20 Abs. 1 GWB

Diese Norm des Wettbewerbsrechts verbietet marktbeherrschenden Unternehmen jede unbillige Behinderung oder sachlich nicht gerechtfertigte Ungleichbehandlung in einem Geschäftsverkehr, der gleichartigen Unternehmen üblicherweise zugänglich ist. Die dargestellten Beschränkungen der selbständigen Werbetätigkeit könnten somit als unbillige Behinderung des Sportlers, am Werbegeschäft teilzunehmen, gegen § 20 Abs. 1 GWB verstoßen. Zwar handelt es

[439] Z. B. beläuft sich der momentane Schuldenstand des Fußballbundesligisten Hamburger SV auf ca. 5 Mio. DM; vgl. Süddeutsche Zeitung vom 11./12.09.1999, S. 49.
[440] So erhielt der Sieger in der jeweiligen Disziplin beim Grand-Prix-Finale der Leichtathleten in München 50.000 US Dollar; vgl Süddeutsche Zeitung vom 11./12. 09.1999, S. 49.
[441] So auch *Krogmann*, Grundrechte im Sport, S. 123.
[442] Ebenda.
[443] *Schneider*, Sport und Recht, S. 73.

sich nach dem oben dargestellten[444] weiten Unternehmerbegriff bei den Vereinen, Verbänden und privaten Sportveranstaltern als Vertragspartner des Sportlers auf der individualrechtlichen Seite seiner Rechtsbeziehungen nach der Rechtsprechung des BGH[445] um *Unternehmen* i. S. d. GWB. Jedoch bestehen schon Zweifel an einer Unternehmerstellung des Sportprofis im wettbewerbsrechtlichen Sinne im Rahmen des Sportleistungsvertrages[446]. Diese Frage kann aber offen bleiben, weil die Beeinträchtigungen nach dem oben zu Art. 12 GG gesagten nicht als *unbillig* gemäß § 20 Abs. 1 GWB erscheinen, sondern durch das im Rahmen von Art. 14 GG geschützte Interesse des Dienstherren des Profis an der exklusiven Vermarktung als Veranstalter gerechtfertigt sind.

(4). Verstoß gegen Art. 81, 82 EGV

Die in den Sportleistungsverträgen enthaltenen werbebeschränkenden Klauseln könnten gegen EG-Wettbewerbsrecht verstoßen. Nach Art. 81 und 82 EGV sind Vereinbarungen zwischen Unternehmen oder aufeinander abgestimmte Verhaltensweisen ,welche den Handel zwischen den Mitgliedstaaten zu beeinträchtigen geeignet sind, und der Mißbrauch einer den Markt beherrschenden Stellung untersagt, um den Gemeinsamen Markt vor Verfälschungen, Behinderungen und Ausschaltung zu schützen[447]. Adressaten des europarechtlichen Kartell- und Mißbrauchsverbots sind nicht die Mitgliedstaaten, sondern die Unternehmer[448], so daß den Regelungen Drittwirkung im Privatrechtsverkehr zukommt.

Fraglich ist jedoch aufgrund verschiedener Gesichtspunkte, ob das EG-Kartellrecht auf die Sportleistungsverträge der Berufssportler überhaupt anwendbar ist.

Zum einen ist nach Art. 81 Abs. 1 und 82 Satz 1 EGV der sachliche Anwendungsbereich dieser Wettbewerbsregelungen nur eröffnet, wenn die wettbewerbsbeschränkende Maßnahme geeignet ist, *den Handel zwischen den Mitgliedstaaten* zu beeinträchtigen. Demnach ist schon problematisch, ob Art. 81 f. EGV überhaupt auf rein inländische Sachverhalte, also die an dieser Stelle behandelten Sportleistungsverträge zwischen deutschen Profis und ihren deutschen Vertragspartnern, anwendbar sind. Grundsätzlich unterfallen rein inländische Sachverhalte nicht dem Gemeinschaftsrecht[449]. Dadurch werden Inländer zwar gegenüber EU-Ausländern benachteiligt, eine solche „Inländerdiskriminierung" ist aber nach überwiegender Ansicht[450] europarechtlich irrelevant. Jedoch kann die Frage der „Inländerdisrkriminierung" an dieser Stelle noch offen bleiben, weil die praktische Bedeutung der in den Art. 81 f. EGV enthaltenen „Zwischenstaatlichkeitsklauseln" heute nur noch sehr gering ist , da es für ihre Erfüllung nach der ständigen Rechtsprechung des EuGH[451] bereits ausreicht, daß die betreffende Maßnahme aufgrund der gesamten Umstände geeignet ist, unmittelbar oder mittelbar, tatsächlich oder der Möglichkeit nach den Handel zwischen den Mitgliedstaaten in einer Weise zu beeinträchtigen, die der Verwirklichung der Ziele eines einheitlichen zwischenstaatlichen Marktes nachteilig sein kann, indem sie zur Errichtung von Handelsschranken im Gemeinsamen Markt beiträgt und die vom Vertrag gewollte gegenseitige Durchdringung der Märkte erschwert. In diesem Zusammenhang

---

444 Vgl. oben, 1.Abschn., III.2.b.aa.(3).(a).
445 U. a. BGHZ 100, 100 (102).
446 Vgl oben, 1.Abschn., III.2.b.aa.(3).(a).
447 EuGH, Slg. 1973, 215 (244 f.), Rdnr. 24 (Rs. 6/72).
448 U. a. *Geiger*, Art. 85 EGV a. F., Rdnr. 6, 8.
449 EuGH, Slg. 1995 I, 4921 (5067), Rdnr. 89 (Rs. C-415/93).
450 Ständige Rechtsprechung des EuGH, vgl. u. a. EuGH, Slg. 1987, 809 (822), Rdnr. 9 (Rs. 98/86); *Geiger*, Art. 6 EGV a. F., Rdnr. 11; *Randelzhofer/Grabitz/Hilf*, Kommentar zur Europäischen Union, Art. 48 EGV a. F., Rdnr. 27.
451 U. a. EuGH, Slg. 1966, 281 (303) (Rs. 56/65); EuGH, Slg. 1988, 1935 (1939), Rdnr. 14 (Rs. 27/87).

kommt es nicht nur auf die unmittelbare Auswirkung der Maßnahme an, vielmehr sind auch deren mittelbare Auswirkungen und Drittwirkungen in die Betrachtung mit einzubeziehen[452]. Das Tatbestandsmerkmal „Handel" umfaßt in weiter Auslegung nicht nur den Warenaustausch, sondern den gesamten Wirtschaftsverkehr[453], weswegen die dargestellten werbebeschränkenden Klauseln der Sportleistungsverträge zumindest die Möglichkeit bergen, unmittelbar den zwischenstaatlichen Handel mit Dritten zu beeinträchtigen, da durch diese z. B. auch die Aussicht des Profis auf Werbeverträge mit Ausrüstern aus anderen EU-Mitgliedstaaten ausgeschlossen wird.

Darüber hinaus muß die Beeinträchtigung des zwischenstaatlichen Handels auch *spürbar* sein[454]. Jedoch darf nach der durch die Rechtsprechung des EuGH[455] entwickelten „Bündeltheorie" der einzelne jeweils gerade zu beurteilende Vertrag nicht nur für sich alleine auf seine Eignung zur Beeinträchtigung des Handels zwischen den Mitgliedstaaten überprüft werden, vielmehr ist zu untersuchen, ob er nicht Teil eines umfassenden Vertragssystems ist, das wenigstens seiner Gesamtheit nach geeignet ist, die Handelsströme zu beeinflussen. Bei den vorliegenden Sportleistungsverträgen handelt es sich um Musterverträge, die für fast alle Aktiven der jeweiligen Sportart abgeschlossen werden und damit um ein den gesamten Sportmarkt umspannendes Vertragssystem, welches geeignet ist, in dem Bereich des Sportsponsoring zu einer weitgehenden Verhinderung von Wettbewerb zu führen.

Ursprünglich war es Sinn und Zweck der „Zwischenstaatlichkeitsklausel", den Anwendungsbereich der Wettbewerbsregeln des Gemeinschaftsrechts von dem des nationalen Wettbewerbsrechts abzugrenzen[456]. Ein Ausschluß der Anwendbarkeit der Art. 81 f. EGV könnte sich deshalb aus dem Gesichtspunkt heraus ergeben, daß durch die Normen des Art. 81 f. EGV die oben dargestellten Wertungen des deutschen Wettbewerbsrechts ausgehebelt werden könnten, nach dem die aufgezeigten Werbebeschränkungen rechtmäßig sind. Jedoch hat die weite Auslegung der „Zwischenstaatlichkeitsklausel" zur Folge, daß es zwangsläufig mit der zunehmenden Vollendung des Binnenmarktes, entgegen dem ursprünglichen Zweck dieser Klausel, zu einer parallelen Anwendung des nationalen und des europäischen Wettbewerbsrechts gekommen ist. Infolgedessen ist das Problem der Kollision der Wettbewerbsregelungen heute nicht mehr im Bereich der „Zwischenstaatlichkeitsklausel" anzusiedeln, sondern im Rahmen der Frage des „Rangverhältnisses" der konkurrierenden Rechtsordnungen zu lösen. Der EG-Vertrag ermächtigt in Art. 83 Abs. 2 lit. e EGV den Rat, das Verhältnis zwischen den Wettbewerbsregeln des EGV und den nationalen Regelungen festzulegen. Eine derartige Regelung ist aber bisher nicht ergangen. Früher hat nach der sog. „Zweischrankentheorie" die herrschende Meinung[457] im Kollisionsfall beide Rechtsordnungen nebeneinander angewandt, wodurch sich im Konfliktfall stets die strengeren Normen durchsetzten. Diese Praxis war aber nach der Rechtsprechung des EuGH[458] mit dem anerkannten Vorrang des Gemeinschaftsrechts unvereinbar, weil dadurch die einheitliche Geltung des Gemeinschaftsrechts in der gesamten EU in Frage gestellt würde und durch Art. 81 Abs. 3 EGV freigestellte Kartelle nach strengerem nationalen Recht untersagt werden könnten. Dies bedeutet, daß Art. 81 f. EGV und § 20 Abs. 1 GWB zwar grundsätzlich nebeneinander

---

[452] EuGH, Slg. 1980, 3125 (3274), Rdnr. 170 (Rs. 209 bis 215, 218/78).
[453] EuGH, Slg. 1981, 2021 (2032), Rdnr. 18 (Rs. 172/80).
[454] U. a. EuGH, Slg. 1988, 1935 (1940), Rdnr. 17 (Rs. 27/87).
[455] U. a. EuGH, Slg. 1988, 5249 (5286), Rdnr. 19 (Rs. 65/86); EuGH, Slg. 1994 I, 1508 (1519), Rdnr. 37 (Rs. 393/92).
[456] *Emmerich* in: *Dauses*, H. I., Rdnr. 22.
[457] U. a. BGH, NJW 1978, 1320 (1320), (Rs. 43/77).
[458] U. a. EuGH, NJW 1993, 251 (251), Rdnr. 12 (Rs. C-67/91).

anwendbar sind, daß jedoch im Konfliktfall das GWB zurücktreten muß, wenn die werbebeschränkenden Klauseln der Verträge gegen Wettbewerbsregeln des EGV verstoßen sollten.

Zweifel an der Anwendbarkeit von Art. 81 f. EGV könnten sich aber unter Hinweis auf Art. 151 EGV ergeben, durch welchen sich die Gemeinschaft zur Wahrung und Förderung der Kultur verpflichtet hat. Jedoch kann an dieser Stelle noch offen bleiben, ob es sich beim Sport um „Kultur" i. S. d. EGV handelt, weil Art. 151 EGV nur Fördermaßnahmen zugunsten der Kultur erlaubt, nicht aber zu einem Ausschluß der Anwendbarkeit der Wettbewerbsregelungen des EGV führt. Diese ergibt sich aus dem Umkehrschluß zu Art. 36 Satz 1 EGV und Art. 86 Abs. 2 Satz 1 EGV. Diese Normen nehmen gewisse Bereiche des Wirtschaftslebens, wie z. B. die Produktion landwirtschaftlicher Erzeugnisse, aus dem Anwendungsbereich der Art. 81 ff. EGV heraus, wobei jedoch bezogen auf die Kultur eine vergleichbare Vorschrift im EGV nicht existiert[459].

Zuletzt ist im Rahmen der Anwendbarkeit der Kartellregelungen des EGV problematisch, ob die in den Arbeitsverträgen der Fußball- und Eishockeyprofis enthaltenen Beschränkungen überhaupt vom EU-Kartellrecht erfaßt werden, weil fraglich ist, ob die Art. 81 f. EGV überhaupt auf arbeitsrechtliche Fragen anwendbar sind. Der Text des EGV schweigt sich über diese Frage aus und stellt lediglich darauf ab, ob eine Vereinbarung oder ein aufeinander abgestimmtes Verhalten von Unternehmen besteht, welches geeignet ist, den Handel zwischen den Mitgliedstaaten zu beeinträchtigen, was aber nichts darüber aussagt, ob hierunter auch Regelungen durch Unternehmen fallen, die das Arbeitsrecht berühren. Im Gegensatz zu den entsprechenden Regelungen des GWB ist hier nicht ausdrücklich erforderlich, daß es sich bei dem Sportler um einen „Unternehmer" oder einen „Arbeitnehmer" i. S. d. EGV handelt. Trotzdem will die Kommission gemäß einer Stellungnahme[460] generell Art. 81 f. EGV nicht auf arbeitsrechliche Fragen anwenden. Jedoch hat sie in einem anderen, früheren Fall eine Absprache von Banken über die Vereinheitlichung von Geschäftszeiten unter die wettbewerbsrechtlichen Vorschriften des Gemeinschaftsrechts gefaßt[461]. Auch der EuGH[462] hat sich bisher allen Bestrebungen widersetzt, Ausnahmebereiche für die Anwendbarkeit der Art. 81 f. EGV entsprechend den wettbewerbsrechtlichen Vorschriften der meisten Mitgliedstaaten zu schaffen. Dieses rechtfertigt sich auch unter Hinweis auf den schon im Rahmen von Art 151 EGV dargestellten Umkehrschluß zu Art. 36 Satz 1 EGV und Art. 86 Abs. 2 Satz 1 EGV. Der Anwendungsbereich der EU-Wettbewerbsregeln umfaßt daher den gesamten weiten Bereich der Wirtschaft[463], zu dem auch das Arbeitsrecht gehört.

Nach Art. 81 Abs. 1 EGV sind die dargestellten Klauseln der Sportleistungsverträge zur Beschränkung der selbständigen Werbetätigkeit der Berufssportler mit dem Gemeinsamen Markt unvereinbar und verboten, wenn es sich um Vereinbarungen zwischen Unternehmen oder aufeinander abgestimmte Verhaltensweisen handelt, die geeignet sind, den Handel zwischen den Mitgliedstaaten zu beeinträchtigen und eine Verhinderung, Einschränkung oder Verfälschung des Wettbewerbs innerhalb des Gemeinsamen Marktes bewirken.

Als *Unternehmen* i. S. d. der EU-Wettbewerbsregeln gilt jedes Rechtssubjekt, das eine kommerzielle oder wirtschaftliche Tätigkeit ausübt[464]. Die Partner des Profis im Rahmen des Sport-

---

[459] *Weiß*, SpuRt 1998, 97 (97).
[460] Abl. EG 1990, Nr. C 328, 3.
[461] Abl. EG 1986, Nr. L 295, 28.
[462] U. a. EuGH, Slg. 1994 I, 1508 (1518 ff.), Rdnr. 35 ff. (Rs. C-393-92).
[463] *Schröter* in: *Groeben/Thiesing/Ehlermann*, Vorbem. zu den Art. 85-89 EGV a. F., Rdnr. 18.
[464] *Emmerich* in: *Dauses*, E. I., Rdnr 62.

leistungsvertrages üben schon deshalb eine wirtschaftliche Tätigkeit aus, weil ihre Veranstaltungen nur gegen Entgelt besucht werden können[465].

Problematisch ist jedoch, ob es sich bei den entsprechenden Klauseln um *Vereinbarungen zwischen Unternehmen* oder um *aufeinander abgestimmte Verhaltensweisen* gemäß Art. 81 EGV handelt.
Eine Vereinbarung zwischen Unternehmen würde voraussetzen, daß es sich auch bei dem Sportler um einen Unternehmer handelt. Diese Frage ist von der im Rahmen der Anwendbarkeit der Art. 81 f. EGV behandelten Problematik der generellen Regelung von arbeitsrechtlichen Fragen in Bezug auf Dritte durch mehrere Unternehmen zu unterscheiden, wenn es sich hier um eine Vereinbarung zwischen einem Unternehmen und einem Arbeitgeber über Fragen des Arbeitsverhältnisses handelt. An sich würden auch die Berufssportler unter den oben dargestellten weiten Unternehmensbegriff der Art. 81 f. EGV fallen, weil sie eine wirtschaftliche Tätigkeit ausüben. Jedoch enthalten die Wettbewerbsregeln des EGV im Gegensatz zum nationalen GWB keinen völlig eigenständigen, von anderen Rechtsgebieten nicht beeinflußten Unternehmensbegriff, sondern haben sich an dem Gesamtkontext des EGV zu orientieren. Unternehmer i. S. d. EGV-Wettbewerbsregelungen ist infolgedessen in Abgrenzung zu den in Art. 39 ff. EGV enthaltenen Vorschriften hinsichtlich der Arbeitnehmer nur, wer selbständig am wirtschaftlichen Verkehr teilnimmt[466] und deshalb nicht unter den Arbeitnehmerbegriff des EGV fällt.
Der EuGH hatte noch in der Entscheidung „Dona", aufgrund der Erwägung, daß sowohl Art. 39 EGV als auch Art. 49 EGV ein Diskriminierungsverbot enthalten, offen gelassen, ob im Fall der Berufsfußballspieler die Arbeitnehmerfreizügigkeit oder die Dienstleistungsfreiheit berührt ist[467]. Diese Vorgehensweise hätte hinsichtlich der Grundfreiheiten wegen der weitreichenden „Kongruenz" dieser Gewährleistungen auch in künftigen Verfahren beibehalten werden können. Da aber nach dem Wortlaut des Art. 50 Abs. 2 EGV der sachliche Anwendungsbereich der Dienstleistungsfreiheit nicht eröffnet ist, wenn der Betroffene als „Arbeitnehmer" i. S. d. Art. 39 EGV einzustufen ist, hat der EuGH im Verfahren „Bosman"[468], der Systematik des EGV folgend, zunächst überprüft, ob die durch die Sportverbände aufgestellten Regelungen an der Arbeitnehmerfreizügigkeit zu messen sind.
Der EGV selber enthält keine Definition des Arbeitnehmerbegriffs. Unstreitig ist dieser Begriff aufgrund des Erfordernisses der einheitlichen Anwendung und praktischen Wirksamkeit des Europarechts gemeinschaftsrechtlich, ohne Berücksichtigung eventueller Unterschiede in den Rechtsordnungen der einzelnen Mitgliedstaaten, auszulegen[469]. Nach ständiger Rechtsprechung des EuGH[470] erbringt der Arbeitnehmer in persönlicher Abhängigkeit, also weisungsgebunden, entgeltliche Leistungen für einen anderen. Das Merkmal der Entgeltlichkeit der geschuldeten Tätigkeit wird aus den Begriffen „Beschäftigung" und „Entlohnung" in Art. 39 Abs. 2 EGV und aus der in Art. 1 Abs. 1 VO 1612/68 enthaltenen Formulierung „Tätigkeit in Lohn- und Gehaltsverhältnis" abgeleitet. Demgegenüber dient das Kriterium der „Weisungsgebundenheit" zur Abgrenzung gegenüber den selbständig Tätigen, die vom Schutzbereich der Niederlassungs- und Dienstleistungsfreiheit erfaßt werden[471]. Auch die Verteilung des unternehmerischen Risikos hat

---

[465] *Weiß*, SpuRt 1998, S. 97 (98).
[466] *Emmerich* in: *Immenga/Mestmäcker*, EG-Wettbewerbsrecht, Art. 85 Abs. 1 EGV a. F., Rdnr. 23.
[467] EuGH, Slg. 1974, 1405 (1419 ff.), Rdnr. 14/19 ff. (Rs. 36/74).
[468] EuGH, Slg. 1995 I, 4921 (5064), Rdnr. 75 (Rs. C-415/93).
[469] U. a. EuGH, Slg. 1982, 1035 (1049), Rdnr. 11 (Rs. 53/81); *Oppermann*, Europarecht, S. 635.
[470] U. a. EuGH, Slg. 1986, 2121 (2143 ff.), Rdnr. 21 ff. (Rs. 66/85); EuGH, Slg. 1996 I, 3089 (3121), Rdnr. 25 (Rs. C-107/94).
[471] *Wölker* in: *Groeben/Thiesing/Ehlermann*, Vorbemerkung zu den Art. 48 bis 50 EGV a. F., Rdnr. 25.

der EuGH[472] als Abgrenzungsmerkmal herangezogen, da ein hohes Maß der Beteiligung an Gewinn und Verlust Indizwirkung für eine selbständige Tätigkeit i. S. d. Art. 43 und 49 EGV ist. Der Gerichtshof ist im „Bosman"-Urteil[473] ohne weitere Begründung von einem Arbeitsverhältnis zwischen Verein und Fußballspieler ausgegangen. Dieser Einschätzung ist im Ergebnis zu folgen und sie ist auch auf den Eishockeyspieler zu übertragen, da die Tätigkeit dieser Sportler, wie im Rahmen der Einordnung als Arbeitnehmer i. S. d. deutschen Zivilrechts[474] dargestellt, durch Weisungsgebundenheit gegenüber dem Verein geprägt ist und dieser letztendlich und überwiegend das unternehmerische Risiko zu tragen hat. Demnach sind die Fußball- und Eishockeyprofis nicht als Unternehmer gemäß Art. 81 f. EGV einzustufen, so daß der Sportleistungsvertrag mit dem Verein keine Vereinbarung zwischen Unternehmern i. S. d. Vorschriften darstellt.
Etwas anderes ergibt sich jedoch daraus, daß beim Abschluß der Arbeitsverträge mit den Spielern durch die Vereine i. d. R. durch die Verbände bereitgestellte Musterverträge verwendet werden. Dieses rechtfertigt zwar nicht die Annahme einer Vereinbarung zwischen den Unternehmen Verband und Verein hinsichtlich der Arbeitsbedingungen der Spieler, weswegen an dieser Stelle noch offen bleiben kann, ob es sich beim DFB und DEB tatsächlich um Unternehmen nach Art. 81 f. EGV handelt. Obwohl der Begriff „ Vereinbarung" sehr weit auszulegen ist und es als ausreichend angesehen wird, wenn sich die Beteiligten darauf verständigen, sich auf dem Markt in bestimmter Weise zu verhalten[475], wird vorliegend aber zwischen den Vereinen und Verbänden durch die Bereitstellung der Musterverträge nicht ihr gemeinsames, sondern lediglich das Auftreten der Vereine am Markt bestimmt. Jedoch liegt durch die Verwendung der Musterverträge durch alle Vereine zwischen diesen eine aufeinander abgestimmte Verhaltensweise im Sinne der willentlichen Koordinierung des Verhaltens von Unternehmen vor[476]. Hierbei genügt es bereits, wenn sich die Verhaltensabstimmung durch Verwendung der Musterverträge nicht lediglich als „bewußtes Parallelverhalten" der Vereine darstellt. Ein solches besteht in einseitigen Maßnahmen, deren Vornahme die Unternehmen autonom, also ohne Einflußnahme Dritter oder gegenseitige Kontaktaufnahme beschließen[477]. Vorliegend wird die Verwendung der Musterverträge zwar nicht durch eine Kontaktaufnahme der Vereine untereinander initiiert, jedoch kann die Koordinierung auch über Dritte, wie hier die Verbände, erfolgen[478], so daß durch die einheitliche Verwendung von Musterarbeitsverträgen eine aufeinander abgestimmte Verhaltensweise gemäß Art. 81 EGV besteht.
Demgegenüber handelt es sich bei den Leichtathleten mangels Weisungsgebundenheit und wegen deren starken Beteiligung an Gewinn und Verlust ihrer Tätigkeit[479] nicht um Arbeitnehmer nach Art. 39 EGV, sondern um freie Dienstleistende i. S. d. Art. 49 EGV, weswegen sie als Unternehmer und ihre Sportleistungsverträge mit dem Verband und den privaten Sportveranstaltern als Vereinbarungen zwischen Unternehmern nach Art. 81 f. EGV anzusehen sind.

Maßnahmen sind verboten, wenn sie zumindest *geeignet sind, eine Einschränkung des Wettbewerbs zu bewirken*. Das Wesen einer Wettbewerbsbeschränkung i. S. d. Art. 81 Abs. 1 EGV besteht in der Einschränkung der wirtschaftlichen Handlungsfreiheit der an einer Vereinbarung oder Verhaltensabstimmung Beteiligten[480]. Hier werden durch die Klauseln der Sportleistungs-

---

472 EuGH, Slg. 1989, 4459 (4505), Rdnr. 36 (Rs. C-3/87).
473 EuGH, Slg. 1995 I, 4921 (5064), Rdnr. 75 (Rs. C-415/93).
474 Vgl. oben, 2.Abschn., I.3.b.
475 *Emmerich* in: *Immenga/Mestmäcker*, EG-Wettbewerbsrecht, Art. 85 Abs. 1 EGV a. F., Rdnr. 67.
476 *Emmerich* in: *Dauses*, H. I., Rdnr. 73.
477 *Emmerich* in *Immenga/Mestmäcker*, EG-Wettbewerbsrecht, Art. 85 Abs. 1 EGV a. F., Rdnr. 108.
478 *Müller-Graff* in: *Hailbronner/Klein/Magiera/Müller-Graff*, Art. 85 EGV a. F., Rdnr. 55.
479 Vgl. oben, 2.Abschn., I.3.c.
480 *Emmerich* in: *Immenga/Mestmäcker*, EG-Wettbewerbsrecht, Art. 85 Abs. 1 EGV a. F., Rdnr. 140.

verträge zwischen den Leichtathleten und ihren Dienstherren die Möglichkeiten des Athleten als an dieser Vereinbarung Beteiligtem zur Eigenvermarktung und somit seine wirtschaftliche Handlungsfreiheit beschränkt. Problematisch ist hingegen, ob die aus der Verwendung der Musterarbeitsverträge durch die Vereine resultierende Verhaltensabstimmung zu Lasten der Fußball- und Eishockeyspieler auch als von Art. 81 EGV erfaßte Wettbewerbsbeschränkung zu werten ist, weil durch diese nicht die wirtschaftliche Handlungsfreiheit der an der Verhaltensabstimmung beteiligten Vereine, sondern lediglich die Betätigungsmöglichkeit der Spieler und ihrer Werbepartner als Dritte beschränkt wird. Der Wortlaut des Art. 81 Abs. 1 EGV, der neben dem Zweck der Wettbewerbsbeschränkung gleichberechtigt die bloße wettbewerbsbeschränkende Auswirkung der Verhaltensabstimmung nennt, steht einer derartigen Auslegung nicht entgegen. Dagegen spricht aber nach einem Teil der Literatur[481], daß bei einer Anwendung von Art. 81 EGV auf wettbewerbsbeschränkende Auswirkungen einer Verhaltensabstimmung auf Dritte der Anwendungsbereich der Vorschrift „uferlos" würde und nahezu jeder Vertrag in die Reichweite des Kartellverbots käme. Die herrschende Meinung im Schrifttum[482], die Kommission[483] und der EuGH[484] sehen jedoch auch wettbewerbsbeschränkende Auswirkungen einer Maßnahme, durch die alleine die wirtschaftliche Handlungsfreiheit von Dritten beschränkt wird, als von Art. 81 EGV erfaßt an. Für diese Ansicht spricht der Sinn und Zweck von Art. 81 EGV, welcher in erster Linie die Aufgabe hat, den grundsätzlich wettbewerblich organisierten Binnenmarkt gegen private Beschränkungen zu schützen und die Errichtung des Systems unverfälschten Wettbewerbs in der Gemeinschaft gegen künstliche und willkürliche Eingriffe von Unternehmen zu bewahren[485]. Dieser Zweck kann auch durch Vereinbarungen oder Verhaltensabstimmungen, welche alleine wettbewerbsbeschränkende Auswirkungen auf Dritte haben, gefährdet werden.

Eine Zulässigkeit der Einschränkung des Wettbewerbs durch die Verhaltensabstimmung zumindest der Fußball- und Eishockeyvereine infolge der Verwendung von Musterverträgen ergibt sich auch nicht aus dem Gesichtspunkt der Ausnahme für *konzerninternen Wettbewerb*. Art. 81 EGV greift nicht bei rein konzerninternen Maßnahmen ein, weil eine Wettbewerbsbeschränkung nur dort bestehen kann, wo auch tatsächlich ein Wettbewerbsverhältnis vorliegt[486]. Dieses ist nicht der Fall, sofern Unternehmen derart verbunden sind, daß sie bereits eine wirtschaftliche Einheit bilden, zwischen deren Gliedern es mangels Konkurrenz keinen Wettbewerb mehr gibt und für die eine einheitliche Leitung besteht[487]. Zwar sind die Profivereine allesamt durch Lizenzierung an den nationalen Verband gebunden (z. B. § 4 Nr. 1 DFB-LSpSt), unterstehen hierdurch auch dessen Regelwerken und nehmen am Ligabetrieb teil. Dieses führt jedoch mangels wirtschaftlicher Einheit noch nicht dazu, die Vereine als Unternehmen desselben Konzerns (Verband) zu betrachten, weil das Geschäftsvermögen nicht unter einheitlicher Leitung steht. Darüber hinaus sind die Vereine zwar an die Regelwerke der Verbände gebunden, was aber nicht zu einem völligen Wegfall der Entscheidungsautonomie im Sinne einer einheitlichen Leitung führt, weil die Vereine u. a. selbständig über das Anwerben von Spielern und den Abschluß von Werbeverträgen entscheiden. Auch zeigt der zwischen den Vereinen und Verbänden hinsichtlich der Verwertung der Fernsehrechte bestehende Streit, daß diese keine wirtschaftliche Einheit bilden, zwischen deren Gliedern kein Wettbewerb besteht.

---

[481] U. a. *Emmerich* in: *Dauses*, H. I.; Rdnr. 82 d.
[482] U. a. *Müller-Graff* in: *Hailbronner/Klein/Magiera/Müller-Graff*, Art. 85 EGV a. F., Rdnr. 68.
[483] Zuletzt EuGH, Slg. 1994 II, 905 (933), Rdnr. 47 (Rs. T-34/92).
[484] Seit EuGH, Slg. 1966, 321 (391), (Rs. 56, 58/64) ständige Rechtsprechung.
[485] *Emmerich* in: *Immenga/Mestmäcker*, EG-Wettbewerbsrecht, Art. 85 EGV a. F., Rdnr. 4.
[486] *Müller-Graff* in: *Hailbronner/Klein/Magiera/Müller-Graff*, Art. 85 EGV a. F., Rdnr. 73.
[487] *Emmerich* in: *Immenga/Mestmäcker*, EG-Wettbewetbsrecht, Art. 85 EGV a. F., Rdnr. 43.

Eine Rechtfertigung der Beschränkung der Eigenvermarktung der Sportler könnte sich aber aus einer *Rule of reason* ergeben, nach welcher bei einem Überwiegen der Vorteile einer Maßnahme gegenüber ihren Nachteilen bereits im Rahmen von Art. 81 Abs. 1 EGV und nicht erst bei Art. 81 Abs. 3 EGV ein Verstoß gegen das Kartellverbot des Art. 81 EGV zu verneinen ist[488].
Jedoch ist schon die Existenz und Tragweite einer rule of reason als dem Art. 81 f. EGV immanente Tatbestandsbeschränkung höchst strittig. Ausgangspunkt für die Frage, ob sich nach dem Vorbild des amerikanischen „Antitrust-Rechts" nunmehr auch im europäischen Kartellrecht eine eigenständige rule of reason entwickelt hat, ist, daß der EuGH[489] und die Kommission[490] eine Subsumtion bestimmter Maßnahmen unter die Art. 81 f. EGV unterlassen, obwohl diese wettbewerbsbeschränkenden Charakter haben, weil die positiven Effekte dieser Maßnahmen gegenüber deren beschränkender Wirkung überwiegen[491]. Diese Praxis wird von einem Teil der Literatur[492] dahingehend gedeutet, daß schon im Rahmen von Art. 81 stets zwischen den wettbewerbsfördernden und den wettbewerbshemmenden Auswirkungen einer Maßnahme abzuwägen ist. Gegen die Existenz des Instituts einer europarechtlichen rule of reason spricht jedoch mit der herrschenden Meinung in der Literatur[493], daß der Vertrag in Art. 81 Abs. 3 EGV selbst bereits ein in jeder Hinsicht ausreichendes Instrumentarium zur Berücksichtigung eventueller positiver Auswirkungen wettbewerbsbeschränkender Maßnahmen bereithält, so daß daneben weder die Notwendigkeit noch die Möglichkeit der Entwicklung einer europarechtlichen rule of reason besteht. Auch würde anderenfalls die ausschließliche Zuständigkeit der Kommission zur Freistellung von Kartellen nach Art. 81 Abs. 3 EGV zugunsten der nationalen Gerichte unterlaufen und hierdurch eine unerwünschte Renationalisierung der Wettbewerbspolitik eingeleitet[494]. Somit erweist sich die oben dargestellte Berücksichtigung von Vorteilen wettbewerbsbeschränkender Maßnahmen durch die Kommission und den EuGH nicht als rule of reason im Sinne einer dem Art. 81 f. EGV immanenten Tatbestandsrestriktion, sondern ist Folge einer Auslegung der Vorschriften nach ihrem Sinn und Zweck[495]. Durch diese Praxis soll lediglich verhindert werden, daß durch die Folgen der weiten Auslegung von Art. 81 f. EGV der Sinn und Zweck des europäischen Kartellrechts, den Güteraustausch am Markt zu fördern, ins Gegenteil verkehrt wird.
Infolgedessen ist die Beschränkung der Werbetätigkeit der Profis durch die Klauseln der Sportleistungsverträge nur gerechtfertigt, wenn hierdurch der Wettbewerb nicht beschränkt, sondern in Wirklichkeit erst hergestellt oder gefördert wird[496], also diese Maßnahme für das Funktionieren des Profisports notwendig ist. So sind z. B. im Sportbereich Abreden über gemeinsame Spielregeln unerläßlich, um überhaupt Sportwettkämpfe durchführen zu können und somit Wettbewerb herzustellen[497].
Die Notwendigkeit der Werbebeschränkungen zu Lasten der Sportler könnte deshalb durch das Bedürfnis der Herstellung finanziellen Gleichgewichts zwischen Profi und Verein, Verband oder privaten Sportveranstalter als Partei des Sportleistungsvertrages gerechtfertigt sein, ohne welches es den Dienstherren der Sportler mangels wirtschaftlicher Leistungsfähigkeit nicht möglich ist, den Wettbewerb untereinander aufrecht zu erhalten. Wie oben dargestellt[498], fließt der überwiegende Teil der Einnahmen der Vereine, Verbände und privaten Sportveranstalter als Partei

---

488 *Emmerich* in: *Dauses*, H. I., Rdnr. 90.
489 U. a. EuGH, Slg. 1989, 2565 (2575), Rdnr. 31 (Rs. 395/87).
490 U. a. Abl. EG 1988 Nr. L 311, 38.
491 *Emmerich* in: *Dauses*, H. I., Rdnr. 90.
492 U. a. *Wiedemann*, Gruppenfreistellungsverordnungen, Band I, Rdnr. 24.
493 U. a. *Koch* in: *Grabitz/Hilf*, Art. 85 EGV a. F., Rdnr. 103 ff; *Emmerich* in: *Dauses*, H. I., Rdnr. 91.
494 *Emmerich* in: *Dauses*, H. I., Rdnr. 91.
495 *Fritzsche*, ZHR 1996, 31 (53).
496 *Emmerich* in: *Dauses*, H. I., Rdnr. 90.
497 *Weiß*, SpuRt 1998, 97 (100).
498 Vgl. oben, 2.Abschn., I.3.b.bb.(5).

des Sportleistungsvertrages den Berufssportlern als Vergütung für ihre Tätigkeit zu, weshalb die meisten Dienstherren der Sportler, insbesondere die Eishockey- und Fußballvereine der 2. Bundesliga, wie schon dargelegt[499], auf die Einnahmen aus der alleinigen Vermarktung des Sportereignisses angewiesen sind, um überhaupt wirtschaftlich überleben zu können. Im Falle der Insolvenz der auch im Moment schon finanzschwachen Vereine, Verbände und privaten Sportveranstalter könnte unter den wenigen verbleibenden finanzstarken Dienstherren der Sportler kein Wettbewerb mehr stattfinden.
Zwar könnte das Ziel, die dem Dienstherren der Profis zufließenden Einnahmen gerecht zwischen diesem und dem Sportler zu verteilen, auch durch eine Senkung der Vergütung der Profis für ihre Tätigkeit erreicht werden. Jedoch ist eine solche einheitliche Herabsetzung der Gehälter der Berufssportler angesichts der Konkurrenz zwischen den Dienstherren der Sportler nicht durchzusetzen.
Somit verstoßen die in den Sportleistungsverträgen enthaltenen Beschränkungen der Eigenvermarktungsmöglichkeiten der Profis nicht gegen Art. 81 EGV, weil sie zur Aufrechterhaltung und Beibehaltung des Wettbewerbs im Sportbereich unerläßlich sind.

Darüber hinaus besteht die Möglichkeit der Freistellung der Werbebeschränkungen zu Lasten des Profis durch die Kommission nach Art. 81 Abs. 3 EGV, wenn die Wettbewerbsbeschränkung *unter angemessener Beteiligung der Verbraucher an dem entstehenden Gewinn zur Verbesserung der Warenerzeugung oder -verteilung beiträgt, ohne daß den beteiligten Unternehmern Beschränkungen auferlegt werden, die für die Verwirklichung dieser Ziele nicht unerläßlich sind.*
Eine angemessene Beteiligung der Verbraucher an den durch die Werbebeschränkungen entstehenden Einnahmen der Dienstherren der Sportler besteht darin, daß die hierdurch erzielten Gewinne u. a. die Eintrittspreise niedrig halten.
Unter Warenerzeugung oder –verteilung i. S. d. Art. 81 Abs. 3 EGV sind auch die Herstellung und der Vertrieb von Dienstleistungen anzusehen[500]. Sinn der nach Art. 81 Abs. 3 EGV möglichen Freistellung vom Verbot des Art. 81 Abs. 1 EGV ist die Ermöglichung der Privilegierung solcher wettbewerbsbeschränkenden Maßnahmen, die mit hoher Wahrscheinlichkeit einen von Art. 81 Abs. 3 EGV anerkannten gesamtwirtschaftlichen Nutzen erbringen, der sich ohne die konkrete Wettbewerbsbeschränkung aller Voraussicht nach nicht einstellen würde[501]. Dieser Normzweck ist genauso auf die Herstellung und den Vertrieb von Dienstleistungen, also auch die Darbietung von Sportwettkämpfen durch die Dienstherren der Profis, anwendbar, so daß auch diese Veranstaltungen „Waren“ gemäß Art. 81 Abs. 3 EGV darstellen. Die Beschränkung der Werbeaktivitäten der Berufssportler trägt zur Verbesserung des „Produktes“ Profisport bei, weil die Besonderheit des Sportmarktes in der gegenseitigen Abhängigkeit der Fußball- und Eishockeyvereine bzw. Leichtathletikverbände und -veranstalter besteht, welche nur zusammen eine Liga oder einen jährlichen Leichtathletikveranstaltungszyklus bilden können. Wie im Zusammenhang mit Art. 81 Abs. 1 EGV dargestellt, bedarf es der Beschränkung der Werbeaktivitäten der Sportler, um das wirtschaftliche Überleben zumindest der weniger finanzkräftigen Dienstherren der Profis zu gewährleisten und um somit den Liga- oder Veranstaltungsbetrieb aufrecht zu erhalten. Die Wettbewerbsbeschränkungen dienen auch diesem Ziel und tragen somit zur Verbesserung des „Produktes“ Profisport bei.
Darüber hinaus sind Wettbewerbsbeschränkungen aber nur freistellbar, wenn sie zur Verwirklichung der Verbesserung des „Produktes“ unerläßlich sind. Diese Ausprägung des Verhältnismäßigkeitsgrundsatzes ist durch die vorliegenden Werbebeschränkungen gewahrt, weil, wie schon

---

[499] Vgl. oben, 2.Abschn., II.1.c.bb.(2).
[500] *Müller-Graff* in: *Hailbronner/Klein/Magiera/Müller-Graff*, Art. 85 EGV a. F., Rdnr. 150.
[501] *Schröter* in: *Groeben/Thiesing/Ehlermann*, Art. 85 EGV a. F., Rdnr. 213.

oben dargelegt, ein milderes Mittel zur Aufrechterhaltung des Wettbewerbs, z. B. durch Gehaltskürzungen, nicht ersichtlich ist.
Infolgedessen kommt auch einer Freistellung der Klauseln in den Sportleistungsverträgen, durch die eine eigenständige Vermarktung seiner Person durch den Sportler begrenzt wird, durch die Kommission in Betracht.

Gemäß Art. 82 Satz 1 EGV sind die werbebeschränkenden Klauseln mit dem Gemeinsamen Markt unvereinbar und verboten, wenn sie gegen das Verbot des Mißbrauchs einer marktbeherrschenden Stellung verstoßen.

Daß die Vereine, Verbände und privaten Sportveranstalter als Dienstherren der Profis unter den *Unternehmensbegriff* der gemeinschaftrechtlichen Wettbewerbsregeln fallen, wurde bereits im Rahmen von Art. 81 EGV dargestellt.

Problematisch ist aber, ob diesen Unternehmen eine *beherrschende Stellung auf dem Gemeinsamen Markt oder auf einem wesentlichen Teil desselben* nach Art. 82 Satz 1 EGV zukommt. Nach der Rechtsprechung des EuGH[502] besteht eine marktbeherrschende Stellung, wenn ein Unternehmen in der Lage ist, die Aufrechterhaltung eines wirksamen Wettbewerbs auf dem relevanten Markt zu verhindern, weil es sich gegenüber Wettbewerbern und Verbrauchern in nennenswertem Umfang unabhängig verhalten kann. Kriterium hierfür können das Bestehen eines Monopols, ein hoher Marktanteil, aber auch die Marktstruktur sein.
Dem einzelnen Verein als Partner des Sportleistungsvertrages mit den Fußball- oder Eishockeyspielern kommt auf dem Spielermarkt keine beherrschende Stellung zu. Da der Markt der Nachfrage nach Spielern von vielen Vereinen geprägt ist, die alle einen in etwa gleichen Bedarf an Sportlern haben, hat kein Verein im Vergleich zum anderen einen besonders hohen Marktanteil. Eine beherrschende Stellung der Vereine könnte sich aber unter dem Aspekt der kollektiven Marktbeherrschung ergeben, welche besteht, wenn mehrere Unternehmen eine wirtschaftliche Machtstellung i. S. d. oben dargestellten Rechtsprechung des EuGH zu Art. 82 EGV einnehmen[503]. Voraussetzung ist jedoch, daß die Unternehmen als unabhängige wirtschaftliche Einheiten durch wirtschaftliche Bande derart strukturell verknüpft sind, daß sie eine marktbeherrschende Stellung einnehmen[504] und sich die Verbindung der Unternehmen nicht als Zusammenschluß zu einem Konzern darstellt[505]. Vorliegend sind die Vereine, wie oben dargestellt, trotz ihrer Lizenzierung durch den Verband nicht als Unternehmen desselben Konzerns anzusehen. Auch dürfen hinsichtlich der Beurteilung der zur Marktbeherrschung führenden strukturellen Verbindung nicht einfach die Wertungen, mit denen eine aufeinander abgestimmte Verhaltensweise i. S. d. Art. 81 EGV begründet wurde, wiederholt werden[506], weshalb die einheitliche Verwendung von Musterarbeitsverträgen durch die Vereine nicht ausreichend ist. Vielmehr ist der Nachweis einer darüber hinausgehenden Verbindung notwendig, kraft derer die Vereine einheitlich am Markt vorgehen, weil zwar Art. 81 EGV und Art. 82 EGV nebeneinander anwendbar sind[507], jedoch Art. 81 EGV die Verhinderung von Wettbewerbsbeschränkungen durch ein Zusammenwirken verschiedener Unternehmen bezweckt, wohingegen Art. 82 EGV die Behinderung des Wettbewerbes durch Marktbeherrscher ausschließen will[508].

---

[502] EuGH, Slg. 1978, 207 (240), (Rs. 27/76); EuGH, Slg. 1979, 461 (467), (Rs. 85/76).
[503] *Schröter* in: *Groeben/Thiesing/Ehlermann*, Art. 86 EGV a. F., Rdnr. 65.
[504] *Möschel* in: *Immenga/Mestmäcker*, EG-Wettbewerbsrecht, Art. 86 EGV a. F., Rdnr. 110.
[505] *Emmerich* in: *Dauses*, H. I., Rdnr. 209.
[506] *Möschel* in: *Immenga/Mestmäcker*, EG-Wettbewerbsrecht, Art. 86 EGV a. F., Rdnr. 7.
[507] *Emmerich* in: *Dauses*, H. I., Rdnr. 185.
[508] *Schröter* in: *Groeben/Thiesing/Ehlermann*, Art. 86 EGV a. F., Rdnr. 35.

Eine strukturelle und wirtschaftliche Verflechtung der Vereine könnte sich daraus ergeben, daß diese, wie oben dargestellt, aufeinander angewiesen sind, um den Ligabetrieb und somit auch ihr Unternehmen aufrechtzuerhalten und daß alle Vereine durch Lizenzvertrag an den DFB oder DEB gebunden sind. Nach einer Ansicht im Schrifttum[509] soll diese gegenseitige Abhängigkeit der Vereine noch nicht zur Anwendung gemeinsamer Praktiken befähigen. Dieser Ansicht ist jedoch nicht zu folgen. Wie oben dargelegt und auch durch die derzeitige Diskussion um die dezentrale Verwertung der Fernsehrechte aufgezeigt, sind sämtliche Vereine gezwungen, bei der Auswahl ihrer Vorgehensweisen auf dem Markt auf die Interessen anderer Clubs Rücksicht zu nehmen, um den Ligabetrieb aufrecht zu erhalten. Denn selbst die finanzstarken Vereine sind mit den sonstigen Vereinen derart wirtschaftlich und strukturell verflochten, daß ohne diese der Spielbetrieb nicht fortgesetzt werden kann. Durch diese gegenseitige Abhängigkeit bedingt, stehen die Vereine den Profis auf dem Spielermarkt nicht wie ein „normaler“ Dienstherr den potentiellen Dienstverpflichteten gegenüber, sondern haben letztendlich auch die Interessen ihrer Konkurrenten und die Aufrechterhaltung des Ligabetriebes im Auge zu behalten. Darüber hinaus haben die Vereine im Rahmen ihrer Lizenzierung die Transferregelungen der Verbände anerkannt, was zu einem einheitlichen Auftreten der Vereine bei der Spielerverpflichtung führt.

Weitere Voraussetzung für eine kollektiv beherrschende Stellung ist nach der Rechtsprechung des EuGH[510] jedoch, daß die verflochtenen Unternehmen die Möglichkeit haben, sich gegenüber Wettbewerbern, Abnehmern und Verbrauchern marktbeherrschend zu verhalten. Bei den Spielern, als Arbeitnehmer i. S. d. EGV, handelt es sich aber nicht um eine diesen Kategorien zugehörige Personengruppe. Dies spielt vorliegend jedoch keine Rolle, da sich die Rechtsprechung des EuGH nur auf eine Marktbeherrschung durch die Angebotsseite bezieht[511]. Art. 82 EGV gilt aber, ohne die Beschränkung auf Maßnahmen gegenüber Wettbewerbern, Abnehmern und Verbrauchern, auch für eine beherrschende Stellung auf der Nachfragerseite[512], zu welcher die Vereine bezogen auf ihr Nachfrageverhalten auf dem Spielermarkt gehören, weswegen den Vereinen der 1. und 2. Fußball- und Eishockeyligen eine kollektiv beherrschende Stellung bei der Nachfrage nach Spielern zukommt.
Demgegenüber kommt den privaten Veranstaltern von Leichtathletikmeetings schon eine individuell marktbeherrschende Stellung zu. In der Regel finden die großen Wettbewerbe nicht zur gleichen Zeit statt, weswegen der einzelne Veranstalter für den Zeitraum der Dauer des durch ihn organisierten Meetings über einen hohen Marktanteil auf dem Nachfragemarkt für Athleten verfügt. Dem steht auch nicht entgegen, daß Art. 82 EGV eine gewisse zeitliche Dauer von Marktbeherrschung und Mißbrauch voraussetzt[513], weil auch zeitlich begrenzte Veranstaltungen wie Messen, Volksfeste und große Sportveranstaltungen wegen der Konzentration der Nachfrage auf einen oder wenige Tage zu vorübergehenden Machtpositionen führen können[514].
Eine marktbeherrschende Stellung des DLV als Partner des Athleten im Rahmen des Sportleistungsvertrages ergibt sich daraus, daß wegen des oben dargestellten monopolbildenden „Ein-Platz-Prinzips“ zugunsten der Verbände[515] kein weiterer nationaler Leichtathletikverband existiert, mit dem der Sportler eine Athletenvereinbarung abschließen könnte, womit dem DLV auf dem Nachfragemarkt für Leichtathleten ein 100% iger Marktanteil zukommt.

---

[509] *Weiß*, SpuRt 1998, 97 (101).
[510] Vgl. EuGH, Slg. 1992 II, 1403 (1548), Rdnr. 358 (Rs. T-68, 77, 78/89).
[511] *Weiß*, SpuRt 1998, 97 (101).
[512] *Möschel* in: *Immenga/Mestmäcker*, EG-Wettbewerbsrecht, Art. 86 EGV a. F., Rdnr. 61.
[513] *Schröter* in: *Groeben/Thiesing/Ehlermann*, Art. 86 EGV a. F., Rdnr. 123.
[514] U. a. *Dirksen* in: *Langen/Bunte*, Art. 86 EGV a. F., Rdnr. 36; *Emmerich* in: *Dauses*, H. I., Rdnr. 194 a.
[515] Vgl oben, 1.Abschn., III.2.b.aa.(3).

Weiter müssen die Dienstherren ihre beherrschende Stellung *mißbräuchlich ausnutzen*.
Durch Art. 82 EGV ist dieses Tatbestandsmerkmal nicht definiert. Art. 82 Satz 2 EGV führt nur beispielhaft verbotene Verhaltensweisen auf und enthält somit keine abschließende Aufzählung der Mißbrauchstatbestände. Der EuGH hat den Begriff der „mißbräuchlichen Ausnutzung deshalb unter Heranziehung des in Art. 3 lit. g EGV definierten Ziels des EGV, die Aufrechterhaltung eines redlichen, unverfälschten und wirksamen Wettbewerbes auf dem Gemeinsamen Markt zu fördern, bestimmt[516]. Nach inzwischen gefestigter Rechtsprechung des EuGH[517] erfaßt das Verbot des Art. 82 EGV „die Verhaltensweise eines Unternehmens in beherrschender Stellung, die die Strukturen eines Marktes beeinflussen können, auf dem der Wettbewerb gerade wegen der Anwesenheit des fraglichen Unternehmens bereits geschwächt ist und die die Aufrechterhaltung des noch auf dem Markt bestehenden Wettbewerbs oder dessen Entwicklung durch die Verwendung von Mitteln behindern, welche von den Mitteln eines normalen Produkt- oder Dienstleistungswettbewerbs abweichen".
Somit handelt es sich bei der „mißbräuchlichen Ausnutzung" um einen objektiven Begriff, in dessen Rahmen es alleine auf das tatsächliche Handeln des Marktbeherrschers und nicht auf dessen Beweggründe, Absichten oder Interessen im Sinne einer Angemessenheitsprüfung ankommt[518]. Demnach hindert das legitime Interesse der Dienstherren der Berufssportler als „Veranstalter", die Vermarktungsrechte an den Wettkämpfen exklusiv zu nutzen, nicht die Annahme eines Verstoßes gegen Art. 82 Satz 1 EGV. Trotzdem stellen sich die Beschränkungen des Profis hinsichtlich einer vollumfänglichen und selbständigen wirtschaftlichen Verwertung seiner Persönlichkeit nicht als mißbräuchlich i. S. d. Art. 82 EGV dar. Nach der dargestellten Definition des EuGH müßte durch diese Beeinträchtigung der Wettbewerb behindert oder geschwächt werden. Dieses ist jedoch, wie schon im Rahmen von Art. 81 EGV dargelegt, vorliegend gerade nicht der Fall, weil durch die Werbebeschränkungen der Wettbewerb zwischen den Vereinen gerade aufrechterhalten wird.

Infolgedessen verstoßen die in den Sportleistungsverträgen festgelegten Beschränkungen der Eigenvermarktung des Profis nicht gegen EG-Wettbewerbsrecht.

d. Allgemeine Loyalitätspflichten

Die Fußball- und Eishockeyprofis sind gemäß ihren Arbeitsverträgen verpflichtet, sich „in der Öffentlichkeit und privat so zu verhalten, daß das Ansehen des Vereins, der Verbände und des Fußballsports allgemein nicht beeinträchtigt wird" (z. B. § 2 lit. f Satz 1 DFB-Musterarbeitsvertrag). Darüber hinaus bedürfen Äußerungen in der Öffentlichkeit der Zustimmung des Vereins und sind Mitteilungen gegenüber außenstehenden Personen über innere Vereinsangelegenheiten, insbesondere über den Spiel- und Trainingsbetrieb, zu unterlassen (z. B. § 2 lit. f Satz 2 DFB-Musterarbeitsvertrag) und können Verstöße gegen diese Klauseln mit Geldbußen geahndet werden (z. B. § 6 Satz 2 DFB-Musterarbeitsvertrag).
Demgegenüber enthalten die Dienstverträge der Leichtathleten derartige Klauseln nicht. Jedoch ergeben sich entsprechende vertragliche Nebenpflichten des Leichtathleten im Sportleistungsverhältnis zum Verband und den privaten Sportveranstaltern als Ausfluß der sog. Treuepflicht, nach der sowohl der Arbeitnehmer als auch der sonstige Dienstleistende verpflichtet ist, die schutzwürdigen Interessen seines Vertragspartners zu wahren[519].

---

[516] *Emmerich* in: *Dauses*, H. I., Rdnr. 218 a.
[517] U. a. EuGH, Slg. 1980, 3775 (3794), Rdnr. 27 (Rs. 31/80); EuGH, Slg. 1983, 3461 (3505), Rdnr. 37 (Rs. 322/81).
[518] *Schröter* in: *Groeben/Thiesing/Ehlermann*, Art. 86 EGV a. F., Rdnr. 132.
[519] Mü-Ko/*Söllner*, § 611 BGB, Rdnr. 392.

Darüber hinaus ergeben sich für die Eishockeyprofis gegenüber dem Verein und hinsichtlich des Leichtathleten im Rahmen seiner Rechtsbeziehungen zu dem Verband auch vereinsrechtlich geprägte Loyalitätspflichten[520] aus der neben der individualrechtlichen Verbindung durch Sportleistungsvertrag bestehenden kollektivrechtlichen Bindung[521].
Demnach ist auch der Leichtathlet als selbständiger Dienstleistender in gleicher Weise wie die Fußball- und Eishockeyprofis als Arbeitnehmer i. S. d. Zivilrechts grundsätzlich verpflichtet, im Rahmen der dienstvertraglichen und vereinsrechtlichen Treuepflichten u. a. Meinungsäußerungen in der Öffentlichkeit einzuschränken und Äußerungen über innerbetriebliche Abläufe zu unterlassen.
Diese Verpflichtungen bestehen aber nicht unbegrenzt, weil hierdurch der Profi sowohl in seiner allgemeinen Handlungsfreiheit als auch in der durch Art. 5 Abs. 1 Satz 1 GG geschützten Meinungsfreiheit einschränkt wird.
Zwar gelten die Grundrechte nicht schrankenlos, sondern sind mit anderen widerstreitenden grundrechtlich geschützten Positionen der Dienstherren in angemessenen Ausgleich zu bringen. Jedoch endet die im Arbeitsrecht anerkannte Pflicht zur Verschwiegenheit als Grenze der Meinungsfreiheit dort, wo berechtigte Interessen des Arbeitgebers an einem geordneten betrieblichen Zusammenleben und gewichtige Interessen und Zwecke des Unternehmens nicht mehr entgegenstehen[522] und das Übermaßverbot nicht mehr gewahrt ist[523]. Insbesondere müssen die Einschränkungen der Meinungsfreiheit auf die für den Spielbetrieb relevanten Bereiche beschränkt bleiben und dürfen nicht auf das Privatleben der Spieler ausgeweitet werden, weil außerhalb des Sportbereiches kein gewichtiges betriebliches Interesse an der Geheimhaltung besteht[524]. Auch sind kritische Äußerungen bezüglich des Verhaltens des Arbeitgebers nur zu unterlassen, wenn diese nicht auf wahren Tatsachen beruhen, den Kritisierten in unangemessener Form herabwürdigen oder jeglicher sachlicher Grundlage entbehren[525]. Etwas anderes ergibt sich auch nicht aus der Besonderheit des professionell betriebenen Mannschaftssports, daß die Vereine ein berechtigtes Interesse daran haben, „Unruhe“ von der Mannschaft fernzuhalten, weil sich diese auf den Teamgeist und somit auch auf die Leistungsfähigkeit der Mannschaft insgesamt negativ auswirken kann. Unter diesem Aspekt ist den Profivereinen keine gegenüber dem „normalen“ Arbeitgeber privilegierte Stellung einzuräumen, weil sich dieser durch Äußerungen einzelner Arbeitnehmer ausgelöste Effekt auch in der sonstigen arbeitsteilig organisierten Berufswelt einstellen kann. Somit müssen die Vereine im dargestellten Rahmen Äußerungen ihrer Spieler hinnehmen. Die in den Arbeitsverträgen der Fußball- und Eishockeyspieler enthaltenen Verhaltens- und Verschwiegenheitspflichten sind deshalb nicht mehr als verhältnismäßiger Eingriff in die geschützten Grundrechtspositionen der Profis anzusehen, weil dem Spieler praktisch jegliche kritische Meinungsäußerung gegenüber Dritten verboten wird[526]. Die entsprechenden Vertragsklauseln sind daher zugunsten der Sportler eng auszulegen.
Die hinsichtlich der Einschränkung der Meinungsfreiheit in den Musterarbeitsverträgen der Eishockey- und Fußballprofis angestellten Überlegungen lassen sich auch auf die dienstvertraglichen Treuepflichten des Leichtathleten zum Verband oder den privaten Sportveranstaltern und die aus der kollektivrechtlichen Bindungen der Eishockeyspieler und Leichtathleten resultierenden Loyalitätspflichten zum Verein bzw. Verband übertragen. Auch in diesen Rechtsverhältnissen besteht eine dem Arbeitsvertrag der Fußball- und Eishockeyspieler vergleichbare Interessenlage, weil auch hier die grundrechtlich geschützte Meinungsfreiheit des Sportlers mit dem

[520] *Reichert*, Handbuch des Vereins- und Verbandsrechts, Rdnr. 608.
[521] Vgl. oben, 1.Abschn., III.2.a. und oben, 1.Abschn., III.2.b.aa.(1).(b).
[522] *Preis* in: Erfurter Kommentar zum Arbeitsrecht, S. 1465.
[523] *Blomeyer* in: Münchener Handbuch Arbeitsrecht, § 51, Rdnr. 50.
[524] *Preis* in: Erfurter Kommentar zum Arbeitsrecht, S. 1465.
[525] *Blomeyer* in: Münchener Handbuch Arbeitsrecht, § 51, Rdnr. 52.
[526] So auch *Imping*, Die arbeitsrechtliche Stellung des Fußballspielers, S. 87.

Interesse des Vereins, Verbands oder privaten Sportveranstalters an einer Beschränkung der freien Meinungsäußerung kollidieren können, weswegen die Loyalitäts- und Treuepflichten ebenfalls im oben dargestellten Sinne restriktiv auszulegen sind.

2. Die Pflichten der Vereine, Verbände und privaten Sportveranstalter als Dienstherren

a. Entlohnung

Die Vergütung der Fußball- und Eishockeyprofis im Rahmen der Sportleistungsverträge mit den Vereinen nach § 611 BGB setzt sich, wie schon oben dargestellt[527], aus einem festen Grundgehalt und leistungsabhängigen Prämien, welche sich an Spieleinsätzen des einzelnen Profis und erreichten Punkten und Plazierungen der Mannschaft in der Liga orientieren, zusammen. Nicht als Bestandteil der Vergütung sind die sogenannten „Handgelder" anzusehen, welche seit dem Wegfall der Ablösesummen für vertraglose Spieler durch das „Bosman"-Urteil des EuGH[528] in erhöhtem Maße durch die Vereine bei Vereinswechseln an neue Spieler bezahlt werden[529]. Diese Zahlungen stellen nicht ein besonderes Entgelt für zu leistende Dienste dar, sondern werden durch die Clubs alleine als zusätzlicher Anreiz für den Abschluß eines Arbeitsvertrages bezahlt. Demgegenüber erhält der Leichtathlet für seine Teilnahme an einem Sportmeeting neben einer festen Antrittsgage eine erfolgsabhängige Prämie für das Erreichen eines bestimmten sportlichen Erfolges[530] und im Rahmen der Athletenvereinbarung mit dem DLV eine rein leistungsbezogene Vergütung in Form einer Beteiligung an den Sponsoreneinnahmen des Verbandes[531].

aa. Entgeltfortzahlung im Krankheitsfall

Die Fußball- und Eishockeyspieler haben nach den Klauseln ihrer Arbeitsverträge (z. B. § 8 Satz 3 DFB-Musterarbeitsvertrag) Anspruch auf Fortzahlung ihrer Vergütung im Krankheitsfall. Demgegenüber enthalten die Sportleistungsverträge der Leichtathleten mit den privaten Sportveranstaltern und dem Verband derartige Regelungen nicht. Dieser Umstand beruht darauf, daß die Klauseln in den Arbeitsverträgen der Spieler dem Entgeltfortzahlungsgesetz[532] nachgebildet sind, welches nach § 1 Abs. 1 nur Arbeitnehmern i. S. d. Zivilrechts einen Anspruch auf Fortzahlung der Vergütung im Krankheitsfall einräumt, wohingegen die Leichtathleten als selbständige Dienstleistende nicht über einen entsprechenden Anspruch gegenüber ihren Dienstherren verfügen[533], so daß sie das finanzielle Risiko einer Erkrankung oder Verletzung selber zu tragen haben.

Der Lohnfortzahlungsanspruch der Fußball- und Eishockeyspieler ist geprägt vom Lohnausfallprinzip, welches beinhaltet, daß der Arbeitnehmer während der Dauer seiner Erkrankung die volle Vergütung, so wie er sie als Gesunder durch Arbeit verdient hätte, erhält, wenn der Verdienstausfall nur auf der krankheitsbedingten Arbeitsunfähigkeit beruht[534].

Problematisch ist aber bei Anwendung dieses Grundsatzes bei der Auslegung der entsprechenden Vertragsklauseln der Sportleistungsverträge, ob die Spieler im Falle einer Verlet-zung oder Erkrankung auch Anspruch auf Fortzahlung des leistungsabhängigen Anteils der Vergütung haben, weil nicht überprüfbar ist, ob der Profi diese Prämien im fraglichen Zeit-raum ohne

---

[527] Vgl. oben, 2.Abschn., I.3.b.aa.
[528] EuGH, Slg. 1995 I, 4921 ff. (Rs. 415/93).
[529] *Fritzweiler* in: Praxishandbuch Sportrecht, S. 232.
[530] Vgl. oben, 2.Abschn., I.3.c.bb.
[531] Vgl. oben, 2.Abschn., I.3.c.aa.
[532] BGBl.1996 I, S. 1859.
[533] *Dörner* in: Erfurter Kommentar zum Arbeitsrecht, S. 1817.
[534] *Schulin* in: Münchner Handbuch Arbeitsrecht, § 80, Rdnr. 32.

die Erkrankung auch tatsächlich verdient hätte, wobei zwischen Spiel- bzw. Erfolgsprämien und Jahresleistungsprämien zu differenzieren ist. Zudem ist umstritten, ob es sich bei diesen leistungsabhängigen Zahlungen um einen Bestandteil des Entgelts des Profis als Gegenleistung für die durch ihn erbrachte Sportleistung handelt oder ob nicht vielmehr Sondervergütungen vorliegen, die nach § 4 a EntgeltfortzG nicht von der Entgeltfortzahlungspflicht des Arbeitgebers im Krankheitsfall erfaßt werden.

Neben einem festen monatlichen Grundgehalt erhält der Spieler monatlich eine leistungsbezogene Prämie, deren Auszahlung und Höhe von der Anzahl der Einsätze des Spielers in den Wettkampfspielen und/oder vom sportlichen Erfolg der ganzen Mannschaft abhängt (Spiel- und Erfolgsprämien). Problematisch ist, inwiefern diese Prämien nach dem oben dargestellten „Lohnausfallprinzip" in die Berechnung des Lohnfortzahlungsanspruchs nach den entsprechenden Klauseln der Sportleistungsverträge einzubeziehen sind, weil schwerlich durch einen Rückschluß auf die Vergangenheit nachzuvollziehen ist, ob der Profi an den Spielen in dem fraglichen Zeitraum auch tatsächlich teilgenommen und im Falle seiner Mitwirkung die Mannschaft die gleichen Ergebnisse erspielt hätte.
So spricht nach der überwiegenden Auffassung im Schrifttum[535] und dem LAG Niedersachsen[536] gegen einen Anspruch des Spielers auf die begehrten Prämien, daß niemand mit der erforderlichen Sicherheit darlegen kann, daß die Mannschaft bei Mitwirkung des Spielers die identischen Ergebnisse erzielt hätte. Darüber hinaus fehle es an der nach dem Lohnausfallprinzip nötigen Kausalität der Arbeitsunfähigkeit für die Nichtgewährung der Prämien, weil der Sportler keinen Anspruch darauf hat, in einem Spiel auch tatsächlich eingesetzt zu werden. Vielmehr entscheidet der Trainer hierüber von Spiel zu Spiel, wobei es entscheidend auf den Trainingseindruck, die Leistung des Spielers in den vorangegangenen Spielen und taktische Erwägungen ankommt, so daß jeder Profi lediglich eine rechtlich nicht geschützte Chance hat, im Wettkampf aufgestellt zu werden. Zudem handelt es sich bei den Spiel- und Erfolgsprämien um Sondervergütungen, die im Gegensatz zu dem Entgelt für die Arbeitsleistung nicht von der Lohnfortzahlungspflicht im Krankheitsfall erfaßt werden.
Gegen diese Ansicht spricht jedoch nach der Rechtsprechung des BAG[537] und einem Teil der Literatur[538], daß zwar die Feststellung der alleinigen Ursächlichkeit zwischen Arbeitsunfähigkeit und Prämienverlust im Mannschaftssport durch besondere Unsicherheit geprägt ist, jedoch zumindest im Fall eines Stammspielers von dem tatsächlichen Einsatz des Erkrankten und von den bei den Spielen tatsächlich durch die Mannschaft erreichten Resultaten auszugehen ist, falls der Verein keine tatsächlichen Anhaltspunkte, wie etwa Sperre oder Formtief, vortragen kann. Der Arbeitgeber hat im Rahmen der Verteilung der Beweislast Zweifel an der grundsätzlich zu vermutenden Ursächlichkeit zwischen krankheitsbedingter Arbeitsunfähigkeit und Lohnausfall substantiiert und nicht nur in Form einer allgemeinen Behauptung vorzutragen[539]. Auch handelt es sich bei den monatlichen Spiel- und Erfolgsprämien nicht lediglich um zusätzliche Sondervergütungen, sondern um ein erfolgsabhängiges Entgelt für normale Arbeitsleistung. Diese Zahlungen gehören als Leistungsbestandteil zum Austauschverhältnis der Parteien und sind nach ihrem Grund und ihrer Höhe einer bestimmten Arbeitsleistung, nämlich dem Einsatz des einzelnen Profis und dem Mannschaftserfolg in einem konkreten Spiel zuzuordnen, was sie nach der Rechtsprechung des BAG[540] von einer Sondervergütung unterscheidet. Zweck der vorliegenden

---

[535] U. a. *Schulin* in: Münchener Handbuch Arbeitsrecht, § 82, Rdnr. 9; *Imping*, Die arbeitsrechtliche Stellung des Fußballspielers, S. 97.
[536] LAG Niedersachsen, LAGE § 616 BGB, 3.
[537] BAG, SpuRt 1997, 61 (62).
[538] *Hilpert*, RdA 1997, 92 (97).
[539] Ständige Rechtsprechung seit dem BAG-Urteil vom 09.04.1960, AP Nr. 12 zu § 63 HGB.
[540] Entscheidung des Senats vom 22.08.1984, AP Nr. 65 zu § 616 BGB.

monatlichen Prämienregelung ist nicht, zusätzlich zur Vergütung der normalen Arbeitsleistung eine Sonderprämie auszuschütten, sondern die normale Arbeitsleistung (Einsatz in den Mannschaftsspielen) neben dem festen Grundgehalt zu entlohnen.

Demgegenüber verweigert das BAG[541] unter Anwendung des Lohnausfallprinzips einen Anspruch auf jährliche Auszahlung der vollen Jahresleistungsprämie für das Erreichen eines Saisonziels oder eines bestimmten Zuschauerschnitts, wenn der Spieler krankheitsbedingt an der Teilnahme von Saisonpflichtspielen verhindert war. Die Arbeitsunfähigkeit sei nicht als alleiniger Grund für den Fortfall des Anspruchs auf die Höchstprämie anzusehen, weil der Profi keinen rechtlichen Anspruch, sondern nur eine nicht geschützte Chance darauf habe, im Wettkampf eingesetzt zu werden. Zudem dienen die Jahresleistungsprämien im Gegensatz zu den monatlichen Spiel- und Erfolgsprämien nicht zur Vergütung der normalen Arbeitsleistung, sondern stellen eine Sondervergütung zusätzlich neben der laufenden Vergütung dar. Diese Zahlungen erfüllen keine Lohnfunktion und fallen somit auch nicht unter den Anwendungsbereich des Lohnausfallprinzips, welches nur die Aufrechterhaltung der Vergütung im Krankeitsfall bezweckt[542].
Gegen diese Entscheidung spricht nach einem Teil der Literatur[543], daß sich bezüglich der Jahresleistungsprämien im gleichen Umfang wie im Rahmen der Spiel- und Erfolgsprämien unter Berücksichtigung der dort dargestellten Überlegungen zur Beweislastverteilung aus den Umständen hypothetisch ermitteln ließe, ob der Spieler ohne die Erkrankung an den Wettspielen teilgenommen hätte. Auch könne wegen der im Verhältnis zur übrigen Vergütung hoch ausgestalteten Jahresleistungsprämie deren Lohncharakter nicht verneint werden.
Richtig ist es jedoch, mit der Rechtsprechung des BAG zwischen jährlich ausbezahlten Jahresleistungsprämien und monatlichen Spiel- und Erfolgsprämien zu differenzieren und erstere nicht von der vertraglich vereinbarten Entgeltfortzahlungspflicht der Vereine im Krankheitsfall umfaßt anzusehen, da Jahresprämien im Gegensatz zu den Spiel- und Erfolgsprämien keinen Bestandteil der Vergütung der Spieler darstellen[544]. Durch diese soll im Gegensatz zu der Spiel- und Erfolgsprämie, bei der schon wegen ihrer Abhängigkeit vom Mannschaftserfolg die Belohnung des Einsatzes der Spieler im einzelnen Wettkampf im Vordergrund steht, ein zusätzlicher Anreiz auch für die Ersatzspieler geschaffen werden, durch Trainingsleistung und Disziplin sich um die Aufstellung in Pflichtspielen zu bemühen und zum Erreichen bestimmter Zuschauerzahlen beizutragen. Es handelt sich somit nicht um die Vergütung einer konkreten Arbeitsleistung, sondern vielmehr um eine mit einer Gratifikation vergleichbare finanzielle Zuwendung, durch die besondere Leistungen über einen längeren Zeitraum hinweg und nicht der Einsatz und der Erfolg in einem konkreten Spiel belohnt werden sollen[545]. Derartige Sondervergütungen dürfen nach § 4 a EntgeltfortzG n. F. im Rahmen von krankheitsbedingten Fehlzeiten gekürzt werden.
Fraglich ist jedoch, ob auch solche leistungsabhängigen Jahresleistungsprämien, die den Spielern gestaffelt nach der Anzahl ihrer Teilnahme an Pflichtspielen innerhalb eines Kalenderjahres ausbezahlt werden, als Sondervergütung zu qualifizieren sind, oder ob diese Leistungen einen Bestandteil der Vergütung der Sportler darstellt. So sehen zahlreiche Sportleistungsverträge von Lizenzfußballspielern vor, daß die leistungsabhängige Jahresprämie innerhalb des laufenden Vertragsjahres nach anzurechnenden 10 Pflichtspielen des Spielers zu 30%, nach 20 Pflichtspielen zu weiteren 20 %, nach der Teilnahme an 25 Pflichtspielen zu weiteren 25 % und nach anrechenbaren 30 Pflichtspielen zu weiteren 25 % an den Spieler ausgeschüttet wird[546].

---

[541] BAG Urteil vom 22.08.1984, AP Nr. 65 zu § 616 BGB.
[542] *Schulin* in: Münchener Handbuch Arbeitsrecht, § 80, Rdnr. 22.
[543] *Schirmer*, Die Rechtsstellung des Vertragsamateurs, S. 52.
[544] So auch *Imping*, Die arbeitsrechtliche Stellung des Fußballspielers, S. 94.
[545] *Hanau* in: Münchner Handbuch Arbeitsrecht, § 67, Rdnr. 4.
[546] *Hilpert*, RdA 1997, 92 (97).

Das LAG Düsseldorf[547] und das BAG[548] haben im Rahmen ihrer Rechtsprechung zur Berechnung des Urlaubsentgelts von Fußballprofis den gestaffelt ausbezahlten Jahresleistungsprämien Entgeltcharakter als Entlohnung der Arbeitsleistung der Spieler zugebilligt. Diese seien, vergleichbar mit den Spiel- und Erfolgsprämien, (arbeits-)leistungsabhängige Prämien, deren Höhe sich nach der Anzahl der Einsätze des Sportlers in Pflichtspielen bemißt. An diesem Befund ändert auch der Umstand nichts, daß der Prämienanspruch erst nach 10 Pflichtspielen entsteht und sich stufenweise auf den vollen Betrag erhöht. Diese Abstufung stellt lediglich eine Leistungsmodalität dar und berührt nicht den Leistungszweck, die Arbeitsleistung des Spielers zu honorieren.
Gegen eine Einstufung der gestaffelt ausbezahlten Jahresleistungsprämie als Vergütungsbestandteil spricht jedoch mit *Hartung*[549] und *Brömmekamp*[550], daß der Profi diese nicht als Gegenleistung für die Teilnahme an einem konkreten Spiel erhält. Vielmehr erwirbt er den Anspruch prozentual durch Teilnahme an einer Anzahl von Spielen. Das bedeutet, der Spieler erhält die Zahlung der ersten 30 % nicht durch die Teilnahme an dem 10. Pflichtspiel, sondern wegen seiner Mitwirkung an zehn Pflichtspielen, so daß die Prämie nach ihrem Sinn und Zweck nicht die konkrete Arbeitsleistung des Spielers in einem konkreten Spiel vergüten will, sondern seine Teilnahme an einer Vielzahl von Spielen im Auge hat. Es soll also eine sich über einen längeren Zeitraum erstreckende Leistung honoriert werden, weswegen auch die gestaffelt ausbezahlte Jahresleistungsprämie als Sonderzahlung i. S. d. § 4a EntgeltfortzG zu qualifizieren ist.

bb. Urlaubsentgelt

Wegen der nur auf Arbeitnehmer beschränkten Anwendbarkeit der Regelungen des BUrlG[551] ergibt sich für die Leichtathleten als selbständige Dienstleistende i. S. d. Zivilrechts weder ein vertraglicher noch ein gesetzlicher Anspruch auf bezahlten Erholungsurlaub gegenüber ihren Dienstherren, wohingegen diesbezügliche Klauseln in den Sportleistungsverträgen der Fußball- und Eishockeyspieler enthalten sind (z. B. § 7 DFB-Musterarbeitsvertrag)[552].
Durch die Entscheidung des BAG[553], daß zu dem durchschnittlichen Arbeitsverdienst des Spielers i. S. d. § 11 BUrlG, welcher Grundlage für die Berechnung des Urlaubsentgelts ist, auch die monatlich bezahlten Spiel- und Erfolgsprämien als Bestandteil der Vergütung der normalen Arbeitsleistung gehören, ist geklärt, daß diese erfolgsabhängigen Zahlungen bei der Berechnung des Urlaubsentgelts zu berücksichtigen sind. Hierzu sehen die entsprechenden Klauseln der Sportleistungsverträge der Fußball- und Eishockeyspieler ausdrücklich vor, daß sich die Vergütungsfortzahlung während der Urlaubszeit bis zum 25. Urlaubstag nach dem durchschnittlichen Arbeitsverdienst, den der Spieler in den letzten 13 Wochen vor Beginn des Urlaubs erhalten hat, orientiert.
Demgegenüber sind die jährlich ausbezahlten Jahresleistungsprämien bei der Berechnung des Urlaubsentgelts für diesen Zeitraum nicht zu berücksichtigen, weil diese Leistungen nach der im Rahmen zum Entgeltfortzahlungsanspruch im Krankheitsfall erfolgten Qualifizierung als Sonderzahlungen nicht dem Arbeitsverdienst i. S. d. § 11 BUrlG und der Vertragsklauseln der Sportleistungsverträge zuzurechnen sind[554].

---

[547] LAG Düsseldorf, SpuRt 1994, 193 (196).
[548] BAG, NJW 1997, 276 (276).
[549] *Hartung*, Anmerkung zum Urteil des LAG Düsseldorf, SpuRt 1994, S. 193 (199).
[550] *Brömmekamp*, SpuRt 1997, 50 (50).
[551] BGBl. 1996 I, S. 1476.
[552] Vgl. *Dörner* in: Erfurter Kommentar zum Arbeitsrecht, S. 1750.
[553] BAG, NZA 1993, 750 (751 f.).
[554] *Hilpert*, RdA 1997, 92 (97).

Dies gilt entgegen der Ansicht des LAG Düsseldorf[555] und des BAG[556] auch für die nach Anzahl der absolvierten Spiele über das Vertragsjahr gestaffelt ausbezahlten Jahresleistungsprämien, weil auch diese nach der im Bezug auf die Entgeltfortzahlung im Krankheitsfall getroffenen Einschätzung nicht als Arbeitsverdienst gemäß § 11 BUrlG, sondern als Sonderzahlung zu qualifizieren sind. Gegen eine Berücksichtigung dieser Prämien im Rahmen der Berechnung des Urlaubsentgelts spricht auch, daß im Profimannschaftssport typischerweise die Spieler ihren Urlaub nur in den Zeiten nehmen können, in denen der Spielbetrieb ruht. Dieses sind die Zeiträume zwischen Hin- und Rückrunde im Winter und nach Ablauf der Rückrunde im Sommer. Die gesamte Jahresleistungsprämie ist, auch wenn sie durch die Vereine gestaffelt über das Jahr verteilt bezahlt wird, ihrer Natur nach eine jährlich zum Saisonende fällig werdende Einmalleistung. Somit stellt sie sich als ein die Urlaubszeit einschließendes Entgelt für das ganze Vertragsjahr, inklusive der Urlaubszeit, dar und vergütet nicht lediglich eine auf einen bestimmten Zeitabschnitt entfallende Arbeitsleistung. Würde sie in die Berechnung des Urlaubsentgelts einbezogen, käme es zu einer dem Sinn dieser Prämie widersprechenden zumindest anteiligen Mehrfachbegünstigung[557].
Nach den Vertragsklauseln der Sportleistungsverträge berechnet sich das Urlaubsentgelt ab dem 25. Urlaubstag nur noch aus dem festen Grundgehalt der Spieler, weswegen ab diesem Zeitpunkt auch Spiel- und Erfolgsprämien unbeachtet bleiben. Klagen gegen diese Klausel wurden durchwegs abgewiesen[558], weil sich die arbeitsvertraglichen Bestimmungen zur Berechnung des Urlaubsentgelts gemäß § 13 BUrlG zwingend nur hinsichtlich des gesetzlichen Urlaubs von derzeit 24 Tagen (§ 3 Abs. 1 BUrlG) an der gemäß § 11 BUrlG vorgeschriebenen Berechnung des Urlaubsentgelts unter Zugrundelegung des gesamten Arbeitsverdienstes zu orientieren haben. Demgegenüber herrscht für den vertraglich darüber hinaus gewährten Urlaub Vertragsfreiheit, so daß die Parteien insoweit die Berücksichtigung der monatlichen Spiel- und Erfolgsprämien ausschließen dürfen.

cc. Entgeltfortzahlung bei Wettkampfsperren

Durch die Begründung der kollektivrechtlichen Rechtsbeziehungen zu den Verbänden hat sich der Profi auch der Sportgerichtsbarkeit der nationalen und internationalen Verbände unterworfen[559], so daß diese den Spieler als Maßregel für Vergehen vom Wettkampfbetrieb ausschließen können. So ist z. B. nach § 21 Nr. 4 der DFB-SpielO ein gesperrter Fußballprofi in Bundesligaspielen nicht einsetzbar.
Im Falle einer vor Beginn des Wettkampfes verhängten Sperre werden die Veranstalter eines Sportmeetings mit dem Leichtathleten keinen Teilnahmevertrag abschließen, weswegen sich das Problem einer Lohnfortzahlung im Fall einer Sperre gar nicht stellt. Sollte der Athlet aber während einer solchen Veranstaltung disqualifiziert werden, reduziert sich nach den Klauseln des Sportleistungsvertrages das Startgeld um 50 % und im Fall eines Dopingverstoßes um 100 % (§ 4 des Teilnahmevertrages).
Auch der schuldrechtliche Teil der Athletenvereinbarung zwischen Leichtathlet und DLV sieht schon wegen der in § 3.4 der Athletenvereinbarung festgelegten rein leistungsbezogenen Vergütung des Profis in Folge einer sich nur an den erreichten Wettkampfplazierungen orientierenden Beteiligung an den Sponsoreneinnahmen des Verbandes das Entfallen der Vergütung mangels Starterlaubnis bei einer Sperre vor, weswegen das Dienstverhältnis des Athleten durch die verbandsgerichtliche Entscheidung auf Grundlage der kollektivrechtlichen Bindung des Profis

---

[555] LAG Düsseldorf, SpuRt 1994, 193 (193 ff.).
[556] BAG, NJW 1997, 276 (276).
[557] *Hartung*, Anmerkungen zum Urteil des LAG Düsseldorf, SpuRt 1994, 193 (199).
[558] So u. a. durch das ArbG Gelsenkirchen, SpuRt 1994, 152 (152).
[559] Vgl. oben, 1.Abschn., III.2.b.

zumindest mittelbar beeinflußt wird. Zwar ist streng zwischen der kollektiv- und der schuldrechtlichen Seite der Rechtsbeziehungen des Profis zu unterscheiden, infolgedessen tangiert ein Verstoß gegen verbandsrechtliche Pflichten nicht unmittelbar den Sportleistungsvertrag des Profis. Jedoch kann gemäß § 5 Satz 2 der Athletenvereinbarung eine „schuldhafte Vertragsverletzung“ zur Streichung der Vergütung durch den Verband führen[560]. Diese Formulierung bezieht sich auch auf Verstöße des Athleten gegen die Verbandsnormen, welchen er sich in dem kollektivrechtlichen Teil der Athletenvereinbarung nach § 2 vertraglich unterworfen hat. Dies ergibt sich aus dem Wortlaut von § 5 Satz 2 der Athletenvereinbarung, der nicht zwischen Verstößen gegen Pflichten aus dem individual- und dem kollektivrechtlichen Teil der Athletenvereinbarung unterscheidet, sondern alle Vertragsverletzungen erfaßt, und aus der systematischen Stellung dieser Klausel in dem Gesamtvertrag im Anschluß an den Abschnitt zur kollektivrechtlichen Unterwerfung des Sportlers und den Regelungen bezüglich der Ausgestaltung der schuldrechtlichen Verpflichtung des Athleten zur Sportleistung. Somit ist im Rahmen der Athletenvereinbarung des Leichtathleten mit dem DLV vertraglich die strikte Trennung zwischen kollektivrechtlicher Unterwerfung und individualrechtlichem Sportleistungsvertrag hinsichtlich eines Verstoßes gegen Verbandsregelwerke eingeschränkt und führt eine verbandsrechtliche Sperre zu einem Entfallen der rein leistungsbezogenen Vergütung des Athleten.

Die Sportleistungsverträge der Fußball- und Eishockeyspieler enthalten demgegenüber keine ausdrücklichen Bestimmungen, die die Fortzahlung des Entgelts durch den Dienstherren bei Ausschluß des Profis vom Wettkampfbetrieb aufgrund verbandsrechtlicher Maßnahmen regeln; demnach ist auf die gesetzlichen Bestimmungen zurückzugreifen.
Wie schon im Zusammenhang mit dem Sportleistungsvertrag des Leichtathleten mit dem DLV dargestellt, wirkt sich wegen der strengen Trennung der individual- und kollektivrechtlichen Rechtsbeziehungen des Spielers ein Verstoß des Profis gegen verbandsrechtliche Pflichten nicht unmittelbar auf die Durchführung des individualrechtlichen Arbeitsverhältnisses aus, wenn nicht vertraglich, wie im Fall der Athletenvereinbarung des Leichtathleten, etwas anderes vereinbart wurde. Somit hat eine durch die Verbände ausgesprochene Wettkampfsperre keinen unmittelbaren Einfluß auf das monatliche Grundgehalt des Spielers; demgegenüber besteht kein Anspruch auf die an Spieleinsätze gekoppelten leistungsabhängigen Prämien, weil der Spieler aufgrund der Sperre an der Teilnahme an den Pflichtspielen verhindert war.
Etwas anderes könnte sich aber unter dem Gesichtspunkt ergeben, daß zwar ein Verstoß gegen verbandsrechtliche Pflichten nicht unmittelbar die aus dem Arbeitsverhältnis ergebenden Pflichten berührt, jedoch die verbandsgerichtliche Sperre sehr wohl die tatsächliche Durchführung des Arbeitsverhältnisses zumindest mittelbar beeinflußt, weil der Spieler gehindert ist, für seinen Arbeitgeber im Rahmen von Pflichtspielen tätig zu werden, wodurch neben den leistungsabhängigen Prämien auch der Anspruch auf die monatliche Grundvergütung entfallen könnte. Die aus der verbandsrechtlich bedingten Wettkampfsperre resultierende Nichteinsetzbarkeit des Spielers in Pflichtspielen stellt eine Leistungsstörung im Rahmen der Abwicklung des Sportleistungsvertrages dar.
Das Nachholen der Arbeitsleistung kommt wegen des Fixschuldcharakters der Arbeit nicht in Betracht[561], so daß durch die Nichtteilnahme an dem Wettspiel die Arbeitsleistung als unmittelbar gestörte Leistungspflicht nach § 275 BGB unmöglich geworden sein könnte. Der Anspruch des Spielers auf Vergütung würde somit nach § 323 BGB erlöschen, weil im Fall einer Wettkampfsperre keine gesetzlich geregelte Ausnahme vom Grundsatz „ohne Arbeit kein Lohn“, vergleichbar mit § 11 BUrlG oder § 3 EntgeltfortzG, eingreift. Spielsperren bestehen über einen

---

[560] So auch *Buchner*, RdA 1982, 1 (8); *Fritzweiler* in: Praxishandbuch Sportrecht, S. 234.
[561] *Preis* in: Erfurter Kommentar zum Arbeitsrecht, S. 1560.

längeren Zeitraum als einige Tage, so daß die Vergütungspflicht nicht über § 616 BGB (vorübergehende Arbeitsverhinderung) aufrecht erhalten wird.

Eine verbandsrechtliche Sperre schließt allerdings nicht aus, daß der Spieler weiterhin am Trainingsbetrieb, an Privat- und Freundschaftsspielen des Vereins teilnimmt; lediglich der Einsatz in Pflichtspielen ist ausgeschlossen. Höchst umstritten ist daher im Schrifttum, ob dieses im Wege der Teilunmöglichkeit gemäß §§ 323, 325 BGB wenigstens zu einem partiellen Wegfall der Vergütung führen kann. Hierzu wäre jedoch erforderlich, daß die vom Arbeitnehmer geschuldete Arbeitsleistung in selbständige Teilleistungen aufgespalten werden kann[562].

Nach einem Teil des Schrifttums[563] ist die Pflichtspielteilnahme losgelöst von der Trainingsleistung zu sehen, so daß durch Teilunmöglichkeit auch der Anspruch auf das feste Grundgehalt teilweise erloschen ist. Die Verbände haben mit ihren Regelwerken und den darin vorgesehenen Sanktionsmöglichkeiten eine gesellschaftlich relevante Sonderrechtsordnung geschaffen. Insofern muß gleiches gelten, wie wenn die Erfüllung des Arbeitsvertrages nur durch eine zuvor erteilte Genehmigung durch Dritte (private oder öffentliche Erlaubnis) möglich ist. So wird z. B. auch die Durchführung des Arbeitsvertrages eines Taxifahrers durch das externe Ereignis des Entzuges des Führerscheins durch die Verwaltung oder den Strafrichter unmöglich und entfällt der Entgeltanspruch. Darüber hinaus kann bei Annahme einer Teilunmöglichkeit der Vergütungsanspruch nach § 325 Abs. 1 Satz 2 und 3 BGB für den maßgeblichen Zeitraum sogar ganz entfallen, wenn der Sportler den Wettkampfausschluß verschuldet hat und der Verein für die Zeit der Sperre an einer Trainingsteilnahme des Spielers nicht interessiert ist. Jedoch verlangt hochklassiger Wettkampf im Profisport besonderen körperlichen Einsatz, sind Regelverletzungen im Hochleistungssport üblich und die meisten Sperren auf Verhaltensweisen des Sportlers in Spielsituationen zurückzuführen, die sehr schnelle Entscheidungen erfordern und dem Spielverlauf zuzuordnen sind, weswegen i. d. R. kein Verschulden des Sportlers hinsichtlich seines Ausschlusses vom Spielbetrieb vorliegen wird. Etwas anderes muß jedoch für Sperren gelten, die auf Dopingvergehen oder grobe Unsportlichkeit zurückzuführen sind, weil in diesen Fällen ein Verschulden des Profis anzunehmen ist.

Gegen die Annahme einer Teilunmöglichkeit im Fall einer Wettkampfsperre und für einen Anspruch des Spielers auf das volle Grundgehalt, auch bei einem schuldhaften Verstoß gegen verbandsrechtliche Pflichten, spricht jedoch mit der überwiegenden Auffassung in der Literatur[564], daß sich die durch den Spieler geschuldete Sportleistung nicht in eine Trainings- und eine Wettkampfleistung aufspalten läßt. Das Training dient als Wettkampfvorbereitung lediglich der Steigerung und dem Erhalt der Leistungsfähigkeit des Spielers und ist insoweit schon nach seinem Zweck nicht als eine gegenüber der Wettkampfteilnahme verselbständigte Teilleistung anzusehen. Zwar ist der Gegenansicht insofern zuzustimmen, daß die durch die Verbände geschaffenen Regelwerke als Sonderrechtsordnungen Wettkampfsperren zulassen und diese mit einem sonstigen auf das Arbeitsverhältnis einwirkenden Beschäftigungsverbot zu vergleichen sind, was für die Annahme der rechtlichen Unmöglichkeit der Wettspielteilnahme spricht. Von dieser Frage ist aber die Problematik zu unterscheiden, ob die Pflichtspiele als von der Wettkampfvorbereitung trennbare Teilleistung angesehen werden können. Dieses ist aber nicht der Fall, weswegen es wegen der Teilnahmemöglichkeit an dem Trainings- und Privatspielbetrieb mangels Teilbarkeit auf die Frage einer rechtlichen Unmöglichkeit hinsichtlich der Teilnahme an Pflichtspielen nicht ankommt.

Das Verhalten des Spielers, das der Wettkampfsperre zugrundeliegt, könnte aber als eine Schlechterfüllung der Arbeitsleistung oder als eine Pflichtverletzung des Spielers gegenüber seinem Arbeitgeber angesehen werden, die über das Institut der pVV Gegenansprüche des Ver-

---

[562] *Palandt/Heinrichs*, § 275 BGB, Rdnr. 20.

[563] U. a. *Poschenrieder*, Sport als Arbeit, S. 158 f.;*Vieweg*, Doping- Realität und Recht, S. 154.

[564] U. a. *Fritzweiler* in: Praxishandbuch Sportrecht, S. 234; *Gitter* in: Münchener Handbuch Arbeitsrecht, § 195, Rdnr. 80; *Imping*, Die arbeitsrechtliche Stellung des Fußballspielers, S. 101.

eins begründen kann[565]. Voraussetzung ist jedoch auch im Rahmen dieses Schadensersatzanspruchs, daß der Regelverstoß, der zu der Wettkampfsperre geführt hat, als Verschulden im zivilrechtlichen Sinne gewertet werden kann. Demnach kommt nach dem oben zu § 325 BGB Gesagten ein Anspruch aus verschuldensabhängiger Haftung nur im Fall von groben Unsportlichkeiten und Dopingvergehen in Betracht. Jedoch könnten nach *Gitter*[566] auch diese Verstöße gegen die Verbandsregelwerke keine Pflichtverletzungen oder Schlechtleistungen gegenüber dem Verein als Partner des individualrechtlichen Sportleistungsvertrages darstellen, weil diese kollektivrechtlichen Regelungen nicht als auch im individualrechtlichen Sportleistungsvertrag gültige Rechtsnormen, sondern nur als verbandsinterne Regeln zu verstehen sind. Die Verbandsnormen sind nicht auf die rechtsgeschäftliche Ebene der Vertragsbeziehung zwischen Verein und Spieler zugeschnitten, sondern bezwecken neben dem geordneten Wettkampfablauf nur den Schutz der anderen Sportler.
Gegen diese Ansicht spricht jedoch, daß laut § 1 DFB-Musterarbeitsvertrag/DEB-Mustervertrag auf die Satzungen und Ordnungen der Verbände als für die Abwicklung des Arbeitsvertrags zwischen Sportler und Verein und für die sportliche Betätigung des Profis maßgebliche Regelungen verwiesen wird. Somit stellt ein schuldhafter Regelverstoß gegen Verbandsnormen durch grobe Unsportlichkeit oder Dopingvergehen sehr wohl zumindest eine Pflichtverletzung im Rahmen des Sportleistungsvertrages gegenüber dem Verein dar und kann deshalb zu einer Herabsetzung des festen Grundgehalts im Rahmen einer Aufrechnung mit einem Anspruch aus pVV führen.

b. Beschäftigungspflicht

Der Leichtathlet als selbständiger Dienstleistender ist nach § 1 Satz 1 des Sportleistungsvertrages gegenüber dem Veranstalter zur Teilnahme an dem Sportmeeting verpflichtet, wofür er ein festes Startgeld und eine leistungsabhängige Prämie erhält. Demgegenüber ist in dem Vertrag eine Pflicht des Veranstalters, den Athleten auch tatsächlich in dem Wettkampf zum Einsatz zu bringen, nicht vorgesehen. Auch das BGB setzt im Dienstvertragsrecht im Gegensatz zum Kauf- und Werkvertragsrecht, wo in §§ 433, 640 BGB eine Abnahmeverpflichtung des Käufers oder Bestellers normiert ist, ausdrücklich keinen Anspruch des Dienstleistenden auf tatsächliche Beschäftigung vor. Vielmehr spricht § 615 BGB eher dagegen, weil der Dienstberechtigte auch im Falle des Verzuges der Annahme des Dienstherren in bezug auf die Dienstleistung seinen Anspruch auf Vergütung behält[567]. Jedoch ergibt sich ein Anspruch auf Teilnahme an dem Wettkampf durch die im Rahmen der Werbetätigkeit des Sportlers für den Dienstherren dargestellte[568] mittelbare Wirkung der Grundrechte im Dienstvertrag aus dem Teilnahmevertrag i. V. m. § 242 BGB unter Berücksichtigung der Wertentscheidung des durch Art. 1, 2 GG grundrechtlich geschützten allgemeinen Persönlichkeitsrechts. Nach der ständigen Rechtsprechung des BAG[569] verstößt die Nichtbeschäftigung eines Arbeitnehmers trotz bestehenden Arbeitsvertrages gegen dessen Grundrechtsposition aus Art. 1, 2 GG, weil dieser gehindert wird, seine Fähigkeiten durch Betätigung zu erhalten, fortzubilden und so in beruflicher Hinsicht seine Persönlichkeit zu entfalten. Auch ergibt sich ein Eingriff in das allgemeine Persönlichkeitsrecht daraus, daß der Arbeitnehmer im Fall der Nichtbeschäftigung den Status verliert, ein vollwertiges Mitglied der Berufsgemeinschaft zu sein und der Eindruck hervorgerufen wird, daß die bisherigen Arbeitsleistungen als so minderwertig einzustufen sind, daß der Arbeitgeber trotz Entgeltzahlung auf die Tätigkeit des Arbeitnhmers verzichtet. Zudem ist es gesellschaftlich nicht

[565] *Fritzweiler* in: Praxishandbuch Sportrecht, S. 234.
[566] *Gitter* in: Münchener Handbuch Arbeitrecht, § 195, Rdnr. 82.
[567] *Blomeyer* in: Münchener Handbuch Arbeitsrecht, § 93, Rdnr. 2.
[568] Vgl. oben, 2.Abschn., II.1.b.
[569] U. a. BAG GS 27.02.1985, AP Nr. 14 zu § 611 BGB.

akzeptiert, Vergütung in Empfang zu nehmen, ohne eine entsprechende Gegenleistung zu erbringen, so daß auch in die enge Persönlichkeitssphäre (Würde und Ehre) des Arbeitnehmers eingegriffen wird. Darüber hinaus ist aufgrund der Möglichkeit des Sportlers, zumindest durch die Teilnahme an Wettkämpfen den eigenen Marktwert gegenüber momentanen oder potentiellen Dienstherren und Werbepartnern zu steigern, der Bereich der Berufsausübung und somit Art. 12 GG berührt[570]. Infolgedessen kann eine Nichtbeschäftigung im Rahmen der Abwägung zwischen der Berufsfreiheit des Sportlers und dem durch das Recht am eingerichteten und ausgeübten Gewerbebetrieb (Art. 14 GG) gewährleisteten Recht des Arbeitgebers, das Wo, Ob und Wie des Einsatzes seiner Arbeitnehmer zu bestimmen, nur gerechtfertigt sein, wenn dieser besondere Gründe und Interessen des Arbeitgebers entgegenstehen.

Diese Argumentation des BAG läßt sich ebensogut auf den Sportleistungsvertrag des Leichtathleten als selbständiger Dienstleistender übertragen, weil auch in dessen Persönlichkeitssphäre durch eine Nichtbeschäftigung trotz bestehenden Teilnahmevertrages eingegriffen wird. Somit besteht auch vor dem Hintergrund des Interesses des Athleten an dem Erwerb auch der leistungsabhängigen Prämien, was aber nur im Fall einer tatsächlichen Teilnahme an dem Wettkampf möglich ist, grundsätzlich ein Anspruch des Athleten, bei dem Sportmeeting anzutreten[571]. Der Beschäftigungsanspruch des Leichtathleten muß aber bei Anwendung der dargelegten Rechtsprechung des BAG auf den selbständigen Dienstleistenden dort zurücktreten, wo nach Abwägung der beiderseitigen Interessen überwiegende schutzwerte Belange des Veranstalters entgegenstehen. So hat zwar eine verbandsrechtliche Sperre keine unmittelbare Auswirkung auf die Abwicklung des Sportleistungsvertrages[572], jedoch überwiegt z. B. im Falle eines vorsätzlichen Dopingverstoßes das durch Art. 14 GG geschützte[573] Interesse des Veranstalters an der Vermarktung des Ereignisses, weil durch den Einsatz eines Dopingsünders die Vermarktung und der finanzielle Erfolg des Meetings in Frage gestellt werden kann.
Demgegenüber muß der Leichtathlet nach § 4.1.2. der Athletenvereinbarung mit dem DLV für die Aufnahme und den Verbleib im Kader des Verbandes und somit auch für die Berücksichtigung für Wettkämpfe im Rahmen der Nationalmannschaft regelmäßig zusätzliche sportliche Voraussetzungen erfüllen und dürfen gesundheitliche Probleme nicht entgegenstehen.
Darüber hinaus kann gemäß § 5 Satz 2 der Athletenvereinbarung ein schuldhafter Verstoß gegen Pflichten aus dem Sportleistungsvertrag oder verbandsrechtliche Normen die Nichtberücksichtigung für Einsätze in der National- oder Olympiamannschaft trotz weiter bestehender Athletenvereinbarung zur Folge haben. Diese Klauseln sind auch unter Zugrundelegung der oben dargestellten Grundsätze zur Beschränkung des Beschäftigungsanspruchs gerechtfertigt. Das schutzwürdige Interesse des Verbandes, nur die momentan formstärksten Athleten im Rahmen internationaler Wettkämpfe einzusetzen, überwiegt gegenüber dem durch das allgemeine Persönlichkeitsrecht geschützten Interesse des Athleten an einem Einsatz bei diesen Ereignissen. Gleiches gilt auch hinsichtlich des Interesses der Verbände an einer Beachtung ihrer Regelwerke, denen sich der Sportler schließlich unterworfen hat, weil sich, wie bei der Darstellung der Entgeltfortzahlung im Fall einer verbandsrechtlichen Sperre gezeigt[574], ausnahmsweise im Rahmen des Sportleistungsvertrages zwischen dem Leichtathleten und dem DLV Verstöße gegen das Verbandsrecht unmittelbar auf die Durchführung des Sportleistungsvertrages auswirken können.

Auch die Fußball- und Eishockeyspieler haben als Arbeitnehmer, auf die die oben dargestellte Rechtsprechung des BAG hinsichtlich eines Anspruchs auf Beschäftigung unmittelbar anwend-

---

570 *Gitter* in: Münchener Handbuch Arbeitrecht, § 195, Rdnr. 54.
571 So auch ohne eingehende Begründung *Fritzweiler* in: Praxishandbuch Sportrecht, S. 231.
572 Vgl. oben, 2.Abschn., II.2.a.cc.
573 Vgl. oben, 2.Abschn., II.1.c.bb.(2).
574 Vgl. oben, 2.Abschn., II.2.a.cc.

bar ist, grundsätzlich einen Anspruch auf Teilnahme an den Vereinsveranstaltungen, wobei zwischen einer Berücksichtigung bei den Pflichtspielen und der Teilnahme am alltäglichen Trainingsbetrieb zu differenzieren ist.

Für die Frage des Anspruchs des Spielers auf Einsatz in einem Wettkampf bedarf es einer Abwägung der diesbezüglich widerstreitenden Interessen von Verein und Sportler. Zu berücksichtigen ist, daß die Teilnahme an Wettkämpfen die bedeutsamste Ausprägung der Tätigkeit des Spielers ist und daß die Teilnahme des Spielers an den Pflichtspielen die grundsätzliche Zielsetzung des Sportleistungsvertrages darstellt. Auch liegt schon im Hinblick auf das große Medien- und Zuschauerinteresse ein Interesse des Spielers auf Teilnahme am Wettkampf vor und besteht im Fall von guten Leistungen in Pflichtspielen die Möglichkeit, sich für den Einsatz in der Nationalmannschaft oder in anderen Vereinen zu empfehlen. Darüber hinaus hat der Spieler auch ein wirtschaftliches Interesse daran, seine Leistungsfähigkeit in Wettkämpfen unter Beweis zu stellen, weil er hierdurch die Steigerung seines eigenen Marktwertes gegenüber dem Verein, anderen potentiellen Arbeitgebern und Werbepartnern herbeiführen kann[575]. Zudem hat er nur im Falle eines Wettkampfeinsatzes die Möglichkeit, die leistungsabhängigen Bestandteile der Vergütung zu verdienen. Demgegenüber überwiegen aber nach herrschender Meinung im Schrifttum[576] und der Rechtsprechung[577] die schützenswerten Interessen der Vereine, die einem Rechtsanspruch des Sportlers, selbst wenn er Stammspieler sein sollte, auf tatsächlichen Einsatz gegenüberstehen. Die Vereine sind aus sportlichen und finanziellen Erwägungen heraus gezwungen, Höchstleistungen zu erzielen, so daß ein Ermessensspielraum der sportlichen Leitung besteht, welcher Spieler nach seiner aktuellen Leistungsfähigkeit und unter taktischen Gesichtspunkten im Wettkampf einzusetzen ist. Darüber hinaus kommt nach den geltenden verbandsrechtlichen Spielregeln, welchen sich die Vereine unterworfen haben und welche nach § 1 DFB-Musterarbeitsvertrag/DEB-Mustervertrag auch auf den Sportleistungsvertrag zwischen Profi und Verein einwirken, nur der Einsatz einer bestimmten Anzahl von Spielern in den Pflichtspielen in Betracht. Von diesem Umstand haben von vornherein alle Parteien des Sportleistungsvertrages Kenntnis. Der Überhang von Spielern ist sogar wegen der häufig auftretenden Verletzungen notwendig, um stets eine komplette Mannschaft im Spielbetrieb aufbieten zu können. Auch wird der Beschäftigungsanspruch der Spieler als Arbeitnehmer durch das arbeitsrechtliche Direktionsrecht der Vereine eingeschränkt, nach dem die Vereine Art, Inhalt und Ort der Arbeitsleistung bestimmen können. Im Fall einer Nichtberücksichtigung erbringt der Profi seine Arbeitsleistung eben als Ersatzspieler auf der Auswechselbank oder als Zuschauer auf der Tribüne. Etwas anderes ergibt sich auch nicht aus § 4 lit. a DFB-Mustervertrag, nach dem sich der Verein verpflichtet, einen geordneten Spiel- und Trainingsbetrieb zu garantieren[578]. Auch bei der Auslegung dieser Klausel ist zu beachten, daß sich bereits aus der Natur des eingegangenen Arbeitsverhältnisses ergibt, daß nicht für alle Mitglieder der Mannschaft eine Teilnahme an jedem Pflichtspiel möglich ist. Zudem wird § 4 lit. a durch § 6 Satz 1 DFB-Musterarbeitsvertrag eingeschränkt, welcher festlegt, daß der Einsatz des Spielers nach Art und Umfang von der sportlichen Leitung des Vereins bestimmt wird. So haben die Vereine sogar die Möglichkeit, Spieler aus disziplinarischen Gründen[579] oder aufgrund von Verstößen gegen verbandsrechtliche Dopingregelungen vollständig vom Spielbetrieb zu suspendieren, wenn sich anderenfalls die Teil-

---

575 *Gitter* in: Münchener Handbuch Arbeitsrecht, § 195, Rdnr. 53.

576 U. a. *Fritzweiler* in: Praxishandbuch Sportrecht, S. 231; *Kaske*, Berufssport, S. 39.

577 BAG, AP Nr. 65 zu § 616 BGB.

578 So aber *Schimke*, Sportrecht, S. 42.

579 So hat der Verein FC Bayern München *Sven Scheuer* und *Mario Basler* aus disziplinarischen Gründen vom Spielbetrieb ausgeschlossen; Süddeutsche Zeitung vom 18.10.1999, S. 35, und ist der Spieler *Thomas Ziemer* am 20.11.1999 vom 1. FC Nürnberg vom Trainings- und Spielbetrieb suspendiert worden; Süddeutsche Zeitung vom 22.11.1999, S. 41.

nahme des einzelnen Spielers negativ auf die Mannschaftsleistung auswirken würde oder wirtschaftliche Interessen des Vereins berührt werden.
Ausnahmen von diesem Grundsatz ergeben sich jedoch aus den oben dargelegten schützenswerten Interessen des Profis und der Fürsorgepflicht des Vereins als Arbeitgeber. Das wegen seiner ausschlaggebenden Bedeutung für das berufliche Fortkommen des Sportlers im Vergleich zu sonstigen Arbeitnehmern ausgeprägtere Bedürfnis des Sportlers an der Teilnahme an den offiziellen Pflichtspielen darf durch die Vereine nicht willkürlich negiert werden. Infolgedessen hat sich die Entscheidung über die Aufstellung oder Nominierung des Spielers stets an sachgerechten Erwägungen zu orientieren[580].

Eine abweichende Einschätzung ergibt sich jedoch hinsichtlich eines Anspruchs des Profis auf ständige Teilnahme am Mannschaftstraining. Diesbezüglich treten die schutzwerten Belange der Vereine gegenüber den Interessen des Spielers zurück. Für den Profi ist es auch während der Zeit eines Formtiefs, einer verbandsrechtlichen Sperre oder im Fall von disziplinarischen Verstößen unerläßlich, seine sportlichen Fähigkeiten durch Trainingsteilnahme zu erhalten, um in Zukunft wieder sportliche Höchstleistungen erbringen zu können. Er kann wegen der fundamentalen Bedeutung der Erhaltung seiner Leistungsfähigkeit für seinen weiteren beruflichen Werdegang nicht darauf verwiesen werden, seine körperliche Verfassung selbständig zu verbessern, weil gerade die Mitwirkung im kollektiven Mannschaftstraining in einem qualifizierten Spielerkreis zur Erhaltung der spielerischen und strategischen Qualitäten eines Mannschaftssportlers von besonderer Bedeutung ist[581]. Ein Rechtsanspruch auf Teilnahme am Mannschaftstraining ergibt sich, wenn nicht ausnahmsweise besonders wichtige Interessen des Vereins entgegenstehen, außer aus den von der Rechtsprechung aufgestellten Grundsätzen zum Beschäftigungsanspruch auch direkt aus dem Wortlaut des Sportleistungsvertrages mit den Vereinen (z. B. § 4 lit. a DFB-Musterarbeitsvertrag)[582]. Dort verpflichten sich die Vereine, einen geordneten Trainingsbetrieb durch qualifizierte Fachkräfte zu garantieren. Diese Klauseln sind im Gegensatz zur vertraglich fixierten Pflicht des Vereins zur Aufrechterhaltung eines geordneten Spielbetriebs dahingehend auszulegen, daß die Mitwirkung im Training durch die sportliche Leitung des Vereins nicht beschränkt werden kann. Beim täglichen Training sind die Anzahl der Teilnehmer und der sportliche Erfolg im Gegensatz zum Wettkampf nicht zwingend. Auch wird der Beschäftigungsanspruch entgegen der Ansicht des LAG Hamm[583] nicht durch das vertragliche Direktionsrecht des Vereins beschränkt (§ 6 Satz 1 DFB-Musterarbeitsvertrag), weil nach dem Wortlaut der entsprechenden Vertragsklauseln die sportliche Leitung des Vereins nur den Umfang, also das „wie“, aber nicht das „ob“ der Tätigkeit des Profis bestimmen kann. Somit überwiegt selbst im Fall eines vorsätzlichen Dopingverstoßes oder anderer schwerwiegender disziplinarischer Verstöße das Interesse des Sportlers an der Trainingsteilnahme. Zwar besteht die Gefahr, der Spieler werde erneut gegen Dopingbestimmungen verstoßen, andere Sportler hierzu anstiften, sie mit verbotenen Substanzen versorgen oder auf andere Weise Unruhe in die Mannschaft bringen und somit den sportlichen und wirtschaftlichen Erfolg des Vereins gefährden. Jedoch steht dem Verein bei derart gravierenden Verstößen auch die Möglichkeit einer außerordentlichen Kündigung des Sportlers offen, so daß in allen Fällen der Fortführung des Arbeitsvertrages die Zulassung des Sportlers zum Trainingsbetrieb zumutbar ist[584].

---

580 Mü-Ko/*Söllner*, § 611 BGB, Rdnr. 359, der diese Aussage in Bezug auf Bühnenkünstler trifft; *Palandt/Putzo*, § 611 BGB, Rdnr. 119, der diese Einschätzung auch auf Berufssportler ausdehnt.
581 So auch ArbG Solingen, SpuRt 1997, 98 (99) im Fall *Bernd Schuster*./.Bayer Leverkusen.
582 Ebenda.
583 Urteil vom 17.10.1984; abgedruckt bei *Reschke*, Handbuch des Sportrechts, Nr. 23 aus 33/16.
584 So auch *Vieweg*, Normsetzung und –anwendung, S. 157.

3. Die Beendigung des Sportleistungsvertrages

Bei sämtlichen, im Rahmen dieser Arbeit dargestellten, individualrechtlichen Dienst- oder Arbeitsverträgen handelt es sich um zeitlich befristete Verträge (§ 7 der Athletenvereinbarung mit dem DLV, § 1 lit. f des Teilnahmevertrages an Leichtathletikmeetings und § 7 DFB-Musterarbeitsvertrag).

a. Beendigung durch Zeitablauf

Wie aus § 620 Abs. 1 BGB ersichtlich, können die Sportleistungsverträge als Arbeits- oder Dienstverträge auf Zeit geschlossen werden. Dies ist im Sportbereich auch absolut branchenüblich, so daß z. B. seit Bestehen der Fußballbundesliga kein unbefristeter Arbeitsvertrag geschlossen worden ist[585]. Jedoch ist hinsichtlich der Sportleistungsverträge der Fußball- und Eishockeyspieler als Arbeitsverträge eine Befristung nur bei Vorliegen eines sachlich rechtfertigenden Grundes gerechtfertigt, um eine Umgehung des Kündigungsschutzgesetzes als spezieller Arbeitnehmerschutzvorschrift auszuschließen[586]. Ein solcher besteht vorliegend in der besonderen Erfolgsorientiertheit des Profisports, welche z. B. aufgrund von Zuschauerschwund, Erfolglosigkeit, Formschwankungen, Verschleißerscheinungen und Veränderungen des taktischen Konzepts einer vertraglichen Bindung auf unbestimmte Zeit entgegensteht[587].
Demgegenüber stellen der Abstieg der Mannschaft aus der 1. in die 2. Liga oder ein Lizenzentzug keinen sachlich rechtfertigenden Grund für eine auflösende Bedingung als Unterfall eines befristeten Arbeitsverhältnisses dar, weil die Vereine als Arbeitgeber das Beschäftigungsrisiko zu tragen haben[588]. Infolgedessen sind in § 10 Satz 6 lit. f des DFB-Mustervertrages für diese Fälle Verhandlungen zur Anpassung der Vergütung der Beendigung vorgeschaltet und kann der Vertrag aufgrund einer Optionsmöglichkeit zugunsten der Vereine im Fall des Abstiegs aus der 1. in die 2. Bundesliga bzw. durch den Spieler bei einem Aufsteig von der 2. in die 1. Bundesliga einseitig zu den bisherigen Konditionen verlängert werden.
Will der Spieler jedoch nach Beendigung des individualrechtlichen Sportleistungsvertrages zu einem anderen Arbeitgeber wechseln, kann dieses durch die Transferbestimmungen der Regelwerke des DFB und des DEB erschwert sein. So ist nach den verbandsrechtlichen Transfer-Wartefristen gemäß §§ 20 Nr. 1 und 2, 28 DFB-LSpSt und Art. 55 DEB-SpO für einen Vereinswechsel und den damit verbundenen Abschluß eines Sportleistungsvertrages die Aufnahme in eine Transferliste notwendig und dürfen diese Verträge nur während bestimmter Transferperioden eines Jahres geschlossen werden. Diese kollektivrechtlichen Regelungen haben aber, wegen der strikten Trennung zwischen dem individualrechtlichen Sportleistungsvertrag mit dem Verein und der kollektivrechtlichen Bindung an die Verbände, keine Auswirkungen auf die Wirksamkeit der Beendigung des Arbeitsvertrages.

Nach der in § 11 Satz 4 und 5 DFB-Musterarbeitsvertrag enthaltenen „Optionsklausel" verpflichten sich der Spieler und der Verein, den auslaufenden Vertrag zu unveränderten Konditionen um ein Jahr fortzusetzen, falls der Verein oder der Spieler dieses einseitig wünschen, wenn die bisherigen Transferentschädigungsregelungen teilweise oder ganz entfallen sollten. Unterbleibt eine dementsprechende Erklärung durch den Verein oder den Spieler, endet der Vertrag entsprechend den in § 10 getroffenen Vereinbarungen. Durch diese auch noch heute in vielen

---

[585] *Hilpert*, RdA 1997, 92 (98).
[586] *Müller-Glöge* in: Erfurter Kommentar zum Arbeitsrecht, S. 1600.
[587] BAG, SpuRt 1996, 21 (21).
[588] U. a. BAG Urteil vom 09.07.1981, AP Nr. 49 zu § 620 BGB; Urteil des LAG Düsseldorf vom 26.05.1996, LAGE § 620 BGB, zur auflösenden Bedingung unter § 5 des Sportleistungsvertrages eines Eishockeyspielers.

längerfristigen Verträgen relevante[589] Klausel soll verhindert werden, daß der Profi bei Ablauf seines vor dem „Bosman"-Urteil[590] geschlossenen Vertrages vom Wegfall der Ablösesummen im Fall des beendeten Sportleistungsvertrages profitiert. Dieses Urteil besagt u. a., daß Transferregelungen die gemeinschaftsrechtlich garantierte Arbeitnehmerfreizügigkeit (Art. 39 EGV) beeinträchtigen, da sie vorsehen, daß ein Fußballprofi seine Tätigkeit bei Ablauf des Sportleistungsvertrages nicht bei einem in einem anderen Mitgliedstaat ansässigen neuen Verein ausüben kann, wenn dieser nicht dem bisherigen Arbeitgeber eine Transferentschädigung bezahlt hat, deren Höhe zwischen den beiden Vereinen vereinbart oder gemäß den Regelwerken der Sportverbände bestimmt wurde.
Fraglich ist jedoch, ob § 11 Sätze 4 und 5 DFB-Musterarbeitsvertrag wirksam sind oder ob diese Klauseln gegen Europa-, Verfassungs-, Arbeits- oder sonstiges nationales Recht verstoßen.

aa. Verstoß gegen Art. 39 EGV und die Rechtsprechung des EuGH im Fall „Bosman"

Es stellt sich die Frage, ob sich die Rechtswidrigkeit der Klausel daraus ergibt, daß sie als Verstoß gegen die europarechtliche Grundfreiheit der Arbeitnehmerfreizügigkeit und als Umgehung des „Bosman"-Urteils des EuGH anzusehen ist. Durch die Wahrnehmung der Verlängerungsoption durch den Verein wird dem Spieler die durch das „Bosman"-Urteil eröffnete Möglichkeit genommen, nach Ablauf seines Sportleistungsvertrages zu einem anderen Verein zu wechseln. Somit wird durch § 11 Sätze 4 und 5 des DFB-Musterarbeitsvertrages im Fall von längerfristigen Verträgen über Jahre hinweg die Umsetzung des „Bosman"-Urteils und das durch dieses garantierte Recht des Spielers auf Freizügigkeit im Einzelfall unmöglich gemacht[591].
Zwar besteht im vorliegenden Fall kein unmittelbarer Verstoß gegen Art. 39 EGV oder die Rechtsprechung des EuGH, weil die Klausel nicht die Fortgeltung der gegen Art. 39 EGV verstoßenden Transferregelungen vorsieht, sondern lediglich den Vereinen die Möglichkeit eingeräumt wird, die Vertragslaufzeit im Fall des Wegfalls des Transfersystems zu verlängern. Auch hat sich der EuGH in dem „Bosman"-Urteil lediglich gegen Regelungen gewandt, die eine Beschäftigung eines Spielers bei einem neuen Verein „nach Ablauf des Vertrages" mit dem bisherigen Club von Transferzahlungen abhängig macht. Nach Wahrnehmung der Option durch den bisherigen Verein ist der Vertrag aber gerade nicht abgelaufen, sondern um ein Jahr verlängert worden.
Jedoch besteht vorliegend ein mittelbarer Verstoß gegen die in Art. 39 EGV garantierte europarechtliche Arbeitnehmerfreizügigkeit und eine Umgehung des „Bosman"-Urteils, wenn gerade die für die Vereine negativen Auswirkungen des Wegfalls des Transfersystems umgangen werden sollen. Das Verbot von Umgehungsgeschäften ist ein allgemein anerkannter Rechtsgrundsatz, wobei nach der Rechtsprechung des BGH[592] ein solches Geschäft vorliegt, wenn „durch Umgehung verbotener rechtlicher Gestaltung ein vom Gesetz oder Rechtsprechung verbotener Erfolg herbeigeführt werden soll".
Nach der Rechtsprechung des LAG Köln[593] und des LAG Hamm[594] spricht gegen die Qualifizierung der fraglichen Klauseln als Umgehungstatbestand der ausdrückliche Wortlaut dieser Vertragsbestimmungen, wonach der Verein lediglich die Möglichkeit erhält, sich die Dienste des Spielers für ein weiteres Jahr zu sichern. Diese Regelung muß nicht zwingend in Bezug zum

[589] So enthält z. B. der noch bis ins Jahr 2002 laufende Arbeitsvertrag zwischen *M. Scholl* und dem FC Bayern München diese Klausel, weil er vor dem Wegfall der Transferentschädigungsregeln in § 29 ff. LiSpSt am 01.07. 1997 geschlossen worden war.
[590] EuGH, Slg. 1995 I, 4921 ff. (Rs. 415/93).
[591] *Nasse*, SpuRt 1997, 45 (46); ArbG Dortmund, SpuRt 1999, 73 (74).
[592] BGHZ 85, 39 (46).
[593] LAG Köln, SpuRt 1999, 77 (78); SpuRt 1997, 62 (639).
[594] LAG Hamm, SpuRt 1999, 73 (76).

Wunsch des Vereins stehen, in der Vergangenheit für den Spieler entrichtete Transferzahlungen zu kompensieren oder für einen selber ausgebildeten Sportler entsprechende Zahlungen zu erhalten, sondern kann auch lediglich Ausdruck des Bedürfnisses der Clubs sein, einen Sportler weiter an sich zu binden, weil man seine sportlichen Qualitäten sehr schätzt. Zudem erschöpft sich der Zweck der Optionsklausel nicht in dem zu mißbilligenden Wunsch, trotz Änderung der Rechtslage eine Transferentschädigung „herauszuschlagen", sondern sind auch eine Reihe von Beispielen bekannt, in denen gerade nicht der Verein von der Möglichkeit einer Vertragsverlängerung Gebrauch machte, sondern die Option durch den Sportler wahrgenommen wurde, weshalb der Einschränkung der Freizügigkeit ein gleichwertiges Äquivalent gegenübersteht, welches die Freiheitsbeschränkung kompensiert. Darüber hinaus hat der Profi durch Abschluß des Vertrages in Kenntnis der Optionsklausel auf die Geltendmachung seiner Rechte im Rahmen der privatautonomen Gestaltung seiner Rechtsverhältnisse verzichtet. Niemand würde fordern, Freiheitsrechte geböten eine Verkürzung der Vertragslaufzeit, wenn die Vertragsparteien, in Ausübung ihrer Vertragsfreiheit, den Sportleistungsvertrag von vornherein für ein Jahr länger abgeschlossen hätten und dieses Ergebnis nicht erst durch die Optionsklausel herbeigeführt werden würde.

Demgegenüber ist aber mit der herrschenden Meinung im Schrifttum[595] und dem ArbG Dortmund[596] vorliegend die Verwirklichung des Umgehungstatbestandes zu bejahen. Schon der Wortlaut von § 11 Satz 4 DFB-Musterarbeitsvertrag weist einen engen Bezug der Klausel zur Rechtsprechung des EuGH hinsichtlich der Transferregelungen auf, indem die Optionsregelung nur für den Fall Geltung haben soll, daß die „bisherigen Transferregelungen teilweise oder ganz entfallen". Hierfür spricht auch die Entstehungsgeschichte dieser Klausel, welche zu einem Zeitpunkt in die Verträge aufgenommen wurde, als aus Sicht der Vereine eine durch höchstrichterliche Überprüfung bedingte Abschaffung des Transfersystems zu befürchten war. Dies wird auch durch die bisherige Anwendungspraxis belegt, nach der die Vereine von der Option nur in Bezug auf leistungsstarke Spieler Gebrauch machten, die ohne weiteres einen neuen Verein gefunden hätten und aufgrund des Wegfalls des bisherigen Transfersystems ablösefrei gewesen wären. Hierbei ist es unerheblich, ob die Vereine durch die Aufnahme der Optionsklausel in den Arbeitsvertrag die Absicht verfolgten, Art. 39 EGV und die Rechtsprechung des EuGH zu umgehen oder ob lediglich der Gedanke im Vordergrund stand, unabhängig vom Wegfall des Transfersystems einen leistungsstarken Spieler länger an den Verein zu binden. Entscheidender Gesichtspunkt bei der Qualifizierung einer Klausel als Umgehungsgeschäft ist nicht der durch die konkrete Vertragsgestaltung verfolgte Zweck, sondern ob sich die Klausel objektiv als Umgehungsgeschäft darstellt[597]. Vorliegend wird durch § 11 Satz 4 DFB-Musterarbeitsvertrag die freie Vereinswahl nach dem vorgesehenen Ablauf des Arbeitsvertrages beschränkt, da ein Vereinswechsel wegen der Verlängerung des Vertrages auch nach der neuen Rechtslage von einer Transferzahlung abhängig ist, weil der Spieler aus einem laufenden Vertrag „herausgekauft" werden muß. Auch ergibt sich keine Rechtfertigung der Einschränkung der Freizügigkeit des Profis aus dem Gesichtspunkt heraus, daß die vertraglich vorgesehene Möglichkeit der Ausübung der Option durch den Spieler ein Äquivalent für die Beschneidung seiner Rechte darstellt. Zwar haben leistungsschwache Spieler, die keinen anderen Verein finden können und von ihrem bisherigen Arbeitgeber kein neues Vertragsangebot erhalten haben, aufgrund der Klausel die Möglichkeit, den Sportleistungsvertrag zu den ursprünglichen Bedingungen um ein Jahr zu verlängern. Dieses ist aber kein Äquivalent für die Einschränkung der Freizügigkeit des leistungsstarken Spielers, weil dieser von der vertraglichen Regelung gar nicht profitiert. Darüber hinaus stellt die Klausel nicht einmal eine Kompensation für die Beschränkung der Freiheit des lei-

[595] U. a. *Nasse*, SpuRt 1997, 45 (47); *Krogmann*, Grundrechte im Sport, S. 221.
[596] ArbG Dortmund, SpuRt 1999, 73 (74).
[597] BAG, NJW 1961, 798 (799).

stungsschwachen Profis dar, weil dessen Freizügigkeit mangels Vertragsangebot von Seiten eines anderen Clubs ohnehin nicht beeinträchtigt ist. Darüber hinaus ergibt sich eine Rechtfertigung des Eingriffs in die Freizügigkeit des Spielers auch nicht unter dem Aspekt, daß dieser im Rahmen der Vertragsfreiheit durch den Abschluß des Arbeitsvertrages auf seine Rechte verzichtet hat. Nach der Rechtsprechung des BVerfG[598] und des BAG[599] sind der Privatautonomie dort Schranken gesetzt, wo, wie im vorliegenden Fall durch Art. 39 EGV, zwingendes Recht betroffen ist.

Die damit zentrale Frage der Drittwirkung von Art. 39 EGV im Privatrechtsverkehr wurde von den dargestellen Autoren und den Gerichten nicht aufgeworfen. Grundsätzlich hat die Garantie der Freizügigkeit nicht primär einen privatrechtlichen, sondern einen öffentlich-rechtlichen Gehalt und richtet sich in erster Linie an die Mitgliedstaaten[600]. Jedoch hat der EuGH[601] auch die Satzungen von Sportverbänden und -vereinen an den Grundfreiheiten gemessen, weil diese normähnliche Wirkung entfalten, weswegen heute unbestritten ist, daß sich die kollektivrechtliche Seite der Rechtsbeziehungen des Sportlers an Art. 39 EGV messen lassen muß. Die vorliegend zu untersuchende Klausel des § 11 Satz 4 DFB-Musterarbeitsvertrag entstammt aber dem der individualrechtlichen Seite zuzurechnenden Arbeitsvertrag, auf den sich die Rechtsprechung des EuGH nicht bezieht. Trotzdem kann an dieser Stelle offen bleiben, ob auch die Regelungen des Sportleistungsvertrages den Grundfreiheiten des EGV unterfallen, weil es hier nicht um eine direkte Anwendung von Art. 39 EGV auf diese Rechtsbeziehung geht, sondern die Klausel des Arbeitsvertrages ein Umgehungsgeschäft der Rechtsprechung des EuGH zur Rechtswidrigkeit von Verbandsregelungen darstellt, weshalb sich auch § 11 DFB-Musterarbeitsvertrag an Art. 39 EGV messen lassen muß, damit nicht durch eine Verlagerung von Regelungen aus dem Verbandsrecht in den Sportleistungsvertrag eine Umgehung des Rechtsprechung des EuGH erreicht werden kann.

Jedoch verstößt § 11 DFB-Musterarbeitsvertrag hinsichtlich rein inländischer Sachverhalte ohne Auslandsberührung nicht gegen Art. 39 EGV und stellt keine Umgehung des „Bosman“-Urteils des EuGH dar, wenn durch die Klausel der Wechsel eines deutschen Profis innerhalb der deutschen Bundesligen behindert wird. Die im EGV geregelte Arbeitnehmerfreizügigkeit und die Rechtsprechung des EuGH hierzu beziehen sich nur auf grenzübergreifende Sachverhalte zwischen EU-Mitgliedstaaten. Rein innerstaatliche Begebenheiten unterfallen nicht den Regelungen des Gemeinschaftsrechts und der Rechtsprechung des EuGH[602].
Dagegen findet Art. 39 EGV und die hierzu existierende Rechtsprechung des EuGH Anwendung auf die Sportleistungsverträge deutscher Berufsfußballspieler mit deutschen Vereinen, soweit die Klauseln den Wechsel zu einem Verein im EU-Ausland behindern[603], so daß in diesen Fällen die § 11 Sätze 4 und 5 DFB-Musterarbeitsvertrag gemäß § 134 BGB i. V. m. Art. 39 EGV und als Umgehung der Rechtsprechung des EuGH nichtig sind.
Die sich im Rahmen der Nichtanwendbarkeit von Art. 39 EGV auf Inlandstransfers deutscher Spieler zwangsläufig aufwerfende Frage der Inländerdiskriminierung kann vorliegend noch offen bleiben, wenn sich die Rechtswidrigkeit der Klausel in Bezug auf diese Personengruppe aufgrund anderer Normen ergibt.

---

598 BVerfG, NZA 1990, 389 (391).
599 BAG, NZA 1994, 937 (939).
600 U. a. *Eichenhofer* in: *Dauses*, D. III, Rdnr. 16.
601 EuGH, Slg. 1974, 1405 (1419 f.), Rdnr. 16/19 ff. (Rs. 36/74); EuGH, Slg. 1995 I, 4921 (5065 ff.), Rdnr. 82 ff. (Rs. C-415/93).
602 EuGH, Slg. 1995 I, 4921 (5068 ff.), Rdnr. 94 ff. (Rs. C-415/93).
603 *Streinz*, SpuRt 1998, 1 (46).

bb. Verstoß gegen Art. 81, 82 EGV

Die Rechtswidrigkeit von § 11 Sätze 4 und 5 DFB-Musterarbeitsvertrag auch im Bezug auf die Behinderung eines Vereinswechsels eines deutschen Profis innerhalb der deutschen Bundesliga könnte sich aber aus einem Verstoß gegen EG-Wettbewerbsrecht ergeben, weil es, wie im Zusammenhang mit der Beschränkung der selbständigen Werbetätigkeit des Profis dargestellt[604], im Rahmen von Art. 81 f. EGV schon ausreichend ist, wenn die wettbewerbsbeschränkende Maßnahme geeignet ist, *den Handel zwischen den Mitgliedstaaten* zu beeinträchtigen. Nach ständiger Rechtsprechung des EuGH[605] ist es zur Verwirklichung der in den Art. 81 f. EGV enthaltenen „Zwischenstaatlichkeitsklausel" lediglich erforderlich, daß die betreffende Abrede geeignet ist, unmittelbar oder mittelbar, tatsächlich oder der Möglichkeit nach den Handel zwischen den Mitgliedstaaten zu beeinträchtigen. Die vorliegende Optionsklausel beeinträchtigt zumindest die Möglichkeit des Spielers, ins EU-Ausland zu wechseln, so daß es nicht darauf ankommt, ob er tatsächlich nur innerhalb der deutschen Bundesliga für einen anderen Verein spielen will.

Hinsichtlich der (zu bejahenden) *Spürbarkeit* der Beeinträchtigung des zwischenstaatlichen Handels und der Anwendbarkeit des EG-Kartellrechts auf arbeitsvertragliche Regelungen ist auf die Ausführungen im Rahmen der Darstellung zu den Beschränkungen der Eigenvermarktung des Profis durch die Vereine zu verweisen[606].

Auch handelt es sich bei der Verwendung von Musterverträgen durch die Vereine um eine *aufeinander abgestimmte Verhaltensweise* gemäß Art. 81 Abs. 1 EGV[607].

§ 11 Satz 4 DFB-Musterarbeitsvertrag ist *geeignet, den Handel zwischen den Mitgliedstaaten zu beeinträchtigen und eine Einschränkung des Wettbewerbs zu bewirken*, weil durch diese Abrede die wirtschaftliche Handlungsfreiheit des Sportlers, als eines an der Verhaltensabstimmung nicht beteiligten Dritten, beeinträchtigt wird, indem dieser durch die Wahrnehmung der Option durch den bisherigen Verein gehindert wird, seine Arbeitsleistung einem anderen Club eines EU-Mitgliedsstaates anzubieten, wobei der Begriff des zwischenstaatlichen Handels den gesamten Wirtschaftsbereich, also auch den Dienstleistungsverkehr erfaßt[608].

Eine Rechtfertigung dieser Beschränkung könnte sich aber daraus ergeben, daß es der EuGH und die Kommission bei der Auslegung der Vorschriften des EG-Kartellrechts unterlassen haben, bestimmte, an sich als wettbewerbsbeschränkend anzusehende Maßnahmen als Verstoß gegen Art. 81 EGV zu werten, wenn durch diese Maßnahmen der Wettbewerb nicht beschränkt, sondern vielmehr erst hergestellt, aufrechterhalten oder gefördert wird[609]. Fraglich ist aber, ob die Beschränkung der Wechselfreiheit der Profis durch die Optionsklausel unerläßlich ist, um den Wettbewerb im Profifußball aufrecht zu erhalten.
Eine Notwendigkeit der Abrede zur Abmilderung der Folgen des Wegfalls des Transfersystems im Interesse der Funktionsfähigkeit des Profifußballs könnte sich daraus ergeben, daß als Konsequenz der durch den EuGH hergestellten Rechtslage nur die „reichen" Clubs wirtschaftlich überleben können, demgegenüber aber die „armen" Vereine auf die Dauer mangels wirtschaftlicher Leistungsfähigkeit verdrängt werden, wodurch zumindest der nationale Ligawettbewerb

---

[604] Vgl. oben, 2.Abschn., II.1.c.bb.(4).
[605] U. a. EuGH, Slg. 1966, 281 (303), (Rs. 56/65); EuGH, Slg. 1988, 1935 (1939), Rdnr. 14 (Rs. 27/87).
[606] Vgl. oben, 2.Abschn., II.1.c.bb.(4).
[607] Vgl. ebenda.
[608] *Schröter* in: *Groeben/Thiesing/Ehlermann*, Art. 85 EGV a. F., Rdnr. 140.
[609] Vgl. oben, 2.Abschn., II.1.c.bb.(4).

zwischen den Vereinen in Gefahr geriete, zum Erliegen zu kommen [610]. Es ist unbestritten, daß der sportliche Wettkampf die Existenz eines konkurrenzfähigen Gegners voraussetzt und für die weniger finanzstarken Vereine die potentiellen Einnahmen aus den Transfererlösen eine wichtige finanzielle Grundlage darstellen. Darüber hinaus war die Spekulation auf Gewinne aus Transfererlösen ein wichtiger Aspekt bei der Kreditsicherung gegenüber Gläubigern , weil in erheblichen Umfang die Kreditgewährung insb. durch Banken von der Abtretung potentieller Transfererlöse abhängig gemacht wurde[611] und dieses Sicherungsmittel durch das „Bosman"-Urteil entfallen ist. Zudem wollten die Sportverbände die Notwendigkeit des Fortbestehens des bisherigen Transfersystems mit Ausbildungszwecken und der Bedeutung der Identifikation der Zuschauer mit Spielern ihrer Nationalität rechtfertigen[612]. In der Tat hat sich als Folge des Wegfalls des Transfersystems die Qualität der Ausbildung des nationalen Nachwuchses drastisch verschlechtert[613], weil es für die Vereine nicht wirtschaftlich lukrativ ist, einen Spieler über viele Jahre kostspielig auszubilden, um ihn nach Vertragsablauf ablösefrei zu einem anderen Verein wechseln zu lassen.
Demgegenüber läßt sich nach *Lenz*[614] die Konkurrenzfähigkeit der Vereine auch durch andere Mechanismen als die Beschränkung des Nachfragewettbewerbs nach Spielern aufrechterhalten. So ist z. B. an eine Umverteilung der TV- und Zuschauereinnahmen zugunsten der weniger wirtschaftlich starken Vereine zu denken, was aber angesichts der Diskussion um eine dezentrale Verwertung der Fernsehrechte, in welcher sich gerade die mangelnde Solidarität zwischen den Vereinen manifestiert, höchst fraglich erscheint. Auch wurde gegen die Notwendigkeit des Transfersystems zur Herstellung und Aufrechterhaltung des Wettbewerbs zwischen den Vereinen angeführt, daß dieses nicht geeignet gewesen sei, diese Zielsetzung zu verwirklichen, sondern vielmehr zur Verstärkung und Untermauerung bestehender Ungleichgewichte beitrug, weil finanzschwache Vereine zwar ihre Spieler verkauften, aber im Gegenzug nicht in der Lage waren, von wirtschaftlich stärkeren Vereinen Sportler zu verpflichten, da die hierfür nötigen Ablösesummen in der Regel zu hoch waren[615]. Im übrigen wurde angeführt, daß die Zuschauer lediglich am Erfolg einer Mannschaft und nicht an der regionalen oder nationalen Zusammensetzung ihres Spielerkaders interessiert seien. Auch vermögen Ausbildungszwecke nicht die Existenz des bisherigen Transfersystems zu rechtfertigen, weil die besten Spieler oft in völlig unbedeutenden Vereinen ausgebildet wurden und auch vor dem „Bosman"-Urteil nur die wenigsten Lizenzvereine beachtliche Summen in den eigenen Nachwuchs investierten.
Diese bezüglich der Abschaffung des Transfersystems geführte Diskussion trägt aber nichts für die Rechtfertigung der Optionsklauseln im Rahmen von Art. 81 Abs. 1 EGV bei.
Zwar dient § 11 Satz 4 DFB-Musterarbeitsvertrag, wie im Zusammenhang mit Art. 39 EGV dargestellt, den Vereinen zur Abwendung der für sie negativen wirtschaftlichen Konsequenzen der Abschaffung des Transfersystems, jedoch ist diese Abrede unter Berücksichtigung aller Umstände nicht geeignet und unerläßlich, um die Wettbewerbsfähigkeit der Profivereine aufrecht zu erhalten. Auf die Dauer werden, bedingt durch die Praxis der Befristung der Sportleistungsverträge, immer weniger Profis einen Vertrag haben, der die Optionsklausel enthält, weil deren Wirkung nur für Verträge relevant ist, die vor dem völligen Entfallen des Transfersystems am 01.07.1997 abgeschlossen wurden. Die Maßnahme ist demnach aufgrund ihrer eingeschränkten

---

[610] So haben UEFA und italienische Regierung im Fall „Bosman" vor dem EuGH versucht, das Transfersystem als notwendige Absprache für die Herstellung neuen Wettbewerbs und die Ermöglichung des Marktzutritts zu rechtfertigen; vgl. Schlußantrage des Generalanwalts *Lenz*, Slg. 1995 I, 4921 (5031), Rdnr. 264 ff. (Rs. C-415/93).
[611] *Westermann*, DZWir 1996, 82 (83).
[612] *Weiß*, SpuRt 1998, 97 (100).
[613] So war es der deutschen U-21 Nationalmannschaft (bis auf die Teilnahmen an der WM 2001) lange Jahren nicht mehr gelungen, sich für die Endrunden von Weltmeisterschaften zu qualifizieren.
[614] Schlußanträge des Generalanwalts *Lenz*, Slg. 1995 I, 4921 (5014 ff., 5031), Rdnr. 218 ff., 270 (Rs. C-415/ 93).
[615] Ebenda.

zeitlichen Wirkung, im Vergleich zum bisherigen Transfersystem, dessen wettbewerbsfördernder Charakter zumindest umstritten ist, überhaupt nicht geeignet, den Wettbewerb aufrecht zu erhalten. Zudem hat sich die meist schlechte wirtschaftliche Situation der Proficlubs auch nach dem zeitlichen Auslaufen der die Optionsklausel enthaltenden Verträge nicht dramatisch verändert, weswegen die Realität gezeigt hat, daß § 11 Satz 4 DFB-Musterarbeitsvertrag nicht unerläßlich zur Herstellung und Aufrechterhaltung des Wettbewerbs -und somit gerechtfertigt- ist.

Auch besteht nicht die Möglichkeit einer Freistellung der Optionsklausel durch die Kommission nach Art. 81 Abs. 3 EGV. Zwar kann eine *angemessene Beteiligung der Verbraucher* darin gesehen werden, daß durch den Beitrag der Transfererlöse zur Finanzierung der Vereine die Eintrittspreise niedriger gehalten werden und nicht sämtliche Spiele nur im „Pay TV" übertragen werden. Jedoch ist es schon höchst umstritten, ob diese Beschränkung der Freizügigkeit zur Verbesserung des „Produktes" Profisport überhaupt beiträgt und kann darüber hinaus eine Regelung, die gegen Art. 39 EGV verstößt und sich als Umgehung der Rechtsprechung des EuGH darstellt, nicht *unerläßlich*, im Sinne von angemessen, als Ausprägung des Verhältnismäßigkeitsgrundsatzes sein.

Den Vereinen kommt eine kollektiv *beherrschende Stellung* auf dem Spielermarkt gemäß Art. 82 EGV zu[616]. Auch stellt sich die Beschränkung der Möglichkeit des Spielers, zu einem anderen Verein zu wechseln, als *mißbräuchlich* i. S. d. Art. 82 EGV dar. Durch die Wahrnehmung der Option durch den Verein und die damit verbundene Verlängerung des Vertrages kann der Spieler nicht ablösefrei wechseln, sondern muß durch einen neuen, potentiellen Arbeitgeber aus dem (weiter-) laufenden Vertrag herausgekauft werden, wodurch die Anzahl der an der Verpflichtung des Sportlers interessierten Vereine begrenzt wird. Weil hierdurch die Verhandlungsposition des Profis im Hinblick auf das Gehalt bei einem neuen Club beeinträchtigt wird, ist der Mißbrauch schon in der Erzielung unangemessen niedriger Spielergehälter als Einkaufsbedingungen der Vereine i. S. d. Art. 82 Satz 2 lit. a EGV zu sehen[617]. Hierbei bleiben subjektive Beweggründe und Absichten der Vereine unberücksichtigt, vielmehr kommt es alleine darauf an, ob sich das tatsächliche Handeln des Marktbeherrschers als objektiv mißbräuchlich darstellt[618], so daß es keine Rolle spielt, wenn der Verein nicht den Wechsel des Sportlers zu einem anderen Verein behindern will, sondern nur aus dem Grund von der Option Gebrauch macht, um sich die Dienste eines sportlich wertvollen Spielers weiter zu erhalten.

Somit verstößt § 11 Satz 4 DFB-Musterarbeitsvertrag auch dann, wenn durch diese Klausel der Wechsel eines deutschen Spielers innerhalb der deutschen Bundesligen behindert wird, gegen EG-Wettbewerbsrecht.

cc. Verstoß gegen Art. 12 GG

Die Wahrnehmung der Verlängerungsoption durch den Verein könnte die Ausübung der Berufsfreiheit des Profis i. S. d. Art. 12 GG, welche nach der mittelbaren Wirkung der Grundrechte über §§ 138, 242 BGB auch im Arbeitsverhältnis gilt, betreffen. Nach der Rechtsprechung des BAG im Fall „Kienass"[619] ist die im „Bosman"-Urteil zum Ausdruck gebrachte Rechtsauffassung des EuGH hinsichtlich der Rechtswidrigkeit von Ablösesummen bei ausgelaufenen Sportleistungsverträgen im Hinblick auf einen Verstoß gegen Art. 12 GG bestätigt worden. Die freie Wahl des Arbeitsplatzes als Konkretisierung der Berufswahl, die auch die

[616] Vgl. oben, 2.Abschn., II.1.c.bb.(4).
[617] So auch *Weiß*, SpuRt 1998, 97 (102) in Bezug auf das bisher geltende Transfersystem.
[618] *Schröter* in: *Groeben/Thiesing/Ehlermann*, Art. 86 EGV a. F., Rdnr. 132.
[619] BAG, SpuRt 1997, 94 ff.

freie Entscheidung darüber beinhaltet, an welcher räumlichen Stelle und bei welchem Arbeitgeber der Berufstätige seiner Beschäftigung nachgehen will[620], wird empfindlich beeinträchtigt, wenn ein Verein es durch Transferforderungen einem Spieler unmöglich machen kann, nach Beendigung des Sportleistungsvertrages den Arbeitsplatz zu wechseln. Ein unmittelbarer Verstoß gegen Art. 12 GG und diese Rechtsprechung des BAG bezüglich des Transfersystems ist aus den bereits im Zusammenhang mit Art. 39 EGV angestellten Überlegungen aber nicht festzustellen, weil die fraglichen Klauseln nicht direkt die Fortgeltung der gegen Art. 39 EGV und Art. 12 GG verstoßenden Regelungen der Verbandsnormen im Hinblich auf das Transfersystem durch Vereinbarungen im Sportleistungsvertrag vorsehen. Jedoch besteht entgegen der Ansicht des LAG Köln[621] und des LAG Hamm[622] gleichermaßen eine Umgehung der Rechtsprechung des BAG, weswegen auf die im Rahmen der europarechtlich garantierten Arbeitnehmerfreizügigkeit geführte Argumentation verwiesen werden kann.
Bei der im Rahmen der Grundrechtsprüfung vorzunehmenden Abwägung der widerstreitenden Interessen ergibt sich nicht aufgrund der durch Art. 2 Abs. 1 GG geschützten Privatautonomie der Vereine[623] eine Rechtfertigung der durch die Optionsklausel bedingten Beschränkung der freien Arbeitsplatzwahl[624]. Wie schon im Rahmen der Ausführungen zu Art. 39 EGV dargelegt, findet die Vertragsfreiheit dort ihre Grenzen, wo zwingendes Recht, wie hier Art. 12 GG, betroffen ist.
Eine Rechtfertigung ergibt sich auch nicht aus dem Gesichtspunkt, daß die Vereine nach den Regelungen für Tendenzbetriebe beurteilt werden können, deren Tendenz in der Förderung des Fußballsports zu sehen ist und somit Eingriffe in Art. 12 GG mit ideeller und nicht wirtschaftlicher Zielrichtung als interessengerecht angesehen werden können[625]. Durch die Optionsklausel werden in erster Linie wirtschaftliche Interessen der Vereine geschützt, da sie durch diese Regelung die Möglichkeit erhalten, Spieler, die aktuell bessere Verdienstmöglichkeiten hätten, zu unveränderten Bedingungen länger an sich zu binden[626].
Zudem läßt sich § 11 DFB-Musterarbeitsvertrag auch nicht unter Verweis auf das Interesse der Vereine, die durch sie zur Ausbildung des Spielers aufgebrachten Kosten nicht zu verlieren, rechtfertigen. Zwar hat die Rechtsprechung[627] die Einschränkung von Art. 12 GG aufgrund dieses Interesses des Arbeitgebers in engen Grenzen zugelassen, jedoch kann dies in keinem Fall zu einer Verlängerung eines abgelaufenen Arbeitsvertrages führen.
Infolgedessen verstößt § 11 Satz 4 DFB-Musterarbeitsvertrag auch gegen Art. 12 GG, so daß diese Vertragsklausel auch insofern als rechtswidrig anzusehen ist, als durch sie ein Wechsel eines deutschen Fußballprofis innerhalb der deutschen Bundesliga verhindert werden soll.

dd. Nichtigkeit aus Gründen der gestörten Vertragsparität

Die Klauseln der Sportleistungsverträge der Fußball- und Eishockeyspieler, als Arbeitnehmer i. S. d. Zivilrechts, können im Rahmen der richterlichen Billigkeitskontrolle von Arbeitsverträgen korrigiert werden, wenn zwischen den Parteien ein so starkes wirtschaftliches, soziales oder intellektuelles Ungleichgewicht besteht, daß ein Vertragspartner den Vertragsinhalt de facto alleine bestimmen kann[628]. Eine derart gestörte Vertragsparität ist grundsätzlich im Ver-

620 BVerfG, NJW 1991, 1667 (1667); *Gubelt* in: v. *Münch/Kunig*, Art. 12 GG, Rdnr. 23.
621 LAG Köln, SpuRt 1999, 77 (78); LAG Köln, SpuRt 1997, 62 (63).
622 LAG Hamm, SpuRt 1999, 73 (76).
623 U. a. *Starck* in: *v. Mangoldt/Klein/Starck*, Art. 2 Abs. 1 GG, Rdnr. 136.
624 *Arens/Jaques*, SpuRt 1997, 41 (42).
625 LAG Berlin, NJW 1979, 2582 (2583).
626 *Arens/Jaques*, SpuRt 1997, 41 (43).
627 LAG Berlin, NJW 1979, 2582 (2583).
628 *Palandt/Heinrichs*, § 24 AGBG, Rdnr. 2.

hältnis Arbeitnehmer und Arbeitgeber anzunehmen[629]. Jedoch setzt eine aus dieser konstanten Ungleichgewichtslage resultierende Korrektur des Vertrages im Einzelfall voraus, daß eine „typisierbare Fallgestaltung, die eine strukturelle Unterlegenheit des einen Vertragspartners erkennen läßt“, vorliegt und daß „die Folgen der Vertragsklausel für den unterlegenen Vertragsteil ungewöhnlich belastend sind“[630].
Das LAG Köln[631] hat deshalb mangels ungewöhnlicher Belastung des Spielers durch § 11 Satz 4 DFB-Musterarbeitsvertrag eine Störung der Vertragsparität nicht angenommen, weil das Optionsrecht beiden Vertragspartnern zusteht. Darüber hinaus sei schon keine strukturelle Unterlegenheit des Spielers festzustellen, da die die Option auslösende Änderung der Verbandsregelwerke im Hinblick auf das Transfersystem nicht durch die Vereine, sondern durch den DFB oder seinen Beirat vorgenommen wurden.
Jedoch spricht mit dem ArbG Dortmund[632] und *Nasse*[633] für eine Nichtigkeit der Vertragsklausel unter dem Gesichtspunkt der strukturellen Ungleichgewichtslage, daß sich eine Unterlegenheit der Profisportler schon bei der praktischen Handhabung der Optionsmöglichkeit zeigt. Spieler und Verein haben nach § 11 Satz 4 DFB-Musterarbeitsvertrag bis zum 30.04. des jeweiligen Jahres die Möglichkeit, das Optionsrecht auszuüben. Der Sportler hat wegen der in § 28 Nr. 2 DFB-LiSpSt geregelten Transferperioden nur bis zum 30.06 des Jahres Zeit, einen neuen Verein zu finden, falls keine Seite von dem Optionsrecht Gebrauch macht und der Vertrag nicht beiderseitig verlängert wird, und kann seine weitere berufliche Zukunft, auch bei einem anderen Verein, erst verbindlich planen ,wenn der Verein nicht bis zum 30.04. den Wunsch erklärt, den Vertrag zu verlängern. Demgegenüber kann der Verein schon wesentlich früher mit der Planung für die kommende Saison beginnen. Auch wenn ein Spieler, den der Verein gar nicht weiter beschäftigen will, von dem Optionsrecht Gebrauch macht, ist der Verein nicht gehindert, schon frühzeitig für dessen Position einen anderen Sportler zu verpflichten und später auch einzusetzen. Zudem ergibt sich hinsichtlich der die Optionsmöglichkeit auslösenden Änderung der Verbandsregelwerke eine strukturelle Unterlegenheit der Spieler aus dem Aspekt, daß die Vereine über ihre Vertretung im Ligaausschuß zumindest mittelbar die Möglichkeit hatten, auf die inhaltliche Ausgestaltung der Änderungen des Transfersystems Einfluß zu nehmen. Eine ungewöhnliche Belastung des Profis besteht trotz der auch ihm eingeräumten Optionsmöglichkeit, weil das BAG[634] bei der Verwendung von Musterarbeitsverträgen durch den Arbeitgeber grundsätzlich die Gefahr einer unangemessenen Benachteiligung des Arbeitnehmers annimmt.

ee. Inhaltskontrolle anhand des AGBG

§ 11 DFB-Musterarbeitsvertrag könnte als sogenannte überraschende Klausel i. S. d. § 3 AGBG gemäß § 6 Abs. 1 AGBG unwirksam sein.
Zwar finden nach § 23 Abs. 1 AGBG dieses Gesetz keine Anwendung bei Verträgen auf dem Gebiet des Arbeitsrechts, jedoch ist § 3 AGBG nach herrschender Meinung im Schrifttum[635] auf vom Arbeitgeber verwendete vorformulierte Arbeitsverträge analog anwendbar. Demgegenüber lehnt das BAG[636] eine analoge Anwendung der Vorschriften des AGBG auf Arbeitsverträge ab, überprüft aber im Rahmen von § 242 BGB, ob eine vertragliche Regelung als überraschende

---

[629] Grundlegend dazu: BAG Urteil vom 31.10.1969, AP Nr. 1 zu § 242 BGB.
[630] BVerfGE, NJW 1994, 2749 (2750).
[631] LAG Köln, SpuRt 1997, 62 (63).
[632] ArbG Dortmund, SpuRt 1999, 73 (75).
[633] *Nasse*, SpuRt 1997, 45 (48).
[634] BAG Urteil vom 24.03.1988, AP Nr. 1 zu § 241 BGB.
[635] U. a. *Horn* in: *Wolf/Horn/Lindacher*, § 23 AGBG, Rdnr. 40; *Ulmer* in: *Ulmer/Brandner/Hensen*, § 23 AGBG, Rdnr. 3 ff.
[636] BAG, DB 1996, 989 (989).

Klausel nicht Vertragsbestandteil geworden ist, weswegen es hier im Endeffekt keine Rolle spielt, welcher Meinung man sich anschließt.
Überraschend sind Vertragsklauseln, wenn sie so ungewöhnlich sind, daß der Vertragspartner des Verwenders nicht mit ihnen zu rechnen braucht. Dabei sind alle Umstände des Einzelfalls, also auch die äußerliche Gestaltung des Vertrages, zu berücksichtigen, so daß auch das Unterbringen der vertraglichen Regelung an unerwarteter Stelle des Gesamtvertrages als überraschend zu werten ist[637].
Nach der herrschenden Meinung im Schrifttum[638] handelt es sich somit bei § 11 Satz 4 DFB-Musterarbeitsvertrag um eine überraschende Klausel, weil die Optionsmöglichkeit an einer Stelle des Vertrages fixiert ist, an der sie keinesfalls üblich und zu erwarten ist. § 10 des Mustervertrages trägt die Überschrift „Vertragsbeginn und -ende", wohingegen § 11 mit „Transferbestimmungen" übertitelt ist und somit keinen Hinweis auf eine Möglichkeit zur Vertragsverlängerung enthält Die Optionsklausel, deren Wahrnehmung aber zu einer Vertragsverlängerung führt, ist erst unter § 11 Satz 4, nach einem Verweis auf die verbandsrechtlichen Transferbestimmungen, aufgeführt.
Mit der Rechtsprechung des LAG Köln[639] ist § 11 Satz 4 DFB-Musterarbeitsvertrag aber nicht als überraschend i. S. d. § 3 AGBG analog oder von § 242 BGB zu qualifizieren. Die Klausel ist Bestandteil eines jahrelang gebräuchlichen Mustervertrages, dessen Inhalt durch ständige Berichte in den Medien sogar über die einschlägigen Kreise hinaus bekannt ist. Zudem weist die Optionsklausel durch die in ihr enthaltene Bedingung einen engen Bezug zu den rechtswidrigen Regelungen der Verbandswerke bezüglich des Transfersystems auf, so daß die Aufführung dieser Abrede im Rahmen der Transferbestimmungen nicht völlig ungewöhnlich ist.

b. Beendigung durch Kündigung in der Vertragslaufzeit

Die Vertragsparteien können den Sportleistungsvertrag, als befristeten Arbeits- oder Dienstvertrag, entgegen der Ansicht von *Dupont*[640] nicht ordentlich, d. h. unter Beachtung der Kündigungsfristen von § 621 bzw. § 622 BGB kündigen, weil diese Verträge nur durch Zeitablauf enden sollen[641]. Eine ordentliche Kündigung eines befristeten Dienst- oder Arbeitsvertrages ist nur ausnahmsweise zulässig, wenn dies ausdrücklich vereinbart worden ist oder ein dahingehender Wille aus den Umständen eindeutig erkennbar ist[642], was aber bei den vorliegenden Sportleistungsverträgen der Fußball-, Eishockey- und Leichtathletikprofis nicht der Fall ist.
Nach § 626 BGB können sowohl die als Arbeits- als auch die als Dienstvertrag qualifizierten Sportleistungsverträge außerordentlich (fristlos) beendet werden, wenn ein „wichtiger Grund" vorliegt[643]. Hierfür ist aber grundsätzlich das Vorliegen solcher Tatsachen erforderlich, die unter Berücksichtigung aller Umstände des Einzelfalls und unter Abwägung der Interessen beider Parteien des Vertrages dem Kündigenden die Fortsetzung des Vertrages unzumutbar machen[644].
Als Kündigungsgründe kommen somit nach der durch die Rechtsprechung des BAG und in der

---

[637] BGHZ 102, 152 (159).
[638] *Nasse*, SpuRt 1997, 45 (49); *Arens/Jaques*, SpuRt 1997, 41 (45).
[639] LAG Köln, SpuRt 1997, 77 (78); LAG Köln, SpuRt 1997, 62 (63).
[640] Der *Bosman*-Anwalt *Dupont* hat im Streit um den Transfer des französischen Nationalspielers *Anelka* von Arsenal London zu Lazio Rom geltend gemacht, daß nach den europäischen Rechtsordnungen ein Profifußballspieler, als Arbeitnehmer, seinen laufenden Sportleistungsvertrag ordentlich kündigen könne, um so als vertraglich nicht gebundener Spieler ablösefrei zu einem anderen Club zu wechseln: Süddeutsche Zeitung vom 27. 07. 1999, S. 34.
[641] U. a. *Müller-Glöge* in: Erfurter Kommentar zum Arbeitsrecht, S. 1634.
[642] BAG Urteil vom 19.06.1980, AP Nr. 55 zu § 620 BGB.
[643] *Wank* in: Münchner Handbuch Arbeitsrecht, § 113, Rdnr. 129.
[644] *Wank* in: Münchner Handbuch Arbeitsrecht, § 117, Rdnr. 27.

Literatur[645] entwickelten Kasuistik Pflichtwidrigkeiten im Leistungsbereich, im Verhaltensbereich, im betrieblichen Bereich, im Vertrauensbereich sowie wirtschaftliche Schwierigkeiten des Dienstherren in Betracht.

aa. Außerordentliche Kündigung durch Verein, Verband und privaten Sportveranstalter

Als Kündigungsgründe kommen demnach für den Dienstherrn im Rahmen des Sportleistungsvertrages in erster Linie schwerwiegende Vertragsverletzungen durch den Sportler, der eigene Konkurs, ein Lizenzverlust oder der sportliche Abstieg in Frage.

Verstöße des Spielers gegen die Verbandsregelwerke, wie z. B. Dopingvergehen und darauf folgende verbandsrechtliche Sanktionen, haben keine unmittelbaren Auswirkungen auf den Bestand des individualrechtlichen Sportleistungsvertrages. Jedoch stellen sie eine schwerwiegende Verletzung der arbeits- bzw. dienstvertraglichen Pflichten dar, da die Regelwerke der Verbände durch Klauseln in den individualrechtlichen Sportleistungsverträgen (§ 1 DFB-Musterarbeitsvertrag, § 2 der Athletenvereinbarung mit dem DLV und Anlage des Teilnahmevertrages an Leichtathletikmeetings) in den Dienst- oder Arbeitsverträgen verankert wurden. Auch im Fall einer nur kurzen Sperre als Folge eines grob fahrlässigen oder vorsätzlichen Dopingverstoßes kann das Vertrauensverhältnis zwischen Sportler und Dienstherr nachhaltig erschüttert sein[646], weil hierdurch u. a. das Ansehen des Vereins in der Öffentlichkeit stark beschädigt wird und seine Vermarktungsmöglichkeiten beschränkt werden. Demgegenüber wird bei einem nur leicht fahrlässig begangenen Verstoß i. d. R. eine außerordentliche Kündigung wegen des Fehlens der Unzumutbarkeit der weiteren Zusammenarbeit ausscheiden[647]. Im Rahmen von Dopingverstößen verstreicht bis zur endgültigen Aufklärung des Sachverhaltes in der Praxis ein längerer Zeitraum oder läßt sich der tatsächliche Hergang nie vollständig ermitteln[648]. Jedoch kann auch schon der Verdacht einer schwerwiegenden Pflichtverletzung eine außerordentliche Kündigung rechtfertigen, wenn hierdurch das zur Fortsetzung des Dienst- oder Arbeitsverhältnisses notwendige Vertrauen des Dienstherren zerstört wurde oder eine unerträgliche Belastung des Dienst-/Arbeitverhältnisses eingetreten ist[649]. Falls der Dienstherr alles ihm Zumutbare zur Aufklärung des Sachverhalts getan, den Sportler angehört und seine Behauptungen soweit wie möglich überprüft hat, ist eine außerordentliche Kündigung als Verdachtskündigung gerechtfertigt[650].
Sonstige Verfehlungen des Sportlers im Disziplinar- und Verhaltensbereich werden in der Regel nicht so einschneidend sein, daß dem Dienstherrn die Fortsetzung des Sportleistungsvertrages unzumutbar gemacht wird. Es ist nach dem Verhältnismäßigkeitsprinzip in erster Linie eine Abmahnung in Betracht zu ziehen, durch die in hinreichend erkennbarer Weise das mißbilligte Verhalten zu beanstanden ist und die den Hinweis enthalten muß, daß im Wiederholungsfall der Bestand des Dienst-/Arbeitsverhältnisses gefährdet ist[651]. Nur im Fall von besonders schweren Verstößen bedarf es zur außerordentlichen Kündigung keiner vorhergehenden Abmahnung, weil der Dienstverpflichtete oder Arbeitnehmer von vornherein nicht mit der Billigung seines Verhaltens rechnen konnte und sich bewußt sein mußte, die Fortsetzung des Vertrages aufs Spiel zu

---

645 *Müller-Glöge* in: Erfurter Kommentar zum Arbeitsrecht, S. 1664.
646 *Vieweg*, Normsetzung und -anwendung, S. 162.
647 Ebenda.
648 So behauptet z. B. der an den 1. FC Nürnberg arbeitsvertraglich gebundene Profifußballspieler *Thomas Ziemer*, daß ihm von dritter Seite, durch den Ernährungsberater des Vereins, (ohne sein Wissen) Dopingmittel verabreicht wurden und wird die Wahrheit dieser Aussage kaum restlos aufzuklären sein: Süddeutsche Zeitung vom 29.10.1999, S. 41.
649 U. a. BAG, NZA 1992, 1121 (1122).
650 BAG, NZA 1995, 269 (271).
651 BAG, NJW 1994, 2783 (2780).

setzen[652]. Infolgedessen kann undiszipliniertes Verhalten i. d. R. nicht zu einer sofortigen außerordentlichen Kündigung führen und kommt eine solche nur in gravierenden Fällen u. a. dann in Betracht, wenn ein Mannschaftsportler vorsätzlich einen anderen Spieler des Vereins im Training verletzt oder nachhaltig das Zusammenleben des gesamten Teams stört[653].

Eine außerordentliche Kündigung der Fußball- und Eishockeyprofis kommt zudem im Fall des sportlichen Abstiegs der Mannschaft in die 2. Bundesliga in Frage. Dieser Tatbestand ist jedoch in den Musterarbeitsverträgen, wie schon im Rahmen von deren Beendigung durch Zeitablauf dargestellt[654], als auflösende Bedingung des Vertrages formuliert, falls Verhandlungen zwischen Spieler und Verein über eine Neugestaltung des Sportleistungsvertrages scheitern und der Verein seine Option auf Verlängerung des Vertrages zu den bisherigen Bedingungen nicht wahrnimmt. Der Verein kann sich im Rahmen einer fristlosen Kündigung nicht darauf berufen, die Spieler hätten den Abstieg durch mangelhafte sportliche Leistungen selber verursacht. Nach der Rechtsprechung des BAG[655] haben die Vereine als Arbeitgeber einseitig das Beschäftigungs- und das unternehmerische Risiko ihrer Tätigkeit zu tragen, vergleichbar mit dem Gaststätten- oder Fahrschulinhaber, dem die Konzession entzogen wird und der aufgrund dieses Umstandes auch nicht zur außerordentlichen Kündigung seiner Arbeitnehmer berechtigt ist. Etwas anderes ergibt sich entgegen einer Meinung in der Literatur[656] auch nicht aus den Besonderheiten des Sportarbeitsverhältnisses, daß nämlich der Spieler aus dem Grund, daß jährlich eine bestimmte Anzahl an Mannschaften absteigen muß, mit dem sportlichen Abstieg, insbesondere bei einem sportlich schwächeren Verein, zu rechnen und wegen seines im Vergleich zum „normalen" Arbeitnehmer hohen Gehalts das unternehmerische Risiko mitzutragen hat. Unabhängig von dem Streit um die Verteilung des Beschäftigungsrisikos besteht aufgrund der dargestellten Regelungen in dem Sportleistungsvertrag für den Fall eines Abstiegs kein sachlich rechtfertigender Grund für eine außerordentliche Kündigung. Zwar kann nach der Rechtsprechung des BAG[657] das Recht zur außerordentlichen Kündigung nicht ausgeschlossen oder beschränkt werden, jedoch besteht wegen der für den Fall eines Abstiegs vertraglich vorgesehenen Verhandlungen zwischen Sportler und Verein über eine inhaltliche Abänderung des Vertrages kein überwiegendes Interesse des Vereins an einer fristlosen Kündigung des Spielers. Falls der Profi nicht mit der Modifizierung seines Arbeitsvertrages einverstanden ist und der Verein nicht zu den bisherigen Bedingungen weiterbeschäftigen will, ist der Sportleistungsvertrag ohnehin durch den Abstieg auflösend bedingt. Darüber hinaus würde eine fristlose Kündigung auch gegen das „ultima-ratio-Prinzip" einer Kündigung verstoßen, weil der Verein vorrangig versuchen kann, sein durch die geringeren Verdienstmöglichkeiten in der 2. Bundesliga gerechtfertigtes Interesse an einer Anpassung der Spielergehälter im Wege der vertraglich vorgesehenen Verhandlungen zu erreichen. Selbst wenn dem Verein im Fall des Abstiegs unter allen Umständen an einer Beendigung des Vertrages gelegen sein sollte, ist es interessengerecht, ihn unter Hinweis auf den Umstand, daß die Arbeitsverträge ohnehin befristet sind, auf ein Auslaufen des Vertrages zu verweisen. Durch die vertraglich vorgesehene Möglichkeit, nach einem sportlichen Abstieg vor der Beendigung des Vertrages Verhandlungen über dessen Anpassung zu führen, besteht eine Regelung, durch die die beiderseitigen Belange der Vereine und Spieler in einem derartigen Fall in einen angemessenen Ausgleich gebracht worden sind, weswegen eine außerordentliche Kündigung ausgeschlossen ist.

---

[652] BAG, NZA 1985, 96 (96).
[653] *Imping*, Die arbeitsrechtliche Stellung des Fußballspielers, S. 121.
[654] Vgl. oben, 2.Abschn., II.3.a.
[655] BAG, NJW 1982, 788 (789).
[656] *Fritzweiler* in: Praxishandbuch Sportrecht, S. 244.
[657] BAG Urteil vom 08.08.1963, AP Nr. 2 zu § 626 BGB.

Fußballprofis benötigen nach §§ 10 ff. DFB-LiSpSt zur Teilnahme am Spielbetrieb der 1. und 2. Bundesliga neben einer Spielerlaubnis für den jeweiligen Verein (§ 26 DFB-LiSpSt) eine generelle Lizenz zur Teilnahme am Ligabetrieb, wenn es sich bei dem Spieler nicht um einen Amateur/Vertragsamateur handelt, der nach § 27 DFB-LiSpSt ausnahmsweise zur Teilnahme an den Wettspielen der Profimannschaften berechtigt ist. Diese Lizenz kann nach § 13 DFB-LiSpSt erlöschen oder u. a. als Sanktion schwerwiegender Verstöße gegen Verbandsregelwerke entzogen werden, wenn der Sportler gegen seine Pflichten als Lizenzspieler schuldhaft verstoßen hat. Dieses hat zwar wegen der strikten Trennung zwischen der individual- und kollektivrechtlichen Seite der Rechtsbeziehungen des Sportlers keine unmittelbaren Auswirkungen auf den Bestand des Arbeitsverhältnisses zu dem Verein, trotzdem rechtfertigt der Lizenzentzug des Spielers eine außerordentliche Kündigung seitens des Vereines. Die Lizenz ist zur Ausübung des Berufs Fußballprofi unbedingt erforderlich, weshalb § 10 DFB-Musterarbeitsvertrag für den Fall eines Lizenzverlustes des Spielers dem Verein das Recht zur außerordentlichen Kündigung einräumt. Zwar kann einzelvertraglich nicht ein bestimmter Sachverhalt als ein eine außerordentliche Kündigung rechtfertigender wichtiger Grund festgelegt werden, weil § 626 BGB keine absoluten Kündigungsgründe kennt und jede außerordentliche Kündigung eine umfassende Interessenabwägung im konkreten Einzelfall voraussetzt[658], wobei aber im Rahmen dieser Interessenabwägung die vertraglichen Vereinbarungen zu Lasten des Arbeitnehmers zu berücksichtigen sind[659]. Jedoch ist im Fall des Lizenzverlustes des Spielers eine fristlose Beendigung des Arbeitsverhältnisses gerechtfertigt, weil auch nach der Rechtsprechung der BAG[660] eine außerordentliche Kündigung zulässig ist, soweit zur Ausübung eines Berufes eine besondere Erlaubnis erforderlich ist und diese entzogen wird.

Nach § 10 Satz 5 DFB-Musterarbeitsvertrag ist der Verein auch zur außerordentlichen Kündigung des Sportleistungsvertrages berechtigt, wenn er selbst nach § 9 DFB-LiSpSt die Lizenz verliert. Diese Vertragsklausel ist jedoch als Festlegung eines absoluten Kündigungsgrundes unwirksam. In der Regel erhält ein Bundesligaverein mangels wirtschaftlicher Leistungsfähigkeit i. S. d. § 8 DFB-LiSpSt keine neue Lizenz und wird in die höchste Amateurklasse zurückversetzt. Zwar wird es den Verein im Amateurbereich wegen der geringeren Einnahmen im Zuschauer-, Sponsoren- und Fernsehbereich schwer fallen, die auf den Profisport ausgerichteten Spielergehälter fortzubezahlen. Dieses rechtfertigt aber noch kein überwiegendes Interesse des Vereins an einer fristlosen Kündigung des Spielers, weil nach der Rechtsprechung des BAG[661] der Verein als Arbeitgeber einseitig das unternehmerische Risiko seiner Tätigkeit und somit auch das Beschäftigungsrisiko gegenüber seinen Spielern zu tragen hat. Zudem hat die Vergangenheit gezeigt, daß die meisten Spieler im Falle eines Lizenzentzuges ihres Vereins ohnehin freiwillig zu einem anderen Profiverein wechseln, um weiter im Lizenzfußball tätig zu sein und werden die befristeten Verträge der wenigen verbleibenden Spieler auf die Dauer durch Zeitablauf gegenstandslos, weshalb der Lizenzverlust des Vereins im Verhältnis zum Verband keine Auswirkungen auf den Bestand des Sportleistungsvertrags mit dem Sportler hat[662].

Demgegenüber ist im Fall des Konkurses des Vereins zwischen dem zeitlichen Stadium vor und nach der Eröffnung des Insolvenzverfahrens nach § 27 InsO zu unterscheiden.
Vor der Durchführung eines Insolvenzverfahrens kann der Verein, der als Arbeitgeber das Beschäftigungsrisiko trägt, seinen Spielern, selbst wenn die sofortige und absolute Zahlungsunfä-

---

[658] BAG, NZA 1985, 661 (662); *Müller-Glöge* in: Erfurter Kommentar zum Arbeitsrecht, S. 1666.
[659] *Schimke*, Sportrecht, S. 46.
[660] BAG, NZA 1991, 341 (342).
[661] BAG, NJW 1982, 788 (789).
[662] So auch *Fritzweiler* in: Praxishandbuch Sportrecht, S. 244.

higkeit droht, nicht außerordentlich kündigen und hat neben der Zahlung des Gehalts auch dafür zu sorgen, daß die Spieler ihre Tätigkeit auch weiterhin vertragsgemäß ausüben können.
Nach Eröffnung des Insolvenzverfahrens kann das Arbeitsverhältnis durch den Arbeitgeber gemäß § 113 InsO auch im Fall einer Befristung ordentlich gekündigt werden, weswegen der grundsätzlich in befristeten Dienstverhältnissen enthaltene Ausschluß der ordentlichen Kündigung entfällt. Der Verein kann somit nach Eröffnung des Insolvenzverfahrens aus betriebsbedingten Gründen nach § 1 Abs. 2 KSchG ordentlich kündigen.

bb. Außerordentliche Kündigung durch den Sportler

Auch für den Profi kommen als Gründe für eine außerordentliche Kündigung Vertragsver-stöße und Pflichtverletzungen seitens des Vereins oder der sportliche Abstieg, der Lizenzverlust und die Insolvenz des Dienstherren in Betracht.

So können gravierende Verstöße gegen vertragliche Nebenpflichten durch den Dienstherren dazu führen, daß es dem Sportler unzumutbar wird, den Sportleistungsvertrag fortzusetzen. In Fällen, in denen der Verband oder Verein, als Dienstherr, durch seine medizinische Abteilung dem Sportler ohne dessen Wissen verbotene Dopingsubstanzen zugeführt haben, besteht, wie bei einem Verstoß des Vereins gegen die Beschäftigungspflicht[663], das Recht zur außerordentlichen Kündigung[664].

Der sportliche Abstieg des Vereins im Profibereich ist demgegenüber nicht zur Rechtferti-gung einer außerordentlichen Kündigung durch den Spieler geeignet. Zwar ist anerkannt , daß ein Arbeitnehmer zur Kündigung des Arbeitsverhältnisses berechtigt ist, wenn der Arbeitgeber seiner Beschäftigungspflicht nicht nachkommt[665]. Wenn der Verein aus sportlichen Gründen nicht mehr am Spielbetrieb einer bestimmten Liga teilnehmen darf, so kann er auch nicht mehr seiner Beschäftigungspflicht nachkommen, weil zwischen den Spielweisen in den verschiedenen Ligen ein erheblicher Unterschied besteht und der Spieler vertraglich zum Ausdruck gebracht hat (z. B. durch § 10 Satz 6 lit. f DFB-Musterarbeitsvertrag), Wert darauf zu legen, nur in der höheren Spielklasse zu spielen. Zudem liegt (insbesondere im Fall von Nationalspielern), u. a. aufgrund der gesteigerten Aufmerksamkeit der Öffentlichkeit ein gesteigertes Interesse des Profis vor, bei einem Verein beschäftigt zu sein, der am Spielbetrieb in der 1. Bundesliga teilnimmt[666]. Jedoch besteht durch die im Fall eines sportlichen Abstiegs vertraglich vorgesehenen Verhandlungen über eine Anpassung des Sportleistungsvertrages, deren Scheitern zu einer Beendigung des Vertrages führt, wie oben dargestellt[667], eine für beide Seiten interessengerechte Regelung. Demnach ist nach dem Verhältnismäßigkeitsprinzip, welches auch im Rahmen einer außerordentlichen Kündigung seitens des Arbeitnehmers Geltung findet[668], eine außerordentliche Kündigung ausgeschlossen.

Demgegenüber besteht im Fall des Lizenzverlustes des Vereins ein überwiegendes Interesse des Spielers an der Beendigung des Arbeitsverhältnisses, da ihm die Fortsetzung des Arbeitsvertrages unmöglich gemacht wird, und kann der Profi nicht auf ein zeitliches Ablaufen seines Vertrages verwiesen werden. In diesem Fall, welcher mit einer Versetzung des Vereins in

---

[663] Vgl. oben, 2.Abschn., II.2.b.; BAG, NZA 1985, 702 (703); *Müller-Glöge* in: Erfurter Kommentar zum Arbeitsrecht, S. 1685.
[664] *Vieweg*, Normsetzung- und -anwendung, S. 170.
[665] BAG, NZA 1985, 702 (703); *Müller-Glöge* in: Erfurter Kommentar zum Arbeitsrecht: S. 1685.
[666] So auch *Imping*, Die arbeitsrechtliche Stellung des Fußballspielers, S. 122.
[667] Vgl. oben, 2.Abschn., II.3.b.aa.
[668] *Preis* in: *Staudinger*, § 626 BGB, Rdnr. 237.

die höchste Amateurspielklasse verbunden ist, sind vertraglich nicht Verhandlungen über eine Abänderung der Modalitäten des Sportleistungsvertrages vorgesehen, weshalb dem Spieler beim Lizenzverlust des Vereins kein milderes Mittel als die außerordentliche Kündigung zur Verfügung steht. Der Verein ist aus den im Rahmen der Ausführungen zum sportlichen Abstieg dargestellten Gründen nicht in der Lage, seiner Beschäftigungspflicht gegenüber dem Spieler weiter nachzukommen, und es besteht ein gesteigertes wirtschaftliches und sportliches Interesse des Spielers an einer Beschäftigung bei einem Verein im Profibereich.

Auch im Rahmen der Rechtmäßigkeit einer außerordentlichen Kündigung von Seiten des Sportlers ist zwischen der Situation vor und nach der Eröffnung des Insolvenzverfahrens zu unterscheiden.
Solange der Dienstherr seinen vertraglichen Verpflichtungen nachkommt, insbesondere die Vergütung bezahlt und seine Beschäftigungspflicht erfüllt, kann sich der Spieler vor Eröffnung des Insolvenzverfahrens nicht von dem Verein lösen. Danach kann auch der Sportler das Arbeitsverhältnis nach § 113 InsO ohne Rücksicht auf die vereinbarte Vertragslaufzeit ordentlich kündigen, wobei jedoch im Gegensatz zu einer ordentlichen Kündigung seitens des Vereins, der an das KSchG gebunden ist, kein besonderer Kündigungsgrund vorliegen muß.

c. Beendigung durch Ausgliederungen der Profiabteilung aus dem Gesamtverein und Umwandlung in eine Kapitalgesellschaft

Nachdem der Bundestag des DFB im Jahre 1998, unter Abänderung von § 7 DFB-LiSpSt, der in seiner bisherigen Fassung vorsah, daß die Lizenzerteilung an einen Fußballverein u. a. davon abhängig gemacht wurde, daß dieser als Idealverein organisiert war, beschlossen hat, auch Kapitalgesellschaften zum Spielbetrieb der Fußballbundesligen zuzulassen[669], ist laut Äußerungen der Vereinsleitungen damit zu rechnen, daß schon in kürzerer Zeit einige Clubs dem Beispiel von Borussia Dortmund folgen und ihre Profiabteilungen ausgliedern[670]. Als mögliche Rechtsformen hierfür stehen die AG, die KGaA, die GmbH und die GmbH & Co KG zur Verfügung[671]. Eine derartige Ausgliederung hätte ein duales Ligasystem zur Folge[672], welches im Bereich des Profieishockeys durch Gründung der Deutschen Eishockeyliga (DEL) im Jahr 1994 schon besteht. Diese Organisationsform sieht vor, daß sich auf Ortsebene die umgewandelte Profigesellschaft von dem übrigen weiter als Idealverein firmierenden Club trennt, bei dem die Jugend-, die Amateurmannschaften und die restlichen Abteilungen verbleiben. Auf der Bundesebene würde es zu einer Trennung zwischen dem Fachsportverband DFB, in dessen Zuständigkeit der Amateurfußballsport verbliebe, und einer zu gründenden Bundesligagesellschaft kommen, die die Durchführung des Spielbetriebes der beiden Fußballbundesligen, der Pokalwettbewerbe, der Länderspiele und der Lehrgänge der Nationalmannschaft zur Aufgabe hätte.
Der Vorteil dieser dargestellten Ausgliederung des Profisports auf örtlicher und nationaler Ebene in Folge der Gründung von Tochterunternehmen durch Vereine und Verbände besteht einerseits darin, daß Vereine und Verbände nach wie vor als Idealverein weiterbestehen können und ihnen der steuerliche Status der Gemeinnützigkeit dauerhaft erhalten bleibt. Andererseits würden die umgewandelten Kapitalgesellschaften u. a. auch im Bereich Management professionalisiert werden, ein starker Kapitalzuwachs für die Profiabteilungen, vor allem durch deren Orga-

[669] *Siebold/Wichert*, SpuRt 1999, 93 (93).
[670] So hält die Vereinsleitung des FC Bayern München eine Umwandlung in eine AG von „heute auf morgen" für möglich; *Summerer* in: Praxishandbuch Sportrecht, S. 105.
[671] *Raupach*, SpuRt 1996, 2 (3 f.).
[672] Vgl. ebenda, 5.

nisation in der Rechtsform der AG, zu erwarten sein und infolge eines verbesserten Gläubigerschutzes neue Möglichkeiten der Kreditaufnahme und –sicherung eröffnet werden[673].

Fraglich ist aber, welche Konsequenzen diese Umstrukturierung für den Bestand des Sportleistungsvertrags zwischen Spieler und Verein bzw. der als Kapitalgesellschaft ausgegliederten Profiabteilung hätte.

Grundsätzlich tritt nach § 613 a Abs. 1 BGB im Falle eines rechtsgeschäftlichen Übergangs eines Betriebsteils auf einen anderen Inhaber dieser in die Rechte und Pflichten aus den im Zeitpunkt des Übergangs bestehenden Arbeitsverhältnissen ein. Diese Regelung ist auch auf Fußballprofis anwendbar, weil diese als Arbeitnehmer i. S. d. Zivilrechts zu qualifizieren sind. Bei der Ausgliederung der Profiabteilungen aus dem Gesamtverein und ihrer Umwandlung in eine Kapitalgesellschaft geht der Betriebsteil Profiabteilung auf den neu gegründeten Rechtsträger über.
Zwar handelt es sich bei einer Umwandlung nicht um einen Übergang per Rechtsgeschäft, sondern beruht dieser Vorgang auf einer Gesamtrechtsnachfolge, so daß § 613 a BGB an sich nicht anwendbar ist[674]. Jedoch ordnet § 324 UmwG an, daß § 613 a BGB durch die Wirkung der Eintragung einer Vermögensübertragung unberührt bleibt. Obwohl diese gesetzliche Regelung etwas unklar ist, weil § 613 a BGB lediglich „unberührt" bleibt und nach der bisher herrschenden Auffassung auf Fälle der Gesamtrechtsnachfolge gerade nicht anwendbar war, kommt durch die Entstehungsgeschichte von § 324 UmwG und den vom Gesetzgeber mit der Schaffung dieser Norm verfolgten Zweck zum Ausdruck, daß bei einer Umwandlung mit Arbeitgeberwechsel die Grundsätze des § 613 a BGB anzuwenden sind[675]. Das neue UmwG dient der Umsetzung der Dritten und Sechsten gesellschaftsrechtlichen EG-RiLi, die aber lediglich die Verschmelzung und Spaltung von AGs zum Inhalt haben. Beide RiLi nehmen in Art. 12 bzw. Art. 11 Bezug auf die RiLi 77/187/EWG über Betriebsübergänge, die wiederum nicht zwischen rechtsgeschäftlicher und Gesamtrechtsnachfolge unterscheidet[676], so daß durch eine richtlinienkonformen Auslegung § 613 a BGB zumindest im Fall der Verschmelzung und Spaltung von AGs Anwendung findet. Darüber hinaus ist § 613 a BGB nach der Begründung zum Regierungsentwurf[677] aus Gründen der Gleichbehandlung aber auch in Bezug auf sonstige Umwandlungen richtlinienkonform anzuwenden, da im Hinblick auf den Übergang des Arbeitsverhältnisses kein sachlicher Differenzierungsgrund zwischen der Verschmelzung und Spaltung von AGs und anderen Umwandlungen besteht. Demnach findet § 613 a Abs. 1 und 4 BGB nach der Intention des Gesetzgebers auch auf die vorliegende Vermögensvollübertragung auf die zu gründenden Kapitalgesellschaften Geltung.

Das BAG[678] hat aber dem Arbeitnehmer, in verfassungskonformer Auslegung von § 613 a BGB mit Hinblick auf Art. 12 GG, ein Widerspruchsrecht gegen den Übergang seines Arbeitsverhältnisses auf den neuen Betriebsinhaber zugebilligt, und der EuGH[679] hat diese Auslegung als richtlinienkonform anerkannt. Fraglich ist jedoch, ob Arbeitnehmer auch in Fällen einer Umwandlung den Übergang ihres Arbeitsverhältnisses durch Ausübung des Widerspruchsrechtes verhindern können.

---

673 Vgl. *Summerer* in: Praxishandbuch Sportrecht, S. 107 ff.
674 U. a. *Hanau* in: *Erman*, § 613 a BGB, Rdnr. 13.
675 U. a. *Wlotzke*, DB 1995, 40 (42); *Kreßel*, BB 1995, 925 (928).
676 *Wlotzke*, DB 1995, 40 (42).
677 BR-Drucks. 75/94 vom 02.04.1994, S.118.
678 U. a. BAG, DB 1994, 941 (943).
679 EuGH, DB 1993, 230 (231), Rdnr. 33 ff. (Rs. C-132, 138, 139/91).

Nach einer Ansicht in der Literatur[680] besteht ausnahmsweise bei Umwandlungen, die einen Betriebsübergang darstellen, generell kein Widerspruchsrecht des Arbeitnehmers, da zwar nach dem UmwG die in § 613 a Abs. 1 und 4 BGB ausdrücklich festgeschriebenen Rechtsfolgen eines Betriebsübergangs auf den Vorgang der Umwandlung Anwendung finden, dieses jedoch nicht für das ungeschriebene und im Wege der richterlichen Rechtsfortbildung entwickelte Widerspruchsrecht gilt. Bei der Umwandlung handelt es sich, trotz der durch § 324 UmwG angeordneten Anwendbarkeit von § 613 a BGB, um eine Gesamtrechtsnachfolge, bei der das Arbeitsverhältnis automatisch auf den neuen Arbeitgeber übergeht.
Mit der herrschenden Meinung[681] ist aber auch im Fall einer Umwandlung grundsätzlich vom Bestehen eines Widerspruchsrechts des Arbeitnehmers auszugehen. Dies ergibt sich aus dem Sinn und Zweck des Widerspruchsrechts, welches nicht nur den Bestandsschutz des Arbeitsverhältnisses sichern will, sondern unter Berücksichtigung der durch Art. 12 GG garantierten Berufswahlfreiheit verhindern soll, daß dem Arbeitnehmer ohne dessen Willen ein neuer Arbeitgeber aufgedrängt wird. Dieser Gedanke läßt sich, trotz des Charakters der Umwandlung als Gesamtrechtsnachfolge, auch auf diese Art des Betriebsübergangs anwenden. Darüber hinaus spricht für ein Widerspruchsrecht auch die Entstehungsgeschichte von § 324 UmwG. Wie schon oben dargelegt, wollte der Gesetzgeber die Rechtsfolgen des § 613 a BGB auch auf einen Betriebsübergang per Umwandlung anwenden. Zum Zeitpunkt der Entstehung des UmwG hatte sich das Widerspruchsrecht des Arbeitnehmers im Rahmen des § 613 a BGB durch die Rechtsprechung des BAG bereits etabliert. Hätte der Gesetzgeber also das Widerspruchsrecht ausschließen wollen, hätte er dieses im UmwG ausdrücklich festgeschrieben, was aber unterblieben ist.
Im Rahmen der herrschenden Meinung nehmen aber einige Autoren[682] an, das Widerspruchsrecht bestehe nur in den Fällen, in denen der übertragende Rechtsträger durch die Umwandlung nicht untergeht, wohingegen ein anderer Teil des Schrifttums[683] davon ausgeht, daß das Widerspruchsrecht bei jeder Umwandlung durch den Arbeitnehmer ausgeübt werden kann. Bei einer Umwandlung durch Ausgliederung der Profiabteilung aus dem Gesamtverein spielt dies jedoch keine Rolle, weil der Club als übertragender Rechtsträger durch die Umwandlung nicht untergeht und somit nach beiden Meinungen das Widerspruchsrecht für die Spieler eröffnet ist.

Die Ausübung des Widerspruchsrechts durch die Profispieler im Rahmen der Ausgliederungen der Profiabteilungen, zu dessen Geltendmachung es keines sachlich rechtfertigenden Grundes bedarf[684], hätte zur Folge, daß das Arbeitsverhältnis nicht auf die Sportkapitalgesellschaften übergeht, sondern im Verhältnis zum Verein bestehen bleibt. Dies hätte zur Konsequenz, daß neben der Möglichkeit der Vereine zur außerordentlichen betriebsbedingten Kündigung wegen Wegfall des Arbeitsplatzes ein Recht des Spielers zur außerordentlichen Kündigung besteht, weil der betreffende Verein, mangels einer eigenen Profiabteilung, nicht mehr in der Lage wäre, seiner Beschäftigungspflicht gegenüber dem Sportler im Rahmen des Sportleistungsvertrages nachzukommen[685]. Der Verein kann den widersprechenden Spieler nicht mittels seiner Direktionsrechtes anweisen, am Spiel- und Trainingsbetrieb der Kapitalgesellschaft teilzunehmen, weil der Spieler, wie aus § 613 Satz 2 BGB ersichtlich ist, grundsätzlich nicht verpflichtet werden kann, seine Leistung für einen Dritten, auch wenn es sich um ein Unternehmen desselben Kon-

---

[680] MüKo-*Schaub*, § 613 a BGB, Rdnr. 214.
[681] U. a. *Däubler*, RdA 1995, 136 (140); *Wlotzke*, DB 1995, 40 (42); *Kreßel*, BB 1995, 925 (930); *Boecken*, ZIP 1994, 1087 (1091); *Siebold/Wichert*, SpuRt 1999, 93 (95).
[682] U. a. *Wlotzke*, DB 1995, 40 (42); *Kreßel*, BB 1995, 925 (930).
[683] U. a. *Däubler*, RdA 1995, 136 (140); *Boecken*, ZIP 1994, 1087 (1091).
[684] *Palandt/Putzo*, § 613 a BGB, Rdnr. 15.
[685] *Siebold/Wichert*, SpuRt 1999, 93 (95).

zerns handelt, zu erbringen[686]. Ausnahmen von diesem Grundsatz bestehen nur, wenn dies durch den Arbeitsvertrag ausdrücklich geregelt ist, wobei aber in den DFB-Musterarbeitsverträgen derartige „Versetzungsklauseln" nicht enthalten sind, oder wenn sich die Weigerung des Arbeitnehmers unter Ausnutzung einer Notsituation des Arbeitgebers als rechtsmißbräuchlich darstellt[687]. Zwar sind für den Profi keine Nachteile ersichtlich, wenn er am Spielbetrieb der Kapitalgesellschaft teilnimmt, jedoch ist der Wunsch des Vereins auf Versetzung des Spielers nicht Folge einer Notsituation, sondern beruht alleine auf der freiwilligen und durch eigennützige Motive des Arbeitgebers getragenen Entscheidung, die Profiabteilung aus dem Gesamtverein auszugliedern. Durch die in Folge des Widerspruchsrechts eröffnete Möglichkeit zur außerordentlichen Kündigung seitens des Profis könnte der Spieler den Sportleistungsvertrag mit fristloser Wirkung beenden und somit ablösefrei zu einem andern Club wechseln oder einen neuen Arbeitsvertrag mit der ausgegliederten Profiabteilung zu verbesserten Konditionen aushandeln.
Den Vereinen bleibt also nur, vor der Ausgliederung der Profiabteilungen und der Gründung von Sportkapitalgesellschaften in künftige Sportleistungsverträge Klauseln aufzunehmen, durch die das Widerspruchsrecht des § 613 a BGB ausgeschlossen wird, und darüber hinaus eine „Versetzungsklausel" mit dem Inhalt zu vereinbaren, daß der Club die Spieler anweisen kann, am Spielbetrieb der Kapitalgesellschaft teilzunehmen[688]. Im Rahmen von Altverträgen kann der Verein den Versuch unternehmen, auf das Einverständnis der Spieler hinsichtlich eines nachträglichen Hinzufügens derartiger Klauseln in den Sportleistungsvertrag zu drängen. Zwar kann ein Ausschluß des Widerspruchsrechtes nicht generell vereinbart werden, jedoch ist dies im Hinblick auf im Arbeitsvertrag exakt zu bestimmende Sachverhalte möglich[689]. Infolgedessen kann der genau bestimmte Einzelfall des Betriebsübergangs durch die künftige Ausgliederung der Profiabteilung in zulässiger Weise als Umstand vertraglich vereinbart werden, der das Widerspruchsrecht nicht auslöst.

4. Sachverhalte mit Auslandsberührung

Im Rahmen dieses Abschnitts soll auf die rechtlichen Besonderheiten der inhaltlichen Ausgestaltung der individualrechtlichen Seite der Rechtsbeziehungen von ausländischen Profis eingegangen werden, die mit einem inländischen Partner, also einem deutschen Verein oder privaten Sportveranstalter einen Sportleistungsvertrag geschlossen haben. Athletenvereinbarungen zwischen ausländischen Leichtathleten und dem DLV existieren jedoch nicht ,weil diese Verträge eine schuldrechtliche Verpflichtung des Sportlers zur Sportleistung im Rahmen des Bundeskaders oder der Nationalmannschaft vorsehen (§ 4 DLV-Athletenvereinbarung) und in diese Mannschaften nur Personen aufgenommen werden, die Deutsche i. S. d. Art. 116 GG sind.

a. Verweisung in die anzuwendende nationale Rechtsordnung nach dem Internationalen Privatrecht (IPR)

Bei den Normen des IPR handelt es sich um den Inbegriff derjenigen Vorschriften („Kollisionsnormen"), die bestimmen, welche von mehreren gleichzeitig nebeneinander bestehenden nationalen Privatrechtsordnungen auf einen konkreten Lebenssachverhalt mit Auslandsberührung zur Anwendung kommen soll[690]. Die Kollisionsnormen bestimmen somit lediglich, welche natio-

---

[686] *Richardi* in: Münchener Handbuch Arbeitsrecht, § 31, Rdnr. 23.
[687] Ebenda.
[688] *Siebold/Wichert*, SpuRt 1999, 93 (96).
[689] U. a. *Richardi* in: *Staudinger*, § 613 a BGB, Rdnr. 140.
[690] *Dölle*, Internationales Privatrecht, S. 4.

nalen materiellen Vorschriften den Sachverhalt regeln, und sagen nichts über den Inhalt des anzuwendenden materiellen Rechts aus.

Das IPR ist bisher noch kein einheitlich kodifiziertes Recht. Es setzt sich aus internationalen Verträgen, nationalen Rechtsvorschriften und ungeschriebenen Rechtsregeln zusammen[691].

Die Bundesrepublik Deutschland hat eine Vielzahl von Staatsverträgen abgeschlossen, die, soweit ihr Anwendungsbereich eröffnet ist, den nationalen Rechtsvorschriften des EGBGB gemäß Art. 3 Abs. 2 EGBGB vorgehen.

Um die zur rechtlichen Beurteilung eines Sachverhaltes maßgebliche nationale Rechtsordnung auffinden zu können, muß zunächst einmal die aufgeworfene Rechtsfrage unter eine bestimmte Kollisionsnorm eingeordnet werden (Qualifikation), bevor anhand dieser Vorschrift das anzuwendende materielle Recht bestimmt werden kann[692].

Weil bezüglich des Sportleistungsvertrages vorrangig anwendbare staatsvertragliche Kollisionsnormen nicht ersichtlich sind, bestimmt sich das maßgebliche Recht nach den Art. 27 ff. EGBGB, welche Regelungen für schuldrechtliche Verträge mit Auslandsberührung enthalten. Nach Art. 27 Abs. 1 EGBGB können die Parteien das anzuwendende Recht vorrangig selber durch Rechtswahlklauseln vereinbaren, was aber im Fall von Arbeitsverträgen gemäß Art. 30 Abs. 1 EGBGB nicht dazu führen darf, daß eine Verweisung in eine Rechtsordnung erfolgt, in der der Arbeitnehmerschutz weniger ausgeprägt ist. Die Musterteilnahmeverträge der privaten Leichtathletikveranstalter und die DFB-Musterarbeitsverträge enthalten jedoch keine Rechtswahlklauseln; daher sieht das EGBGB eine Anknüpfung nach objektiven Kriterien vor.

Nach Art. 30 Abs. 2 EGBGB unterliegen Arbeitsverträge dem materiellen Recht des Staates, in dem der Arbeitnehmer in Erfüllung seines Vertrages gewöhnlich seine Arbeit verrichtet, selbst wenn er vorübergehend in einen anderen Staat entsandt wird. Demgegenüber beurteilen sich reine Dienstverträge nach dem Recht des Staates, mit dem der Vertrag die engste Verbindung aufweist (Art. 28 Abs. 1 S. 1 EGBGB).

Da das EGBGB sich aber zu der Problematik der Qualifikation von Rechtsverhältnissen ausschweigt, muß zur Einordnung eines Vertrages als Arbeits- oder Dienstvertrag i. S. d. Art. 28 ff. EGBGB auf die von Rechtsprechung und Wissenschaft erarbeiteten Methoden zurückgegriffen werden. Nach der ganz herrschenden Meinung[693] beurteilt sich die Qualifikation einer Rechtsfrage zur Ermittlung der für die Anwendbarkeit der nationalen Rechtsordnung maßgeblichen Kollisionsnorm nach deutschem materiellen Recht (Lex-fori-Qualifikation), weil die deutschen Kollisionsnormen des EGBGB von den Rechtsbegriffen ausgehen, die dem deutschen materiellen Recht entsprechen. Demnach wird die Einordnung der Rechtsfrage zum Auffinden der einschlägigen Kollisionsnorm nicht dem auf den Sachverhalt letztendlich anwendbaren nationalen Recht überlassen (Lex-causae-Qualifikation). Diese Methodik wäre unbrauchbar, da mit Hilfe der Qualifikation gerade die anzuwendende nationale Rechtsordnung ermittelt werden soll[694]. Somit ist die im Rahmen der rein inländischen Sachverhalte getroffene Einordnung der Sportleistungsverträge der Fußball- und Eishockeyspieler als Arbeitsverträge i. S. d. deutschen Zivilrechts[695] und die Qualifizierung des Teilnahmevertrages des Leichtathleten an privaten Sportmeetings als Dienstvertrag[696] maßgeblich für das Auffinden und die Anwendbarkeit der einschlägigen Kollisionsnorm nach dem EGBGB zur Bestimmung der auf Sachverhalte mit Auslandsberührung anwendbaren nationalen Rechtsordnung.

Infolgedessen unterliegen die Arbeitsverträge der ausländischen Fußball- und Eishockeyspieler mit deutschen Clubs gemäß dem auf diesen Sachverhalt anwendbaren Art. 30 Abs. 2 EGBGB

---

691 Mü-Ko/*Sonnenberger*, Einl. IPR, Rdnr. 246 ff.

692 Ebenda, Rdnr. 444.

693 U. a. *Palandt*/Heldrich, Einl. vor Art. 3 EGBGB, Rdnr. 28.

694 *Ferid*, Internationales Privatrecht, Rdnr. 4 ff.

695 Vgl. oben, 2.Abschn., I.3.b.

696 Vgl. oben, 2.Abschn., I.3.c.bb.

dem deutschen materiellen Zivilrecht, weil das Recht am Sitz des Vereins als Arbeitgeber anzuwenden ist, da dort hauptsächlich die Arbeitsleistung zu erbringen ist. In diesem Zusammenhang ist es unbeachtlich, wenn der Club auch an internationalen Wettbewerben teilnimmt oder seine Trainingslager im Ausland abhält, weil durch die Teilnahme des Vereins am Spielbetrieb der Bundesliga und durch den Umstand, daß das Training während der Saison überwiegend auf dem Vereinsgelände durchgeführt wird, der ausländische Spieler seine Arbeitsleistung hauptsächlich in Deutschland zu erbringen hat.

Demgegenüber kommt es im Rahmen der Teilnahmeverträge zwischen ausländischen Leichtathleten und deutschen Veranstaltern gemäß Art. 28 Abs. 1 Satz 2 EGBGB darauf an, mit welchem Staat der Vertrag die engste Verbindung aufweist. Nach Art. 28 Abs. 2 Satz 1 EGBGB wird eine enge Verbindung mit dem Staat vermutet, in dem die Partei, welche die für den Vertrag charakteristische Leistung zu erbringen hat, im Zeitpunkt des Vertragsabschlusses ihren gewöhnlichen Aufenthalt hat. Demnach wäre an sich auf den Teilnahmevertrag das Recht des Staates anwendbar, in dem der Sportler seinen gewöhnlichen Aufenthalt hat. Zwar übernimmt der Veranstalter regelmäßig nicht nur die Pflicht, die Vergütung zu bezahlen, sondern es obliegt ihm auch die Ausrichtung des Wettkampfes und die Betreuung und Versorgung der Athleten. Jedoch ist es der Sportler, der im Rahmen des Teilnahmevertrages die diesen Vertrag prägende Leistung erbringt, weil es zur Bestimmung der vertragscharakteristischen Leistung nur auf einen Vergleich der Hauptleistungspflichten ankommt[697] und diesbezüglich die Sportleistung des Sportlers prägender als die Geldzahlungspflicht des Veranstalters ist.

Nach *Pfister*[698] ist dieses Ergebnis aber in dem Sinne zu korrigieren, daß auch auf sämtliche Teilnahmeverträge von ausländischen Sportlern an deutschen Sportmeetings das deutsche materielle Recht Anwendung findet, weil anderenfalls das zu mißbilligenden Ergebnis entstünde, daß auf die Verträge des Veranstalters mit Athleten aus verschiedensten Ländern verschiedenste Rechtsordnungen anwendbar wären.

Mit der herrschenden Meinung im Schrifttum[699] ist allerdings, abweichend von der für die einzelnen Verträge maßgeblichen Rechtsordnung, eine einheitliche Anknüpfung geboten, wenn die Verträge untereinander in einem inhaltlichen Zusammenhang stehen und ein größeres Ganzes bilden, weil sich dann aus der Gesamtheit der Umstände nach Art. 28 Abs. 5 EGBGB ergibt, daß der Vertrag eine engere Verbindung mit einem anderen Staat aufweist und somit die Vermutung des Art. 28 Abs. 2 Satz 1 EGBGB nicht gilt. Diese Überlegung trifft auch auf die Verträge zur Teilnahme an Leichtathletikmeetings zu, weil diese Wettkämpfe den Abschluß einer Vielzahl gleichartiger, auf die Erbringung von Sportleistungen gerichteter Verträge mit den Athleten voraussetzen, weswegen ein Zusammenhang zwischen den verschiedenen Verträgen besteht. Zudem ergibt sich eine engere Verbindung zur Bundesrepublik Deutschland i. S. d. Art. 28 Abs. 5 EGBGB aus dem Umstand, daß an dem Veranstaltungsort die sportlichen Leistungen erbracht werden und somit dort auch das Zentrum der Vertragsabwicklung liegt[700].

---

[697] Mü-Ko/*Martiny*, Art. 28 EGBGB, Rdnr. 148.
[698] *Pfister* in: Praxishandbuch Sportrecht, S. 442.
[699] U. a. Mü-Ko/*Martiny*, Art. 28 EGBGB, Rdnr. 96; *Vetter*, NJW 1987, 2124 (2126)
[700] *Pfister* in: Praxishandbuch Sportrecht, S. 442.

b. Inhaltliche Ausgestaltung der Sportleistungsverträge der ausländischen Sportler

Aufgrund der Anwendbarkeit der deutschen Rechtsordnung auf diese Verträge ist grundsätzlich auf die Darstellung im Rahmen der Behandlung von rein innerstaatlichen Sachverhalten[701] hinsichtlich der Qualifizierung der Rechtsstellung des Berufssportlers als Arbeitnehmer oder selbständiger Dienstleistender und der sich aus dieser Einordnung ergebenden Konsequenzen zu verweisen und haben die in diesem Zusammenhang anzuwendenden gesetzlichen Regelungen grundsätzlich auch für die Person des ausländischen Profisportlers Geltung.
Jedoch ist im Rahmen der Klauseln der Sportleistungsverträge, durch die selbständige Werbeaktivitäten des Sportlers beschränkt werden[702] oder eine Option des Vereins auf Verlängerung eines auslaufenden Vertrages um ein Jahr zu unveränderten Konditionen (§ 11 Satz 4 DFB-Musterarbeitsvertrag) vorgesehen ist[703], zu beachten, daß Art. 12 GG, der die Wirkung dieser Klauseln einschränkt oder gar zu deren Unwirksamkeit im Rahmen der „mittelbaren Wirkung" der Grundrechte führt, als „Deutschengrundrecht" nicht zugunsten der ausländischen Sportler anwendbar ist. So verstoßen Klauseln, die dem Profi jegliche eigenständige Werbeaktivität sowohl im privaten als auch im sportlichen Bereich untersagen, gegen die grundgesetzlich gewährleistete Berufsfreiheit und widersprechen sonstige vertragliche Abreden zur Beschränkung der selbständigen Vermarktungstätigkeit des Profis nur aufgrund der hohen Vergütung der Sportler im Rahmen ihrer Sportleistungsverträge nicht gegen Art. 12 GG[704]. Aufgrund dieser Einschränkungen läßt sich jedoch das extrem hohe Entgelt der deutschen Sportler legitimieren[705] und können sich ausländische Sportler, mangels Anwendbarkeit von Art. 12 GG auf ihre Person, nicht auf diesen Rechtfertigungsgrund für ein hohes Gehalt berufen, wodurch seitens der Dienstherren zwischen ausländischen und deutschen Sportlern bezüglich der Höhe der Vergütung differenziert werden könnte[706].
Dies gilt aber wegen des gewohnheitsrechtlich anerkannten arbeitsrechtlichen Gleichbehandlungsgrundsatzes[707] nicht für die Sportleistungsverträge der als Arbeitnehmer i. S. d. Zivilrechts zu qualifizierenden Fußball- und Eishockeyspieler. Dieser leitet sich u. a. aus den besonderen arbeitsrechtlichen Rechtsgedanken der Fürsorgepflicht des Arbeitgebers und dem sozialen Schutzprinzip ab, rechtfertigt wegen der Besonderheit des Arbeitsverhältnisses auch eine starke Beschränkung der Vertragsautonomie im Privatrechtsverkehr[708] und verbietet eine Ungleichbehandlung ohne sachlich rechtfertigenden Grund. Der arbeitsrechtliche Gleichbehandlungsgrundsatz ist dem Arbeitsverhältnis immanent und hat anspruchsbegründende Wirkung[709]. Ein die Differenzierung zwischen deutschen und ausländischen Spielern rechtfertigender Grund kann sich im Rahmen des arbeitsrechtlichen Gleichbehandlungsgrundsatzes nicht aus dem Interesse der Vereine an der alleinigen wirtschaftlichen Verwertung des Sportereignisses ergeben, weil im Rahmen von Arbeitsverhältnissen nach § 75 BetrVG ein absolutes Differenzierungsverbot für Unterscheidungen anknüpfend an die Nationalität gilt[710]. Infolgedessen kann ein Verstoß gegen den arbeitsrechtlichen Gleichbehandlungsgrundsatz auch nicht durch ein Einverständnis des betroffenen Spielers im Rahmen des Vertragsschlusses geheilt werden, wenn er in die beeinträchtigenden Vertragsklauseln einwilligt, weil, soweit absolute Differenzierungsverbote zwin-

---

[701] Vgl. oben, 2.Abschn., I.1./2./3.
[702] Vgl. oben, 2.Abschn., II.1.c.bb.(2).
[703] Vgl. oben, 2.Abschn., II.3.a.cc.
[704] Vgl. oben, 2.Abschn., II.1.c.bb.(2).
[705] Ebenda.
[706] Vor allem afrikanische Sportler werden oft gegenüber inländischen Profis bei der inhaltlichen Ausgestaltung der Sportleistungsverträge stark benachteiligt; Süddeutsche Zeitung vom 12.11.1999, S. 40.
[707] BAGE 71, 29 (35).
[708] *Starck* in: *v. Mangoldt/Klein/Starck*, Art. 3 Abs. 1 GG, Rdnr. 272.
[709] *Richardi* in: Münchener Handbuch Arbeitsrecht, § 14, Rdnr. 7.
[710] *Schaub*, Arbeitsrechts-Handbuch, S. 264.

gend festgelegt sind, eine Schranke für die Vertragsfreiheit besteht[711]. Der einfachgesetzliche arbeitsrechtliche Gleichbehandlungsgrundsatz leitet sich nicht direkt aus Art. 3 GG ab[712], sondern berücksichtigt lediglich dessen Rechtsgedanken. Deshalb ist er zwar nicht geeignet, dem ausländischen Spieler gegenüber dem Verein eine mit dem Schutz durch Art. 12 GG vergleichbare Rechtsposition mit Verfassungsrang zu verschaffen, die mit dem durch Art. 14 GG geschützten Interesse der Vereine an einer umfänglichen Vermarktung der Spiele in Widerstreit treten könnte. Jedoch zwingt der arbeitsrechtliche Gleichbehandlungsgrundsatz als nach den Normen des IPR unmittelbar zwischen den Vertragsparteien anwendbare, dem Arbeitsvertrag innewohnende Regelung die Vereine auf einfachgesetzlicher Ebene, ausländische Spieler im Vergleich zu deutschen Profis, die sich auf Art. 12 GG berufen können, nicht im Hinblick auf z. B. Werbebeschränkungen und Vergütung schlechter zu behandeln[713].
Darüber hinaus ist § 11 Satz 4 DFB-Musterarbeitsvertrag schon aus Gründen der „gestörten Vertragsparität“[714] nichtig und können sich auch ausländische Fußballspieler nach den Regelungen des IPR auf diesen privatrechtlichen Grundsatz berufen. Zudem stellt diese Klausel eine Umgehung der dargestellten Rechtsprechung des EuGH[715] zu den Transferbestimmungen dar, auf die sich Staatsangehörige der EU-Mitgliedstaaten berufen können, weswegen sich im Rahmen dieser Problematik der Vertragsklauseln der Sportleistungsverträge von Fußballspielern die Frage der Nichtanwendbarkeit von Art. 12 GG auf ausländische Sportler gar nicht stellt.
Problematisch ist somit nur, nachdem der arbeitsrechtliche Gleichbehandlungsgrundsatz auf die als selbständige Dienstleistende zu qualifizierenden Leichtathleten nicht anwendbar ist und, wie dargestellt, Art. 12 GG im Rahmen der mittelbaren Wirkung der Grundrechte im Privatrechtsverkehr von einiger Relevanz für die inhaltliche Ausgestaltung des Sportleistungsvertrages ist, ob eine Gleich- (oder sogar Besser-) stellung ausländischer Sportler auf der individualrechtlichen Seite ihrer Rechtsbeziehungen hinsichtlich der Gewährung der Freiheit der Berufsausübung im Rahmen ihrer Sportleistungsverträge durch Normen des deutschen Verfassungsrechts, des Völker- oder europäischen Rechts hergestellt werden kann, um eine „Rechtszersplitterung“ und eine Ungleichbehandlung bei der Vergütung und der völligen Einschränkung selbständiger Werbetätigkeit zu vermeiden.

aa. Gleichstellung aller nichtdeutschen Leichtathleten nach Art. 2 Abs. 1 GG

Fraglich ist, ob durch das nach Art. 2 Abs. 1 GG für jedermann gewährleistete Recht auf freie Entfaltung der Persönlichkeit die berufliche Tätigkeit von Ausländern in dem Maß geschützt wird, daß diese eine mit der Freiheitsgarantie des Art. 12 GG vergleichbare Rechtsposition erhalten, die im Rahmen der mittelbaren Wirkung der Grundrechte geeignet ist, das durch Art. 14 GG geschützte Interesse der Sportveranstalter an der alleinigen Vermarktung des Wettkampfes einzuschränken.
Denkbar ist, mit einer Ansicht in der Literatur[716] die „Deutschen-Grundrechte“, soweit sie Menschenrechtsgehalt haben, über Art. 2 Abs. 1 GG i. V. m. Art. 1 Abs. 1 GG auch auf Ausländer anzuwenden. Für die Intensität des Grundrechtsschutzes sei dann darauf abzustellen, in welchem Maß der Ausländer „auf Lebensentfaltung im Geltungsbereich des Grundgesetzes angewiesen“ sei. Der Grundrechtsgeltung für Nichtdeutsche auf dem Gebiet der „Deutschen-Grundrechte“ auf Basis von Art. 2 Abs. 1 GG ist jedoch wegen der klaren verfassungsrechtlichen Unterscheidung zwischen Deutschen und Nichtdeutschen nicht zu folgen, weil die ausdrückliche Entschei-

---

[711] *Richardi* in: Münchener Handbuch Arbeitsrecht, § 14, Rdnr. 33.
[712] U. a. ebenda, Rdnr. 6.
[713] Vgl. *Schaub*, Arbeitsrechts-Handbuch, S. 264.
[714] Vgl. oben, 2.Abschn., II.3.a.dd.
[715] Vgl. oben, 2.Abschn., II.3.a.aa.
[716] U. a. *Bleckmann*, Staatsrecht II-Die Grundrechte, S. 110 ff.

dung des Grundgesetzes, die Berufsfreiheit nur deutschen Staatsbürgern zu gewähren, mit der herrschenden Meinung[717] zu respektieren ist.
Nach einer anderen Ansicht im Schrifttum[718] wird unter Hinweis auf das Spezialitätsverhältnis zwischen Art. 2 GG und Art. 12 GG und den fundamentalen Unterschied zwischen Staatsbürgerrechten und Menschenrechten ein inhaltlich der Gewährleistung von Art. 12 GG angenäherter Schutz der beruflichen Tätigkeit von Nichtdeutschen durch das Recht auf freie Entfaltung der Persönlichkeit abgelehnt.
Nach Ansicht des BVerfG[719] und der ganz überwiegenden Auffassung in der Literatur[720] bedeutet die Unanwendbarkeit von Art. 12 GG auf Ausländer nicht, daß die Verfassung diese im Bereich der beruflichen Tätigkeit völlig schutzlos stellt, vielmehr können sie sich auf das subsidiäre allgemeine Freiheitsgrundrecht des Art. 2 Abs. 1 GG berufen, welches als Auffanggrundrecht zur Anwendung kommt. Jedoch wird damit lediglich ein gegenüber Deutschen stark abgeschwächter Schutz vor Beeinträchtigungen der beruflichen Freiheit im Rahmen der Gewährleistung der allgemeinen Handlungsfreiheit hergestellt, was insbesondere im Bereich von mit besonderen Schranken versehenen Staatsbürgerrechten wie Art. 12 GG gelten muß, weil durch die Erstreckung von „Deutschen-Grundrechten" auch auf Ausländer durch Art. 2 GG als Auffanggrundrecht die speziellen Schranken der Staatsbürgerrechte durch die Schranken des Art. 2 Abs. 1 GG ersetzt werden, was aber die Folge in sich birgt, daß Ausländer sogar gegebenenfalls bessergestellt würden[721]. Infolgedessen ist auch der ausländische Athlet grundsätzlich durch Art. 2 Abs. 1 GG in der Freiheit seiner beruflichen Tätigkeit geschützt. Jedoch bleibt dieser Schutz in erheblichem Maß hinter der durch Art. 12 GG zugunsten deutscher Sportler garantierten Berufsfreiheit zurück und ist demnach nicht im gleichen Maße wie Art. 12 GG geeignet, das durch Art. 14 GG geschützte Interesse der Sportveranstalter im Rahmen der durch die Schrankentrias des Art. 2 Abs. 1 GG vorgegebenen Abwägung der widerstreitenden Grundrechtspositionen einzuengen[722]. Infolgedessen sind Vertragsklauseln, die dem Sportler jegliche selbständige Werbeaktivität verbieten, noch als verhältnismäßig anzusehen, da das durch Art. 2 Abs. 1 GG garantierte beliebige Handlungsinteresse des Ausländers im beruflichen Bereich gegenüber dem wegen der (u. a. wirtschaftlichen) Besonderheiten im sportlichen Bereich auch schon gegenüber Art. 12 GG sehr weitgehend geschützten Interesse des Veranstalters an einer exklusiven Vermarktung[723] vollständig zurücktritt.

bb. Gleichstellung aller nichtdeutschen Leichtathleten nach Art. 3 Abs. 3 GG

Art. 3 Abs. 3 Satz 1 GG ist ein für jedermann geltendes Grundrecht und verbietet die Benachteiligung wegen Abstammung, Heimat und Herkunft. Problematisch ist aber, ob die Staatsangehörigkeit ein nach Art. 3 Abs. 3 GG zulässiges Differenzierungsmerkmal zur Ungleichbehandlung der ausländischen und staatenlosen Berufssportler sein kann.
Teilweise wird im Schrifttum[724] vertreten, daß die Staatsangehörigkeit auf den Merkmalen Abstammung, Heimat und Herkunft beruht und somit vom Schutzbereich des Art. 3 Abs. 3 GG mitumfaßt wird, um auch für Ausländer einen effektiven Grundrechtsschutz zu gewährleisten.

---

[717] U. a. BVerfGE 78, 179 (196); *Starck* in: *v. Mangoldt/Klein/Starck*, Art. 2 Abs. 1 GG, Rdnr. 44.
[718] U. a. *Scholz* in: *Maunz/Dürig*, Art. 12 GG, Rdnr. 96.
[719] U. a. BVerfGE 78, 179 (196 f.); 35, 382 (399).
[720] U. a. *Tettinger* in: *Sachs*, Art. 12 GG, Rdnr. 18; *Manssen* in: *v. Mangoldt/Klein/Starck*, Art. 12 Abs. 1 GG, Rdnr. 259.
[721] U. a. *Starck* in: *v. Mangoldt/Klein/Starck*, Art. 2 Abs. 1 GG, Rdnr. 42; *Dürig* in: *Maunz/Dürig*, Art. 2 Abs. 1 GG, Rdnr. 66.
[722] *Sachs*, JuS 1989, 225 (225); *Bauer*, NVwZ 1990, 1152 (1154).
[723] Vgl. oben, 2.Abschn., II.1.c.bb.(2).
[724] U. a. *Gubelt* in: v. *Münch/Kunig*, Art. 3 GG, Rdnr. 99; *Flory*, Der Fall Bosman, S. 95; *Arens*, SpuRt 1996, 39 (43).

Demgegenüber ist nach der herrschenden Meinung in der Literatur[725] und der Rechtsprechung des BVerfG[726] und des BVerwG[727] die Staatsangehörigkeit nicht als unzulässiges Differenzierungskriterium anzusehen, da diese nicht ausdrücklich als verbotenes Unterscheidungsmerkmal in Art. 3 Abs. 3 GG genannt wird. Darüber hinaus bezeichnen die Begriffe Abstammung die biologische Abstammung eines Menschen von seinen Vorfahren, Herkunft die ständisch-soziale Abstammung und Heimat die örtliche Herkunft[728], weswegen der Begriff der Staatsangehörigkeit nicht ohne weiteres unter die Tatbestandsmerkmale des Art. 3 Abs. 3 GG zu subsummieren[729] und deshalb im vorliegenden Fall nicht geeignet ist, eine Ungleichbehandlung zu verbieten.

cc. Gleichstellung aller ausländischen Berufsathleten nach Art. 3 Abs. 1 GG

Eine Diskriminierung ausländischer Sportler im Rahmen der individualrechtlichen Sportleistungsverträge aufgrund einer Schlechterstellung gegenüber deutschen Profis, die sich gegenüber dem jeweiligen Dienstherren auf Art. 12 GG berufen können, könnte gegen den allgemeinen Gleichheitssatz des Art. 3 Abs. 1 GG verstoßen, bei dem es sich ebenso wie bei Art. 3 Abs. 3 GG um ein Menschenrecht handelt, auf das sich jedermann berufen kann. Danach darf wesentlich gleiches nicht ungleich behandelt werden[730], weswegen eine Ungleichbehandlung wesentlich gleicher Sachverhalte vorliegt, wenn ein ausländischer Berufssportler nur aufgrund seiner Staatsangehörigkeit bei der Berufsausübung im Verhältnis zu seinem Dienstherren Beschränkungen unterliegt, die für deutsche Sportler nicht gelten.
Die Ungleichbehandlung von ausländischen gegenüber deutschen Profisportlern bezüglich der Beschränkung der eigenständigen Vermarktungstätigkeiten und der Vergütung im Rahmen des Sportleistungsvertrages könnte jedoch verfassungsrechtlich legitimiert sein, wenn dieses aus sachlichen Gründen gerechtfertigt ist. Ein solcher Grund könnte in dem durch Art. 14 GG geschützten Interesse der Dienstherren der Sportler an einer möglichst umfassenden alleinigen kommerziellen Vermarktung des Sportereignisses bestehen, weil im Rahmen der Rechtsbeziehungen von selbständig Dienstleistenden das absolute Differenzierungsverbot des § 75 BetrVG nicht gilt. Nach der neueren Rechtsprechung des BVerfG[731] reicht jedoch grundsätzlich nicht irgendein sachlich einleuchtender Grund für eine unterschiedliche Behandlung von Personen aus, sondern müssen gerade zwischen den verschiedenen Gruppen Unterschiede von solcher Art bestehen, daß die ungleiche Behandlung gerechtfertigt ist. So ist durch eine Verhältnismäßigkeitsprüfung festzustellen, ob Art und Gewicht der Unterschiede zwischen den Gruppen in einem angemessenen Verhältnis zu der Ungleichbehandlung stehen[732], weswegen Differenzierungskriterium und -ziel in einem ausgewogenen Verhältnis stehen müssen. Dies ist grundsätzlich nicht der Fall, wenn sich die Gruppen, zwischen denen differenziert wird, nur durch ihre Staatsangehörigkeit unterscheiden. Diese stellt keinen derart gravierenden Unterschied dar, daß eine schwere Ungleichbehandlung z. B. im Rahmen von Werbebeschränkungen und Vergütung gerechtfertigt wäre. Jedoch findet lediglich eine bloße Willkür- und keine umfassende Verhältnismäßigkeitsprüfung statt, bei der das alleinige Vorliegen irgendeines sachlichen Unterscheidungsgrundes genügt, wenn eine Differenzierung zwischen den Gruppen, wie im Fall von deut-

[725] U. a. *Gramlich/Niese*, SpuRt 1998, 61 (62); *Dürig* in: *Maunz/Dürig*, Art. 3 Abs. 3 GG, Rdnr. 80; *Jarass* in: *Jarass/Pieroth*, Art. 3 GG, Rdnr. 71; *Osterloh* in: *Sachs*, Art. 3 GG, Rdnr. 297.
[726] BVerfGE 51, 1 (30).
[727] BVerwGE 22, 66 (70).
[728] U. a. BVerfGE 48, 281 (288).
[729] *Dürig* in: *Maunz/Dürig*, Art. 3 Abs. 3 GG, Rdnr. 81.
[730] BVerfGE 1, 14 (52); 76, 256 (329); 78, 249 (287).
[731] BVerfGE 55, 72 (88); 82, 60 (86).
[732] *Gubelt* in: v. *Münch/Kunig*, Art. 3 GG, Rdnr. 14.

schen und ausländischen Berufstätigen durch Art. 12 GG, im Grundgesetz angelegt ist[733]. Hierbei muß die Rechtfertigung für die vorgenommene Differenzierung nicht in dem Unterschied zwischen den Gruppen selber liegen, sondern kann auch durch den durch die Ungleichbehandlung verfolgten externen Zweck gerechtfertigt sein[734], so daß die vernünftige und durch Art. 14 GG grundgesetzlich verankerte Erwägung, den Dienstherren der Profis als Veranstalter der Wettkämpfe auch die Erträge dieser Veranstaltungen zukommen zu lassen, als sachlich rechtfertigender Differenzierungsgrund für eine Ungleichbehandlung ausreicht. Dieses Ergebnis entspricht auch der Rechtsprechung des BVerfG[735], welches finanzielle Gesichtspunkte alleine als vernünftiges Differenzierungsziel anerkannt hat. Darüber hinaus ist für die Geltung des allgemeinen Gleichheitsgrundsatzes im Rahmen der mittelbaren Wirkung der Grundrechte im Privatrechtsverkehr zu beachten, daß das Zivilrecht von dem Gedanken der durch Art. 2 Abs. 1 GG garantierten[736] Vertragsfreiheit dominiert wird. Diese Freiheit der Privatrechtssubjekte würde jedoch durch eine ungemilderte Geltung des allgemeinen Gleichheitssatzes im Privatrechtsverkehr aufgehoben und somit die Privatautonomie illusorisch gemacht[737]. Übertragen auf die Klauseln der Sportleistungsverträge bedeutet dies, daß sich der ausländische Athlet im Rahmen der mittelbaren Geltung der Grundrechte grundsätzlich nicht unter Bezugnahme auf den allgemeinen Gleichheitssatz im Hinblick auf die ausgehandelten Bedingungen des Teilnahmevertrages auf eine Gleichbehandlung mit dem durch Art. 12 GG geschützten deutschen Sportler berufen kann.

Jedoch könnte aufgrund von Abkommen, die von der Bundesrepublik Deutschland und nicht seitens der EU abgeschlossen wurden und die völkervertragliche Inländergleichbehandlungsklauseln enthalten, die Gleichstellung von Staatsangehörigen der jeweiligen Vertragsstaaten (privilegierte Ausländer) mit Deutschen geboten sein. Diese Verträge enthalten keine für den internationalen Sportverkehr spezifischen Regelungen[738], so daß hinsichtlich des Leichtathleten auf Abkommen zurückzugreifen ist, die eine Gleichstellung im Bereich der Kultur, der Arbeit oder der freien Dienstleistung bezwecken, wenn die Tätigkeit des Athleten unter den Kultur- oder den Arbeitnehmerbegriff des jeweiligen Abkommens zu subsumieren bzw. der Sportler als selbständiger Dienstleistender i. S. d. jeweiligen Vertrages anzusehen ist. Hierbei spielt es keine Rolle, daß der Leichtathlet gemäß dem deutschen Zivilrecht als selbständiger Dienstleistender eingeordnet wird, weil jeder völkerrechtliche Vertrag über selbständige Begrifflichkeiten verfügt und somit stets eine eigenständige Qualifizierung vorzunehmen ist[739].
In diesem Zusammenhang seien exemplarisch, als multilaterale Verträge, zu deren Vertragsparteien auch die Bundesrepublik Deutschland zählt, das Allgemeine Übereinkommen über den Handel mit Dienstleistungen (GATS)[740], welches unter Art. XVII eine Inländergleichbehandlungsklausel im Hinblick auf bestimmte, in einer Liste zum Abkommen festgelegte Dienstleistungssektoren enthält, und die Allgemeine Erklärung der Menschenrechte der Vereinten Nationen von 1948[741], die in Art. 23 Nr. 2 eine unterschiedliche Behandlung von Arbeitnehmern verbietet, zu nennen. Darüber hinaus sind die Europäische Sozialcharta[742], die in Art. 19 gleiche

---

[733] BVerfGE 52, 303 (346) in Bezug auf die in Art. 33 Abs. 5 GG angelegte Differenzierung zwischen Beamten und sonstigen Angestellten des öffentlichen Dienstes; *Jarass* in: *Jarass/Pieroth*, Art. 3 GG, Rdnr. 17 a.
[734] *Pieroth/Schlink*, Grundrechte-Staatsrecht II, Rdnr. 484.
[735] BVerfGE 87, 1 (45).
[736] U. a. *Jarass* in: *Jarass/Pieroth*, Art. 2 GG, Rdnr. 4.
[737] *Dürig* in: *Maunz/Dürig*, Art. 3 Abs. 1 GG, Rdnr. 505 ff; *Starck* in: *v. Mangoldt/Klein/Starck*, Art. 3 Abs. 1 GG, Rdnr. 266.
[738] *Klose*, Die Rolle des Sports, S. 62.
[739] Gemäß Art. 31 Abs. 1 Wiener Übereinkommen über das Recht der Verträge; BGBl. 1985 II, S. 926.
[740] BGBl. 1994 II, 1643.
[741] United Nations, General Assembly, Official Records third Session (part I) Resolutions (Doc. A/810), S. 71.
[742] BGBl. 1964 II, S. 1262.

Beschäftigungsbedingungen für Wanderarbeitnehmer vorschreibt, und der internationale Pakt über wirtschaftliche, soziale und kulturelle Rechte[743] (Art. 15 Abs. 1 a regelt das Recht zur Teilnahme am kulturellen Leben des Landes und Art. 7 a fordert gleiches Entgelt für gleiche Arbeit) aufzuzählen. Als auf den vorliegenden Fall anwendbare, durch die Bundesrepublik Deutschland abgeschlossene bilaterale Verträge zur Gleichstellung bestimmter Ausländer kommen insbesondere Freundschafts-, Handels- und Schiffahrtsverträge in Betracht. So wird z. B. in Art. VII Abs. 1 Satz 1 des Freundschafts-, Handels- und Schiffahrtsvertrages zwischen der Bundesrepublik Deutschland und den USA[744] „den Staatsangehörigen jedes Vertragsteils in dem Gebiet des anderen Vertragsteils Inländergleichbehandlung hinsichtlich der Ausübung gegen Entgelt vorgenommener Tätigkeit gewährt".
Jedoch sind die durch diese völkerrechtlichen Verträge entstandenen Bindungen, auch wenn sie gemäß Art. 59 Abs. 1 Satz 2 GG durch Ratifikation für völkerrechtlich verbindlich erklärt, durch ein sog. Vertragsgesetz i. S. d. Art. 59 Abs. 2 Satz 1 GG in das innerstaatliche Recht transformiert, nach dem Wortlaut des Vertrages unmittelbar anwendbar sind und nach Art. 307 EGV als mit dem EGV vereinbar fortgelten, nicht geeignet, im Privatrechtsverkehr eine Gleichbehandlung der ausländischen Athleten mit den durch Art. 12 GG geschützten deutschen Sportlern im Verhältnis zu den Sportveranstaltern herzustellen[745].
Die in den völkerrechtlichen Verträgen getroffenen Bestimmungen erlangen in Folge der Billigung durch die gesetzgebenden Körperschaften des Bundes nach Art. 59 Abs. 2 GG in der nationalen Normenhierachie nur den Rang eines einfachen Gesetzes[746], was auch für Vertragsnormen wie z. B. die EMRK gilt, die Grundrechte zum Inhalt haben[747], weswegen die vertraglichen Bestimmungen unabhängig von einer unmittelbaren Anwendbarkeit nicht geeignet wären, selber die durch Art. 14 GG mit Verfassungsrang versehenen Interessen des Dienstherren einzuschränken. Zwar werden nach Art. 14 Abs. 1 GG der Inhalt und die Schranken des Eigentums „durch die Gesetze bestimmt" und kommt den aufgezählten völkerrechtlichen Verträgen die Qualität eines einfachen nationalen Gesetzes zu. Jedoch ist im Rahmen einer Angemessenheitsprüfung festzustellen, ob die Belastung des Eigentümers in einem angemessenen Verhältnis zu den mit der Regelung verfolgten Interessen steht[748]. Bei dieser Abwägung ist ausschlaggebend, ob sich die durch die Inhalts- und Schrankenbestimmung verwirklichten Interessen, vergleichbar mit dem durch Art. 14 GG garantierten Eigentum, auf verfassungsrechtliche Wertentscheidungen stützen lassen[749]. Vorliegend sieht das Grundgesetz selber, wie dargestellt, keinen mit Art. 12 GG vergleichbaren Schutz der beruflichen Tätigkeit von Ausländern vor, so daß die genannten Verträge nicht geeignet sind, Art. 14 GG einzuschränken.
Auch betreffen die aufgezeigten völkervertraglichen Bestimmungen, soweit sie unmittelbar anwendbar sind, im Rahmen einer verfassungsrechtlichen Gleichstellung von Ausländern nach Art. 3 Abs. 1 GG in erster Linie das Verhältnis des Einzelnen zum Staat, indem sie ein Differenzierungsverbot aufstellen, und gewähren keine Gleichstellung gegenüber anderen im Privatrechtsverkehr[750]. So verbieten völkerrechtliche Inländergleichbehandlungsklauseln jegliche Diskriminierung von Ausländern seitens des Staates. Sie sind jedoch im Rahmen der mittelbaren Wirkung der Grundrechte im Privatrechtsverkehr, wie schon oben dargestellt, nicht geeignet, die verfassungsrechtlich verankerte Wirkung der Privatautonomie im Zivilrecht aufzuheben.

---

[743] BGBl. 1973 II, S. 1570.
[744] BGBl. 1956 II, 488.
[745] Vgl *Gramlich/Niese*, SpuRt 1998, 61 (63).
[746] *Streinz* in: *Sachs*, Art. 59 GG, Rdnr. 63.
[747] BVerfGE 74, 358 (370).
[748] U. a. *Jarass* in: *Jarass/Pieroth*, Art. 14 GG, Rdnr. 31.
[749] BVerfGE 37, 132 (140).
[750] Vgl. *Gramlich/Niese*, SpuRt 1998, 61 (63).

Darüber hinaus wird wegen der Einordnung der völkerrechtlichen Inländergleichbehandlungsklauseln als einfachgesetzliche Norm kein mit dem unmittelbar aus dem auf Erbringung von Arbeitsleistung gerichteten schuldrechtlichen Vertrag zwischen Arbeitnehmer und Arbeitgeber resultierenden arbeitsrechtlichen Gleichbehandlungsgrundsatz vergleichbarer, einfachgesetzlicher zivilrechtlicher Anspruch des Athleten gegen den Veranstalter auf Gleichbehandlung mit dem durch Art. 12 GG geschützten deutschen Profi hergestellt. Die Übereinkommen eröffnen, soweit ihnen überhaupt nach ihrem Wortlaut unmittelbare Wirkung zukommt und sie somit subjektiv-öffentliche Rechte des Einzelnen begründen, keine Bindungswirkung im Privatrechtsverkehr zwischen Athleten und Sportveranstaltern. In der Praxis der völkerrechtlichen Verträge lassen sich nur vereinzelt Beispiele unmittelbar anwendbarer Regelungen finden, die jedoch allesamt nur das Verhältnis zwischen den Einzelnen und dem Staat berühren. Die Übereinkommen, die Ansprüche einer Privatperson gegenüber einer anderen Person betreffen, enthalten ausnahmslos nur Aufträge an den nationalen Gesetzgeber, die durch die Bundesrepublik Deutschland eingegangenen völkerrechtlichen Verpflichtungen durch eine entsprechende Ausgestaltung des Bundesrechts zu erfüllen[751].
Demnach vermögen völkervertragliche Inländergleichbehandlungsklauseln keine Gleichstellung des ausländischen Athleten mit dem deutschen Sportler herbeiführen, der in Bezug auf den individualrechtlichen Sportleistungsvertrag gegenüber dem Dienstherren Art. 12 GG geltend machen kann.

dd. Rechtsstellung Staatsangehöriger von EU-Mitgliedstaaten nach dem EGV

Nachdem der Anwendungsbereich des EGV für die Tätigkeit des Profisportlers als Teil des Wirtschaftslebens nach Art. 2 EGV eröffnet ist[752], werden EU-Bürger im Hinblick auf den Schutz des Art. 12 GG den deutschen Staatsangehörigen gemäß Art. 12 EGV, welcher das Verbot der Diskriminierung aus Gründen der Staatsangehörigkeit enthält, gleichgestellt, wobei aber umstritten ist, ob EU-Bürger, entgegen dem Verfassungstext, zu Grundrechtsträgern des Art. 12 GG gemacht werden[753] oder eine völlige Gleichstellung mit deutschen Berufstätigen über Art. 2 Abs. 1 GG erfolgt[754]. Im vorliegenden Fall kann diese Frage aber offen bleiben, da die Drittwirkung des allgemeinen Diskriminierungsverbotes des Art. 12 EGV im Privatrechtsverkehr stark begrenzt ist und deshalb neben den Mitgliedstaaten nur kollektive Regelungen durch Personenvereinigungen und nicht individualrechtliche Sportleistungsverträge des Athleten mit dem Veranstalter vom Anwendungsbereich dieser Norm erfaßt werden[755].

Jedoch genießt der als selbständiger Dienstleistender i. S. d. EGV einzuordnende Leichtathlet[756], soweit er Staatsangehöriger eines EU-Mitgliedstaates ist, Dienstleistungsfreiheit durch die spezielle Grundfreiheit der Art. 49 ff. EGV, wenn er seine Sportleistung zeitlich begrenzt bei einem Wettkampf in der Bundesrepublik Deutschland erbringt, aber in einem anderen Mitgliedsstaat ansässig ist. Demgegenüber fallen Staatsangehörige von Drittstaaten, die sich in der EU niedergelassen haben, nicht unter diese Gewährleistung[757]. Falls der Athlet aus einem Drittland aber auf Dauer in der Bundesrepublik Deutschland ansässig ist oder seine Tätigkeit bei den

---

751 Vgl. *Verdross/Simma*, Universelles Völkerrecht, S. 552.
752 Vgl. oben, 1.Abschn., II.2.
753 So u. a. *Jarass* in: *Jarass/Pieroth*, Art. 12 GG, Rdnr. 9; *Tettinger* in: *Sachs*, Art. 12 GG, Rdnr. 18 ff.
754 So u. a. *Wieland* in: *Dreier*, Art. 12 GG, Rdnr. 66.
755 U. a. *Zuleeg* in: *Groeben/Thiesing/Ehlermann*, Art. 6 EGV a. F., Rdnr. 18.
756 Vgl. oben, 2.Abschn., II.1.c.bb.(4).
757 *Roth* in: *Dauses*, E. I., Rdnr. 114.

Sportveranstaltungen nach ihrem Hauptumfang und –schwer-punkt hier ausübt, ist der persönliche Anwendungsbereich der Niederlassungsfreiheit nach Art. 43 EGV[758] eröffnet.

Fraglich ist aber, ob eine differenzierte Anwendung dieser Grundfreiheiten des EGV im Bereich des Profisports unter dem Aspekt der Bedeutung des Sports als Bestandteil der Kultur geboten ist. Trotz der hohen wirtschaftlichen und integrativen Bedeutung des Sports enthält der EGV keine Normen, die explizit diese Thematik regeln. Es existiert daher schon seit längerer Zeit, insbesondere im Hinblick auf die kollektivrechtliche Seite der Rechtsverhältnisse des Sportlers, seitens der Repräsentanten der Sportverbände die Forderung, vergleichbar mit der Kultur (Art. 151 EGV) auch dem Sport einen eigenen, diese Materie speziell regelnden Artikel im EGV zu widmen, welcher insbesondere vom Gedanken der Subsidiarität beherrscht sein soll, so daß die Zuständigkeit der Gemeinschaft nur begründet werden soll, wenn die Aufgabe nicht besser auf der niedrigeren Ebene der Sportverbände wahrgenommen werden kann[759]. Weil diese Forderung bisher nicht umgesetzt wurde, könnte freilich auch Art. 151 EGV die Grundfreiheiten des EGV im Bereich des Sports verdrängen, wenn man den Sport insgesamt als Bestandteil der Kultur ansieht. Die Grundfreiheiten der Art. 39 ff. EGV enthalten keine mit Art. 36 Satz 1 EGV und Art. 86 Abs. 2 Satz 1 EGV vergleichbaren Formulierungen, aus deren Umkehrschluß sich, wie im Rahmen der Darstellung zum EG-Kartellrecht[760] aufgezeigt, eine parallele Anwendbarkeit der Art. 81 ff. EGV und Art. 151 EGV ergibt. Laut dem Europäischen Parlament[761] ist sportliche Betätigung ein „integraler Bestandteil der Kultur und nationalen Identität" und wird der Sport auch von der überwiegenden Ansicht im Schrifttum [762] unter den Kulturbegriff im weiten Sinne gefaßt. Nach dessen Definition ist „Kultur" die schöpferische Veränderung und Gestaltung der Um- und Mitwelt durch den Menschen, die über das nur Zweckmäßige hinausgeht[763]. Jede Sportart ist als schöpferische Betätigung beherrscht vom Spielelement, welches nicht von anderen Motiven, wie z. B. dem Profitstreben, auch wenn dieses im Einzelfall noch so ausgeprägt sein sollte, völlig überlagert werden kann, weshalb Sport stets über das rein Zweckmäßige hinausgeht. Zudem bestehen auch unzählige weitere Hinweise für eine enge Verbindung zwischen Sport und Kultur. So wurde z. B. schon im antiken Griechenland der Sport eng mit Künsten wie Bildhauerei und Dichtung verbunden, die sportliche Betätigung als „Körperkultur" umschrieben und der Sport in der Verfassung der DDR in Art. 18 Abs. 3 als Element der sozialistischen Kultur und in Art. 25 Abs. 3 als Bestandteil des allgemeinen kulturellen Lebens bezeichnet[764].
Demgegenüber wird von *Westermann*[765] die Ansicht vertreten, daß der Profisport wegen seiner immensen wirtschaftlichen Bedeutung „aus dem Kontext kultureller Angelegenheiten herausgewachsen" und heute mit den Maßstäben des Wirtschaftslebens zu messen sei.
Jedoch ist Art. 151 EGV, auch wenn man die sportliche Betätigung insgesamt unter den Kulturbegriff dieser Vorschrift subsumiert, nicht geeignet, den Anwendungsbereich der Grundfreiheiten des EGV einzuschränken oder zu verdrängen[766]. Zwar sind die Befugnisse der Gemeinschaft auf dem reinen Kultursektor gemäß Art. 151 Abs. 2 und 3 EGV beschränkt, jedoch kann sie nach Art. 151 Abs. 4 EGV, soweit ihr Tätigkeitsbereich aufgrund anderer Bestimmungen des EGV, wie vorliegend im Rahmen von Art. 43 und 49 EGV, eröffnet ist, auch im Bereich der

---

[758] *Troberg* in: *Groeben/Thiesing/Ehlermann*, Art. 52 EGV a. F., Rdnr. 4, 6.
[759] Vgl. Mitteilung in SpuRt 1994, 229 f.; Forderungen des DSB-Präsidenten *Richthofen* an die EU, Süddeutsche Zeitung vom 12.11.1999, S. 42.
[760] Vgl. oben, 2.Abschn., II.1.c.bb.(4).
[761] Entschließung zur Freizügigkeit von Profifußballspielern in der Gemeinschaft, ABl. EG Nr. C 120, 33.
[762] U. a. *Scholz/Aulehner*, SpuRt 1996, 44 (44); *Klose*, Die Rolle des Sport, S. 64.
[763] Vgl. *Herder*, Staatslexikon, Bd. 5, S. 163 f.
[764] *Klose*, Die Rolle des Sport, S. 64.
[765] *Westermann*, Festschrift für *Rittner*, S. 790.
[766] Vgl. *Heidersdorf*, Ausländerklauseln im Profisport, S. 20 f.

Kultur tätig werden, wenn sie den speziell kulturellen Aspekten Rechnung trägt[767]. Darüber hinaus hat der EuGH im „Bosman"-Urteil[768] festgestellt, daß die Schwierigkeit, wirtschaftliche und sportliche (kulturelle) Aspekte der Sportausübung zu trennen, nicht geeignet ist, diese Tätigkeit im ganzen dem Anwendungsbereich der Grundfreiheiten des Vertrages zu entziehen. Vielmehr bedarf es eines Rückgriffs auf Art. 151 EGV zur Berücksichtigung des speziellen Charakters des Sportbereiches nicht, weil durch die Rechtsprechung des EuGH in den Verfahren „Walrave"[769] und „Dona"[770] schon im Zusammenhang mit der Anwendbarkeit des EGV nach Art. 2 EGV auf den Bereich des Sports, zumindest in Bezug auf verbandsrechtliche Regelungen, festgestellt wurde, daß auch ohne Rückgriff auf Art. 151 Abs. 4 EGV bei der Auslegung der einschlägigen Grundfreiheiten des EGV die Besonderheiten des sportlichen Wettbewerbs zu beachten sind.

Nach dem durch Art. 43 EGV verbürgten Recht auf freie Niederlassung und der in Art. 49 EGV geregelten Dienstleistungsfreiheit, welche unmittelbar anwendbare[771] Konkretisierungen des allgemeinen Diskriminierungsverbotes aus Gründen der Staatsangehörigkeit (Art. 12 EGV) darstellen[772], haben die berechtigten Staatsbürger anderer Mitgliedstaaten der EU den Anspruch, unter den gleichen Bedingungen und Rechten, die auch für die Staatsangehörigen der Bundesrepublik Deutschland gelten, eine selbständige Erwerbstätigkeit aufzunehmen, auszuüben oder im grenzüberschreitenden Verkehr zu erbringen.
Grundsätzlich sind aber Adressaten des in Art. 43 und 49 EGV enthaltenen Beschränkungsverbotes nur die Mitgliedstaaten und ihre Untergliederungen, so daß Verträge zwischen Privaten nicht von diesen Regelungen erfaßt werden. Dieses ergibt sich aus einer systematischen Interpretation des EGV, der privates Verhalten den kartellrechtlichen Regelungen der Art. 81 ff. EGV unterstellt und hiermit von den Grundfreiheiten abweichende Verhaltensmaßstäbe normiert. Eine ausdrückliche Ausnahme hiervon macht neben Art. 141 EGV nur Art. 86 Abs. 2 EGV für Unternehmen, die mit Dienstleistungen von allgemeinem wirtschaftlichen Interesse betraut sind[773].
Jedoch werden nach der Rechtsprechung des EuGH in den Verfahren „Bosman"[774] und „Lehtonen"[775] zum einen, abweichend von diesem Grundsatz, die Satzungen von Sportverbänden und zwischen diesen bestehende Abmachungen an den Grundfreiheiten des EGV gemessen, wenn diese mit normähnlicher Wirkung kollektive Regelungen bilden, da anderenfalls „die Beseitigung von Hindernissen für die Freizügigkeit gefährdet wäre, wenn die Abschaffung von Schranken staatlichen Ursprungs durch Beschränkungen zunichte gemacht werden könnte, die sich daraus ergeben, daß nicht dem öffentlichen Recht unterliegende Vereinigungen von ihrer Autonomie Gebrauch machen". Zwar handelt es sich bei dem einzelnen privaten Sportveranstalter als Vertragspartner des Athleten nicht um eine Vereinigung i. S. d. Rechtsprechung, jedoch liegt in Folge der Verwendung von Musterteilnahmeverträgen durch sämtliche Veranstalter eine aufeinander abgestimmte Verhaltensweise gegenüber dem Athleten vor, woraus sich eine mit der Mächtigkeit eines Verbandes vergleichbare Stärke der Veranstalter gegenüber dem Sportler auf der Ebene des Sportleistungsvertrages ergeben könnte, die auch eine Anwendung der Grundfreiheiten auf der individualrechtlichen Seite der Rechtsbeziehungen des Sportlers rechtfertigen würde. Trotzdem läßt sich die Argumentation des EuGH für eine Drittwirkung der

767 U. a. *Palme*, JZ 1996, 238 (240).
768 EuGH, Slg. 1995 I, 4921 (5062 f.), Rdnr. 71 ff. (Rs- C-415/93).
769 EuGH, Slg. 1974, 1405 (1418), Rdnr. 4/10 (Rs. 36/74).
770 EuGH, Slg. 1976, 1333 (1341), Rdnr. 19 (Rs. 13/76).
771 U. a. *Geiger*, Art. 52 EGV a. F., Rdnr. 8; Art. 59 EGV a. F., Rdnr. 2.
772 U. a. *Geiger*, Art. 52 EGV a. F., Rdnr. 8; Art. 59 EGV a. F., Rdnr. 9.
773 EuGH, Slg. 1988, 5249 (5285), Rdnr. 11 ff. (Rs. 65/86).
774 EuGH, Slg. 1995 I, 4921 (5065 ff.), Rdnr. 82 ff. (Rs. C-415/93).
775 EuGH, www.curia.eu.int/jurisp/htme/text.htm, 05.07.2000, Rdnr. 35 (Rs. C-176/96).

Grundfreiheiten gegenüber den Verbänden nicht auf die Klauseln der individualrechtlichen Sportleistungsverträge mit den Dienstherren des Athleten übertragen, weil diese Regelungen ihren Ursprung nicht in der Satzungsautonomie eines Verbandes oder Vereins haben, sondern ein auf privatautonomer Entscheidung der Vertragspartner beruhendes Kollektivverhalten darstellen, welches typischerweise am EG-Kartellrecht zu messen ist[776]. Für diese Ansicht spricht auch, daß die Idee des Verbots „aufeinander abgestimmter Verhaltensweisen" durch Privatpersonen und eine daraus resultierende Machtstellung im EG-Kartellrecht (Art. 81 EGV) ausdrücklich geregelt ist, weswegen als Umkehrschluß zu dieser Vorschrift der Regelungsbereich der in Art. 43 ff. EGV und Art. 49 ff. EGV normierten Grundfreiheiten ein derartiges Verhalten nicht erfasst.
Darüber hinaus hat der EuGH jedoch u. a. in den Entscheidungen „Walrave"[777] und „Bosman"[778] darauf hingewiesen, daß im Rahmen der Arbeitnehmer- und Dienstleistungsfreizügigkeit der Art. 39 und 49 EGV auch Beschränkungen, die auf Rechtsgeschäften zwischen Privaten und nicht auf der Satzungsautonomie der Verbände basieren, unter den Regelungsbereich dieser Grundfreiheiten fallen, wenn diese Vertragsklauseln eine kollektive Regelung im Arbeits- oder Dienstbereich enthalten. Anderenfalls bestünde die Gefahr, daß Privatpersonen die beseitigten staatlichen Schranken durch rechtsgeschäftliche Klauseln aufrechterhalten und somit die in Art. 3 lit. c EGV als wesentliches Ziel der Gemeinschaft aufgeführte Beseitigung der Beschränkungen des Personen- und Dienstleistungsverkehrs nicht verwirklicht werden könnte. Dieses gilt laut EuGH[779] insbesondere im Bereich von Arbeitsbedingungen, die, je nach Mitgliedstaat, durch staatliche Gesetze und Verordnungen oder durch von Privatpersonen geschlossene Rechtsgeschäfte geregelt werden, weswegen bei einer Beschränkung der Anwendbarkeit der Grundfreiheiten auf staatliche Maßnahmen die einheitliche Anwendung des Gemeinschaftsrechts gefährdet wäre. Vorliegend handelt es sich zwar nicht um Arbeitsbedingungen, sondern um die inhaltliche Ausgestaltung eines Dienstvertrages. Jedoch besteht auch im Rahmen der privatautonom ausgehandelten Klauseln der Dienstverträge der Athleten die Gefahr einer nicht einheitlichen Anwendung des EGV, weil im Gegensatz zur Bundesrepublik Deutschland in anderen europäischen Ländern die individualrechtlichen Rechtsbeziehungen der am Sport Beteiligten gesetzlich geregelt sind[780] und diese Akte staatlicher Rechtsetzung dem Anwendungsbereich der Grundfreiheiten des EGV unterliegen. Auch hat der EuGH im Rechtsstreit „Walrave"[781] bezogen auf die Verbandsregelwerke ausgeführt, daß sich im Dienstleistungsbereich zwar die Art. 50 Abs. 2 EGV und Art. 53 EGV speziell auf die Beseitigung staatlicher Maßnahmen beziehen, dieses jedoch nicht gebietet, sich über die im Gegensatz zu diesen Artikeln allgemein gehaltene Fassung des Art. 49 EGV hinwegzusetzen. Darüber hinaus „steht außer Frage, daß Art. 39 EGV, der für unselbständige Erwerbstätige die Abschaffung jeder auf der Staatsangehörigkeit beruhenden unterschiedlichen Behandlung vorschreibt, gleichermaßen Verträge und sonstige Vereinbarungen erfaßt, die nicht von staatlichen Stellen herrühren. Folglich bestimmt Art. 7 Abs. 4 der VO Nr. 1612/68, daß das Diskriminierungsverbot auch für Einzelarbeitsverträge gilt. Die in Art. 49 EGV aufgeführten Leistungen unterscheiden sich ihrer Natur nach nicht von den in Art. 39 EGV erwähnten, sondern nur dadurch, daß sie außerhalb des Arbeitsvertrages erbracht werden. Allein dieser Unterschied kann es aber nach dem Gedanken der „Kongruenz der Grundfreiheiten" nicht rechtfertigen, den Freiheitsraum, den es zu wahren gilt, enger zu fassen.

---

[776] *Roth* in: *Dauses*, E. I., Rdnr. 18.
[777] EuGH, Slg. 1974, 1405 (1419), Rdnr. 16/19 (Rs. 36/74).
[778] EuGH, Slg. 1995 I, 4921 (5066), Rdnr. 84 (Rs. C-415/93).
[779] Ebenda.
[780] Vgl. oben, 1.Abschn., I.2.
[781] EuGH, Slg. 1974, 1405 (1420), Rdnr. 0/24 (Rs. 36/74).

Diese im Rahmen der Überprüfung von Verbandsregelwerken getroffene Aussage läßt sich aufgrund ihres allgemein gehaltenen Inhalts auch auf den Sportleistungsvertrag auf der individualrechtlichen Seite der Rechtsbeziehungen des Athleten übertragen, weil sich aus den Ausführungen des EuGH der Hinweis auf eine generelle Drittwirkung des Art. 49 EGV ergibt, obwohl es im Zusammenhang mit der Dienstleistungsfreiheit an einer mit der VO Nr. 1612/68 vergleichbaren und nach Art. 249 Abs. 2 EGV allgemein geltenden Regelung des sekundären Gemeinschaftsrechts mangelt. Auch ist die Argumentation auf die in Art. 43 EGV geregelte Niederlassungsfreiheit anwendbar, weil diese in einem engen systematischen Zusammenhang mit der in Art. 49 EGV gewährten Dienstleistungsfreiheit steht, welche in einer Ähnlichkeit der Normen und der Verweisung des Art. 55 EGV auf die Art. 45-48 EGV zum Ausdruck kommt[782].

Infolgedessen können sich Athleten, die als Staatsangehörige von EU-Mitgliedstaaten in den persönlichen Anwendungsbereich des EGV fallen, gegenüber ihren Dienstherren auf das Diskriminierungsverbot der Art. 43 und 49 EGV berufen, und dürfen somit im Verhältnis zu den deutschen Sportlern, deren Interessen durch Art. 12 GG geschützt werden, nicht schlechter gestellt werden. Anders als sonstige völkerrechtliche Inländergleichbehandlungsklauseln, welche, wie dargestellt[783], nach Art. 59 Abs. 2 GG in der nationalen Normenhierarchie nur den Rang eines einfachen Gesetzes erhalten, genießen die Diskriminierungsverbote des primären Gemeinschaftsrechts absoluten Vorrang gegenüber jeglichem nationalen Recht, somit auch in Bezug auf verfassungsrechtliche Bestimmungen. Dieses wurde in dem Vertrag von Amsterdam nunmehr ausdrücklich normiert[784] und ergibt sich zudem aus nationalen Verfassungsbestimmungen, wie Art. 23 Abs. 1 S. 2 GG, welcher die Übertragung von Hoheitsrechten von deutschen Organen auf die EU erlaubt, was die Befugnis zur Rechtsetzung beinhaltet[785]. Das im Rahmen dieser Ermächtigung durch die Organe der EU geschaffene Recht geht nach ständiger Rechtsprechung des BVerfG [786] der nationalen Rechtsordnung vor, weshalb zugunsten Staatsangehöriger von EU-Mitgliedstaaten ein Diskriminierungsverbot mit Verfassungsrang besteht, welches einen mit der Gewährleistung des Art. 3 GG vergleichbaren Schutz herstellt, so daß auf der Ebene des Grundgesetzes die im Rahmen der Abwägung zwischen Art. 12 und Art. 14 GG gemachten Ausführungen[787] auch auf die Athleten aus den EU-Mitgliedstaaten anwendbar sind.

Darüber hinaus könnte aber auf der Ebene des primären Gemeinschaftsrechts jegliche Beschränkung der Werbeaktivität des Berufssportlers verboten sein, weil nach ständiger Rechtsprechung des EuGH sowohl die Niederlassungs-[788] als auch die Dienstleistungsfreiheit[789] nicht nur als Diskriminierungs-, sondern auch als über das Prinzip der Inländergleichbehandlung hinausgehende Beschränkungsverbote ausgestattet sind.
So werden durch die werbebeschränkenden Klauseln der Sportleistungsverträge die Erbringung von Werbeleistungen durch den Sportler für seine Werbepartner und somit der zwischenstaatliche Dienstleistungsverkehr i. S. d. Art. 49 EGV beeinträchtigt. Demgegenüber ist das Recht auf freie Niederlassung durch die fraglichen Klauseln der Sportleistungsverträge nicht berührt, weil Art. 43 EGV im Rahmen des Beschränkungsverbotes nur die Mitgliedstaaten verpflichtet, die sich aus den Unterschieden der nationalen Vorschriften ergebenden, für alle glei-

---

[782] *Roth* in: *Dauses*, E. I., Rdnr. 3.
[783] Vgl. oben, 2.Abschn., II.4.b.cc.
[784] Vgl. *Hasselbach*, JZ 1997, 942 (944).
[785] U. a. *Jarass* in: *Jarass/Pieroth*, Art. 23 GG, Rdnr. 17.
[786] BVerfGE 73, 339 (375); 75, 223 (244); 85, 191 (204).
[787] Vgl. oben, 2.Abschn., II.1.c.bb.(2).
[788] EuGH, Slg. 1984, 2971 (2989), Rdnr. 19 (Rs. 107/83); EuGH, Slg. 1988, 5483 (5510), Rdnr. 16 (Rs. 81/ 87).
[789] U. a. EuGH, Slg. 1986, 1475 (1485), Rdnr. 11 (Rs. 96/85).

chermaßen geltenden Hindernisse für die Berufsausübung und –zulassung zu beseitigen[790], so daß eine Rechtswidrigkeit jeglicher werbebeschränkenden Klauseln nicht bezüglich in der Bundesrepublik Deutschland niedergelassener Sportler in Betracht kommt.
Jedoch erachtet der EuGH[791] die Behinderung der Ausübung der Dienstleistungsfreiheit für zulässig, wenn die Maßnahme keine nach Staatsangehörigkeit oder Niederlassung diskriminierende Wirkung zeigt, dem Allgemeininteresse dient, zur Erreichung dieses Zwecks geeignet, notwendig und angesichts der Bedeutung der Dienstleistungsfreiheit verhältnismäßig ist. Die Anerkennung des Allgemeininteresses als ungeschriebener Rechtfertigungsgrund des Art. 49 EGV, dessen Verwirklichung zur Unanwendbarkeit des Beschränkungsverbotes führt, macht das Merkmal der „Beschränkung" i. S. d. Art. 49 EGV zu einem komplexen Wertungsbegriff[792].
Problematisch ist aber, ob vorliegend Allgemeininteressen i. S. d. Art. 49 EGV berührt werden. Grundsätzlich scheiden wirtschaftliche Zielsetzungen, wie das Interesse der Dienstherren an einer exklusiven Vermarktung der durch sie organisierten Sportveranstaltungen, die den Schutz der Belange eines Unternehmens bezwecken, als Gründe des Allgemeininteresses aus[793], weswegen als Schranke der Grundfreiheit des Art. 49 EGV das Gemeinschaftsgrundrecht des Eigentums in Frage kommt, welches zwar im EGV nicht ausdrücklich enthalten, aber über Art. 6 Abs. 2 EUV i. V. m Art. 1 des Zusatzprotokolls zur EMRK[794] zu berücksichtigen ist. Vorliegend kann jedoch die inhaltliche Ausformung einer grundrechtlichen Gewährleistung des Eigentums auf der Ebene des Gemeinschaftsrechts und die Frage, wie ein Konflikt europarechtlicher Grundrechte mit EGV-Grundfreiheiten zu lösen ist, noch offen bleiben, da der EuGH[795] in Bezug auf das Nutzungsrecht an Kinofilmen anerkannt hat, daß das Bedürfnis des Schutzes von geistigem Eigentum des Einzelnen ein Erfordernis von Allgemeininteresse darstellt, wenn die sich aus der Anwendung von innerstaatlichen Rechtsvorschriften zum Schutz dieses Eigentums ergebenden Grenzen der Dienstleistungsfreiheit nicht ein „Mittel willkürlicher Diskriminierung" darstellen. Unter diesen Umständen wird den Inhabern des Urheberrechtes an einem Film ein berechtigtes Interesse daran zugestanden, die ihnen für die Zustimmung zur Vorführung des Films zustehende Vergütung zu verlangen, auch wenn hierdurch die Dienstleistungsfreiheit anderer berührt wird. Diese Überlegung läßt sich auch auf das Interesse der Sportveranstalter an der alleinigen Vermarktung des sportlichen Wettkampfes übertragen, weil keine willkürliche Diskriminierung einzelner Profis erfolgt und das Interesse an der Alleinvermarktung des Sportereignisses mit dem Bedürfnis an exklusiver Nutzung der Rechte an einem Film vergleichbar ist.
Darüber hinaus hat der EuGH[796] in einem anderen Fall ausgeführt, daß der Schutz des Verbrauchers, etwa des Versicherungsnehmers, ein Erfordernis des Allgemeininteresses nach Art. 49 EGV ist, da die Versicherung in bestimmten Sparten ein Massenphänomen darstellt, so daß der Schutz der Interessen der Versicherten und der geschädigten Dritten praktisch die gesamte Bevölkerung angeht. Auch bei den Sportereignissen handelt es sich, wie die Zuschauerzahlen in den Stadien, die Einschaltquoten der TV-Sender und das öffentliche Interesse beweisen, um Massenphänomene, die weite Teile der Bevölkerung berühren, weswegen der Schutz der Verbraucher/Zuschauer von allgemeinem Interesse i. S. d. Art. 49 EGV ist. Ohne eine -wie im Rahmen der Abwägung der Interessen der Veranstalter an einer exklusiven Vermarktung mit der Berufsfreiheit des Sportlers[797] erfolgten- zumindest teilweisen Beschränkung der selbständigen

---

[790] *Geiger*, Art. 52 EGV a. F., Rdnr. 15.
[791] EuGH, Slg. 1986, 3755 (3804), Rdnr. 33 (Rs. 205/84); EuGH, Slg. 1991 I, 4221 (4243), Rdnr. 17 (Rs. 76/ 90).
[792] *Roth* in: *Dauses*, E. I., Rdnr. 118.
[793] *Roth* in: *Dauses*, E. I., Rdnr. 119.
[794] BGBl. 1956 II, S. 1880.
[795] EuGH, Slg. 1980, 881 (902 ff.), Rdnr. 12 ff. (Rs. 62/79).
[796] EuGH, Slg. 1986, 3755 (3803 f.), Rdnr. 29 ff. (Rs. 205/84).
[797] Vgl. oben, 2.Abschn., II.1.c.bb.(2).

Werbetätigkeit des Profis müßten die Veranstalter die Eintrittspreise erhöhen und vermehrt die Übertragungsrechte an den Wettkämpfen an Sender des sog. Pay-TV's verkaufen, um auch in Anbetracht der hohen Gehälter der Sportler ihre wirtschaftliche Leistungsfähigkeit zu erhalten, wodurch für den Verbraucher/Zuschauer höhere Kosten entstünden. Eine teilweise Beschränkung der Möglichkeit zur Eigenvermarktung ist zum Schutz des Eigentums des Veranstalters und der Interessen der Verbraucher auch geeignet und erforderlich, weil mildere und ähnlich erfolgversprechende Mittel zur Sicherung dieses Allgemeininteresses nicht ersichtlich sind.
Auch ist das im Rahmen der Abwägung zwischen Art. 14 und Art. 12 GG gewonnene Ergebnis zur Beschränkung der Berufsfreiheit des Sportlers[798] im Bereich der Eigenvermarktung geeignet, einen angemessenen Ausgleich zwischen den Beschränkungen des Dienstleistungsverkehrs und den geltend gemachten Allgemeininteressen darzustellen, weil hierdurch das Schutzbedürfnis von Veranstaltern und Zuschauern und die Dienstleistungsfreiheit des Profis im Rahmen ihrer Werbetätigkeit, welche nicht völlig ausgeschlossen, sondern nur im Einzelfall begrenzt wird, in gerechten Ausgleich gebracht wird.

Demnach verstoßen die Klauseln der Sportleistungsverträge zur Beschränkung der Werbetätigkeit der Sportler nicht gegen das Beschränkungsverbot des Art. 49 EGV, soweit sie sich im Rahmen der für inländische Sachverhalte für diese Frage ermittelten Grenzen[799] halten. Auch hinsichtlich der werbebeschränkenden Klauseln der Sportleistungsverträge der dem persönlichen Anwendungsbereich des EGV unterfallenden ausländischen Fußball- und Eishockeyspieler, die durch den arbeitsrechtlichen Gleichbehandlungsgrundsatz lediglich ihren deutschen Mitspielern gleichgestellt sind, entwickeln die Grundfreiheiten in ihrer Eigenschaft als Beschränkungsverbote Bedeutung. An dieser Stelle kann aber noch offen bleiben, ob auch die auf diese Sportler anwendbare Gewährleistung des Art. 39 EGV ein über das Prinzip der Inländergleichbehandlung hinausgehendes Beschränkungsverbot enthält, da eine Beschränkung der Eigenvermarkungsmöglichkeiten der Sportler zum Schutz des Eigentums des Veranstalters und der Interessen der Verbraucher zumindest gerechtfertigt wäre.

Hinsichtlich der Vereinbarkeit der Klauseln des Sportleistungsvertrages mit dem EG-Kartellrecht ist auf die Darstellungen zu Art. 81, 82 EGV im Rahmen der rein inländischen Sachverhalte zu verweisen[800].

ee. Rechtsstellung von Sportlern, die Staatsangehörige von Drittstaaten sind, durch zwischen der EU/ihren Mitgliedstaaten und den Drittstaaten geschlossene Abkommen

Grundsätzlich fallen Staatsangehörige von Drittstaaten, die in der EG Dienstleistungen erbringen, unabhängig davon, ob sie dort auch ansässig sind, nicht unter die Dienstleistungs- und Niederlassungsfreiheit des EGV[801]. Durch einen Beschluß des Rates nach Art. 49 Abs. 2 EGV könnte die Dienstleistungsfreiheit zwar auch auf diese Personengruppen erweitert werden. Ein derartiger Beschluß ist aber bis heute nicht ergangen.
Jedoch hat die EU als selbständiges Rechtssubjekt und haben nicht nur die Mitgliedstaaten alleine mit Drittstaaten völkerrechtliche Abkommen geschlossen, durch die die Niederlassungs- und Dienstleistungsfreiheit auf die Angehörigen dieser Staaten erweitert wird.

---

[798] Ebenda.
[799] Ebenda.
[800] Vgl. oben, 2.Abschn., II.1.c.bb.(4).
[801] *Roth* in: *Dauses*, E. I., Rdnr. 114.

Voraussetzung hierfür ist aber, daß die EG eine entsprechende Vertragsschlußkompetenz zukommt. Nach der Rechtsprechung des EuGH[802] besteht in den Bereichen, in denen eine im Vertrag vorgesehene Gemeinschaftspolitik durch gemeinschaftliche Regelungen ausgeführt wurde, die Befugnis der EG, mit Drittländern internationale Verträge zu schließen. Voraussetzung ist allerdings, daß die interne Gemeinschaftspolitik auf dem betreffenden Gebiet bereits tatsächlich ins Werk gesetzt worden ist, damit die Außenkompetenz auf die EG übergeht. Nach Art. 131 ff. EGV besteht eine Zuständigkeit der Gemeinschaft im Bereich der Handelspolitik. Zwar wird der Begriff der „Handelspolitik" heute relativ weit verstanden, jedoch bezieht sich seine ursprüngliche Auslegung nur auf den Bereich des Warenhandels[803]. Infolgedessen ist der Bereich der Niederlassungsvorgänge vom Begriff der Handelspolitik nicht umfaßt und ist auch im Hinblick auf die grenzüberschreitende Erbringung von Dienstleistungen, die einen Grenzübertritt von natürlichen Personen erfordert, keine sich aus den Art. 131 ff. EGV ergebende Gemeinschaftskompetenz zur Regelung des Dienstleistungsverkehrs mit Drittländern anzunehmen[804]. Eine Außenkompetenz hinsichtlich die Dienst- und Niederlassungsfreiheit betreffender Verträge ergibt sich aber nach (Art. 55 EGV i. V. m.) Art. 47 Abs. 2 EGV, welcher dem Rat die Befugnis zum Erlaß von Koordinierungsrichtlinien einräumt und somit zu einer durch gemeinschaftliche Regelungen ausgeführten Gemeinschaftspolitik führt, aufgrund der der EG eine Vertragsschlußkompetenz mit Drittländern im Bereich der Dienst- und Niederlassungsfreiheit zuerkannt wird. Eine durch sekundäre Regelungen des Europarechts ausgeführte Gemeinschaftspolitik liegt im Bereich des Kartellrechts u. a. durch Freistellungen nach Art. 81 Abs. 3 EGV vor.

Hinsichtlich der durch die Gemeinschaft im Rahmen ihrer Zuständigkeit geschlossenen Verträge ist zwischen solchen Abkommen zu unterscheiden, an denen nur die EG alleine als Vertragspartner beteiligt ist, weil der Gegenstand des Vertrages in die ausschließliche Gemeinschaftszuständigkeit fällt, und sog. „gemischten" Abkommen, deren Vertragspartner sowohl die EG als auch die Mitgliedstaaten sind, da eine geteilte Zuständigkeit besteht[805]. Für die vor der Änderung des EUV durch den Amsterdamer Vertrag [806] abgeschlossenen Verträge, welche die Einreise von Personen in das Gebiet anderer Vertragsparteien sowie deren Aufenthalt und/oder Rechtsstellung dort regeln, war nach Art. K. 1 und Art. K. 2 EUV a. F. die Zuständigkeit der Mitgliedstaaten eröffnet, so daß hinsichtlich der die Arbeitnehmer-, die Niederlassungs- und die Dienstleistungsfreiheit betreffenden Verträge mit Drittstaaten eine geteilte Zuständigkeit besteht und es sich somit um „gemischte" Abkommen handelt. Diese bedürfen als auch durch die Mitgliedstaaten abgeschlossene völkerrechtliche Abkommen nach Art. 59 Abs. 2 GG der Billigung durch die gesetzgebenden Organe und erlangen in der nationalen Normenhierachie, wie die alleine durch die Bundesrepublik Deutschland abgeschlossenen völkerrechtlichen Inländergleichbehandlungsklauseln[807], nur den Rang eines einfachen Gesetzes und sind deshalb unter diesem Gesichtspunkt nicht geeignet, im vorliegenden Fall eine Gleichbehandlung herzustellen. Jedoch ist auch die EG Vertragspartei der „gemischten" Verträge und sind diese Abkommen im Umfang ihres völkerrechtlich verbindlichen Inhalts nach Art. 300 Abs. 7 EGV „integrierender Bestandteil des Gemeinschaftsrechts"[808]. Der Anwendungsvorrang des Gemeinschaftsrechts[809] erfaßt nicht nur die Gründungs- und Beitrittsverträge und nach Art. 249 EGV die gemeinschaft-

---

[802] EuGH, Slg. 1971, 263 (274 ff.), Rdnr. 6/8 ff. (Rs. 22/77); EuGH, Slg. 1976, 1279 (1309 ff.), Rdnr. 12/14 ff. (Rs. 3, 4, 6/76).
[803] *Troberg* in: *Groeben/Thiesing/Ehlermann*, vor Art. 52 EGV a. F., Rdnr. 22.
[804] EuGH, Slg. 1974, 5267 (5271 ff.), Rdnr. 10 (Gutachten 1/94)
[805] *Troberg* in: *Groeben/Thiesing/Ehlermann*, vor Art. 52 EGV a. F., Rdnr. 25.
[806] BGBl. 1998 II, S. 387.
[807] Vgl. oben, 2.Abschn., II.4.b.cc.
[808] *Geiger*, Art. 228 EGV a. F., Rdnr. 18.
[809] Vgl. oben, 2.Abschn., II.4.b.dd.

lichen Sekundärrechtsakte, sondern auch die nach Art. 300 EGV geschlossenen „gemischten“ Abkommen, soweit die in diesen Verträgen mit Drittstaaten geregelten Materien unter die Gemeinschaftszuständigkeit fallen[810], weil die durch die EG als Vertragspartei geschlossenen Abkommen gemeinschaftsintern einen Rang über dem sekundären, aber unterhalb des primären Gemeinschaftsrechts einnehmen[811]. Die hinsichtlich der Arbeitnehmer-, der Niederlassungs- und der Dienstleistungsfreiheit geschlossenen vertraglichen Regelungen fallen, wie oben dargestellt, in die Kompetenz der Gemeinschaft, weswegen dort normierte Diskriminierungsverbote geeignet sind, auf der Ebene des nationalen Verfassungsrechts[812] einen mit Art. 3 GG vergleichbaren und die grundgesetzliche Gewährleistung des Eigentums einschränkenden Schutz zugunsten der Sportler aus Drittländern herzustellen.

(1). Das Abkommen über den Europäischen Wirtschaftsraum (EWR)

Dieses Abkommen[813] zwischen den EU-Mitgliedstaaten, der Gemeinschaft und den verbliebenen EFTA-Staaten Island, Liechtenstein und Norwegen (nur die Schweiz ist als EFTA-Staat nicht Vertragspartei des EWR geworden) stellt nach Art. 28 ff., Art. 31 ff. und Art. 36 ff. EWR-Abk. Arbeitnehmer-, Niederlassungs- und Dienstleistungsfreiheit her und enthält in Art. 53, 54 EWR-Abk. den Wettbewerbsregelungen des EGV entsprechende Vorschriften. Diese Vertragsklauseln gleichen den Bestimmungen der Art. 39 ff., 43 ff., 49 ff., 81, 82 EGV fast wörtlich und sind daher nach Art. 6 EWR-Vertrag im Einklang mit den einschlägigen Entscheidungen des EuGH in Bezug auf die jeweiligen Vorschriften des EGV auszulegen, soweit die Richtersprüche vor Unterzeichnung des Abkommens im Jahre 1992 ergangen sind. So hat sich die Auslegung der Vertragsklauseln auch an den Entscheidungen „Walrave“[814] und „Dona“[815] zu orientieren und ist auch die „Bosman“-Entscheidung[816] vom 15.12.1995 heranzuziehen, weil diese lediglich die vorgenannten Urteile bestätigt und fortentwickelt hat[817]. Deshalb sind die Staatsangehörigen der EFTA-Staaten, ausgenommen der Schweizer Staatsbürger, hinsichtlich des Genusses der EGV-Grundfreiheiten, sowohl in ihrer Eigenschaft als Diskriminierungs- als auch als Beschränkungsverbote, und der EGV-Kartellregelungen den Staatsangehörigen der EU-Staaten gleichgestellt, weswegen die zum EGV gemachten Ausführungen[818], insbesondere hinsichtlich der über die durch den arbeitsrechtlichen Gleichbehandlungsgrundsatz hinausgehenden Wirkung der Arbeitnehmerfreizügigkeit als Beschränkungsverbot,auch auf Athleten aus EFTA-Staaten übertragbar sind.

(2). Assoziierte außereuropäische Gebiete der EU-Mitgliedstaaten und Assoziierungsabkommen mit Drittstaaten

Der EGV unterscheidet der Sache nach zwischen der konstitutionellen (Art. 182 ff. EGV) und der vertraglichen Assoziierung (Art. 310 EGV).

Nach Art. 182 EGV bestehen konstitutionelle Assoziierungen zu den unselbständigen außereuropäischen Gebieten von EU-Mitgliedstaaten, wenn diese völkerrechtlich zur autonomen Re-

[810] *Streinz* in: *Sachs*, Art. 23 GG, Rdnr. 59.
[811] *Geiger*, Art. 228 EGV a. F., Rdnr. 22.
[812] Vgl. oben, 2.Abschn., II.4.b.dd.
[813] BGBl. 1993 II, S. 1294.
[814] EuGH, Slg. 1974, 1405 ff. (Rs. 36/74).
[815] EuGH, Slg. 1976, 1333 ff. (Rs. 13/76).
[816] EuGH, Slg. 1995 I, 4921 ff. (Rs. C-415/93).
[817] *Streinz*, SpuRt 1998, 1 (47).
[818] Vgl. oben, 2.Abschn., II.4.b.dd.

gelung der Angelegenheiten dieser (in Anhang II des EGV bezeichneten) Gebiete befugt sind. Nach Art. 183 Nr. 1 EGV haben die EU-Mitgliedstaaten auf den Handelsverkehr mit den in Anhang II des EGV aufgeführten Gebieten die Regelungen anzuwenden, die sie aufgrund dieses Vertrages untereinander anwenden. Jedoch können sich die Athleten aus diesen Gebieten nicht nach Art 183 Nr. 1 EGV auf die Diskriminierungsverbote der Art. 42 ff. EGV und 49 ff. EGV berufen, weil Niederlassungsvorgänge und der Dienstleistungsverkehr, der einen Grenzübertritt von Personen erfordert, wie oben dargelegt, nicht Bestandteile des „Handelsverkehrs" i. S. d. EGV ist.
Grundsätzlich handelt es sich bei dem EG-Wettbewerbsrecht um Regelungen zum „Handelsverkehr" i. S. d. Art. 183 Nr. 1 EGV. Jedoch sind Niederlassungsvorgänge und die vorgenannte Form des Dienstleistungsverkehrs nicht vom europarechtlichen Begriff der „Handelspolitik" umfaßt[819], weswegen die EG-Wettbewerbsvorschriften ausnahmsweise nicht im Verhältnis zu den außereuropäischen Gebieten der EU-Mitgliedstaaten anwendbar sind, soweit die Klauseln der Sportleistungsverträge Fragen der Dienstleistungs- oder Niederlassungsfreiheit betreffen, da derartige Vorgänge nicht als „Handelverkehr" i. S. d. Art. 183 Nr. 1 EGV zu qualifizieren sind.
Nach Art. 183 Nr. 5 EGV gilt jedoch die durch den EGV garantierte Niederlassungsfreiheit für die Bewohner der konstitutionell assoziierten Gebiete, weswegen sich diese im Rahmen der Sportleistungsverträge auf Art. 43 ff. EGV berufen können.

Die Gemeinschaft kann zudem nach Art. 310 EGV mit Drittstaaten Abkommen schließen, „die eine Assoziierung mit gegenseitigen Rechten und Pflichten, gemeinsamen Vorgehen und besonderen Verfahren" herstellen. Art. 310 EGV enthält aber nur eine Kompetenznorm, die die EU grundsätzlich ermächtigt, derartige Vereinbarungen einzugehen[820]. Beinhaltet der Vertrag aber Regelungen, die, wie im Bereich der Dienstleistungs- und Niederlassungsfreiheit, in den Bereich der gemischten Zuständigkeit fallen, ist auch im Rahmen der Assoziierungsabkommen nach Art. 310 EGV ein „gemischtes" Abkommen unter Beteiligung der Mitgliedstaaten als Vertragspartner zu schließen[821] und richten sich das Verfahren zum Abschluß des Vertrages und dessen Wirkungen nach Art. 300 EGV[822]. Infolgedessen unterfallen auch die Assoziierungsabkommen dem Anwendungsvorrang des Gemeinschaftsrechts nach Art. 300 Abs. 7 EGV und sind somit als integrierender Bestandteil des Gemeinschaftsrechts grundsätzlich geeignet, eine Gleichstellung mit den Staatsangehörigen von EU-Mitgliedstaaten auch auf der Ebene des nationalen Verfassungsrechts herzustellen.

Die EU hat Assoziierungsabkommen mit einer Anzahl von Mittel- und Osteuropäischen Ländern[823], der Türkei[824], einigen Mittelmeeranrainerstaaten[825] und den AKP-Staaten[826] geschlossen. Hierbei handelt es sich um Entwicklungsassoziierungen mit Staaten der Dritten Welt, um

---

[819] Zu Niederlassungsvorgängen: *Troberg* in: *Groeben/Thiesing/Ehlermann*, vor Art. 52 EGV a. F., Rdnr. 23.
[820] *Geiger*, Art. 238 EGV a. F., Rdnr. 4.
[821] *Geiger*, Art. 238 EGV a. F., Rdnr. 7.
[822] *Geiger*, Art. 238 EGV a. F., Rdnr. 8 ff.
[823] Europaabkommen mit Polen (BGBl. 1993 II, S. 1316), Ungarn (BGBl. 1993 II, S. 1472), Rumänien (BGBl. 1994 II, S. 2957), Slowakei (BGBl. 1994 II, S. 3126), Tschechische Republik (BGBl. 1994 II, S. 3320), Bulgarien (BGBl. 1994 II, S. 2753), Estland (BGBl. 1996 II, S. 1666), Lettland (BGBl. 1996 II, S. 1879), Litauen (BGBl. 1996 II, 2186) und Slowenien (Bundesratsdrucksache 975/96); Abkommen über Partnerschaft und Zusammenarbeit mit Weißrußland (BGBl. 1997 II, S. 296), Kirgisistan (BGBl. 1997 II, S. 247), der Ukraine (BGBl. 1997 II, 268) und der Russischen Föderation (BGBl. 1997 II, S. 846).
[824] BGBl. 1964 II, S. 509.
[825] Assoziierungsabkommen mit Israel (BGBl. 1997 II, S. 1168); Kooperationsabkommen mit Tunesien (BGBl. 1978 II, S. 509) und Marokko (BGBl. 1978 II, 690).
[826] BGBl. 1991 II, S. 2 (Lomé IV).

sog. „Beitrittsassoziierungen“ mit europäischen Staaten zur Vorbereitung von deren späterem Beitritt in die EU und um „Beitrittsersatzassoziierungen“ mit Staaten, deren Aufnahme in die EU auch längerfristig nicht geplant ist[827].
Hinsichtlich der Sportleistungsverträge der durch den arbeitsrechtlichen Gleichbehandlungsgrundsatz gegenüber den inländischen Profis gleichgestellten Fußball- und Eishockeyspieler entfalten die die Arbeitnehmerfreizügigkeit betreffenden Regelungen der verschiedenen Abkommen keinerlei Relevanz, da diese nicht geeignet sind, die Rechtsstellung der Sportler weiter zu verbessern. Die Abkommen enthalten gemäß ihrem eindeutigen, gegenüber den weiten Formulierung des Art. 39 EGV engeren Wortlaut, nach dem eine Behandlung, die keine auf der Staatsangehörigkeit beruhende Benachteiligung gegenüber den eigenen Staatsangehörigen bewirkt, zu gewähren ist, lediglich ein Diskriminierungs- und kein Beschränkungsverbot. Dieser Unterschied des Schutzniveaus der Gewährleistung des EGV und der Abkommen in Hinblick auf die Arbeitnehmerfreizügigkeitsregelungen ergibt sich z. B. bezüglich der Europa-Abkommen (EA) mit mittel- und osteuropäischen Staaten auch durch die in den Verträgen vorgesehenen Vorbehalte (z. B. Art. 43 EA mit der Slowakischen Republik, Art. 42 EA mit Ungarn und Art. 42 EA mit Polen), nach denen erst in Zukunft „weitere Mittel und Wege zur Verbesserung der Freizügigkeit der Arbeitnehmer“ erwogen werden sollen.
Somit entfalten die Verträge auf der individualrechtlichen Seite der Rechtsbeziehungen des Berufssportlers nur bezüglich der Gleichstellung von Leichtathleten, die Staatsangehörige der Vertragsstaaten sind, Wirkung, wobei aber nur einige Assoziierungsabkommen Klauseln enthalten, die den Vorschriften des EGV zur Niederlassungs- oder Dienstleistungsfreiheit und den Art. 81, 82 EGV entsprechen. Hierbei ist aufgrund des zum Teil völlig abweichenden Wortlauts der einzelnen Bestimmungen der unterschiedlichen Verträge, der in Bezug auf die verschiedenen Klauseln ergangenen Gerichtsentscheidungen und der abweichenden Zielsetzungen der Abkommen zwischen den einzelnen Assoziierungsabkommen zu differenzieren.

(a). Das Assoziierungsabkommen mit der Türkei

Dieser völkerrechtliche Vertrag begründet selber keine unmittelbare Niederlassungs- und Dienstleistungsfreiheit. Art. 13 und 14 bestimmen lediglich, daß sich die Vertragsparteien dieses Abkommens bei der Herstellung dieser Freizügigkeit von den Art. 52 ff. und 59 ff. EGV a. F. leiten lassen. Zur Realisierung dieser Ziele bedarf es aber gemäß Art. 22 Abs. 1 des Assoziierungsabkommens noch näherer Beschlüsse des paritätisch besetzten Assoziationsrates. Infolgedessen kommt den Bestimmungen des Vertrages nicht die Qualität von in den EU-Mitgliedstaaten unmittelbar anwendbarem Gemeinschaftsrecht zu, da die betreffenden Vertragsbestimmungen „im wesentlichen nur Programmcharakter“ haben und die in diesen Regelungen enthaltenen Verpflichtungen vor dem Erlaß von konkretisierenden Assoziationsratsbeschlüssen zu unbestimmt sind, um aus ihnen unmittelbar Rechte und Pflichten abzuleiten[828]. Infolgedessen ist das Assoziierungsabkommen mit der Türkei alleine nicht geeignet, ein Diskriminierungsverbot zugunsten der türkischen Leichtathleten herzustellen.
Darüber hinaus enthält das Assoziierungsabkommen mit der Türkei den Art. 81, 82, EGV entsprechende Vorschriften. Auf Grundlage dieses Abkommens ist aber lediglich durch Beschluß des Assoziationsrates 1/95[829] die Zollunion für Industriegüter in vollem Umfang verwirklicht,

---

[827] *Arnold* in: *Dauses*, K. I., Rdnr. 122.
[828] So EuGH, Slg. 1987, 3719 (3753), Rdnr. 23 (Rs. 12/86), hinsichtlich der in Art. 12 des Assoziierungsabkommens getroffenen Regelung zur Arbeitnehmerfreizügigkeit, welche in ihrem Wortlaut den unter Art. 13 und 14 des Assoziierungsabkommens getroffenen Bestimmungen zur Niederlassungs- und Dienstleistungsfreiheit gleicht, weswegen diese Rechtsprechung des EuGH zu Art. 12 des Assoziierungsabkommens auch auf die Art. 13 f. des Vertrages übertragen werden kann.
[829] ABl. EG 1996, Nr. L 35, 1.

und sind durch Art. 32 ff. des Beschlusses dem Wortlaut der Art. 81, 82 EGV nachgebildete Regelungen geschaffen worden, die nach ihrer Zielsetzung nur auf Industriegüter, somit nicht in Bezug auf Berufssportler anwendbar sind.

(b). Die Europa-Abkommen mit mittel- und osteuropäischen Staaten

Zur Gründung einer Assoziation zwischen der EU und ihren Mitgliedstaaten einerseits und Staaten in Mittel- und Osteuropa (MOE) andererseits wurden mit Polen, Ungarn, der Tschechischen Republik, der Slowakischen Republik, Bulgarien, Rumänien, Estland, Lettland, Litauen und Slowenien sog. „Europa-Abkommen" (EA) abgeschlossen. Ziel dieser Verträge ist die Intensivierung der wirtschaftlichen Beziehungen zwischen den Vertragspartnern, die Förderung der wirtschaftlichen, sozialen und kulturellen Entwicklung in den MOE und die Vorbereitung der von diesen Staaten angestrebten Mitgliedschaft in der EU (Beitrittsassoziierung) [830]. Diese Abkommen enthalten neben Klauseln wie z. B. zur Einrichtung eines regelmäßigen politischen Dialogs zwischen den Vertragspartnern, die eher Programmcharakter aufweisen, auch nahezu gleichlautende Bestimmungen, die die Freizügigkeit der Arbeitnehmer, das Niederlassungsrecht, den Dienstleistungsverkehr und den Wettbewerb betreffen.
Im Gegensatz zu den Regelungen über die Freizügigkeit der Arbeitnehmer, die nicht in einer dem Art. 39 EGV entsprechenden Art und Weise gewährleistet wird, sondern in denen vielmehr nur eine grundsätzliche Inländergleichbehandlung für den Fall garantiert werden soll, daß die Arbeitnehmer im Gebiet eines EU-Mitgliedstaates rechtmäßig beschäftigt sind und die zudem nur vorbehaltlich der in diesen Staaten geltenden Bedingungen und Modalitäten besteht (z. B. Art. 38 EA mit der Slowakischen Republik/Art. 37 EA mit Ungarn), ist im Rahmen des Niederlassungsrechtes für selbständig Erwerbstätige eine vollständige Inländergleichbehandlung auch schon für die Aufnahme der Tätigkeit vorgesehen. So normieren z. B. Art. 45 Abs. 3 EA mit der Slowakischen Republik oder Art. 44 Abs. 3 EA mit Ungarn, daß die EU-Mitgliedstaaten den Staatsangehörigen der Slowakischen Republik bzw. Ungarns „eine Behandlung, die nicht weniger günstig als die Behandlung ihrer eigenen Staatsangehörigen ist, zu gewähren haben".

Nach der Rechtsprechung des EuGH[831] sind diese Regelungen der EA auch unmittelbar anwendbar, so daß sich der einzelne Athlet auf sie berufen kann, weil sie nach ihrem Wortlaut hinreichend bestimmt, klar und unbedingt Diskriminierungsverbote aufstellen und die Erfüllung oder die Wirkung der Verpflichtung nicht vom Erlaß weiterer Maßnahmen, wie dem Erlaß eines innerstaatlichen Rechtsaktes, abhängt.

Fraglich ist aber, ob den Vertragsbestimmungen im Hinblick auf den Sportleistungsvertrag Drittwirkung zukommt, so daß das Diskriminierungsverbot, vergleichbar mit der Niederlassungsfreiheit des EGV[832], auch gegenüber dem Dienstherren der Athleten als inländische Privatperson wirkt.
Dieses wird durch einen Teil der Literatur[833] und die Rechtsprechung des LG Frankfurt [834] für sämtliche Klauseln der Abkommen mit dem Hinweis auf den qualitativen Unterschied zwischen dem supranationalen Gemeinschaftsrecht und den durch die EU geschlossenen völkerrechtlichen Verträgen, die grundsätzlich nur die Staaten oder supranationale Organisationen verpflichten können, verneint. Zudem wird angeführt, daß nach dem Wortlaut des Art. 300 Abs. 7 EGV Abkommen der EU (nur) für die Organe der Gemeinschaft und die Mitgliedstaaten und gerade

[830] *Arnold* in: *Dauses*, K. I., Rdnr. 132.
[831] Vgl. EuGH, EuZW 1997, 501 (502 f.), Rdnr. 27 f. (Rs. C-351/95).
[832] Vgl. oben, 2.Abschn., II.4.b.dd.
[833] U. a. *Hailbronner* in: *Hailbronner/Klein/Magiera/Müller-Graff*, Art. 48 EGV a. F., Rdnr. 32 j.
[834] LG Frankfurt, SpuRt 1998, 78 (79) (hinsichlich des EA mit Polen).

nicht für den Einzelnen verbindlich sind. Darüber hinaus spricht vorliegend auch der Wortlaut der Vertragsklauseln der EA zur Niederlassungsfreiheit gegen deren Drittwirkung, weil diese nur die Mitgliedstaaten selber als Adressaten des Diskriminierungsverbotes nennen (z. B. Art. 44 Abs. 3 EA mit Polen oder Art. 44 Abs. 3 EA mit Ungarn).
Demgegenüber wird von der überwiegenden Meinung im Schrifttum[835] und in der Rechtsprechung[836] von einer Drittwirkung der Vorschriften der EA im Privatrechtsverkehr ausgegangen, jedenfalls soweit es um einen Verstoß von Verbandsrecht gegen die Regelungen der EA im Hinblick auf die Arbeitnehmerfreizügigkeit geht. Die Drittwirkung des Diskriminierungsverbotes nach Art. 39 EGV ist aufgrund des Gebotes einer effektiven Gewährleistung der Arbeitnehmerfreizügigkeit allgemein anerkannt[837]. Wegen der Intention und Interessenlage der EA, welche als Abkommen zur Beitrittsassoziierung auf Dauer eine Vollmitgliedschaft der assoziierten Staaten in der EU beabsichtigen, müssen die durch den EuGH entwickelten Grundsätze zur Drittwirkung der Diskriminierungsverbote des EGV auch auf Staatsangehörige der Staaten übertragen werden, die Vertragsparteien der EA sind. Anderenfalls ist eine effektive und gleichmäßige Durchsetzung der Diskriminierungsverbote im Arbeitsleben nicht durchsetzbar. Gegen diese Auslegung spricht auch nicht der Wortlaut der Vertragsklauseln (z. B. Art. 37 Abs. 1 EA mit Polen oder Art. 37 Abs. 1 EA mit Ungarn) zur Arbeitnehmerfreizügigkeit, da sich diese nicht nur an die EU-Mitgliedstaaten richten. Diese Argumentation läßt sich auch auf die Niederlassungsfreiheit übertragen, weil auch dieser im Rahmen des Art. 42 EGV Drittwirkung gegenüber den Dienstherren der Athleten zukommt[838]. Zwar sind nach dem Wortlaut der Regelungen zur Niederlassungsfreiheit nur die Mitgliedstaaten Adressaten der Gewährleistungen, jedoch hat sich die Auslegung der Verträge am Sinn und Zweck dieser Abkommen zu orientieren, die die Zielsetzung verfolgen, einen geeigneten Rahmen für die schrittweise Integration der MOE in die Gemeinschaft zu bilden (z. B. Art. 1 Abs. 2 EA mit Polen oder Art. 1 Abs. 2 EA mit Ungarn). Dieser Integrationsprozeß beinhaltet auch eine Angleichung der Maßstäbe bezüglich des Schutzniveaus im Rahmen der Niederlassungsfreiheit, so daß trotz des Wortlautes der Klauseln von ihrer Drittwirkung im Privatrechtsverkehr auszugehen ist. Zudem spricht auch die strukturelle Ähnlichkeit der Arbeitnehmer- und Dienstleistungsfreizügigkeit als Personengrundfreiheiten[839] dagegen, hinsichtlich der Drittwirkung der jeweiligen Vertragsklauseln eines EA zu unterschiedlichen Ergebnissen zu kommen. Dem steht auch der Wortlaut des Art. 300 Abs. 7 EGV nicht entgegen, weil nach der Systematik des EGV ursprünglich auch nur die Mitgliedstaaten Adressaten der gemeinschaftsrechtlichen Grundfreiheiten waren und dieser Grundsatz durch den EuGH im Interesse einer effektiven Durchsetzung des Gemeinschaftsrechts modifiziert wurde[840], weshalb das dargestellte Interesse an einer effektiven Durchsetzung der Regelungen des EA auch ein Hinwegsetzen über den Wortlautes des Art. 300 Abs. 7 EGV rechtfertigt.
Somit bewirken die Regelungen der EA mit den MOE zur Niederlassungsfreiheit, daß die Athleten, die Staatsangehörige dieser Staaten sind und sich dauerhaft und rechtmäßig in der Bundesrepublik Deutschland niedergelassen haben oder deren Tätigkeitsschwerpunkt hier liegt, den Staatsangehörigen der EU-Mitgliedstaaten im Rahmen eines Diskriminierungsverbotes im Bereich der Niederlassungsfreiheit gleichgestellt werden und somit die Ausführungen zu Art. 42

[835] U. a. *Gramlich/Niese*, SpuRt 1998, 61 (64); *Heidersdorf*, Ausländerklauseln im Profisport, S. 78.
[836] U. a. LG Dortmund, SpuRt 1999, 31 (32); LG Hannover, SpuRt 1998, 74 (77) (im Verfahren des einstweiligen Rechtsschutzes).
[837] U. a. EuGH, Slg. 1995 I, 4921 (5066 f.), Rdnr. 83 ff (Rs. C-415/93).
[838] Vgl. oben, 2.Abschn., II.4.b.dd.
[839] Nach u. a. *Hilf/Pache*, NJW 1996, 1169 (1171) zeichnet sich in der Rechtsprechung des EuGH zu den EGV-Grundfreiheiten eine Tendenz zu einer „Konvergenz" dieser Gewährleistungen ab und liegt der Arbeitnehmer-, Niederlassungs- und Dienstleistungsfreiheit eine ähliche Struktur zugrunde. Diese Erwägung läßt sich auch auf die Regelungen der „Europa-Abkommen" als „integrierendem Bestandteil des Gemeinschaftsrechts" übertragen.
[840] Vgl. ebenda.

EGV[841] auch auf diesen Personenkreis und deren Sportleistungsverträge anwendbar sind. Demgegenüber enthalten die die Niederlassungsfreiheit betreffenden Klauseln der EA gemäß ihrem eindeutigen, gegenüber der weiteren Formulierung des Art. 43 EGV engeren Wortlaut, nach dem eine Behandlung, die keine auf der Staatsangehörigkeit beruhende Benachteiligung gegenüber den eigenen Staatsangehörigen bewirkt zu gewähren ist, vergleichbar mit den Regelungen zur Arbeitnehmerfreizügigkeit kein Beschränkungsverbot.
Im Bereich des Dienstleistungsverkehrs sehen die verschiedenen Europa-Abkommen nur eine schrittweise Liberalisierung vor und bestimmen, daß der Assoziationsrat die hierfür nötigen Maßnahmen zu treffen hat (z. B. Art. 56 Abs. 1 und 3 EA mit der Slowakischen Republik/Art. 55 Abs. 1 und 3 EA mit Ungarn). Infolgedessen kommt diesen Regelungen keine unmittelbare Wirkung zu, weil sie nur Programmcharakter haben und die getroffenen Regelungen ohne eine Konkretisierung durch weitere Akte seitens der Assoztiationsräte zu unbestimmt sind, um aus ihnen unmittelbare Rechte und Pflichten des Einzelnen ableiten zu können. Somit kann sich der Athlet als Staatsangehöriger eines MOE nicht auf die Dienstleistungsfreiheit berufen, wenn er seine Sportleistung gegenüber dem Veranstalter von Leichtathletikmeetings im räumlichen Bereich der EU nur zeitlich begrenzt erbringt, ohne in einem EU-Mitgliedstaat niedergelassen zu sein oder dort seinen Tätigkeitsschwerpunkt zu haben.
Zudem enthalten die verschiedenen EA`s mit den MOE`s auch Wettbewerbsvorschriften (z. B. Art. 64 Abs. 1 EA mit der Slowakischen Republik/Art. 62 Abs. 1 EA mit Ungarn), welche dem Wortlaut der Art. 81 und 82 EGV nachgebildet sind. Diese Bestimmungen sind, wie die Art. 81 f. EGV, unmittelbar anwendbar und haben Drittwirkung im Privatrechtsverkehr, da die Auslegung der in den Abkommen zum Wettbewerb getroffenen Regelungen (z. B. nach Art. 64 Abs. 2 EA mit der Slowakischen Republik/ Art. 62 Abs. 2 EA mit Ungarn) auf der Grundlage des EU-Kartellrechts zu erfolgen hat, weswegen diejenigen Kriterien heranzuziehen sind, auf die sich die Gemeinschaftsorgane, insbesondere die Kommission, bei der gemeinschaftsinternen Anwendung der Art. 81 f. EGV stützen und die durch die Rechtsprechung des EuGH hierzu entwickelt worden sind. Auch verfolgen die Wettbewerbsregelungen der EA`s den Zweck, die Maßstäbe des EU-Kartellrechts als eines der Kernstücke des EGV auch schon vor dem Beitritt des jeweiligen assoziierten Staates zur EU im Verhältnis zu den MOE`s sicherzustellen[842], weil gemäß Art. 1 der einzelnen EA`s durch die Vertragspartner das Ziel verfolgt wird, schon jetzt „Fortschritte bei der gegenseitigen Gewährung der wirtschaftlichen Freiheiten zu erzielen, die die Grundlagen der Gemeinschaft bilden". Etwas anderes ergibt sich hinsichtlich der unmittelbaren Anwendbarkeit der Wettbewerbsvorschriften der EA`s auch nicht daraus, daß nach den Abkommen erst der Assoziationsrat binnen drei Jahren Durchführungsbestimmungen zu diesen Regelungen zu treffen hat (z. B. Art. 64 Abs. 3 EA mit der Slowakischen Republik/Art. 62 Abs. 3 EA mit Ungarn). In den Fällen der meisten EA`s ist diese Dreijahresfrist bereits abgelaufen, auch können die Gemeinschaft und der Assoziationspartner unter Einschaltung des Assoziationsrates schon vor Erlaß der Durchführungsbestimmungen „geeignete Maßnahmen" ergreifen, wenn Schädigungsgefahr durch wettbewerbswidriges Verhalten besteht (z. B. Art. 64 Abs. 6 EA mit der Slowakischen Republik/Art. 62 Abs. 6 EA mit Ungarn). Somit haben die kartellrechtlichen Bestimmungen der EA`s schon vor einer abschließenden Regelung durch Durchführungsvorschriften nicht nur Programmcharakter und bedürfen nicht einer Konkretisierung durch weitere Akte, sondern sind vielmehr hinreichend bestimmt genug, um unmittelbar Rechte und Pflichten für den Einzelnen zu erzeugen. Die Leichtathleten als „Unternehmer" i. S. d. Art. 81 f. EGV[843] sind wegen der am EU-Kartellrecht orientierten Auslegung der Wettbewerbsvorschriften der EA`s auch als Unternehmer gemäß diesen völkervertraglichen Bestim-

[841] Vgl. ebenda.
[842] *Arnold* in: *Dauses*, K. I., Rdnr. 160.
[843] Vgl. oben, 2.Abschn., II.1.c.bb.(4).

mungen anzusehen, so daß auch der als Dienstleistender zu qualifizierende Athlet, der, wie oben dargestellt, durch die Regelungen der EA's nicht in den Genuß der Dienstleistungsfreiheit kommt, zumindest durch die Wettbewerbsvorschriften dieser Verträge geschützt ist, soweit er Staatsangehöriger eines MOE ist. Etwas anderes ergibt sich, aufgrund von Abs. 2 der jeweiligen Wettbewerbsvorschriften der Abkommen, nach denen sich die Auslegung dieser Vertragsklauseln an den Art. 81, 82 EGV zu orientieren hat, auch nicht aus einer am Gesamtzusamenhang der Abkommen orientierten Interpretation. Somit ist eine derartige Auslegung ausgeschlossen, nach der eine Argumentation denkbar wäre, daß aufgrund der fehlenden unmittelbarer Anwendbarkeit der die Dienstleistung betreffenden Vorschriften Vorgänge des Wirtschaftslebens, die dieser Gewährleistung unterfallen, auch nicht als von den Kartellvorschriften der Abkommen erfaßt anzusehen sind.
Der Leichtathlet kann sich somit gegenüber seinem Dienstherren hinsichtlich der werbebeschränkenden Klauseln der Sportleistungsverträge auf einen Verstoß gegen Wettbewerbsrecht berufen. Hierdurch wird zwar kein mit dem zugunsten der Staatsbürger von EU-Mitgliedstaaten wirkenden Diskriminierungsverbot im Dienstleistungsbereich vergleichbarer Schutz gegen Maßnahmen des Dienstherren, die in die Berufsfreiheit eingreifen, hergestellt, jedoch dürfen die Klauseln der Sportleistungsverträge nicht gegen Wettbewerbsrecht verstoßen, wobei auf die im Zusammenhang mit EU-Bürgern gemachten Ausführungen zum EU-Kartellrecht zu verweisen ist[844].

Es ist somit festzuhalten, daß Athleten, die Staatsangehörige von Mittel- und Osteuropäischen Staaten sind, die mit der EU sog. Europa-Abkommen geschlossen haben, den Staatsangehörigen von EU-Mitgliedstaaten und daher auch den deutschen Profis gleichgestellt werden, soweit diese Sportler der Niederlassungs- und nicht der Dienstleistungsfreiheit unterfallen. Zudem können sich diese Berufssportler, unabhängig davon, ob sie Dienst- oder Niederlassungsfreiheit beanspruchen können, auf die Kartellvorschriften der Abkommen berufen.

(c). Die Abkommen über Partnerschaft und Zusammenarbeit mit den aus der ehemaligen UdSSR hervorgegangenen Staaten

Die EU und ihre Mitgliedstaaten haben mit einer Reihe von osteuropäischen Staaten, die aus der ehemaligen UdSSR hervorgegangen sind, Abkommen über Partnerschaft und Zusammenarbeit (APZ) geschlossen. Diese völkerrechtlichen Verträge mit Weißrußland, der Kirgisischen Republik, der Ukraine und der Russischen Föderation sind im Gegensatz zu den EA's „Beitrittsersatzassoziierungen", weil die Aufnahme dieser Staaten in die EU auch auf längere Sicht nicht geplant ist[845]. Das Übereinkommen mit der Kirgisischen Republik enthält keine Regelungen zur Niederlassungsfreiheit. Auch verpflichten sich die Vertragspartner in Art. 31 Abs. 1 AZP mit Kirgisistan lediglich, „die erforderlichen Maßnahmen zu treffen, um schrittweise die Erbringung von Dienstleistungen zu erlauben", weswegen diese Bestimmung noch ausführungsbedürftig und somit nicht unmittelbar anwendbar ist. Die übrigen APZ's enthalten unter teilweise verschiedenen Artikelnummern inhaltsgleiche Regelungen bezüglich des Dienstleistungsverkehrs (z. B. Art. 36 APZ mit Weißrußland/Art. 36 APZ mit der Russischen Föderation) und der Niederlassung (z. B. Art. 29 APZ mit Weißrußland/ Art. 28 APZ mit der Russischen Föderation) von Gesellschaften; in ihnen wird ein Diskriminierungsverbot aufgestellt.
Eine Gleichstellung von natürlichen Personen, die, wie die Athleten, selbständig Dienstleistungen erbringen, ist nicht vorgesehen und wird auch durch den Wortlaut der Verträge (z. B. Art. 43 AZP mit Weißrußland/Art. 48 AZP mit der Russischen Föderation), wonach die Ver-

[844] Ebenda.
[845] *Oppermann*, Europarecht, S. 822.

tragsparteien durch diese Abkommen nicht gehindert werden, die durch sie erlassenen Normen auf natürliche Personen, die selbständige Dienstleistungen erbringen, anzuwenden, ausdrücklich festgestellt. Infolgedessen wird die durch das deutsche GG vorgegebene Unterscheidung zwischen Ausländern und Deutschen jedenfalls im Hinblick auf natürliche Personen bezüglich der Berufsfreiheit durch die AZP`s nicht aufgehoben. Die Frage der unmittelbaren Anwendbarkeit dieser völkervertraglichen Regelungen und deren Drittwirkung im Privatrechtsverkehr kann somit an dieser Stelle offen bleiben, weil sich die Leichtathleten als Staatsangehörige der Staaten, die mit der EU und deren Mitgliedstaaten AZP`s geschlossen haben, schon nach dem Wortlaut der Übereinkommen nicht gegenüber den Dienstherren der Sportleistungsverträge auf die Regelungen zur Niederlassungsfreiheit und zum Dienstleistungsverkehr berufen können.
Zwar enthalten einzelne AZP`s Vorschriften zur Regelung des Wettbewerbs (z. B. Art. 50 AZP mit Weißrußland/Art. 53 AZP`s mit der Russischen Föderation). Diese Bestimmungen sind aber im Gegensatz zu den entsprechenden Passagen der EA`s nicht dem Wortlaut des EU-Kartellrechts nachgebildet. Vielmehr werden die Vertragsparteien lediglich aufgefordert, „darauf hinzuarbeiten, durch Unternehmen oder durch staatliches Eingreifen verursachte Wettbewerbsbeschränkungen zu beseitigen“. Diese Vereinbarungen haben nur Programmcharakter und sind daher nicht unmittelbar anwendbar, weil es zur Verwirklichung des festgelegten Ziels noch weiterer Akte seitens der Vertragsparteien bedarf, durch die auf die Beseitigung der Wettbewerbsbeschränkungen hingearbeitet wird.
Durch die Abkommen über Partnerschaft und Zusammenarbeit wird somit keine Geleichstellung der Sportler, die Staatsangehörige der Vertragsstaaten sind, mit Staatsangehörigen von EU-Mitgliedstaaten hergestellt.

3. Abschnitt: Die Ausgestaltung der kollektivrechtlichen Seite der Rechtsbeziehungen des Profisportlers zu den Sportverbänden

Die Bindung des Sportlers an die Verbände und die durch diese geschaffenen Regelwerke wird im Fall der Leichtathleten und der Eishockeyspieler, die Mitglieder ihrer Vereine sind, durch eine mittelbare Mitgliedschaft[846] hergestellt. Darüber hinaus haben sämtliche Leichtathleten, Fußball- und Eishockeyspieler die Normen der Sportverbände durch rechtsgeschäftliche Unterwerfung anerkannt[847].

I. Die zivilrechtliche Qualifizierung der kollektivrechtlichen Bindung zu den Verbänden

Bei dem mittelbar mitgliedschaftlichen Verhältnis zu den Sportverbänden handelt es sich nicht um eine Mitgliedschaft im rechtlichen Sinne[848]; auch die vertragliche Anerkennung der Regelwerke ist nicht als „Quasi-Mitgliedschaft" in den Sportverbänden, sondern als schuldrechtliches Verhältnis, gerichtet auf die Beachtung der Verbandsnormen, anzusehen[849].
Problematisch ist aber, ob durch diesen zivilrechtlichen Ansatz bei der Einordnung der Rechtsqualität der Unterwerfung unter die Verbandsnormen , trotz des Fehlens einer schuldrechtlichen Sportleistungspflicht des Sportlers gegenüber den Verbänden, aufgrund der Ausgestaltung der kollektivrechtlichen Bindung an deren Regelwerke im Fall der Fußball- und Eishockeyspieler durch die Lizenzierung alleine ein Arbeitsverhältnis zu den Sportverbänden entsteht.
Demgegenüber stellt sich bezüglich des Leichtathleten nicht die Frage, ob dieser in Folge seiner kollektivrechtlichen Bindung an den Verband zu diesem einen Dienstvertrag unterhält, weil ein solcher schon durch den schuldrechtlichen Teil der Athletenvereinbarung begründet[850] wird.
Durch die Lizenzierung binden der DFB und der DEB die Spieler an ihre Verbandsgewalt und an ihre Regelwerke (z. B. § 2 Abs. 1; § 3 Abs. 1, 3 DFB-Lizenzvertrag). Weiter treffen die Vertragsparteien für den Fall von Verstößen gegen Vertragspflichten Vereins- und Vertragsstrafenabreden, deren Festsetzung den Rechtsorganen der Verbände obliegt (z. B. § 2 Abs. 2, § 3 Abs. 4 DFB-Lizenzvertrag), und wird durch Schiedsgerichtsvereinbarungen der Zugang zu den staatlichen Gerichten weitgehend ausgeschlossen (DFB/DEB-Schiedsgerichtsvertrag).
Diese durch die Lizenzierung entstandene besondere Rechtsbeziehung zwischen Verbänden und Sportlern ist in die vorhandenen Institute des Arbeits- oder allgemeinen Zivilrechts nur schwer einzuordnen. Trotzdem ist eine Qualifizierung unumgänglich, weil mit einer Einstufung als Arbeitsverhältnis weitreichende Konsequenzen verbunden sind. So entscheidet die Beantwortung dieser Frage z. B. darüber, ob die vereinbarte Schiedsabrede an § 1025 ZPO oder an § 101 ArbGG zu messen ist, ob sich ausländische Berufsspieler gegenüber dem Verband wie im Rahmen des Sportleistungsvertrages mit dem Verein im Hinblick auf eine Gleichstellung nach Art. 12 GG auf den arbeitsrechtlichen Gleichbehandlungsgrundsatz berufen können und ob die Verbände arbeitgeberseitige Schutz- und Fürsorgepflichten treffen. Zudem ist die Problematik u. a. im Zusammenhang mit der Bildung eines Gesamt- oder Konzernbetriebsrates auf Verbandsebene oder der Möglichkeit des Abschlusses eines Tarifvertrages zwischen den Verbänden und einer zu gründenden gewerkschaftlichen Spielervertretung relevant und würde sich im Fall einer Arbeitgeberstellung der Verbände der Vorgang der Lizenzerteilung und des Lizenzentzuges als

[846] Vgl. oben, 1.Abschn., III.2.b.aa.(1).(b).
[847] Vgl. oben, 1.Abschn., III.2.b.aa.(2).
[848] Vgl. oben, 1.Abschn., III.2.b.aa.(1).(b).
[849] Vgl. oben, 1.Abschn., III.2.b.aa.
[850] Vgl. oben, 2.Abschn., I.3.c.aa.

arbeitsvertraglicher Einstellungs-/Entlassungsvorgang darstellen, der an Arbeitnehmerschutzvorschriften, wie dem KSchG, zu messen wäre.

1. Einordnung der kollektivrechtlichen Bindung nach dem Arbeitnehmerbegriff des BAG und der herrschenden Ansicht im Schrifttum

Nach dem Arbeitnehmerbegriff der herrschenden Ansicht in der Literatur und des BAG[851] kommt es nicht auf die Bezeichnung des die Rechtsbeziehung begründenden Vertrages durch die Parteien an, sondern ist entscheidend, ob der tatsächliche Gehalt der durch den zur Dienstleistung Verpflichteten erbrachten Tätigkeit von persönlicher Abhängigkeit geprägt ist, welche sich in erster Linie aus einer Weisungsgebundenheit nach Ort, Zeit und Inhalt der zu erbringenden Arbeitsleistung ergibt.
Somit kommt z. B. § 11 Nr. 1 DFB-LiSpSt, der festlegt, daß zwischen dem Spieler und dem DFB durch den Abschluß des Lizenzvertrages kein Arbeitsverhältnis begründet wird, hinsichtlich der arbeitsrechtlichen Einordnung dieser Rechtsbeziehung keine maßgebliche Bedeutung zu.
Nach den Satzungen der Verbände haben diese den Wettkampfbetrieb der Bundesligen durchzuführen und zu organisieren (z. B. § 1 Nr. 5.1 DEB-Satzung), werden die Spieltermine und -orte von den Spielleitern des DFB/DEB festgelegt (z. B. Art. 38 Nr. 1 DEB-SpO) und sind die Bundesligavereine an diese Vorgaben gebunden (z. B. § 34 DFB-LiSpSt), weshalb die Verbände Einfluß auf den Ort und die Zeit der durch den Spieler zu erbringenden Sportleistung nehmen. Hierbei handelt es sich aber nicht um eine mit dem arbeitsrechtlichen Direktionsrecht vergleichbare unmittelbare Einwirkungsmöglichkeit der Verbände auf Ort und Zeit dieser Leistung. Vielmehr bleibt die Entscheidung, ob der Spieler in den Kader für ein Spiel berufen wird, ob und wann er in einem konkreten Spiel zum Einsatz kommt, den Vereinen überlassen. Zudem bestehen Sinn und Zweck der Spielansetzungen durch den Verband nicht darin, ein Weisungsrecht gegenüber dem Sportler hinsichtlich einer zu erbringenden Dienstleistung auszuüben, sondern kommen DFB und DEB durch die Ansetzung der Spiele nur ihrer satzungsmäßig verankerten Aufgabe gegenüber den Vereinen nach (z. B. § 3 DFB-Satzung), durch Koordinierung des Spielbetriebes Absteiger, Aufsteiger und Meister zu ermitteln.
Darüber hinaus sind die Spieler durch die Lizenzierung nicht schuldrechtlich zur Sportleistung gegenüber dem Verband verpflichtet, sondern nur an dessen Regelwerke gebunden und besteht keine Weisungsbefugnis des DFB/DEB hinsichtlich Art und Weise der durch den Spieler gegenüber dem Verein geschuldeten Arbeitsleistung. Zwar haben die von den Verbänden zu den Spielen entsandten Schiedsrichter einen gewissen Einfluß auf das Verhalten der Spieler im Wettkampf. Jedoch ist auch dieses Weisungsrecht nicht mit dem arbeitsrechtlichen Direktionsrecht vergleichbar, weil hierdurch nicht das Recht eröffnet wird, vergleichbar mit dem Trainer z. B. im taktischen Bereich Anweisungen bezüglich einer entsprechenden inhaltlichen Ausführung der Spieltätigkeit zu erteilen, sondern bezieht sich das Weisungsrecht ausschließlich auf die Überwachung und Sanktionierung der Ausführung[852]. Auch ist zu berücksichtigen, daß die Spieler den zeitlich umfangreichsten Teil ihrer Dienstleistung gegenüber dem Verein im Rahmen der Wettkampfvorbereitung erbringen, auf die ein Schiedsrichter keinen Einfluß hat.
Demnach ist nach dem Arbeitnehmerbegriff des BAG und der überwiegenden Meinung in der Literatur durch die Lizenzierung alleine kein Arbeitsverhältnis zwischen DFB/DEB und Spieler begründet worden und lassen sich diese Überlegungen auch auf die Rechtsbeziehung zu den internationalen Sportverbänden FIFA, UEFA und IIHF übertragen, weil deren Rolle bezüglich

[851] Vgl. oben, 2.Abschn., I.3.a.
[852] *Füllgraf*, Der Lizenzfußball, S. 27.

eines Weisungsrechts nach Ort, Zeit und Inhalt der zu erbringenden Sportleistung im Rahmen der durch diese Verbände organisierten Wettbewerbe nicht abweichend zu beurteilen ist.

2. Der arbeitsrechtliche Ansatz in der Literatur

Trotzdem messen einige Autoren dem Lizenzvertrag arbeitsvertraglichen Charakter zu, obwohl sich die aus diesem ergebende Rechtsbeziehung, wie dargestellt, nicht direkt unter den Arbeitnehmerbegriff des BAG und der herrschenden Meinung fassen läßt.

So bewertet *Buchner*[853] den Sportleistungsvertrag des Spielers mit dem Verein und den Lizenzierungsvertrag mit dem Verband als einheitliches Arbeitsverhältnis, so daß der Sportler neben dem Verein auch in dem Verband einen Arbeitgeber hat. Diese Ansicht begründet er damit, daß die Arbeitsverträge der Spieler mit den Vereinen für sich alleine gesehen unvollständig sind und durch das Regelwerk des DFB/DEB, dessen Beachtung der Spieler in dem Lizenzvertrag versprochen hat, ergänzt werden. Die Verbände können das Arbeitsverhältnis des Profis mit dem Verein und dessen Berufsausübung aufgrund der ihnen zustehenden Sanktionsmöglichkeiten (u. a. Spielsperren, Lizenzentzüge) maßgeblich beeinflussen, so daß ein Bedürfnis besteht, den Spielern nicht nur gegenüber den Vereinen, sondern auch gegenüber dem DFB/DEB arbeitsrechtlichen Schutz durch die Anwendung von Arbeitnehmerschutzvorschriften zu gewähren. So kann ein Verstoß gegen Verbandsregelwerke und eine darauf folgende verbandsrechtliche Strafe zu einer Beendigung des Arbeitsvertrages mit dem Verein führen[854], wobei sich der Sportler gegen diese (mittelbare) Einwirkung auf sein Arbeitsverhältnis nicht auf arbeitsrechtlichen Schutz stützen kann. Demgegenüber würde eine derartige Maßnahme eine arbeitsrechtliche Streitigkeit mit all den oben dargestellten Konsequenzen darstellen, wenn nicht der DFB/ DEB, sondern die Vereine die Bundesligen in eigener Organisation veranstalten würden. Durch die Aufteilung der Arbeitgeberstellung zwischen Vereinen und Verband entsteht eine unzulässige Verkürzung des Rechtsschutzes zu Lasten der Spieler und werden durch die Einschaltung der Verbände als Dritte, die zumindest mittelbar auf das Arbeitsverhältnis Einfluß nehmen können, arbeitsrechtliche Rechtspositionen entzogen. Begründet wird die These der funktionellen Einheit von Verbänden und Vereinen und die daraus abgeleitete Konsequenz der arbeitsrechtlichen Qualität des durch die Lizenzierung begründeten Rechtsverhältnisses mit der Identität der satzungsmäßigen Zielsetzungen von Vereinen und Verbänden, denen es allesamt um die Förderung des Fußball-/Eishockeysports geht (z. B. § 1 Nr. 2 DEB-Satzung und entsprechende Bestimmungen in den Satzungen der Vereine). Zwar haben die Verbände satzungsmäßig die Organisation der Bundesligen als eigenen Verbandszweck ausgewiesen (z. B. § 1 Nr. 5 DEB-Satzung), jedoch erfolgt dies in Wirklichkeit im Interesse der Vereine, weswegen Verband und Verein gegenüber dem Profi als Einheit auftreten und Teile der arbeitsrechtlichen personellen Entscheidungen gegenüber dem Spieler aus dem Verantwortungsbereich der Vereine auf die Verbandsebene abgeschichtet werden.
Diese Überlegung wird aber mit der Begründung, daß die Mehrzahl der deutschen Fußball- und Eishockeylizenzspieler, mangels Qualifizierung ihrer Vereine für internationale Wettbewerbe, nicht mit den Normen dieser Verbände in Berührung kommen, so daß kaum von einer funktionellen Einheit zwischen den Vereinen und der FIFA, UEFA und dem IIHF ausgegangen werden kann, nicht auf die Rechtsbeziehung der Profis zu den internationalen Sportverbänden übertragen[855].

[853] *Buchner*, NJW 1976, 2242 (2245); *Buchner*, RdA 1982, 1 (8).
[854] Vgl. oben, 2.Abschn., II.3.b.aa.
[855] *Imping*, Die arbeitsrechtliche Stellung des Fußballspielers, S. 207.

Von der Überlegung der Aufteilung der Arbeitgeberfunktionen zwischen DFB und Vereinen ließ sich auch das ArbG Gelsenkirchen[856] leiten und hat die Klage eines Lizenzspielers gegen den DFB vor dem Arbeitsgericht ungeachtet der Schiedsgerichtsabrede mit der Begründung zugelassen, daß der Verband aufgrund der durch ihn geschaffenen Regelwerke partiell in die Arbeitgeberstellung gegenüber dem Spieler eingerückt sei.

Unter Berufung auf den Gedanken der funktionellen Einheit zwischen Verbänden und Vereinen fordert auch *Klatt*[857], die kollektivrechtliche Beziehung zwischen Verband und Spieler dem Arbeitsrecht zu unterstellen. Eine Identität der Zielsetzung ergibt sich aufgrund des gemeinsamen Interesses an der Ermittlung von Meistern und Absteigern und der finanziellen Verwertung des Wettkampfgeschehens sowohl in soziologischer als auch in ökonomischer Hinsicht. Zwar handelt es sich bei dem Lizenzvertrag grundsätzlich um einen atypischen schuldrechtlichen Vertrag (§§ 241, 305 BGB), soweit eine Zulassung zum Spielbetrieb erfolgt. Jedoch überwacht der Verband als Dritter aufgrund der Unterwerfung, ob der Sportler die von ihm aufgestellten und als Arbeitsbedingungen einzustufenden Regeln beachtet, so daß dem Lizenzvertrag, soweit auf diesem beruhende Maßnahmen seitens des Verbandes das Arbeitsverhältnis der Profis betreffen, die Eigenschaft eines „arbeitsrechtlichen Kontrollvertrages" zukommt, so daß insbesondere der Lizenzentzug am Arbeitsrecht zu messen ist, um den Anwendungsbereich von Arbeitnehmerschutzvorschriften nicht zu verkürzen.

Mit einem Vergleich des Dreiecksverhältnisses DFB oder DEB/Verein/Spieler mit der Rechtsbeziehung Finanzierungsinstitut/Abzahlungskäufer/Verkäufer befürwortet *Füllgraf*[858], dem Spieler auch gegenüber dem Verband arbeitsrechtlichen Schutz zu gewähren. Er kommt zu dem Ergebnis, daß weder der Schutz des Arbeitnehmers durch das Arbeitsrecht noch die Rechtsposition des Abzahlungskäufers gegenüber dem Verkäufer nach dem Abzahlungsgesetz (heute: Verbraucherkreditgesetz) durch eine Aufspaltung der ursprünglichen Zweierbeziehung in ein Dreipersonenverhältnis beeinträchtigt werden darf.

Imping[859] begründet die Anwendung der Arbeitnehmerschutzvorschriften im Verhältnis zwischen DFB/DEB und Lizenzspieler unter Hinweis auf die durch die Rechtsprechung und das arbeitsrechtliche Schrifttum anerkannten Typen der aufgespaltenen Arbeitgeberstellung[860]. Es ist mittlerweile unumstritten, daß über die Zweierbeziehung zwischen Arbeitgeber und Arbeitnehmer als Vertragsparteien des Arbeitsvertrages hinaus noch weitere Arbeitgeber an einem Arbeitsverhältnis beteiligt sein können[861], auch wenn zwischen dieser Person und dem Arbeitnehmer selbst keine unmittelbare vertragliche Beziehung besteht. Begründet wird diese „arbeitsrechtliche Drittbeziehung" damit, daß der das Arbeitsrecht beherrschende soziale Schutzgedanke trotz fehlender vertraglicher Beziehung die Zuordnung eines weiteren Arbeitgebers verlangt, wenn der Arbeitnehmer einer dritten Person zur Beschäftigung überlassen wird[862].
Unter Anlehnung an die Rechtsfiguren des mittelbaren Arbeitsverhältnisses[863] und der unechten Leiharbeit[864], welche anerkannte Formen der Durchbrechungen der Zweierbeziehung zwischen

---

[856] ArbG Gelsenkirchen, NJW 1977, 598 (598).
[857] *Klatt*, Die arbeitsrechtliche Stellung des Berufsfußballspielers, S. 20 ff.
[858] *Füllgraf*, Der Lizenzfußball, S. 38 ff.
[859] *Imping*, Die arbeitsrechtliche Stellung des Fußballspielers, S. 208 ff.
[860] Vgl. *Marschall* in: Münchener Handbuch Arbeitsrecht, § 165, Rdnr. 6 ff.
[861] U. a. *Zöllner* in: *Zöllner/Loritz*, S. 301.
[862] *Richardi* in: Münchener Handbuch Arbeitsrecht, § 29, Rdnr. 13.
[863] BAG Urteil vom 09.04.1957, AP Nr. 2 zu § 611 BGB; *Marschall* in: Münchener Handbuch Arbeitsrecht, § 165, Rdnr. 11 ff.
[864] Gesetz zur Regelung der gewerbsmäßigen Arbeitnehmerüberlassung (BGBl. 1972 I, S. 1393); *Marschall* in: Münchener Handbuch Arbeitsrecht, § 165, Rdnr. 24 ff.

Arbeitgeber und Arbeitnehmer darstellen und zu einer aufgespaltenen Arbeitgeberstellung führen, wird durch diese Ansicht im Schrifttum begründet, daß die Verbände Teile der Arbeitgeberfunktion wahrnehmen.
Zwar erfüllt das vorliegende, sich aus der Lizenzierung ergebende Rechtsverhältnis weder die Merkmale eines mittelbaren Arbeitsverhältnisses noch die Voraussetzungen der Leiharbeit.
So wird ein mittelbares Arbeitsverhältnis angenommen, wenn „jemand von einem Mittelsmann, der seinerseits Arbeitnehmer eines Dritten ist, beschäftigt und die Arbeit mit Wissen des Dritten unmittelbar für diesen geleistet wird, ohne daß ein unmittelbarer Arbeitsvertrag zwischen dem Dritten und dem Gehilfen zustandekommt"[865]. Vorliegend mangelt es aber an einem Arbeitsverhältnis zwischen dem mittelbaren Arbeitgeber (Verband) und den Vereinen als Mittelsmännern. Das Verhältnis zwischen Vereinen und Verbänden ist lediglich durch eine mittelbare verbandsrechtliche Bindung zu DFB/DEB/FIFA/UEFA/IIHF geprägt[866].
Darüber hinaus besteht ein Lizenzvertrag für die Teilnahme an dem Spielbetrieb der Bundesligen[867], aus dem sich keine Dienstleistungspflichten der Vereine ergeben.
Von einem Leiharbeitsverhältnis spricht man, wenn ein Arbeitgeber, der sog. Verleiher, den vertraglich an ihn gebundenen Arbeitnehmer einem Dritten, dem sog. Entleiher, zur Arbeitsleistung überläßt und der Arbeitnehmer in den Betrieb des Entleihers eingegliedert wird[868]. Trotz des Lizenzierungsvorgangs bleibt der Profi aber (auch) in den Betrieb der Vereine eingegliedert und wird dem Verband nicht vollumfänglich zur Sportleistung überlassen, weil er diese im Training- und Spielbetrieb (auch) gegenüber dem Verein erbringt.
Trotzdem soll nach *Imping*[869] unter Heranziehung des für die Entwicklung des mittelbaren Arbeitsverhältnisses und der Leiharbeit maßgeblichen Gedankens sowie des Sinnes und Zweckes dieser Formen der aufgespaltenen Arbeitgeberstellung eine sich an diese Rechtsfiguren angelehnte arbeitsrechtliche Drittbeziehung zu den Verbänden bestehen. Die Leiharbeit und das mittelbare Arbeitsverhältnis sind dadurch geprägt, daß einem Dritten die Arbeitskraft zugute kommt und diesem hierdurch die Umsetzung seiner unternehmerischen Ziele ermöglicht wird. Diese Voraussetzungen erfüllt auch die infolge der Lizenzierung entstandene Rechtsbeziehung, da die Verbände die Sportleistung der Lizenzspieler nutzen, um die Realisierung des von ihnen verfolgten Zweckes, der Sportförderung, zu erreichen. Auch wird durch die Tätigkeit der Profis die Umsetzung der unternehmerischen Ziele der Verbände gefördert, da die Einnahmen der Verbände aus den TV-Übertragungsrechten im wesentlichen auf den sportlichen Aktivitäten der Spieler fußen.

3. Der zivilrechtliche Ansatz im Schrifttum

Jedoch ist mit der überwiegenden Ansicht im sportrechtlichen Schrifttum[870] ein arbeitsvertraglicher Charakter der durch die Lizenzierung entstandenen kollektivrechtlichen Bindung des Sportlers an den Verband abzulehnen. Vielmehr ist dieses zivilrechtliche Rechtsverhältnis als atypischer schuldrechtlicher, auf Anerkennung der Verbandsregelwerke gerichteter Vertrag sui generis gemäß §§ 305, 241 BGB einzuordnen.

---

[865] BAG Urteil vom 09.04.1957, AP Nr. 2 zu § 611 BGB.
[866] Zur Grundlage der Rechtsbeziehungen zwischen DFB und den Lizenzvereinen: *Buchner*, RdA 1982, 1 (2).
[867] Vgl. § 4 ff. DFB-LiSpSt.
[868] *Marschall* in: Münchener Handbuch Arbeitsrecht, § 165, Rdnr. 25; *Richardi*, ebenda, § 29, Rdnr. 13.
[869] *Imping*, Die arbeitsrechtliche Stellung des Fußballspielers, S. 213 f.
[870] U. a. *Reuter*, DZWir 1996, 1 (5 f.); *Meyer-Cording*, RdA 1982, 13 (14); *Poschenrieder*, Sport als Arbeit, S. 192 f., 274; *Osthoff*, Entscheidungsbeschränkungen für Berufssportler, S. 125 ff.

Die Befürworter einer Arbeitgeberstellung der Verbände aufgrund eines einheitlichen Arbeitsverhältnisses zwischen Spielern, Vereinen und Verbänden[871], eines partiellen Einrückens der Verbände in die Arbeitgeberstellung[872], der Qualität der Lizenzierung als „arbeitsrechtlichen Kontrollvertrags"[873] oder eines Vergleichs der Beziehung Verband/Verein/ Sportler mit dem Rechtsverhältnis Finanzierungsinstitut/Abzahlungskäufer/Verkäufer[874] begründen ihre Ansicht im wesentlichen mit einer satzungsmäßigen Identität der Zielsetzungen von Vereinen und Verbänden, welche zu deren einheitlichem Auftreten gegenüber dem Profi führt. Zwar ist unbestritten, daß verbandsrechtliche Entscheidungen gegenüber dem Spieler auch mittelbare Auswirkungen auf dessen Arbeitsverhältnis zu den Vereinen haben können; jedoch besteht im Rahmen dieser Maßnahmen, von den widerstreitenden Interessen im Hinblick auf andere Themenbereiche (wie z. B. dem Streit um die TV-Ver-marktung der Bundesligaspiele) ganz abgesehen, keinesfalls ein Gleichlauf der Zielsetzung von Verbänden und Vereinen. Vielmehr ist das Interesse der Vereine als Arbeitgeber, vergleichbar mit dem Interesse eines Taxiunternehmers, das gegen ein durch ein Strafgericht oder die Verwaltungsbehörde ausgesprochenes Fahrverbot im Hinblick auf einen seiner angestellten Fahrer abzielt, gegen Sanktionen seitens der Verbände (z. B. Spielsperren) in Bezug auf ihre Spieler gerichtet, weil diese gerade den Sportler beschäftigen, um ihn auch im Wettkampf einzusetzen. Die Verbände nehmen somit durch die Verhängung von Sanktionen gegenüber dem Sportler keine Arbeitgeberfunktionen wahr, weil durch diese Disziplinarmaßnahmen keine Arbeitgeberinteressen gewahrt werden. Dieses verdeutlicht sich unter Heranziehung von Sinn und Zweck der verbandsrechtlichen Disziplinarmaßnahmen, durch die die Beachtung der Spielregeln des Sports als Gemeinschaftsinteresse aller am Spielbetrieb Beteiligten durchgesetzt werden sollen. Demgegenüber dient eine arbeitgeberseitige Sanktion nach ihrer Schutzrichtung nur der Aufrechterhaltung der Ordnung des Betriebes und nicht übergeordneten Gemeinschaftsinteressen[875].

Deshalb kann auch nicht von einer Aufspaltung der Arbeitgeberfunktionen zwischen Verbänden und Vereinen die Rede sein, weil die Verbände keine typischen Arbeitgeberkompetenzen der Beschäftigungsvereine wahrnehmen. Die Sportverbände regeln durch ihre Entscheidungen gegenüber dem Profi nicht das Arbeitsverhältnis zwischen Sportler und Verein, sondern bilden im Außenverhältnis ein System, in dem allen am Sport Beteiligten ein Betätigungsfeld geschaffen wird.

Aufgrund dieser disziplinar- und aufsichtsrechtlichen Funktion von Verbandsmaßnahmen und der Rolle der Verbände als Ordnungsmächte des Sports ist ihre Rechtsstellung und Aufgabe eher mit der einer Verwaltungsbehörde als mit der eines Arbeitgebers vergleichbar, wobei der Lizenzierungsvorgang der in manchen Berufsgruppen erforderlichen staatlichen Konzession entspricht[876]. Niemand ist bisher auf die Idee gekommen, den Entzug einer derartigen Konzession, trotz der (mittelbaren) Auswirkung dieser Maßnahme auf das Arbeitsverhältnis[877], als Aushöhlung des Kündigungsschutzes zu werten und deshalb den Verwaltungsbehörden Arbeitgeberqualität zuzuweisen. Dieser Befund verdeutlicht sich auch dadurch, daß u. a. der französische Gesetzgeber, ausgehend von der staatsvertretenden Funktion der (nationalen) Sportverbände, dem disziplinar- und aufsichtsrechtlichen Charakter von Verbandsmaßnahmen und einer daraus

---

[871] U. a. *Buchner* NJW 1976, 2242 (2245); *Buchner*, RdA 1982, 1 (8).
[872] ArbG Gelsenkirchen, NJW 1977, 598 (599).
[873] *Klatt*, Die arbeitsrechtliche Stellung des Berufsfußballspielers, S. 20 ff.
[874] *Füllgraf*, Der Lizenzfußball, S. 38 ff.
[875] Vgl. *Reuter*, NJW 1983, 649 (651).
[876] *Reuter*, DZWir 1996, 1 (6).
[877] So kann z. B. nach BAG, NJW 1979, 332 (333) der Entzug der Fahrerlaubnis eines als Kraftfahrer beschäftigten Arbeitnehmers durch die Verwaltung oder den Strafrichter eine arbeitgeberseitige außerordentliche Kündigung nach § 626 BGB rechtfertigen.

resultierenden Vergleichbarkeit mit dem Handeln der Verwaltung, den nationalen Sportverbänden die Ausübung von Hoheitsgewalt zugestanden hat[878].

Gegen die Ansicht[879], welche in Anlehnung an die Aufspaltung der Arbeitgeberstellung im Rahmen des mittelbaren Arbeitsverhältnisses und der Leiharbeit eine arbeitsrechtliche Drittbeziehung zwischen Verbänden und Spielern annimmt, weil sowohl diese arbeitsrechtlichen Rechtsfiguren als auch die Rechtsbeziehung zwischen Sportler und Verband dadurch geprägt sind, daß einem Dritten die Arbeitsleistung zugute kommt und hierdurch die Umsetzung von dessen unternehmerischen Zielen gefördert wird, spricht der Sinn und Zweck, welcher mit der Aufspaltung der Arbeitgeberfunktion bei der Schaffung der Rechtsinstitute des mittelbaren Arbeitsverhältnisses und der Leiharbeit verfolgt wurde. Die Intention war, denjenigen, der durch seinen Arbeitgeber zur Beschäftigung an einen fremden Betrieb überlassen wird, auch gegenüber dem Dritten, mit dem kein Arbeitsvertrag geschlossen wurde, in den Genuß von Arbeitnehmerschutzvorschriften kommen zu lassen, wenn der Arbeitnehmer dessen Direktionsrecht unterstellt ist, weil durch die Übertragung des arbeitsrechtlichen Weisungsrechts die Arbeitgeberfunktionen zwischen dem Dritten und dem Vertragspartner des Arbeitnehmers aufgespalten worden sind[880]. Dieses Bedürfnis für eine Aufspaltung der Arbeitgeberfunktionen besteht jedoch nur, wenn der Dritte den Arbeitnehmer wie einen eigenen Arbeitnehmer nach seinen Vorstellungen und Zielen in seinem Betrieb einsetzen kann und der Arbeitnehmer nicht auch im Betrieb des Dritten dem Direktionsrecht seines Vertragspartners unterstellt ist[881]. Vorliegend kann der Verband aber durch das auf der Lizenzierung beruhende kollektivrechtliche Rechtsverhältnis nicht im Sinne eines arbeitsrechtlichen Weisungsrechts auf Ort, Zeit und Inhalt der durch den Spieler zu erbringenden Sportleistung Einfluß nehmen[882]. Vielmehr untersteht dieser dem Direktionsrecht des Vereins als seines arbeitsrechtlichen Vertragspartners[883], so daß mangels Möglichkeit der Verbände, vergleichbar mit einem Arbeitgeber die Spieler nach ihren Vorstellungen und Zielen einzusetzen, die Annahme einer Aufspaltung der Arbeitgeberfunktion zwischen Verband und Verein in Anlehnung an die Rechtsfiguren des mittelbaren Arbeitsverhältnisses und der Leiharbeit nicht gerechtfertigt ist.

Trotzdem bleibt festzustellen, daß die (zumindest) in Deutschland privatrechtlich organisierten Sportverbände durch die Unterwerfung der Vereine und Spieler unter ihre Verbandsgewalt auf das zwischen diesen bestehende Arbeitsverhältnis mittelbar Einfluß nehmen können. Die hieraus durchaus resultierende Gefahr einer Beschränkung der Schutzwirkung des Arbeitsrechts rechtfertigt jedoch nicht, die kollektivrechtliche Beziehung des Sportlers zu den Verbänden als Arbeitsverhältnis einzuordnen. Vielmehr kann der Gefahr des Mißbrauchs der Monopolstellung der Verbände und einer daraus folgenden Beeinträchtigung der Schutzwirkung des Arbeitsrechts auch wirksam durch eine Inhaltskontrolle nach §§ 134, 138, 242 BGB entgegengetreten werden[884]. So betont auch das BVerfG[885], daß vermittelt durch die zivilrechtlichen Generalklauseln die Abwehr des Mißbrauchs von Monopolstellungen und sonstigem, auf sozialen und wirtschaftlichen Gründen beruhenden Ungleichgewicht im beruflichen Bereich durch Art. 12 und Art. 2 GG geboten ist. Dieses gilt auch im Verhältnis des in der Bundesrepublik Deutschland tätigen Spielers zu den internationalen Sportverbänden, falls nach den Regeln des Internationa-

---

[878] Vgl. oben, 1.Abschn., I.1.
[879] *Imping*, Die arbeitsrechtliche Stellung des Fußballspielers, S. 213 ff.
[880] U. a. *Richardi* in: Münchener Handbuch Arbeitsrecht, § 29, Rdnr. 13.
[881] U. a. *Richardi*, ebenda, Rdnr. 14.
[882] Vgl. oben, 3.Abschn., I.1.
[883] Vgl. oben, 2.Abschn., I.3.b.aa.
[884] *Reuter*, DZWir 1996, 1 (6).
[885] U. a. BVerfG, NJW 1990, 1469 (1470).

len Privatrechts im Rahmen dieser Rechtsbeziehung ausländisches materielles Recht zur Anwendung kommt und sich deshalb der Sportler nicht unmittelbar auf die durch die Generalklauseln des BGB vermittelten grundrechtlichen Wertungen berufen kann. Soweit die anzuwendende ausländische Rechtsordnung keinen annähernd gleichwertigen Schutz vor dem Mißbrauch einer Monopolstellung bietet, ist dieser durch das deutsche Gericht nach Art. 6 EGBGB herzustellen. Zudem würde eine arbeitsrechtliche Einstufung der kollektivrechtlichen Rechtsbeziehung der Spieler zu den nationalen und internationalen Verbänden die lebensfremde Folge nach sich ziehen, daß der Profi mit Verein, nationalem, kontinentalem und weltweitem Verband vier Arbeitgeber hätte.
Darüber hinaus bestünde in Folge der Unwirksamkeit der Schiedsgerichtsabreden nach § 101 ArbGG die Gefahr einer Lähmung des gesamten Sportbetriebes. Die Unterwerfung der Spieler unter die ständigen Schiedsgerichte der Verbände garantiert ein zeitnah funktionierendes Überprüfungsverfahren in Hinblick auf verbandsrechtliche Maßnahmen gegenüber dem Spieler. Die sporttypische Notwendigkeit von schnellen Entscheidungen läßt es nicht zu, den Weg zu den verbandsrechtlichen Schiedsgerichten zumindest von vornherein auszuschließen. Diese Gerichte sind in der Lage, binnen kürzester Zeit rechtskräftige Entscheidungen zu treffen, um den laufenden Wettbewerb aufrecht zu erhalten. Dieses entspricht auch dem Schutzbedürfnis des Sportlers, der so schnell wie möglich wieder am Spielbetrieb teilnehmen möchte. Es verträgt sich nicht mit der Attraktivität des Sports, wenn sich durch das lange Warten auf ein arbeitsgerichtliches Urteil „beim Blick auf die Tabelle durch Einschränkungen aufgrund noch laufender Arbeitsgerichtsverfahren ein schiefes Bild ergibt“[886].

Es ist somit im Ergebnis festzustellen, daß weder durch die rechtsgeschäftliche Unterwerfung des Sportlers unter die Verbandsregelwerke in Form einer Lizenzierung noch in Folge einer mittelbaren Mitgliedschaft in den Sportverbänden ein Arbeitsverhältnis zu diesen begründet wird.

[886] *Hilpert*, RdA 1997, 92 (96).

II. Die inhaltliche Ausgestaltung der kollektivrechtliche Beziehung zu den Sportverbänden

Durch die aufgrund der mittelbaren Mitgliedschaft in den Verbänden und/oder einer vertraglichen Beziehung zu diesen resultierende und als zivilrechtlich einzuordnende[887] Unterwerfung unter die Verbandsgewalt ist der Sportler an die nach der „modifizierten Normentheorie" als Rechtsnormen zu qualifizierenden[888] Verbandsregelwerke gebunden. Die in dieser Abhandlung behandelten Profis der Sportarten Leichtathletik, Eishockey und Fußball können nur an dem durch die nationalen Verbände organisierten Wettkampfbetrieb teilnehmen, wenn sie die Regelwerke der Verbände als bindend anerkennen, so daß der Profi in Folge der durch das Ein-Platz-Prinzip abgesicherten Monopolstellung der nationalen Sportverbände[889] seine Sportart lediglich dann berufsmäßig ausüben kann, wenn er diese Unterwerfung akzeptiert. Andererseits bedarf es im Interesse aller am Sport Beteiligten z. B. wegen des Erfordernisses der Einheitlichkeit der Sportregeln und der Notwendigkeit der Ermittlung nur eines nationalen Meisters der monopolistischen Struktur der Sportverbände. Auch wären eine geregelte Sportausübung und die Organisation des Wettkampfbetriebes ohne die verbindliche Festlegung von Spielregeln im engeren Sinne, die die Sportausübung selber reglementieren, und Sportregeln im weiteren Sinne, zur Gestaltung von der unmittelbaren Sportausübung vorgelagerten Fragen (z. B. Vermarktungsbeschränkungen, Dopingregelungen und Voraussetzungen hinsichtlich der Wettkampfzulassung) durch die Verbände nicht denkbar. Somit stellt sich die Frage, woraus sich die autonome Rechtsetzungsfähigkeit der Verbände als nicht mit Hoheitsgewalt ausgestattete Subjekte des Privatrechts[890] ergibt und wo die Grenzen dieser privaten Normsetzungsbefugnis insbesondere im Hinblick auf kollidierende Rechtspositionen der Sportler liegen.

1. Die autonome Rechtsetzungsfähigkeit der Verbände

In der Bundesrepublik Deutschland wird, im Gegensatz zu einigen anderen europäischen Ländern wie z. B. Italien, das durch die Verbände als Subjekte des Privatrechts gesetzte Recht als von der staatlichen Rechtsordnung abgeleitet angesehen und nicht als eigene und originäre Rechtsordnung qualifiziert[891]. Hieraus ergibt sich das Erfordernis einer besonderen staatlichen Legitimation, welche den Verbänden die private Normsetzung gestattet, dafür sorgt, daß den so geschaffenen Regelwerken auch rechtlich verbindliche Wirkung zukommt und diese auf die Adressaten der Normen anwendbar sind. Eine solche Befugnis ergibt sich aus der durch Art. 9 Abs. 1 und 3 GG verfassungsrechtlich garantierten und auf einfachgesetzlicher Ebene durch §§ 21 ff. BGB ausgeformten „Verbandsautonomie".

a. Der Begriff „Verbandsautonomie"

Der Begriff „Autonomie" setzt sich aus den griechischen Worten „autós" (selbst) und „nómos" (Gesetz, Ordnung) zusammen[892] und bezeichnet daher nach seiner wortgetreuen Übersetzung die Befugnis zur Selbstgesetzgebung (Verbandsautonomie im engeren Sinne). Diese Befähigung, sich selber Rechtsnormen zu geben, beinhaltet aber auch die Fähigkeit zur Anwendung und Durchsetzung dieses selbstgesetzten Rechts gegenüber den Normunterworfenen und somit die Befugnis zur Selbstverwaltung, da die Kompetenz zur Rechtsetzung, wegen des „unlösbaren

---

[887] Vgl. oben, 1.Abschn., III.2.b.aa.(2).(b).
[888] Vgl. oben, 1.Abschn., III.2.b.aa.(1).(b).
[889] Vgl. oben, 1.Abschn., III.2.b.aa.(3).
[890] Vgl. oben, 1.Abschn., I.1.
[891] Vgl. oben, 1.Abschn., I.1.
[892] Etymologisches Wörterbuch des Deutschen, S. 83.

funktionalen Zusammenhangs“ zwischen Normsetzung und -anwendung, auch die Befugnis zum Gebrauch dieser Normen impliziert (Verbandsautonomie im weiteren Sinne) [893]. Verbandsautonomie bedeutet daher, daß der Verband seine eigene Organisation und die Rechtsverhältnisse seiner Mitglieder zu ihm im Rahmen der gesetzlichen Bestimmungen, der allgemeinen Grenzen der Privatautonomie und der allgemeinen Grundsätze des Körperschaftsrechts in einer für alle Mitglieder verbindlichen Weise selbständig regeln kann[894].
Die Verbandsautonomie umfaßt inhaltlich das Recht zur eigenen Rechtsetzung (insb. durch Satzungen und Nebenordnungen), das Recht zur Selbstverwaltung durch Anwendung der selbstgeschaffenen Normen und deren Durchsetzung gegenüber den Normunterworfenen im Einzelfall[895].

b. Die rechtlichen Grundlagen der Verbandsautonomie im nationalen Recht

Die Bestimmung der rechtlichen Verankerung und Gewährleistung der Verbandsautonomie, auf welche letztendlich die Normen, Sanktionen und sonstigen Entscheidungen der Verbände gegenüber den Sportlern zurückzuführen sind, ist Ausgangspunkt für die Darstellung von Wirkung und Inhalt der im kollektivrechtlichen Verhältnis zwischen Sportler und Verband getroffenen Regelungen und sich daraus ergebender Konfliktsituationen insbesondere, wenn die Verbandsautonomie auch Grundlage der Bindung des Sportlers an den Verband ist.

aa. Art. 9 Abs. 1 GG

Die verfassungsrechtliche Grundlage der Verbandsautonomie bildet die durch Art. 9 Abs. 1 GG garantierte Vereinigungsfreiheit, welche zusammen mit der Meinungsfreiheit (Art. 5 Abs. 1 Satz 1 Halbsatz 1 GG), der Pressefreiheit (Art. 5 Abs. 1 Satz 2 GG), der Versammlungsfreiheit (Art. 8 Abs. 1 GG) und der Koalitionsfreiheit (Art. 9 Abs. 3 GG) zur Gruppe der Kommunikationsgrundrechte gehört, deren Aufgabe darin besteht, einen freien Meinungs-, Willensbildungs- und Selbstorganisationsprozeß zu gewährleisten[896].

Unter den Schutzbereich des Art. 9 Abs. 1 GG fallen sowohl die Sportvereine als auch die -verbände, weil „Vereine und Gesellschaften“ gemäß Art. 9 Abs. 1 GG durch Art. 9 Abs. 2 GG unter den Oberbegriff „Vereinigungen“ gefaßt werden. Dieser Begriff bezieht sich auf alle Zusammenschlüsse von mehr als zwei natürlichen oder juristischen Personen, die auf freiwilliger Basis auf Dauer angelegt sind, zur Verfolgung eines gemeinsamen Zwecks gebildet wurden und die eine organisierte Willensbildung aufweisen[897]. Auf eine bestimmte Rechtsform der Vereinigung kommt es letztlich nicht an[898], so daß auch die Sportverbände „als körperschaftlich strukturierte, gegenüber ihren Trägern (Vereine und Verbände) verselbständigte Organisationen, die von keiner Seite einem beherrschenden Einfluß unterliegen und vorwiegend von Privaten gegründet und getragen werden“[899], vom Schutzbereich des Art. 9 Abs. 1 GG erfaßt werden, weil sie die Merkmale der oben genannten Definition der „Vereinigung“ i. S. d. Art. 9 Abs. 2 GG aufweisen[900].

---

[893] BVerfGE 50, 290 (354); *Vieweg*, Normsetzung und –anwendung, S. 149.
[894] U. a. Mü-Ko/*Reuter*, vor § 21 BGB, Rdnr. 91; *Reichert*, Handbuch des Verbands- und Vereinsrechts, Rdnr. 287.
[895] *Summerer* in: Praxishandbuch Sportrecht, S. 80; *Vieweg*, Normsetzung und –anwendung, S. 149.
[896] *Kemper* in: v. *Mangoldt/Klein/Starck*, Art. 9 Abs. 1 GG, Rdnr. 8.
[897] U. a. *Löwer* in: v. *Münch/Kunig*, Art. 9 GG, Rdnr. 24.
[898] *Jarass* in: *Jarass/Pieroth*, Art. 9 GG, Rdnr. 3.
[899] *Vieweg*, Normsetzung und –anwendung, S. 24.
[900] U. a. *Vieweg*, Normsetzung und –anwendung, S. 151; *Reschke*, Sport als Arbeit, S. 2.

Einerseits garantiert Art. 9 Abs. 1 GG für Deutsche i. S. d. Art. 116 GG das „individuelle Freiheitsrecht" der positiven und negativen Vereinigungsfreiheit[901], welche, auf den Sportbereich übertragen, dem Einzelnen das Recht gewährt, frei zu wählen, ob er seine Sportart innerhalb oder außerhalb der Vereins- und Verbandsstrukturen ausüben möchte.
Andererseits schützt Art. 9 Abs. 1 GG nach der Rechtsprechung des BVerfG[902] und der herrschenden Meinung im Schrifttum[903] als „kollektives Freiheitsrecht" aber auch die Betätigungsfreiheit der durch die individuelle Grundrechtsausübung geschaffenen Sportvereine und -verbände selber, indem er deren Existenz und funktionsgerechte Betätigung garantiert, und ist somit als Doppelgrundrecht anzusehen. Begründet wird diese Ansicht u. a. mit einem direkten Vergleich mit dem seit langem als Doppelgrundrecht etablierten Art. 9 Abs. 3 GG und einer Gegenüberstellung von Art. 9 Abs. 1 GG mit Art. 21 GG und Art. 140 GG (i. V. m. Art. 137 WRV)[904]. Durch diese Grundrechtsnormen wird „nicht nur die freie Gründung von Parteien, sondern auch die Partei selbst" bzw. „nicht nur die freie Vereinigung zu Religionsgesellschaften, sondern auch die Religionsgesellschaft selbst" geschützt[905]. In diesem Zusammenhang ist jedoch zu beachten, daß das durch die Doppelnatur des Art. 9 Abs. 1 GG gewährleistete „kollektive Freiheitsrecht" nicht in erster Linie zum Schutz der Vereine und Verbände selber dient, sondern die Interessen der Gesamtheit der Sportler gewahrt werden sollen, welche durch den Zusammenschluß zu einer Vereinigung ihr individuelles Organisationsgrundrecht wahrgenommen haben[906]. Diese Wertung gewinnt an Bedeutung, wenn es zu Konfliktsituationen zwischen dem Mitglied auf der einen Seite und den Vereinen oder Verbänden auf der anderen Seite als Grundrechtsträger kommt.
Fraglich ist aber das Verhältnis zwischen Art. 9 Abs. 1 GG und Art. 19 Abs. 3 GG, der den Kreis der Grundrechtsträger auf inländische juristische Personen erweitert, „soweit sie ihrem Wesen nach auf diese anwendbar sind", wenn man die Vereinigung selber als Grundrechtsträger des Art. 9 Abs. 1 GG qualifiziert. Der Begriff „juristische Personen" i. S. d. Art. 19 Abs. 3 GG ist nicht im technischen Sinne zu verstehen und umfaßt sämtliche Organisationen, „die zu einer eigenständigen Willensbildung und zu eigenem Handeln in der Lage sind"[907]. Die Gewährleistung des Art. 19 Abs. 3 GG gilt somit auch für die Sportverbände und -vereine als dem Schutzbereich des Art. 9 Abs. 1 GG unterfallende Vereinigungen, weswegen ein Abgrenzungsproblem besteht, inwieweit die Tätigkeit der Sportverbände und -vereine unmittelbar dem Schutzbereich des Art. 9 Abs. 1 GG unterfällt oder ein Grundrechtsschutz erst durch Art. 19 Abs. 3 GG i. V. m. der Vereinigungsfreiheit oder anderen grundrechtlich geschützten Positionen vermittelt wird. Unumstritten ist nur, daß nicht schon jegliche Tätigkeit der Vereinigungen unmittelbar von Art. 9 GG erfaßt wird, weil anderenfalls für die Anwendung des Art. 19 Abs. 3 GG kein Raum mehr bliebe[908].
Nach einer Ansicht[909] wird nur das Entstehen und der Bestand der Vereinigung unmittelbar von Art. 9 Abs. 1 GG erfaßt, weil in diesem Bereich Art. 9 Abs. 1 GG erst die Voraussetzung dafür schaffen muß, daß eine „juristische Person" entstehen und Art. 19 Abs. 3 GG seine Wirkung entfalten kann. Alle weiteren Tätigkeiten der entstandenen und weiter bestehenden Vereinigung

---

901 *Scholz* in: *Maunz/Dürig*, Art. 9 GG, Rdnr. 42.
902 BVerfGE 62, 354 (373); 80, 244 (253); 84, 372 (378).
903 U. a. *Scholz* in: *Maunz/Dürig*, Art. 9 GG, Rdnr. 43; *Jarass* in: *Jarass/Pieroth*, Art. 9 GG, Rdnr. 8; *Löwer* in: v. *Münch/Kunig*, Art. 9 GG, Rdnr. 32.
904 BVerfGE 30, 227 (241).
905 *Löwer* in: v. *Münch/Kunig*, Art. 9 GG, Rdnr. 32.
906 U. a. *Reichert*, Handbuch des Verbands- und Vereinsrechts, Rdnr. 2904 ff., 2915 f.
907 BVerfGE 10, 89 (99); *Jarass* in: *Jarass/Pieroth*, Art. 19 GG, Rdnr. 14.
908 U. a. *Höfling* in: *Sachs*, Art. 9 GG, Rdnr. 26; *Scholz* in: *Maunz/Dürig*, Art. 9 GG, Rdnr. 25; *Bauer*: in *Dreier*, Art. 9 GG, Rdnr. 31.
909 *Merten* in: Handbuch des Staatsrechts, § 144, Rdnr. 28.

werden durch Art. 19 Abs. 3 GG i. V. m. Art. 9 Abs. 1 GG oder anderen Grundrechten geschützt.
Nach einer anderen Meinung in der Kommentarliteratur[910] ist auf Art. 19 Abs. 3 GG nur zurückzugreifen, wenn eine Vereinigung sich mit anderen juristischen oder natürlichen Personen zu einer weiteren Vereinigung zusammenschließen will. Bezüglich sonstiger dem Schutzbereich des Art. 9 Abs. 1 GG unterfallender Tätigkeiten ist die Vereinigungsfreiheit unmittelbar anzuwenden.
Nach der Rechtsprechung des BVerfG[911] und nach *Bauer*[912] findet Art. 9 Abs. 1 GG unmittelbar Geltung, wenn die Tätigkeit der Vereinigung vom Schutzbereich der Vereinigungsfreiheit umfaßt wird. Sobald der Verein oder Verband aber wie „jedermann im Rechtsverkehr tätig wird", richtet sich der Grundrechtsschutz nach dem für das jeweilige Verhalten einschlägigen Einzelgrundrecht i. V. m. Art. 19 Abs. 3 GG.

Zur Bestimmung der Reichweite der zugunsten der Vereinigungen garantierten Vereinigungsfreiheit, der daraus resultierenden Verbandsautonomie und zur Beantwortung der Frage, welches Verhalten der Verbände und Vereine unmittelbar nach Art. 9 Abs. 1 GG bzw. durch sonstige Grundrechte i. V. m. Art. 19 Abs. 3 GG geschützt ist, sind zunächst die Gewährleistungen der grundrechtlich geschützten Vereinigungsfreiheit im Einzelnen aufzuzeigen, um später eine Abwägung mit den geschützten Rechtspositionen der Profisportler vornehmen zu können.

(1). Die Gründungs- und Beitrittsfreiheit

Zunächst sichert Art. 9 Abs. 1 GG als „Deutschen-Grundrecht" die Freiheit des einzelnen Bürgers, „sich kraft eigener Willensentscheidung mit anderen zusammenzuschließen, um Vereine und Gesellschaften zu bilden"[913], und schützt somit die Gründung von Sportverbänden und -vereinen.
Darüber hinaus gewährt Art. 9 Abs. 1 GG das Recht, bestehenden Vereinigungen als Mitglied beizutreten, in diesen zu verbleiben und jederzeit wieder auszutreten[914].

(2). Die Bestandsgarantie

Die Vereinigungsfreiheit schützt sowohl im Rahmen ihrer Funktion als individuelles wie auch als kollektives Freiheitsrecht den Bestand und die freie Existenz der Vereinigung[915].
Von der Bestandsgarantie geschützt sind auch wirtschaftliche Tätigkeiten der Verbände und Maßnahmen gegenüber den Sportlern, soweit diese geboten sind, um die Existenz und die Funktionsfähigkeit der Verbände zu erhalten[916].

(3). Die Garantie der intern-freien Funktionsentfaltung

Dieser Bestandteil der Gewährleistung der Vereinigungsfreiheit gibt den Mitgliedern und dem Verband selber das Recht, das Verbandsleben frei zu gestalten[917] (Betätigungsfreiheit im Inneren).

---

[910] U. a. *Jarass* in: *Jarass/Pieroth*, Art. 9 GG, Rdnr. 8.
[911] BVerfGE 70, 1 (25).
[912] *Bauer* in: *Dreier*, Art. 9 GG, Rdnr. 31.
[913] *Löwer* in: v. *Münch/Kunig*, Art. 9 GG, Rdnr. 15.
[914] BVerfGE 50, 290 (354).
[915] *Scholz* in: *Maunz/Dürig*, Art. 9 GG, Rdnr. 81.
[916] *Jarass* in: *Jarass/Pieroth*, Art. 9 GG, Rdnr. 9.
[917] *Scholz* in: *Maunz/Dürig*, Art. 9 GG, Rdnr. 81.

Dies beinhaltet neben dem Recht, Namen und Zweck des Zusammenschlusses selber bestimmen zu können[918], auch die *Freiheit der autonomen Festlegung einer inneren Organisationsstruktur*[919].
Das deutsche Sportverbandswesen ist auf seiner „untersten" Ebene durch Vereine organisiert, an welche sämtliche Berufssportler durch einen Sportleistungsvertrag[920] und darüber hinaus einige Profis durch ein mitgliedschaftliches Verhältnis gebunden sind[921]. Diese Vereine sind in Landesfachverbänden, wie dem Bayerischen Fußball-Verband, und überfachlichen Zusammenschlüssen auf Landesebene (z. B. Bayerischer Landes-Sportverband) organisiert. Auf Bundesebene bestehen sportartspezifische Spitzenfachverbände, wie der Deutsche Fußballbund, und in dem Deutschen Sportbund (DSB) existiert eine sportartübergreifende nationale Dachorganisation aller Spitzen- und Landesfachverbände[922]. Für dieses Verbandssystem ist seine monopolistische Struktur charakteristisch[923], nach dem für jede Sportart auf der jeweils nächsthöheren Ebene der Verbandshierarchie nur ein Verband zuständig ist. Dieses Prinzip wird dadurch abgesichert, daß der DSB und die fachübergreifenden Regionalverbände nur maximal einem Spitzenfachverband die Mitgliedschaft gewähren[924].
In den letzten Jahren etablierten sich aber auch im bundesdeutschen Profisport alternative Organisationsformen. Als Beispiel ist die 1994 gegründete „Deutsche Eishockey-Liga" (DEL) zu nennen, in welcher die konkurrierenden „Clubs" in der Rechtsform der GmbH organisiert und mit dem Veranstalter der Liga, der DEL-GmbH, durch „Franchise-Verträge" verbunden sind. Gesellschafter der DEL-GmbH ist der DEB, so daß auch die Gründung der DEL nicht zu einer vollständigen Loslösung der beteiligten Mannschaften vom DEB geführt hat[925].

Zudem ermächtigt die Garantie der intern-freien Funktionsentfaltung zur *Aufstellung verbindlicher interner Verhaltensnormen* und ist somit Grundlage der Befugnis der Verbände zur autonomen Rechtsetzung. Hierdurch soll sichergestellt werden, daß die zur Förderung der selbstgesetzten Ziele und die zur Schaffung und Aufrechterhaltung einer autonomen Verbandsstruktur selbständig getroffenen Festlegungen durch die Aufstellung abstrakt-genereller Regelungen für alle Mitglieder dauerhaft verbindlich gemacht werden können[926].
Die in der vorliegenden Arbeit untersuchten Profisportler sind jedoch allesamt nicht unmittelbare Mitglieder der jeweiligen nationalen Fachsportverbände[927], und auch die im Fall der Leichtathleten und einiger Berufseishockeyspieler, vermittelt über eine unmittelbare Vereinsmitgliedschaft, bestehende mittelbare Mitgliedschaft in den nationalen Sportverbänden ist, mangels einer für eine Mitgliedschaft charakteristischen Möglichkeit der demokratischen Mitwirkung im Verband, nicht als Mitgliedschaft im rechtlichen Sinne zu werten[928]. Somit hat die Bindung dieser Berufssportler an die Verbandsnormen nicht ihre Grundlage in der im Rahmen der Verbandsautonomie nach Art. 9 Abs. 1 GG zugunsten der Sportverbände gewährleisteten Garantie der intern-freien Funktionsentfaltung, durch welche die Sportverbände zur Aufstellung verbindlicher Normen gegenüber ihren Mitgliedern ermächtigt werden.

---

[918] *Löwer* in: v. *Münch/Kunig*, Art 9 GG, Rdnr. 15.
[919] BVerfGE 50, 290 (354); 80, 244 (252).
[920] Vgl. oben, 1.Abschn., III.1.
[921] Vgl. oben, 1.Abschn., III.2.a.
[922] *Niese*, Sport im Wandel, S. 14 ff.
[923] Vgl. oben, 1.Abschn., III.2.b.aa.(3).
[924] Vgl. § 5 Nr. 3 Satz 2 der DSB-Satzung: „Besteht für ein Fachgebiet bereits ein anerkannter Spitzenverband in DSB, so kann kein anderer Verband als Spitzenverband für dieses Fachgebiet in den DSB aufgenommen werden".
[925] *Summerer* in: Praxishandbuch Sportrecht, S. 106.
[926] *Vieweg*, Normsetzung und –anwendung, S. 29 ff., 145; *Reichert*, Handbuch des Verbands- und Vereinsrechts, Rdnr. 265.
[927] Vgl. oben, 1.Abschn., III.2.b.aa.(1).(a).
[928] Vgl. oben, 1.Abschn., III.2.b.aa.(1).(b).

Vielmehr resultiert die Bindung der Sportler, die mittelbare Mitglieder der Verbände und unmittelbare Mitglieder ihrer Vereine sind, aus der Verbandsautonomie der einzelnen Vereine, welche durch die ihnen durch Art. 9 Abs. 1 GG gewährte Kompetenz zur Schaffung eigener verbindlicher Vereinsnormen, mittels Verankerung der Satzungen der Verbände in den Vereinssatzungen[929], eine Bindungswirkung der durch die Verbände geschaffenen Normen gegenüber den Vereinsmitgliedern erzeugen.
Über die im Fall der Leichtathleten und einiger Eishockeyspieler bestehende mittelbare Mitgliedschaft hinaus sind sämtliche in dieser Arbeit untersuchten Berufssportler einzelvertraglich an die Regelwerke der nationalen Sportverbände gebunden[930]. Grundlage dieser rechtsgeschäftlichen Anerkennung der Verbandsnormen ist jedoch nicht die durch Art. 9 Abs. 1 GG im Rahmen der Verbandsautonomie gewährleistete Garantie der intern-freien Funktionsentfaltung, sondern die durch (Art. 19 Abs. 3 GG i. V. m.) Art. 2 Abs. 1 GG zwischen Vertragspartnern gewährleistete Vertragsfreiheit (Privatautonomie).

Die durch Art. 9 Abs. 1 GG verliehene private Normsetzungsbefugnis befähigt die Verbände zur Schaffung umfangreicher Regelwerke, die sich nach ihrer Rechtsnatur in Satzungen und (Neben-) Ordnungen untergliedern lassen. Durch eine Satzung wird einem Verband eine Verfassung gegeben (vgl. § 25 BGB), in welcher alle für das Verbandsleben maßgeblichen Grundentscheidungen, soweit diese Bindungswirkung gegenüber den Mitgliedern entfalten[931], sowie Zweck, Name und Sitz des Verbandes (§ 57 BGB) niedergelegt sein müssen. Bei den übrigen Verbandsregelwerken handelt es sich um Nebenordnungen, durch welche sonstige Verbandsangelegenheiten geregelt werden.
Die Kompetenz zur Setzung von Verbandsregelwerken beinhaltet auch, daß die Verbände eigene Maßstäbe und Werte im Rahmen der Sportausübungsregelungen im engeren und weiteren Sinne entwickeln können, die der Staat im Rahmen der Überprüfung dieser Verbandsnormen durch ordentliche Gerichte zu respektieren hat. In ähnlicher Weise wie der Staat durch Art. 5 Abs. 3 GG verpflichtet wird, die Eigenständigkeit des Kulturwesens zu achten[932], bestimmt die durch Art. 9 Abs. 1 GG gesicherte Verbandsautonomie im engeren Sinne, daß die staatlichen Gerichte die in den Verbandsregelwerken enthaltenen sporttypischen Sozialwerte zu respektieren haben[933]. Dieses entbindet die Verbände aber nicht davon, bei der Ausübung des Rechtes auf verbandsautonome Festsetzung der Regelwerke fundamentale rechtsstaatliche Grundsätze zu beachten, da es sich bei den Verbandsnormen gerade nicht um eine vollständig vom staatlichen Recht losgelöste, eigene Rechtsordnung handelt, weswegen die grundsätzlichen Wertungen des hoheitlichen Rechts zu respektieren sind[934].

Weiterer Bestandteil der durch Art. 9 Abs. 1 GG gewährleisteten Garantie der intern-freien Funktionsentfaltung ist die Ermächtigung der Verbände, gegenüber den an die Verbandsnormen gebundenen Mitgliedern *„Strafgewalt" auszuüben.* Diese Disziplinargewalt der Verbände hat ihre Grundlage in der grundrechtlich gesicherten Befugnis der Verbände zur Selbstgesetzgebung, weil dieses Recht nur wirksam ausgeübt werden kann, wenn die Nichtbeachtung der selbstgeschaffenen Regelungen durch die Normunterworfenen auch entsprechend sanktioniert werden kann[935]. Welchem zur Ausübung der Disziplinargewalt geeigneten Verbandsorgan die Sanktionsbefugnis übertragen wird, kann durch den Verband in Ausübung der durch Art. 9

[929] Ebenda.
[930] Vgl. oben, 1.Abschn., III.2.b.aa.(2).
[931] BGHZ 47, 172 (175 ff.); 105, 306 (313); Mü-Ko/*Reuter*, § 25 BGB, Rdnr. 1 ff.
[932] Vgl. *Jarass* in: *Jarass/Pieroth*, Art. 5 GG, Rdnr. 66, 70.
[933] *Steiner*, DÖV 1983, 173 (175).
[934] Vgl. oben, 1.Abschn., I.; *Summerer* in: Praxishandbuch Sportrecht, S. 159.
[935] BGH, SpuRt 1995, 43 (51); *Vieweg*, SpuRt 1995, 97 (98).

Abs. 1 GG gewährleisteten Freiheit zur autonomen Gestaltung der inneren Organisationsstruktur selbst festgelegt werden. Die Verbände haben so, nach dem Vorbild des mehrinstanzlichen Rechtswegs vor den staatlichen Gerichten, ein eigenes System von Spruchkammern geschaffen[936] (sog. „Sportgerichte").
Die Disziplinarbefugnis der Sportverbände gegenüber den in dieser Arbeit dargestellten Profis basiert jedoch, mangels eines unmittelbar mitgliedschaftlichen Verhältnisses, nicht auf der durch Art. 9 Abs. 1 GG abgesicherten intern-freien Funktionsentfaltung der Verbände und ist daher nicht als Bestandteil der internen Strafgewalt der Verbände zu verstehen. Die Möglichkeit, einen Verstoß gegen Verbandsnormen zu sanktionieren, ergibt sich nur im Fall der Sportler, die unmittelbare Mitglieder ihrer Vereine sind, aus einer lückenlosen Verankerung der Verbandsregelwerke in den Vereinssatzungen und somit aus der Vereinigungsfreiheit der Vereine. Im übrigen fußt die Disziplinargewalt der Verbände auf der vertraglichen Anerkennung ihrer Regelwerke durch die Profis im Wege der Privatautonomie. Diese Unterwerfungsverträge ermächtigen den Verband, im Fall von Verstößen des Sportlers gegen Verbandsregelwerke Strafen auszusprechen (z. B. § 2 Satz 5 DFB-Lizenzvertrag). Darüber hinaus sind die Sportler laut den entsprechenden Schiedsgerichtsvereinbarungen (z. B. DFB-Schiedsgerichtsvertrag) den Entscheidungen der Spruchkammern der Verbände unterworfen.
Die Rechtsnatur der aufgrund dieser Vereinbarungen getroffenen Sanktionen ist höchst umstritten[937] und mit der herrschenden Meinung[938], die die durch die vertragliche Anerkennung der Verbandsnormen zwischen Sportler und Verband entstandene Rechtsbeziehung nicht als eine dem Schutzbereich der durch Art. 9 Abs. 1 GG garantierten internen Betätigung der Verbände unterfallende „Quasi-Mitgliedschaft", sondern als rein schuldrechtlichen Vertrag, der dem Schutzbereich des Art. 2 Abs. 1 GG (i. V. m. Art. 19 Abs. 3 GG) unterliegt, einordnet, nicht als Vereinsstrafe, sondern als Vertragsstrafe einzustufen.

Die im Rahmen von Art. 9 Abs. 1 GG gewährleistete Garantie der intern-freien Funktionsentfaltung umfaßt auch die *Freiheit der einzelnen Mitglieder, „innerhalb der Vereinigung auf Grundlage der vereinigungseigenen Regelungen" tätig zu werden*[939]. Dieses beinhaltet insbesondere das Recht auf Beteiligung an den vereinigungsinternen Willensbildungsprozessen. Die in dieser Arbeit behandelten Profis können sich aber mangels einer mitgliedschaftlichen Bindung im Verhältnis zu den Sportverbänden nicht auf die Freiheit der vereinsinternen Betätigung berufen. Ihnen werden durch die vertragliche Anerkennung der Verbandsnormen zwar mitgliedschaftliche Pflichten, aber keine korrespondierenden Rechte eingeräumt[940]. Nur die Leichtathleten und Eishockeyspieler, die unmittelbare Mitglieder ihrer Vereine sind, können, vermittelt durch ihr im Rahmen von Art. 9 Abs. 1 GG geschütztes Recht auf Teilnahme an den Entscheidungsprozessen der Vereine, mittelbar auf die Willensbildung der Verbände Einfluß nehmen.

---

[936] So sieht die Satzung des DLV vor, daß zur Konfliktbeilegung auf Ebene der Landesverbände (LV) Schlichtungsverfahren stattfinden (§ 21 DLV-Satzung), daß beim DLV und den LV Rechtsausschüsse zu bestehen haben (§ 4 DLV-Satzung), wobei der Rechtsausschuß des DLV als Berufungsgericht für Entscheidungen der Rechtsausschüsse der LV zuständig ist (§ 6 Abs. 2 DLV-Satzung) und andere Streitigkeiten als erste und letzte Instanz entscheidet (§ 6 Abs. 1 DLV-Satzung).
[937] Vgl. oben, 1.Abschn., III.2.b.aa.(2).(b).
[938] Vgl. ebenda.
[939] *Scholz* in: *Maunz/Dürig*, Art. 9 GG, Rdnr. 83.
[940] Vgl. oben, 1.Abschn., III.2.b.aa.(2).(b).

(4). Die äußere Vereinigungsbetätigungsfreiheit

Der Schutzbereich des Art. 9 Abs. 1 GG umfaßt im Interesse des effektiven Grundrechtsschutzes nicht nur das Recht auf intern-freie Funktionsentfaltung, sondern im gewissen Umfang auch die Verfolgung des Vereinszwecks nach außen. Zwar hat das BVerfG[941] offen gelassen, ob Art. 9 Abs. 1 GG über den Schutz der Gründungs- und Beitrittsfreiheit, der Bestandsgarantie und der intern-freien Funktionsentfaltung hinaus auch „das gemeinsame vereinsmäßige Handeln an sich" und somit die externe Vereinsbetätigung schützt. Jedoch wird die externe Tätigkeitsentfaltung nach der überwiegenden Meinung in der Literatur[942] grundsätzlich auch vom Schutzbereich der Vereinigungsfreiheit erfaßt, weil anderenfalls die durch Art. 9 Abs. 1 GG garantierte Gründungsfreiheit leerliefe. Der Schutz der Berechtigung zum Zusammenschluß gebietet es, über das Recht auf „Koordination des Wirkens" hinaus prinzipiell auch das Recht auf „koordiniertes Wirken" und somit die äußere Betätigungsfreiheit zu schützen[943]. Dieses bezieht sich unstreitig aber nur auf das „Ob" der kollektiven Verfolgung bestimmter Zwecke nach außen[944], wohingegen höchst umstritten ist, ob das „Wie" und somit der Inhalt der externen Betätigung vom Schutzbereich der Vereinigungsfreiheit erfaßt wird. Zwar wurde schon oben darauf hingewiesen[945], daß es sich bei Art. 9 GG, wie bei der Meinungs- und Pressefreiheit, um ein „Kommunikationsgrundrecht" handelt und im Rahmen von Art. 5 Abs. 1 und 2 GG auch in weitem Umfang der Inhalt der getroffenen Äußerungen geschützt wird. Jedoch bezieht sich der Tatbestand des Art. 9 Abs. 1 GG lediglich auf das „Bilden" einer Vereinigung, was zwar auch die externe Betätigung als solches umfaßt, aber im Hinblick auf den Inhalt der Verfolgung der Vereinszwecke nach außen zu einer restriktiveren Interpretation des Gewährleistungsgehalts von Art. 9 Abs. 1 GG führen muß. Zudem hat das BVerfG[946] festgestellt, daß der Schutzzweck der Vereinigungsfreiheit nicht jede externe Betätigung der Vereinigung erfaßt, weswegen diese, wenn sie wie „Jedermann" im Rechtsverkehr tätig wird, nicht den Schutz dieses Grundrechtes genießt.

Fraglich ist jedoch, inwiefern nach dieser Rechtsprechung der Inhalt jeglicher Tätigkeit der Vereinigung nach außen dem Schutzbereich des Art. 9 Abs. 1 GG entzogen ist:

Nach einer Ansicht im Schrifttum[947] soll die externe Verfolgung des vereinsmäßigen Zweckes nicht durch die Vereinigungsfreiheit geschützt sein und sich diese nur auf das Entstehen, den Bestand, die intern-freie Funktionsentfaltung und das „Ob" der Betätigung der Vereinigungen nach außen beziehen. Für das organisierte/koordinierte und das individuelle, nicht vereinsmäßige Handeln haben dieselben Grundrechte mit denselben Schranken zu gelten. Es gibt keinen Grund für eine Privilegierung der Vereinigungen im Sinne einer „Zweckverfolgungsfreiheit". Für sämtliche Tätigkeiten bei der externen Verfolgung von Vereinszwecken besteht ein ausreichender Schutz im Rahmen der allgemeinen für den jeweiligen Sachverhalt einschlägigen Grundrechte (i. V. m. Art. 19 Abs. 3 GG).

Nach einer anderen Ansicht in der Literatur[948] ist hinsichtlich der Frage, inwieweit das „Wie" der externen Vereinstätigkeit dem Schutzbereich des Art. 9 Abs. 1 GG unterfällt, danach zu differenzieren, inwiefern sich diese Tätigkeit als Außenwirkung der grundrechtlich geschützten internen Betätigungsfreiheit darstellt. Diese Ansicht erscheint eher im Einklang mit der darge-

---

[941] BVerfGE 30, 227 (242).
[942] U. a. *Scholz* in; *Maunz/Dürig*, Art. 9 GG, Rdnr. 86; *v. Mutius*, Jura 1984, 193 (196); *Badura*, Staatsrecht, S. 126.
[943] *Scholz* in: *Maunz/Dürig*, Art. 9 GG, Rdnr. 86.
[944] *Krogmann*, Grundrechte im Sport, S. 62.
[945] Vgl. oben, 3.Abschn., II.1.b.aa.
[946] BVerfGE 75, 1 (25).
[947] *Kemper* in: *v. Mangoldt/Klein/Starck*, Art. 9 Abs. 1 GG, Rdnr. 29 ff.; *Löwer* in: *v. Münch/Kunig*, Art. 9 GG, Rdnr. 33.
[948] U. a. *Bauer* in: *Dreier*, Art. 9 GG, Rdnr. 40.

stellten Rechtsprechung des BVerfG zu sein, weil die Vereinigung nur „wie jedermann im Rechtsverkehr tätig wird", wenn sich ihr Außenverhalten gerade nicht als Ausübung ihrer nach Art. 9 Abs. 1 GG geschützten Rechte darstellt. Ist die externe Betätigung jedoch Ausfluß der intern-freien Funktionsausübung, so ist eine Privilegierung der Verbände durch die Anwendung von Art. 9 Abs. 1 GG auf das Außenverhalten der Vereinigung gerechtfertigt, um einen effektiven Schutz der internen Betätigung herzustellen. Zudem unterfallen die externen Tätigkeiten auch dem Schutzbereich der sonstigen für den jeweiligen Einzelfall einschlägigen Grundrechte, wobei entstehende Konkurrenzsituationen zwischen Art. 9 Abs. 1 GG und anderen Grundrechten dahingehend zu lösen sind, daß die für das jeweilige Verhalten speziellere grundrechtliche Regelung (i. V. m. Art. 19 Abs. 3 GG) vorgeht[949].
Zu den dem Schutzbereich der Vereinigungsfreiheit unterfallenden Formen der äußeren Vereinsbetätigung gehören vereinigungssichernde Außenkontakte wie z. B. Mitgliederwerbung[950] und Selbstdarstellung in der Öffentlichkeit. Demgegenüber werden externe Aktivitäten, die sich nicht als Außenwirkung der internen Betätigungsfreiheit darstellen, nicht durch Art. 9 Abs. 1 GG geschützt, sondern sind ausschließlich an den jeweils einschlägigen sonstigen Grundrechtsnormen (i. V. m. Art. 19 Abs. 3 GG) zu messen.
Die vertragliche Bindung der in dieser Arbeit untersuchten Sportler an die Verbandsregelwerke ist, wie oben dargestellt, nicht Bestandteil der durch Art. 9 Abs. 1 GG garantierten inneren Betätigungsfreiheit der Verbände, sondern Ausdruck der durch Art. 2 Abs. 1 GG (i. V. m. Art. 19 Abs. 3 GG) geschützten Privatautonomie zwischen Vertragspartnern. Darüber hinaus unterfällt die Unterwerfung unter die Verbandsregelwerke und die Strafgewalt der „Sportgerichte" als Bestandteil der externen Verbandstätigkeit gegenüber Nichtmitgliedern aber auch dem Schutzbereich von Art. 9 Abs. 1 GG. Diese Form des Außenverhaltens der Verbände gegenüber Nichtmitgliedern ist Ausfluß der Befugnis der Verbände zur Aufstellung intern verbindlicher Verhaltensnormen als Bestandteil der von Art. 9 Abs. 1 GG geschützten intern-freien Funktionsentfaltung. Die vertragliche Verbindlichmachung der Verbandsnormen gegenüber Nichtmitgliedern ist ein typischer Fall der Außenwirkung von verbandsinterner Betätigung (Normsetzung), weil hierdurch die im Rahmen der inneren Betätigungsfreiheit geschaffenen Regelwerke gegenüber Nichtmitgliedern verbindlich gemacht werden. Darüber hinaus wird der Verband gegenüber dem vertraglich gebundenen Sportler nicht wie „jedermann" im Rechtsverkehr tätig. Durch die vertragliche Bindung an die Regelwerke tritt der Verband dem Sportler eher wie einem Mitglied als wie einem sonstigen Vertragspartner im Rechtsverkehr gegenüber[951]. Die Unterwerfung kraft Vertrag, hat einen starken Bezug zu der verbandsmäßigen Struktur und könnte durch Einzelpersonen ohne die Fähigkeit zur organischen Willensbildung mangels eigener Regelwerke, an die sie den Sportler binden können, nicht in gleicher Weise geschlossen werden. Infolgedessen ist die Herbeiführung der vertraglichen Bindung der Sportler als externe Tätigkeit, die sich als Ausdruck der grundrechtlich gewährleisteten internen Betätigungsfreiheit darstellt, selber durch Art. 9 Abs. 1 GG geschützt. Diese Bewertung steht auch im Einklang mit der Rechtsprechung des BGH im sog. „Reiter"-Fall[952], nach der die Überprüfung von Maßnahmen der Sportverbände gegenüber ihren Normen unterworfenen Nichtmitgliedern grundsätzlich anhand derselben Maßstäbe zu erfolgen hat, die für entsprechende Maßnahmen gegenüber Mitgliedern zu gelten haben. Die Bindung der Mitglieder an die Verbandsregelwerke und die Strafgewalt der

---

[949] U. a. BVerfGE 46, 246 (256 f.); *Kemper* in: *v. Mangoldt/Klein/Starck*, Art. 9 Abs. 1 GG, Rdnr. 113.
[950] So unterstellte das BVerwG in der Entscheidung BVerwGE 84, 372 (378) die externe Vereinsbetätigung der Mitgliederwerbung dem Schutzbereich des Art. 9 Abs. 1 GG, da dieser „nicht nur dem einzelnen Staatsbürger das Recht zum Zusammenschluß in Vereinen und Gesellschaften" gewähre, „sondern auch diesen Vereinigungen selbst, unbeschadet der Frage ihrer Rechtsfähigkeit, das Recht auf Sicherung ihres Bestehens" zukommt.
[951] Ohne hierdurch ein „"quasi-mitgliedschaftliches" Verhältnis zu den Verbänden zu begründen; vgl. oben, 1. Abschn., III.2.b.aa.(2).(b).
[952] BGH, SpuRt 1995, 43 (51).

Verbände gegenüber diesem Personenkreis beruht, wie im Rahmen der intern-freien Funktionsentfaltung dargestellt, auf Art. 9 Abs. 1 GG, weswegen diese Grundrechtsnorm im Rahmen des Schutzes der externen Verbandstätigkeit auch Grundlage für entsprechende Bindungen und Maßnahmen der Verbände gegenüber den Sportlern ist, die nicht Mitglieder der Verbände sind.
Zwar tritt Art. 9 Abs. 1 GG hinsichtlich der Außenbetätigung der Verbände grundsätzlich hinter die das einzelne Verhalten spezieller erfassende grundrechtliche Gewährleistung i. V. m. Art. 19 Abs. 3 GG zurück. Hierbei verliert Art. 9 Abs. 1 GG jedoch nicht völlig an Wirkung, sondern ist im Rahmen des Schrankenvorbehaltes des jeweiligen auf den Einzelfall einschlägigen Grundrechtes als „Schranken-Schranke" im Rahmen der Verhältnismäßigkeitsprüfung zu beachten[953], so daß die Beschränkung einer grundrechtlich geschützten Position der Verbände nur verfassungsmäßig ist, wenn die Vereinigungsfreiheit in angemessener Weise berücksichtigt wurde.
Dieses gilt aber nicht im Verhältnis zu der dem Schutzbereich des Art. 2 Abs. 1 GG (i. V. m. Art. 19 Abs. 3 GG) unterfallenden Begründung der vertraglichen Unterwerfung des Sportlers.
Die Privatautonomie wird von Art. 2 Abs. 1 GG als subsidiärem Auffanggrundrecht nur erfaßt, wenn die spezielle Erscheinungsform der Vertragsfreiheit nicht auch in den Schutzbereich eines anderen Grundrechtes, wie im vorliegenden Fall des Art. 9 Abs. 1 GG, fällt[954]. So leitet sich nach der Rechtsprechung des BVerfG[955] z. B. die koalitionsrechtliche Tarifvertragsfreiheit nicht aus der durch Art. 2 Abs. 1 GG subsidiär geschützten Vertragsfreiheit, sondern aus Art. 9 Abs. 3 GG als Spezialfall der Vereinigungsfreiheit nach Art. 9 Abs. 1 GG[956] ab. Somit stellt die durch Art. 9 Abs. 1 GG geschützte äußere Vereinigungsbetätigungsfreiheit gegenüber der im Rahmen von Art. 2 Abs. 1 GG (i. V. m. Art. 19 Abs. 3 GG) gewährleisteten Privatautonomie die speziellere verfassungsrechtliche Grundlage der vertraglichen Bindung der Sportler an die Regelwerke und die Disziplinargewalt der Sportverbände dar.

Zusammenfassend ist somit festzustellen, daß die verfassungsrechtlichen Grundlagen der Bindung der vorliegend untersuchten Berufssportler an die Regelwerke und die Disziplinargewalt der Verbände von der Rechtsstellung des Profis zum Verein abhängig sind.
Sind die Sportler, wie die Leichtathleten und einige Eishockeyspieler, unmittelbar mitgliedschaftlich an ihren Verein gebunden, beruht die Bindung an die Verbandsregelwerke und die Strafbefugnis auf dem durch Art. 9 Abs. 1 GG zugunsten der Vereine gewährleisteten Recht auf intern-freie Funktionsentfaltung.
Die darüber hinaus bei sämtlichen in dieser Arbeit untersuchten Profis bestehende vertragliche Unterwerfung unter die Regelwerke und die Disziplinargewalt der Sportverbände hat ihre verfassungsrechtliche Grundlage in der durch Art. 9 Abs. 1 GG geschützten externen Betätigung der Verbände und in der Vertragsfreiheit nach Art. 2 Abs. 1 GG (i. V. m. Art. 19 Abs. 3 GG), wobei Art. 2 Abs. 1 GG als lex generalis zurücktritt.

bb. §§ 21 ff. BGB

Auf einfachgesetzlicher Ebene ist durch das in den §§ 21 ff. BGB normierte Vereinsrecht keine konkrete Ausformung der Verbandsautonomie erfolgt. Diese zivilrechtlichen Vorschriften enthalten lediglich bruchstückhafte und zudem teilweise dispositive Regelungen[957]. Nach § 25 BGB bestimmt sich die Verfassung eines rechtsfähigen Vereins nach den vereinsrechtlichen Vorschriften des BGB und der Vereinssatzung. Hierdurch wird auch auf einfachgesetzlicher Ebene die Existenz der Verbandsautonomie anerkannt, wobei aber der Wortlaut des § 25 BGB

---

953 *Kemper* in: *v. Mangoldt/Klein/Starck*, Art. 9 Abs. 1 GG, Rdnr. 114.
954 U. a. *Dürig* in: *Maunz/Dürig*, Art. 2 Abs. 1 GG, Rdnr. 53.
955 BVerfGE 4, 96 (108).
956 U. a. BVerfGE 84, 212 (224); *Löwer* in: v. *Münch/Kunig*, Art. 9 GG, Rdnr. 54.
957 *Vieweg*, Normsetzung und -anwendung, S. 153.

offen läßt, ob der Gesetzgeber die Verbandsautonomie stillschweigend vorausgesetzt hat oder durch § 25 BGB gesetzlich verankern wollte[958]. Eine darüber hinausgehende und ausdifferenziertere einfachgesetzliche Regelung des Inhalts und der Grenzen der Selbstgesetzgebungsbefugnis der Vereine und Verbände existiert nicht, weswegen diese im Rahmen der vorliegenden Arbeit für das Verhältnis zwischen Sportler und Verband bedeutsamen Fragen anhand des Schutzbereichs und der Schranken von Art. 9 Abs. 1 GG, der wegen der mittelbaren Wirkung der Grundrechte auch im Verhältnis zwischen Verband und Sportler Anwendung findet, zu beantworten sind.

2. Die Begrenzung der Verbandsautonomie durch nationales Recht

In Art. 9 Abs. 2 GG besteht die einzige ausdrückliche und verfassungsunmittelbare Schranke der durch Art. 9 Abs. 1 GG gewährten Vereinigungsfreiheit. Darüber hinaus unterliegt die Verbandsautonomie verfassungsimmanenten Schranken und wird somit durch kollidierendes Verfassungsrecht beschränkt[959]. Dieses besteht im Einzelnen in widerstreitenden Grundrechtspositionen anderer Grundrechtsträger[960], in durch das Grundgesetz angelegten unverzichtbaren rechtsstaatlichen Prinzipien[961], die die Verbände zwingen, im Rahmen der Schaffung und Anwendung von Verbandsnormen in Ausübung der Verbandsautonomie demokratische Grundsätze zu beachten und in der in seltenen Einzelfällen bestehenden Verpflichtung des Staates, einen Sachverhalt selber zu regeln[962]. Diese staatliche Regelungsverpflichtung resultiert aus Art. 1 Abs. 1 Satz 2 GG, nach welchem „die staatliche Gewalt" drohenden Grundrechtsverletzungen entgegenzutreten bzw. diese sogar durch präventives gesetzgeberisches Tätigwerden zu verhindern hat[963]. Eine Verpflichtung des Staates, einen Sachverhalt selber zu normieren und somit der Regelungsbefugnis der Verbände zu entziehen, ist durch Art. 2 Abs. 1 Satz 2 GG z. B. in dem Fall eröffnet, wenn das „Leben oder die körperliche Unversehrtheit" gefährdet sind und der Einzelne einen effektiven Schutz dieser Güter nicht mit zumutbaren Anstrengungen selber realisieren kann[964]. Im Sportbereich kommt eine derartige Regelungsverpflichtung des Gesetzgebers insbesondere in den Bereichen des Kinderhochleistungssports und des Dopings in Betracht, wobei aber das Übermaßverbot, welches eine „staatliche Zwangsfürsorge" verbietet, und die als Ausdruck des Grundrechts der freien Entfaltung der Persönlichkeit durch Art. 2 Abs. 1 GG geschützte, vorrangige Eigenverantwortlichkeit der Betroffenen derartigen Regelungen entgegenstehen können[965].

Fraglich ist jedoch, ob die Verbandsautonomie als Bestandteil der Vereinigungsfreiheit über diese Schranken hinaus, vergleichbar mit Art. 2 Abs. 1 GG oder Art. 5 Abs. 2 GG, der weiteren Beschränkung durch gesetzgeberische Konkretisierung unterliegt.
Nach einer Formulierung des BVerfG[966] ist es dem Gesetzgeber nicht verwehrt, „der Betätigung des Vereins Schranken zu ziehen, die zum Schutz anderer Rechtsgüter von der Sache her geboten sind". An anderer Stelle hat das BVerfG bezüglich der Begrenzung der allgemeinen

---

[958] Vgl. *Vieweg*, Normsetzung und –anwendung, S. 154 mit weiteren Fundstellen zu dieser Problematik.
[959] U. a. *Jarass* in: *Jarass/Pieroth*, Art. 9 GG, Rdnr. 20.
[960] U. a. *Scholz* in: *Maunz/Dürig*, Art. 9 GG, Rdnr. 148; Vgl. unten, 3.Abschn., II.2.c.
[961] *Scholz* in: *Maunz/Dürig*, Art. 9 GG, Rdnr. 151.
[962] Nach *Vieweg*, Normsetzung und –anwendung, S. 167 ist die grundgesetzliche Verpflichtung des Staates, einen Sachverhalt selbständig zu regeln, die verfassungsrechtliche „Maximalgrenze" der Verbandsautonomie.
[963] *Niese*, Sport im Wandel, S. 23.
[964] *Hermes*, Das Grundrecht auf Schutz von Leben und Gesundheit, S. 245 f.
[965] Zum Meinungsstand: *Niese*, Sport im Wandel, S. 24 ff.; *Steiner*, Verfassungsrechtliche Aspekte des Kinderhochleistungssports, S. 52 ff.; *Steiner*, NJW 1991, 2733 (2734).
[966] BVerfGE 30, 227 (243).

Handlungsfreiheit (Art. 2 Abs. 1 GG) betont[967], daß „der Einzelne sich diejenigen Schranken seiner Handlungsfreiheit gefallen lassen" müsse, „die der Gesetzgeber zur Pflege und Förderung des sozialen Zusammenlebens in den Grenzen des bei dem gegebenen Sachverhalt allgemein Zumutbaren zieht, vorausgesetzt, daß dabei die Eigenständigkeit der Person gewahrt bleibt". Den Anwendungsbereich dieser Schranke der allgemeinen Handlungsfreiheit hat das BVerfG[968] im Rahmen der „Radikalenentscheidung" auf Art. 9 Abs. 1 GG als „immanente Schranke", die diesem Grundrecht auch ohne ausdrücklichen Gesetzesvorbehalt innewohnt, ausgedehnt. Diese Aussagen des BVerfG lassen sich dahingehend interpretieren, daß die Schranken des Art. 2 Abs. 1 GG auch in Bezug auf Art. 9 Abs. 1 GG Anwendung finden[969] oder zumindest die Vereinigungsfreiheit auch zum Schutz von Rechtsgütern, die nicht mit Verfassungsrang ausgestattet sind, einschränkbar ist.
Zu diesem Ergebnis kommt auch *Scholz*[970], der zwar mit dem Hinweis darauf, daß die Vereinigungsfreiheit im Bereich der wirtschaftlichen Betätigung nicht in dem Maße beschränkbar ist wie die Vertragsfreiheit nach Art. 2 Abs. 1 GG[971], eine Anwendung der Schranken des Art. 2 Abs. 1 GG auf Art. 9 Abs. 1 GG ablehnt, jedoch zumindest die äußere Verbandstätigkeit dem allgemeinen Gesetzesvorbehalt von Art. 5 Abs. 2 GG unterstellt. Diese Ansicht wird mit der gemeinsamen Natur der Art. 5 Abs. 1 und Art. 9 Abs. 1 GG als Kommunikationsgrundrechte begründet.
Eine dahingehende Auslegung der Rechtsprechung des BVerfG ist aber mit der herrschenden Meinung in der Literatur abzulehnen[972]. Nach der ständigen Rechtsprechung des BVerfG[973] zur Beschränkung von Grundrechten durch verfassungsimmanente Schranken ist die Einschränkung vorbehaltlos garantierter Freiheitsrechte nur zum Schutz von Rechtsgütern möglich, die ihrerseits mit Verfassungsrang versehen sind. Somit ist die Vereinigungsfreiheit nur beschränkbar, soweit durch das Grundgesetz selber Grenzen bestimmt werden, welche in dem Schutz von Grundrechten Dritter und anderer mit Verfassungsrang ausgestatteter Rechtsgüter, wie etwa unverzichtbarer rechtsstaatlicher Prinzipien, bestehen. Auch widerspräche die Anwendung von Schranken anderer Grundrechte im Rahmen von Art. 9 Abs. 1 GG der im Verfassungstext eindeutig angelegten Zuordnung der jeweiligen Schrankenvorbehalte zu bestimmten Freiheitsrechten[974], weil durch das Grundgesetz dem Einzelnen individuelle Freiheitssphären von unterschiedlicher Intensität garantiert werden.
Infolgedessen bestehen die verfassungsimmanenten Schranken der Verbandsautonomie und der durch Art. 9 Abs. 1 GG geschützten Außenbetätigung der Verbände nur in widerstreitenden Grundrechtspositionen anderer Grundrechtsträger, unverzichtbaren rechtsstaatlichen Prinzipien und der dargestellten, in seltenen Einzelfällen bestehenden staatlichen Regelungsverpflichtung[975].

Dieses Ergebnis zur Beschränkung der Verbandsautonomie durch staatliche Maßnahmen ist im Rahmen des zivilrechtlichen Rechtsschutzes des Sportlers gegen Verbandsnormen und auf deren Grundlage ergangener Entscheidungen in zweifacher Weise zu berücksichtigen:

---

[967] BVerfGE 4, 7 (16).
[968] BVerfGE 39, 334 (367).
[969] So *Rinken* in: AK-GG, Art. 9 Abs. 1 GG, Rdnr. 69.
[970] *Scholz* in: *Maunz/Dürig*, Art. 9 GG, Rdnr. 118, 348.
[971] *Scholz* in: *Maunz/Dürig*, Art. 9 GG, Rdnr. 153.
[972] U. a. *Bauer* in: *Dreier*, Art. 9 GG, Rdnr. 54; *Kemper* in: *v. Mangoldt/Klein /Starck*, Art. 9 Abs. 1 GG, Rdnr. 33, 163 f.; *Stein*, Staatsrecht, S. 329.
[973] U. a. BVerfGE 30, 173 (192 f); 32, 98 (107 f.); 33, 23 (29).
[974] *Kemper* in: *v. Mangoldt/ Klein/Starck*, Art. 9 Abs. 1 GG, Rdnr. 33.
[975] Auf die aber im weiteren Verlauf der Arbeit nicht weiter eingegangen werden soll.

Zum einen beschränkt es den Prüfungsumfang staatlicher Gerichte, die, wegen des Charakters der Grundrechte als Abwehrrechte gegen staatliche Macht[976], als staatliche Organe die verfassungsrechtlich gewährleistete Verbandsautonomie und ihre Schranken bei der Überprüfung verbandsrechtlicher Maßnahmen zu respektieren haben.
Zum anderen sind Art. 9 Abs. 1 GG und seine Beschränkungen auch im Verhältnis des Sportlers zum Verband zu beachten. Dies ergibt sich bei den in der vorliegenden Arbeit untersuchten Profis, die vertraglich an die Verbandsregelwerke gebunden sind, aus der mittelbaren Wirkung der Grundrechte im Zivilrecht, weswegen auch bezüglich der privatrechtlichen Rechtsbeziehung des Profis zum Verband die Verbandsautonomie und die durch Art. 9 Abs. 1 GG geschützte Außenbetätigung der Verbände als grundrechtlich geschützte Position Berücksichtigung finden muß.

a. Die zivilgerichtliche Kontrolldichte

Die Zivilgerichte[977] überprüfen, unabhängig davon, ob der Sportler vertraglich oder mitgliedschaftlich an den Verband gebunden ist[978], im Einzelnen[979], ob der betroffene Sportler der Satzungs- und Disziplinargewalt des Verbandes kraft vertraglicher Anerkennung oder mittelbarer Mitgliedschaft unterworfen ist[980], ob die Verbandsnormen eine wirksame Rechtsgrundlage für die Maßnahme des Verbandes enthalten[981], ob das in den Verbandsregelwerken festgelegte Verfahren eingehalten[982], ob verfassungsrechtlich verankerte rechtsstaatliche Prinzipien bei der Erstellung der Verbandsnormen und bei deren Anwendung auf den Einzelfall beachtet [983] und ob die der verbandsrechtlichen Entscheidung gegenüber dem Sportler zugrundeliegenden Tatsachen fehlerfrei ermittelt wurden[984]. Darüber hinaus überprüfen die Zivilgerichte in materieller Hinsicht, ob die getroffene Entscheidung gesetzeswidrig nach § 134 BGB ist[985], weil ein Verstoß gegen staatliche Normen zur Unwirksamkeit jeglicher privatautonom ausgehandelter Vereinbarung führt. Zudem erstreckt sich die zivilgerichtliche Kontrolldichte dann, wenn sozialmächtigen Verbänden als Entscheidungsträgern nach dem „Ein-Platz-Prinzip" eine Monopolstellung zukommt, auch darauf, ob die Verbandsregelwerke einer Inhaltskontrolle standhalten[986], so daß eine Entwicklung hin zu einer immer umfassenderen richterlichen Kontrolle erkennbar ist.
Ursprünglich hat der BGH[987] nur die Bestimmungen über die Aufnahme bisheriger Nichtmitglieder in einen Monopolsportverband einer Inhaltskontrolle unterzogen und in der Folge diese Rechtsprechung auf andere Maßnahmen von Vereinen und Verbänden ausgedehnt, die eine

---

976 U. a. *Starck* in: *v. Mangoldt/Klein/Starck*, Art. 1 Abs. 3 GG, Rdnr. 148.
977 Zu den prozessualen Fragen, ob der Sportler überhaupt Rechtsschutz vor den staatlichen Zivilgerichten erlangen kann oder ob deren Anrufung durch die mit der vertraglichen Anerkennung verbundene Unterwerfung des Sportlers unter die Regelungsgewalt der Sportgerichte (Schiedsgerichtsvereinbarung zwischen dem Spieler und dem DEB, Schiedsgerichtsvertrag zwischen dem DFB und dem Spieler und § 6 der DLV-Athletenvereinbarung) ausgeschlossen ist und ob im Verfahren des einstweiligen Rechtsschutzes unter Umgehung der Sportgerichte sofort die staatlichen Gerichte angerufen werden können: *Schimke*, Sportrecht, S. 117 ff.; *Summerer* in: Praxishandbuch Sportrecht, 165 ff.
978 Seit BGH, SpuRt 1995, 43 (43 ff.).
979 Vgl. *Schimke*, Sportrecht, S. 113 f.; *Summerer* in: Praxishandbuch Sportrecht, S. 184.
980 BGH, SpuRt 1995, 43 (44 ff.).
981 *Reichert*, Handbuch des Verbands- und Vereinsrechts, Rdnr. 1806.
982 OLG Hamm, BB 1976, 663 (663); *Reichert*, Handbuch des Verbands- und Vereinsrechts, Rdnr. 1807.
983 BGHZ 21, 371 (373); 29, 352 (354); 36, 105 (109).
984 BGHZ 87, 337 (344).
985 RGZ 107, 386 (389); BGH, NJW 1981, 2178 (2178); *Reichert*, Handbuch des Verbands- und Verbandsrechts, Rdnr. 1811.
986 BGHZ 105, 316 (318); BGH SpuRt 1995, 43 (46 ff.).
987 BGHZ 63, 282 (285).

wirtschaftliche oder soziale Machtstellung innehaben[988]. Im Rahmen der Inhaltskontrolle wurde aber auf eine inhaltliche Angemessenheitsprüfung verzichtet, vielmehr erstreckte sich die zivilgerichtliche Nachprüfung lediglich darauf, ob sich die verhängte Maßnahme als willkürlich oder grob unbillig darstellte[989]. Dieser eingeschränkte Prüfungsmaßstab wurde damit begründet, daß die Disziplinar- und Normsetzungsgewalt der Verbände unter den Schutzbereich des Art. 9 Abs. 1 GG fällt und somit den staatlichen Gerichten nur die Aufgabe zukommen kann, „Mißbrauch und Wildwuchs" bei der Ausübung der Vereinsautonomie zu verhindern. Darüber hinaus verbiete es die Vereinigungsfreiheit, an die innere Gestaltung des Verbandslebens staatliche Wertvorstellungen anzulegen, sondern seien die Zivilgerichte an die Wertmaßstäbe der Verbände gebunden[990].

Diese Beschränkung der gerichtlichen Kontrolldichte hat der BGH erstmals im Zusammenhang mit der Überprüfung des Grundes, der dem Ausschluß eines Mitglieds aus einem aufnahmepflichtigen Verein zugrundelag, im Sinne einer inhaltlichen Angemessenheits- bzw. Verhältnismäßigkeitsprüfung unter dem Gesichtspunkt von Treu und Glauben gelockert[991]. Begründet wurde dies mit der überragenden Machtstellung der Verbände gegenüber Bewerbern, die auf eine Mitgliedschaft angewiesen sind, und dem Umstand, daß das im Verbandsrecht geltende demokratische Mehrheitsprinzip durch staatliche Gerichte effektiv begrenzbar sein muß, um einen wirksamen Minderheitenschutz herzustellen[992].

Diese Rechtsprechung hat der BGH im sog. „Reiter"-Fall [993] in Bezug auf Sportverbände, die, wie der DFB, der DEB und der DLV, wegen des „Ein-Platz-Prinzips"[994] eine Monopolstellung innehaben, bestätigt und auf sonstige Maßnahmen des Verbands gegenüber dem mitgliedschaftlich oder vertraglich gebundenen Sportler ausgedehnt. Begründet wurde diese Ansicht damit, daß die unkontrollierte und undemokratische Machtausübung der heutzutage mit enormen finanziellen Mitteln ausgestatteten monopolartig strukturierten Verbände insbesondere im Interesse des Schutzes der beruflichen Interessen der Sportler effektiv begrenzbar sein muß[995]. Zudem können sich die im Rahmen dieser Arbeit dargestellten Sportler den Regelwerken und den Maßnahmen von Verbänden mit Monopolstellung nicht durch Beendigung des Rechtsverhältnisses zu diesem Verband entziehen, sondern sind zur Erbringung ihrer beruflich ausgeübten sportlichen Leistung auf eine vertragliche Bindung an den jeweiligen Fachsportverband angewiesen, weswegen eine Überprüfung der Verbandsnormen und –maßnahmen im Rahmen einer Angemessenheitsprüfung gerechtfertigt erscheint[996].

So findet heute bei der Überprüfung verbandsinterner Normen und auf deren Grundlage ergangener Entscheidungen im Rahmen einer Angemessenheitsprüfung eine umfassende Abwägung aller Interessen der am Rechtsverhältnis Beteiligten insbesondere unter Berücksichtigung grundrechtlich geschützter Positionen statt. Diese Rechtsprechung des BGH erscheint aber unter Heranziehung der aufgezeigten verfassungsrechtlichen Grenzen von Art. 9 Abs. 1 GG, nach denen die Verbandsautonomie durch staatliche Stellen nur im Interesse widerstreitender Grundrechtspositionen Dritter oder zur Durchsetzung verfassungsrechtlich verankerter Prinzipien und gerade nicht zum Schutz sonstiger Rechtsgüter zulässig ist, höchst fraglich. Gerechtfertigt ist dieser erweiterte gerichtliche Kontrollmaßstab jedoch unter Berücksichtigung der Überlegung, daß die Verbandsautonomie und ihre grundgesetzlichen Grenzen zwar im

---

988 BGHZ, 93, 151 (152).
989 BGHZ 75, 158 (159).
990 BGHZ 87, 337 (345).
991 BGHZ 102, 265 (275); 105, 306 (317 ff.).
992 BGHZ 105, 306 (318).
993 BGH, SpuRt 1995, 43 (46).
994 Vgl. oben, 3.Abschn., II.2.a.cc.
995 U. a. *Reichert*, Handbuch des Verbands- und Vereinsrechts, Rdnr. 1828; *Vieweg*, JZ 1984, 167 (170 ff.).
996 U. a. *Vieweg*, Normsetzung und –anwendung, S. 234.

Rahmen der mittelbaren Wirkung der Grundrechte auch im zivilrechtlichen Verhältnis zwischen Sportler und Verband Anwendung finden, sich diese Rechtsbeziehung aber darüber hinaus nach dem allgemeinen in § 242 BGB und §§ 9 ff. AGBG niedergelegten zivilrechtlichen Grundsatz von Treu und Glauben beurteilen, so daß auch nicht verfassungsrechtlich verankerte Interessen der Beteiligten Berücksichtigung finden müssen. Zwar hat grundsätzlich das allgemeine, aus dem öffentlichen Recht stammende Verhältnismäßigkeitsprinzip aufgrund der Privatautonomie, die den am Privatrechtsverkehr Beteiligten einen Anspruch auf selbständige Ausgestaltung ihrer Rechtsverhältnisse einräumt, keine umfassende Geltung im Zivilrecht. Jedoch begrenzt § 138 Abs. 2 BGB die Wirksamkeit von Verträgen, wenn ein „auffälliges Mißverhältnis" zwischen Leistung und Gegenleistung besteht, um die Ausübung z. B. wirtschaftlicher Machtstellungen zu verhindern[997], und kommt über den Grundsatz von Treu und Glauben nach dem Übermaßverbot vertragsfreiheitsbeschränkende Wirkung zu, wobei im Folgenden noch zu klären sein wird, ob dieser allgemeine Grundsatz des Zivilrechts in den vorliegenden Rechtsverhältnissen nach § 242 BGB oder gemäß §§ 9 ff. AGBG zur Anwendung kommt. Darüber hinaus haben die verbandsrechtlichen Disziplinarmaßnahmen gegenüber den vertraglich gebundenen Sportlern die Qualität von Vertragsstrafen[998] gemäß §§ 339 ff. BGB, welche nach § 343 Abs. 1 BGB auf ihre Verhältnismäßigkeit hin zu überprüfen sind. Angesichts dieser privatrechtlichen Ausprägungen des allgemeinen Verhältnismäßigkeitsprinzips unterliegen auch zivilrechtliche Rechtsbeziehungen, wie die vorliegende Bindung des Sportlers an die Verbände, im Fall eines drohenden Mißbrauchs von Machtpositionen dem Korrektiv der Angemessenheit.
Im Rahmen dieser Angemessenheitsprüfung wird aber durch die in letzter Zeit zu Konfliktsituationen zwischen Verbänden und Sportlern ergangenen BGH-Entscheidungen [999] bei der inhaltlichen Verhältnismäßigkeitsprüfung von Verbandsnormen und auf diesen beruhenden Maßnahmen die im Rahmen der mittelbaren Wirkung der Grundrechte in das Verhältnis zwischen Verband und Sportler einwirkende Verbandsautonomie nicht mehr in angemessener Weise berücksichtigt. Entgegen dieser Tendenz muß bei der inhaltlichen Billigkeitsüberprüfung ein verhältnismäßiger Ausgleich zwischen der durch Art. 9 Abs. 1 GG geschützten Verbandsautonomie, welche auch Grundlage der vertraglichen Bindung des Sportlers an die Verbände ist, und der Berufsfreiheit des Profis, welche insbesondere durch ihre Verankerung in Art. 12 GG geeignet ist, die Vereinigungsfreiheit der Verbände einzuschränken, gefunden werden[1000].

Fraglich ist aber, ob eine Inhaltskontrolle der Verbandsnormen sowie der darauf basierenden Verbandsstrafen und –entscheidungen auf der Grundlage von § 242 BGB durchgeführt werden kann oder ob die Verbandsregeln nicht dem spezielleren AGBG unterliegen, so daß als Anknüpfungstatbestand einer gerichtlichen Angemessenheitsüberprüfung §§ 9 ff. ABGB in Betracht käme.
Nach der Bereichsausnahme des § 23 Abs. 1 AGBG findet dieses Gesetz keine Anwendung auf Verträge auf dem Gebiet des Gesellschaftsrechts. Nach der herrschenden Meinung in der Literatur[1001] umfaßt das Gesellschaftsrecht auch das in § 23 Abs. 1 AGBG nicht ausdrücklich erwähnte Vereinsrecht, so daß zumindest die Inhaltskontrolle von Verbandsmaßnahmen und –regelwerken gegenüber Mitgliedern nach § 242 BGB zu erfolgen hat[1002]. Dieses Ergebnis ist auch auf die Sportler, die vertraglich oder mittelbar mitgliedschaftlich an die Verbände gebun-

[997] *Palandt/Heinrichs*, § 138 BGB, Rdnr. 1.
[998] Vgl. oben, 3.Abschn., II.2.a.bb.(2).
[999] So bei den in jüngerer Zeit zur Frage der „Ausbildungs- und Weiterbildungsentschädigung" ergangenen Entscheidungen des BGH: BGH, SpuRt 1999, 236 ff.; BGH, WM 1999, 2319 ff. (eingehend hierzu unten, 3.Abschn., II.2.c.).
[1000] Vgl. unten, 3.Abschn., II.2.c.
[1001] U. a. *Palandt/Heinrichs*, §§ 23, 24 AGBG, Rdnr. 4; *Horn* in: *Wolf/Horn/Lindacher*, § 23 ABGB, Rdnr. 77.
[1002] Vgl. *Vieweg*, Normsetzung und –anwendung, S. 231; *Heidersdorf*, Ausländerklauseln im Profisport, S. 10 f.

den sind, übertragbar, weil die Überprüfung der Verbandsnormen sowie der darauf gestützten Maßnahmen gegenüber der Verbandsgewalt unterworfenen Nichtmitgliedern durch die Zivilgerichte anhand derselben Maßstäbe zu erfolgen hat, die für entsprechende Akte gegenüber unmittelbaren Mitgliedern gelten.
Im „Reiter"-Urteil hat auch der BGH[1003] die Anwendung des AGBG im Rahmen der Inhaltskontrolle von Vereinsnormen und -maßnahmen gegenüber Nichtmitgliedern abgelehnt. Zur Begründung verweist der BGH aber nicht auf die Bereichsausnahme des § 23 Abs. 1 AGBG, sondern führte an, daß es sich bei den sportrechtlichen Regelwerken „nicht um Allgemeine Geschäftsbedingungen i. S. d. AGBG handelt". Das vom Verbraucherschutzgedanken getragene AGBG, welches auf die „prinzipiell entgegengesetzten Interessen des Verwenders und seiner Kunden zugeschnitten" ist, paßt von dieser Grundintention nicht auf das Verhältnis der am Sport teilnehmenden Vertragsparteien, welche nicht prinzipiell konträre Interessen verfolgen. Vielmehr sind der Verband und der Sportler durch das gemeinsame Interesse an einer Aufrechterhaltung des geregelten Sportbetriebes miteinander verbunden.
Infolgedessen ist aufgrund der Nichtanwendbarkeit des AGBG ein Rückgriff auf § 242 BGB, der allgemeinen Ausprägung des Grundsatzes von Treu und Glauben, als Anknüpfungstatbestand der Angemessenheitskontrolle von Verbandsnormen und der auf diesen basierenden Entscheidungen geboten[1004].

Im weiteren Verlauf der Arbeit wird unter Zugrundelegung des zivilgerichtlichen Kontrollmaßstabes im Einzelnen insbesondere zu überprüfen sein, ob anerkannte, mit Verfassungsrang versehene rechtsstaatliche Prinzipien bei der Erstellung und Anwendung der Verbandsregelwerke beachtet wurden und ob diese Tätigkeit der Verbände in materieller Hinsicht einer gerichtlichen Angemessenheitskontrolle nach § 242 BGB standhält.

b. Beachtung unverzichtbarer rechtsstaatlicher Prinzipien

Grundsätzlich garantiert die Verbandsautonomie im Rahmen der intern-freien Funktionsentfaltung das Recht der Verbände, selbständig über das „Ob" und das „Wie" der inhaltlichen Ausgestaltung der Verbandsregelwerke zu entscheiden. Diese Gewährleistung führt dazu, daß typische Wertungen des Verbandsrechts über §§ 138, 242, 826 BGB in das staatliche Zivilrecht Einzug halten und durch die staatlichen Gerichte bei der Überprüfung von Verbandsnormen und auf diesen basierenden Entscheidungen die Eigenständigkeit verbandsrechtlicher Wertungen zu beachten ist[1005].
Andererseits wird, wie dargestellt, die autonome Regelungskompetenz der Verbände gegenüber ihren Mitgliedern und den Personen, die sich vertraglich zur Beachtung der Verbandsnormen verpflichtet und der Disziplinargewalt der Verbände unterworfen haben, nur im Rahmen der rechtsstaatlichen, durch das Grundgesetz angelegten Grundsätze gewährt, so daß die Sportverbände bei der Erstellung ihrer Regelwerke und bei deren Anwendung grundgesetzlich verankerte Verfahrensgrundsätze zu beachten haben.
Im Einzelnen werden als wesentliche Anforderungen an die inhaltliche Ausgestaltung der Verbandsregelwerke und das auf deren Grundlage im Einzelfall vor den Sportgerichten geführte

---

1003 BGH, SpuRt 1995, 43 (46).
1004 A. A. *Vieweg*, Normsetzung und –anwendung, S. 183, der wegen der Monopolstellung der Verbände eine „strukturelle Ungleichgewichtslage" zwischen Verband und Sportler annimmt, die typischerweise dem Anwendungsbereich des AGBG unterfällt.
1005 *Steiner*, DÖV 1983, 173 (175); *Fritzweiler* in: Praxishandbuch Sportrecht, S. 30.

Verfahren folgende Kriterien genannt[1006], die allesamt aufgrund ihrer verfassungsrechtlichen Verankerung geeignet sind, im verbandsinternen Verfahren Geltung zu beanspruchen:

Der Anspruch auf *rechtliches Gehör* beinhaltet das Gebot, „dem Beschuldigten die Möglichkeit zu geben, auf das Verfahren persönlich einzuwirken und sich zu den gegen ihn erhobenen Vorwürfen zu äußern bzw. entlastende Umstände vorzutragen“[1007]. Diese Gewährleistung ist verfassungsrechtlich in Art. 103 Abs. 1 GG verankert, sie stellt eine grundlegende Ausprägung des Rechtsstaatsprinzips und der Menschenwürde dar[1008] und ist deshalb als verfassungsimmanente Schranke der Verbandsautonomie auch bei der Tätigkeit der Verbandsgerichte zu beachten[1009]. Die Nichtbeachtung dieses Grundsatzes führt zur Nichtigkeit der Entscheidung des Verbandsorgans[1010]. Infolgedessen haben der DFB in seiner Rechts- und Verfahrensordnung[1011], der DEB in der Rechtsordnung[1012] und der DLV in seiner Rechts- und Verfahrensordnung[1013] jeweils einen Anspruch auf rechtliches Gehör verankert.

Der in Art. 103 Abs. 2 GG festgeschriebene *Bestimmtheitsgrundsatz* schreibt vor, daß die Sanktionstatbestände der Verbandsnormen und die vorgesehenen Rechtsfolgen so ausgestaltet sein müssen, daß jeder vorhersehen kann, „ob“ und „wie“ ein bestimmtes Verhalten mit Strafe bedroht ist[1014]. Diese Verfahrensregel ist ein grundrechtsgleiches Recht, eine Ausprägung des Rechtsstaatsprinzips und lex specialis zum allgemeinen Grundsatz vom Vorbehalt des Gesetzes[1015] und somit grundsätzlich auch als Anforderung an die Festlegung verbandsrechtlicher Disziplinarnormen und deren Anwendung durch die Verbandsorgane zu beachten[1016], so daß z. B. die Normierung eines generellen Dopingverbots in den Verbandssatzungen unzureichend ist und die entsprechenden Regelungen ausdrücklich und nicht nur beispielhaft die verbotenen Substanzen aufführen müssen[1017].
Jedoch ist zu beachten, daß die Satzungen der Verbände in erster Linie den Zweck verfolgen, die das Verbandsleben bestimmenden Grundentscheidungen zu normieren[1018]. Zu diesen Grundentscheidungen gehört zwar auch die prinzipielle Festlegung der verbandseigenen Strafgewalt[1019]. Jedoch ist es in der Sportwirklichkeit unmöglich, jedes denkbare und im Wettkampfgeschehen mögliche sanktionswürdige unsportliche Verhalten explizit in den Verbandsregelwerken aufzuführen[1020], weshalb nach der überwiegenden Ansicht im Schrifttum[1021] zumindest auf der Tatbestandsseite der Verbandsnorm generalklauselartige Begriffe, wie z. B. „sportwidriges Verhalten“, verwendet werden dürfen, wenn diese durch die Aufzählung einiger verbotener Verhaltensweisen konkretisiert werden. So enthalten z. B. die §§ 67 ff. RVO des DLV einen detaillierten Katalog von Sanktionsmaßnahmen und bestimmt § 1 Abs. 1 Nr. 2 RVO des DLV, daß sowohl Übertretungen der Bestimmungen des Verbandsrechts als auch Verstöße ge-

---

1006 Vertiefend zu dieser Thematik: *Buchberger*, SpuRt 1996, 122 ff.; *Summerer* in: Praxishandbuch Sportrecht, S. 159 ff.; *Krogmann*, Grundrechte im Sport, S. 176 ff.
1007 BVerfGE 7, 53 (57); 9, 89 (95); 39, 156 (168); 63, 332 (337 f.).
1008 *Pieroth* in: *Jarass/Pieroth*, Art. 103 GG, Rdnr. 1.
1009 LG München im Fall „*Katrin Krabbe*“, SpuRt 1995, 162 (167); LG Gießen, SpuRt 1997, 104 (106).
1010 LG Gießen, SpuRt 1997, 104 (106); *Reichert*, Handbuch des Verbands- und Vereinsrechts, Rdnr. 1668.
1011 In § 8 bzw. § 10 Nr. 1-3 DFB-RVO.
1012 In Art. 8 Nr. 5 Satz 1 DEB-RO.
1013 In § 29 DLV-RVO.
1014 BVerfGE 47, 109 (120); 73, 206 (234); 75, 329 (341); 78, 374 (382).
1015 *Pieroth* in: *Jarass/Pieroth*, Art. 103 GG, Rdnr. 40.
1016 BGHZ 47, 172 (178); *Summerer* in: Praxishandbuch Sportrecht, S. 159.
1017 Rechtsausschuß des DLV, SpuRt 1996, 66 (68); *Summerer* in: Praxishandbuch Sportrecht, S. 159.
1018 BGHZ 47, 172 (177).
1019 BGHZ 29, 352 (355); *Buchberger*, SpuRt 1996, 122 (124).
1020 LG München, SpuRt 1995, 162 (167).
1021 *Summerer* in: Praxishandbuch Sportrecht, S. 157; *Buchberger*, SpuRt 1996 122, (124).

gen „anerkannte Grundsätze sportlichen Verhaltens", insbesondere die Nichtbeachtung von Anti-Doping-Bestimmungen und „Handlungen, die geeignet sind, das Ansehen des DLV, der ihm angehörenden LV, der diesen LV angehörender Vereine und deren Mitglieder zu schädigen", bestraft werden.
Diese von der überwiegenden Meinung in der Literatur[1022] gebilligte Praxis stellt keinen Verstoß gegen den Bestimmtheitsgrundsatz dar, da dieser die Verwendung unbestimmter, wertausfüllungsbedürftige Begriffe und Generalklauseln nicht ausschließt, wenn diese einer näheren Deutung im Wege der Auslegung zugänglich sind[1023]. Somit ist die Verwendung von generalklauselartigen Begriffen auf der Tatbestandsseite von Verbandsnormen zulässig, wenn der Aussagegehalt dieser Normen durch den Sportler, u. a. durch vorangegangene Verbandsverfahren, erkennbar ist, so daß er ermitteln kann, welches Verhalten unerwünscht und sanktionswürdig ist. Zudem ist zu beachten, daß die verfassungsrechtlich verankerten Verfahrensgrundsätze im Rahmen der Beachtung rechtsstaatlicher Prinzipien durch die Verbände keine absolute Geltung beanspruchen können, sondern als Schranke der Verbandsautonomie in ein angemessenes Verhältnis mit der durch Art. 9 Abs. 1 GG geschützten Außenbetätigung der Verbände zu bringen sind. Auch vor diesem Hintergrund ist der herrschenden Ansicht im Schrifttum zuzustimmen und sind die dargestellten Verbandsregelungen als rechtmäßig zu erachten. Den Verbänden ist es im Vergleich zum staatlichen Gesetzgeber in wesentlich geringerem Maße zumutbar, jedes sanktionswürdige Verhalten explizit in ihren Regelwerken aufzuführen. Die Verbandsnormen würden zu unübersichtlich werden und so deren Anwendung durch die meist ehrenamtlich tätigen Entscheidungsträger in den Verbänden oder durch die zu raschen Entscheidungen gezwungenen Schiedsrichter im Wettkampfgeschehen als Bestandteil der durch Art. 9 Abs. 1 GG geschützten intern-freien Funktionsentfaltung erheblich erschwert. Zudem ist durch die Verpflichtung der Verbände, generalklauselartige Begriffe, wie z. B. „sportwidriges Verhalten", durch die Aufzählung einiger verbotener Verhaltensweisen zu konkretisieren und durch den „Fair-Play"-Grundsatz, der dem gesamten Sportbetrieb als ungeschriebenes Prinzip zugrundeliegt, sichergestellt, daß für den Profi nicht völlig unvorhersehbar ist, welches Verhalten als sanktionswürdig erachtet wird, so daß die dargestellten Verbandsnormen keinen Verstoß gegen das Bestimmtheitsgebot enthalten bzw. einen verhältnismäßigen Ausgleich zwischen der Verbandsautonomie und dem Bestimmtheitsgrundsatz als Ausprägung des Rechtsstaatsprinzips darstellen.

Der in Art. 103 Abs. 2 GG verankerte und auch auf die Verbandsnormen und die auf deren Grundlage ergangenen Sanktionen anwendbare Grundsatz des *Rückwirkungsverbots (nulla poena sine lege)* bestimmt, daß einer Strafe nur ein Sanktionstatbestand zugrunde gelegt werden darf, der zur Zeit der Tat bereits in Kraft war[1024].

Nach dem in Art. 103 Abs. 3 GG normierten *Verbot der Doppelbestrafung (ne bis in idem)* darf niemand wegen derselben Handlung „mehrmals bestraft werden". So darf ein und der selbe Lebenssachverhalt nicht mehrmals durch verschiedene Verbände (nationaler und Weltverband)[1025] oder durch Verbände und staatliche Gericht sanktioniert werden[1026]. Das Verbot der Mehrfachbestrafung enthält auch das Prinzip des „Strafklageverbrauchs", nach dem sowohl das rechtskräftig verurteilende als auch das freisprechende Urteil eine prozessuale Sperrwirkung und das Verbot einer erneuten Strafverfolgung entfalten[1027], so daß auch die Verbandsorgane, außer

[1022] U. a. *Buchberger*, SpuRt 1996, 122 (124); *Summerer* in: Praxishandbuch Sportrecht, S. 159.
[1023] U. a. BVerfGE 75, 329 (341); 78, 374 (389).
[1024] BGHZ 55, 381 (385).
[1025] LG München, SpuRt 1995, 162 (167); *Buchberger*, SpuRt 1996, 122 (125).
[1026] *Summerer* in: Praxishandbuch Sportrecht, S. 160.
[1027] *Pieroth* in: *Jarass/Pieroth*, Art. 103 GG, Rdnr. 60 ff.

in dem Ausnahmefall der Wiederaufnahme des Verfahrens[1028], an eine bestandskräftige Entscheidung gebunden sind.

Das durch Art. 101 Abs. 1 Satz 2 GG gewährte *Recht auf den gesetzlichen Richter* besagt, daß die Zuständigkeit des Spruchkörpers in Bezug auf ein bestimmtes Verfahren oder eine Entscheidung im voraus abstrakt-generell festgelegt sein muß[1029], damit nicht durch eine kurzfristige Auswahl des strafenden Organs die zu treffende Entscheidung beeinflußt werden kann[1030]. Bei diesem Anspruch handelt es sich um eine wichtige Ausprägung des auf dem Rechtsstaatsprinzip basierenden Gebots der Rechtssicherheit und Objektivität[1031], weswegen dieser Grundsatz grundsätzlich geeignet ist, die Verbandsautonomie im Rahmen der Aufstellung und der Anwendung der Verbandsnormen zu beschränken.
Jedoch hat das Recht auf den gesetzlichen Richter im Hinblick auf die Verbandsgerichtsbarkeit nur eingeschränkte Wirkung, so daß sich die personelle Zusammensetzung der Spruchkammer nach der herrschenden Meinung im Schrifttum[1032] nicht aus einem im vornherein festgelegten Geschäftsverteilungsplan ergeben muß, sondern lediglich die Verpflichtung besteht, im Rahmen der Verbandsgerichtsbarkeit die zur Entscheidung berufene Spruchkammer vorab zu bestimmen[1033]. Die fehlende Notwendigkeit, den Kreis der Mitglieder von vornherein personell festzulegen, wird damit begründet, daß die entsprechenden Organe in der Regel von ehrenamtlich tätigen Personen besetzt sind, denen es nicht zuzumuten ist, ihre Teilnahme vorab verbindlich festzulegen. Diese Ansicht und deren Ausformung durch die Verbandsregelwerke stellt eine im Interesse der Verbandsautonomie angemessene Beschränkung des verfassungsrechtlich garantierten Anspruchs auf den gesetzlich garantierten Richter dar. Im Gegensatz zu den mit Berufsrichtern oder mit Schöffen, die im Fall beruflicher Verhinderung nach § 54 Abs. 1 Satz 1 GVG von ihrem Amt befreit sind und nach § 55 GVG für ihre Tätigkeit eine Entschädigung erhalten, besetzten staatlichen Gerichten wird die Verbandsgerichtsbarkeit überwiegend durch ehrenamtliche Richter ausgeübt. Infolgedessen stellt die Regelung, daß die für eine Sanktion zuständige Spruchkammer selbst, nicht aber deren personelle Besetzung von vornherein bestimmt sein muß, einen angemessenen Ausgleich der durch Art. 9 Abs. 1 GG als Bestandteil der intern-freien Funktionsentfaltung geschützten funktionierenden Sanktionsgewalt der Verbände und des Anspruchs des Sportlers auf den gesetzlichen Richter dar.

Das Prinzip des effektiven Rechtsschutzes nach Art. 19 Abs. 4 GG sieht grundsätzlich nicht die automatisch *aufschiebende Wirkung eines Rechtsmittels*[1034] und die Gewährung *vorläufigen Rechtsschutzes*[1035] gegenüber Maßnahmen der öffentlichen Verwaltung als grundgesetzlich garantiertes Verfahrensprinzip vor, weil durch die ausnahmslose Gewährung von präventivem Rechtsschutz die Tätigkeit von Verwaltung und Gesetzgeber unzumutbar erschwert würde. Diese Überlegung ist auf die grundgesetzlich abgesicherte Tätigkeit der Verbände übertragbar, die in ihrer intern-freien Funktionsentfaltung zu schützen sind. Jedoch ist der Suspensiveffekt von Rechtsmitteln und die Einräumung von einstweiligem Rechtsschutz zur Wiederherstellung der aufschiebenden Wirkung durch das verfassungsrechtliche Effektivitätsgebot zur Vermeidung schwerer und irreparabler Rechtsverletzungen im Einzelfall erforderlich[1036] und hält das

---

[1028] Z. B. § 23 RVO des DFB.
[1029] BVerfGE 6, 45 (50); 21, 139 (145); 63, 77 (79).
[1030] *Pieroth* in: *Jarass/Pieroth*, Art. 101 GG, Rdnr. 3 f.
[1031] *Pieroth* in: *Jarass/Pieroth*, Art. 101 GG, Rdnr. 1.
[1032] *Krogmann*, Grundrechte im Sport, S. 176; *Buchberger*, SpuRt 1996, 122 (125).
[1033] Z. B. durch § 4 ff. RUV des DLV.
[1034] *Jarass* in: *Jarass/Pieroth*, Art. 19 GG, Rdnr. 37.
[1035] BVerfGE 31, 364 (368).
[1036] *Huber* in: *v. Mangoldt/Klein/Starck*, Art. 19 Abs. 4 GG, Rdnr. 469.

BVerfG[1037] die Einräumung von vorläufigem Rechtsschutz für geboten, wenn dem Betroffenen ohne die Möglichkeit der Nutzung dieser Rechtsschutzform eine „erhebliche, über Randbereiche hinausgehende Verletzung in seinen Rechten droht, die durch eine Entscheidung in der Hauptsache nicht mehr beseitigt werden kann, es sei denn, daß ausnahmsweise überwiegende, besonders gewichtige Gründe entgegenstehen".
So hat das Bayerische Oberste Landesgericht[1038] entschieden, daß die Einlegung eines in den Vereinssatzungen vorgesehenen Rechtsmittels gegen einen Vereinsausschluß grundsätzlich aufschiebende Wirkung hat, es sei denn, die Vereinsregelwerke versagen diese Wirkung ausdrücklich. Darüber hinausgehend hat das OLG Köln[1039] geurteilt, daß es allgemeinen verfassungsrechtlich garantierten Verfahrensprinzipien widerspräche, wenn einem vereinsrechtlichen Rechtsmittel keine aufschiebende Wirkung zukäme und daß die Anordnung des Sofortvollzuges nur auf die Fälle beschränkt sein darf, in denen besondere Umstände die Aufhebung des Suspensiveffektes rechtfertigen. Diese Rechtsprechung entspricht dem Regel-Ausnahme-Verhältnis zwischen der aufschiebenden Wirkung von Rechtsbehelfen und der Anordnung des Sofortvollzuges nach § 80 Abs. 2 Satz 1 Nr. 4, Abs. 3 VwGO im Rahmen des einstweiligen Rechtsschutzes gegen staatliche Maßnahmen. Sie ist aber im Interesse der zugunsten der Verbände grundrechtlich geschützten intern-freien Funktionsentfaltung nicht auf die aufschiebende Wirkung von Rechtsmitteln gegen Verbandsmaßnahmen übertragbar. Im Gegensatz zu den staatlichen Behörden wird die Arbeit in den Verbänden überwiegend durch ehrenamtliche Mitarbeiter erledigt, so daß bei einem Regel-Ausnahme-Verhältnis zwischen Suspensiveffekt und Vollzugsanordnung die Verbandstätigkeit lahmgelegt würde. Auch die oben dargestellte Ansicht des BayObLG, nach der von einer grundsätzlich aufschiebenden Wirkung von Rechtsmitteln gegen Verbandsmaßnahmen ausgegangen wird, es sei denn, die Verbandsnormen versagten diese Wirkung ausdrücklich, übersieht, daß durch das grundgesetzliche Gebot des effektiven Rechtsschutzes die aufschiebende Wirkung von Rechtsmitteln und die Gewährung von einstweiligem Rechtsschutz nur geboten ist, wenn „erhebliche, über den Randbereich hinausgehende Verletzungen im Einzelfall drohen, die durch eine Entscheidung in der Hauptsache nicht mehr beseitigt werden können". Nach dieser verfassungsrechtlichen Vorgabe ist davon auszugehen, daß Rechtsmitteln gegen Verbandsmaßnahmen grundsätzlich keine aufschiebende Wirkung zukommt und der Suspensiveffekt lediglich Ausnahmecharakter hat. Das Regel-Ausnahme-Verhältnis zugunsten der aufschiebenden Wirkung gegen staatliche Maßnahmen ist nicht durch Art. 19 Abs. 4 GG, sondern erst durch die VwGO angelegt und somit mangels Einordnung als verfassungsrechtlich verankertes rechtsstaatliches Verfahrensprinzip grundsätzlich nicht auf den Rechtsschutz gegen Verbandsentscheidungen anwendbar.
Es ist lediglich dann durch das grundgesetzliche Gebot des effektiven Rechtsschutzes vorgegeben, daß die Verbandsregelwerke Bestimmungen enthalten müssen, die den Suspensiveffekt von Rechtsmitteln und die Gewährung von einstweiligem Rechtsschutz vorsehen, wenn im Einzelfall irreparable und schwere Rechtsverletzungen drohen. Dieser verfassungsrechtlichen Vorgabe entsprechen z. B. §§ 37 Abs. 2, 55 ff. RVO des DLV, nach denen Rechtsmitteln grundsätzlich kein Suspensiveffekt zukommt, aber der Erlaß einer einstweiligen Anordnung möglich ist, wenn „die Gefahr besteht, daß durch eine Veränderung des bestehenden Zustandes die Verwirklichung des Rechts eines Antragstellers vereitelt oder wesentlich erschwert werden könnte". Demgegenüber kommt der Einleitung eines verbandsgerichtlichen Nachprüfungsverfahrens gegen die durch Verwaltungsorgane des DEB getroffenen Entscheidungen gemäß Art. 5 Nr. 5 RO des DEB kein Suspensiveffekt zu und ist die Gewährung von einstweiligem Rechtsschutz durch

[1037] BVerfGE 46, 166 (179); 65, 1 (70 f.); 93, 1 (14).
[1038] BayObLGZ 1988, 170 (176).
[1039] OLG Köln, NJW-RR 1993, 891 (891).

diese Verfahrensordnung unter Verstoß gegen rechtsstaatliche Verfahrensgrundsätze nicht vorgesehen.

Der Anspruch auf rechtliches Gehör nach Art. 103 Abs. 1 GG sieht als verfassungsrechtliches Verfahrensprinzip das *Recht auf anwaltlichen Beistand* zumindest in der mündlichen Verhandlung vor den Verwaltungsgerichten vor[1040]. Zudem gewährt das Rechtsstaatsprinzip nach Art. 20 Abs. 3 GG i. V. m. Art. 2 Abs. 1, Art. 2 Abs. 2 Satz 2 und Art. 1 Abs. 1 GG dem Beschuldigten im Strafverfahren „das Recht auf ein rechtsstaatliches, faires Strafverfahren“[1041]. Das Gebot eines fairen Verfahrens verlangt „Waffengleichheit“ zwischen Staatsanwalt und Beschuldigtem[1042], welche nur durch das Recht auf Hinzuziehung eines Rechtsanwaltes hergestellt werden kann[1043].
So ist von mangelnder Waffengleichheit im verbandsrechtlichen Verfahren auszugehen, wenn sich der Verband selber anwaltschaftlich vertreten läßt[1044] oder über eine eigene Anklageinstanz verfügt, die mit einem Juristen besetzt ist, aber dem Betroffenen rechtskundiger Beistand verwehrt bleibt[1045]. Demgegenüber ist die Heranziehung eines Rechtsanwalts nicht schon nach dem Anspruch auf ein faires Verfahren gemäß Art. 20 Abs. 3 GG geboten, wenn die Verbandsgerichtsbarkeit durch Juristen ausgeübt wird[1046], weil die Verbandsgerichte auf Grund ihrer Organstellung zu einer fairen, unabhängigen und dem Gleichbehandlungsgrundsatz entsprechenden Verfahrensleitung verpflichtet sind[1047]. Auch besteht aus Gründen der Waffengleichheit im Verbandsstrafverfahren ein Recht auf anwaltlichen Beistand, wenn die Anklageinstanz durch Personen ausgeübt wird, die zwar nicht über eine juristische Ausbildung, aber über Sachkunde in dem jeweiligen Verfahren verfügen.
Darüber hinaus muß nach dem Anspruch auf rechtliches Gehör nach Art. 103 Abs. 1 GG zumindest in der mündlichen Verhandlung vor den Sportgerichten eine anwaltliche Vertretung des Betroffenen zugelassen werden.
So kann sich z. B. nach § 26 RVO des DLV der Betroffene im Rahmen von verbandsrechtlichen Streitigkeiten durch einen (anwaltlichen) Beistand vertreten lassen.

Nach der ständigen Rechtsprechung des BVerfG[1048] ist die strafrechtliche oder strafrechtsähnliche Ahndung einer Tat, ohne daß dem Täter ein *Verschulden* vorzuwerfen ist, rechtsstaatswidrig nach Art. 20 Abs. 3 GG und verstößt gegen das Grundrecht des Betroffenen aus Art. 2 Abs. 1 GG. Infolgedessen können die Tatbestandsvoraussetzungen einer verbandsrechtlichen Bestimmung, durch die ein Verstoß gegen Verhaltensanforderungen sanktioniert werden soll, grundsätzlich nicht auf das Verschuldenserfordernis verzichten; anderenfalls sind sie unwirksam[1049].
Jedoch kann nach der zivilgerichtlichen Rechtsprechung[1050] zur Ahndung geringer Vergehen gegen Verbandsnormen und „für die Verhängung kleinerer Vereinsstrafen“ von dem Verschuldenserfordernis abgesehen werden. Diese Ansicht stellt eine im Interesse der durch Art. 9 Abs. 1 GG geschützten Verbandsautonomie verhältnismäßige Beschränkung des Verschuldens-

[1040] BVerwG, NJW 1995, 1231 (1231); *Pieroth* in: *Jarass/Pieroth*, Art. 103 GG, Rdnr. 32.
[1041] U. a. BVerfGE 57, 250 (274 f.); 63, 380 (390); 70, 297 (308).
[1042] BVerfGE 63, 45 (61).
[1043] BVerfGE 65, 171 (174 f.); 68, 237 (255).
[1044] BGHZ 55, 381 (390 f.).
[1045] *Buchberger*, SpuRt 1996, 122 (158).
[1046] BGHZ 55, 381 (391).
[1047] *Buchberger*, SpuRt 1996, 122 (158).
[1048] U. a. BVerfGE 20, 323 (331); 58, 159 (163); 80, 244 (255).
[1049] Beschluß des Rechtsausschusses des DLV vom 26.03.93, SpuRt 1996, 66 (68); *Reichert*, Handbuch des Verbands- und Vereinsrechts, Rdnr. 1599 a.
[1050] BGH NJW 1972, 1892 (1893); OLG München, SpuRt 1997, 134 (136).

erfordernisses dar, da der Nachweis des schuldhaften Fehlverhaltens durch die im Gegensatz zur Staatsanwaltschaft mit weniger Befugnissen ausgestatteten Verbandsorgane i. d. R. nicht leicht zu führen sein wird und so durch ein striktes Festhalten an dem Verschuldensprinzip die durch Art. 9 Abs. 1 GG im Rahmen der intern-freien Funktionsentfaltung geschützte Disziplinargewalt der Verbände nicht mehr effektiv ausgeübt werden könnte.
Bei der Verhängung schwerwiegender und mit einem Unwerturteil versehener Sanktionen kann aber nach ganz überwiegender Meinung im Schrifttum[1051] und der Rechtsprechung[1052] nicht auf das Verschuldensmoment verzichtet werden. Dieser auch in Art. 6 Abs. 2 EMRK[1053] niedergelegte Verfahrensgrundsatz genießt, insbesondere im Zusammenhang mit Sanktionen, die schwerwiegend in die Berufsfreiheit des Sportlers eingreifen, einen derart hohen verfassungsrechtlichen Stellenwert, daß im Rahmen der Abwägung zwischen der Verbandsautonomie und der Bedeutung des Verschuldensprinzips als rechtsstaatlichem Verfahrensgrundsatz das Interesse der Verbände an einer effektiven Sanktionsgewalt zurücktritt.
Als Ausfluß des Verschuldens- und Rechtsstaatsprinzips gilt im Rahmen der Verbandsverfahren die Unschuldsvermutung, nach der der Betroffene solange als unschuldig gilt, solange ihm die Tat nicht nachgewiesen ist[1054], sowie der Grundsatz „in dubio pro reo", nach dem im Zweifelsfall der Betroffene nicht verurteilt werden kann[1055].
Darüber hinaus muß der Verband den Nachweis des Verschuldens führen und darf dieses nicht auf den Sportler abwälzen. Zwar wäre es denkbar, wegen der Qualifizierung der gegenüber den hier behandelten Profis getroffenen Sanktionen als Vertragsstrafen nach § 282 BGB eine Beweislastumkehr zu Lasten des Betroffenen anzunehmen[1056]. Der über seinen Wortlaut hinaus für sämtliche Leistungsstörungen eines Schuldverhältnisses geltende § 282 BGB[1057] sieht eine Beweislastumkehr auch bei der Verhängung einer Vertragsstrafe vor, so daß der Sportler zu beweisen hätte, daß er die Verletzung der Verbandsregelwerke nicht zu vertreten hat. Zweck der über den Fall der Unmöglichkeit hinausgehenden Erweiterung des Anwendungsbereiches des § 282 BGB auf sämtliche vertraglichen und gesetzlichen Schuldverhältnisse ist es, durch eine Umkehr der Beweislast zu Lasten des Schuldners zivilprozessuale Beweislastschwierigkeiten zu beseitigen. Durch den im Zivilprozeß vorherrschenden Beibringungsgrundsatz wäre der Gläubiger stets gezwungen, das Verschulden des Schuldners als anspruchsbegründenden Umstand darzulegen und zu beweisen. Durch die Umkehr der Beweislast wird dem Umstand Rechnung getragen, daß sich i. d. R. der Schuldner leichter tun wird, die in seinem Gefahren- und Verantwortungsbereich liegenden Umstände aufzuklären, nach denen zu beurteilen ist, ob er die Leistungsstörung zu vertreten hat[1058].
Im Verhältnis zwischen Sportler und Verband ist aber bezüglich der Verhängung einer Vertragsstrafe eine Anwendung des § 282 BGB über seinen Wortlaut hinaus nicht angebracht. Im Gegensatz zu den gewöhnlichen Gläubigern eines Zivilprozesses verfügen die Sportverbände über Anklage- und Ermittlungsinstanzen, die dem Normalbürger mit den zur Verfügung stehenden (technischen) Mitteln und durch ihre vielschichtige Organisation bei der Aufklärung der Tatsachen weit überlegen sind und haben die Sportgerichte, im Gegensatz zu den staatlichen Zivilgerichten, den Sachverhalt von Amts wegen zu ermitteln[1059]. Demnach gleicht die Ausgangslage im verbandsinternen Verfahren dem verwaltungs- oder strafrechtlichen Amtser-

---

[1051] *Hilpert*, Bay VBl. 1988, 198 (200); *Vieweg*, NJW 1992, 2539 (2540); *Palandt/Heinrichs*, § 25 BGB, Rdnr. 14.
[1052] OLG Frankfurt, WM 1986, 302 (304).
[1053] BGBl. 1994 II, S. 3624.
[1054] *Summerer* in: Praxishandbuch Sportrecht, S. 162.
[1055] Ebenda.
[1056] Ebenda.
[1057] *Palandt/Heinrichs*, § 282 BGB, Rdnr. 3.
[1058] BGH, NJW 1965, 1583 (1584).
[1059] Z. B. § 46 RVO des DLV.

mittlungsgrundsatz und ist das Verhältnis zwischen Sportler und verbandsinterner Anklageinstanz nicht mit dem von zivilprozessualen Parteien, sondern mit der Beziehung zwischen dem durch die Staatsanwaltschaft vertretenen Staat und dem angeschuldigten Bürger im Strafprozeß zu vergleichen. Mangels Geltung des zivilprozessualen Beibringungsgrundsatzes im Verbandsverfahren finden auch privatrechtliche Beweislastregeln keine Anwendung, so daß der Sportler nach § 282 BGB nicht den Nachweis führen muß, daß er den Verstoß gegen Verbandsnormen nicht zu vertreten hat.

Bei dem *Grundsatz der Gewaltenteilung* handelt es sich um ein fundamentales rechtsstaatliches Organisationsprinzip, durch welches in Folge der Trennung der Staatsfunktionen und der gegenseitigen Kontrolle der Gewalten unerwünschte Machtkonzentrationen verhindert werden sollen[1060]. Zwar wird auch in Bezug auf die Organisation von Vereinigungen i. S. d. Art. 9 Abs. 1 GG unter Heranziehung des parteienrechtlichen Demokratiegebots nach Art. 21 Abs. 1 Satz 3 GG verschiedentlich die Verwirklichung einer „demokratischen Binnenstruktur" gefordert[1061]. Jedoch sind auch Parteien im Rahmen ihrer sich an rechtsstaatlichen Geboten orientierenden Organisation nicht zur Beachtung des Gewaltenteilungsprinzips verpflichtet und würde die durch Art. 9 Abs. 1 GG geschützte Freiheit der Vereinigungen auf effektive Selbstbetätigung und auf autonome Bildung innerer Organisationsstrukturen in unverhältnismäßiger Weise eingeschränkt, wenn von jedem noch so kleinen Verein die Verwirklichung des Gewaltenteilungsprinzips verlangt werden würde. Zudem ist zu beachten, daß der Gesetzgeber selber als Mindestmaß der Verwirklichung „demokratischer Binnenstrukturen" nach § 32 BGB eine Mitgliederversammlung vorschreibt, der eine organschaftliche Allzuständigkeit zukommt[1062], weswegen keine der Gewaltenteilung entsprechende Pflicht der Verbände zur Trennung der Sportgerichtsbarkeit von den übrigen Verwaltungsaufgaben des Verbandes besteht[1063] und die Verbände nicht eine am Gewaltenteilungsprinzip orientierte, innere Organisationsstruktur aufweisen müssen. Trotzdem haben einige Sportverbände, u. a. zum Zwecke der Steigerung der allgemeinen Akzeptanz von sportgerichtlichen Entscheidungen, eine deutliche Trennung und Verselbständigung der Verbandsgerichte von der übrigen Verbandsverwaltung vorgenommen und so eine „verbandsrechtliche Gewaltenteilung" hergestellt[1064]. Z. B. sieht § 11 Abs. 1 RVO des DLV eine personale Trennung von Verbandsrechtsprechung und -verwaltung vor, indem „die Mitglieder des Rechtsausschusses keinem anderen Organ oder ständigen Ausschuß des DLV, außer der Mitgliederversammlung, angehören dürfen" und betont § 4 RVO des DLV die Unabhängigkeit der DLV-Rechtsausschüsse.

Nach Art. 97 Abs. 1 GG besteht eine *sachliche Unabhängigkeit der staatlichen Richter* im Sinne einer Unzulässigkeit von Einzelweisungen und sonstiger vermeidbarer Einflußnahmen auf den gerichtlichen Entscheidungsprozeß durch die Exekutive, andere Rechtsprechungsorgane, die Legislative und Private[1065]. Zudem folgt aus dem durch Art. 20 Abs. 3 GG garantierten Recht auf ein faires Verfahren, daß die staatlichen Gerichte *überparteilich und unvoreingenommen* zu sein haben. Diese rechtsstaatlichen Anforderungen an die staatliche Gerichtsbarkeit sind aber mangels prinzipieller Geltung des Gewaltenteilungsprinzips im Rahmen der Organisationsstruktur der Verbände nur eingeschränkt auf die Sportgerichte übertragbar. Die Gerichtsbarkeit muß nicht zwingend aus dem übrigen Verwaltungsaufbau der Verbände ausgegliedert sein, sondern ist „vollständig integrierter Bestandteil" des von eigenständigen Wertvorstellungen be-

---

[1060] BVerfGE 3, 225 (247); 5, 85 (199 f.); 7, 183 (188); *Badura*, Staatsrecht, S. 207.
[1061] Vgl. *Scholz* in: *Maunz/Dürig*, Art. 9 GG, Rdnr. 100.
[1062] Mü-Ko/*Reuter*, § 32 BGB, Rdnr. 1.
[1063] *Hilpert*, Bay VBl. 1988, 161 (164).
[1064] Vgl. *Buchberger*, SpuRt 1996, 122 (157).
[1065] *Pieroth* in: *Jarass/Pieroth*, Art. 97 GG, Rdnr. 2 ff.

herrschten Verbandslebens[1066]. Jedoch sind bei der Tätigkeit der Sportgerichte gewisse, über die bloße Geltung des Gewaltenteilungsprinzips hinausgehende, rechtsstaatliche Verfahrensgrundsätze zu beachten, so daß die Mitwirkung eines Mitglieds des verbandsgerichtlichen Spruchkörpers ausgeschlossen ist, wenn dieser durch den Gegenstand des Verfahrens in seinen eigenen Rechten betroffen ist[1067] oder in sonstiger Weise die Gefahr der Befangenheit im Raum steht[1068]. So normiert z. B. § 4 RVO des DLV die Weisungsfreiheit der DLV-Rechtsausschüsse und bestimmen die §§ 14 ff. RVO des DLV, in welchen Fällen ein Mitglied der DLV-Rechtsausschüsse aus Gründen der eigenen Betroffenheit oder wegen Befangenheit nicht an einer Entscheidung mitwirken darf.

Der aus dem Rechtsstaatsprinzip des Art. 20 Abs. 3 GG resultierende Anspruch des Beschuldigten auf ein faires Verfahren beinhaltet auch die Beachtung des *Gebots der Wahrheitsfindung* bei der Verfahrensausgestaltung[1069] und der Tätigkeit der staatlichen Gerichte im Einzelfall[1070]. Aus diesem rechtsstaatlichen Verfahrensprinzip resultiert die Verpflichtung der Verbandsgerichte, eine möglichst weitgehende Wahrheitsfindung unter Ausschöpfung aller verfügbaren Beweismittel, wie z. B. Fernsehaufzeichnungen, herbeizuführen. Etwas anderes ergibt sich nur im Rahmen von Tatsachenentscheidungen, die durch Schiedsrichter im Wettkampfgeschehen getroffen wurden und auf das Ergebnis des Sportereignisses Einfluß hatten[1071]. Diese Entscheidungen sind unter Außerachtlassung des Gebots der Wahrheitsfindung zu respektieren, auch wenn sie fehlerhaft sind. Die Besonderheit des sportlichen Wettkampfes gebietet es, im Interesse seiner Attraktivität und Spannung, aber auch zur Wahrung der Autorität des Schiedsrichters, daß nach dem Ende des Ereignisses der Sieger feststeht und das sportliche Ergebnis nicht durch spätere Entscheidungen von Verbandsgerichten „am grünen Tisch" in Frage gestellt wird[1072]. Die durch diese Praxis entstehenden Defizite bei der Sachverhaltsaufklärung sind als verhältnismäßige Einschränkung des Gebots der Wahrheitsfindung hinzunehmen, um das durch Art. 9 Abs. 1 GG im Rahmen der intern-freien Funktionsentfaltung geschützte Interesse der Verbände an der Aufrechterhaltung des Sportbetriebes sicherzustellen.

Nach der durch Art. 19 Abs. 4 GG gesicherten Rechtsschutzgarantie gegen Handeln der Exekutive darf das dem (verwaltungs-) gerichtlichen Verfahren vorgelagerte Verfahren nicht so ausgestaltet sein, daß der gerichtliche Schutz unzumutbar erschwert wird[1073]. Deswegen müssen im Interesse eines effektiven Rechtsschutzes sämtliche Akte öffentlicher Gewalt, durch die möglicherweise eine Verletzung individueller Rechte bewirkt wird, dem Betroffenen *bekanntgegeben*[1074] und *begründet*[1075] werden, um diesen in die Lage zu versetzen, eigenständig beurteilen zu können, ob sich die Behörde gewissenhaft mit dem Fall auseinandergesetzt hat, warum nicht in seinem Sinne entschieden wurde und ob es sinnvoll erscheint, die Entscheidung vor einer anderen Instanz anzugreifen.
Diese zur Sicherung eines effektiven Rechtsschutzes fundamentalen, rechtsstaatlichen Verfahrensprinzipien sind auch durch die zuständigen Entscheidungsträger im Rahmen von Verbandsverfahren zu beachten, egal ob als Rechtsmittelinstanz ein weiteres, verbandsinternes

---

[1066] Mü-Ko/*Reuter*, § 25 BGB, Rdnr. 30.
[1067] BGH, NJW 1981, 744 (744).
[1068] OLG Karlsruhe, NJW-RR 1996, 1503 (1504).
[1069] BVerfGE 80, 367 (378); 86, 288 (317).
[1070] *Jarass* in: *Jarass/Pieroth*, Art. 20 GG, Rdnr. 70 a.
[1071] Urteil des DFB-Sportgerichts vom 11.05.1994, SpuRt 1994, 110 (111).
[1072] *Buchberger*, SpuRt 1996, 122 (159).
[1073] BVerfGE 61, 82 (110); 69, 1 (49).
[1074] BVerfGE 30, 1 (28); *Huber* in: *v. Mangoldt/Klein/Starck*, Art. 19 Abs. 4 GG, Rdnr. 494.
[1075] BVerfGE 40, 276 (286); 49, 24 (67); *Jarass* in: *Jarass/Pieroth*, Art. 19 GG, Rdnr. 44.

Organ[1076] oder die staatlichen Zivilgerichte zur Verfügung stehen. So sind die Entscheidungen der Verbandsorgane mitzuteilen und zu begründen[1077]. Die Gründe haben, neben dem der Entscheidung zugrundegelegten Sachverhalt und einer Beweiswürdigung[1078], auch rechtliche Ausführungen zu enthalten, wobei ein bloßer Verweis auf die angewandten Verbandsnormen nicht als ausreichend erachtet wird[1079], da der Betroffene anderenfalls die Erfolgsaussichten eines Rechtsmittels nicht einschätzen könnte.
Im Verfahren vor den ordentlichen Gerichten ist das Nachschieben einer anderen rechtlichen Begründung durch den Verband nicht möglich[1080], wohingegen das Zivilgericht nicht gehindert ist, den Sachverhalt unter eine andere Verbandsnorm zu subsumieren[1081]. An die der Entscheidung zugrundegelegten Tatsachen ist der Verband auch im Verfahren vor den ordentlichen Gerichten gebunden und darf keine weiteren Tatsachen nachschieben[1082].

c. Angemessenheitskontrolle nach § 242 BGB

Bei der zivilgerichtlichen Inhaltskontrolle der Verbandsnormen und der auf diesen Regelungen basierenden Entscheidungen der Sportverbände ist eine umfassende Verhältnismäßigkeitskontrolle durchzuführen, in deren Rahmen insbesondere widerstreitende mit Verfassungsrang ausgestattete Positionen der Parteien Berücksichtigung finden müssen[1083]. So wird die Verbandsautonomie durch kollidierende Grundrechte der Berufssportler beschränkt[1084].

Durch die Normen und Entscheidungen der Sportverbände (z. B. Wettkampfsperren) kann insbesondere die durch Art. 12 GG verfassungsrechtlich geschützte Berufsfreiheit des Sportlers[1085] berührt sein und mit der durch Art. 9 Abs. 1 GG zugunsten der Verbände gewährten Verbandsautonomie in Konflikt geraten. Mangels eines mitgliedschaftlichen Verhältnisses im rechtlichen Sinne[1086] zu den Verbänden ist eine Verletzung der vorliegend untersuchten Profis in ihren Mitgliedschaftsrechten nach Art. 9 Abs. 1 GG ausgeschlossen.
Die Berufsfreiheit gemäß Art. 12 Abs. 1 GG gewährleistet allen Deutschen die freie Wahl des Berufs, des Arbeitsplatzes und der Ausbildungsstätte (Satz 1) und zum anderen die freie Berufsausübung (Satz 2). Ungeachtet dieser Differenzierung wird Art. 12 Abs. 1 GG als „einheitliches Berufsgrundrecht" verstanden[1087], weil sich die Begriffe „Wahl" und „Ausübung" des Berufes nicht in dem Sinne zwingend trennen lassen, daß jeder Begriff nur eine bestimmte zeitliche Phase des Berufslebens bezeichnet, die sich mit der jeweils anderen nicht überschneidet. Vielmehr stellt der Anfang der Berufstätigkeit sowohl den Beginn der Berufsausübung als häufig auch die sich nach außen manifestierende Betätigung der Berufswahl dar. Auch äußert sich in der laufenden Berufsausübung der ausdrückliche Wille zur Beibehaltung des Berufes, was wie

[1076] Z. B. sehen die §§ 58 ff. RVO des DLV ein verbandsinternes Berufungsverfahren und die §§ 38, 42 DFB-Satzung eine Revisionsinstanz vor.
[1077] RGZ 147, 11 (13); BGHZ 102, 265 (274); *Reichert*, Handbuch des Verbands- und Vereinsrechts, Rdnr. 1689, 1691; Mü-Ko/*Reuter*, § 25 BGB, Rdnr. 30.
[1078] *Buchberger*, SpuRt 1996, 122 (159).
[1079] RGZ 147, 11 (13); LG München SpuRt 1995, 162 (167).
[1080] U. a. *van Look*, Vereinsstrafen als Vertragsstrafen, S. 227; *Schlosser*, Vereins- und Verbandsgerichtsbarkeit, S. 204; a. A. *Meyer-Cording*, Vereinsstrafe, S. 85.
[1081] BGH, WM 1982, 1222 (1222).
[1082] BGH, NJW 1990, 40 (41); OLG Frankfurt, NJW 1992, 2579 (2580); Mü-Ko/*Reuter*, § 25 BGB, Rdnr. 30.
[1083] Vgl. oben, 3.Abschn., II.2.a.
[1084] Zur „mittelbaren Wirkung" der Grundrechte im Privatrechtsverkehr: Vgl. oben, 2.Abschn., II.1.b.
[1085] Vgl. oben, 1.Abschn., II.2.
[1086] Vgl. oben, 1.Abschn., III.2.b.aa.(1).(b).
[1087] U. a. BVerfGE 7, 377 (400 f.); *Wieland* in: *Dreier*, Art. 12 GG, Rdnr. 56.

die freiwillige Beendigung der Berufsausübung zugleich Akte der Berufswahl darstellen[1088]. Die Berufsausbildung gehört als „integrierender Bestandteil eines einheitlichen Lebensvorganges“[1089] genau so wie die freie Wahl des Dienstverhältnisses in räumlicher Hinsicht und in Bezug auf einen bestimmten Dienstherren[1090] zum Schutzbereich der Berufsfreiheit.
Durch die Drittwirkung der Grundrechte über § 242 BGB im privatrechtlichen Verhältnis zwischen Sportler und Verband[1091] stellt sich die Frage, inwieweit die Berufsfreiheit durch die Verbände eingeschränkt werden kann. Im Rahmen dieser Erwägung ist zu beachten, daß die in dieser Arbeit dargestellten Profisportler nur dann ihrem Beruf nachgehen können, wenn sie sich vertraglich den Regelwerken der sozialmächtigen Verbände unterwerfen, die eine abgesicherte Monopolstellung innehaben. Um den Schutz des Einzelnen im Privatrechtsverkehr gegenüber einem wirtschaftlich und sozial überlegenen Vertragspartner sicherzustellen und die Folgen dieser gestörten Vertragsparität zu lindern, intensiviert sich die nur mittelbare Wirkung der Grundrechte im Privatrecht unter Zurückdrängung der Privatautonomie[1092]. Bei der Unterwerfung unter private Regelwerke kann die Ausstrahlungswirkung der Grundrechte im Ergebnis ihrer unmittelbaren Wirkung im Verhältnis zur öffentlichen Gewalt sehr nahe kommen, wenn der einzelne Normunterworfene, wie die vorliegend untersuchten Sportler, mangels mitgliedschaftlicher Mitwirkungsmöglichkeiten keine Einflußmöglichkeit auf die Normsetzung hat[1093]. Infolgedessen ist der Prüfungsmaßstab für berufsfreiheitsbeeinträchtigende Verbandsnormen und die auf diesen Regelungen basierenden Entscheidungen im Einzelfall auch im privatrechtlichen Verhältnis zwischen Verband und Profisportler in Anlehnung an die sog. „Drei-Stufen-Theorie“ des BVerfG[1094] als Ausprägung des allgemeinen Verhältnismäßigkeitsgrundsatzes zu bestimmen[1095], nach der die Berufsfreiheit als einheitliches Grundrecht sowohl hinsichtlich der Berufsausübung als auch bezüglich der Berufswahl eingeschränkt werden kann, aber im Rahmen der Angemessenheitsprüfung abgestuft nach der Intensität des Eingriffs zwischen Regelungen zur Berufsausübung, subjektiven und objektiven Berufszugangsregelungen zu unterscheiden ist[1096].
Während aber in die Güterabwägung im Rahmen des Art. 12 GG bei Beeinträchtigung der Berufsfreiheit seitens des Staates als Maßstab die Interessen der Allgemeinheit einzusetzen sind, müssen zugunsten der privatrechtlichen Verbände vernünftige Erwägungen zur Förderung und Aufrechterhaltung des Sports und die grundrechtlich geschützte Verbandsautonomie in Wettstreit mit den beruflichen Interessen der Sportler gesetzt werden. Die inhaltliche Ausfüllung des Begriffs „vernünftige Erwägungen zur Förderung und Aufrechterhaltung des Sports“ muß den Sportverbänden überlassen bleiben, weil die verbandsinternen Wertentscheidungen aufgrund der durch Art. 9 Abs. 1 GG geschützten Verbandsautonomie auch durch staatliche Gerichte zu respektieren sind und die Verbände in den Grenzen der Grundrechtsschranken über eine internmaterielle Zweckverfolgungsfreiheit verfügen[1097].
So sind, orientiert an der „Drei-Stufen-Theorie“ des BVerfG, die Freiheit der Berufssportausübung beschränkende Regelungen möglich, soweit dies durch vernünftige Erwägungen des

---

[1088] BVerfGE 7, 377 (401); *Jarass* in: *Jarass/Pieroth*, Art. 12 GG, Rdnr. 2; *Scholz* in: *Maunz/Dürig*, Art. 12 GG, Rdnr. 11 ff.; *Tettinger* in: *Sachs*, Art. 12 GG, Rdnr. 8, 55.
[1089] BVerfGE 33, 303 (329 f.); 41, 251 (261).
[1090] *Gubelt* in: v. *Münch/Kunig*, Art. 12 GG, Rdnr. 23 ff.
[1091] Vgl. oben, 3.Abschn., II.2.a.
[1092] BVerfGE 89, 214 (234); 97, 169 (175); *Jarass* in: *Jarass/Pieroth*, vor Art. 1 GG, Rdnr. 24; Grundlegend dazu im Arbeitsrecht: BAG Urteil vom 31.10.1969, AP Nr. 1 zu § 242 BGB.
[1093] *Jarass* in: *Jarass/Pieroth*, Art. 1 GG, Rdnr. 25; *Larenz*, Lehrbuch des Schuldrechts, S. 63 ff.
[1094] U. a. BVerfGE 7, 377 (403 ff.); 75, 246 (284).
[1095] Ein Teil der Literatur möchte die „Drei-Stufen-Theorie“ sogar direkt anwenden: *Fritzweiler* in: Praxishandbuch Sportrecht, S. 27; *Samstag*, Grenzen der Verbandsgewalt, S. 66.
[1096] U. a. BVerfGE 7, 377 (405 ff.); 75, 246 (284).
[1097] *Kemper* in: *v. Mangoldt/Klein/Starck*; Art. 9 Abs. 1 GG, Rdnr. 29.

Sportwohls legitimiert ist[1098]. Demgegenüber sind subjektive Berufszugangsregelungen nur zum Schutz wichtiger Belange des Sportwesens zulässig[1099] und ist eine objektive Berufszugangsregelung im Sportbereich nur zum Schutz überragend wichtiger Sportgüter und unter strikter Beachtung des Verhältnismäßigkeitsgrundsatzes gerechtfertigt[1100].
Im Rahmen der vorzunehmenden Abwägung hat der Verband, über die Wertungen der „Drei-Stufen-Theorie" hinaus, stets noch das Übermaßverbot zu beachten und den am wenigsten belastenden Eingriff zu wählen[1101].
Bei der Qualifizierung von Verbandsnormen oder -entscheidungen, insbesondere von Sanktionen hinsichtlich von Verstößen gegen Verbandsvorschriften als Regelungen der Berufsausübung oder Berufswahlregelungen ist zu beachten, daß die Folgen von Ausübungsregelungen, z. B. wenn sie den Betroffenen zur Berufsaufgabe zwingen, derart gravierend sein können, daß sie an den Maßstäben für Berufswahlregelungen zu messen sind[1102].
Jedoch ist im Rahmen einer sich an der „Drei-Stufen-Theorie" orientierenden Verhältnismäßigkeitsprüfung im Privatrechtsverkehr nach § 242 BGB zu beachten, daß abweichend vom Verhältnis Staat und Bürger beide Parteien Träger von Grundrechten sind und deshalb die sich gegenüberstehenden Grundrechtspositionen in einen angemessenen Ausgleich gebracht werden müssen. Zudem kann Art. 12 Abs. 1 Satz 2 GG, nach dem die Beschränkung der Berufsausübung nur aufgrund eines formellen Gesetzes zulässig ist, bei der Überprüfung privater Regelwerke keine Anwendung finden. Diese Regelung ist auf das Verhältnis Staat-Bürger zugeschnitten. Es soll sichergestellt werden, daß „imperative" staatliche Grundrechtseingriffe grundsätzlich nur durch oder aufgrund eines formellen Gesetzes erfolgen können[1103]. Dieser Normzweck paßt nicht auf die mittelbare Wirkung der Grundrechte im Privatrechtsverkehr, so daß ein Eingriff in Art. 12 Abs. 1 GG auch durch Verbandsnormen möglich ist. Anderenfalls würde den Verbänden die durch Art. 9 Abs. 1 GG im Rahmen der intern-freien Funktionsentfaltung gewährte Möglichkeit zur Aufstellung und effektiven Durchsetzung verbindlicher Regelwerke und Festlegung von Sanktionen genommen. Zudem hat das BVerfG im Hinblick auf öffentlich-rechtliche Satzungen entschieden, daß die Berufsausübung nicht nur durch formelle Gesetze, sondern auch durch Satzungen beschränkt werden kann, wenn eine hierzu ermächtigende staatliche Norm vorliegt[1104], und sind darüber hinaus auch öffentlich-rechtliche Satzungsbestimmungen ohne formelle Ermächtigungsnorm zulässig, wenn sie von einer mit Autonomie ausgetatteten Körperschaft erlassen werden[1105]. Nichts anderes kann im Ergebnis für die privaten Satzungen der durch Art. 9 Abs. 1 GG im Rahmen der intern-freien Funktionsentfaltung mit der Befugnis zur Satzungsgebung ausgestatteten Sportverbände gelten.

Die sich durch die Kollision der durch Art. 9 Abs. 1 GG grundrechtlich geschützten Verbandsautonomie und der durch Art. 12 Abs. 1 GG gewährleisteten Berufsfreiheit des Profisportlers ergebenden Konfliktsituationen im Rahmen der zivilgerichtlichen Angemessenheitsprüfung nach § 242 BGB lassen sich exemplarisch am Beispiel der in jüngster Zeit zum Thema Ausbildungs- und Förderungsentschädigungen beim Vereinswechsel von Eishockey- und Fußballspielern ergangenen höchstgerichtlichen Entscheidungen[1106] darstellen.

[1098] Vgl. BVerfGE 7, 377 (405 f.).
[1099] Vgl. BVerfGE 13, 97 (107); 69, 209 (218).
[1100] Vgl. BVerfGE 7, 377 (408 f.); 63, 266 (286).
[1101] Vgl. BVerfGE 86, 28 (39 ff.); 87, 287 (321 f.): Hier nimmt das BVerfG im Rahmen einer begrifflichen Anknüpfung an die „Drei-Stufen-Theorie" eine umfassende Güterabwägung vor.
[1102] BVerfGE 30, 292 (315 f.); 68, 155 (170 f.).
[1103] BVerfGE 65, 248 (258).
[1104] BVerfGE 98, 106 (117).
[1105] BVerfGE 54, 224 (234).
[1106] BGH, WM 1999, 2319 ff.; BGH, SpuRt 1999, 236 ff.

Nachdem das „Bosman"-Urteil des EuGH vom 15.12.1995[1107] die Transferentschädigungen für Fußballspieler, deren Sportleistungsvertrag mit den Vereinen beendet ist, als unvereinbar mit Art. 39 EGV (Arbeitnehmerfreizügigkeit) erklärt hatte, hat das BAG in dem „Kienass"-Urteil vom 20.11.1996[1108] im Eishockeybereich Transferentschädigungen für Spieler, deren Arbeitsvertrag mit dem bisherigen Verein beendet ist, als Verstoß gegen die durch Art. 12 GG gewährte Berufsfreiheit gewertet. Begründet wurde dieses Ergebnis durch das BAG im Rahmen einer Abwägung der grundgesetzlich geschützten Berufsfreiheit mit den Interessen der Vereine damit, daß „ein nicht mehr durch das bisherige Arbeitsverhältnis gebundener Berufssportler keinen Arbeitgeber in der Liga finden wird, wenn dem interessierten Verein die Entschädigung unangemessen oder zumindest unangemessen hoch erscheint oder wenn er sie nicht bezahlen kann"[1109]. Die Belange der Vereine seien nicht geeignet, im Rahmen einer Güterabwägung die sich als objektive Zulassungsschranke darstellenden Transferforderungen zu rechtfertigen[1110]. So stelle das Interesse an der Aufrechterhaltung des Spielbetriebes durch einen finanziellen Ausgleich unter den am Ligenbetrieb beteiligten Vereinen mittels des Transfersystems kein überragend wichtiges Gemeinschaftsgut dar, sondern liege primär im wirtschaftlichen Interesse der Veranstalter des Spielbetriebes. Auch sei die Installierung eines Transfersystems nicht das mildeste Mittel zur Aufrechterhaltung der Konkurrenzfähigkeit der Vereine, weil ein Finanzausgleich unter den Clubs auch auf andere Weise organisiert werden könne[1111]. Zudem handele es sich bei den Transferzahlungen nicht um Entschädigungen für die tatsächlich für Aus- und Weiterbildung entstandenen Kosten, sondern orientiert sich die Forderung an dem „Wert" des einzelnen Sportlers. Infolgedessen komme eine Anwendung der Rechtsprechung des BAG[1112] nicht in Betracht, nach der Aufwendungen für Aus- und Fortbildung als erstattungsfähig angesehen werden, wenn sie dem einzelnen weitergebildeten Arbeitnehmer persönlich zuzuordnen sind[1113].

Durch die bahnbrechenden Entscheidungen des BAG und des EuGH ist das gesamte Transfersystem im Sportbereich zusammengebrochen, so daß Sportler nach Ablauf ihres Dienst- oder Arbeitsvertrages ablösefrei zu einem anderen Dienstherren oder Arbeitgeber wechseln können. Diese zur Wahrung berechtigter beruflichen Interessen des Profisportlers ausgelöste Entwicklung hatte jedoch zur Folge, daß für viele wirtschaftlich schwächere Vereine im Profi- oder Amateurbereich, die angesichts des ungünstigen Verhältnisses von laufenden Einnahmen aus Eintrittsgeldern und Werbung und Kosten (hauptsächlich Gehälter der Sportler) zur Vermeidung der Überschuldung auf Transfererlöse angewiesen sind, eine wichtige Einnahmequelle entfallen ist[1114]. Zudem ist diesen Vereinen durch den Wegfall der Transfererlöse ein bankmäßiges Kreditsicherungsmittel verloren gegangen, da die Banken in erheblichem Umfang die Kreditgewährung von der Sicherungsabtretung von Ablösesummen abhängig gemacht hatten[1115]. Auch waren die abgebenden Vereine durch die Forderung einer Ablösesumme in der Lage, Sportler möglichst lange an sich zu binden oder im Falle des Transfers den abgewanderten Sportler adäquat zu ersetzen[1116], so daß der Ablösesumme auch die Funktion zukam, die Wettbewerbs- und Konkurrenzfähigkeit der am Sportbetrieb beteiligten Vereine zu sichern und einen pauschalen Lastenausgleich für die Nachwuchsförderung herbeizuführen. Darüber hinaus war zu befürchten, daß der abgebende Verein, der einen Sportler entdeckt, ausgebildet und/oder ge-

---

1107 EuGH, Slg. 1995 I, 4921 ff. (Rs. C-415/93).
1108 BAG, SpuRt 1997, 94 ff.
1109 BAG, SpuRt 1997, 94 (97).
1110 Ebenda.
1111 BAG, SpuRt 1997, 94 (98).
1112 BAG Urteil vom 06.10.1995, AP Nr. 23 zu § 611 BGB.
1113 BAG, SpuRt 1997, 94 (98).
1114 *Westermann*, DZWir 1996, 82 (83).
1115 Ebenda.
1116 *Malatos*, Berufsfußball, S. 129.

fördert hat und nun keinen finanziellen Ausgleich mehr für den sportlichen und wirtschaftlichen Verlust des Sportlers erhält, das Interesse an der Nachwuchsschulung verliert. Um diese Gefahr für die Nachwuchsförderung auf nationaler Ebene abzuwenden, haben die Sportverbände an Stelle der rechtswidrigen Transferregelungen inhaltlich unterschiedlich ausgestaltete, sog. „Aus- und Weiterbildungsentschädigungen" in die Verbandsregelwerke aufgenommen[1117], die sicherstellen sollen, daß der abgebende Verein zumindest einen gewissen Betrag zur Abgeltung der Kosten erhält, die durch die Förderung des Nachwuchssportlers entstanden sind.

aa. Aus- und Weiterbildungsentschädigung nach Art. 59 SpO des DEB

Art. 59 Nr. 1 Satz 1 lit. a SpO des DEB sieht die Bezahlung einer Aus- und Weiterbildungsentschädigung für einen Spieler mit abgelaufener sportleistungsvertraglicher Bindung vor, „wenn der Spieler vom abgebenden Verein derart aus- und weitergebildet worden ist, daß er den Sport berufsmäßig ausüben kann und er erstmals als Berufseishockeyspieler vom aufnehmenden Club eingesetzt werden soll.....". Weiter darf nach Art. 59 Nr. 1 Satz 4 SpO des DEB der Wechsel eines Spielers nicht von dem „Ob" oder der Höhe der Einigung des abgebenden mit dem aufnehmenden Verein hinsichtlich der Entschädigung abhängig gemacht werden. Nach Art. 59 Nr. 4.1 SpO des DEB hat sich die Zahlung, deren Höhe im Streitfall von einem Gutachterausschuß festgesetzt wird, nicht an dem Wert des Sportlers zu orientieren, sondern dient dem Finanzausgleich zwischen den Vereinen. Die Verpflichtung zur Bezahlung einer Aus- und Weiterbildungsentschädigung entfällt, wenn der abgebende Verein die Freigabe mit einer Frist von 12 Monaten erteilt (Art. 59 Nr. 1 Satz 3 SpO des DEB).

In einer nicht in allen Punkten überzeugenden Entscheidung vom 27.10.1999 hat der BGH[1118] im Rahmen der Klage einer Mutter eines jugendlichen Eishockeyspielers auf Rückzahlung von DM 46,000,--, die sie dem bisherigen Verein ihres Sohnes bezahlt hatte, um dessen Freigabe für die Profilaufbahn in einem anderen Club zu erreichen, die dargestellten Regelungen des Art. 59 SpO-DEB zur Aus- und Weiterbildungsentschädigung als Verstoß gegen §§ 138, 242 BGB i. V. m. Art. 12 GG für nichtig erklärt.

Das Gericht betont, daß auch die Tätigkeit von professionellen Sportlern von dem Grundrecht auf freie Wahl des Berufes umfaßt sei und Art. 12 GG das Recht des Einzelnen gewährleistet, jede Beschäftigung zu ergreifen, die er für geeignet erachtet, Grundlage seiner Lebensführung zu werden. Der Sohn der Klägerin hatte eine solche verfassungsrechtlich gewährleistete Berufswahl getroffen, weil er als Profieishockeyspieler beim aufnehmenden Verein tätig werden wollte[1119].

Der BGH[1120] bewertete Art. 59 SpO des DEB zu Recht als objektive Berufswahlregelung i. S. d. „Drei-Stufen-Theorie". Zwar habe sich der beklagte Verein „entgegenkommenderweise", aber unter Berufung auf Art. 59 SpO des DEB, mit einer Zahlung von DM 46.000,-- zufrieden gegeben, jedoch hätte sich, unter strikter Zugrundelegung der DEB-Regelwerke, eine Aus- und Weiterbildungsentschädigung von DM 117.000,-- errechnet. Diese Summe ist aufgrund ihrer Höhe „geeignet, den Wunsch des Jugendspielers, Berufssportler zu werden, im Keim zu ersticken", sie hat „abschreckende Wirkung" und kann daher den Sportler zur Aufgabe seines Berufswunsches zwingen. Auch wird die einschränkende Wirkung dieses Entschädigungsbetrages und somit sein berufswahlregelnder Charakter nicht durch Art. 59 Nr. 1 Satz 3 SpO DEB, nach

---

1117 U. a. §§ 27 Nr. 5 ff., 30 LiSpSt des DFB; Art. 59 SpO des DEB.
1118 BGH, WM 1999, 2319 ff.
1119 BGH, WM 1999, 2319 (2320).
1120 Ebenda.

dem die Erteilung des Spielerlaubnis durch den DEB für den aufnehmenden Verein nicht von der Zahlung der Entschädigung abhängig gemacht werden darf, abgemildert[1121]. Für den übernehmenden Club entsteht unabhängig von einer rechtlichen Verknüpfung von Spielerlaubnis und Entschädigungszahlung eine erhebliche finanzielle Belastung, wenn er einen Amateurspieler eines Vereins als Profispieler übernimmt, so daß die „faktische Wirkung" des Art. 59 SpO des DEB berufswahlbeschränkenden Charakter aufweist[1122]. Die Entscheidung über die Zahlung der Aus- und Weiterbildungsentschädigung an den abgebenden Verein ist „dem Einfluß des einzelnen Sportlers schlechthin entzogen"[1123] und kann auch Spieler, die den fachlichen Anforderungen an einen Profisportler an sich gewachsen sind, aufgrund der Höhe der Entschädigungssumme von der Ergreifung des Berufes ausschließen. Selbst wenn sich der Spieler durch seine sportliche Leistung „aufdrängt", kann der aufnehmende Verein aus finanziellen Gründen gezwungen sein, von seiner Verpflichtung abzusehen, so daß der Regelung des Art. 59 SpO des DEB die Qualität einer objektiven Zulassungsschranke zukommt.

Objektive Zulassungsschranken sind, wie dargestellt, im Rahmen einer Güterabwägung nur zum Schutz überragend wichtiger Gemeinschaftsgüter und unter strenger Beachtung des Verhältnismäßigkeitsgrundsatzes gerechtfertigt.
Der BGH[1124] prüfte weiter, ob Mannschaftssportarten wie Eishockey „angesichts ihrer beträchtlichen Popularität und ihrer sozialen Bedeutung" als wichtiges Gemeinschaftsgut angesehen werden können[1125], so daß die Aufrechterhaltung des Sportbetriebes, insbesondere durch Sicherung einer effektiven Jugendarbeit, ein wichtiges Allgemeingut darstellt. Das Gericht kam zu dem Schluß, daß auch dann, wenn die Nachwuchsförderung ein wichtiges Allgemeingut sein sollte, Art. 59 SpO des DEB nicht das richtige Mittel zu Förderung dieses Zieles sei. Das Wesen der Entschädigungen sei nicht auf die Förderung der Nachwuchsarbeit ausgerichtet, sondern sei dadurch, daß die Entschädigung nur im Erfolgsfall anfällt, durch einen „Eventualitäts- und Zufallscharakter" gekennzeichnet[1126]. Auch orientiere sich die Höhe der Entschädigung weder an den tatsächlich entstandenen Ausbildungs- und Förderungskosten noch an den „finanziellen Gegebenheiten und Bedürfnissen der betroffenen Vereine"[1127] und diene Art. 59 SpO des DEB „eher den wirtschaftlichen Zielen einzelner Vereine, als ideellen Zwecken der Gemeinschaft"[1128]. Darüber hinaus spricht der BGH der Aus- und Weiterbildungsentschädigung jegliche Eignung zur Nachwuchsförderung ab, weil durch diese „der Wechsel vom Amateur- zum Berufsspieler eingeschränkt wird"[1129]. Im Ausgangspunkt dieser Erwägungen übersieht der BGH aber, daß bei der nach § 242 BGB vorzunehmenden Abwägung nicht im Interesse der Allgemeinheit schützenswerte Gemeinschaftsgüter als Maßstab dienen, sondern bei der Überprüfung von Verbandsnormen stattdessen vernünftige Erwägungen des Sportwohles in die Interessenabwägung einzubeziehen sind. Vorliegend geht es nicht um eine Güterabwägung im Verhältnis Staat-Bürger, sondern es ist bei dieser Angemessenheitsprüfung im Privatrechtsverkehr zu beachten, daß Art. 59 SpO durch den DEB kraft seiner Verbandsautonomie geschaffen wurde. Daher stellt sich gar nicht die Frage, ob die Sicherung der Jugendarbeit im Interesse der Allgemeinheit sinnvoll ist, sondern war zu überprüfen, ob die Nachwuchsförderung ein besonders wichtiges Sportgut ist. Bei der Ausfüllung dieses Begriffes sind aufgrund der grundrechtlich

---

1121 BGH, WM 1999, 2319 (2321).
1122 BGH, WM 1999, 2319 (2321).
1123 Vgl. BVerfGE 7, 377 (407); DEB-Rechtsausschuß, SpuRt 1998, 207 (208).
1124 BGH, WM 1999, 2319 (2321).
1125 Der Bundesminister des Inneren sprach im 9. Sportbericht der Bundesregierung (BT-Drs. 14/1859, 6) immerhin von der herausragenden „gesellschaftspolitischen Bedeutung" des Sports.
1126 BGH, WM 1999, 2319 (2321).
1127 Ebenda.
1128 Ebenda.
1129 Ebenda.

geschützten materiellen Zweckverfolgungsfreiheit der Verbände durch diese getroffene Wertungen durch die staatlichen Gericht zu respektieren. Nach den Satzungen der nationalen Fachsportverbände[1130] handelt es sich bei der Nachwuchsförderung um ein besonders wichtiges Anliegen des Sports, weil ohne sportliche Heranbildung des Nachwuchses auf Dauer der Sportbetrieb zum Erliegen kommen würde. Diese Zielsetzung ist daher als besonders wichtiges Sportgut geeignet, Art. 59 SpO des DEB als objektive Zulassungsregelung zu rechtfertigen, wenn durch diese Verbandsnorm die entgegenstehenden Interessen der Sportler, Vereine und Verbände in einen verhältnismäßigen Ausgleich gebracht worden sind.

Da der BGH aber Art. 59 SpO des DEB als objektive Zulassungsbeschränkung an wichtigen Gemeinschaftsgütern der Allgemeinheit und nicht an wichtigen Erwägungen des Sportwohles mißt, unterläßt er es, auch bedingt dadurch, daß die Verbände nicht als Partei an dem Prozeß beteiligt waren, die verfassungsrechtlich geschützten Interessen des *Verbandes* in die Abwägung miteinzubeziehen. Die Ausführungen des Gerichts widersprechen daher den hinsichtlich der Angemessenheitsprüfung nach § 242 BGB entwickelten Grundsätzen.

Das Bedürfnis an der Sicherung der Nachwuchsförderung und an einem leistungsfähigen „Unterbau" durch Amateurvereine wird durch Art. 9 Abs. 1 GG im Rahmen der Gewährung der Existenz und der funktionsgerechten Betätigung der Verbände als überragend wichtiges Sportgut geschützt. Auch ist die Vereinigungsfreiheit als verfassungsrechtliche Grundlage der vertraglichen Bindung des Sportlers an die Verbände zur Beurteilung dieser Privatrechtsbeziehung heranzuziehen[1131] und kommt der Verbandsautonomie, entgegen der Auffassung des BGH[1132], derselbe verfassungsrechtliche Stellenwert wie der Berufsfreiheit zu[1133]. Bei der Verhältnismäßigkeitsprüfung ergibt sich, daß die Aus- und Weiterbildungsentschädigung auch zur Sicherung und Förderung einer effektiven Jugendarbeit *geeignet* ist. Zwar ist die Entschädigung von einem gewissen „Eventualitäts- und Zufallscharakter" gekennzeichnet und orientiert sich nicht an der konkreten wirtschaftlichen Situation des abgebenden Vereins, jedoch sind die Ausgleichszahlungen geeignet, in den Vereinen überhaupt die Motivation zur Beibehaltung einer intensiven Nachwuchsförderung aufrechtzuerhalten.

Zwar wird durch die Entschädigungsforderungen tatsächlich der Wechsel vom Amateur zum Profispieler eingeschränkt, jedoch erschöpft sich die Nachwuchsförderung nicht in dem Zweck, den Profibereich mit möglichst vielen jungen Spielern zu versorgen, sondern soll durch eine effektive Nachwuchsförderung auch ein qualitativ hochwertiger Spielbetrieb durch einen leistungsfähigen Unterbau in den Amateurligen sichergestellt werden. Die Ausbildungsentschädigung ist geeignet, diesen Zweck sicherzustellen, weil sie es dem Amateurverein ermöglicht, den Spieler (länger) zu behalten. Zudem dient die Entschädigung auch dem Schutz des jungen Sportlers und somit auch der Nachwuchsförderung. Die Profivereine werden davon abgehalten, leichtfertig und frühzeitig junge Spieler zu verpflichten, die von ihren sportlichen Möglichkeiten her eigentlich noch keine Chance haben, sich im Berufssportbereich durchzusetzen, und in den Profimannschaften nur „verheizt" oder frustriert werden. Durch die Entschädigung ist gewährleistet, daß die Proficlubs nur Spieler aufnehmen, denen sie die Überwindung des Niveauunterschiedes zwischen Berufs- und Amateursport auch wirklich zutrauen. Den übrigen Spielern wird durch die „abschreckende" Wirkung der Entschädigungsforderungen die Gelegenheit gegeben, sich erst einmal in ihrem Amateurverein sportlich weiter zu entwickeln.

Ein *milderes Mittel* als die in Art. 59 SpO des DEB normierte Aus- und Weiterbildungsentschädigung steht zur Nachwuchsförderung nicht zur Verfügung. Das BAG hatte im „Kienass"-

[1130] Z. B. § 3 der Satzung des DLV.
[1131] Vgl. oben, 3.Abschn., II.1.b.aa.(4).
[1132] BGH, WM 1999, 2319 (2322).
[1133] Vgl. oben, 3.Abschn., II.2.a.

Urteil[1134] festgestellt, daß ein Finanzausgleich zwischen Vereinen auch anders als durch das hergebrachte Transfersystem organisiert werden könne. Dies ist im Interesse der Jugendarbeit durch die Schaffung von Ausbildungsentschädigungen geschehen. Die Schaffung sonstiger Formen eines Finanzausgleiches zwischen den Amateur- und Profivereinen ist sowohl im Hinblick auf ihre praktische Umsetzung und Tauglichkeit als auch aus verfassungsrechtlichen Erwägungen, u. a. auf Grund der betroffenen eigentumsrechtlichen Positionen der Proficlubs, nicht zu erwarten[1135].

Die in Art. 59 SpO des DEB getroffene Regelung stellt jedoch keinen *angemessenen Ausgleich* zwischen dem Interesse der Verbände an einer effektiven Nachwuchsförderung und der Berufsfreiheit des Spielers dar. Nach Art. 59 Nr. 1 Satz 3 SpO des DEB ist eine entschädigungslose Übernahme des Spielers durch den aufnehmenden Verein nur möglich, wenn der abgebende Club die Freigabe mit einer Frist von zwölf Monaten erklärt. Zwar ist es im Interesse einer effektiven Durchsetzung der Zahlung der Aus- und Weiterbildungsentschädigung nötig, den aufnehmenden Verein zur tatsächlichen Begleichung dieser Forderung anzuhalten, jedoch kann dieses Ziel auch durch andere Sanktionen verwirklicht werden (z. B. Geldstrafen oder Punktabzüge), die nicht in die Berufsfreiheit des Spielers eingreifen, sondern sich gegen den Verein als eigentlichen Schuldner der Entschädigung richten. Auch ist die einjährige Wartezeit mit Blick auf Art. 12 Abs. 1 GG unangemessen lang[1136]. Die „sportliche Lebenserwartung" eines Hochleistungsspielers ist, im Gegensatz zur Laufbahn anderer Berufstätiger, stärker zeitlich begrenzt. Im Hinblick auf die sich rasch ändernde sportliche Situation der Vereine und die hierdurch bedingte Veränderung der Personalplanung ist nicht zu erwarten, daß der Profiverein das zu einem bestimmten Zeitpunkt gemachte Angebot für die Dauer eines Jahres aufrecht erhält. Eine verfassungskonforme Auslegung des Art. 59 SpO des DEB durch eine Reduzierung der Entschädigungshöhe[1137] -um einen Betrag, der die Entschädigung nicht mehr als objektive Zulassungsschranke erscheinen läßt und somit die Anforderungen an eine Rechtfertigung des Eingriffs senkt oder durch eine Verkürzung der Wartezeit nach Art. 59 Nr. 1 Satz 3 SpO des DEB- kommt nicht in Betracht. Die Angemessenheitskontrolle nach § 242 BGB gibt den Zivilgerichten nicht die Befugnis, die sich aus einem privatrechtlichen Rechtsverhältnis ergebenden Rechtspflichten durch „billigere" oder „angemessenere" zu ersetzen[1138]. Art. 59 SpO des DEB ist somit als objektive Zulassungsschranke nicht durch die berechtigten Interessen der Verbände gedeckt.

Bedingt durch die prozessuale Ausgangssituation hat der BGH[1139] überprüft, ob sich eine Rechtfertigung des Art. 59 SpO des DEB als objektive Zulassungsschranke aus konkurrierenden Grundrechten der *Vereine* ergibt.

Die auch zugunsten der Vereine verfassungsrechtlich garantierte Vereinigungsfreiheit umfaßt im Rahmen der durch Art. 9 Abs. 1 GG geschützten Bestandsgarantie[1140] auch „ die Jugendarbeit und die Heranbildung fähiger Sportler"[1141]. Jedoch ist die in Art. 59 SpO des DEB normierte pauschale Aufwandsentschädigung und somit das Verlangen der Vereine, für ihre Bemühungen Geld zu erhalten, nicht mit der „Intensität und Qualität" der Jugendarbeit durch den jeweiligen Club verknüpft und nicht notwendigerweise mit dem Vereinszweck der Jugendförderung verbunden[1142]. Im Gegensatz zu den Verbänden, die mit den Entschädigungszahlungen das Ziel

---

[1134] BAG, SpuRt 1997, 94 (98).
[1135] Vgl. *Arens*, SpuRt 1997, 126 (127).
[1136] So auch der BGH, WM 1999, 2319 (2321).
[1137] Vgl. dazu DLV-Rechtsausschuß, SpuRt 1998, 205 (206).
[1138] BGH, NJW 1985, 2579 (2580).
[1139] BGH, WM 1999, 2319 (2321 f.).
[1140] Vgl. oben, 3.Abschn., II.1.b.aa.(2).
[1141] BGH, WM 1999, 2319 (2322).
[1142] Ebenda.

verfolgen, die Motivation der Clubs zur Nachwuchsförderung aufrecht zu erhalten und somit letztendlich die eigene Existenz zu wahren, stellt sich das Verlangen der Vereine nach einer Entschädigung nicht als Ausdruck der durch Art. 9 Abs. 1 GG geschützten internen Betätigung dar und ist somit als externe Vereinstätigkeit nicht vom Schutzbereich des Art. 9 Abs. 1 GG umfaßt[1143]. Die Entschädigungszahlungen sind daher im Bezug auf die Vereine als normale Teilnahme am Rechtsverkehr zu werten, so daß sich der grundrechtliche Schutz dieser Tätigkeit aus den für das jeweilige Verhalten einschlägigen Grundrechten (i. V.m. Art. 19 Abs. 3 GG) ergibt.
Durch Art. 12 GG (i. V. m. Art. 19 Abs. 3 GG) wird auch die berufliche Tätigkeit der Vereine geschützt[1144], „wenn die Führung eines Geschäftsbetriebes zu ihrem satzungsmäßigen Zweck gehört"[1145]. Nach Ansicht des BGH[1146] scheidet hier die satzungsmäßige Führung eines Geschäftsbetriebes aus, weil es sich bei dem Beklagten um einen Amateurverein handelt. Bei einem Idealverein nach § 21 BGB sei der (Haupt-) Zweck nicht auf einen wirtschaftlichen Geschäftsbetrieb gerichtet, „sondern darauf, den Mitgliedern geeignete Bedingungen für die sportliche Betätigung zu schaffen". Soweit Einnahmen aus dem Spielbetrieb erwirtschaftet werden sollen, ist dieses nur als Nebenzweck anzusehen und hat keinen Einfluß auf die Qualifizierung als Idealverein.
Diese Argumentation erscheint in mehreren Punkten problematisch. Zum einen beschäftigt der vorliegend beklagte Amateurverein Vertragsamateure, die als Arbeitnehmer i. S. d. Zivilrechts einzuordnen sind, woraus sich eine Arbeitgeberstellung des Clubs ergibt, was ein deutliches Indiz für die Führung eines Geschäftsbetriebes ist. Auch haben die Ligenspieler im Eishockeybereich nicht notwendig Mitglieder der Vereine zu sein[1147], so daß der Vereinszweck eines Clubs, der Vertragsamateure beschäftigt, nicht darauf gerichtet ist, diesen Spielern als Mitgliedern des Vereins die geeigneten Bedingungen zur sportlichen Betätigung zu schaffen. Vielmehr wird durch die Tätigkeit dieser Spieler als Vertragspartner des Vereins das Ziel verfolgt, dessen sportlichen und wirtschaftlichen Erfolg zu steigern, so daß die Führung eines Geschäftsbetriebes zum Vereinszweck gehört. Darüber hinaus ist es grundrechtsmethodisch nicht vertretbar, den Schutzbereich von Art. 12 GG als Grundrecht nach der einfachgesetzlichen Vorschrift des § 21 BGB zu bestimmen, sondern ist diese Norm vielmehr umgekehrt an höherrangigem Verfassungsrecht zu messen. Infolgedessen wird durch die Aufhebung der Entschädigungsregelung sehr wohl die Berufsfreiheit der Vereine berührt, wenn die Regelung des Art. 59 SpO des DEB zum Erhalt der Lebensgrundlage des abgebenden Amateurvereins beiträgt[1148] und die Nachwuchsförderung nicht lediglich eine Nebentätigkeit darstellt[1149]. Zwar ist fraglich, ob die vom Zufalls- und Eventualitätscharakter geprägten Ausbildungsentschädigungen geeignet sind, zur Erhaltung der Lebensgrundlage der Vereine beizutragen, weil sich die Tätigkeit der Einnahmenerzielung aus Spielertransfers nicht als nachhaltig[1150] darstellen dürfte. Sicher erscheint hingegen, daß durch die „abschreckende" Wirkung der Entschädigungsforderung die Abwanderung der talentiertesten Spieler verhindert und dadurch zum sportlichen und wirtschaftlichen Erfolg des Amateurvereins beigesteuert wird. Auch ist die Teilnahme am Spielbetrieb mit einer ersten Mannschaft, die aus Vertragsamateuren besteht, nicht lediglich als Nebentätigkeit neben

---

1143 Vgl. oben, 3.Abschn., II.1.b.aa.(4).
1144 Nach ganz überwiegender Meinung wird, trotz des personalen Charakters von Art. 12 GG, grundsätzlich auch die Berufsfreiheit von juristischen Personen geschützt: u. a. BVerfGE 30, 292 (312); 50, 290 (361 ff.); BVerwGE 3, 304 (305 f.); *Scholz* in: *Maunz/Dürig*, Art. 12 GG, Rdnr. 99.
1145 BGH, WM 1999, 2319 (2322); BVerfGE 50, 290 (353); 54, 237 (251); 97, 228 (253); demgegenüber stellt das BVerfG in BVerfGE 65, 196 (209 f.) maßgeblich darauf ab, ob dem Verein die Führung eines Geschäftsbetriebes durch die Satzung ausdrücklich untersagt wird.
1146 BGH, WM 1999, 2319 (2322).
1147 Vgl. oben, 1.Abschn., III.2.a.
1148 Vgl. BVerfGE 7, 377 (397); 54, 301 (313).
1149 Vgl. BVerfGE 33, 44 (48); 60, 254 (255 f.).
1150 Vgl. BVerfGE 32, 1 (28).

den übrigen Vereinstätigkeiten einzuschätzen. Die erste Mannschaft ist das Aushängeschild des Clubs, spielt eine herausragende Rolle bei der Etatplanung und der (lokalen) Medienpräsenz des Vereins. Infolgedessen wird sehr wohl die Berufsfreiheit des Vereins berührt und ist diese in einen verhältnismäßigen Ausgleich mit den verfassungsrechtlich geschützten beruflichen Interessen des Spielers zu bringen.

Hierbei ist auf die vom BVerwG[1151] und vom BAG[1152] im Rahmen der Angemessenheitsprüfung nach § 242 BGB zur Abwägung des durch Art. 12 Abs. 1 GG geschützten Rechtes des Arbeitnehmers auf freie Wahl des Arbeitsplatzes, des Interesses des Arbeitgebers auf Rückzahlung der von ihm getragenen Ausbildungskosten und der durch Art. 12 Abs. 1 GG gewährleisteten Vertragsfreiheit der Parteien im Zusammenhang mit dem Abschluß arbeitsvertraglicher Vereinbarungen[1153] entwickelten Grundsätze zurückzugreifen. Der BGH[1154] hätte, nachdem er im vorliegenden Fall festgestellt hatte, daß Art. 12 GG nicht zugunsten des abgebenden Vereins zum Zuge kommt, diese Prinzipien im Zusammenhang mit der als Ausfluß der allgemeinen Handlungsfreiheit durch Art. 2 Abs. 1 GG geschützten Privatautonomie[1155] berücksichtigen müssen. Statt dessen hat er unter Hinweis darauf, daß „besondere Grundrechtsnormen für ihren Anwendungsbereich die Anwendung des Art. 2 Abs. 1 GG ausschließen", in methodisch fragwürdiger Weise festgestellt, daß eine Norm, die Art. 12 GG verletzt, nicht unter Hinweis auf die allgemeine Handlungsfreiheit aufrechterhalten werden kann[1156].

Diese Erwägung hat, wegen des Charakters von Art. 2 Abs. 1 GG als Auffanggrundrecht, nur Geltung, wenn die Interessen ein und derselben Person durch ein spezielles Grundrecht und durch Art. 2 Abs. 1 GG geschützt sind. Der Grundsatz des Vorrangs speziellerer Grundrechte findet aber keine Anwendung, wenn eine Maßnahme verschiedene Grundrechtsträger betrifft und sich die eine Person auf ein spezielles Grundrecht und die andere auf Art. 2 Abs. 1 GG berufen kann. In diesem Fall ist eine Abwägung der Positionen im Sinne praktischer Konkordanz geboten, die aber im vorliegenden Fall durch den BGH nicht angestellt worden ist.

Nach der Rechtsprechung des BAG [1157] ist eine Vereinbarung über die Rückzahlung der Aus- und Weiterbildungsentschädigung grundsätzlich zulässig, wenn „die Rückzahlungspflicht vom Standpunkt eines verständigen Betrachters aus einem begründeten und zu billigenden Interesse des Arbeitgebers entspricht". Hierbei sind sämtliche Umstände des Einzelfalles zu beachten, wobei insbesondere zu berücksichtigen ist, ob der Arbeitnehmer, wie im Fall des Sportlers, der durch die Nachwuchsförderung in den Vereinen die Möglichkeit erhält, Berufsspieler zu werden, einen geldwerten Vorteil erlangt. Weiter ist die Höhe der Forderung maßgeblich und im Rahmen einer ökonomischen Beurteilung festzustellen, ob der Arbeitgeber, der die Fortbildung finanziert hat, deren Vorteile auch nutzen konnte.

Das BAG hatte im „Kienass"-Urteil[1158] festgestellt, daß die auf den auszubildenden Spieler entfallenden Aufwendungen durch dessen Einsatz in den Wettkampfbegegnungen im Saisonverlauf sofort durch den Club genutzt werden, so daß ein Anspruch auf Entschädigung entfällt, da der Verein auch in den Genuß der Nachwuchsförderung gekommen sei. Diese Argumentation steht jedoch im Gegensatz zur ständigen Rechtsprechung des BAG[1159], nach der eine Rückzahlungsvereinbarung nur dann unwirksam ist, wenn die Fortbildung ausschließlich zum Nutzen des Ar-

---

[1151] BVerwGE 30, 65 (69 ff.).
[1152] U. a. BAG, DB 1994, 1726 (1727); BAG Urteil vom 6.10.1995, AP Nr. 23 zu § 611 BGB.
[1153] BVerfGE 81, 242 (254).
[1154] BGH, WM 1999, 2319 (2322).
[1155] BVerfGE 8, 274 (328); 72, 155 (170).
[1156] BGH, WM 1999, 2319 (2322).
[1157] Z. B. BAG, DB 1994, 1726 (1726); BAG Urteil vom 6.10.1995, AP Nr. 23 zu § 611 BGB.
[1158] BAG, SpuRt 1997, 94 (98).
[1159] U. a. BAG Urteil vom 20.02.1975, AP Nr. 2 zu § 611 BGB; BAG Urteil vom 16.03.1994, AP Nr. 18 zu § 611 BGB; BAG Urteil vom 30.11.1994, AP Nr. 20 zu § 611 BGB.

beitgebers ist. Dieses ist im Fall eines Eishockeynachwuchsspielers aber nicht der Fall, weil dieser auch in den Genuß der Ausbildung kommt.
Weiter hatte das BAG im „Kienass“-Urteil[1160] ausgeführt, daß der Sprung des Spielers in das Profilager weniger auf den Aus- und Weiterbildungsmaßnahmen des Vereins als auf dem persönlichen Talent und dem Einsatz des Sportlers beruhe. Diese Einschätzung steht im Einklang mit den durch das BAG entwickelten Prinzipien zur Rückzahlung von Aus- und Weiterbildungsentschädigungen[1161], nach denen der Arbeitgeber darzulegen und zu beweisen hat, daß zum Zeitpunkt der Weiterbildung ein beruflicher Vorteil zu Gunsten des Arbeitnehmers zu erwarten sein mußte. Dieses ist bei der durch ihren Eventualitäts- und Zufallscharakter gekennzeichneten Ausbildungsentschädigung nicht der Fall.
Zudem hatte das BAG im „Kienass“-Urteil[1162] nur solche Aufwendungen des Arbeitgebers für erstattungsfähig erachtet, die dem einzelnen aus- oder fortgebildeten Arbeitnehmer persönlich zuzuordnen sind. Dieses sei aber bei Sportarten, die wie Eishockey im Mannschaftsverband ausgeübt werden, nicht möglich. Auch diese Einschätzung geht mit der ständigen Rechtsprechung des BAG[1163] konform, nach der der Arbeitgeber nicht einen Pauschalbetrag, sondern lediglich die Summe zurückverlangen kann, die er tatsächlich zur Aus- und Weiterbildung des einzelnen Arbeitnehmers aufgewandt hat. Anderenfalls würde der Entschädigungscharakter der Zahlungen verloren gehen und diese die Qualität einer mit Art. 12 Abs. 1 GG nicht vereinbaren Vertragsstrafe annehmen.
Infolgedessen ist unter Zugrundelegung der von der Rechtsprechung im Zusammenhang mit der Rückforderung von Aus- und Weiterbildungsaufwendungen entwickelten Prinzipien die durch Art. 59 SpO des DEB getroffene Regelung als unangemessene Beschränkung des durch Art. 12 Abs. 1 GG zu Gunsten des Sportlers geschützten Rechtes auf freie Berufswahl zu bewerten und als nichtig anzusehen.

Der Entscheidung des BGH zu Art. 59 SpO des DEB ist daher, trotz Kritik an dem beschrittenen Weg im Ergebnis zuzustimmen.

bb. Ausbildungs- und Förderungsentschädigung nach §§ 27, 30 LiSpSt des DFB und entsprechender Normen der Regionalfußballverbände

Als Reaktion auf den Wegfall des herkömmlichen Transfersystems und zur Abmilderung der dargestellten Folgen dieser Entwicklung hat der DFB 1997 seine Regelwerke dahingehend geändert, daß im Fall des Wechsels eines Amateurspielers oder Vertragsamateurs von einem Amateurverein zu einem Verein der Lizenzligen eine Ausbildungs- und Förderungsentschädigung zu bezahlen ist[1164]. Hierbei wird danach unterschieden, ob der Spieler durch den aufnehmenden Lizenzverein als Vertragsamateur (§ 27 LiSpSt des DFB) oder als Lizenzspieler unter Vertrag genommen wird (§ 30 LiSpSt des DFB).

Nach § 30 Nr. 1 Satz 1 LiSpSt des DFB ist ein Verein der Lizenzligen, der einen Amateurspieler oder einen Vertragsamateur als Lizenzspieler unter Vertrag nimmt, verpflichtet, eine Ausbildungs- und Förderungsentschädigung zu entrichten. Die pauschale Höhe der Entschädigung beträgt nach § 30 Nr. 1 Satz 3 LiSpSt des DFB für den aufnehmenden Club der 1. Bun-

[1160] BAG, SpuRt 1997, 94 (98).
[1161] U. a. BAG Urteil vom 16.03.1994, AP Nr. 18 zu § 611 BGB; BAG Urteil vom 30.11.1994, AP Nr. 20 zu § 611 BGB.
[1162] BAG, SpuRt 1997, 94 (98).
[1163] U. a. BAG Urteil vom 06.09.1995, AP Nr. 23 zu § 611 BGB; BAG Urteil vom 26.10.1994, AP Nr. 23 zu § 611 BGB.
[1164] Vgl. §§ 27, 30 LiSpSt des DFB.

desliga DM 100.000,-- und für Vereine der 2. Bundesliga DM 45.000,--. Die Summe ist zwischen dem ersten Verein, für den der Spieler drei Jahre ununterbrochen spielberechtigt, und den sonstigen Clubs, für die der Sportler innerhalb der letzten fünf Jahren vor seiner Verpflichtung durch den Profiverein spielberechtigt war, nach einem bestimmten Schlüssel aufzuteilen.

Nach § 27 Nr. 5 und 6 LiSpSt des DFB ist bei einem Wechsel eines Amateurs oder eines Vertragsamateurs, dessen Sportleistungsvertrag mit dem abgebenden Verein beendet ist, von einem Verein unterhalb der Oberligen zu einem Club der Lizenzligen als Vertragsamateur durch den aufnehmenden Bundesligaverein eine Ausbildungsentschädigung von DM 40.000,- und vom aufnehmenden Verein der 2. Bundesliga eine entsprechende Zahlung in Höhe von DM 20.000,-- an den abgebenden Amateurverein zu bezahlen. Diese Entschädigung reduziert sich nach § 27 Nr. 5 Satz 5 LiSpSt des DFB auf DM 10.000,--, wenn die Amateurmannschaft des aufnehmenden Lizenzvereins in der Ober- bzw. Regionalliga spielt und der Spieler zunächst eine Spielberechtigung als Vertragsamateur in dieser Mannschaft des aufnehmenden Clubs erhält.
Gemäß § 27 Nr. 4 Satz 1 und 2 LiSpSt des DFB ist keine Ausbildungs- und Förderungsentschädigung durch den aufnehmenden Verein zu entrichten, wenn ein Vertragsamateur, dessen Vertrag beim abgebenden Verein beendet ist, als solcher von einem Club der Ober- bzw. Regionalliga zu einem Verein der Lizenzligen oder innerhalb der Lizenzligen wechselt. Jedoch ist eine derartige Entschädigung nach § 27 Nr. 7 LiSpSt des DFB zu bezahlen, wenn ein Amateurspieler von einem Verein der Ober- bzw. Regionalliga zu einem Verein der Lizenzligen und innerhalb der Lizenzligen wechselt und der Spieler bei dem aufnehmenden Club als Vertragsamateur beschäftigt wird. Der aufnehmende Bundesligaverein hat DM 40.000,-- und ein Club der 2. Bundesliga DM 20.000,-- zu entrichten.
Nach § 27 Nr. 8 LiSpSt des DFB hat der aufnehmende Lizenzverein auch eine Entschädigung in dieser Höhe an den letzten abgebenden Verein zu bezahlen, wenn ein „vereinseigener" Amateurspieler innerhalb von drei Jahren oder für das vierte Spieljahr nach seinem Wechsel zum aufnehmenden Verein die Spielberechtigung als Vertragsamateur dieses Clubs erhält. Die Spieler erhalten nach den dargestellten Regelungen des § 27 LiSpSt des DFB, unabhängig von der Erfüllung der Entschädigungsforderung durch den aufnehmenden Verein, innerhalb der allgemeinen Transferperioden und nach Aufnahme in die Transferliste (§§ 20, 28 LiSpSt des DFB) eine Spielberechtigung für den Lizenzverein. Als Sanktionsmittel für den Fall, daß die Entschädigung nicht, nur teilweise oder verspätet bezahlt wird, sieht § 27 Nr. 10 LiSpSt des DFB die Bestrafung des aufnehmenden Clubs vor. Sein Verhalten ist als unsportlich zu bewerten und kann daher nach den allgemeinen DFB-Strafvorschriften u. a. mit Punktabzügen geahndet werden.
Entsprechende Regelungen sind zu Gunsten der abgebenden Amateurvereine auch auf Ebene der Landesfachverbände geschaffen worden, die eine Entschädigung vorsehen, wenn ein Verein der Regionalliga einen Sportler als Vertragsamateur verpflichtet.
In einer nicht in sämtlichen Punkten überzeugenden, am selben Tage wie das Urteil zu Art. 59 SpO des DEB ergangenen Entscheidung hat der BGH[1165] die dem § 27 LiSpSt des DFB entsprechenden Normen des Niedersächsischen Fußballverbandes wegen Verstoßes gegen §§ 138, 242 BGB i. V. m. Art. 12 Abs. 1 GG für unwirksam erklärt. Gegenstand dieses Prozesses war der Streit zwischen dem abgebenden Verein, bei dem die Spieler als Amateure in der Landesliga eingesetzt worden waren, und dem die Spieler als Vertragsamateure aufnehmenden Regionalligisten um die Zahlung einer Ausbildungs- und Fortbildungsentschädigung in Höhe von DM 25.000,-- pro Spieler. Die Begründung der Nichtigkeit der Verbandsnormen deckt sich im wesentlichen mit der zuvor dargestellten Entscheidung zu Art. 59 SpO des DEB und muß sich

[1165] BGH, SpuRt 1999, 236 ff.

daher auch entsprechende Kritik gefallen lassen. Darüber hinaus sind aber noch weitere Anmerkungen zu dem vorliegenden Urteil veranlaßt:

Das Gericht betonte, daß Vertragsamateure für ihre Tätigkeit, anders als reine Amateure, die nach § 15 Nr. 1 SpO des DFB lediglich eine Aufwandsentschädigung erhalten, „das Fußballspiel mit vertraglicher Bindung gegen Entgelt“ ausüben (§ 15 Nr. 2 SpO des DFB). Sie erzielen somit „Einkommen für den Lebensunterhalt“, so daß ihre Tätigkeit von dem Schutzbereich des Art. 12 Abs. 1 GG umfaßt wird[1166].

Der BGH bewertete auch die durch die Verbandsnormen des Niedersächsischen Fußballverbandes vorgesehene Entschädigung in Höhe von DM 25.000,-- als objektive Berufswahlregelung i. S. d. dargestellten „Drei-Stufen-Theorie[1167]. Die Entschädigung übersteige das Bruttogehalt des Spielers für die zweijährige Vertragsdauer um DM 1.000,--. Zudem werde die einschränkende Wirkung der Regelung nicht dadurch abgemildert, daß die Erteilung der Spielerlaubnis für den aufnehmenden Club unabhängig von der Begleichung der Entschädigungsforderung erfolgt. Die Entscheidung des aufnehmenden Clubs über die Verpflichtung des Spielers sei maßgeblich dadurch beeinflußt, welchen Forderungen sich der Verein durch diese Entscheidung ausgesetzt sieht und welche Sanktionen ihn im Falle der Verweigerung der Zahlung erwarten. Im vorliegenden Fall wurde die Nichterfüllung der Entschädigungsforderung als unsportliches Verhalten mit einer Geldbuße in Höhe von DM 750,-- geahndet. Infolgedessen ist hier schon die Qualifizierung der Entschädigungsregelung als objektive Berufswahlregelung fraglich. Auch wenn man davon ausgeht, daß die Entschädigungshöhe von DM 25.000,-- tatsächlich abschreckende Wirkung für den aufnehmenden Verein hat und somit als Zulassungsschranke geeignet erscheint, die Möglichkeit des Spielers zu beschränken; den Beruf des Fußballspielers zu ergreifen, ist es doch höchst zweifelhaft, ob die Höhe dieser Summe und die im Fall der Nichtbegleichung der Entschädigungsforderung im Raum stehende Sanktion die Annahme einer objektiven Zulassungsschranke rechtfertigt.
Nach der Rechtsprechung des BVerfG[1168] besteht eine objektive Berufswahlregelung, wenn die Bedingungen für die Zulassung zu einem Beruf „weder mit der persönlichen Qualifikation des Berufsanwärters in Verbindung stehen, noch maßgeblich von ihm beeinflußt werden können“. Im Gegensatz zu der Regelung des Art. 59 SpO des DEB ist eine Entschädigungshöhe von DM 25.000,-- nicht geeignet, die Verpflichtung eines Sportlers zu verhindern, der sich durch seine sportlichen Leistungen aufdrängt. Ein talentierter Spieler wird stets einen Regionalligaverein finden, der bereit ist, DM 25.000,-- für seine Verpflichtung zu bezahlen. Die Aufnahme eines sportlich versierten Spielers ist angesichts der Höhe des Entschädigungsbetrags und der Sanktionen im Fall der Nichtbegleichung dieser Forderung für den Regionalligaverein relativ risikolos, weswegen die abschreckende Wirkung der Entschädigungssumme als eher gering einzustufen ist. Der Spieler ist daher trotz der Entschädigung in der Lage, die Entscheidung über seine Verpflichtung durch den aufnehmenden Verein maßgeblich durch seine eigene sportliche Qualifikation zu beeinflussen. Etwas anderes ergibt sich auch nicht daraus, daß die Entscheidung über die Zahlung dem Einfluß des Einzelnen schlechthin völlig entzogen ist. Die Erteilung der Spielerlaubnis ist rechtlich unabhängig von der Entschädigungszahlung durch den aufnehmenden Verein, und auch die Sanktion in Form einer Geldbuße von DM 750,-- im Falle der Nichterfüllung der Entschädigungsforderung ist nicht geeignet, den Regionalligaclub von der Verpflichtung des Spielers abzuhalten.

[1166] BGH, SpuRt 1999, 236 (237).
[1167] Ebenda.
[1168] BVerfGE 7, 377 (406).

Die Verbandsregelung hat daher nicht die Qualität einer objektiven Zugangsschranke, sondern ist vielmehr als subjektive Berufszugangsregelung i. S. d. „Drei Stufen Theorie" des BVerfG einzustufen, da der Wechsel zu dem aufnehmenden Verein und somit das Entstehen der Entschädigungsforderung maßgeblich vom Besitz persönlicher sportlicher Fähigkeiten durch den Sportlers abhängt.

Subjektive Zugangsbeschränkungen in Verbandsregelwerken sind, wie oben dargestellt, entgegen der Vorgehensweise des BGH[1169], der auch in der vorliegenden Entscheidung untersucht, ob die Aufrechterhaltung der Funktionsfähigkeit des Sportbetriebes durch Sicherung der Nachwuchsarbeit ein wichtiges Gemeinschaftsgut darstellt, zum Schutz wichtiger Belange des Sportwohles zulässig.
Bei der Abwägung des durch Art. 9 Abs. 1 GG im Rahmen des Schutzes der Existenz und der funktionsgerechten Betätigung der Verbände verfassungsrechtlich geschützten Interesses des *Verbands* an einer gesicherten Nachwuchsförderung und der durch Art. 12 Abs. 1 GG gesicherten beruflichen Interessen des Sportlers ist abweichend zu dem zu Art. 59 SpO des DEB Gesagtem festzustellen, daß die zur Nachwuchsförderung *geeigneten* Regelungen des Niedersächsischen Fußballverbandes, zu denen kein *milderes Mittel* zur effektiven Verwirklichung dieses Zwecks zur Verfügung steht, einen angemessenen Ausgleich zwischen den betroffenen Interessen herstellen und somit *verhältnismäßig i. e. S.* sind. Die im Interesse einer effektiven Durchsetzung der Entschädigungsforderungen in den Verbandsregelwerken vorgesehenen Sanktionen richten sich, im Gegensatz zu Art. 59 Abs. 1 Satz 3 SpO des DEB, nicht gegen die Berufsfreiheit des Spielers, sondern sehen eine „Bestrafung" der aufnehmenden Vereine als Schuldner des Betrages vor. Die Regelungen zur Ausbildungs- und Förderungsentschädigung schränken die Berufsfreiheit des Sportlers in angemessener Weise zum Schutz des überragend wichtigen Sportgutes Nachwuchsförderung ein. Bei der Ausbildung von qualifizierten Nachwuchsspielern handelt es sich, wie im Zusammenhang mit Art. 59 SpO des DEB dargestellt, um ein überragend wichtiges Sportgut, da anderenfalls auf Dauer die funktionsgerechte Betätigung und sogar die Existenz der Verbände auf dem Spiel steht.
Die Normen des Niedersächsischen Fußballverbandes halten somit einer Angemessenheitsprüfung nach § 242 BGB stand, so daß das vorliegende Urteil des BGH sowohl im Hinblick auf den Weg der Lösungsfindung als auch bezüglich des Ergebnisses zu kritisieren ist.

Unabhängig davon, ob die Bindung eines ausländischen Profisportlers an die deutschen Sportverbände auf einem (mittelbar) mitgliedschaftlichen und/oder vertraglichen Verhältnis[1170] beruht, beurteilt sich mangels Bestehen einer Rechtswahlklausel i. S. d. Art. 27 EGBGB das auf diese Rechtsbeziehung mit Auslandsberührung anwendbare nationale Recht nach Art. 28 ff. EGBGB. Aufgrund der fehlenden Qualifikation dieser Bindung als Arbeitsverhältnis[1171] bestimmt sich die maßgebliche nationale Rechtsordnung nicht nach Art. 30 EGBGB, sondern ist nach Art. 28 Abs. 1 Satz 1 EGBGB das Recht des Staates heranzuziehen, mit dem der Vertrag „die engsten Verbindungen aufweist". Nach Art. 28 Abs. 2 Satz 1 EGBGB wird vermutet, daß ein Vertrag die engste Beziehung zu dem Staat hat, in dem die Hauptverwaltung oder der gewöhnlichen Aufenthalt der Partei liegt, die die „charakteristische Leistung" zu erbringen hat. Im vorliegenden Fall kann offen bleiben, ob die Regelanerkennung durch den Sportler oder die im Gegenzug durch die Verbände gewährte Gestattung der Teilnahme am Sportbetrieb (z. B. durch Lizenzierung) die den Vertragstypus bestimmende Leistung darstellt, da die Hauptverwaltung

[1169] BGH, SpuRt 1999, 236 (238).
[1170] Vgl. oben, 1.Abschn., III.2.b.aa.
[1171] Vgl. oben, 3.Abschn., I.

der nationalen Verbände in Deutschland angesiedelt ist und i. d. R. dort auch der ausländische Sportler, der seine Sportleistung in Deutschland erbringt, seinen gewöhnlichen Aufenthalt haben wird, so daß die deutsche Rechtsordnung Anwendung findet. Zu einem abweichenden Ergebnis kommt man auch nicht, wenn der Profi, wie im Fall der bei einem deutschen Club unter Vertrag stehenden und im grenznahen Ausland wohnenden Fußball- oder Eishockeyspieler, seinen gewöhnlichen Aufenthalt im Ausland hat, weil durch die Erbringung der Sportleistung im Inland der auf Anerkennung der Verbandsregelwerke und Teilnahme am Sportbetrieb gerichtete Vertrag die engste Verbindung zur Bundesrepublik Deutschland i. S. d. Art. 28 Abs. 1 Satz 1 EGBGB aufweist.

Ausländische Berufssportler können sich im Rahmen der Angemessenheitsprüfung von Verbandsnormen und der auf diesen basierenden Entscheidungen deutscher Sportverbände nach § 242 BGB nicht unmittelbar auf Art. 12 GG als „Deutschen-Grundrecht" berufen. Auch kommt, mangels Qualifizierung der kollektivrechtlichen Beziehung des Profis zu den Sportverbänden als Arbeitsverhältnis[1172], ein Anspruch auf Gleichstellung mit den deutschen Berufssportlern nach dem arbeitsrechtlichen Gleichbehandlungsgrundsatz[1173] nicht in Betracht. Darüber hinaus wird eine Gleichstellung des grundrechtlichen Schutzes der beruflichen Tätigkeit ausländischer Sportler hinsichtlich der im Rahmen der mittelbaren Wirkung der Grundrechte im Privatrechtsverkehr vorzunehmenden Abwägung mit der durch Art. 9 Abs. 1 GG geschützten Verbandsautonomie nicht unmittelbar durch Art. 3 Abs. 3 GG[1174] oder Art. 3 Abs. 1 GG (i. V. m. völkervertraglichen Inländergleichbehandlungsklauseln, aus völkerrechtlichen Abkommen, die von der Bundesrepublik Deutschland und nicht (auch) seitens der EG geschlossen worden sind)[1175] hergestellt. Auch der durch Art. 2 Abs. 1 GG als subsidiäres Auffanggrundrecht gewährte Schutz der beruflichen Tätigkeit des ausländischen Profis entspricht in seiner Intensität nicht der durch Art. 12 Abs.1 GG zugunsten des deutschen Berufssportlers garantierten Berufsfreiheit und ist deshalb nicht im gleichen Maße wie Art. 12 Abs. 1 GG geeignet, die durch Art. 9 Abs. 1 GG gewährte Verbandsautonomie und die Interessen der Vereine im Rahmen der Angemessenheitsprüfung nach § 242 BGB einzuengen[1176]. Zur Herstellung eines mit Art. 12 GG vergleichbaren Schutzniveaus kommt nur Europäisches Gemeinschaftsrecht in Betracht[1177].

3. Beschränkung der Verbandsautonomie durch Europäisches Gemeinschaftsrecht

a. Die gerichtliche Kontrolldichte

EU-Bürger werden nach Art. 12 EGV, welcher das Verbot der Diskriminierung aus Gründen der Staatsangehörigkeit enthält, hinsichtlich der Gewährung der Berufsfreiheit dem durch Art. 12 Abs. 1 GG geschützten deutschen Staatsangehörigen gleichgestellt[1178]. Hierbei kann im Ergebnis offen bleiben, ob die Gleichberechtigung dadurch erfolgt, daß EU-Bürger, entgegen dem Text des Grundgesetzes, zu Grundrechtsträgern des Art. 12 Abs. 1 GG gemacht werden oder ob eine völlige Gleichstellung mit deutschen Berufstätigen im Rahmen von Art. 2 Abs. 1 GG er-

[1172] Vgl. ebenda.
[1173] Vgl. oben, 2.Abschn., II.4.b.
[1174] Vgl. oben, 2.Abschn., II.4.b.bb.
[1175] Vgl. oben, 2.Abschn., II.4.b.cc.
[1176] Vgl. oben, 2.Abschn., II.4.b.aa.
[1177] Vgl. unten, 3.Abschn., II.3.
[1178] U. a. *Manssen* in: *v. Mangoldt/Klein/Starck*, Art. 12 Abs. 1 GG, Rdnr. 260; *Jarass* in: *Jarass/Pieroth*, Art. 9 GG, Rdnr. 9; *Wieland* in: *Dreier*, Art. 12 GG, Rdnr. 66.

folgt[1179]. Grundsätzlich entfaltet das allgemeine Diskriminierungsverbot nach Art. 12 EGV nur Wirkung zur Abwehr staatlicher Maßnahmen. Jedoch erstreckt sich das Verbot auch auf kollektive Regelungen im Arbeits- oder Dienstleistungsbereich im Privatrechtsverkehr, wenn es gilt, zum Schutz der durch den EGV gewährten Freiheiten die kollektive Macht einzelner einzudämmen[1180]. Von einer derartigen Mächtigkeit der mit einer Monopolstellung ausgestatteten Sportverbände ist der EuGH in den Urteilen „Walrave“[1181] und „Dona“[1182] ausgegangen[1183]. Zwar gewährt das subsidiäre allgemeine Diskriminierungsverbot des Art. 12 EGV auf der Ebene des Europarechts keinen weitergehenden Schutz als die in dem Vertrag im Rahmen der Grundfreiheiten der Art. 39, 43 und 49 EGV vorgesehenen Grundfreiheiten, sondern ist nach ständiger Rechtsprechung des EuGH[1184] nur auf Situationen anwendbar, für die das Gemeinschaftsrecht kein besonderes Diskriminierungsverbot vorsieht. Jedoch werden die Staatsangehörigen von EU-Mitgliedstaaten durch Art. 12 EGV auf der Ebene des nationalen Verfassungsrechts, anders als im Rahmen der Sportleistungsverträge[1185], im Verhältnis zu den Sportverbänden den durch Art. 12 GG geschützten deutschen Sportlern gleichgestellt. Diesen Umstand haben die nationalen Zivilgerichte bei der Angemessenheitsprüfung nach § 242 BGB im Rahmen der Abwägung der im Privatrechtsverkehr mittelbar wirkenden Grundrechtspositionen zu beachten.

Demgegenüber ist fraglich, wie sich der gerichtliche Prüfungsmaßstab im Fall der Anwendung der gegenüber den Verbänden mit Drittwirkung im Privatrechtsverkehr versehenen[1186] und gegenüber dem allgemeinen durch Art. 12 EGV normierten Diskriminierungsverbot speziellen Grundfreiheiten nach Art. 39 ff. EGV (Arbeitnehmerfreizügigkeit), Art. 43 ff. EGV (Niederlassungsfreiheit) und Art. 49 ff. EGV (Dienstleistungsfreiheit) darstellt.
Soweit diese Grundfreiheiten ein bloßes Diskriminierungsverbot enthalten, bestimmt sich der gerichtliche Prüfungsmaßstab danach, ob eine mittelbare oder unmittelbare Drittwirkung der Freizügigkeitsvorschriften anzunehmen ist.
In Anlehnung an die mittelbare Wirkung der nationalen Grundrechte im Privatrechtsverkehr haben das LG Frankfurt am Main[1187] und das OLG Frankfurt am Main[1188] im Rahmen der Überprüfung der Ausländerklauseln des DTTB, orientiert an der dargestellten BGH-Rechtsprechung zur Rechtmäßigkeitskontrolle von Verbandsnormen nach nationalem Recht, Art. 48 EGV a. F. über die zivilrechtliche Generalklausel des § 242 BGB berücksichtigt. Die Gerichte hätten infolgedessen die speziellen Grundfreiheiten des EGV im Rahmen einer umfassenden Angemessenheitsprüfung zu beachten und eine Abwägung sämtlicher schützenswerter Interessen der beteiligten Parteien vorzunehmen[1189].
Für eine unmittelbare Wirkung der Grundfreiheiten des EGV im Privatrechtsverkehr spricht jedoch, daß nach der Rechtsprechung des EuGH im Fall „Bosman“[1190] die Privaten, denen gegenüber die Grundfreiheiten des EGV Drittwirkung entfalten, in gleicher Weise wie die Mit-

---

[1179] Vgl. oben, 2.Abschn., II.4.b.dd.
[1180] U. a. EuGH, www.curia.eu.int/jurisp/htme/text.htm, 05.07.2000, Rdnr. 35 (Rs. 176/96); *Zuleeg* in: *Groeben/Thiesing/Ehlermann*, Art. 6 EGV a. F., Rdnr. 18.
[1181] EuGH, Slg. 1974, 1405 (1419), Rdnr. 16/19 (Rs. 36/74).
[1182] EuGH, Slg. 1976, 1333 (1340 f.), Rdnr. 17/18 ff. (Rs. 13/76).
[1183] Vgl. hierzu oben, 2.Abschn., II.4.b.dd.
[1184] U. a. EuGH, Slg. 1991 I, 5889 (5927), Rdnr. 11 (Rs. C-179/90); EuGH, Slg. 1994 I, 3453 (3495), Rdnr. 18 (Rs. C-379/92).
[1185] Vgl. hierzu oben, 2.Abschn., II.4.b.dd.
[1186] Vgl. ebenda.
[1187] LG Frankfurt am Main, NJW-RR 1994, 1270 (1270).
[1188] OLG Frankfurt am Main, MDR 1993, 1250 (1251).
[1189] Vgl. oben, 3.Abschn., II.2.a.
[1190] EuGH, Slg. 1995 I, 4921 (5065), Rdnr. 82 ff. (Rs. C-415/93).

gliedstaaten, und somit unmittelbar, an die entsprechenden Normen des EGV gebunden sind[1191]. Auch bestünde im Fall der Annahme einer lediglich mittelbaren Drittwirkung der Grundfreiheiten im Verhältnis zu den in der Bundesrepublik Deutschland privatrechtlich organisierten Sportverbänden die Gefahr einer uneinheitlichen Anwendung des EGV. In einigen anderen Mitgliedstaaten der EU wird den Verbänden die Ausübung von Hoheitsgewalt zugestanden[1192], so daß im Verhältnis zu diesen Sportverbänden die Grundfreiheiten unmittelbar gelten.
Es ist daher von einer unmittelbaren Drittwirkung der Freizügigkeiten im Privatrechtsverkehr auszugehen, so daß diese nicht nur im Rahmen einer umfassenden Angemessenheits- und Verhältnismäßigkeitsprüfung nach § 242 BGB als Abwägungsmaterial durch die Zivilgerichte zu berücksichtigen, sondern die Sportverbände bei der Normsetzung und Anwendung der durch sie geschaffenen Regelungen unmittelbar an die Grundfreiheiten des EGV gebunden sind. Diskriminierende Maßnahmen können daher nicht zum Schutz irgendwelcher legitimer Interessen der beteiligten Parteien gerechtfertigt sein, sondern nur aus Gründen, die sich aus dem Gemeinschaftsrecht selber ergeben.
Etwas anderes könnte jedoch gelten, wenn die speziellen Grundfreiheiten des EGV als Beschränkungsverbote Anwendung finden. Die Grundfreiheiten der Art. 43 ff. EGV und Art. 49 ff. EGV enthalten nach der ständigen Rechtsprechung des EuGH[1193] ein über ein bloßes Diskriminierungsverbot hinausgehendes Beschränkungsverbot. Auch die Freizügigkeit der Arbeitnehmer beinhaltet entgegen dem Wortlaut des Art. 39 Abs. 2 EGV mehr als nur ein Recht auf Gleichbehandlung. So stellen die in Art. 39 Abs. 3 EGV niedergelegten Gewährleistungen nicht nur eine Konkretisierung des Gleichbehandlungsgrundsatzes dar, sondern gehen über die Normierung eines bloßen Diskriminierungsverbotes hinaus[1194]. Diese Interpretation des Gewährleistungsinhalts der Arbeitnehmerfreizügigkeit läßt sich am Wortlaut des Art. 39 Abs. 3 EGV festmachen, nachdem „Beschränkungen" nur „aus Gründen der öffentlichen Ordnung, Sicherheit und Gesundheit" gerechtfertigt sind. Auch wird dieses Ergebnis durch die engen Parallelen der durch den EGV gewährleisteten Arbeitnehmerfreizügigkeit insbesondere zu der nach der Rechtsprechung des EuGH als Beschränkungsverbot zu interpretierenden Dienstleistungsfreiheit bestätigt, welche eine Angleichung des Gewährleistungsumfangs von Art. 39 ff. EGV und Art. 49 ff. EGV gebietet[1195]. Trotzdem war lange umstritten, ob Art. 39 EGV auch ein Beschränkungsverbot statuiert. In den letzten Jahren häuften sich Urteile des EuGH[1196], in denen das Gericht nationale Beschränkungen der Arbeitnehmerfreizügigkeit nicht nur auf ihre diskriminierende Wirkung hin untersuchte, sondern darüber hinaus auch überprüft hat, ob diese Regelungen auch legitime Zwecke verfolgen und dem Verhältnismäßigkeitsgrundsatz entsprechen. Diese Tendenz wurde durch das „Bosman"-Urteil[1197] bestätigt, in dem der EuGH feststellte, daß die nicht nach der Staatsangehörigkeit differenzierenden, sondern unterschiedslos geltenden Transferregelungen die Arbeitnehmerfreizügigkeit beeinträchtigen.
Im Rahmen der Anwendbarkeit der Grundfreiheiten als Beschränkungsverbote ist nach der Rechtsprechung des EuGH[1198] ein tatbestandlicher Eingriff gerechtfertigt, wenn die Maßnahme keine nach Staatsangehörigkeit oder Niederlassung diskriminierende Wirkung zeigt, dem Allgemeininteresse dient, zur Verwirklichung dieses Zwecks geeignet, notwendig und ange-

---

[1191] Vgl. oben, 2.Abschn., II.4.b.dd.
[1192] Vgl. oben, 1.Abschn., I.2.
[1193] Vgl. oben, 2.Abschn., II.4.b.dd.
[1194] U. a. *Wölker* in: *Groeben/Thiesing/Ehlermann*, Art. 48 EGV a. F., Rdnr. 5.
[1195] Vgl. oben, 2.Abschn., II.4.b.dd.
[1196] U. a. EuGH, Slg. 1993 I, 1663 (1695 ff.), Rdnr. 30 ff. (Rs. C-19/92); EuGH, JZ 1994, 94 (94), Rdnr. 11 (Rs. C-259, 331, 332/91); EuGH, EuZW 1994, 61 (62), Rdnr. 18 (Rs. C-272/92).
[1197] EuGH, Slg. 1995 I, 4921 (5069 ff.), Rdnr. 97 ff. (Rs. 415/93).
[1198] Zur Arbeitnehmerfreizügigkeit: EuGH, Slg. 1995 I, 4921 (5071), Rdnr. 104 (Rs. C-415/93); zur Dienstleistungsfreiheit: EuGH, Slg. 1986, 3755 (3804), Rdnr. 33 (Rs. 205/84); EuGH, Slg. 1991 I, 4221 (4243), Rdnr. 15 (Rs. 76/90); zur Niederlassungsfreiheit: EuGH, NJW 1996, 579 (581), Rdnr. 37 (Rs. C-55/94).

sichts der Bedeutung der betroffenen Grundfreiheit angemessen ist, wobei auch Privatinteressen im engen Umfang durch den EuGH als schutzwürdige Allgemeininteressen anerkannt wurden[1199]. Infolgedessen finden, im Gegensatz zur Anwendung der Grundfreiheiten als Diskriminierungsverbote, auch nicht durch Gemeinschaftsrecht geschützte Allgemeininteressen im Rahmen einer Verhältnismäßigkeitsprüfung Beachtung und sind geeignet, die Grundfreiheiten des EGV einzuschränken. Dies führt jedoch nicht zur Annahme einer mittelbaren Drittwirkung der Grundfreiheiten als Beschränkungsverbote im Privatrecht und zu einer Angemessenheitsprüfung nach § 242 BGB, da das Allgemeininteresse nach seiner dogmatischen Einordnung als ungeschriebenes Rechtfertigungsmerkmal im Rahmen der tatbestandlich verletzten Grundfreiheit wirkt. Es ist daher als Rechtfertigungsgrund der unmittelbar im Privatrechtsverkehr anwendbaren Freizügigkeitsregelung zu beachten und nicht erst vermittelt durch § 242 BGB nach dem Gebot von Treu und Glaube zu berücksichtigen.

b. Anwendbarkeit des EGV auf die Verbandsregelwerke

aa. Das Subsidiaritätsprinzip

Gemäß dem in Art. 5 Abs. 1 EGV niedergelegten „Prinzip der begrenzten Einzelermächtigung“[1200] werden der Gemeinschaft nur Kompetenzen innerhalb der Grenzen der ihr im EGV zugewiesenen Befugnisse und gesetzten Ziele zugestanden. Nach Art. 5 Abs. 2 EGV und Art. 2 EUV darf die Gemeinschaft in Bereichen, die nicht in ihre ausschließliche Zuständigkeit fallen, nur tätig werden, wenn „die Ziele der in Betracht gezogenen Maßnahmen auf der Ebene der Mitgliedstaaten nicht ausreichend erreicht“ und deshalb effektiver auf Gemeinschaftsebene verwirklicht werden können (Subsidiaritätsprinzip im engeren Sinne). Das BVerfG[1201] hat in diesem Zusammenhang in dem „Maastricht“-Urteil festgestellt, daß eine Auslegung von Befugnisnormen des EGV, die einer Vertragserweiterung gleichkommen, für die Bundesrepublik Deutschland keine Bindungswirkung entfaltet.

Im „Bosman“-Urteil hat der EuGH[1202] den Ausschluß der Anwendbarkeit der Vorschriften des EGV durch das Subsidiaritätsprinzip nicht näher inhaltlich untersucht, sondern lediglich festgestellt, daß dieser Grundsatz nicht dahingehend ausgelegt werden darf, daß die Einschränkung der Ausübung der dem einzelnen durch den Vertrag verliehenen Rechte durch die Verbandsregelwerke ermöglicht wird.
Demgegenüber hatte die deutsche Regierung[1203] im Fall „Bosman“, unter Hinweis auf das Subsidiaritätsprinzip, eine Überprüfung der Ausländerklauseln der Verbandsregelwerke an Hand der Grundfreiheiten des EGV abgelehnt und hält *Scholz*[1204] dem EuGH in diesem Zusammenhang entgegen, die Bedeutung des Prinzips der begrenzten Ermächtigung verkannt zu haben. Die Zuständigkeit der Gemeinschaft sei nicht dadurch begründet, daß durch eine Maßnahme der Bereich der Grundfreiheiten berührt werde, vielmehr sei maßgeblich, ob eine vertragliche Zuständigkeit für das jeweilige Tätigkeitsfeld begründet sei. Der Gemeinschaft komme für den Sport keine ausschließliche Kompetenz zu, so daß eine Vertragserweiterung i. S. d. „Maastricht“-Urteils des BVerfG vorliege. Jedoch ist zu bedenken, daß Art. 5 EGV die Kompetenzen zwischen der Gemeinschaft und den Mitgliedstaaten regelt[1205], weswegen das Subsidiari-

---

[1199] Vgl. oben, 2.Abschn., II.4.b.dd.
[1200] U. a. *Zuleeg* in: *Groeben/Thiesing/Ehlermann*, Art. 3 b EGV a. F., Rdnr. 2.
[1201] BVerfGE 89, 155 (210).
[1202] EuGH, Slg. 1995 I, 4921 (5065), Rdnr. 81 (Rs. 415/93).
[1203] Ebenda.
[1204] *Scholz/Aulehner*, SpuRt 1996, 44 (46).
[1205] *Oppermann*, Europarecht, S. 198.

tätsprinzip nur auf das Verhältnis zwischen der Gemeinschaft und den Verbänden übertragen werden kann, wenn man mit der Rechtsprechung des EuGH[1206] von einer sozialen Mächtigkeit der Verbände ausgeht, die es rechtfertigt, deren Handlungen den Maßnahmen der einzelnen Mitgliedstaaten gleichzustellen.
Dieser Ansicht halten *Lenz*[1207] und die überwiegende Auffassung in der Literatur[1208] entgegen, daß im Fall von Maßnahmen, die gegen Grundfreiheiten verstoßen, das Subsidiaritätsprinzip nach Art. 5 Abs. 2 EGV keine Anwendung findet. Diese Meinung stützt sich darauf, daß wegen der hohen Bedeutung der Grundfreiheiten für die europäische Integration und gemäß Art. 14 EGV, nach dem der Gemeinschaft die Verwirklichung des Binnenmarktes, also auch des freien Personen- und Dienstleistungsverkehrs, obliegt, das Subsidiaritätsprinzip bei einem Eingriff in diese Rechtspositionen nicht gilt.
Im vorliegenden Fall kann aber mit *Heidersdorf*[1209] die Frage, ob Art. 5 Abs. 2 EGV anwendbar ist, wenn die Grundfreiheiten berührt werden, offen bleiben, da das Subsidiaritätsprinzip nach seinem Regelungsinhalt als innergemeinschaftliche Kompetenzzuweisungsnorm schon gar nicht im Rahmen der Überprüfung von Verbandsregelwerken an den Bestimmungen des EGV Anwendung findet. Zwar ist Art. 5 EGV auf Grund seiner systematischen Stellung im EGV im Kapitel „Grundsätze" auf sämtliche Tätigkeiten der Gemeinschaftsorgane anwendbar und handelt es sich bei dieser Bestimmung um eine Zuständigkeitsregelung[1210]. Jedoch gilt Art. 5 Abs. 2 EGV nach seinem Wortlaut nur für „in Betracht gezogene Maßnahmen" der Gemeinschaft und somit lediglich für konkrete und aktive Handlungen der Gemeinschaftsorgane. Das Subsidiaritätsprinzip regelt daher lediglich, wann die Gemeinschaft von sich aus, z. B. im Fall der Normsetzung, aktiv tätig werden darf und findet keine Anwendung , soweit es um die Verwendung des EGV als Prüfungsmaßstab für Verbandssatzungen durch die Gerichte geht.
Dieses Ergebnis ergibt sich auch unter Heranziehung des Normzwecks von Art. 5 EGV. Dieser soll den eigenmächtigen Entscheidungsspielraum von nationalen, regionalen und lokalen Behörden wahren, die nationale Identität der Mitgliedstaaten erhalten und dafür sorgen, daß hoheitliche Entscheidungen möglichst bürgernah getroffen werden[1211]. Diese Intention trifft nicht auf die privatrechtliche Bindung der Sportler an die Regelwerke der privatrechtlich organisierten Sportverbände zu, weswegen das Subsidiaritätsprinzip im Verhältnis zu den Verbänden keine Anwendung findet.

bb. Der „Sportvorbehalt" des EuGH

Grundsätzlich ist die Tätigkeit des Profisportlers nach der Rechtsprechung des EuGH, trotz der spezifischen Eigenheiten und Bedürfnissen des Sportsektors, als Teil des Wirtschaftslebens i. S. d. Art. 2 EGV anzusehen, so daß der Anwendungsbereich des EGV eröffnet ist[1212].
Im Urteil „Walrave"[1213] hat der EuGH jedoch ausgeführt, daß das Diskriminierungsverbot „keine Rolle" spielt, soweit die Maßnahme im Zusammenhang mit der „Aufstellung von Wettkampfmannschaften, etwa in Form von Nationalmannschaften" steht, „da es bei der Bildung dieser Mannschaften um Fragen geht, die ausschließlich von sportlichem Interesse sind und als solche nichts mit wirtschaftlicher Tätigkeit zu tun haben". Auch in den Entscheidungen

---

1206 EuGH, Slg. 1974, 1405 (1419), Rdnr. 16/19 (Rs. 36/74); EuGH, Slg. 1976, 1333 (1340 f.), Rdnr. 17/18 ff. (Rs. 13/76).
1207 Schlußanträge des Generalanwalts *Lenz*, Slg. 1995 I, 4921 (4975), Rdnr. 130 (Rs. 415/93).
1208 U. a. *Palme*, JZ 1996, 238 (241); *Hilf/Pache*, NJW 1996, 1169 (1177); *Auneau*, Revue trimestrielle de droit européen 1996, 101, (112).
1209 *Heidersdorf*, Ausländerklauseln im Profisport, S. 24.
1210 *Geiger*, Art. 3 b EGV a. F., Rdnr. 6; *Langguth* in: *Lenz*, Art. 3 b EGV a. F., Rdnr. 3.
1211 U. a. *Geiger*, Art. 3 b EGV a. F., Rdnr. 5.
1212 Vgl. oben, 1.Abschn., II.2.
1213 EuGH, Slg. 1974, 1405 (1418), Rdnr. 4/10 (Rs. 36/74).

„Dona“[1214], „Bosman“[1215] und „Lehtonen“[1216] hat der EuGH wiederholt betont, daß „die Vertragsbestimmungen über die Freizügigkeit Regelungen und Praktiken nicht entgegenstehen, die ausländische Spieler von bestimmten Begegnungen aus nichtwirtschaftlichen Gründen ausschließen, die mit dem besonderen Charakter und Rahmen dieser Begegnungen zusammenhängen und deshalb ausschließlich den Sport als solchen betreffen“.
Diese voneinander abweichenden Formulierungen des EuGH zeigen, daß freiheitsbeschränkende Maßnahmen auf der Basis nichtwirtschaftlicher, ausschließlich den Sport als solchen betreffender Erwägungen zulässig sein können, und daß so der Forderung nach Berücksichtigung der spezifischen Belange des Sports entsprochen wird. Nach einer Ansicht im Schrifttum[1217] sollen aber diskriminierende Maßnahmen schon dann zulässig sein, wenn diese nicht ausschließlich, sondern lediglich ganz überwiegend durch sportliche Erwägungen begründet sind, da eine strikte Trennung sportlicher und wirtschaftlicher Motive im Sportbereich nicht durchführbar ist. Diese Meinung widerspricht aber den dargestellten Ausführungen des EuGH, der Ausnahmen vom Diskriminierungsverbot nur aus nichtwirtschaftlichen, ausschließlich den Sport als solchen betreffenden Erwägungen zuläßt.

Weiter hat der EuGH[1218] hervorgehoben, daß die sich aus dem „Sportvorbehalt“[1219] ergebende „Beschränkung des Geltungsbereiches“ der Bestimmungen des EGV „nicht weiter gehen darf, als ihr Zweck es erfordert“. Es ist deshalb im Rahmen des „Sportvorbehaltes“ eine Verhältnismäßigkeitsprüfung dahingehend vorzunehmen, ob die einzelnen Maßnahmen oder Vorschriften der Sportverbände geeignet, erforderlich und angemessen erscheinen, um den verfolgten sportlichen Zweck zu erreichen.

Problematisch ist, ob der „Sportvorbehalt“ systematisch als „begrenzte Bereichsausnahme“[1220] bei der Frage der Anwendbarkeit des EGV[1221] oder als Rechtfertigungsgrund einer tatbestandlich erfüllten Diskriminierung im Rahmen der anwendbaren Grundfreiheiten[1222] zu beachten ist. Die Formulierungen des EuGH lassen hinsichtlich der dogmatischen Qualifizierung beide Auslegungen zu. Zum einen prüft der EuGH in den Entscheidungen „Dona“[1223] und „Lehtonen“[1224] den „Sportvorbehalt“ vor den Grundfreiheiten und spricht, wie in dem „Bosman“-Urteil[1225], von einer „Beschränkung des Geltungsbereiches des Vertrages“. Zum anderen berücksichtigt der EuGH in dem Verfahren „Bosman“[1226] und „Lehtonen“[1227] nichtwirtschaftliche, ausschließlich den Sport als solchen betreffende Erwägungen im Rahmen der Rechtfertigung von tatbestandlichen Beeinträchtigungen der Arbeitnehmerfreizügigkeit. Entgegen der überwiegenden Auffassung in der Literatur[1228], kann die dogmatische Qualifizierung der nichtwirtschaftlichen sportbezogenen Erwägungen letztendlich nicht dahinstehen, da es, mit Hinblick auf die An-

---

[1214] EuGH, Slg. 1976, 1333 (1340), Rdnr. 14/16 (Rs. 13/76).
[1215] EuGH, Slg. 1995 I, 4921 (5076), Rdnr. 127 (Rs. 415/93).
[1216] EuGH, www.curia.eu.int/jurisp/htme/text.htm, 05.07.2000, Rdnr. 34 (Rs. 176/96).
[1217] *Fischer*, SpuRt 1994, 174 (177); *Schroeder*, Sport und europäische Integration, S. 157; *Hilf*, NJW 1984, 517 (521).
[1218] U. a. Slg. 1995 I, 4921 (5076), Rdnr. 127 (Rs. C-415/93).
[1219] Begriff von: *Palme/Hepp-Schwab/Wilske*, JZ 1994, 343, (344).
[1220] Begriff von: *Schweitzer*, Freizügigkeit des Berufssportlers, S. 83.
[1221] So u. a. *Schweitzer*, Freizügigkeit des Berufssportlers, S. 83; *Kahlenberg*, SpuRt 1994, 129 (130); *Fischer*, SpuRt 1994, 174 (176).
[1222] So u. a. *Schroeder*, Sport und europäische Integration, S. 156 f; *Krogmann*, Grundrechte im Sport, S. 208.
[1223] EuGH, Slg. 1974, 1405 (1418), Rdnr. 4/10 (Rs. 36/74).
[1224] EuGH, www.curia.eu.int./jurisp/htme/text.htm, 05.07.2000, Rdnr. 34 (Rs. 176/96).
[1225] EuGH, Slg. 1995 I, 4921 (5064), Rdnr. 76 (Rs. C-415/93).
[1226] EuGH, Slg. 1995 I, 4921 (5076), Rdnr. 127 (Rs. C-415/93).
[1227] EuGH, www.curia.eu.int/jurisp/htme/text.htm, 05.07.2000, Rdnr. 52 ff. (Rs. 176/96).
[1228] U. a. *Krogmann*, Grundrechte im Sport, S. 208; *Heidersdorf*, Ausländerklauseln im Profisport, S. 59.

wendbarkeit des EG-Kartellrechts nach Art. 81 f. EGV und die bisher nicht geklärte Frage, ob der „Sportvorbehalt" auch geeignet ist, einen Verstoß gegen diese Wettbewerbsvorschriften zu rechtfertigen, bei der systematischen Qualifizierung des „Sportvorbehalts" des EuGH im Ergebnis sehr wohl eine Rolle spielt, ob dieser dogmatisch als Bereichsausnahme vom EGV oder als Rechtfertigungsgrund im Rahmen der Grundfreiheiten einzuordnen ist. Im Interesse einer ernsthaften Verwirklichung des Ziels, Regelungen, die rein sportlich motiviert sind und nicht den Bereich wirtschaftlicher Betätigung berühren, ungeachtet der Regelungen des EGV für zulässig zu erachten, ist der „Sportvorbehalt" als „begrenzte Bereichsausnahme" von der Anwendbarkeit des EGV und nicht als Rechtfertigungsgrund im Rahmen der Grundfreiheiten einzuordnen, damit er auch im Rahmen des europäischen Kartellrechts Anwendung finden kann.

Von Seiten der Sportverbände wurden zur Rechtfertigung ausländerbegrenzender Regelungen, von Transfer- oder Aus- und Fortbildungsentschädigungen und des Ausschlusses von ausländischen Sportlern aus den Nationalmannschaften zahlreiche Argumente vorgebracht, die allesamt darauf abstellen, daß die umstrittenen Verbandsnormen auf rein sportlichen Motiven beruhen und daher der Anwendungsbereich des EGV nicht eröffnet sei.

(1). Der Ausschluß ausländischer Spieler aus der Nationalmannschaft

Nach den Regelwerken der nationalen Sportverbände[1229] dürfen bei Wettbewerben, die durch die internationalen Sportverbände ausgerichtet werden, oder bei den Olympischen Spielen nur Sportler in der Nationalmannschaft zum Einsatz kommen, die auch deutsche Staatsangehörige sind. Demgegenüber existieren für sonstige Einsätze in der Nationalmannschaft, z. B. bei Freundschaftsspielen, keine Verbandsnormen, die einen Ausschluß von Ausländern ausdrücklich normieren, sondern beruht dieser auf der Tradition von Länderspielen und der allgemeinen Praxis der Sportwirklichkeit, also auf Gewohnheitsrecht.

Obwohl es sich eigentlich schon aus der Natur des sportlichen Wettkampfes zwischen Nationen ergibt, daß sich der Kader einer Nationalmannschaft ausschließlich aus Staatsangehörigen des jeweiligen Staates zusammensetzt[1230], ist umstritten, ob dieser Aspekt vom „Sportvorbehalt" des EuGH erfaßt wird.
Nach der Rechtsprechung des EuGH in der Entscheidung „Walrave"[1231] kommt das Diskriminierungsverbot bei der Aufstellung von Wettkampfmannschaften, etwa in Form der Nationalmannschaft, nicht zur Anwendung, da es bei der Bildung dieser Mannschaften um Fragen gehe, die ausschließlich im sportlichen Interesse sind und als solche nichts mit der wirtschaftlichen Betätigung zu tun hätten. Auch führte der EuGH in den Verfahren „Dona"[1232] und „Bosman"[1233] aus, daß der Ausschluß ausländischer Sportler aus der Nationalmannschaft auf rein sportlichen Gründen beruhe und deshalb nicht wirtschaftlich motiviert sei, sondern durch den besonderen Rahmen und den Charakter dieser Begegnungen begründet werde. Diese Ansicht teilt auch das Europäische Parlament, das feststellte, daß die Nationalmannschaft die einzige Ausnahme von den vertraglichen Diskriminierungsverboten hinsichtlich der Ausländerklauseln darstellt[1234].

[1229] Z. B. § 1 Nr. 5.1 Satz 1 lit. l DEB-Satzung i. V. m. Art. 204 der IIHF By-Laws für die Teilnahme an den IIHF-Tunieren und den Olympischen Spielen; § 2 DFB-Satzung i. V. m. Art. 13 Abs. 1 des UEFA-Reglements für die Teilnahme an den Fußballeuropameisterschaften.
[1230] U. a. *Hilf*, NJW 1984, 517 (521).
[1231] EuGH, Slg. 1974, 1405 (1418), Rdnr. 4/10 (Rs. 36/74).
[1232] EuGH, Slg. 1976, 1333 (1340), Rdnr. 14/16 (Rs. 13/76).
[1233] EuGH, Slg. 1995 I, 4921 (5076), Rdnr. 127 (Rs- C-415/93).
[1234] Bericht des Europäischen Parlaments „Die EG und der Sport" vom 29.04.1994, Teil B, S. 4.

Demgegenüber soll nach einem Teil der Literatur[1235] und dem Generalanwalt *Lenz*[1236] wegen der wirtschaftlichen Bedeutung der Begegnungen von Nationalmannschaften der „Sportvorbehalt" des EuGH nicht eingreifen, da auch der Einsatz in diesen Mannschaften eine wirtschaftliche Tätigkeit i. S. d. Art. 2 EGV darstellt, so daß der Ausschluß von ausländischen Spielern nicht ausschließlich sportlicher Natur ist. Die Sportler erhalten durch die Berufung in die Nationalmannschaft die Möglichkeit, Siegprämien zu erzielen und ihren Marktwert zu steigern. Darüber hinaus besteht auch ein erhebliches wirtschaftliches Interesse der Veranstalter an der Austragung von Wettkämpfen zwischen den Nationalmannschaften. So konnte die FIFA für den Verkauf der Übertragungsrechte an der Fußballweltmeisterschaft 1998 Einnahmen in Höhe von 280 Mio. DM erzielen und bezahlte eine private Sportrechteverwertungsgesellschaft ca. 3,4 Milliarden DM an die FIFA, um die Rechte an den Fußballweltmeisterschaften 2002 und 2006 zu erwerben[1237]. Infolgedessen wird angenommen, daß auch der Ausschluß ausländischer Sportler aus der Nationalmannschaft an den Grundfreiheiten des EGV zu messen ist bzw. ein tatbestandlicher Verstoß gegen diese nicht durch den „Sportvorbehalt" des EuGH gerechtfertigt werden kann. Hierbei wird zum Teil angenommen, daß im Rahmen der betroffenen Grundfreiheiten sonstige durch den EGV normierte oder durch die Rechtsprechung des EuGH entwickelte Rechtfertigungsgründe bzw. Ausnahmetatbestände eingreifen[1238]. So wird u. a. vertreten[1239], daß die sportlichen Gründe die wirtschaftlichen Interessen bei der Austragung von Wettkämpfen der Nationalmannschaft in den Hintergrund treten lassen, so daß ein Ausschluß ausländischer Sportler gerechtfertigt sei. Demgegenüber hält eine andere Meinung in der Literatur[1240] einen weder durch den EGV noch durch die Rechtsprechung des EuGH vorgesehenen Ausnahmetatbestand der „Natur der Sache" für einschlägig und begründete Generalanwalt *Warner* in seinem Schlußantrag in dem Verfahren „Walrave und Koch"[1241] die Ausnahme des Einsatzes in Nationalmannschaften vom Diskriminierungsverbot mit dem gesunden Menschenverstand und der Überlegung, daß ein interessierter Dritter auf die Frage, ob die Grundfreiheiten des EGV dem Ausschluß von Ausländern aus der Nationalmannschaft durch die Verbandsregelwerke entgegenstünden, von den Unterzeichnern des EGV die Antwort „natürlich nicht" erhalten hätte. Nach wieder einer anderen Ansicht[1242] sei ein Verstoß gegen die Grundfreiheiten des EGV durch die Ausländerbeschränkungen in Bezug auf den Einsatz in der Nationalmannschaft in Folge Gewohnheitsrechts contra legem ausgeschlossen.

Gegen die Annahme, daß der Einsatz in der Nationalmannschaft nicht dem „Sportvorbehalt" des EuGH unterfällt und deshalb der Anwendungsbereich der EGV-Grundfreiheiten eröffnet sein soll bzw. ein Verstoß gegen diese keine Rechtfertigung durch den „Sportvorbehalt" erfährt und somit nach anderen Rechtfertigungsgründen zu suchen ist, spricht mit *Palme/Hepp-Schwab/Wilske*[1243] und *Heidersdorf*[1244], daß sich durch die ständige Rechtsprechung des EuGH zur Zulässigkeit von Ausländerklauseln im Bereich der Nationalmannschaft ein richterrechtlich geschaffener Ausnahmetatbestand entwickelt hat. Zwar war lediglich in der Rechtssache „Walrave" die Teilnahme an einer Weltmeisterschaft streitgegenständlich und hat der EuGH in den

---

[1235] U. a. *Palme*, JZ 1996, 238 (240); *Schroeder*, Sport und europäische Integration, S. 43 f.; *Heidersdorf*, Ausländerklauseln im Profisport, S. 86 ff.

[1236] Schlußanträge des Generalanwalts *Lenz*, Slg. 1995 I, 4921 (4978), Rdnr. 139 (Rs-C-415/93), wobei der Generalanwalt in seinem Schlußantrag im Verfahren „Bosman" die Rechtmäßigkeit des Ausschlusses von ausländischen Spielern aus der Nationalmannschaft mangels Entscheidungserheblichkeit letztendlich auf sich beruhen ließ.

[1237] Vgl. oben, Vorbemerkungen, I.

[1238] Zusammenfassend bei *Heidersdorf*, Ausländerklauseln im Profisport, S. 93 ff.

[1239] *Hilf*, NJW 1984, 517 (521); *Zuleeg*, Der Sport im europäischen Gemeinschaftsrecht, S. 5.

[1240] *Marticke*, Ausländerklauseln und Spielertransfer, S. 59.

[1241] Schlußanträge des Generalanwalts *Warner*, Slg. 1974, 1405 (1427), (Rs. 36/74).

[1242] *Delannay*, Cahier de droit européen 1976, 204 (216).

[1243] *Palme/Hepp-Schwab/Wilske*, JZ 1994, 343 (344).

[1244] *Heidersdorf*, Ausländerklauseln im Profisport, S. 98 f.

Verfahren „Dona“ und „Bosman“, die die Ausländerklauseln und Transferbestimmungen des Ligabetriebs zum Inhalt hatten, nur beiläufig auf die Ausnahmestellung der Nationalmannschaft verwiesen. Jedoch hat das Gericht durch diese Urteile seine Rechtsauffassung wiederholt unterstrichen und somit richterrechtlich eine Ausnahme von der Anwendbarkeit der Grundfreiheiten oder deren tatbestandlichen Verwirklichung geschaffen. Nach Art. 220 EGV sichert der Gerichtshof „die Wahrung des Rechts bei der Auslegung und Anwendung“ des EGV, wobei der EuGH grundsätzlich auch Gewohnheitsrecht zu berücksichtigen hat, welches auch im europäischen Recht durch ständige Übung entstehen kann[1245]. Jedoch läßt sich der Ausschluß von ausländischen Spielern aus der Nationalmannschaft nicht durch Gewohnheitsrecht rechtfertigen, da nach überwiegender Ansicht[1246] die Rechtsordnung der Gemeinschaft zu neu ist, um bereits gewohnheitsrechtliche Regeln entwickelt zu haben. Die Tätigkeit des EuGH umfaßt aber nach der herrschenden Meinung[1247] auch eine Fortbildung des Gemeinschaftsrechts und somit die Schaffung von Richterrecht[1248], wobei die Grenzen der zum Teil dynamischen richterlichen Rechtsfortbildung im Gemeinschaftsrecht im Einzelnen umstritten sind[1249]. Einigkeit besteht jedoch darüber, daß neben dem primären und sekundären Gemeinschaftsrecht auch die rechtsstaatlichen Prinzipien, die den gemeinsamen Verfassungstraditionen der Mitgliedstaaten innewohnen, zum „Recht“ i. S. d. Art. 220 EGV zählen, weswegen der EuGH bei der Anwendung und Auslegung des Gemeinschaftsrechts den Grundsatz der Rechtssicherheit zu beachten hat[1250]. Zwar kann der EuGH mangels Bindung an seine Präjudizien grundsätzlich von seiner Rechtsprechung wieder abweichen[1251]. Jedoch hat der Gerichtshof festgestellt[1252], daß Entscheidungen in einem konkreten Rechtsstreit auch in anderen Verfahren Wirkung entfalten können. Zudem hat er in mehreren Verfahren[1253] mit Blick auf die Verläßlichkeit und Vorhersehbarkeit künftiger Gemeinschaftsmaßnahmen und aus „zwingenden Gründen der Rechtssicherheit“ auf die verfahrensübergreifende Verbindlichkeit seiner in anderen Rechtsstreitigkeiten getroffenen Aussagen verwiesen, so daß durch die ständige Rechtsprechung des Gerichtshofes Bestandsschutz für die Ausnahme betreffend Begegnungen der Nationalmannschaften in ihrer traditionellen Form entstanden ist. Etwas anderes ergibt sich auch nicht aus dem Aspekt, daß die besagten Entscheidungen des EuGH zu den Ausländerklauseln allesamt im Rahmen des Vorabentscheidungsverfahren nach Art. 234 EGV ergangen sind, dessen Urteile in erster Linie nur für die mit dem Ausgangsverfahren befaßten Gerichte verbindlich sind[1254]. Derartige Entscheidungen entfalten in tatsächlicher Hinsicht auch Wirkungen in anderen, nicht mit dem Ausgangsrechtsstreit zusammenhängenden Verfahren, da die nationalen Gerichte im Interesse einer einheitlichen Anwendung des Gemeinschaftsrechts uneingeschränkt berechtigt sind, das Gemeinschaftsrecht in der Auslegung anzuwenden, die durch den EuGH in einem anderen Verfahren entwickelt wurde[1255]. Darüber hinaus sind die letztinstanzlichen Gerichte i. S. d. Art. 234 Abs. 3 EGV gehalten, das Gemeinschaftsrecht in der vom EuGH vorgegebenen Interpretation anzuwenden oder erneut vorzulegen[1256]. Dies gilt aus Gründen der Prozeßökonomie und der einheitlichen Anwen-

---

[1245] *Bleckmann*, Europarecht, S. 209 ff.
[1246] U. a. *Krück* in: *Groeben/Thiesing/Ehlermann*, Art. 164 EGV a. F., Rdnr. 42 f.
[1247] U. a. *Herdegen*, Europarecht, S. 106.
[1248] U. a. *Bleckmann*, Europarecht, S. 209.
[1249] Hierzu: BVerfGE 75, 233 (241 ff.); 89, 155 (188), (210).
[1250] U. a. *Geiger*, Art. 164 EGV a. F., Rdnr. 27, 29.
[1251] *Bleckmann*, Europarecht, S. 210.
[1252] U. a. EuGH, Slg. 1978, 1209 (1224), Rdnr. 4 (Rs. 83, 94/76, 4, 15, 40/77); EuGH, Slg. 1979, 3091 (3114), Rdnr. 12 (Rs. 64, 113/76, 167, 239/78, 27, 28, 45/79).
[1253] U. a. EuGH, EuZW 1993, 742 (743), Rdnr. 16 ff. (Rs. C-109/91); EuGH, Slg. 1994 I, 4541 (4574 f.), Rdnr. 21 ff. (Rs. C-57/93).
[1254] *Krück* in: *Groeben/Thiesing/Ehlermann*, Art. 177 EGV a. F., Rdnr. 87.
[1255] *Wohlfahrt* in: *Grabitz/Hilf*, Art. 177 EGV a. F., Rdnr. 71.
[1256] U. a. EuGH, Slg. 1982, 3415 (3429), Rdnr. 11 ff. (Rs. 283/81).

dung des Gemeinschaftsrechts auch für die nicht letztinstanzlichen Gerichte i. S. d. Art. 234 Abs. 2 EGV[1257], so daß auch die nationalen Gerichte bei der Handhabung des Gemeinschaftsrechts den Ausnahmecharakter der Nationalmannschaften zu beachten haben. Auch spricht gegen die Ansicht, daß der Ausschluß von ausländischen Sportlern aus der Nationalmannschaft nicht vom „Sportvorbehalt" des EuGH umfaßt sein soll, daß sich die wirtschaftliche Bedeutung und die besondere Anziehungskraft der Wettkämpfe zwischen Nationalmannschaften gerade daraus ergibt, daß an diesen Ereignissen nur Sportler teilnehmen dürfen, die Staatsangehörige der beteiligten Nationen sind. Ohne diese Komponente würden sich sportliche Vergleiche auf Nationenebene nicht mehr von internationalen Spielen zwischen Vereinsmannschaften oder den durch private Sportveranstalter organisierten Leichtathletikmeetings unterscheiden. Es ist daher widersprüchlich, eine Öffnung der Nationalmannschaften für ausländische Sportler mit der wirtschaftlichen Komponente dieser Wettkämpfe zu begründen, da sich deren wirtschaftliche Bedeutung gerade aus dem nationalen Charakter der Begegnungen ergibt.

Infolgedessen ist der Ausschluß ausländischer Spieler und Athleten aus der Nationalmannschaft durch den „Sportvorbehalt" des EuGH gerechtfertigt bzw. der Anwendungsbereich des EGV in Bezug auf diese Frage nicht gegeben.

(2). Ausländerklauseln auf Vereinsebene

Bis zum „Bosman"-Urteil des EuGH galt für die europäischen Pokalwettbewerbe der UEFA und in den Lizenzligen der meisten europäischen Fußballverbände die sog. „3 + 2-Regel"[1258], nach der die Anzahl der spielberechtigten Ausländer auf drei Spieler beschränkt war und darüber hinaus noch zwei „assimilierte" Ausländer, die in den letzten fünf Jahren ununterbrochen in dem jeweiligen Land spielberechtigt waren[1259], eingesetzt werden durften. Nachdem diese Verbandsregelwerke durch das „Bosman"-Urteil für rechtswidrig erklärt worden sind, hat der DFB den sog. „Dutzend-Paragraphen"[1260] eingeführt, nach dem die Erteilung der Lizenz zum Spielbetrieb der 1. und 2. Bundesliga für den Verein von der Beschäftigung von „mindestens zwölf Lizenzspielern deutscher Staatsangehörigkeit" abhängig gemacht wird.

Daher stellt sich auch weiterhin die Frage, ob die Ausländerklauseln auf Vereinsebene auch durch den „Sportvorbehalt" des EuGH gerechtfertigt werden bzw. dem Anwendungsbereich des EGV entzogen sind.

Zur Rechtfertigung der Ausländerklauseln haben die Sportverbände auf das Argument der Nachwuchsförderung verwiesen, wobei dieses Motiv auch maßgeblich für die Normierung des „Dutzend-Paragraphen" nach § 7 Nr. 1 c LiSpSt des DFB war[1261]. Die Nachwuchsförderung ist ein wesentliches Anliegen der Verbände. Diese haben wiederholt hervorgehoben, daß die unbegrenzte Zulassung des Abschlusses von Sportleistungsverträgen und des Einsatzes von ausländischen Profis verheerende Auswirkungen auf die Förderung des Nachwuchses für die Vereine und die Nationalmannschaft haben könnte, weil weniger deutsche Spieler die Möglichkeit erhalten, in den höchsten Spielklassen sportliche Erfahrung zu sammeln[1262].

[1257] *Wohlfahrt* in: *Grabitz/Hilf*, Art. 177 EGV a. F., Rdnr. 73.
[1258] Vgl. § 22 Nr. 2 a DFB-SpO a. F.
[1259] In Deutschland wurden die assimilierten Profis, unter Abweichung der staatsrechtlichen Bestimmungen zur Staatsangehörigkeit, „Fußball-Deutsche" genannt.
[1260] Vgl. § 7 Nr. 1 c DFB-LiSpSt.
[1261] Vgl. Süddeutsche Zeitung vom 08.11.1996, S. 23.
[1262] *Franzke*, DFB-Journal 4/1995, 42 (46).

Auch das OLG Frankfurt a. M.[1263] hat, unter ausdrücklicher Heranziehung der EuGH-Entscheidungen in den Verfahren „Walrave" und „Dona", in einem Beschwerdeverfahren gegen eine einstweilige Verfügung entschieden, daß eine zahlenmäßige Beschränkung des Einsatzes ausländischer Spieler zwar diskriminierende Wirkung habe, aber mit dem EGV vereinbar sei, da die Regelung nicht auf wirtschaftlichen Gründen beruhe, sondern in erster Linie sportlichen Belangen Rechnung trage. Dieser Auffassung hat sich auch das LG Frankfurt a. M.[1264] in dem nachfolgenden Hauptsacheverfahren angeschlossen und ausgeführt, daß die Ausländerklauseln nicht auf wirtschaftliche, sondern auf sportliche Gründe zurückzuführen seien, indem „kontinuierlich" talentierte Nachwuchsspieler trainiert und „an höhere Aufgaben herangeführt" werden sollen. Zudem bestehe die Gefahr, daß durch die unbeschränkte Verpflichtung ausländischer Spieler die Nachwuchsspieler keine ausreichende Wettkampferfahrung sammeln könnten und dies „negative Auswirkungen auf die Bildung der Nationalmannschaft hätte".

Seitens des EuGH[1265] ist im Zusammenhang mit dem „Sportvorbehalt" gegen das Argument der Nachwuchsförderung vorgebracht worden, daß die Ausländerklauseln „weiter gehen, als ihr Zweck es erfordert". Zwar wird durch den Wegfall dieser Bestimmungen die Chance eines jungen Sportlers vermindert, in seinem Heimatland eine Beschäftigung zu finden, jedoch erhöhen sich im Gegenzug seine Perspektiven auf Abschluß eines Sportleistungsvertrages in einem anderen europäischen Land. Diese Argumentation läßt sich jedoch nicht auf den „Dutzend-Paragraphen" (§ 7 Nr. 1 c LiSpSt des DFB) übertragen, da durch diese Regelung gewährleistet wird, daß Jungprofis im Heimatland Beschäftigung finden und darüber hinaus ein Wechsel ins Ausland nicht behindert wird; die Vereine können trotzdem so viele ausländische Spieler unter Vertrag nehmen wie sie wollen, wenn sie wirtschftlich hierzu in der Lage sind.

Darüber hinaus wurde von einigen Autoren im Schrifttum die Unzweckmäßigkeit der „3 + 2-Regel" damit begründet, daß die deutschen Sportler gerade durch den Kontakt mit hochwertigen ausländischen Sportlern frühzeitig an den internationalen Leistungsstandard herangeführt würden und deshalb eine Ausländerbeschränkung sogar negativen Einfluß auf die sportliche Entwicklung talentierter Nachwuchsspieler hätte[1266]. Auch dieses Argument trifft auf die Regelung des § 7 Nr. 1 c LiSpSt des DFB nicht zu, weil die Vereine keiner Beschränkung hinsichtlich der zu beschäftigenden oder einzusetzenden Ausländer unterliegen und deshalb gewährleistet ist, daß die jungen deutschen Spieler von ausländischen Profis in ihrem Verein lernen können.

Zudem wurde im Zusammenhang mit der „3 + 2-Regelung" vorgebracht, daß das Argument der Nachwuchsförderung auch eine wirtschaftliche Komponente beinhalte und daher nicht ausschließlich durch sportliche Gründe motiviert sei. Der einheimische Markt für Berufssportler soll, u. a. aus dem Grund, daß ausländische Profis im Vergleich zu deutschen Sportlern preiswerter verpflichtet werden können[1267], zugunsten inländischer Profis abgeschottet werden[1268]. Solche ihrer Natur nach wirtschaftsprotektionistischen Maßnahmen können nicht dadurch gerechtfertigt werden, daß letztendlich auch den wirtschaftlichen Motiven die ausschließlich sportliche Intention der Aufrechterhaltung des Wettbewerbs zugrundeliegt[1269]. Anderenfalls könnte jedes wirtschaftliche Motiv durch Gründe des Sportwohls begründet und somit durch den Sportvorbehalt gerechtfertigt werden. Demgegenüber werden mit der Regelung des § 7 Nr. 1 c LiSpSt des DFB nur ausschließlich sportliche und keine wirtschaftlichen Gründe verfolgt. Zwar kann im Einzelfall die Verpflichtung eines weiteren ausländischen Profis daran scheitern, daß der Verein hierzu finanziell nicht mehr in der Lage ist, da er seine gesamten Mittel für den

---

[1263] OLG Frankfurt a. M., MDR 1993, 1250 (1251).
[1264] LG Frankfurt a. M., NJW-RR 1994, 1270 (1271).
[1265] EuGH, Slg. 1995 I, 4921 (5077), Rdnr. 134 (Rs. C-415/93).
[1266] Vgl. *Fischer*, SpuRt 1994, 174 (177); *Palme/Hepp-Schwab/Wilske*, JZ 1994, 343 (345).
[1267] Vgl. *Fischer*, SpuRt 1994, 174 (177).
[1268] Vgl. *Heidersdorf*, Ausländerklauseln im Profisport, S. 63.
[1269] So aber *Schroeder*, Sport und europäische Integration, S. 166.

Unterhalt der zwölf deutschen Sportler verwendet hat. Jedoch ist § 7 Nr. 1 c LiSpSt des DFB nicht generell geeignet, den Markt für Berufssportler gegenüber ausländischen Profis abzuschirmen, da die Vorschrift selber die Clubs nicht hindert, ausländische Profis in unbegrenzter Anzahl unter Vertrag zu nehmen und zum Einsatz zu bringen.
Der sog. „Dutzend-Paragraph" nach § 7 Nr. 1 c LiSpSt des DFB beruht somit auf dem rein sportlichen Grund der Nachwuchsförderung und „geht nicht weiter, als es zur Erreichung des Zwecks erforderlich ist"; er ist daher durch den „Sportvorbehalt" des EuGH dem Anwendungsbereich der Grundfreiheiten des EGV entzogen bzw. gerechtfertigt.

Der EuGH hat in der Entscheidung „Dona"[1270] ausgeführt, daß ausländische Sportler von „bestimmten Begegnungen aus nichtwirtschaftlichen Gründen" ausgeschlossen werden können, „die mit dem spezifischen Charakter und Rahmen dieser Begegnungen zusammenhängen", und hat diese Ansicht im „Bosman"-Urteil[1271] bekräftigt. Anknüpfend an diese Feststellung wurde im Schrifttum[1272] vertreten, daß zur Wahrung der nationalen Identität des Wettkampfes nur eine Mannschaft den Titel des Deutschen Meisters erringen können sollte, die eine Mindestzahl von Spielern mit deutscher Staatsangehörigkeit aufweist. Nach einer anderen Meinung in der Literatur[1273] kommt den Vereinsmannschaften im Rahmen von internationalen Begegnungen eine ähnlich repräsentative Wirkung wie der Nationalmannschaft zu, weswegen der „Sportvorbehalt" zumindest auf die von der UEFA ausgerichteten Wettbewerbe Anwendung finden soll. Diese im Rahmen der Diskussion um die „3 + 2-Regelung" entwickelte Argumentation läßt sich nicht auf die Regelung des § 7 Nr. 1 c LiSpSt des DFB anwenden, da dieser nicht vorschreibt, wie viele deutsche Spieler tatsächlich in einem Wettkampf zum Einsatz kommen müssen. Auch waren diese Erwägungen nicht geeignet, die „3 + 2-Regelung" durch die Anwendung des „Sportvorbehaltes" zu rechtfertigen. Zum einen tritt im Fall des Gewinns der nationalen Meisterschaft oder von internationalen Wettbewerben die Staatsangehörigkeit des einzelnen Spielers hinter die Identifikation mit dem Verein und der Leistung der gesamten Mannschaft zurück[1274] und kann der Begriff des deutschen Meisters oder z. B. des „Champions League"-Siegers auch dahingehend interpretiert werden, daß der Verein aus einer auf nationaler oder internationaler Ebene durchgeführten Meisterschaft siegreich hervorgegangen ist[1275]. Etwas anderes muß aber im Rahmen der nationalen Meisterschaften von Individualsportarten wie der Leichtathletik gelten, da bei diesen Wettkämpfen nicht die Mannschaft, sondern der einzelne Sportler im Vordergrund steht.

Weiter wurde angeführt, daß die Wahrung des nationalen Charakters der Meisterschaften nötig sei, um das Publikumsinteresse aufrecht zu erhalten[1276]. Bei der Sicherung von Zuschauermärkten handelt es sich aber um eine wirtschaftliche Motivation, die im Rahmen des „Sportvorbehalts" des EuGH keine Berücksichtigung finden darf. Darüber hinaus erweist sich die Verpflichtung hochkarätiger ausländischer Sportler oft als Möglichkeit, den sportlichen Erfolg und somit auch das Zuschauerinteresse zu steigern[1277], so daß offen ist, ob die Beschränkung nicht weiter gehen würde als ihr Zweck dies erfordert.

[1270] EuGH, Slg. 1976, 1333 (1340), Rdnr. 14/16 (Rs. 13/76).
[1271] EuGH, Slg. 1995 I, 4921 (5076), Rdnr. 127 (Rs. C-415/93).
[1272] *Kahlenberg*, SpuRt 1994, 129 (130).
[1273] Vgl. *Palme/Hepp-Schwab/Wilske*, JZ 1994, 343 (345).
[1274] *Klose*, Die Rolle des Sports, S. 150; *Hilf*, NJW 1984, 517 (522).
[1275] Schlußanträge des Generalanwalts *Lenz*, Slg. 1995 I, 4921 (4981), Rdnr. 144 (Rs. C-415/93); *Krogmann*, Grundrechte im Sport, S. 211 f.
[1276] Vgl. *Heidersdorf*, Ausländerklauseln im Profisport, S. 64.
[1277] Schlußanträge des Generalanwalts *Lenz*, Slg. 1995 I, 4921 (4980), Rdnr. 143 (Rs. C-415/93).

Schließlich wurde zur Rechtfertigung der Ausländerklauseln durch die UEFA[1278] angeführt, daß diese zum Schutz und zur Aufrechterhaltung des sportlichen Wettbewerbs unerläßlich wären. Es sei zu befürchten, daß durch die schrankenlose Verpflichtung ausländischer Spitzensportler durch die wirtschaftlich starken Clubs die sportliche Kluft zwischen den wenigen reichen Vereinen und den restlichen Clubs zu groß würde, um einen interessanten und ausgewogenen sportlichen Wettbewerb aufrecht zu erhalten.
Dem ist jedoch mit dem EuGH[1279] entgegenzuhalten, daß die Ausländerklauseln zur Aufrechterhaltung des sportlichen Wettbewerbs gar nicht geeignet sind, da diese zwar die reichen Clubs daran hindern können, die besten ausländischen Sportler zu verpflichten, jedoch diese Vereine nicht in der Möglichkeit beschränkt werden, die besten inländischen Sportler unter Vertrag zu nehmen. Durch die Ausländerklauseln wird lediglich das Reservoir an guten Sportlern auf dem heimischen Spielermarkt verringert und eine Konzentration dieser Spieler bei den wenigen wirtschaftlich starken Clubs herbeigeführt. Der Wegfall der Ausländerklauseln ist vielmehr geeignet, dieser Entwicklung entgegenzusteuern, da so das Angebot an Spitzensportlern auf dem inländischen Spielermarkt erhöht wird.

(3). Transfervorschriften für den Vereinswechsel

Der Begriff Transfervorschriften läßt sich in die Regelungsbereiche Transferentschädigungen und Transferwechselzeiten unterteilen. Fraglich ist jedoch, ob die Transfervorschriften der Verbandsregelwerke vom „Sportvorbehalt" des EuGH erfaßt werden.
Der EuGH hatte in der „Bosman"-Entscheidung[1280] bezüglich der nicht an der Nationalität anknüpfenden und daher unterschiedslos geltenden Transferregelungen ausgeführt, daß diese zulässig seien, wenn sie „einen mit dem Vertrag vereinbaren Zweck verfolgen würden und aus zwingenden Gründen des Allgemeininteresses gerechtfertigt wären". Diese Feststellung wird von einem Teil der Literatur[1281] dahingehend bewertet, daß im Rahmen des „Sportvorbehaltes", zumindest bei unterschiedslos geltenden Maßnahmen, zwingende Gründe des Allgemeininteresses zu berücksichtigen wären. Dieser dogmatischen Einordnung ist jedoch nicht zuzustimmen. Vielmehr handelt es sich bei der Berücksichtigung von Gründen des Allgemeininteresses nicht um einen weiteren Aspekt im Rahmen des „Sportvorbehalts", sondern überprüft der EuGH in ständiger Rechtsprechung bei der Anwendung der Grundfreiheiten des EGV als Beschränkungsverbote bezüglich nichtdiskriminierender Maßnahmen als Rechtfertigungstatbestand, ob diese dem Allgemeininteresse dienen und zur Verwirklichung dieses Zwecks geeignet, notwendig und angesichts der betroffenen Grundfreiheiten angemessen sind[1282], so daß dieser Aspekt erst im Rahmen der Rechtfertigung unterschiedslos geltender Maßnahmen als eigener Rechtfertigungsgrund zu berücksichtigen sein wird. Der „Sportvorbehalt" ist nicht geeignet, die Transferbestimmungen dem Anwendungsbereich des EGV zu entziehen. Er wurde durch den EuGH in den Fällen „Walrave", „Dona" und „Bosman" nur im Zusammenhang mit der Rechtmäßigkeitskontrolle von Ausländerklauseln entwickelt, jedoch nicht bezüglich der Transferzahlungen in der Entscheidung „Bosman" verwandt. Der Gerichtshof hat bei der Überprüfung der Rechtmäßigkeit von Transferwechselzeiten im Verfahren „Lehtonen"[1283] ausdrücklich festgestellt, daß eine Anwendbarkeit des „Sportvorbehalts" im Zusammenhang mit Transfervorschriften „weiter gehen würde, als es der Zweck dieser Beschränkung des Geltungsbereiches des Vertrages" erfordert . Zudem ist eine Erweiterung des Anwendungsbereiches des „Sportvorbehaltes" auf

[1278] Vgl. UEFA, Offener Brief vom 03.11.1995.
[1279] EuGH, Slg. 1995 I, 4921 (5077), Rdnr. 135 (Rs. C-415/93).
[1280] EuGH, Slg. 1995 I, 4921 (5071), Rdnr. 104 (Rs. C-415/93).
[1281] U. a. *Krogmann*, Grundrechte im Sport, S. 214.
[1282] Vgl. oben, 3.Abschn., II.3.a.
[1283] Vgl. EuGH, www.curia.eu.int/jurisp/ htme/text.htm, 05.07.2000, Rdnr. 34 (Rs. 176/96).

Verbandsnormen, die nicht eine Ausländerbeschränkung zum Inhalt haben, wegen des Gebots der restriktiven Auslegung von Tatbeständen, die eine Ausnahme vom Anwendungsbereich des EGV festlegen, im Interesse einer effektiven Durchsetzung des Gemeinschaftsrechts nicht möglich[1284].

cc. Sport als Bestandteil der Kultur nach Art. 151 EGV

Art. 151 EGV ist, auch wenn man die sportliche Betätigung der Profis unter den Kulturbegriff dieser Vorschrift subsumiert[1285], wie bei den Ausführungen zur individualrechtlichen Seite der Rechtsbeziehungen der Profisportler dargestellt, nicht geeignet, den Anwendungsbereich der Grundfreiheiten[1286] und der Wettbewerbsvorschriften[1287] des EGV einzuschränken bzw. auszuschließen.

dd. Vertrauensschutz

Nach Art. 220 EGV hat der EuGH bei der Anwendung des EGV „die Wahrung des Rechts" zu sichern und dabei auch den Grundsatz der Vertrauensschutzes zu beachten[1288].
Infolgedessen wurde im Zusammenhang mit der „Bosman"-Entscheidung von *Scholz/ Aulehner*[1289] vertreten, daß die bis dahin geltenden Transferbestimmungen und die „3+2-Regel" durch die UEFA in Abstimmung mit der Kommission entworfen wurden, um die Erfordernisse der Freizügigkeitsregelungen des EGV mit den sportlichen Bedürfnissen in Einklang zu bringen. Hierdurch sei durch die Kommission als Gemeinschaftsorgan ein Vertrauenstatbestand geschaffen worden, der der Anwendung des EGV im Bereich der Ausländerbestimmungen und Transferregelungen der Verbände entgegenstehen könnte[1290] oder zumindest die Gewährung einer fünfjährigen Übergangsfrist bis zur Aufhebung der betreffenden Regelungen gebiete[1291].
Dieser Argumentation wurde durch den EuGH[1292] entgegengehalten, daß „die Kommission, abgesehen von den Fällen, in denen ihr solche Befugnisse ausdrücklich eingeräumt werden, nicht berechtigt ist, Garantien hinsichtlich der Vereinbarkeit bestimmten Verhaltens mit dem Vertrag zu geben". Auch habe sie keinesfalls „die Befugnis, gegen den Vertrag verstoßende Verhaltensweisen zu genehmigen".
Dieser Ansicht ist zuzustimmen: Zum einen ist schon fraglich, ob die Kommission durch die Signalisierung einer gewissen Dialogbereitschaft hinsichtlich einer stufenweisen Abschaffung der betreffenden Verbandsnormen überhaupt einen Vertrauenstatbestand geschaffen hat[1293] oder ob diesen Aussagen eher der Charakter einer unverbindlichen Absichtserlärung zukommt. Zum anderen ist zutreffend, daß die verbindliche Auslegung des EGV nicht Sache der Kommission ist, sondern diese Aufgabe nach Art. 220, 230 und 234 EGV eindeutig in den alleinigen Kompetenzbereich des EuGH fällt.

[1284] Vgl. EuGH, Slg. 1974, 1337 (1350), Rdnr. 18/19 (Rs. 41/74); *Hailbronner* in: *Dauses*, D. I., Rdnr. 48.
[1285] Vgl. oben, 2.Abschn., II.4.b.dd.
[1286] Vgl. ebenda.
[1287] Vgl. oben, 2.Abschn., II.1.c.bb.(4).
[1288] U. a. *Geiger*, Art. 164 EGV a. F., Rdnr. 29.
[1289] *Scholz/Aulehner*, SpuRt 1996, 44 (46).
[1290] Vgl. *Heidersdorf*, Ausländerklauseln im Profisport, S. 25.
[1291] *Scholz/Aulehner*, SpuRt 1996, 44 (46).
[1292] EuGH, Slg. 1995 I, 4921 (5078), Rdnr. 136 (Rs. C-415/93).
[1293] Vgl. *Heidersdorf*, Ausländerklauseln im Profisport, S. 28.

c. Die Bedeutung der EGV-Grundfreiheiten

Zur Regelung des kollektivrechtlichen Rechtsverhältnisses des Profisportlers zu den nationalen Sportverbänden kommen auf der Ebene der Grundfreiheiten des EGV die Arbeitnehmerfreizügigkeit (Art. 39 EGV), die Niederlassungsfreiheit (Art. 43 EGV) und die Freiheit des Dienstleistungsverkehrs (Art. 49 EGV) in Betracht. Durch die im „Bosman"-Urteil des EuGH enthaltene Feststellung, daß die Arbeitnehmerfreizügigkeit nach Art. 39 EGV nicht lediglich ein Diskriminierungsverbot enthält, sondern darüber hinaus auch die Unzulässigkeit nichtdiskriminierender Freizügigkeitsbeschränkungen (Beschränkungsverbot) zum Inhalt hat[1294], wurde die sich in der Rechtsprechung des Gerichtshofes immer klarer abzeichnende Tendenz zu einer weitreichenden „Konvergenz der Grundfreiheiten" fortgesetzt[1295]. Den Grundfreiheiten der Arbeitnehmer-, Niederlassungs- und Dienstleistungsfreiheit liegt eine gemeinsame Struktur zugrunde. Sie beinhalten allesamt ein Diskriminierungs- und Beschränkungsverbot und unterscheiden sich kaum hinsichtlich der geschriebenen und ungeschriebenen Rechtfertigungsgründe.

aa. Der sachliche Anwendungsbereich der EGV-Grundfreiheiten

Der sachliche Anwendungsbereich der Arbeitnehmerfreizügigkeit ist eröffnet, wenn es sich bei dem Sportler um einen „Arbeitnehmer" i. S. d. Art. 39 EGV handelt, wohingegen eine Maßnahme der Sportverbände im Falle einer „Niederlassung" oder bei Qualifizierung der Tätigkeit als „Dienstleistung" an den Vorschriften des Art. 43 EGV bzw. Art. 49 EGV zu messen ist.

(1). Die Fußball- und Eishockeyspieler als „Arbeitnehmer" gemäß Art. 39 EGV

Der EuGH ist in der Rechtssache „Bosman" [1296] von einem Arbeitsverhältnis zwischen Verein und Fußballspieler ausgegangen; diese Einschätzung ist auch auf das Rechtsverhältnis des Eishockeyspielers zum Club zu übertragen[1297].
Der Gerichtshof hat deshalb auch die Verbandsnormen als Regelungen, die die „Möglichkeit des Spielers, eine Beschäftigung zu finden" beeinflussen, dem sachlichen Anwendungsbereich der Arbeitnehmerfreizügigkeit unterworfen. Dieser Einschätzung ist im Ergebnis zu folgen. Zwar kommt den Sportverbänden selber kein Weisungsrecht hinsichtlich der durch die Fußball- und Eishockeyspieler zu erbringenden Dienstleistung zu[1298], so daß die unmittelbar zwischen Sportler und Verband bestehende kollektivrechtliche Rechtsbeziehung nicht als Arbeitsverhältnis i. S. d. Art. 39 EGV einzustufen ist. Jedoch besteht ein derartiges Direktionsrecht im Rahmen des Sportleistungsvertrages zwischen Fußball- bzw. Eishockeyspieler und Verein[1299], weswegen die Spieler im Rahmen dieses Rechtsverhältnisses als Arbeitnehmer i. S. d. Gemeinschaftsrechts zu qualifizieren sind, wobei durch die in den Verbandsregelwerken enthaltenen Transfer- und Ausländervorschriften auf den Inhalt und die Begründung des Arbeitsverhältnisses zu den Clubs eingewirkt wird. Dieser Umstand reicht, obwohl unmittelbar zwischen Profi und Verband kein Arbeitsverhältnis besteht, aus, um hinsichtlich des kollektivrechtlichen Rechtsverhältnisses zwischen Verband und Spieler die Eröffnung des sachlichen Anwendungsbereichs des Art. 39 EGV zu bejahen. Die europarechtliche Arbeitnehmerfreizügigkeit setzt kein zwischen den Parteien des Rechtsstreits bestehendes Arbeitsverhältnis voraus, sondern erfaßt sämtliche Vor-

---

[1294] EuGH, Slg. 1995 I, 4921 (5069), Rdnr. 96 (Rs. C-415/93).
[1295] *Herdegen*, Europarecht, S. 207; *Hilf/Pache*, NJW 1996, 1169 (1171).
[1296] EuGH, Slg. 1995 I, 4921 (5064), Rdnr. 75 (Rs. C-415/93).
[1297] Vgl. oben, 2.Abschn., II.1.c.bb.(4).
[1298] Vgl. oben, 3.Abschn., I.1.
[1299] Vgl. oben, 2.Abschn., I.3.b.aa.

schriften staatlichen und im gewissen Umfang auch Regelungen privaten Ursprungs, die geeignet sind, auf die Ausübung der Gewährleistung einzuwirken.

(2). Der Leichtathlet als selbständiger Dienstleistender i. S. d. Art. 43, 49 EGV

Die sich aus der kollektivrechtlichen Rechtsbeziehung des Leichtathleten zum Verband ergebenden Regelungen hinsichtlich der im Rahmen des Sportleistungsvertrages selbständig zu erbringenden Tätigkeit des Athleten[1300] unterfallen dem sachlichen Anwendungsbereich der Niederlassungsfreiheit nach Art. 43 EGV, wenn der Profi dauerhaft in der Bundesrepublik Deutschland ansässig ist oder der Hauptumfang und -schwerpunkt seiner sportlichen Tätigkeit hier liegt[1301]. Demgegenüber ist der Schutzbereich der Dienstleistungsfreiheit gemäß Art. 49 EGV eröffnet, wenn er in einem anderen Mitgliedsstaat seinen Wohnsitz hat und seine Sportleistung in einem zeitlich begrenzten Rahmen bei Wettkämpfen in der Bundesrepublik Deutschland erbringt[1302].

bb. Der persönliche Anwendungsbereich der EGV-Grundfreiheiten

Träger der EGV-Grundfreiheiten sind die Staatsangehörigen der Mitgliedstaaten. Weitere Voraussetzung für ihre Anwendung ist es, daß der Sachverhalt ein grenzüberschreitendes Element aufweist und nicht lediglich rein inlandsbezogene Umstände vorliegen[1303]. Der persönliche Anwendungsbereich der EG-Grundfreiheiten ist daher nach der Rechtsprechung des EuGH[1304] nur in dem Fall nicht eröffnet, wenn der Einzelfall „keinerlei Anknüpfungspunkte zu irgendeinem der vom Gemeinschaftsrecht erfaßten Sachverhalte aufweist".

Infolgedessen kann sich der inländische Profisportler nur dann gegenüber den deutschen Verbänden auf die Grundfreiheiten des EGV berufen, wenn der Sachverhalt irgendein grenzüberschreitendes Moment beinhaltet[1305]; demgegenüber ist der persönliche Anwendungsbereich in Bezug auf die ausländischen Verbände der EU-Mitgliedstaaten unproblematisch eröffnet.
So finden die Grundfreiheiten im Verhältnis zu den deutschen Sportverbänden keine Anwendung, wenn ein inländischer Fußball- oder Eishockeyspieler innerhalb Deutschlands den Verein wechselt oder ein deutscher Leichtathlet an einem Sportmeeting im Inland teilnimmt. Die Freizügigkeitsregelungen greifen daher nur ein, wenn ein deutscher Spieler zu einem Club in einem anderen Mitgliedsstaat wechselt oder von einem solchen wieder zu einem deutschen Verein zurückkehrt[1306] bzw. ein deutscher Leichtathlet an einem Wettkampf im Ausland teilnimmt. Demgegenüber war lange Zeit umstritten, ob Inländern mit Wohnsitz im Ausland eine Berufung auf die EG-Grundfreiheiten verwehrt werden kann, wenn sie ausschließlich im Inland einer Tätigkeit nachgehen. Der EuGH vertrat zunächst die Auffassung, daß diese Personengruppe dem persönlichen Anwendungsbereich der Freizügigkeitsregelungen unterfällt, jedoch den einzelnen Mitgliedstaaten ein berechtigtes Interesse daran zugebilligt werden müsse, Mißbräuche zu verhindern[1307]. Abweichend von dieser Rechtsprechung hat der Gerichtshof in dem Verfahren „Werner"[1308] entschieden, daß ein deutscher Zahnarzt, der unter Aufrechterhaltung seiner beruf-

---

[1300] Vgl. oben, 2.Abschn., I.3.c.aa.
[1301] Vgl. oben, 2.Abschn., II.4.b.dd.
[1302] Vgl. ebenda.
[1303] U. a. *Hailbronner* in: *Dauses*, D. I., Rdnr. 2 a; *Roth* in: *Dauses*, E. I., Rdnr. 20.
[1304] EuGH, Slg. 1992 I, 341 (357), Rdnr. 9 (Rs. C-332/90).
[1305] Vgl. EuGH, Slg. 1990 I, 3537 (3549), Rdnr. 11 (Rs. C-54, 91/88, C-14/89).
[1306] EuGH, Slg. 1993 I, 1663 (1693 ff.), Rdnr. 15 ff. (Rs. C-19/92).
[1307] EuGH, Slg. 1990 I, 3551 (3568), Rdnr. 14 (Rs. C-61/89).
[1308] EuGH, EuZW 1993, 163 (164), Rdnr. 17 (Rs. C-112/91).

lichen Tätigkeit in Deutschland seinen Wohnsitz in die Niederlande verlegt hat, sich nicht gegenüber den deutschen Behörden auf die EG-Grundfreiheiten berufen kann. Diese Entscheidung läßt sich, zur Verhinderung von Mißbräuchen durch eine gezielte vorübergehende oder dauerhafte Wohnsitzverlegung in Folge eines kurzfristigen „Auslandsparkens" von Spielern oder den Abschluß von Scheinverträgen, auch auf die deutschen Sportler übertragen, die ihre Sportleistung dauerhaft in Deutschland erbringen und lediglich ihren Wohnsitz in einen anderen Mitgliedsstaat genommen haben. Dieses Ergebnis gilt aber nach dem Wortlaut des Art. 49 Abs. 1 EGV nicht für deutsche Leichtathleten, die im EU-Ausland ansässig sind und ihre Sportleistung zeitlich begrenzt im Inland erbringen[1309], so daß sich diese Gruppe inländischer Profisportler gegenüber dem deutschen Verband auf die im EGV gewährleistete Dienstleistungsfreiheit berufen können.

Fraglich ist, ob sich ein inländischer Profi oder ein Berufssportler, der Staatsangehöriger eines EU-Mitgliedstaates ist, gegenüber den deutschen Verbänden auf die EG-Grundfreiheiten berufen kann, wenn er aus einem Nicht-EU-Staat zu einem deutschen Verein wechselt. Nach *Arens*[1310] erfaßt der Anwendungsbereich der Freizügigkeitsregelungen des EGV auch diese Fallkonstellation, da der Leitsatz 1 der „Bosman"-Entscheidung des EuGH[1311] nur von einem Wechsel eines „Berufsfußballspielers, der Staatsangehöriger eines Mitgliedsstaates ist", zu einem „Verein eines anderen Mitgliedsstaates" spricht und nicht feststellt, daß auch der abgebende Club in einem EU-Mitgliedsstaat beheimatet sein muß. Zwar ist dieser Auslegung des „Bosman"-Urteils nicht zuzustimmen, da dieses Verfahren als Vorabentscheidung im Rahmen einer fest umrissenen Vorlagefrage lediglich den Wechsel des Staatsbürgers eines EU-Mitgliedsstaates zwischen zwei in der EU beheimateten Vereinen zum Gegenstand hatte, weswegen kein Ausspruch des Gerichtshofes zu dem Problem des Wechsels aus einem Nicht-EU-Staat zu einem in der EU ansässigen Club veranlaßt war und daher der Leitsatz der Entscheidung auch nicht in dem oben genannten Sinne zu interpretieren ist. Auch ist mangels Vorliegen einer ständigen Rechtsprechung des Gerichtshofes hinsichtlich dieser Frage nicht, wie im Fall der Ausländerbeschränkungen für Begegnungen der Nationalmannschaft[1312], Bestandsschutz entstanden. Jedoch hat der EuGH in der Rechtssache „Prodest"[1313] festgestellt, daß die EGV-Grundfreiheiten auf sämtliche Rechtsbeziehungen anwendbar sind, „die aufgrund des Ortes, an dem sie entstanden sind oder an dem sie ihre Wirkung entfalten, einen räumlichen Bezug zum Gebiet der Gemeinschaft aufweisen". Im genannten Fall entfaltet der Sportleistungsvertrag mit dem aufnehmenden Club in der EU seine Wirkung im Gebiet der Gemeinschaft, so daß die Freizügigkeitsregelungen auch auf die Regelwerke der deutschen Sportverbände Anwendung finden, wenn der abgebende Verein außerhalb der EU beheimatet ist. Diese Überlegung gilt auch, wenn sich der Leichtathlet, der seinen bisherigen dauerhaften Aufenthalt außerhalb der EU hatte, als deutscher Staatsangehöriger oder EU-Ausländer dauerhaft in Deutschland niederlassen hat oder unter Beibehaltung seines bisherigen Aufenthalts seine Sportleistung in der EU erbringen möchte.
Demgegenüber ist der Wechsel eines inländischen Sportlers oder eines Profis, der Staatsangehöriger eines EU-Mitgliedsstaates ist, in das Nicht-EU-Ausland oder der Fall, daß er dort bei einem Leichtathletik-Meeting seine Sportleistung erbringen möchte, nicht vom persönlichen Anwendungsbereich der Grundfreiheiten erfaßt, da durch die Regelungen des EGV nicht auf die

[1309] Vgl. *Roth* in: *Dauses*, E. I., Rdnr. 21.
[1310] *Arens*, SpuRt 1996, 39 (43).
[1311] EuGH, Slg. 1995 I, 4921 (4926), Rdnr. 13 (Rs. C-415/93).
[1312] Vgl. oben, 3.Abschn., II.3.b.bb.(1).
[1313] EuGH, Slg. 1984, 3153 (3162), Rdnr. 6 (Rs. 237/83).

Rechtslage und die Satzungen der Sportverbände von Drittstaaten Einfluß genommen werden kann[1314].

Im Fall des ausländischen Berufssportlers, der als Staatsbürger eines EU-Mitgliedstaates seine Sportleistung in Deutschland erbringen will, ist der Anwendungsbereich der EG-Grundfreiheiten unproblematisch eröffnet. Fraglich ist hingegen, ob sich dieser Sportler auch auf die Freizügigkeitsregelungen berufen kann, wenn er bereits bei einem deutschen Club beschäftigt ist und zu einem anderen Verein im Inland wechseln möchte.
Nach einem Teil der Literatur[1315] ergibt sich aus dem Wortlaut des „Bosman"-Urteils[1316], daß die Freizügigkeitsregelungen mangels Vorliegen eines zwischenstaatlichen Sachverhalts auf diese Fallgruppe keine Anwendung finden sollen. Der Gerichtshof hat in dem Leitsatz 1 dieser Entscheidung[1317] nur von einem Wechsel zu einem „Verein eines anderen Mitgliedstaates" gesprochen. Dieser Ansicht hält *Arens*[1318] entgegen, daß diese Formulierung des EuGH mehrdeutig ist. Wenn der Gerichtshof von dem „Verein eines anderen Mitgliedstaates" spricht, kann sich dies sowohl auf die nationale Zuordnung des abgebenden Vereins als auch auf die Staatsangehörigkeit des Sportlers beziehen. Vielmehr ergebe sich aus den Entscheidungsgründen des „Bosman"-Urteils, nach denen die „Vertragsbestimmungen über die Freizügigkeit den Gemeinschaftsangehörigen die Ausübung jeder Art von Berufstätigkeit im Gebiet der Gemeinschaft erleichtern sollen"[1319], daß jede Beeinträchtigung der Freizügigkeit untersagt sei, auch wenn sich der Sportler „innerhalb eines anderen EU-Mitgliedsstaates verändern will". Diesen beiden konträren Ansichten ist jedoch jeweils entgegenzuhalten, daß der EuGH im Vorabentscheidungsverfahren „Bosman" nur über die Vorlagefrage eines staatsübergreifenden Wechsels zu entscheiden hatte und deshalb keinen Ausspruch zu der Frage treffen wollte, ob die Grundfreiheiten Anwendung finden, wenn sich der EU-Ausländer innerhalb eines anderen Mitgliedstaates verändern will.
Nach *Fischer*[1320] ist im Fall eines Wechsels eines EU-Ausländers im Inland unter Anwendung der Grundsätze der „Keck"-Rechtsprechung des EuGH[1321], nach welcher Regelungen der Verkaufsmodalitäten in einem Mitgliedsstaat den innergemeinschaftlichen Warenhandel nicht beeinträchtigen, wenn sie den Verkauf ausländischer EU-Waren nicht stärker benachteiligen als den Absatz inländischer Erzeugnisse, der persönliche Anwendungsbereich der Grundfreiheiten nicht eröffnet, wenn den Verbandsnormen unterschiedslose Wirkung zukommt. Dieser Ansicht ist jedoch entgegenzuhalten, daß das „Keck"-Urteil des Gerichtshofes nicht darauf abzielte, den Anwendungsbereich der Grundfreiheiten der Art. 39, 43, 49 EGV zu beschränken. Der EuGH bezweckte mit der „Keck"-Rechtsprechung, den durch das „Dassonville"-Urteil[1322] stark erweiterten Anwendungsbereich der Warenverkehrsfreiheit des Art. 28 EGV zu begrenzen, weswegen die Grundsätze des „Keck"-Urteils nicht auf die übrigen Grundfreiheiten übertragen werden können.
Nach einer anderen Meinung im Schrifttum[1323] soll unter Hinweis auf die „Surinder Singh"-Entscheidung des EuGH[1324] aufgrund des Gedankens, daß der EU-Ausländer mit seinem ersten grenzüberschreitenden Wechsel von seinem Recht auf Freizügigkeit Gebrauch gemacht hat und

---

[1314] Vgl. *Arens*, SpuRt 1996, 39 (43).
[1315] U. a. *Hilf/Pache*, NJW 1996, 1169 (1174); *Arens*, SpuRt 1996, 39 (42).
[1316] EuGH, Slg. 1995 I, 4921 (4926), Rdnr. 13 (Rs. C-415/93).
[1317] Ebenda.
[1318] *Arens*, SpuRt 1996, 39 (42).
[1319] EuGH, Slg. 1995 I, 4921 (5068), Rdnr. 94 (Rs. C-415/93).
[1320] *Fischer*, SpuRt 1996, 34 (37).
[1321] EuGH, Slg. 1993 I, 6097 (6131), Rdnr. 16 (Rs.C-267, 268/91).
[1322] EuGH, Slg. 1974, 837 (852 f.), Rdnr. 5 f. (Rs. 8/74).
[1323] *Schroeder*, JZ 1996, 254 (256).
[1324] EuGH, Slg. 1992 I, 4265 (4294), Rdnr. 21 (Rs. C-370/90).

somit auch bei einem weiteren Vereinswechsel kein rein innerstaatlicher Sachverhalt vorliegt, der persönliche Anwendungsbereich der EG-Grundfreiheiten eröffnet sein. Gegen diese Ansicht spricht jedoch mit *Streinz*[1325], daß das „Surinder Singh"-Urteil nicht die vorliegende Fallkonstellation, sondern das Verbot von Erschwernissen nach der Rückkehr in den Heimatstaat aus einem anderen EU- Mitgliedsstaat zum Inhalt hatte.
Ursprünglich hat der Gerichtshof in ständiger Rechtsprechung[1326] nur in diesen sog. „Rückkehrkonstellationen" und somit auf den Sportbereich bezogen lediglich in dem Fall, wenn ein deutscher Sportler oder ein EU-Ausländer von einem ausländischen Club nach Deutschland wechseln, einen grenzüberschreitenden Sachverhalt angenommen, so daß ein Wechsel eines EU-Ausländers im Inland nicht vom Anwendungsbereich der Grundfreiheiten erfaßt war. In dem Verfahren „Scholz"[1327] hat der EuGH jedoch erstmals festgestellt, daß jeder Gemeinschaftsbürger, der von seinem Recht auf Freizügigkeit der Arbeitnehmer Gebrauch gemacht und in einem anderen Mitgliedsstaat eine Berufstätigkeit ausgeübt hat, unabhängig von seinem momentanen Wohnort vom Anwendungsbereich der Freizügigkeitsregelungen umfaßt wird. Infolgedessen ist der persönliche Anwendungsbereich der EG-Grundfreiheiten hinsichtlich der EU-Ausländer, die innerhalb Deutschlands den Club wechseln möchten, eröffnet, sofern diese bei ihrem ersten Wechsel zu einem inländischen Verein von ihrem Recht auf Freizügigkeit Gebrauch gemacht und ihre Sportleistung in einem anderen EU-Mitgliedsstaat berufsmäßig erbracht haben. Der Gerichtshof hat sich durch diese Rechtsprechung der Ansicht in der Literatur[1328] weiter angenähert, die sich, unter Hinweis darauf, daß die Verwirklichung eines einheitlichen Wirtschaftsraumes i. S. d. Art. 14 EGV gerade durch den Wegfall der Grenzen gekennzeichnet ist, gegen die Beibehaltung des Kriteriums der „Grenzüberschreitung" im Rahmen des persönlichen Anwendungsbereiches der EG-Freizügigkeitsregelungen ausspricht.

Zusammenfassend ist festzuhalten, daß sich Staatsbürger von EU-Mitgliedstaaten gegenüber den Regelwerken der inländischen Sportverbände nur in den Fällen nicht auf die EG-Grundfreiheiten berufen können, wenn ein inländischer Fußball- oder Eishockeyprofi zwischen inländischen Clubs wechselt bzw. wenn ein inländischer Leichtathlet an einem Wettbewerb im Inland teilnimmt oder wenn der inländische Sportler mit Wohnsitz im EU-Ausland ausschließlich im Inland seine Sportleistung erbringt. Hierdurch kommt es nicht nur im Sportbereich, vor allem in den Fällen, in denen den Grundfreiheiten eine über den Grundsatz der Inländergleichbehandlung hinausreichende Bedeutung als Beschränkungsverbot zukommt, zu einer Inländerdiskriminierung (umgekehrte Diskriminierung). Diese Feststellung hat *Gutmann*[1329] zu dem Ausspruch veranlaßt, daß es befremdlich und willkürlich erscheint, wenn die „Erlangung einer Rechtsstellung" von der „Beweglichkeit im Raum" abhängig gemacht wird.
Hinsichtlich der Transferentschädigungen bei abgelaufenem Sportleistungsvertrag stellt sich die Frage der Inländerdiskriminierung aufgrund des „Kienass"-Urteils des BAG[1330] und einer entsprechenden Änderung der Verbandsregelwerke nicht mehr[1331]. Trotzdem bleibt das Problem der umgekehrten Diskriminierung auch im Bereich des Profisports relevant, da z. B. bezüglich der in dem Verfahren „Lehtonen"[1332] streitgegenständlichen verbandsrechtlichen Regelungen zu den Transferwechselzeiten nicht ohne weiteres davon ausgegangen werden kann, daß sich auch

[1325] *Streinz*, SpuRt 1998, 1 (47).
[1326] U. a. EuGH, NJW 1979, 1761 (1761 f.), Rdnr. 11 ff. (Rs. 65/78); EuGH, Slg, 1993 I, 1663 (1693 ff.), Rdnr.15 ff. (Rs. C-19/92).
[1327] EuGH, EuZW 1994, 281 (281), Rdnr. 9 (Rs. 419/92).
[1328] U. a. *Kewenig*, JZ 1990, 20 (23).
[1329] *Gutmann*, SpuRt 1997, 38 (38).
[1330] BAG, SpuRt 1997, 94 (94 ff.).
[1331] Vgl. oben, 3.Abschn., II.2.c.
[1332] Vgl. EuGH, www.curia.eu.int/jurisp/htme/ text. htm, 05.07.2000 (Rs. 176/96).

zukünftig die deutschen Gerichte und die Sportverbände im Bereich von reinen Inlandssachverhalten den Urteilen des EuGH anschließen werden, und somit ein erheblicher Wettbewerbsnachteil zu Lasten inländischer Sportler bei einem Wechsel im Inland zu befürchten ist.

Der EuGH nimmt eine Ungleichbehandlung durch umgekehrte Diskriminierung in Kauf und hat in ständiger Rechtsprechung[1333] betont, daß das Gemeinschaftsrecht nicht dazu zwingt, inländische und ausländische Staatsbürger von EU-Mitgliedstaaten gleich zu behandeln. Er hat hierbei offensichtlich darauf vertraut, daß die Mitgliedstaaten oder die Sportverbände im Fall von Unzuträglichkeiten Abhilfe durch Modifizierung ihres Rechts schaffen werden[1334].

Im Schrifttum ist demgegenüber äußerst umstritten, ob dem Umstand der Inländerdiskriminierung durch bereits geltendes Gemeinschaftsrecht, durch dessen Änderung oder erst auf der Ebene des nationalen Rechts Abhilfe geschaffen werden kann:

Nach einer Strömung in der Literatur soll die gemeinschaftsrechtlich verursachte Benachteiligung von Inländern durch die Vorschriften des EGV selber verboten sein.
Von *Fezer*[1335] wird unter Berufung auf eine am Binnenmarktgedanken des Art. 14 EGV anknüpfende Auslegung der EG-Grundfreiheiten angeführt, daß jegliche Diskriminierung gemeinschaftsrechtlich unzulässig sei, da es in einem Raum ohne Binnengrenzen keine rein innerstaatlichen Sachverhalte mehr geben könne. Dieser Ansicht ist aber entgegenzuhalten, daß Art. 14 Abs. 1 EGV zwar die schrittweise Verwirklichung des Binnenmarktes fordert, jedoch hierzu auf die Grundfreiheiten mit ihrem zwischenstaatlichen Anwendungsbereich verweist[1336] und darüber hinaus Art. 14 Abs. 1 EGV nicht unmittelbar anwendbar ist[1337].
Nach *Bleckmann*[1338] sind die Grundfreiheiten unter Zugrundelegung des gemeinschaftsrechtlichen Gleichheitssatzes dahingehend auszulegen, daß von ihrem persönlichen Anwendungsbereich auch die Fälle der Inländerdiskriminierung erfaßt werden. Auch dieser Meinung ist nicht zu folgen, da sich der allgemeine Gleichheitssatz nur an den Gemeinschaftsgesetzgeber richtet und daher nicht bei der Anwendung bestehender Vorschriften zu beachten ist[1339].
Nach einer anderen Ansicht[1340] enthält das Gemeinschaftsrecht nach Art. 10 EGV einen Auftrag an die Mitgliedstaaten, zur Verwirklichung des Ziels des unverfälschten Wettbewerbs (Art. 3 lit. g EGV) bezüglich der Verhinderung von Inländerdiskriminierung tätig zu werden. Dieser Ansicht ist jedoch entgegenzuhalten, daß es Voraussetzung für das Entstehen einer auf Art. 10 Satz 1 EGV beruhenden Verpflichtung der Mitgliedstaaten ist, daß sich der Inhalt des im Einzelfall Ge- oder Verbotenen mit hinreichender Bestimmtheit aus der entsprechenden Vorschrift des EGV ermitteln läßt[1341]. Allerdings kann eine konkrete Verpflichtung dem Vertrag nicht entnommen werden, wenn dieser, wie im Fall des Art. 3 EGV, nur allgemeine Ziele der Gemeinschaft formuliert[1342], so daß Art. 3 lit. g EGV nicht geeignet ist, die Mitgliedstaaten zu ver-

---

1333 EuGH, Slg. 1979, 897 (913), Rdnr. 32 f. (Rs. 86/78); EuGH, Slg. 1982, 3723 (3736), Rdnr. 16 ff. (Rs. 35, 36/82); EuGH, Slg. 1984, 2539 (2547), Rdnr. 15 (Rs. 180/83); EuGH, Slg. 1987, 809 (822), Rdnr. 11 (Rs. 98/86).
1334 *Roth* in: *Dauses*, E. I., Rdnr. 21.
1335 *Fezer*, JZ 1994, 317 (325 f.).
1336 *Roth* in: *Dauses*, E. I., Rdnr. 22.
1337 *Geiger*, Art. 7 a EGV a. F., Rdnr. 7.
1338 *Bleckmann*, RIW 1985, 917 (919).
1339 *Roth* in: *Dauses*, E. I., Rdnr. 22.
1340 U. a. *Nicolaysen*, EuR 1991, 95 (104).
1341 Von *Bogdandy* in: *Grabitz/Hilf*, Art. 5 EGV a. F., Rdnr. 18.
1342 Ebenda; vgl. auch EuGH Slg. 1973, 1175 (1193 f.), Rdnr. 25 ff. (Rs. 10/73), wobei der Gerichtshof festgestellt hat, daß die Entschließung, innerhalb eines bestimmten Zeitraums eine Wirtschafts- und Währungsunion zu errichten oder aber Maßnahmen zur Stabilisierung der Währungen zu ergreifen, nicht über die Zielsetzung des Art. 3 lit. g EGV a. F. i. V. m. Art. 5 EGV a. F. Handlungspflichten der Mitgliedstaaten begründet.

pflichten, im Bereich von Wettbewerbsverzerrungen durch Inländerdiskriminierung tätig zu werden. Darüber hinaus ergibt sich aus der Zielsetzung des Art. 10 EGV, die Funktionsfähigkeit der Gemeinschaft gegenüber den Mitgliedstaaten zu sichern, daß sich nur mitgliedstaatliche Handlungspflichten ergeben können, wenn der Anwendungsbereich des Vertrages in Bezug auf die zu regelnde Materie eröffnet ist[1343]. Dieses ist im Bereich der umgekehrten Diskriminierung im Zusammenhang mit der Ausübung der Grundfreiheiten des EGV aber gerade nicht der Fall. Die *EU-Kommission*[1344] vertrat im Verfahren „Bosman" den Standpunkt, daß die Frage der Inländerdiskriminierung im Bereich des Profisports auf der Ebene des EG-Kartellrechts zu lösen sei, da auch rein innerstaatlich wirkende Transfersysteme als Vereinbarungen zu werten seien, die Handel und Wettbewerb im europäischen Binnenmarkt verfälschen und deshalb nach Art. 81 EGV unzulässig sind. Demgegenüber hält der EuGH[1345] und die überwiegende Ansicht in der Literatur[1346] auch im Bereich der Anwendbarkeit des EG-Wettbewerbsrechts am Erfordernis eines zwischenstaatlichen Sachverhaltes fest. Zwar ist die praktische Bedeutung der „Zwischenstaatlichkeitsklausel" im Rahmen der Art. 81 ff. EGV wesentlich geringer als im Bereich der Grundfreiheiten, weil der Anwendungsbereich des EG-Kartellrechts nach der Rechtsprechung des EuGH[1347] bereits eröffnet ist, wenn die betreffende Maßnahme aufgrund der gesamten Umstände geeignet ist, unmittelbar oder mittelbar, tatsächlich oder nur der Möglichkeit nach den Handel zwischen den Mitgliedstaaten in einer Weise zu beeinträchtigen, die der Verwirklichung der Ziele eines einheitlichen zwischenstaatlichen Marktes abträglich sein kann, indem sie zur Errichtung von Handelsschranken im Gemeinsamen Markt beiträgt und die vom Vertrag gewollte gegenseitige Durchdringung der Märkte erschwert. Hierbei kommt es nicht nur auf die unmittelbaren Auswirkungen der Maßnahme an, sondern es sind auch deren mittelbare und sich für Dritte ergebenden Folgen in die Betrachtung miteinzubeziehen[1348]. Im Bereich der Regelung rein inländischer Sachverhalte durch Verbandsnormen ist jedoch, im Gegensatz zu den werbebeschränkenden Klauseln der Sportleistungsverträge[1349], weder eine zwischenstaatlich wirkende mittelbare Folge dieser Regelungen ersichtlich, noch sind diese Vorschriften geeignet, zur Errichtung von Handelsschranken im Gemeinsamen Markt beizutragen oder die gegenseitige Durchdringung der Märkte zu erschweren. Vielmehr ist gerade Gegenteiliges der Fall, da inländerdiskriminierende Regelungen ohne jeglichen zwischenstaatlichen Bezug in ihrer praktischen Auswirkung geeignet sind, die Mobilität der Sportler innerhalb der Gemeinschaft zu fördern, um bei der Rückkehr in den Genuß der Vorschriften des EGV zu kommen.
Es bleibt somit festzuhalten, daß die bestehenden Regelungen des Gemeinschaftsrechts nicht geeignet sind, einer eventuellen umgekehrten Diskriminierung durch die Vorschriften der Sportverbände Einhalt zu gebieten.

Nach einer anderen Auffassung in der Literatur[1350] ist daher durch einen Akt gemeinschaftsrechtlicher Rechtsetzung zu einer Regelung zu finden, durch die zumindest im Bereich der Arbeitnehmerfreizügigkeit die Vorschrift des Art. 39 EGV auch auf rein inländische Sachverhalte erstreckt wird. Fraglich ist jedoch, ob Art. 40 EGV eine geeignete Rechtsgrundlage für einen derartigen Rechtsetzungsakt darstellt. Die Beantwortung dieser Frage hängt von der Auslegung der Begriffs „Freizügigkeit" i. S. d. Art. 40 EGV ab. Denkbar ist, daß dieses Tatbestandsmerk-

---

[1343] Von *Bogdandy* in: *Grabitz/Hilf*, Art. 5 EGV a. F., Rdnr. 14.
[1344] So der ehemals für Wettbewerbsfragen zuständige EU-Kommissar *van Miert* in der Süddeutschen Zeitung vom 03.02.1996, S. 27.
[1345] Ständige Rechtsprechung des EuGH, vgl. u. a. EuGH, Slg. 1987, 809 (822), Rdnr. 9, (Rs. 98/86).
[1346] u. a. *Geiger*, Art. 6 EGV a. F. Rdnr. 11
[1347] U. a. EuGH, Slg. 1966, 281 (303) (Rs. 56/65); EuGH, Slg. 1988, 1935 (1939), Rdnr. 14 (Rs. 27/87).
[1348] EuGH Slg. 1980, 3125 (3274), Rdnr. 170 (Rs. 209 bis 215, 218/78).
[1349] Vgl. oben, 2.Abschn., II.1.c.bb.
[1350] U. a. *Wölker* in: *Groeben/Thiesing/Ehlermann*, Art. 48 EGV a. F., Rdnr. 11.

mal nur das Recht zur Arbeitsaufnahme in einem anderen Mitgliedstaat umfaßt. Es spricht jedoch vieles dafür, mit dem Generalanwalt *Warner*[1351] und *Wölker*[1352] den Begriff „Freizügigkeit" dahingehend auszulegen, daß dieser auch das Recht des Arbeitnehmers beinhaltet, in seinem Herkunftsland zu bleiben, um nicht gezwungen zu werden, dieses vorübergehend zu verlassen, um in den Genuß der Vergünstigungen des Gemeinschaftsrechts zu kommen, weswegen durch die Schaffung von Regelungen auf der Ebene des sekundären Europarechts eine Inländerdiskriminierung verhindert werden könnte.

Nach dem Urteil des EuGH im Verfahren „Steen II"[1353] hindert das Gemeinschaftsrecht ein nationales Gericht nicht „zu prüfen, ob eine innerstaatliche Rechtsvorschrift, die inländischen Arbeitnehmern, die sich in einer Situation befinden, die keinen Zusammenhang mit einem der im Gemeinschaftsrecht geregelten Sachverhalte aufweist, gegenüber den Staatsangehörigen anderer Mitgliedstaaten benachteiligt, mit der Verfassung des betreffenden Mitgliedstaats vereinbar ist". Aufgrund dieser Feststellung wird von einigen Autoren[1354] angeführt, daß im Bereich des Profisports das Problem der umgekehrten Diskriminierung auf der Ebene des nationalen Verfassungsrechts zu lösen sei. Fraglich ist daher, ob verbandsrechtliche Regelungen oder Maßnahmen alleine durch ihre inländerdiskriminierende Wirkung und unabhängig davon, ob sie aufgrund anderer Umstände gegen nationale Grundrechte verstoßen[1355], mit dem Gleichheitssatz des Art. 3 Abs. 1 GG vereinbar sind.
Obwohl der BGH[1356] und das BVerfG[1357] diese Frage bisher im Ergebnis offen gelassen haben, ist mit der herrschenden Meinung in der Literatur[1358], unabhängig davon, ob das nationale Recht und das Gemeinschaftsrecht als voneinander autonome Regelungsebenen oder als einheitliche Rechtsordnung zu betrachten sind, von einer Anwendbarkeit des nationalen Gleichheitssatzes durch die nationalen Gerichte auf eine gemeinschaftsrechtlich bedingte Inländerdiskriminierung auszugehen. Etwas anderes ergibt sich nicht schon daraus, daß Art. 3 GG nur für die Handlungen ein und desselben Gesetzgebers gilt und sich die umgekehrte Diskriminierung durch ein Zusammenspiel aus nationalem und Europarecht ergibt. Geht man davon aus, daß der deutsche Gesetzgeber die Rechtsetzung auf EU-Ebene durch seine Zustimmung zum EGV legitimiert hat, wird nicht das Recht mehrerer Gesetzgeber verglichen[1359]. Sieht man jedoch das Gemeinschaftsrecht als selbständige Rechtsordnung an, ist festzustellen, daß der grundgesetzliche Gleichheitssatz nicht nur auf Gesetze ein und desselben Gesetzgebers Anwendung findet. Etwas anderes ergibt sich nicht aus der in Art. 3 Abs. 1 GG enthaltenen Formulierung „vor dem Gesetz", da diese über den Wortlaut der Norm hinaus eine Gleichbehandlung „vor dem Recht" zum Inhalt hat[1360] und deshalb auch gegenüber den durch verschiedene Normgeber geschaffenen Vorschriften Anwendung findet. Zwar handelt es sich, aufgrund des föderalistischen Aufbaus der Gemeinschaft bei EU, Bund, Ländern und Gemeinden um „gleichgeordnete" Gesetzgeber, die grundsätzlich für gleichartige Sachverhalte im Rahmen ihrer jeweiligen Zuständigkeit unterschiedliche Rechtsfolgen normieren dürfen[1361]. Jedoch ist dieses „Föderalismusargument" auf die vorliegende Fallgestaltung nicht anwendbar, da durch die Übertragung von Zuständigkeiten

---

[1351] EuGH, Slg. 1979, 1129 (1143), (Rs. 175/78).
[1352] *Wölker* in: *Groeben/Thiesing/Ehlermann*, Art. 49 EGV a. F., Rdnr. 13.
[1353] EuGH, JZ 1994, 1061 (1061), Rdnr. 10 (Rs. C-132/93).
[1354] U. a. *Fischer*, SpuRt 1996, 34 (37); *Flory*, Der Fall Bosman, S. 92.
[1355] Vgl. oben, 3.Abschn., II.2.c.
[1356] BGH, NJW 1990, 108 (109); BGH, DB 1991, 2483 (2485).
[1357] BVerfG, NJW 1990, 1033 (1033).
[1358] U. a. *Götz*, JZ 1994, 1061 (1062); *Heun* in: *Dreier*, Art. 3 GG, Rdnr. 10; *Osterloh* in: *Sachs*, Art. 3 GG, Rdnr. 71; Zusammenfassend und unter Berücksichtigung des gesamten Streitstandes: *Schilling*, JZ 1994, 8 (10 ff.).
[1359] Vgl. *Schilling*, JZ 1994, 8 (10).
[1360] U. a. *Dürig* in: *Maunz/Dürig*, Art. 3 Abs. 1 GG, Rdnr. 19.
[1361] U. a. *Starck* in: *v. Mangoldt/Klein/Starck*, Art. 3 Abs. 1 GG, Rdnr. 226.

auf die EU nach Art. 23 GG nicht die Möglichkeit eröffnet werden sollte, divergierende Regelungen auf nationaler und Gemeinschaftsebene zu schaffen; vielmehr stand der Wunsch im Vordergrund, gemeinschaftsweit einheitliche Vorschriften zu bilden[1362]. Eine Unanwendbarkeit des grundgesetzlichen Gleichheitssatzes auf die Frage der aus dem Gemeinschaftsrecht resultierenden Inländerdiskriminierung ergibt sich auch nicht daraus, daß nach Art. 23 GG dem primären EG-Recht ein Anwendungsvorrang vor dem nationalen Recht zukommt[1363]. Zwar besteht der Regelfall des Anwendungsbereiches des grundgesetzlichen Gleichheitssatzes im Zusammenhang mit der Überprüfung von „unter" dem Verfassungsrecht angesiedelten einfachgesetzlichen Normen und führt ein Verstoß gegen das Gleichbehandlungsgebot zu einer Unwirksamkeit dieser Vorschriften[1364]. Hieraus ergibt sich jedoch keine Unanwendbarkeit des Art. 3 Abs. 1 GG hinsichtlich gleichrangiger speziellerer Regelungen des nationalen Verfassungsrechts. Dies gilt nach der Auffassung des EuGH im Verfahren „Steen II"[1365] und von *Schilling*[1366] auch für die übergeordneten Normen des Gemeinschaftsrechts. Ein Unterschied ergibt sich aus der Rangfolge nur hinsichtlich der Rechtsfolgen eines Verstoßes, so daß ein solcher nicht die Unwirksamkeit der betreffenden gleichrangigen oder übergeordneten Regelung zur Konsequenz hat, sondern diese im Einklang mit dem Regelungsinhalt des nationalen Gleichheitssatzes auszulegen und anzuwenden ist[1367].

Voraussetzung für die Anwendbarkeit des Gleichheitssatzes ist weiter, daß der rein inländische und der Sachverhalt mit Auslandsberührung gleichartig sind. Zumindest im Sportbereich sind zwischen den oben dargestellten Fallgruppen, die dem Anwendungsbereich der EGV-Grundfreiheiten unterfallen, und denen, die kein grenzüberschreitendes Moment aufweisen, keine Unterschiede von solcher Art und solchem Gewicht zu erkennen, daß eine unterschiedliche Behandlung gerechtfertigt erscheint.

Fraglich ist, ob Art. 3 Abs. 1 GG den deutschen Gerichten einen gewissen Differenzierungsspielraum beläßt, wobei diese im Einzelfall insbesondere zu berücksichtigen hätten, ob dem Rechtsträger der EG-Grundfreiheiten, im Gegensatz zu dem Personenkreis, auf den diese Vorschriften keine Anwendung finden, lediglich ein geringer oder aber ein erheblicher Wettbewerbsvorteil zukommt und ob eine Differenzierung gerechtfertigt ist, weil die Zahl der Fälle mit reiner Inländerbeteiligung wesentlich höher ist als die grenzüberschreitenden Sachverhalte[1368]. Diese Fragen können aber im Bereich der Transferbestimmungen der Verbände offen bleiben, da eine umgekehrte Diskriminierung einen erheblichen Wettbewerbsnachteil für die betroffenen Profis bedeuten würde und der Anteil der ausländischen Sportler in den Fußball- bzw. Eishockeyligen und bei den Leichtathletikmeetings nicht lediglich unbedeutend ist.

Die inländischen Sportler, die nicht dem persönlichen Anwendungsbereich der EG-Grundfreiheiten unterfallen, können sich somit gegenüber den Sportverbänden im Fall einer Inländerdiskriminierung auf Art. 3 Abs. 1 GG i. V. m. der jeweiligen EG-Freizügigkeitsregelung berufen.

[1362] *Schilling*, JZ 1994, 8 (11).
[1363] BVerfGE 73, 339 (375); 75, 223 (244); 85, 191 (204).
[1364] *Osterloh* in: *Sachs*, Art. 3 GG, Rdnr. 130.
[1365] EuGH, JZ 1994, 1061 (1061), Rdnr. 10 (C-132/93).
[1366] *Schilling*, JZ 1994, 8 (12).
[1367] Vgl. für gleichrangige Regelungen des nationalen Verfassungsrechts: *Tettinger* in: *Sachs*, Art. 12 GG, Rdnr. 167.
[1368] So *Götz*, JZ 1994, 1061 (1062); a. A. *Schilling*, JZ 1994, 8 (17).

cc. Eingriff in den Schutzbereich der EGV-Grundfreiheiten

Die unmittelbar anwendbaren[1369] und gegenüber den Sportverbänden mit Drittwirkung versehenen[1370] Regelungen der Art. 39, 43 und 49 EGV enthalten allesamt sowohl ein Diskriminierungs- als auch ein Beschränkungsverbot[1371].

(1). Die Grundfreiheiten als Diskriminierungsverbote

Im Bereich der Ausländerklauseln, nach denen bei offiziellen Wettkämpfen auch aus EU-Mitgliedsstaaten stammende Sportler nur in begrenzter Zahl eingesetzt werden durften, bestand nach der Rechtsprechung des EuGH im Fall „Bosman"[1372] unzweifelhaft ein Verstoß gegen das in Art. 39 Abs. 2 EGV enthaltene Gebot der Abschaffung jeder auf der Staatsangehörigkeit beruhenden „unterschiedlichen Behandlung in Bezug auf Beschäftigung, Entlohnung und sonstige Arbeitsbedingungen". Dieses Diskriminierungsverbot wurde durch Art. 4 der Verordnung (EWG) Nr. 1612/68 über die Freizügigkeit der Arbeitnehmer innerhalb der Gemeinschaft dahingehend konkretisiert, daß nationale Vorschriften, durch die die Beschäftigung ausländischer Arbeitnehmer zahlen- oder anteilsmäßig beschränkt wird, nicht auf Unionsbürger anwendbar sind. Dieses gilt im Rahmen der Drittwirkung der Grundfreiheiten auch für die Regelwerke der Sportverbände, wobei es keine Rolle spielt, daß die Ausländerklauseln nicht die Möglichkeit der Vereine beschränkten, mit einer unbestimmten Anzahl ausländischer Spieler Sportleistungsverträge abzuschließen, sondern nur deren Einsatzmöglichkeit in Pflichtspielen reglementiert wurde, da hierdurch mittelbar auch die Beschäftigungsmöglichkeit des Profis eingeschränkt worden ist[1373].

Demgegenüber werden die unterschiedslos geltenden Transferregelungen nicht von dem Diskriminierungsverbot der EG-Grundfreiheiten erfaßt[1374].

(2). Die Grundfreiheiten als Beschränkungsverbote

Die inhaltliche Ausgestaltung von EG-Freizügigkeitsregelungen als Beschränkungsverbote hat der EuGH zunächst im Bereich des Waren- und Dienstleistungsverkehrs im Hinblick auf unabhängig von der Nationalität wirkende Vorschriften und Maßnahmen anerkannt[1375] und diese Rechtsprechung auf die Arbeitnehmer- und Dienstleistungsfreiheit übertragen[1376]. Hierdurch sollen Hindernisse abgebaut werden, die sich daraus ergeben, daß in den einzelnen EU-Mitgliedsstaaten unterschiedliche Regelungen gelten und auf Grund dieser Unterschiede die Ausübung der Freizügigkeit erschwert oder vereitelt wird[1377].

[1369] Vgl. oben, 2.Abschn., II.4.b.dd.; 3.Abschn., II.3.a.
[1370] Ebenda.
[1371] Vgl. oben, 3.Abschn., II.3.a.
[1372] EuGH, Slg. 1995 I, 4921 (5074), Rdnr. 117 ff. (Rs. C-415/93).
[1373] Ebenda, Rdnr. 120.
[1374] Vgl. zu den Transferentschädigungen: EuGH, Slg. 1995 I, 4921 (5069), Rdnr. 98 (Rs. C-415/93); zu den Transferwechselzeiten: Schlußanträge des Generalanwalts *Alber*, www.curia.eu.int/jurisp/htme/text.htm, 05. 07.2000, Rdnr. 34 (Rs. C-176/96).
[1375] Zum freien Warenverkehr: EuGH, Slg. 1987, 1227 (1270), Rdnr. 28 (Rs. 178/84); Zum freien Dienstleistungsverkehr: EuGH, Slg. 1991 I, 4221 (4243), Rdnr. 12 (Rs. 76/90).
[1376] Vgl. oben, 3.Abschn., II.3.a.
[1377] Vgl. EuGH, Slg. 1995 I, 4921 (5070), Rdnr. 103 (Rs. C-415/93).

Die Regierung Dänemarks hat im Verfahren „Lehtonen“[1378], wie die UEFA im Verfahren „Bosman“[1379], ähnlich wie *Fischer*, der unter Anwendung der Grundsätze der „Keck“-Rechtsprechung des EuGH den persönlichen Anwendungsbereich der EGV-Grundfreiheiten im Fall eines Wechsels eines EU-Ausländers im Inland für nicht eröffnet hielt[1380], eine Einschränkung der Reichweite des (eröffneten) Tatbestands der Arbeitnehmerfreizügigkeit entsprechend diesem Urteil[1381] zur Freiheit des Warenverkehrs gefordert. In dieser Entscheidung hatte der Gerichtshof im Bereich der Warenverkehrsfreiheit des Art. 28 EGV zwischen produkt- und vertriebsbezogenen Regelungen unterschieden und festgelegt, daß bei der Anwendung des Art. 28 EGV als Beschränkungsverbot im Bereich unterschiedslos wirkender Maßnahmen lediglich erstere Regelungen am Maßstab der Warenverkehrsfreizügigkeit zu messen sind, wohingegen vertriebsbezogene Regelungen, soweit sie diskriminierungsfrei ausgestattet sind und den grenzüberschreitenden Verkehr von Waren nicht direkt und nicht erheblich beeinträchtigen, nicht von der Reichweite des in Art. 28 EGV enthaltenen Verbots erfaßt werden. Diese Differenzierung im Bereich der Warenverkehrsfreiheit soll nach einem Teil der Literatur[1382] auch auf die übrigen EG-Freizügigkeitsregelungen übertragbar sein, so daß im Rahmen des Art. 39 EGV zwischen vom Schutzbereich der Arbeitnehmerfreizügigkeit erfaßten Berufszugangs- und Ausübungsbeschränkungen, die vom Tatbestand des Art. 39 EGV nicht erfaßt werden, zu unterscheiden sei. Infolgedessen wurde in den oben genannten Verfahren vertreten, daß die unterschiedslos anwendbaren Transferregelungen als bloße Ausübungsregelungen keinen Verstoß gegen Art. 39 EGV darstellen.
Gegen diese Meinung und die Beschränkung des Schutzbereiches der Arbeitnehmerfreizügigkeit unter Hinweis auf die „Keck-Rechtsprechung“ des EuGH spricht jedoch im Bereich der Überprüfung der verbandsrechtlichen Transferregelungen nach den Ausführungen des Gerichtshofes im Verfahren „Bosman“ und der Auffassung des Generalanwalts *Alber* in der Rechtssache “Lehtonen“[1383], daß diese Verbandsnormen nicht mit den Regelungen über die Modalitäten des Verkaufs von Waren gleichgestellt werden können, die als Maßnahmen, die den grenzüberschreitenden Verkehr nicht direkt und nicht erheblich beeinträchtigen, nach dem „Keck“-Urteil nicht vom Verbot des Art. 28 EGV erfaßt werden. Sowohl die Transfer- bzw. Aus- und Fortbildungsentschädigungen als auch die Transferwechselzeiten betreffen nicht nur die Ausübung des Sports im Zuständigkeitsbereich der deutschen Verbände, sondern behindern den Zu- und Abgang von Spielern aus dem oder in den Zuständigkeitsbereich eines anderen Sportverbandes und beeinflussen daher erheblich den Zugang der Sportler zu den Arbeitsmärkten in den anderen Mitgliedstaaten. Darüber hinaus erscheint auch eine Beschränkung des Schutzbereiches der Art. 39, 42 und 49 EGV durch Übertragung der „Keck“-Rechtsprechung als nicht angezeigt[1384]. Der Gerichtshof verfolgte durch die Rechtsprechung im Verfahren „Keck“ den Zweck, den durch die „Dassonville“-Formel[1385] stark erweiterten Schutzbereich der Warenverkehrsfreiheit durch Ausschluß der vertriebsbezogenen Regelungen, die den grenzüberschreitenden Warenverkehr nicht direkt und nicht erheblich beeinträchtigen, zu begrenzen. Diese „Filterwirkung“ des „Keck“-Urteils ist im Bereich der mit einem weniger weit ausgestalteten Tatbestand versehenen Frei-

---

1378 Vgl. Schlußanträge des Generalanwalts *Alber*, www.curia.eu.int/jurisp/htme/text.htm, 05.07.2000, Rdnr. 37 (Rs. 176/96).
1379 Vgl. EuGH, Slg. 1995 I, 4921 (5070), Rdnr. 102 (Rs. C-415/93).
1380 Vgl. oben, 3.Abschn., II.3.c.bb.
1381 EuGH, Slg. 1993 I, 6097 (6130 ff.), Rdnr. 11 ff. (Rs. C-267, 268/91).
1382 U. a. *Herdegen*, Europarecht, S. 214.
1383 Zu den Transferentschädigungen: EuGH, Slg. 1995 I, 4921 (5070), Rdnr. 103 (Rs. C-415/93); zu den Transferwechselzeiten: Schlußanträge des Generalanwalts *Alber*, www.curia.eu.int/jurisp/htme/text.htm, 05. 07.2000, Rdnr. 46 ff. (Rs. 176/96).
1384 Schlußanträge des Generalanwalts *Alber*, www.curia.eu.int/jurisp/htme/text.htm, 05.07.2000, Rdnr. 49 (Rs. 176/96).
1385 EuGH, Slg. 1974, 837 (852 f.), Rdnr. 5 ff. (Rs. 8/74).

heiten des Personen- und Dienstleistungsverkehrs nicht nötig, da der persönliche Anwendungsbereich dieser Gewährleistungen schon durch das grenzüberschreitende Moment beschränkt ist.

Die im Bereich des Fußball- und Eishockeysports unterschiedslos geltenden Regelungen der Verbände hinsichtlich der Transfer- bzw. Aus- und Fortbildungsentschädigungen und die Vorschriften zu den Transferwechselzeiten sind somit uneingeschränkt an den EG-Grundfreiheiten als Beschränkungsverbote zu messen.

(a). Transfer- bzw. Aus- und Fortbildungsentschädigungen

Wie im Rahmen der Beschränkung der Verbandsautonomie durch nationales Recht[1386] dargestellt, war bis zum „Bosman"-Urteil des EuGH[1387] und der „Kienass"-Entscheidung des BAG[1388] in den Verbandsregelwerken festgelegt[1389], daß auch im Falle eines Transfers aus einem beendeten Vertragsverhältnis eine Transferentschädigung an den abgebenden Verein zu bezahlen ist. Diese Vorschriften hat der EuGH in dem „Bosman"-Urteil[1390] als Beeinträchtigung der Arbeitnehmerfreizügigkeit nach Art. 39 EGV angesehen, da sie die Freizügigkeit des Arbeitnehmers dahingehend begrenzten, daß dieser seine Tätigkeit nicht bei einem in einem anderen Mitgliedstaat ansässigen neuen Verein ausüben kann, solange dieser dem abgebenden Verein keine Ablösesumme bezahlt hat.
Diese Transferregelungen sind im Eishockey- und Fußballbereich durch Aus- und Weiterbildungsentschädigungen[1391] ersetzt worden, die auch bei einem Wechsel zu einem Verein eines anderen europäischen Fachsportverbands zu entrichten sind[1392]. Auch diese Vorschriften beeinträchtigen die Freizügigkeit der Arbeitnehmer, weil zwar die Erteilung der Spielerlaubnis durch den Verband des abgebenden Clubs nicht von der Zahlung einer Entschädigung durch den aufnehmenden Verein eines anderen Mitgliedstaates abhängig gemacht wird, jedoch der aufnehmende Verein aus finanziellen Gründen trotzdem gezwungen sein kann, von der Verpflichtung des Sportlers Abstand zu nehmen[1393].

(b). Transferwechselzeiten

Die Regelwerke der nationalen Fachsportverbände enthalten unterschiedslos anwendbare Bestimmungen, nach denen die Möglichkeit des Spielers zum Vereinswechsel zeitlich begrenzt wird, wenn der betreffende Sportler noch während einer laufenden Saison für den aufnehmenden Club eingesetzt werden soll[1394]. Die Rechtmäßigkeit der Festlegung solcher Transferwechselzeiten war Inhalt des Verfahrens „Lehtonen"[1395], welches Bestimmungen des belgischen und des internationalen Basketballverbandes zum Gegenstand hatte, die es, wie die entsprechenden Regelungen der Fußball- und Eishockeyfachsportverbände, einem Club verbieten, einen Spieler erstmalig im Wettkampf aufzustellen, wenn dieser nach einem bestimmten Datum im Jahr verpflichtet wurde. Das Ergebnis dieser Rechtsstreitigkeit ist geeignet, im Bereich der Transferwechselzeiten ähnliche Auswirkungen hervorzurufen, wie es das „Bosman"-Urteil hinsichtlich der Ausländerklauseln und Transferentschädigungen getan hat, da auch die Transfer-

1386 Vgl. oben, 3.Abschn., II.2.c.
1387 EuGH, Slg. 1995 I, 4921 ff. (Rs. C-415/93).
1388 BAG, SpuRt 1997, 94 ff.
1389 Z. B. § 29 Nr. 1 DFB-LiSpSt a. F.
1390 EuGH, Slg. 1995 I, 4921 (5070), Rdnr. 100 (Rs. C-415/93).
1391 Vgl. oben, 3.Abschn., II.2.c.
1392 Vgl. § 29 Nr 3 DFB-LiSpSt.
1393 Vgl. oben, 3.Abschn., II.2.c.
1394 Z. B. §§ 20, 28 DFB-LiSpSt.
1395 Vgl. EuGH, www.curia.eu.int/jurisp/htme/text.htm, 05.07.2000 (Rs. 176/96).

vorschriften, welche die Möglichkeit des Sportlers, den Dienstherrn zu wechseln, in zeitlicher Hinsicht einschränken und ihn somit hindern oder davon abhalten, sein Herkunftsland zu verlassen, eine Beeinträchtigung der grenzüberschreitenden Freizügigkeit darstellen[1396].

dd. Rechtfertigung tatbestandlicher Eingriffe in die Grundfreiheiten

(1). Rechtfertigung freizügigkeitsbeschränkender Maßnahmen durch den Verhältnismäßigkeitsgrundsatz

Soweit die EG-Grundfreiheiten, wie im Fall der Transferregelungen, als Beschränkungsverbote zur Anwendung kommen, sind nach der gefestigten Rechtsprechung des EuGH[1397] Eingriffe in den Schutzbereich gerechtfertigt, wenn sie keinerlei diskriminierende Wirkung zeigen, dem Allgemeininteresse dienen und zur Verwirklichung dieses Zweckes geeignet, notwendig und angesichts der Bedeutung der betroffenen Grundfreiheiten angemessen sind, wobei in gewissem Umfang auch Privatinteressen als schutzwürdig angesehen werden. Im Bezug auf die Verbandsregelwerke hat der EuGH im „Bosman"-Urteil[1398], unter Hinweis auf die „beträchtliche soziale Bedeutung, die der sportlichen Tätigkeit und insbesondere dem Fußball in der Gemeinschaft zukommt", anerkannt, daß diese zumindest dann dem Allgemeininteresse dienen, wenn ihr Zweck darin besteht, die Erhaltung des Gleichgewichts zwischen den Vereinen unter Wahrung einer bestimmten Chancengleichheit und der Ungewißheit der Ergebnisse zu gewährleisten, sowie die Einstellung und Ausbildung junger Spieler zu fördern. Diese Voraussetzung wird durch die vorliegenden Transferregelungen erfüllt, da laut Vorbringen der UEFA im Verfahren „Bosman"[1399] durch die Regelungen zu den Transferentschädigungen sowohl die Erhaltung der wirtschaftlichen und sportlichen Ausgewogenheit im organisierten Fußball als auch die Nachwuchsförderung bezweckt wurde. Demgegenüber steht bei der Aus- und Fortbildungsentschädigung eher der Gedanke der Nachwuchsförderung im Vordergrund, da die Höhe der vorgesehenen Entschädigung nicht geeignet ist, das finanzielle Gleichgewicht zwischen den Vereinen aufrecht zu erhalten[1400]. In Bezug auf die Streitigkeit um die Transferwechselzeiten haben die Verbände in der Rechtssache „Lehtonen" vorgebracht[1401], daß diese den Zweck verfolgen, eine Verfälschung des Wettbewerbs innerhalb einer laufenden Meisterschaft durch die Verpflichtung neuer Spieler zu verhindern und so das sportliche Gleichgewicht zwischen den Clubs aufrecht zu erhalten.

Umstritten ist jedoch, ob diese dem Allgemeininteresse dienenden Verbandsnormen dem Verhältnismäßigkeitsgrundsatz entsprechen.

(a). Transfer- bzw. Aus- und Fortbildungsentschädigungen

In Bezug auf die im Verfahren „Bosman" streitgegenständlichen Regelungen zu den Transferentschädigungen hat der EuGH[1402] ausgeführt, daß diese weder *geeignet* sind, das finanzielle und sportliche Gleichgewicht zwischen den Vereinen aufrecht zu erhalten, noch dazu, eine systematische Jugendarbeit zu fördern. Die Transferentschädigungen haben auch bisher nicht

1396 Ebenda, Rdnr. 49.
1397 Vgl. oben, 3.Abschn., II.3.a.
1398 EuGH, Slg. 1995 I, 4921 (5071), Rdnr. 106 (Rs. C-415/93).
1399 Vgl. ebenda, Rdnr. 105.
1400 Vgl. oben, 3.Abschn., II.2.c.
1401 Vgl. Schlußanträge des Generalanwalts *Alber*, www.curia.eu.int/jurisp/htme/text.htm, 05.07.2000, Rdnr. 55 (Rs. 176/ 96).
1402 EuGH, Slg. 1995 I, 4921 (5071 ff.), Rdnr. 107 ff. (Rs. C-415/93).

verhindern können, daß die reichsten Clubs die besten Spieler verpflichten, und daß die verfügbaren finanziellen Mittel stets ein entscheidender Faktor beim sportlichen Wettkampf waren. Die Aussicht auf Erlangung einer solchen Entschädigung sei auch nicht geeignet, die Clubs zu ermutigen, nach Talenten zu suchen, für deren Ausbildung zu sorgen und „diese Tätigkeit, insbesondere im Fall der kleinen Vereine, zu finanzieren". Die Zahlungen weisen einen starken „Eventualitäts- und Zufallscharakter" auf, weil sie sich nicht an den tatsächlich im Rahmen der Ausbildung der künftigen Profispieler und der Sportler, die den Sport nicht zu ihrem Beruf machen, entstandenen Kosten, sondern am Marktwert des Spielers orientieren.
Demgegenüber ist die als Reaktion auf das „Bosman"-Urteil des EuGH durch §§ 27, 30 LiSpSt des DFB eingeführte Aus- und Fortbildungsentschädigung, im Gegensatz zu der Regelung nach Art. 59 SpO des DEB, unter Hinweis auf die Ausführungen zu der im Rahmen von § 242 BGB durch den BGH durchgeführten Angemessenheitskontrolle[1403] durch den Verhältnismäßigkeitsgrundsatz auch auf der Ebene der EG-Grundfreiheiten gerechtfertigt. Etwas anderes ergibt sich nicht daraus, daß auch diese Regelung durch ein Zufallsmoment geprägt ist[1404]. Die im Gegensatz zu den früheren Transferentschädigungen pauschalierten Zahlungen sind *geeignet*, bei den Vereinen die Motivation zur Beibehaltung einer intensiven Nachwuchsförderung aufrecht zu erhalten[1405]. Darüber hinaus wird dem EuGH in künftigen Verfahren entgegen zu halten sein, daß eine Bemessung der Ausbildungsentschädigung am zugunsten eines einzelnen Spielers tatsächlich geleisteten Aufwand lebensfremd und in der Praxis mangels Dokumentationsmöglichkeit insbesondere im Fall der kleineren Vereine nicht durchführbar ist[1406]. Im Bereich der Entschädigung für Aus- und Fortbildung ist ein im Vergleich zum pauschalisierten Ausgleich *milderes Mittel* nicht ersichtlich[1407]. Auch ist durch §§ 27, 30 LiSpSt des DFB, im Gegensatz zu Art. 59 SpO des DEB, ein *angemessener Ausgleich* zwischen den berührten EG-Freizügigkeitsregelung und dem Allgemeininteresse an einer Ausbildung junger Sportler getroffen worden[1408].

(b). Transferwechselzeiten

Die Verbände[1409] und verschiedene europäische Regierungen[1410] haben in dem Verfahren „Lehtonen" vorgetragen, daß durch die Festlegung von Wechselzeiten in den Verbandsregelwerken bezweckt wird, eine Verzerrung des Ligawettbewerbs durch die Verpflichtung neuer Spieler innerhalb der laufenden Meisterschaft im Interesse der Chancengleichheit und der personellen Kontinuität der beteiligten Mannschaften zu verhindern. Durch die Staffelung der Transferperioden soll insbesondere verhindert werden, daß Spieler zunächst eine nationale Meisterschaft beenden können, um danach durch einen Wechsel in der Endphase einer anderen nationalen Meisterschaft den dortigen Wettbewerb zu verfälschen.
Demgegenüber haben *Lehtonen* und der aufnehmende Verein[1411] vorgebracht, daß durch die Beschränkung von Transfermöglichkeiten der Wettbewerb nicht gewahrt, sondern vielmehr verfälscht würde, da ein eventueller Ausfall wichtiger Spieler durch die Clubs nicht kompensiert werden könne und ein sportliches Ungleichgewicht der Vereine während der laufenden Saison verfestigt würde. Auch seien die Regelungen nicht zur Verhinderung von Wettbewerbsverzerrungen „notwendig", da neue Spieler nur schwierig kurzfristig in eine Mannschaft zu inte-

---
[1403] Vgl. oben, 3.Abschn., II.2.c.
[1404] Vgl. ebenda.
[1405] Vgl. ebenda.
[1406] Vgl. *Streinz*, SpuRt 1998, 1 (90).
[1407] Vgl. oben, 3.Abschn., II.2.c.
[1408] Vgl. ebenda.
[1409] Vgl. Schlussanträge des Generalanwalts *Alber*, www.curia.eu.int/jurisp/htme/text.htm, 05.07.2000, Rdnr. 55 (Rs. C-176/96).
[1410] Vgl. ebenda, Rdnr. 57 ff.
[1411] Vgl. ebenda, Rdnr. 51 ff.

grieren seien. Darüber hinaus überwiege das durch Art. 39 EGV geschützte Interesse an der freien Wahl des Arbeitgebers im Rahmen einer Angemessenheitsprüfung gegenüber dem Allgemeininteresse an einem unverfälschten sportlichen Wettbewerb.

Richtigerweise ist mit Generalanwalt *Alber*[1412] zwischen den unterschiedlichen Formen der Ausgestaltung der Transferwechselzeiten durch die Verbandsregelwerke zu differenzieren. Die begründete Gefahr einer Wettbewerbsverzerrung ergibt sich aus dem Umstand, daß die Spielergebnisse der Abschlußtabelle einer Saison nicht vergleichbar sind, wenn aufgrund des Spielplanes einige Mannschaften vor und andere Teams nach der Verstärkung einer bestimmten Mannschaft durch neue Spieler gegen diese anzutreten haben. Infolgedessen sind willkürlich gesetzte Transferfristen nicht geeignet, eine Vergleichbarkeit der Ergebnisse zu garantieren. Etwas anderes ergibt sich im Bereich von Transferwechselzeiten, die dem Ablauf des Wettbewerbs angepaßt sind, so daß eine Wettbewerbsverzerrung ausgeschlossen ist (verzögerte Transferfristen)[1413]. Daher ist z. B. eine an den Beginn der Meisterschaft oder der Rückrunde anknüpfende Regelung geeignet, die Vergleichbarkeit der Ergebnisse zu gewährleisten, da in diesem Fall sämtliche am Ligabetrieb beteiligten Mannschaften gegen den verstärkten Konkurrenten anzutreten haben. Ein im Vergleich zu diesen Transferregelungen *milderes Mittel* zur Gewährleistung der Vergleichbarkeit der Ergebnisse im Ligabetrieb ist nicht ersichtlich. Etwas anderes gilt nur hinsichtlich der Pokalwettbewerbe, die nicht vorsehen, daß sämtliche beteiligten Club gegeneinander antreten. Dort werden durch eine Austragung im K.O.-System und eine Auslosung der Spielpartner im Gegensatz zum Ligabetrieb keine über die Saison vergleichbaren Ergebnisse, sondern lediglich Erfolge in dem vorangehenden Einzelspielen vorausgesetzt. Auch stellen dem Ablauf des Wettbewerbs angepaßte Transferwechselzeiten einen *angemessenen Ausgleich* zwischen der Arbeitnehmerfreizügigkeit und dem Allgemeininteresse an einer Vergleichbarkeit der Ergebnisse dar. Zwar wird durch diese Verbandsnormen der freie Zugang zur Beschäftigung beschränkt, was im Falle eines Profisportlers, dessen berufliche Tätigkeit im Verhältnis zu anderen Arbeitnehmern zeitlich begrenzt ist, besonders schwer wiegt. Jedoch ist andererseits zu berücksichtigen, daß durch die Transferregelungen letztendlich der Bestand und die Organisation eines auf dem Prinzip der Chancengleichheit basierenden und somit für Zuschauer und Sponsoren attraktiven Ligabetriebes und daher die Voraussetzung dafür, daß der Sportler seine Tätigkeit überhaupt beruflich ausüben kann, sichergestellt wird.

Etwas anderes gilt aber nach der Rechtsprechung des EuGH[1414] und dem Generalanwalt *Alber*[1415] für die im Verfahren „Lehtonen" streitgegenständlichen Transferregelungen, nach denen die Frist eines Vereinswechsels davon abhängig gemacht wird, welchem nationalen Sportverband der abgebende Verein angehört (gestaffelte Transferfristen). So sind z. B. durch die Verbandsregelwerke des belgischen Basketballverbandes ligainterne Transfers innerhalb der laufenden Saison ausgeschlossen, wohingegen Spieler, die von einem in einem anderen europäischen Land beheimateten Verein stammen, bis zum 28.02 und Sportler von Clubs aus sonstigen Staaten bis zum 31.03. des jeweiligen Jahres in die belgische Liga wechseln können. Diese Differenzierung zwischen Spielern, die von einem europäischen oder einem in einem sonstigen Staat beheimateten Verein wechseln, ist nicht geeignet, einer Wettbewerbsverzerrung vorzubeugen, da zumindest die Transferfrist für Sportler aus Drittstaaten dazu führen kann, die Ver-

---

[1412] Ebenda, Rdnr. 72 ff.

[1413] Vgl. § 28 Nr. 2 Satz 2 i. V. m. § 20 Nr. 2, 3 DFB-LiSpSt; Art. 55 Nr. 2 DEB-SpO.

[1414] EuGH, www.curia.eu.int/jurisp/htme/text.htm, 05.07.2000, Rdnr. 57 ff. (Rs. 176/96). Jedoch hat der Gerichtshof lediglich grundsätzlich festgestellt, daß Regelungen, wonach ein Verein „keine Spieler aus anderen Mitgliedstaaten aufstellen darf, die nach einem bestimmten Zeitpunkt verpflichtet worden sind", gegen Art. 39 EGV verstoßen, soweit „für Transfers von Spieler aus bestimmten Drittländern insoweit ein anderes Datum gilt", und es als Aufgabe des nationalen Gerichts angesehen zu prüfen, ob eine derartige Unterscheidung im Einzelfall aus objektiven Gründen gerechtfertigt sein kann.

[1415] Schlußanträge des Generalanwalts *Alber* , www.curia.eu.int/jurisp/htme/text.htm, 05.07.2000, Rdnr. 80 ff. (Rs. 176/96).

gleichbarkeit der Ergebnisse im oben genannten Sinne zu gefährden. Eine Rechtfertigung der gestaffelten Transferfristen ergibt sich, entgegen dem Vorbringen der Verbände in der Rechtssache „Lehtonen"[1416], auch nicht daraus, daß die nationalen Meisterschaften der anderen europäischen Staaten zu dem Zeitpunkt enden, der als Transferfrist für die wechselwilligen Spieler aus diesen Staaten vorgesehen ist, so daß diese Sportler gehindert werden sollen, zunächst einen nationalen Wettkampf zu beenden, um anschließend an der Endphase einer anderen Meisterschaft teilzunehmen. Offen bleiben kann die Frage, ob die Verhinderung solcher Anschlußtransfers ein gemeinschaftsrechtlich anzuerkennendes Ziel ist, weil an sich kein sachlicher Grund für die Differenzierung zwischen Transfers kurz vor oder nach Beendigung einer Meisterschaftsrunde vorliegt, da im vorliegenden Fall das Mittel der gestaffelten Transferperioden schon nicht geeignet ist, um derart unerwünschte Transferbewegungen zu verhindern[1417]. Es bestehen in Europa einige nationale Wettbewerbe, die von der gestaffelten Frist nicht erfaßt werden, wodurch von dort Anschlußtransfers zu befürchten sind. Zudem mangelt es den gestaffelten Transferfristen an der Voraussetzung der Erforderlichkeit[1418], da diese Regelung neben den Anschlußtransfers auch den Wechsel von Spielern vereitelt, die aus anderen Gründen ihren Club verlassen wollen. Als milderes Mittel kommt daher eine Transferregelung in Betracht, die sich nicht an Fristen orientiert, sondern an dem materiellen Kriterium des Wechsels von einer beendeten in die Endphase einer noch laufenden nationalen Meisterschaft anknüpft. Darüber hinaus sind die gestaffelten Transferfristen nicht verhältnismäßig im engeren Sinn[1419], da diese Vorschriften nicht in einem angemessenen Verhältnis zur Wahrscheinlichkeit der Verwirklichung von Anschlußtransferbewegungen stehen, die in der Wirklichkeit der Sportwelt eher selten sind.

(2). Rechtfertigung freizügigkeitsbeschränkender Maßnahmen durch das gemeinschaftsrechtliche Grundrecht der Vereinigungsfreiheit

Der Anwendungsvorrang des Gemeinschaftsrechts gegenüber dem nationalen Recht gilt nach der ständigen Rechtsprechung des EuGH seit dem Verfahren „Internationale Handelsgesellschaft"[1420] auch im Verhältnis zwischen EG-Grundfreiheiten und den in den nationalen Verfassungen der Mitgliedstaaten verankerten Grundrechten, so daß die durch Art. 9 Abs. 1 GG gewährleistete Verbandsautonomie nicht geeignet ist, Verstöße gegen EG-Freizügigkeitsregelungen zu rechtfertigen[1421]. Etwas anderes ergibt sich auch nicht aus der Rechtsprechung des BVerfG zur Kontrolle von sekundärem Gemeinschaftsrecht im Lichte der nationalen Grundrechte: Zwar sah das Gericht noch in der „Solange I"-Entscheidung[1422] den auf Gemeinschaftsebene gewährten Grundrechtsschutz als unzureichend an und ließ deshalb eine Verdrängung deutscher Grundrechte durch das EG-Recht nicht zu. Diese Rechtsprechung hat das BVerfG aber durch die Urteile „Solange II"[1423] und „Maastricht"[1424] aufgegeben, seine Überprüfungskompetenz anhand deutscher Grundrechte, in Anbetracht des von ihm als angemessen qualifizierten gemeinschaftsrechtlichen Grundrechtsschutzes, bis auf weiteres zurückgenommen und diese Ansicht durch den Beschluß zur Vorlage zur Bannanenmarktverordnung bekräftigt[1425].

[1416] Vgl. ebenda, Rdnr. 55.
[1417] Ebenda, Rdnr. 82.
[1418] Ebenda, Rdnr. 88 f.
[1419] Ebenda, Rdnr. 90.
[1420] EuGH, Slg. 1970, 1125 (1135), Rdnr. 3 (Rs. 11/70).
[1421] U. a. *Oppermann*, Europarecht, S. 191; *Schroeder*, Sport und europäische Integration, S. 187.
[1422] BVerfGE 37, 271 (285).
[1423] BVerfGE 73, 339 (378).
[1424] BVerfGE 89, 155 (182).
[1425] BVerfG, www.bundesverfassungsgericht.de/entscheidungen/frames/ls20000607_2bvl000197, Rdnr. 57 ff., 27. 06.2000.

Somit ist Voraussetzung für die Rechtfertigung sowohl der gegen die Grundfreiheiten als Diskriminierungsverbote verstoßenden Ausländerklauseln als auch der in den Schutzbereich der EG-Freizügigkeitsregelungen als Beschränkungsverbote eingreifenden Transferbestimmungen durch ein europarechtlich gewährleistetes Grundrecht der Vereinigungsfreiheit, daß ein solches auf der Ebene des Gemeinschaftsrechts existiert, daß die Bindung der Sportler an die Verbände vom Schutzbereich dieser Gewährleistung umfaßt ist und daß das Verhältnis zwischen EG-Grundrechten und EG-Grundfreiheiten eine Beschränkung der Freizügigkeitsregelungen durch die Vereinigungsfreiheit zuläßt. Mit diesen Fragen hat sich der EuGH in der Rechtssache „Bosman"[1426] nur unzureichend auseinandergesetzt. Zwar hat das Gericht die Existenz eines durch die Gemeinschaftsrechtsordnung gewährleisteten Grundrechts der Vereinigungsfreiheit anerkannt, jedoch nur knapp ausgeführt, daß nicht davon auszugehen sei, daß die streitgegenständlichen Verbandsnormen erforderlich seien, „um die Ausübung dieser Freiheit durch die genannten Verbände, die Vereine oder die Spieler zu gewährleisten".

(a). Die grundrechtliche Gewährleistung der Vereinigungsfreiheit im Europarecht

Das Gemeinschaftsrecht enthält noch keinen verbindlichen Grundrechtskatalog[1427], jedoch ist mit dem Inkrafttreten des Maastricht-Vertrages über die Europäische Union[1428] mit Art. 6 Abs. 2 EUV (bzw. zunächst Art. F Abs. 2 EUV) erstmals eine Bestimmung eingeführt worden, durch die der Grundrechtsschutz ausdrücklich gewährleistet und soweit verallgemeinert wird, daß von einem umfassenden Schutz der Grundrechte auf der Ebene des Europarechts ausgegangen werden kann[1429]. Demnach „achtet" die Union „die Grundrechte, wie sie in der am 4. November 1950 in Rom unterzeichneten Europäischen Konvention zum Schutze der Menschenrechte[1430] und Grundfreiheiten gewährleistet sind und wie sie sich aus den gemeinsamen Verfassungsüberlieferungen der Mitgliedstaaten als allgemeine Grundsätze des Gemeinschaftsrechts ergeben". Art. 6 Abs. 2 EUV nimmt mit dieser Formulierung Bezug auf die ständige Rechtsprechung des EuGH, durch die dieser seit der Entscheidung in der Rechtssache „Stauder"[1431] das Vorhandensein von „Grundrechten der Person" als ungeschriebene allgemeine Grundsätze des Gemeinschaftsrechts anerkannt hat. Die in der EMRK niedergelegten Grundrechte sind hierdurch zu einem Bestandteil des primären Europarechts geworden[1432] und können durch den EuGH durch die Berücksichtigung der gemeinsamen Verfassungsüberlieferungen der Mitgliedstaaten gemäß den spezifischen Bedürfnissen der Gemeinschaftsrechtsordnung ergänzt und abgewandelt werden[1433].

Der EuGH hat dementsprechend im Wege der richterlichen Rechtsfortbildung eine Vielzahl von einzelnen Grundrechten herausgearbeitet, wobei durch Art 46 lit. d EUV nunmehr mit Inkrafttreten des Amsterdamer Vertrages anerkannt worden ist, daß der Grundrechtsschutz nach Art. 6 Abs. 2 EUV in den Zuständigkeitsbereich des Gerichtshofes fällt. Nachdem der Gerichtshof im

[1426] EuGH, Slg. 1995 I, 4921 (5065), Rdnr. 79 f. (Rs. C-415/93).
[1427] *Bleckmann/Pieper* in: *Dauses*, B. I.
[1428] BGBl. 1999 II, S. 416.
[1429] *Oppermann*, Europarecht, S. 190; Die am 07.12.2000 in Nizza durch die Staats- und Regierungschefs der EU-Mitgliedstaaten proklamierte „Charta der Grundrechte der Europäischen Union" ist (bisher) nicht verbindlicher Bestandteil des Gemeinschaftsrechts geworden. Die Gewährleistung der Grundrechte durch den EUV hat keine Abänderung erfahren, so daß der Grundrechtsschutz auf der Ebene des Europarechts weiterhin durch Art. 6 Abs. 2 EUV i. V. m. EMRK hergestellt wird, vgl. Süddeutsche Zeitung vom 07.12.2000, S. 8.
[1430] BGBl. 1952 II, S. 685.
[1431] EuGH, Slg. 1969, 419 (423), (Rs. 29/69).
[1432] *Gramlich*, DÖV 1996, 801 (806); *Oppermann*, Europarecht, S. 191.
[1433] *Pauly*, EuR 1998, 242 (252).

Verfahren „Bosman"[1434] die Existenz eines sich aus Art. 11 EMRK und den gemeinsamen Verfassungsüberlieferungen der Mitgliedstaaten herleitenden gemeinschaftsrechtlichen Grundrechts der Vereinigungsfreiheit ausdrücklich anerkannt hat, kann die Frage offen bleiben, ob der EuGH schon in der Entscheidung „Gewerkschaftsbund" von der grundrechtlichen Ausgestaltung der Vereinigungsfreiheit auf der Ebene des EG-Rechts ausgegangen ist[1435] oder durch dieses EuGH-Urteil noch keine Anerkennung der Vereinigungsfreiheit im Gemeinschaftsrecht erfolgt ist[1436].

(b). Der Schutzbereich der gemeinschaftsrechlich geschützten Vereinigungsfreiheit

Der EuGH hat in dem Verfahren „Lehtonen"[1437] den Aspekt der Rechtfertigung tatbestandlicher Eingriffe in die Arbeitnehmerfreizügigkeit durch das europarechtliche Grundrecht der Vereinigungsfreiheit nicht angesprochen. Demgegenüber hat er die Existenz eines EU-rechtlich gewährleisteten Grundrechts der Vereinigungsfreiheit in der Entscheidung „Bosman"[1438] anerkannt, wobei er sich aber jeglicher Äußerung dazu enthalten hat, wie der Schutzbereich dieser Gewährleistung ausgestaltet ist. Zwar sprach das Gericht von der „Autonomie, über die die privaten Verbände beim Erlaß von Sportregelungen verfügen"[1439], und hob später erneut die „rechtliche Autonomie" von „nicht dem öffentliche(n) Recht unterliegenden Vereinigungen und Einrichtungen"[1440] hervor. Diese Aussagen beziehen sich aber nicht auf den Umfang des Schutzbereiches der Vereinigungsfreiheit, sondern sollen vielmehr dessen Grenzen aufzeigen[1441]. Die Entwicklung eines Schutzbereiches ist jedoch auch auf europarechtlicher Ebene entscheidend dafür, ob die Vereinigungsfreiheit oder die Privatautonomie als Bestandteil des auf der Ebene des Gemeinschaftsrechts anerkannten Grundrechts der allgemeinen Handlungsfreiheit[1442] die Grundlage der Bindung der Sportlers an das Verbandsrecht darstellt.
Nach Art. 11 Abs. 1 EMRK ist es allen Menschen gewährleistet, „sich frei mit anderen zusammenzuschließen, einschließlich des Rechts, zum Schutze ihrer Interessen Gewerkschaften zu bilden und diesen beizutreten". Diese der Regelung des Art. 9 GG entsprechende Verbindung der Vereinigungsfreiheit mit der Koalitionsfreiheit läßt den Schluß zu, daß die Gewährleistung des Art. 11 Abs. 1 EMRK, entsprechend der nach dem deutschen Grundgesetz garantierten Vereinigungsfreiheit[1443], nicht nur das individuelle Freiheitsrecht der positiven und negativen Vereinigungsfreiheit, sondern auch die Betätigungsfreiheit der durch die individuelle Grundrechtsausübung geschaffenen Verbände und Vereine schützt[1444]. Die Garantie der verbandsmäßigen Betätigung umfaßt, vergleichbar mit Art. 9 Abs. 1 GG, als Kernbereich der Gewährleistung die Gründungs- bzw. Beitrittsfreiheit[1445] und die Bestandsgarantie[1446]. Zudem ermächtigt ein freiwilliger Beitritt der Mitglieder den Verband im Rahmen der Garantie der intern-freien Funktion-

[1434] EuGH, Slg. 1995 I, 4921 (5065), Rdnr. 79 (Rs. C-415/93), so auch Schlussanträge des Generalanwalts *Alber*, www. curia.eu.int/jurisp/htme/text,htm, 05.07.2000, Rdnr. 69 (Rs. C-176/96).
[1435] So *Bleckmann/Pieper*: in *Dauses*, B. I., Rdnr. 88; *Schroeder*, Sport und europäische Integration, S. 191.
[1436] *Feger*, RdA 1987, 13 (21).
[1437] EuGH, www.curia.eu.int/jurisp/htme/text.htm, 05.07.2000 (Rs. 176/96).
[1438] EuGH, Slg. 1995 I, 4921 (5065), Rdnr. 79 (Rs. C-415/93).
[1439] Ebenda, Rdnr. 81.
[1440] Ebenda, Rdnr. 83.
[1441] *Gramlich*, DÖV 1996, 801 (809).
[1442] EuGH Slg. 1987, 2289 (2338), Rdnr. 15 (Rs. 133 bis 136/85).
[1443] Vgl. oben, 3.Abschn., II.1.b.aa.
[1444] *Gramlich*, DÖV 1996, 801 (807); *Frowein* in: *Frowein/Peukert*, EMRK-Kommentar, Art. 11 EMRK, Rdnr. 6.
[1445] Vgl. oben, 3.Abschn., II.1.b.aa.(1).
[1446] Vgl. oben, 3.Abschn., II.1.b.aa.(2).; *Scholz/Aulehner*, SpuRt 1996, 44 (45).

sentfaltung[1447] grundsätzlich dazu, diesen gegenüber verbindliche Verhaltensnormen[1448] zu schaffen und Strafgewalt[1449] auszuüben[1450].
Ob auch die externe Vereinsbetätigungsfreiheit[1451] und somit die vertragliche Bindung der in dieser Arbeit untersuchten Profisportler von Art. 11 Abs. 1 EMRK selber erfaßt wird, kann offen bleiben, da der Schutzbereich der gemeinschaftsrechtlich geschützten Vereinigungsfreiheit nicht vollständig mit der entsprechenden Gewährleistung in der EMRK konform gehen muß, sondern nach Art. 6 Abs. 2 EUV auch durch das Verfassungsrecht der einzelnen EU-Mitgliedstaaten geprägt wird. Da im Hinblick auf den Schutzbereich der Vereinigungsfreiheit der Grundrechtsstandard in sämtlichen Mitgliedstaaten vergleichbar ist[1452], ist keine wertende Rechtsvergleichung zum Auffinden -nicht des „kleinsten gemeinsamen Nenners", sondern der „besten Lösung"- in den mitgliedstaatlichen Verfassungen[1453] anzustellen. Vielmehr ist, vergleichbar mit Art. 9 Abs. 1 GG, auch aufgrund der gemeinsamen Verfassungsüberlieferungen der Mitgliedstaaten die vertragliche Bindung der Sportler an die Verbände im Rahmen der externen Betätigungsfreiheit[1454] vom Schutzbereich der gemeinschaftsrechtlichen Vereinigungsfreiheit umfaßt.

Weitere Voraussetzung dafür, daß sich die Verbände gegenüber den Sportlern auf das Gemeinschaftsgrundrecht der Vereinigungsfreiheit berufen können, ist, daß dieser wie den EGV-Grundfreiheiten[1455] Drittwirkung im Privatrechtsverkehr zukommt.
Der EuGH hat bisher nicht ausdrücklich zu der Frage Stellung genommen, ob auch Private Adressaten der Verpflichtungen durch die Gemeinschaftsgrundrechte nach Art. 6 Abs. 2 EUV sein können[1456]. Jedoch ist vorliegend von der Horizontalwirkung der Gemeinschaftsgrundrechte, die in erster Linie als Abwehrrechte gegen Maßnahmen der Mitgliedstaaten wirken, auszugehen. Zwar ergibt sich eine generelle Drittwirkung der nach Art. 6 Abs. 2 EUV gewährleisteten Grundrechte nicht schon aus dem Hinweis darauf, daß es sich bei diesen, wie bei den mit Horizontalwirkung ausgestatteten EGV-Grundfreiheiten, um gemeinschaftsrechtliche Grundrechte im weiteren Sinne[1457] handelt, weshalb im Hinblick auf die Drittwirkung im Privatrechtsverkehr für die Grundrechte nach Art. 6 Abs. 2 EUV nicht anderes gelten kann, wie für die Grundfreiheiten nach dem EGV, da auch die EGV-Freizügigkeitsregelungen nach der Rechtsprechung des Gerichtshofs[1458] nicht generell, sondern nur gegenüber bestimmten Privaten, wie den Verbänden, mit Horizontalwirkung versehen sind. Jedoch ist die Rechtsprechung des EuGH zur Drittwirkung der Grundfreiheiten auf die Horizontalwirkung der gemeinschaftsrechtlichen Grundrechte im Privatrechtsverkehr zu übertragen[1459], da auch die Verwirklichung der Grundrechte nach Art. 6 Abs. 2 EUV auf europäischer Ebene gefährdet wäre, wenn rechtswidrige staatliche Maßnahmen in ihrer Wirkung fortbestehen könnten, indem sie durch privatrechtliche Vereinigungen oder Einrichtungen kraft ihrer rechtlichen Autonomie aufrechterhalten würden. Dies alleine führt aber noch nicht dazu, daß sich die Verbände gegenüber den Sportlern auf ge-

---

[1447] *Scholz/Aulehner*, SpuRt 1996, 44 (45).
[1448] Vgl. oben, 3.Abschn., II.1.b.aa.(3).
[1449] Vgl. ebenda.
[1450] Vgl. *Gramlich*, DÖV 1996, 801 (807).
[1451] Vgl. oben, 3.Abschn., II.1.b.aa.(4).
[1452] Vgl. u. a. *Schroeder*, Sport und europäische Integration, S. 192; *Ipsen*, Europäisches Gemeinschaftsrecht, S. 732 f.
[1453] *Oppermann*, Europarecht, S. 186, 190.
[1454] Vgl. oben, 3.Abschn., II.1.b.aa.(4).
[1455] Vgl. oben, 2.Abschn., II.4.b.dd.; 3.Abschn., II.3.a.
[1456] *Pieper* in: *Bleckmann*, S. 62.
[1457] *Bleckmann/Pieper* in: *Dauses*, B. I., Rdnr. 108 ff.
[1458] Vgl. oben, 2.Abschn., II.4.b.dd.
[1459] *Bleckmann/Pieper* in: *Dauses*, B. I., Rdnr. 131.

meinschaftsrechtliche Grundrechte berufen können, da der Profi als Einzelner im Gegensatz zu den Sportverbänden gerade nicht über die Möglichkeit verfügt, kollektivrechtliche Regelungen gegenüber den Sportverbänden zu schaffen. Vielmehr eröffnet die Argumentation des EuGH in Bezug auf die Drittwirkung der Grundfreiheiten lediglich dem Sportler die Befugnis, gegenüber den Verbänden die Grundrechte nach Art. 6 Abs. 2 EUV geltend zu machen. Jedoch ist diese Begründung für die Horizontalwirkung der Grundrechte dahingehend zu interpretieren, daß gemeinschaftsrechtliche Grundrechte grundsätzlich Drittwirkung im Zivilrechtsverkehr entfalten, wenn das private Rechtsverhältnis, wie vorliegend durch die unmittelbare Drittwirkung der Grundfreiheiten zugunsten der Profis, in den Anwendungsbereich des Gemeinschaftsrechts fällt[1460] und dieses den privatrechtlichen Sachverhalt, in welcher Form auch immer, regelt. Andernfalls ergäbe sich vorliegend das unbillige und gegen das Gebot der „Waffengleichheit" verstoßende Ergebnis, daß sich die Sportler gegenüber den Verbänden auf gemeinschaftsrechtliche Grundrechte und -freiheiten berufen könnten, umgekehrt aber den Verbänden ein entsprechender Schutz verwehrt bliebe. Gestützt wird diese Ansicht auch durch die Entscheidung des EuGH in der Rechtssache „Defrenne III"[1461], in der der Gerichtshof Art. 141 EGV, der das Gebot der gleichen Entlohnung von Männern und Frauen enthält und dem Grundrechtsqualität zugebilligt wird, auch im Hinblick auf nicht mit kollektiver Regelungsmacht ausgestattete Grundrechtsadressaten Drittwirkung beigemessen hat. Darüber hinaus ist auch die Frage der Horizontalwirkung der Grundrechte nach Art. 6 Abs. 2 EUV anhand der gemeinsamen Verfassungsüberlieferungen der Mitgliedstaaten zu beantworten. Dort herrscht das Verständnis vor, daß die Grundrechte nicht lediglich als subjektive Abwehrrechte gegen staatliche Maßnahmen dienen, sondern vielmehr eine objektive Wertordnung bilden, die auch in privatrechtlichen Rechtsverhältnissen zu beachten ist[1462], weswegen im Rahmen einer wertenden Rechtsvergleichung, entsprechend der deutschen Rechtsordnung[1463] zumindest von einer mittelbaren Drittwirkung der auf europarechtlicher Ebene gewährleisteten Grundrechte im Privatrechtsverkehr auszugehen ist[1464].

(c). Kollision der Vereinigungsfreiheit mit EGV-Grundfreiheiten

Die Vereinigungsfreiheit wird auf gemeinschaftsrechtlicher Ebene nicht schrankenlos gewährleistet, sondern kann gemäß Art. 11 Abs. 2 EMRK kraft Gesetzes eingeschränkt werden, soweit dies „in einer demokratischen Gesellschaft...zum Schutze der Rechte und Freiheiten anderer notwendig" ist.

Bei den primärrechtlichen Bestimmungen der EGV-Freizügigkeitsregelungen handelt es sich um *vom Gesetz vorgeschriebene Einschränkungen* der Vereinigungsfreiheit, da die europäischen Gründungs- und Änderungsverträge allesamt durch die mitgliedstaatlichen Gesetzgebungsorgane gebilligt worden sind.

Bei den sich auf den Personenverkehr beziehenden EGV-Grundfreiheiten, deren Schutzbereich die vertraglich[1465] oder mittelbar mitgliedschaftlich[1466] an die Verbände gebundenen Sportler unterfallen, handelt es sich um „*Rechte und Freiheiten anderer*" i. S. d. Art. 11 Abs. 2 EMRK. Die gegenüber den Verbänden mit unmittelbarer Drittwirkung im Privatrechtsverkehr versehenen EGV-Freizügigkeitsregelungen sollen die Möglichkeit eines jeden Staatsangehörigen eines EU-Mitgliedstaates sicherstellen, „sein Herkunftsland zu verlassen, um von seinem Recht

---

[1460] Ebenda, Rdnr. 130.
[1461] EuGH, Slg. 1978, 1365 (1378), Rdnr. 19/23 (Rs. 149/77).
[1462] Vgl. *Bleckmann/Pieper* in: *Dauses*: B. I., Rdnr. 124.
[1463] Vgl. oben, 2.Abschn., II.1.b.
[1464] *Schroeder*, Sport und europäische Integration, S. 193.
[1465] Vgl. oben, 1.Abschn., III.2.b.aa.(2).
[1466] Vgl. oben, 1.Abschn., III.2.b.aa.(1).(b).

auf Freizügigkeit Gebrauch zu machen"[1467]. Mangels einer Qualifizierung des Verhältnisses des Sportlers zu den Sportverbänden als Mitgliedschaft im rechtlichen Sinne[1468] kann offen bleiben, ob durch eine solche gegenüber den Verbänden ein Verzicht auf die Freizügigkeitsregelungen des EGV erfolgt ist[1469].

Hinsichtlich der Frage, welche Einschränkungen der Vereinigungsfreiheit *„in einer demokratischen Gesellschaft...notwendig"* sind, besteht nach Art. 11 Abs. 2 EMRK ein gewisser Beurteilungsspielraum der Mitgliedstaaten und der Gemeinschaft[1470] bei der Vornahme mitgliedstaatlicher Maßnahmen und sekundärrechtlicher Gemeinschaftsakte[1471]. Insofern hat der EuGH im Verfahren „Hauer"[1472] in Bezug auf sekundärrechtliche Regelungen der Gemeinschaft festgestellt, daß die Begrenzung grundrechtlicher Positionen möglich sei, soweit dies durch dem allgemeinen Wohl der Gemeinschaft dienende Ziele gerechtfertigt ist und der unantastbare Wesensgehalt der Grundrechte gewahrt bleibt.

Problematisch ist hingegen im Bereich der primärrechtlichen EGV-Grundfreiheiten, ob diese absolute Geltung beanspruchen und daher keinerlei Einschränkung durch europarechtliche Grundrechte zugänglich sind oder ob die EGV-Freizügigkeitsregelungen im Fall einer Kollision mit Gemeinschaftsgrundrechten im Wege einer Abwägung mit diesen in Ausgleich zu bringen sind.

Nach einer Ansicht im Schrifttum[1473] sind kollidierende Gemeinschaftsgrundrechte nach Art. 6 Abs. 2 EUV nicht geeignet, die im EGV niedergelegten Grundfreiheiten einzuschränken. Der EuGH habe in der Entscheidung „Bosman"[1474] festgestellt, daß die Arbeitnehmerfreizügigkeit lediglich in ihrer Eigenschaft als Beschränkungsverbot im Rahmen einer Verhältnismäßigkeitsprüfung zugunsten zwingender Gründe des Allgemeininteresses, aber nicht aufgrund der Vereinigungsfreiheit begrenzt werden könne. Demgegenüber ist eine Einschränkung der EGV-Freizügigkeitsregelungen auf der Ebene der Diskriminierung nur durch vertraglich vorgesehene und eng auszulegende oder durch den EuGH im Rahmen der richterlichen Rechtsfortbildung ausdrücklich anerkannte Rechtfertigungsgründe möglich. Dies sei hinsichtlich der europarechtlich gewährleisteten Vereinigungsfreiheit durch die Rechtsprechung des Gerichtshofes im Verfahren „Bosman"[1475] nicht explizit erfolgt, da sich die knappen Ausführungen des EuGH zu Art. 6 Abs. 2 EUV, Art. 11 EMRK nur auf die Transferregelungen und daher lediglich auf die Grundfreiheiten als Beschränkungsverbote beziehen.

Demgegenüber ist mit der absolut herrschenden Meinung in der Literatur[1476] die Kollision zwischen Grundrechten und Grundfreiheiten unter Beachtung des Verhältnismäßigkeitsprinzips im Sinne praktischer Konkordanz zum Ausgleich zu bringen, da es sich sowohl bei den EGV-Grundfreiheiten als auch bei den Grundrechten nach Art. 6 Abs. 2 EUV um gemeinschaftsrechtliche Grundrechte im weiteren Sinne[1477] und somit um gleichrangige Rechtspositionen[1478] der Gemeinschaftsrechtsrechtsordnung handelt. Das Europarecht enthält keinerlei Begründung dafür, den EGV-Grundfreiheiten in ihrer Eigenschaft als Diskriminierungsverbote einen höheren Rang als den Gewährleistungen der (ungeschriebenen) Grundrechte auf Gemeinschaftsebene

---

1467 EuGH, Slg. 1995 I, 4921 (5069), Rdnr. 96 (Rs. C-415/93).
1468 Vgl. oben, 1.Abschn., III.2.b.aa.(1).(b); 1.Abschn., III.2.b.bb.(2).
1469 Vgl. zu dieser Frage: *Gramlich*, DÖV 1996, 801 (808).
1470 U. a. *Frowein* in: *Frowein/Peukert*, Vorbem. zu Art. 8-11 EMRK, Rdnr. 14 f.
1471 *Gramlich*, DÖV 1996, 801 (808).
1472 EuGH, Slg. 1979, 3727 (3749), Rdnr. 30 (Rs. 44/79).
1473 Vgl. *Heidersdorf*, Ausländerklauseln im Profisport, S. 69.
1474 Vgl. oben, 3.Abschn., II.3.c.dd.(1).
1475 EuGH, Slg. 1995 I, 4921 (5065), Rdnr. 79 f. (Rs. C-415/93).
1476 U. a *Gramlich*, DÖV 1996, 801 (808); *Pieper* in: *Bleckmann*, S. 65; *Krogmann*, Grundrechte im Sport, S. 217; *Scholz/Aulehner*, SpuRt 1996, 44 (45); *Schroeder*, Sport und europäische Integration, S. 197 ff.
1477 *Bleckmann/Pieper* in: *Dauses*, B. I., Rdnr. 108 ff.
1478 Vgl. *Gramlich*, DÖV 1996, 801 (808); *Schroeder*, JZ 1996, 254 (256).

einzuräumen. Vielmehr handelt es sich bei den (geschriebenen) EGV-Freizügigkeitsregelungen lediglich um einen Ausschnitt der gemeinschaftsrechtlich geschützten Grundrechtspositionen. Zudem hat der Gerichtshof durch seine Ausführungen in der Rechtssache „Bosman“[1479] sehr wohl die Beschränkung der EGV-Grundfreiheiten durch das kollidierende Grundrecht der Vereinigungsfreiheit anerkannt, indem er eine sehr knapp gehaltene Güterabwägung vorgenommen und geäußert hat, daß „nicht davon auszugehen sei, daß die von den Sportverbänden aufgestellten Regeln....erforderlich sind, um die Ausübung dieser Freiheit durch die genannten Verbände....zu gewährleisten“. Hierdurch hat der EuGH im Wege der richterlichen Rechtsfortbildung festgelegt, daß die Grundfreiheiten in ihrer Eigenschaft als Beschränkungsverbote nicht nur durch zwingende Gründe des Allgemeininteresses, sondern auch durch gemeinschaftsrechtliche Grundrechte beschränkbar sind. Diese Rechtsprechung hat der Gerichtshof im Verfahren „Familiapress“[1480] fortgeführt, indem er explizit die in dieser Rechtssache als Beschränkungsverbot wirkende Warenverkehrsfreiheit nach Art. 28 EGV mit dem auf europarechtlicher Ebene nach Art. 6 Abs. 2 EUV i. V. m. Art. 10 EMRK geschützten individuellen Grundrecht auf Meinungsfreiheit und nicht mit einem auf Schutz dieses Interesses gerichteten zwingenden Allgemeininteresse abgewogen hat. Darüber hinaus läßt der Umstand, daß der Gerichtshof seine Aussagen bezüglich der Vereinigungsfreiheit in dem Verfahren „Bosman“ nur in Bezug auf die Transferregelungen getroffen hat, keinen Schluß dahingehend zu, daß die Grundfreiheiten, vergleichbar mit der Berücksichtigung zwingender Allgemeininteressen, nur im Zusammenhang mit der Wirkung der EGV-Freizügigkeitsregelungen als Beschränkungsverbote, jedoch nicht in ihrer Eigenschaft als Diskriminierungsverbote, durch EG-Grundrechte begrenzt werden können. Nachdem der Gerichtshof bereits hinsichtlich der Transferregelungen festgestellt hatte, daß diese nicht durch das Grundrecht der Vereinigungsfreiheit gerechtfertigt seien, hatte sich eine nochmalige Abwägung im Rahmen der Ausländerklauseln erübrigt.

Infolgedessen ist, vergleichbar mit der im Rahmen des nationalen Rechts nach § 242 BGB zwischen den durch Art. 9 Abs. 1 GG und Art. 12 GG geschützten Rechtspositionen vorzunehmenden Güterabwägung[1481], auch auf der Ebene des Gemeinschaftsrechts entsprechend dem Prinzip der praktischen Konkordanz die Freizügigkeit der Berufssportler und die Vereinigungsfreiheit der Verbände gegeneinander abzuwägen, um dadurch beide Rechtspositionen zur optimalen Wirksamkeit zu bringen. Hierbei kann es freilich zu identischen Wertungen wie bei der Beschränkung der EGV-Grundfreiheiten durch Allgemeininteressen kommen, da der EuGH auch gewisse Belange Privater im Rahmen dieser Abwägung berücksichtigt hat[1482]. Jedoch ergibt sich ein entscheidender Unterschied daraus, daß die in Konkurrenz mit den EGV-Freizügigkeitsregelungen tretende grundrechtliche Rechtsposition, im Gegensatz zur Berücksichtigung von individuellen Belangen als Allgemeininteressen, auch geeignet ist, die EGV-Grundfreiheiten in ihrer Eigenschaft als Diskriminierungsverbote einzuschränken. Zudem werden subjektive Belange nicht über den „Kunstgriff“ einer Berücksichtigung im Rahmen von Allgemeininteressen, sondern als grundrechtlich ausgestattete Individualinteressen gewährleistet. Infolgedessen wäre es sinvoll, wenn der EuGH in seiner künftigen Rechtsprechung Interessen Einzelner in erster Linie über die europarechtlich geschützten Grundrechte berücksichtigen und mit der jeweiligen kollidierenden Grundfreiheit abwägen würde. Darüber hinausgehende und nicht dem Schutzbereich der EG-Grundrechte unterfallende besondere private Belange sollten nur ausnahmsweise in restriktiver Anwendung des Verhältnismäßigkeitsgrundsatzes in dessen Eigenschaft als Schranke der Grundfreiheiten als Allgemeininteresse in eine Güterabwägung einstellt werden.

[1479] EuGH, Slg. 1995 I, 4921 (5065), Rdnr. 80 (Rs. C-415/93).
[1480] EuGH, EuGRZ 1997, 296 (345), Rdnr. 24 ff. (Rs. C-368/95).
[1481] Vgl. oben, 3.Abschn., II.2.c.
[1482] Vgl. oben, 3.Abschn., II.3.c.dd.(1).

Zu keinem anderen Ergebnis führt der Umstand, daß abweichend von der Ausstrahlungswirkung der deutschen Grundrechte im Zivilrechtsverkehr die EGV-Grundfreiheiten nicht nur mittelbar, sondern unmittelbar auf privatrechtliche Rechtsverhältnisse einwirken[1483], wohingegen die Grundrechte auf der Ebene des Europarechts lediglich mittelbare Wirkung im Privatrechtsverkehr entfalten. Die Vereinigungsfreiheit ist auch aufgrund ihrer mittelbaren Ausstrahlungswirkung im Verhältnis zwischen Berufssportler und Verband zu beachten, indem ihr „Wertgehalt" auf das privatrechtliche Rechtsverhältnis einwirkt und die unmittelbar wirkenden Grundfreiheiten derart modifiziert, daß diese „im Lichte der Grundrechte ausgelegt und mit ihnen abgewogen werden müssen"[1484].
Entscheidend ist daher, ob durch die Regelungen der Verbände ein verhältnismäßiger Ausgleich der betroffenen Positionen unter angemessener Berücksichtigung der einschlägigen Grundfreiheiten geschaffen worden ist. Da der EuGH[1485] jedoch wiederholt die überragende Bedeutung der Personenverkehrsgrundfreiheiten und der Dienstleistungsfreiheit für den Binnenmarkt hervorgehoben hat, ist nicht eine einfache Güterabwägung der betroffenen Rechtspositionen vorzunehmen[1486]. Auch ist nicht der Ansicht zuzustimmen, daß aufgrund des Gewichts der EGV-Freizügigkeitsregelungen nur ein „überragend wichtiges Verbandsinteresse" geeignet ist, die Grundfreiheiten einzuschränken[1487], da durch diese generelle Feststellung der Schwere und der Qualität des Eingriffs in das Freizügigkeitsrecht im Einzelfall nicht Rechnung getragen wird. Vielmehr ist mit Generalanwalt *Alber*[1488], in Anlehnung an die „Drei-Stufen-Theorie" des BVerfG[1489], davon auszugehen, daß die Freiheit der Berufsausübung beschränkende Regelungen wegen der Bedeutung der „Organisationshoheit der Sportverbände" im Normalfall keine unangemessene Beeinträchtigung der Grundfreiheiten darstellen, soweit sie durch vernünftige Erwägungen des Sportwohles legitimiert sind.
Demgegenüber greifen „offene oder verdeckte Zugangsschranken so stark in die Grundfreiheiten ein, daß sie einer gewichtigeren Rechtfertigung bedürfen als der notwendigen Organisationshoheit"[1490]. Derart schwere Eingriffe sind nach der Rechtsprechung des EuGH im Verfahren „Bosman"[1491] daran zu messen, ob sie erforderlich sind, um die Ausübung der Vereinigungsfreiheit durch die Verbände, die Vereine oder die Spieler zu gewährleisten oder „eine unausweichliche Folge dieser Freiheit darstellen".

(aa). Transferregelungen

Hinsichtlich der Aus- und Weiterbildungsentschädigungen ist daher auf die im Rahmen des nationalen Rechts getroffenen Aussagen zu verweisen, nachdem die Regelung des Art. 59 SpO des DEB als objektive Berufswahlregelung, anders als die gemäß §§ 27, 30 LiSpSt des DFB und der entsprechenden Normen der Regionalfußballverbände vorgesehene Ausbildungs- und Förderungsentschädigung[1492], mangels Herstellung eines angemessenen Ausgleichs zwischen dem Interesse der Verbände an einer effektiven Nachwuchsförderung und der Berufsfreiheit der

[1483] Vgl. oben, 3.Abschn., II.3.a.
[1484] *Schroeder*, Sport und europäische Integration, S. 193 f.
[1485] U. a. EuGH, Slg. 1987, 4112 (4115), Rdnr. 8 (Rs. 222/86).
[1486] So aber *Schroeder*, Sport und europäische Integration, S. 199.
[1487] So aber *Hilf*, NJW 1984, 517 (522).
[1488] Schlußanträge des Generalanwalts *Alber*, www.curia.eu.int/jurisp/htme/text.htm, 05.07.2000, Rdnr. 70 (Rs. 176/96).
[1489] Vgl. oben, 3.Abschn., II.2.c.
[1490] Schlußanträge des Generalanwalts *Alber*, www.curia.eu.int/jurisp/htme/text.htm, 05.07.2000, Rdnr. 70 (Rs. 176/96).
[1491] EuGH, Slg. 1995 I, 4921 (5065), Rdnr. 80 (Rs. C-415/93).
[1492] Vgl. oben, 3.Abschn., II.2.c.bb.

Sportler nicht durch die zugunsten der Verbände grundrechtlich gewährleistete Vereinigungsfreiheit gerechtfertigt ist[1493].
Bezüglich der Regelungen über die Transferwechselzeiten, die eine offene Beschränkung des Zugangs zum Arbeitsmarkt i. S. d. Ausführungen des Generalanwalts *Alber* darstellen, ist eine lediglich auf die Organisationshoheit der Sportverbände verweisende Rechtfertigung ausgeschlossen. Derartige Zugangsbeschränkungen sind nur zum Schutz überragend wichtiger Sportgüter, wie der Verhinderung von Wettbewerbsverzerrungen und der Gewährleistung der Vergleichbarkeit von Ergebnissen, unter strikter Beachtung des Verhältnismäßigkeitsgrundsatzes gerechtfertigt. Infolgedessen ist letztendlich auf die Ausführungen zur Rechtfertigung der verbandsrechtlichen Regelungen zu den Transferwechselzeiten durch das europarechtliche Verhältnismäßigkeitsprinzip zu verweisen[1494]. So sind „verzögerte" Transferfristen, im Gegensatz zu willkürlich gesetzten oder „gestaffelten" Transferfristen, durch das europäische Grundrecht der Vereinigungsfreiheit gerechtfertigt, da sie einen angemessenen Ausgleich zwischen den durch die EGV-Freizügigkeitsregelungen geschützten Belangen der Sportler und dem fundamentalen Interesse der Verbände am Bestand eines auf dem Prinzip der Chancengleicheit basierenden Ligabetriebs sicherstellen.

(bb). Ausländerklauseln

Die ehemals in den Verbandsregelwerken enthaltenen Ausländerbeschränkungen, nach denen der Einsatz von aus EU-Mitgliedstaaten stammenden Ausländern oder deren Verpflichtung begrenzt wurden, stellten offene Zugangsschranken dar, weswegen zu fragen ist, ob diese Regelungen erforderlich sind, um die Ausübung der Vereinigungsfreiheit durch die Vereine oder Verbände zu gewährleisten.
Nach *Scholz/Aulehner*[1495] ist durch den Wegfall der Ausländerbeschränkungen der „Bestand und die funktionsgerechte Betätigung" der Vereine und Verbände gefährdet, da diese Regelung die nationale Identifikation der Anhänger mit ihren Vereinen garantierte und sowohl die Nachwuchsförderung als auch die Bildung einer sportlich schlagkräftigen Nationalmannschaft als wichtige Bestandteile der Vereinigungsfreiheit sicherstellte.
Nach der überwiegenden Ansicht in der Literatur[1496] sind Ausländerbeschränkungen nicht unter Hinweis auf das europarechtliche Grundrecht der Vereinigungsfreiheit gerechtfertigt. Derartige an der Nationalität des Sportler anknüpfende verbandsrechtliche Vorschriften sind schon gar nicht geeignet, die traditionell regional geprägte Identifikation der „Fans" mit ihrem Club zu wahren. Demgegenüber hat sich teilweise die Überzeugung durchgesetzt[1497], daß durch die Aufhebung der Ausländerbeschränkungen die Qualität der Nachwuchsförderung und der Nationalmannschaft gelitten hat. Jedoch ist durch diese (negative) Entwicklung der Bestand und die funktionsgerechte Betätigung der Sportverbände nicht ernsthaft und fundamental gefährdet, wohingegen die Ausländerklauseln andererseits massiv in das Diskriminierungsverbot eingreifen, so daß diese Regelungen nicht angemessen und somit nicht durch die gemeinschaftsrechtlich garantierte Vereinigungsfreiheit gerechtfertigt sind.

Demgegenüber stellt der sog. „Dutzendparagraph" nach § 7 Nr. 1 lit. c LiSpSt des DFB, nach dem ein Lizenzverein mindestens zwölf Profispieler deutscher Staatsangehörigkeit unter Vertrag zu halten hat, einen verhältnismäßigen Ausgleich zwischen dem Interesse des Verbands an einer

---

[1493] Vgl. oben, 3.Abschn., II.2.c.aa.
[1494] Vgl. oben, 3.Abschn., II.3.c.dd.(1).
[1495] *Scholz/Aulehner*, SpuRt 1996, 44 (45).
[1496] U. a. *Krogmann*, Grundrechte im Sport, S. 217; *Heidersdorf*, Ausländerklauseln im Profisport, S. 69 f.; *Schroeder*, Sport und europäische Integration, S. 200 f.
[1497] Vgl. Süddeutsche Zeitung vom 07.10.1998, S. 41.

effektiven Nachwuchsförderung bzw. an der Bildung einer leistungsfähigen Nationalmannschaft und der Personenfreizügigkeit dar. Die Regelung ist geeignet sicherzustellen, daß genügend talentierte Nachwuchsspieler einen Lizenzspielervertrag erhalten, die Gelegenheit wahrnehmen können, sich in den Proficlubs „durchzusetzen" und zur Bildung einer qualitativ hochwertigen Nationalmannschaft beizutragen. Zwar kann im Einzelfall ein Verein aufgrund der Anzahl der unter Vertrag zu haltenden deutschen Spieler aus wirtschaftlichen Gründen gezwungen sein, auf die Verpflichtung eines ausländischen Sportlers zu verzichten. Jedoch ist die Bestimmung angemessen, da ausländische Spieler in unbegrenzter Anzahl verpflichtet und im Wettkampf zum Einsatz gebracht werden können, so daß zugunsten der Verwirklichung der von der Vereinigungsfreiheit der Verbände umfaßten genannten Zielsetzungen kein schwerer Eingriff in die Personengrundfreiheiten erfolgt. Infolgedessen ist die Regelung des § 7 Nr. 1 lit. c LiSpSt des DFB sowohl vom „Sportvorbehalt" des EuGH umfaßt[1498] als auch durch die Vereinigungsfreiheit gerechtfertigt.

(3). Rechtfertigung freizügigkeitsbeschränkender Maßnahmen durch den ordre-public-Vorbehalt

Nach Art. 39 Abs. 3, Art. 46 Abs. 1, Art. 55 i. V. m. Art. 46 Abs. 1 EGV steht die Ausübung der Personengrundfreiheiten unter dem Vorbehalt der „öffentlichen Ordnung, Sicherheit und Gesundheit". Dieser Rechtfertigungstatbestand eröffnet in erster Linie zugunsten der Mitgliedstaaten die Möglichkeit, aufgrund übergeordneter besonderer staatlicher Interessen von den Bestimmungen der EGV-Freizügigkeitsregelungen abzuweichen[1499]. Nach den Ausführungen des EuGH in der Rechtssache „Bosman"[1500] spricht jedoch wegen der Drittwirkung der Grundfreiheiten im Privatrechtsverkehr nichts dagegen, „daß die Rechtfertigungsgründe in Bezug auf die öffentliche Ordnung, Sicherheit und Gesundheit auch von Privatpersonen geltend gemacht werden" können, da anderenfalls die Wirkung der EGV-Grundfreiheiten gegenüber Privatpersonen stärker einschränkend ist als für die Mitgliedstaaten.

Der Gerichtshof hat jedoch offen gelassen, ob sich im Rahmen der Geltendmachung des ordre-public-Vorbehalts durch Private die Verbände auf ihre eigene „öffentliche Ordnung" berufen können oder ob durch diese lediglich die Gefährdung der staatlichen öffentlichen Sicherheit und Ordnung und somit vorliegend die Aufrechterhaltung der verfassungsrechtlich abgesicherten Verbandsautonomie geltend gemacht werden kann[1501].

Diese Frage kann hinsichtlich der vorliegenden Verbandsnormen jedoch offen bleiben, da sich gemäß Art. 3 Abs. 1 und 2 der Richtlinie 64/221[1502], der unmittelbare Wirkung zukommt[1503], Beschränkungen aufgrund des ordre-public-Vorbehaltes des Art. 39 Abs. 3 EGV ausschließlich auf Gründe stützen dürfen, die in dem „persönlichen Verhalten" des Betroffenen und nicht in dessen Ausländereigenschaft oder sonstigen pauschalen Wertungen begründet sind[1504]. Dieses gilt auch für die Rechtfertigungsgründe nach Art. 46 Abs. 1 EGV (i. V. m. Art. 55 EGV), da diese wegen der „Kongruenz der Grundfreiheiten" inhaltlich mit dem Vorbehalt des Art. 39 Abs. 3 EGV übereinstimmen[1505]. Die vorliegend untersuchten verbandsrechtlichen Ausländerbeschränkungen knüpfen an die Ausländereigenschaft des Sportlers an und sind daher nicht

---

[1498] Vgl. oben, 3.Abschn., II.3.b.bb.(2).

[1499] U. a. *Wölker* in: *Groeben/Thiesing/Ehlermann*, Art. 48 EGV a. F., Rdnr. 91.

[1500] EuGH, Slg. 1995 I, 4921 (5066), Rdnr. 86 (Rs. C-415/93).

[1501] Zum Streitstand: *Schroeder*, Sport und europäische Integration, S. 173 ff.; *Heidersdorf*, Ausländerklauseln im Profisport, S. 50 ff.

[1502] ABl. EG 1964, Nr. H 850, 64.

[1503] EuGH, Slg. 1974, 1337 (1349), Rdnr. 15 (Rs. 41/74).

[1504] *Wölker* in: *Groeben/Thiesing/Ehlermann*, Art. 48 EGV a. F., Rdnr. 92, 104.

[1505] So auch *Oppermann*, Europarecht, S. 689; *Bleckmann*, Europarecht, S. 593.

durch den ordre-public-Vorbehalt gerechtfertigt. Dies gilt auch für die sich an dem pauschalen Merkmal des Vereinswechsels orientierenden und unabhängig von der individuellen Person des einzelnen Profis geltenden Transferbestimmungen.
Zudem bezieht sich Art. 39 Abs. 3 EGV nach ganz überwiegender Auffassung im Schrifttum[1506] aufgrund seiner systematischen Stellung nach dem vorbehaltlos formulierten allgemeinen Diskriminierungsverbot des Art. 39 Abs. 2 EGV nur auf die Ausübung der in Art. 39 Abs. 3 EGV explizit genannten Rechte und somit letztendlich lediglich auf Regelungen der Einreise und des Aufenthalts. Die Beschränkung auf das Aufenthaltsrecht gilt wegen der „Kongruenz der Grundfreiheiten" auch für die Regelungen der Art. 46 Abs. 1 (i. V. m. Art. 55 EGV)[1507], weshalb hinsichtlich der vorliegenden Verbandsnormen eine Rechtfertigung durch den ordre-public-Vorbehalt ausgeschlossen ist, da sich diese Bestimmungen nicht auf die Einreise oder den Aufenthalt des Sportlers beziehen, sondern eine Beschränkung oder Erschwerung der Berufsaufnahme oder -ausübung zum Gegenstand haben.

d. Wettbewerbsvorschriften des EGV

aa. Bisheriger Stand der Rechtsprechung des EuGH zur Überprüfung von Verbandsregelwerken an den Vorschriften der Art. 81, 82 EGV

Ein eventueller Verstoß der durch die Sportverbände geschaffenen Regelungen gegen EG-Kartellrecht hat in den bisherigen Entscheidungen des Gerichtshofs, die sich in erster Linie mit Fragen der Freiheit des Personenverkehrs beschäftigt haben, lediglich eine untergeordnete Rolle gespielt.
In den Verfahren „Walrave"[1508] und „Dona"[1509] hat der EuGH keine Überprüfung der Verbandsnormen an den EG-Wettbewerbsvorschriften vorgenommen, da sich die Vorlagefragen lediglich auf die Vereinbarkeit der streitgegenständlichen Vorschriften mit den Personenfreizügigkeitsregelungen des EGV bezogen.
Demgegenüber umfaßte die Frage des vorlegenden Gerichts im Verfahren „Bosman" auch eventuelle Verstöße der Ausländerklauseln und Transferbestimmungen gegen EG-Kartellrecht und hat Generalanwalt *Lenz*[1510] in seinen dieses Verfahren betreffenden Schlußanträgen diese Thematik eingehend erörtert. Trotzdem hat es der Gerichtshof[1511] unter Hinweis darauf, daß die beanstandeten Verbandsnormen schon gegen die Arbeitnehmerfreizügigkeit des Art. 39 EGV verstoßen, unterlassen, eine Prüfung der Art. 81, 82 EGV vorzunehmen, und in den Urteilsgründen offengelassen, ob die streitgegenständlichen Bestimmungen mit dem EG-Kartellrecht vereinbar sind. Hierdurch hat es der EuGH jedoch im Hinblick auf zukünftige Verfahren versäumt, grundsätzliche, im Rahmen der Überprüfung von Normen der Sportverbände anhand des EGV auftretende Fragen wie die Anwendbarkeit des „Sportvorbehaltes"[1512] auf die Vorschriften der Art. 81, 82 EGV und somit die Anwendbarkeit der EG-Wettbewerbsvorschriften im Sportbereich oder das Verhältnis zwischen den Regelungen des EG-Kartellrechts und der auf Gemeinschaftsebene geschützten Vereinigungsfreiheit abschließend zu klären[1513].

[1506] U. a. *Wölker* in: *Groeben/Thiesing/Ehlermann*, Art. 48 EGV a. F., Rdnr. 92; *Hailbronner* in: *Dauses*, D. I., Rdnr. 48 a; *Oppermann*, Europarecht, S. 641; *Palme/Hepp-Schwab/Wilske*, JZ 1994, 343 (344).
[1507] So auch *Bleckmann*, Europarecht, S. 593.
[1508] EuGH, Slg. 1974, 1405 (1411), (Rs. 36/74).
[1509] EuGH, Slg. 1976, 1333 ff. (Rs. 13/76).
[1510] Schlußanträge des Generalanwalts *Lenz*, Slg. 1995 I, 4921 (5026 ff.), Rdnr. 253 ff. (Rs. C-415/93).
[1511] EuGH, Slg. 1995 I, 4921 (5078), Rdnr. 138 (Rs. C-415/93).
[1512] Vgl. oben, 3.Abschn., II.3.b.bb.
[1513] *Auneau*, Revue trimestrielle de droit européen 1996, 101 (116).

Auch in der Rechtssache „Lehtonen“ umfaßte die Vorlagefrage eventuelle Verstöße der Transfervorschriften gegen Wettbewerbsvorschriften des EGV. Jedoch hat es der Gerichtshof auch in diesem Verfahren unterlassen, die Verbandsvorschriften im Hinblick auf ihre Vereinbarkeit mit europäischem Kartellrecht zu untersuchen, da sich der EuGH aufgrund der Sachangaben des vorlegenden Gerichts für nicht ausreichend unterrichtet zur Beantwortung dieses Aspekts des Vorlagefrage ansah. Die Sachverhaltsdarstellungen waren nicht geeignet, „um Angaben zur Bestimmung des Marktes oder der Märkte zu machen, um die es im Ausgangsverfahren geht“[1514].

bb. Anwendungsbereich der Kartellregelungen des EGV

Nach dem Wortlaut der Art. 81 Abs. 1 und Art. 82 Satz 1 EGV ist der Anwendungsbereich dieser Vorschriften eröffnet, wenn die wettbewerbsbeschränkende Maßnahme geeignet ist, *den Handel zwischen den Mitgliedstaaten* zu beeinträchtigen. Da die Tatbestandsvoraussetzung „Handel“ weit auszulegen ist und nicht nur den Warenhandel, sondern jeglichen wirtschaftlichen Austausch umfaßt[1515], unterfallen sämtliche ausländerbeschränkenden Bestimmungen oder Transferklauseln, die den grenzübergreifenden Wechsel eines Sportlers behindern, dem EG-Wettbewerbsrecht. Darüber hinaus ist aber nach der ständigen Rechtsprechung des Gerichtshofes[1516] im Gegensatz zu dem den Personengrundfreiheiten zugrundeliegenden Moment des grenzüberschreitenden Sachverhaltes[1517] das Erfordernis der Zwischenstaatlichkeit im Rahmen des EG-Kartellrechts bereits dann erfüllt, wenn die betreffende Maßnahme aufgrund der gesamten Umstände geeignet ist, unmittelbar oder mittelbar, tatsächlich oder der Möglichkeit nach den Handel zwischen den Mitgliedstaaten in einer Weise zu beeinträchtigen, die der Verwirklichung der Ziele eines einheitlichen zwischenstaatlichen Marktes nachteilig sein kann, indem sie zur Errichtung von Handelsschranken im Gemeinsamen Markt beiträgt und die vom Vertrag gewollte gegenseitige Durchdringung der Märkte erschwert. Übertragen auf den Sportbereich bedeutet dies, daß auch im Rahmen von Inlandswechseln sowohl ausländerbegrenzende Bestimmungen der Verbände als auch unabhängig von der Nationalität des Sportlers wirkende Transferbestimmungen (Ablöse- bzw. Aus- und Fortbildungsentschädigungen, Transferwechselzeiten) dem Anwendungsbereich der Art. 81, 82 EGV unterfallen[1518]. Die Ausländerbestimmungen behindern auch im Fall eines Transfers eines EU-Ausländers innerhalb desselben Mitgliedsstaates die vom Vertrag gewollte gegenseitige Durchdringung der Märkte und sind wie die Transferbestimmungen, unabhängig davon, ob im konkreten Einzelfall tatsächlich ein zwischenstaatlicher Wechsel vorliegt, zumindest der Möglichkeit nach geeignet, den Zutritt ausländischer Spieler oder den Wechsel eines deutschen Sportlers ins Ausland zu verhindern.

Darüber hinaus muß die Beeinträchtigung des zwischenstaatlichen Wirtschaftsverkehrs nach der Rechtsprechung des EuGH[1519] *spürbar* sein, wobei nicht auf den einzelnen Spielertransfer abzustellen, sondern zu untersuchen ist, ob die Verbandsregelwerke geeignet sind, den wirtschaftlichen Austausch in seiner Gesamtheit zu beeinträchtigen. Dies ist zumindest bezüglich der unterschiedslos auf 100 % der Wechsel anwendbaren Transferregelungen der Fall. Hinsichtlich der ausländerbeschränkenden Verbandsbestimmungen, die lediglich den Transfer nicht-deutscher Sportler betreffen, kann offen bleiben, ob die Anzahl der diesen Regelungen unterfallenden Wechsel mittlerweile im Verhältnis zu den insgesamt auf dem Spielermarkt getätigten Transfers eine derartige Häufigkeit erlangt hat, daß davon ausgegangen werden kann, daß der wirtschaftli-

[1514] EuGH, www.curia.eu.int/jurisp/htme/text.htm, 05.07.2000, Rdnr. 28 (C-176/96).
[1515] Vgl. oben, 2.Abschn., II.1.c.bb.(4).
[1516] Ebenda.
[1517] Vgl. oben, 3.Abschn., II.3.c.bb.
[1518] So auch *Flory*, Der Fall Bosman, S. 87; *Weiß*, SpuRt 1998, 97 (100).
[1519] U. a. EuGH, Slg. 1980, 1935 (1940), Rdnr. 17 (Rs. 27/87).

che Austausch in seiner Gesamtheit beeinträchtigt wird. Maßstab für die Spürbarkeit einer Wettbewerbsbeschränkung kann auch der Marktanteil, den die Kartellmitglieder auf dem jeweils relevanten Markt besitzen, sein[1520]. Die Sportverbände verfügen im Bereich der Normierung von Regelungen bezüglich der Spielerwechsel aufgrund des „Ein-Platz-Prinzips" über ein Monopol und decken mit den Transferbestimmungen den gesamten Spielermarkt ab.

Umstritten ist, ob das in den Mitgliedstaaten unmittelbar geltende EG-Wettbewerbsrecht auch im Bereich des Arbeitsrechts anwendbar ist[1521]. Zwar unterhalten die im Rahmen der vorliegenden Arbeit untersuchten Sportler allesamt kein Arbeitsverhältnis mit den Sportverbänden[1522], so daß vertreten wird[1523], daß die Bereichsausnahme für arbeitsrechtliche Fragen auf der kollektivrechtlichen Seite der Rechtsbeziehungen des Profis zu den Sportverbänden nicht eingreift. Dem ist jedoch entgegenzuhalten, daß die verbandsrechtlichen Ausländer- und Transferbestimmungen maßgeblichen Einfluß auf den Zugang zum Beruf und dessen Ausübung durch den Sportler im Rahmen des Sportleistungsvertrages des Profis mit dem Verein haben und somit arbeitsrechtliche Fragen berühren. Infolgedessen vertritt ein Teil der Literatur[1524] die Ansicht, daß die Fußball- und Eishockeyspieler als Arbeitnehmer i. S. d. Europarechts[1525] im Hinblick auf die Verbandsvorschriften nur dem Anwendungsbereich der Art. 39 ff. EGV und nicht den Regelungen der Art. 81, 82 EGV unterfallen. Dieser Meinung ist jedoch mit *Heidersdorf*[1526] entgegenzuhalten, daß die verbandsrechtlichen Ausländerklauseln und Transferbestimmungen neben dem Arbeitsverhältnis zwischen Spieler und Verein auch den Wettbewerb zwischen den Clubs beeinträchtigen, da diese gehindert werden, uneingeschränkt Sportler zu verpflichten und zum Einsatz zu bringen. Im übrigen umfaßt der Anwendungsbereich der Wettbewerbsvorschriften des EGV den gesamten Bereich des Wirtschaftsverkehrs und daher auch das Arbeitsrecht als Teil des Austausches von Dienstleistungen, so daß der Annahme einer Bereichsausnahme des EG-Kartellrechts in Fragen des Arbeitsrechts nicht zu folgen ist[1527].

cc. Verstoß gegen Art. 81 EGV

(1). Eingriff in den Schutzbereich

Nach dem Kartellverbot des Art. 81 Abs. 1 EGV sind die dargestellten Bestimmungen in den Regelwerken der Sportverbände mit dem Gemeinsamen Markt unvereinbar und somit verboten, wenn es sich um Vereinbarungen zwischen Unternehmen, Beschlüsse von Unternehmensvereinigungen oder aufeinander abgestimmte Verhaltensweisen handelt, die geeignet sind, den Handel zwischen den Mitgliedstaaten zu beeinträchtigen und eine Verhinderung, Einschränkung oder Verfälschung des Wettbewerbs innerhalb des Gemeinsamen Marktes bezwecken oder bewirken.

Voraussetzung ist daher zunächst, daß es sich bei den Regelungen der Sportverbände um *Vereinbarungen zwischen Unternehmen, Beschlüsse von Unternehmensvereinigungen oder aufeinander abgestimmte Verhaltensweisen* handelt.

[1520] EuGH, Slg. 1983, 3151 (3200 f.), Rdnr. 57 ff. (Rs. 107/82).; *Emmerich* in: *Dauses*, H. I., Rdnr. 83.
[1521] Vgl. oben, 2.Abschn., II.1.c.bb.(4).
[1522] Vgl. oben, 3.Abschn., I.
[1523] *Streinz*, SpuRt 1998, 1 (92).
[1524] *Scholz/Aulehner*, SpuRt 1996, 44 (47); *Klose*, Die Rolle des Sport, S. 138 ff.
[1525] Vgl. oben, 3.Abschn., II.3.c.aa.(1).
[1526] *Heidersdorf*, Ausländerklauseln im Profisport, S. 105.
[1527] Vgl. oben, 2.Abschn.., II.1.c.bb.(4).

Problematisch ist, ob sich die vertragliche Bindung sämtlicher in dieser Arbeit dargestellter Profisportler an die Verbandsbestimmungen als Vereinbarungen zwischen Unternehmen oder als Beschlüsse von Unternehmensvereinigungen darstellen.

Als „Unternehmen" i. S. d. EG-Kartellrechts gilt jedes Rechtssubjekt, das eine kommerzielle oder wirtschaftliche Tätigkeit ausübt[1528], so daß zwar die Leichtathleten[1529] und die Vereine[1530], nicht aber die Fußball- und Eishockeyspieler[1531] als Arbeitnehmer i. S. d. Art. 39 EGV, als solche zu qualifizieren sind. Auch die Sportverbände, die u. a. durch ihre eigene Beteiligung an den Erlösen der TV-Vermarktung von Sportereignissen[1532] selber wirtschaftlich tätig werden, sind als „Unternehmer" gemäß den EG-Wettbewerbsvorschriften einzuordnen[1533]. Diese Ansicht hat auch die EU-Kommission[1534] vertreten, als sie den italienischen Fußballverband anläßlich eines Verfahrens nach den EG-Wettbewerbsvorschriften im Zusammenhang mit dem Vertrieb von Pauschalarrangements bei der Fußballweltmeisterschaft in Italien 1990 unter Hinweis auf den Abschluß von Werbeverträgen, die Vermarktung des Emblems der Weltmeisterschaft und die Einnahmen des Verbandes aus den Erlösen der TV-Übertragung als „Unternehmer" nach dem EG-Kartellrecht eingestuft hat.

Somit handelt es sich bei der vertraglichen Bindung der Leichtathleten an die Verbandsregelwerke um Vereinbarungen zwischen Unternehmen. Dies gilt aufgrund der fehlenden Unternehmereigenschaft der Fußball- und Eishockeyspieler aber nicht für die Unterwerfung dieser Sportler unter die dargestellten ausländerbeschränkenden und transferregelnden Verbandsnormen.

Jedoch handelt es sich nach der überwiegenden Meinung im Schrifttum[1535] und den Ausführungen der Generalanwälte *Lenz* und *Alber* in den Verfahren „Bosman"[1536] und „Lehtonen"[1537] bei der Normierung der für die Tätigkeit der Profifußball- und -eishockeyspieler maßgeblichen Vorschriften des LiSpSt des DFB oder der SpO des DEB durch die Verbandsgremien um „Beschlüsse von Unternehmensvereinigungen". Der Begriff der „Unternehmensvereinigung" ist weit auszulegen, wobei alleine maßgeblich ist, ob es sich, wie hier bei den Verbänden als Dachorganisation der Vereine, „um einen beliebig strukturierten Zusammenschluß mehrerer Unternehmen handelt"[1538], und es keine Rolle spielt, ob die Vereinigung, wie vorliegend die Sportverbände, mit eigener Gewinnerzielungsabsicht handelt[1539] und somit selber als „Unternehmen" zu qualifizieren ist. „Beschlüsse" und „Vereinbarungen" nach dem EG-Wettbewerbsrecht unterscheiden sich dadurch, daß erstere auf Grundlage bereits bestehender Gesamtrechtsakte, wie hier den Verbandssatzungen, ergehen[1540], wohingegen der Begriff der Vereinbarung im wesentlichen mit demjenigen des Vertrages übereinstimmt[1541], weswegen die Schaffung der für die Tätigkeit des Profis maßgeblichen Verbandsvorschriften nicht als „Vereinbarungen", sondern als „Beschluß" zu qualifizieren ist.

[1528] *Emmerich* in: *Dauses*, H. I., Rdnr. 62 b.
[1529] Vgl. oben, 2.Abschn., II.1.c.bb.(4).
[1530] Ebenda.
[1531] Ebenda.
[1532] So erhält z. B. der DFB jährlich 23 Millionen DM aus den Erlösen der Vermarktung des DFB-Pokalwettbewerbes und den überwiegenden Anteil der TV-Erlöse aus den Spielen der Nationalmannschaft; Süddeutsche Zeitung vom 02.05.2000, S. 43.
[1533] So auch: Schlußanträge des Generalanwalts *Lenz*, Slg. 1995 I, 4921 (5027), Rdnr. 256 (Rs. C-415/93).
[1534] ABl. EG 1990, Nr. L 362, 31.
[1535] *Weiß*, SpuRt 1998, 97 (98); *Flory*, Der Fall Bosman, S. 86; *Streinz*, SpuRt 1998, 1 (92).
[1536] Schlußanträge des Generalanwalts *Lenz*, Slg. 1995 I, 4921 (5028), Rdnr. 258 (Rs. C-415/93).
[1537] Schlußanträge des Generalanwalts *Alber*, www.curia.eu.int/jurisp/htme/text.htm, 05.07. 2000, Rdnr. 103 (Rs. 176/96).
[1538] *Emmerich* in: *Dauses*, H. I., Rdnr. 64.
[1539] *Schröter* in: *Groeben/Thiesing/Ehlermann*, Art. 85 EGV a. F., Rdnr. 55.
[1540] *Schröter* in: *Groeben/Thiesing/Ehlermann*, Art. 85 EGV a. F., Rdnr. 55.
[1541] *Emmerich* in: *Dauses*, H. I., Rdnr. 68.

Zudem läßt sich dahingehend argumentieren, daß neben dem gesamten nationalen Sportverband auch dem normgebenden Verbandsgremium, in dem die Verbände und Vereine vertreten sind, selber die Eigenschaft einer Unternehmensvereinigung zukommt. So wird z. B. die SpO des DEB nach § 5 Nr. 1 der DEB-Satzung durch die Mitgliederversammlung des DEB beschlossen, der neben dem Präsidium des DEB nach § 2 Nr. 2.1 der DEB-Satzung auch Vertreter der Clubs und der Landes-Eissport-Verbände als Untergliederung der nationalen Sportverbände angehören. Bei diesen Entscheidungsträgern handelt es sich allesamt um „Unternehmer" i. S. d. Art. 81 Abs. 1 EGV, so daß, unabhängig von der Einordnung des Verbandes als Unternehmensvereinigung, auch der Mitgliederversammlung des DEB die Eigenschaft einer Unternehmensvereinigung zukommt.

Maßnahmen sind verboten, wenn sie zumindest *geeignet sind, eine Einschränkung des Wettbewerbs zu bewirken* und somit die wirtschaftliche Handlungsfreiheit eines an der Vereinbarung oder dem Beschluß Beteiligten einschränken[1542]. Die Ausländerklauseln und Transferbestimmungen beschränken die Möglichkeit der Vereine, die durch ihre Vertretung in dem normsetzenden Gremium an den Regelungen mitwirken, bei der Verpflichtung von Sportlern in Konkurrenz zu treten, und somit den Wettbewerb zwischen ihnen[1543]. In diesem Zusammenhang ist jedoch nicht auf die Beschränkung des sportlichen Wettbewerbs zwischen den Clubs abzustellen, da der Wettbewerbsbegriff des EG-Kartellrechts, als Korrelat zu den im EGV ebenfalls garantierten Freiheiten des Personen-, Waren-, Dienstleistungs- und Kapitalverkehrs, nur die wirtschaftliche[1544], aber nicht die rein sportliche Betätigungsfreiheit der Vereine erfaßt. Vielmehr ist maßgeblich, daß der durch die Verpflichtung von Sportlern zu erzielende sportliche Erfolg der Clubs mittelbar für deren wirtschaftliche Handlungsfreiheit als Konkurrenten im wirtschaftlichen Wettstreit um TV-, Sponsoring-, Zuschauer- und Werbeeinnahmen von entscheidender Bedeutung ist.
Darüber hinaus kann mit Generalanwalt *Alber*[1545] eine Einschränkung des Wettbewerbes durch die ausländerbegrenzenden und transferregelnden Verbandsregelwerke in der Behinderung der Ausübung der Grundfreiheiten und der wirtschaftlichen Betätigungsfreiheit der Sportler gesehen werden. Zwar wird durch die Verbandsregelwerke als Beschlüsse von Unternehmensvereinigungen lediglich die Vereinswechselmöglichkeit der Fußball- und Eishockeyprofis als nicht an den Beschlüssen beteiligten Personen beschränkt, jedoch werden grundsätzlich auch Maßnahmen, die wettbewerbsbeschränkende Auswirkungen auf Dritte haben, von dem weiten Wortlaut des Art. 81 Abs. 1 EGV erfaßt[1546].
Nach einer Ansicht im Schrifttum[1547] ergibt sich, aufgrund der fehlenden Eignung des *konzerninternen Wettbewerbes* zur Beschränkung des Wettbewerbes[1548] die Zulässigkeit der vorliegend untersuchten Verbandsnormen. Das EG-Wettbewerbsrecht erfaßt nicht rein konzerninterne Absprachen zwischen Unternehmen, die eine wirtschaftliche Einheit bilden und für die eine einheitliche Leitung besteht, da sich eine Wettbewerbsbeschränkung nur dort ergeben kann, wo auch tatsächlich ein Wettbewerbsverhältnis zwischen konkurrierenden Unternehmen besteht[1549]. Die Clubs stehen wegen ihrer Einbindung in die monopolistisch strukturierten Verbände in einem konzerninternen Wettbewerbsverhältnis, so daß es den ausländerbeschränkenden und trans-

---

[1542] *Emmerich* in: *Dauses*, H. I., Rdnr. 78 b.
[1543] Schlußanträge des Generalanwalts *Lenz*, Slg. 1995 I, 4921 (5029), Rdnr. 262 (Rs. C-415/93).
[1544] *Schröter* in: *Groeben/Thiesing/Ehlermann*, Art. 85 EGV a. F., Rdnr. 75.
[1545] Schlußanträge des Generalanwalts *Alber*, www.curia.eu.int/jurisp/htme/text.htm, 05.07. 2000, Rdnr. 104 (Rs. C-176/96).
[1546] Vgl. oben, 2.Abschn., II.1.c.bb.(4).
[1547] *Scholz/Aulehner*, SpuRt 1996, 44 (47); *Malatos*, Berufsfußball, S. 138.
[1548] Vgl. oben, 2.Abschn., II.1.c.bb.(4).
[1549] Ebenda.

ferregelnden Verbandsregelwerken als konzerninternen Absprachen an der Eignung zur Beschränkung des Wettbewerbes fehlt.
Dieser Meinung kann nicht entgegengehalten werden, daß sich durch die ausländerbegrenzenden und transferregelnden Verbandsnormen auch eine Einschränkung des Wettbewerbes zu Lasten der wechselwilligen Sportler ergibt, die zwar auch durch den Lizenzierungsvertrag an die Verbände gebunden, jedoch keiner einheitlichen wirtschaftlichen Leitung durch den Verband unterworfen sind, so daß die Verbandsregelwerke auch eine Beschränkung des Wettbewerbes von konzernexternen Dritten bewirken. Nach der Rechtsprechung des Gerichtshofes[1550] spielt es keine Rolle, wenn konzerninterne Maßnahmen ganz oder teilweise anderen Zwecken als der konzerninternen Aufgabenverteilung dienen und auch die Marktstellung Dritter berühren, selbst wenn hierdurch, wie im Fall der vorliegenden Verbandsbestimmungen, die Gefahr der Abschottung der nationalen Märkte innerhalb der Gemeinschaft besteht.
Jedoch ist der sich auf das Argument des konzerninternen Wettbewerbes stützenden Ansicht mit *Weiß*[1551] entgegenzuhalten, daß die Lizenzvereine weder eine wirtschaftliche Einheit bilden noch deren Bindung an die Verbandsregelwerke zu einem Wegfall der Entscheidungsautonomie der Clubführungen führt, die die Annahme einer einheitlichen Leitung der Vereine durch den Verband rechtfertigt[1552], so daß die Clubs nicht lediglich in einem konzerninternen Wettbewerbsverhältnis stehen, weswegen die dargestellten Verbandsregelwerke einen Eingriff in den Schutzbereich des Art. 81 Abs. 1 EGV darstellen.

(2). Rechtfertigung wettbewerbsbeschränkender Maßnahmen

(a). Rechtfertigung wettbewerbsbeschränkender Maßnahmen, die der Förderung und Aufrechterhaltung des Wettbewerbs dienen

Eine Rechtfertigung der untersuchten Verbandsbestimmungen könnte sich unter dem Gesichtspunkt ergeben, daß, obgleich diese auch wettbewerbsbeschränkende Wirkung entfalten, die positiven Effekte für den Wettbewerb die beschränkenden Folgen ausgleichen und somit letztendlich der Wettbewerb nicht beeinträchtigt, sondern erst hergestellt, gefördert und aufrechterhalten wird. Voraussetzung ist jedoch, daß die Maßnahme zur Erreichung dieses Zieles erforderlich und angemessen ist[1553], so daß im Rahmen einer wertenden Betrachtungsweise festzustellen ist, ob die ausländerbegrenzenden und transferregelnden Verbandsnormen für die Aufrechterhaltung der Funktionsfähigkeit des Profisports notwendig sind.

Hinsichtlich der in dem Verfahren „Bosman“ streitgegenständlichen, ehemals in den Verbandsregelwerken enthaltenen Ausländerklauseln, nach denen der Einsatz von aus EU-Mitgliedsstaaten stammenden Sportlern oder deren Verpflichtung begrenzt war, wurde im Schrifttum[1554], seitens der UEFA[1555] und der italienischen Regierung[1556] vertreten, daß diese Bestimmungen notwendig für die Aufrechterhaltung bzw. Herstellung des Wettbewerbs und des Marktzutritts seien.

[1550] EuGH, Slg. 1995 II, 17 (35 f.), Rdnr. 51 ff. (Rs. T-102/92); EuGH, Slg. 1996 I, 5457 (5494 ff.), Rdnr. 13 ff. (Rs. C-73/95).
[1551] *Weiß*, SpuRt 1998, 97 (99).
[1552] Vgl. oben, 2.Abschn., II.1.c.bb.(4).
[1553] EuGH, Slg. 1994 I, 5641 (5687), Rdnr. 35 f. (Rs. C-250/92); *Emmerich* in: *Dauses*, H. I., Rdnr. 90.
[1554] U. a. *Scholz/Aulehner*, SpuRt 1996, 44 (47).
[1555] Vgl. Schlußanträge des Generalanwalts *Lenz*, Slg. 1995 I, 4921 (5032), Rdnr. 268 (Rs. C-415/93).
[1556] Ebenda.

Dem ist mit Generalanwalt *Lenz*[1557] und der überwiegenden Meinung in der Literatur[1558] entgegenzuhalten, daß die Ausländerklauseln nicht geeignet sind, die Marktfähigkeit des „Produkts" Sport zu erhalten. Zwar zeichnet sich der Berufssport im Gegensatz zu anderen Wirtschaftszweigen durch die Besonderheit aus, daß die Clubs in einem gegenseitigen Abhängigkeitsverhältnis hinsichtlich der Austragung des Wettbewerbes und daher bei der Herstellung des „Produktes" Sport stehen. Trotz einer gewissen wirtschaftlichen und sportlichen Rivalität bedarf es zur Aufrechterhaltung eines spannenden und somit für die Medien und Zuschauer interessanten Wettbewerbs eines sportlich und infolgedessen auch wirtschaftlich konkurrenzfähigen Gegners, um die Marktfähigkeit des „Produktes" Sport zu erhalten[1559]. Die wirtschaftliche Dominanz eines Vereines würde den sportlichen Wettbewerb vereiteln, so daß im Sportbereich gewisse Beschränkungen zulässig sind, um die Konkurrenzfähigkeit wirtschaftlich schwächerer Vereine zu bewahren[1560]. Jedoch wird durch die ausländerbeschränkenden Regelungen in den Nachfragewettbewerb nach ausländischen Spitzensportlern eingegriffen, weswegen die wohlhabenden Vereine regelmäßig die leistungsstärksten einheimischen Spieler verpflichteten und die wirtschaftlich schwächeren Clubs, wegen der Beschränkung des Spielermarktes, nicht in der Lage waren, den Verlust dieser Akteure durch den Abschluß von Sportleistungsverträgen mit gleichwertigen ausländischen Sportlern zu kompensieren. Somit wurde durch die Ausländerklauseln die Verfügbarkeit von leistungsstarken Sportlern auf dem inländischen Markt zu Lasten der finanzschwächeren Clubs verringert und eine Konzentration dieser Spieler bei den wenigen finanzstarken Clubs herbeigeführt.
Auch sind die Ausländerbeschränkungen nicht geeignet, die Identifikation der Anhänger mit ihrem Verein zu wahren[1561], die für die Aufrechterhaltung der Funktionsfähigkeit des Profisports notwendig ist. Etwas anderes ergibt sich auch nicht im Hinblick auf die Nachwuchsförderung. Sicherlich ist deren dauerhafte Sicherstellung im Bereich der Gemeinschaft unerläßlich für die Erhaltung der Marktfähigkeit des „Produkts" Sport, da anderenfalls auf lange Sicht mangels Verfügbarkeit einer ausreichenden Anzahl qualifizierter europäischer Sportler die Aufrechterhaltung eines interessanten und ausgewogenen Wettbewerbs zwischen den Vereinen nicht gewährleistet ist. Jedoch waren die ehemals in den Verbandsregelwerken enthaltenen Ausländerbeschränkungen nicht geeignet, die Versorgung der Clubs mit leistungsstarken Spielern sicherzustellen und zu erhöhen, da sie zwar die Möglichkeit des Nachwuchssportlers erhöhten, in seinem Heimatland eine Beschäftigung zu finden, aber im Gegenzug seine Perspektiven auf eine Verpflichtung im EU-Ausland verminderten.

Demgegenüber wäre der ohnehin durch den „Sportvorbehalt" des EuGH dem Anwendungsbereich der EG-Kartellvorschriften entzogene[1562] sog. „Dutzendparagraph" nach § 7 Nr. 1 lit. c LiSpSt des DFB unter Hinweis auf das Bedürfnis des Clubs an leistungsstarken Nachwuchsspielern jedenfalls durch seine Notwendigkeit zur dauerhaften Aufrechterhaltung des Wettbewerbs gerechtfertigt. Durch diese die Ausbildung von jungen Spielern sicherstellende Regelung wird nur in sehr eingeschränktem Umfang die Verpflichtung ausländischer Sportler beeinträchtigt[1563], weswegen diese Verbandsbestimmung im Rahmen einer wertenden Betrachtungsweise als notwendig und angemessen zur dauerhaften Aufrechterhaltung des Profifußballs einzustufen ist.

[1557] Schlußanträge des Generalanwalts *Lenz*, Slg. 1995 I, 4921 (5033), Rdnr. 270 (Rs. C-415/93).
[1558] U. a. *Heidersdorf*, Ausländerklauseln im Profisport, S. 108; *Weiß*, SpuRt 1998, 97 (100).
[1559] Vgl. Schlußanträge des Generalanwalts *Lenz*, Slg. 1995 I, 4921 (5033), Rdnr. 270 (Rs. C-415/93).
[1560] Ebenda; *Streinz*, SpuRt 1998, 1 (93); *Weiß*, SpuRt 1998, 97 (100).
[1561] Vgl. oben, 3.Abschn., II.3.c.dd.(2).(c).(bb).
[1562] Vgl. oben, 3.Abschn., II.3.b.bb.(2).
[1563] Vgl. oben, 3.Abschn., II.3.c.dd.(2).(c).(bb).

Den Regelungen zu den Transferentschädigungen, die in der Rechtssache „Bosman" streitgegenständlich waren, mangelte es sowohl an der Eignung, das finanzielle und somit das sportliche Gleichgewicht zwischen den Vereinen aufrecht zu erhalten, noch waren die Vorschriften ein wirksames Mittel, die Nachwuchsförderung sicherzustellen[1564]; sie waren somit nicht als notwendig zur Aufrechterhaltung des Profisports gerechtfertigt.

Demgegenüber ist die als Reaktion auf das „Bosman"-Urteil des Gerichtshofes durch §§ 27, 30 LiSpSt des DFB eingeführte Aus- und Fortbildungsentschädigung geeignet, die zur Aufrechterhaltung des Profisports unerläßliche dauerhafte Versorgung der Clubs mit leistungsstarken Nachwuchsspielern zu gewährleisten[1565].
Dies gilt zwar grundsätzlich auch für die Regelung des Art. 59 SpO des DEB[1566], welcher aber im Rahmen einer wertenden Betrachtungsweise die Angemessenheit zur Aufrechterhaltung der Nachwuchsförderung abzusprechen ist[1567]. Die Bestimmung beinhaltet durch die Möglichkeit des abgebenden Clubs, die Freigabe des Spielers mit einer Frist von 12 Monaten zu versehen, einen schweren Eingriff in die wirtschaftliche Betätigungsfreiheit des Sportlers[1568]: Demgegenüber existiert in dem Vorbild der §§ 27, 30 LiSpSt des DFB eine mildere Alternative[1569] zur Sicherung einer effektiven Nachwuchsförderung, die es erlaubt, dieses Ziel ebensogut zu verwirklichen.

Die dem Ablauf des Wettbewerbes angepaßten, „verzögerten" Transferwechselzeiten sind notwendig und angemessen, um einen lauteren Wettbewerb zwischen den Vereinen herzustellen oder aufrecht zu erhalten[1570] und die Attraktivität der Sportereignisse durch Sicherung der Chancengleichheit zwischen den Clubs und die Ungewißheit der Ergebnisse zu erhalten. Dieses gilt aber nicht für die „gestaffelten" Transferfristen, die Gegenstand des Verfahrens „Lehtonen" waren und nach denen die Fristen für einen Vereinswechsel davon abhängig gemacht wurden, welchem nationalen Sportverband der abgebenden Verein angehört, sowie für „willkürlich" gesetzte Transferfristen[1571].

(b). Rechtfertigung wettbewerbsbeschränkender Maßnahmen durch das gemeinschaftsrechtliche Grundrecht der Vereinigungsfreiheit

Fraglich ist, ob die vorliegenden Verstöße gegen EG-Wettbewerbsvorschriften durch die Verbandsregelwerke ähnlich wie die in Grundfreiheiten des EGV eingreifenden Klauseln unter Hinweis auf das zugunsten der Verbände auf europarechtlicher Ebene geschützte Grundrecht der Vereinigungsfreiheit[1572] gerechtfertigt werden können.
Grundsätzlich gewährleisten die Art. 81, 82 EGV den Wettbewerb umfassend und in all seinen Erscheinungsformen, da diese Regelungen den Zweck verfolgen, zur gegenseitigen Öffnung und Durchdringung der Märkte der Gemeinschaft beizutragen[1573]. Nach Art. 3 lit. g EGV ist das Ziel des unverfälschten Wettbewerbes ein Wesensmerkmal des Binnenmarktes, so daß die Art. 81,

---

[1564] Vgl. oben, 3.Abschn., II.3.c.dd.(1).(a).
[1565] Vgl. oben, 3.Abschn., II.2.c.bb.; *Fikentscher*, SpuRt 1995, 149 (150).
[1566] Vgl. oben, 3.Abschn., II.2.c.aa.
[1567] Ebenda.
[1568] Ebenda.
[1569] Vgl. oben, 3.Abschn., II.2.c.bb.
[1570] Vgl. oben, 3.Abschn., II.3.c.dd.(1).(b).; Schlußanträge des Generalanwalts *Alber*, www. curia.eu.int/jurisp/ htme/text.htm, 05.07.2000, Rdnr. 106 (Rs. 176/96).
[1571] Vgl. oben, 3.Abschn., II.3.c.dd.(1).(b).
[1572] Vgl. oben, 3.Abschn., II.3.c.dd.(2).
[1573] *Emmerich* in: *Immenga/Mestmäcker*, EG-Wettbewerbsrecht, Art. 85 Abs. 1 EGV a. F., Rdnr. 151.

82 EGV in erster Linie im Licht dieser Forderung auszulegen sind[1574]. Infolgedessen kommen als Ausnahmen von den EG-Kartellvorschriften, neben Maßnahmen, die der Förderung und Aufrechterhaltung des Wettbewerbes dienen und somit an sich schon tatbestandlich keine Wettbewerbsbeschränkung darstellen, in erster Linie Freistellungen durch die Kommission nach Art. 81 Abs. 3 EGV in Frage.
Jedoch werden im Schrifttum und der Rechtsprechung des Gerichtshofs unter den Stichworten rechtswidriger, unerlaubter und sonstiger nicht schutzwürdiger Wettbewerb weitere Ausnahmen von den EG-Wettbewerbsvorschriften diskutiert[1575]. So ist nach der Rechtsprechung des EuGH in dem Verfahren „Metro/Saba"[1576] nur der Wettbewerb schutzwürdig, der geeignet ist, die grundlegenden Forderungen des Vertrages zu erfüllen und seinen Zielen gerecht zu werden. Infolgedessen erfolgt der Schutz des Wettbewerbes nicht als Selbstzweck, sondern kann mit sonstigen „Politiken der Union" konkurrieren[1577]. Insbesondere die Art. 2 und 3 EGV verdeutlichen, daß die Union neben der Errichtung unverfälschten Wettbewerbes noch weitere gleichwertige Bestrebungen verfolgt, deren Verwirklichung zu einer Rechtfertigung von Wettbewerbsverstößen führen kann[1578]. Im Rahmen der Harmonisierung der unterschiedlichen Intention der Gemeinschaft darf somit einerseits die in Art. 3 lit. g EGV zugrundegelegte Zielsetzung eines freien und unverfälschten Wettbewerbes nicht außer Acht gelassen werden. Zum anderen ist aber nach den vom Gerichtshof in der Rechtssache „Metro/Saba"[1579] entwickelten Grundsätzen der Wettbewerb nur insoweit schützenswert, wie es erforderlich ist, um die sonstigen essentiellen Ziele des Vertrages zu erfüllen. Diese in der Rechtsprechung des EuGH enthaltene Forderung läßt sich nur in der Weise umsetzen, daß die nach Art. 3 EGV gleichwertigen Zielsetzungen des EGV unter Beachtung des Verhältnismäßigkeitsprinzips im Sinne praktischer Konkordanz zum Ausgleich zu bringen sind. Zwar ist die Vereinigungsfreiheit weder in dem Forderungskatalog des Art. 3 EGV enthalten noch in sonstiger Weise durch Vorschriften des EGV geschützt, sondern wird dieses Grundrecht durch Art. 6 Abs. 2 EUV i. V. m. Art. 11 EMRK und den gemeinsamen Verfassungsüberlieferungen der Mitgliedstaaten auf gemeinschaftlicher Ebene gewährleistet und stellt somit an sich keine Zielsetzung des Vertrages i. S. d. dargestellten Rechtsprechung des EuGH dar. Jedoch bildet das Gemeinschaftsrecht eine „vertragsübergreifende Einheit"[1580], weshalb den europarechtlich geschützten Grundrechten ein mit den Zielsetzungen des EGV vergleichbarer Stellenwert zukommt und auch diese geeignet sind, die Vorschriften der Art. 81, 82 EGV in ähnlicher Weise wie die EGV-Grundfreiheiten[1581] einzuschränken.

Infolgedessen ist auch im Rahmen von tatbestandlichen Verstößen gegen EG-Wettbewerbsvorschriften durch die Verbandsregelwerke als ungeschriebener Rechtfertigungsgrund die auf europarechtlicher Ebene geschützte Vereinigungsfreiheit heranzuziehen und im Wege einer Güterabwägung das zugunsten der Berufssportler und Clubs geschützte Ziel der Schaffung oder Aufrechterhaltung eines unverfälschten Wettbewerbs und die Gewährleistung der Vereinigungsfreiheit der Verbände in einen verhältnismäßigen Ausgleich zu bringen. Hierbei ist hinsichtlich des Ergebnisses dieses Abwägungsvorgangs auf die im Rahmen der Kollision der EGV-

---

[1574] *Emmerich* in: *Dauses*, H. I., Rdnr. 6.
[1575] Zusammenfassend: *Emmerich* in: *Immenga/Mestmäcker*, EG-Wettbewerbsrecht, Art. 85 Abs. 1 EGV a. F., Rdnr. 149 f., 177 ff.
[1576] EuGH, Slg. 1977, 1875 (1905 ff.), Rdnr. 20 ff. (Rs. 26/76).
[1577] *Schröter* in: *Groeben/Thiesing/Ehlermann*, Vor Art. 85 bis 94 EGV a. F., Rdnr. 9; *Emmerich* in: *Dauses*, H. I., Rdnr. 7.
[1578] *Emmerich* in: *Dauses*: H. I., Rdnr. 7.
[1579] EuGH, Slg. 1977, 1875 (1905) Rdnr. 20, (Rs. 26/76).
[1580] V. *Bogdandy/Nettesheim* in: *Grabitz/Hilf*, Art. 1 EGV, Rdnr. 3.
[1581] Vgl. oben, 3.Abschn., II.3.c.dd.(2).(c).

Grundfreiheiten mit dem Grundrecht der Vereinigungsfreiheit getroffenen Erwägungen zu verweisen[1582].

(c). Ausnahme vom Kartellverbot durch eine Freistellung nach Art. 81 Abs. 3 EGV

Wettbewerbsbeschränkende Maßnahmen gemäß Art. 81 Abs. 1 EGV können auf Antrag nach Art. 81 Abs. 3 EGV durch die Kommission freigestellt werden, wenn sie *unter angemessener Beteiligung der Verbraucher an dem entstehenden Gewinn zur Verbesserung der Warenerzeugung oder -verteilung beitragen, ohne daß den beteiligten Unternehmen Beschränkungen auferlegt werden, die für die Verwirklichung dieser Ziele nicht unerläßlich sind.*

Im August 1995 hatte die UEFA in Bezug auf die in der Rechtssache „Bosman" streitgegenständlichen Transferregelungen einen derartigen Antrag gestellt, der aber durch die Kommission zurückgewiesen wurde[1583].
Das Erfordernis einer angemessenen Verbraucherbeteiligung an dem entstehenden Gewinn bezweckt eine Förderung des Allgemeinwohls durch die freigestellten Kartelle[1584] und ist daher weit zu verstehen. „Verbraucher" i. S. d. Art. 81 Abs. 3 EGV sind somit unmittelbare oder mittelbare Abnehmer des Erzeugnisses[1585] und infolgedessen im Sportbereich die TV-Anstalten und die Zuschauer. „Gewinn" umfaßt sämtliche Vorteile, die dem Verbraucher aufgrund der wettbewerbsbeschränkenden Maßnahme zufließen[1586], wozu neben finanziellen Auswirkungen, wie Preissenkungen oder Stabilisierung der Preise, auch die Verbesserung oder Beibehaltung der Qualität des Erzeugnisses zählt[1587]. Im Gegensatz zu den ehemals in den Verbandsregelwerken enthaltenen Ausländerklauseln ist der sog. „Dutzendparagraph" nach § 7 Nr. 1 lit. c LiSpSt des DFB geeignet, die Nachwuchsförderung[1588] und somit die Beibehaltung oder Verbesserung der sportlichen Darbietungen auf Ligaebene zugunsten der Zuschauer und TV-Stationen sicherzustellen. Dies gilt auch für die in Art. 59 SpO des DEB und §§ 27, 30 LiSpSt des DFB vorgesehenen Aus- und Fortbildungsentschädigungen[1589]. Demgegenüber waren die in dem Verfahren „Bosman" streitgegenständlichen Regelungen zu den Transferbestimmungen aufgrund ihrer Höhe, im Gegensatz zu den Bestimmungen der Art. 59 SpO des DEG und §§ 27, 30 LiSpSt des DFB, als zusätzliche Einnahmequelle der Vereine geeignet, die Preise für die Übertragungsrechte und die Eintrittskarten für die Wettkämpfe stabil zu halten. Die verbandsrechtlichen Bestimmungen zu den Transferwechselzeiten, die Gegenstand des Verfahrens „Lehtonen" waren, erhalten die Chancengleichheit zwischen den Vereinen und somit die Qualität der dargebrachten Wettkämpfe aufrecht. Somit erfolgt durch die dargestellten Verbandsbestimmungen eine „Verbesserung der Warenerzeugung" i. S. d. Art. 81 Abs. 3 EGV, zu der auch die Erhöhung oder Beibehaltung der Qualität der Sportereignisse und die Stabilisierung der Preise für Eintritt und die Übertragungsrechte zählen[1590].
Weitere Voraussetzung für die Freistellung wettbewerbsbeschränkender Maßnahmen ist nach Art. 81 Abs. 3 lit. a EGV, daß diese zum Erreichen des angestrebten Vorteils „unerläßlich" sind. Infolgedessen ist zu überprüfen, ob nicht an Stelle des grundsätzlich wettbewerbswidrigen Verhaltens weniger stark in den Wettbewerb eingreifende Maßnahmen bestehen, denen eine ähnlich

[1582] Vgl. oben, 3.Abschn., II.3.c.dd.(2).(c).
[1583] Vgl. FAZ vom 18.01.1996, S. 25.
[1584] *Schröter* in: *Groeben/Thiesing/Ehlermann*, Art. 85 Abs. 3 EGV a. F., Rdnr. 295.
[1585] U. a. *Sauter* in: *Immenga/Mestmäcker*, EG-Wettbewerbsrecht, Art. 85 EGV a. F., Rdnr. 19.
[1586] EuGH, Slg. 1977, 1875 (1916), Rdnr. 47 (Rs. 26/76).
[1587] *Schröter* in: *Groeben/Thiesing/Ehlermann*, Art. 85 Abs. 3 EGV a. F., Rdnr. 304.
[1588] Vgl. oben, 3.Abschn., II.3.d.cc.(2).(a).
[1589] Ebenda.
[1590] Vgl. oben, 2.Abschn., II.1.c.bb.(4).

positive Wirkung zu Gunsten des Verbrauchers zukommt, und ob die wettbewerbsbeschränkende Wirkung der Vereinbarungen und Beschlüsse in einem angemessenen Verhältnis zu ihren Vorteilen zur Verbesserung des Produkts Sport steht[1591]. Im Bereich der ausländerbeschränkenden Klauseln stellt die Regelung des § 7 Nr. 1 lit. c LiSpSt des DFB eine gegenüber den im Verfahren „Bosman" streitgegenständlichen Bestimmungen weniger einschneidende Maßnahme dar, deren geringe wettbewerbsbeschränkende Wirkung in Anbetracht der hohen Bedeutung der Nachwuchsförderung für die Verbesserung des Produkts Sport angemessen ist.
Demgegenüber waren die in der Rechtssache „Bosman" überprüften Transferbestimmungen aufgrund ihrer stark wettbewerbsbeschränkenden Wirkung und ihrer Unvereinbarkeit mit den EGV-Grundfreiheiten kein angemessenes Mittel, um die Preise für die Übertragungsrechte und die Eintrittskarten zu den Wettkämpfen stabil zu halten[1592]. Etwas anderes gilt bezüglich der Aus- und Fortbildungsentschädigung nach §§ 27, 30 LiSpSt des DFB und verzögerten Transferwechselzeiten, die im Gegensatz zu der Regelung des Art. 59 SpO des DEB und willkürlichen oder gestaffelten Transferfristen einen angemessenen Ausgleich zwischen der betroffenen EG-Wettbewerbsvorschrift des Art. 81 Abs. 1 EGV und der Nachwuchsförderung darstellen, wobei die im Rahmen der Rechtfertigung von Eingriffen in die EGV-Grundfreiheiten durch den Verhältnismäßigkeitsgrundsatz angestellten Erwägungen heranzuziehen sind[1593].
Nach Art. 81 Abs. 3 lit. b EGV kommt eine Freistellung vom Kartellverbot aber nicht in Betracht, wenn hierdurch der Fortbestand eines wirksamen Wettbewerbes gefährdet würde[1594].
Durch die verbandsrechtlichen Bestimmungen des § 7 Nr. 1 lit. c LiSpSt des DFB und der §§ 27, 30 LiSpSt des DFB sowie durch verzögerte Transferwechselzeiten wird der Wettbewerb der Vereine auf dem Spielermarkt und die wirtschaftliche Betätigungsfreiheit der Sportler nicht beseitigt, da ein freier Wettbewerb bei der Spielerverpflichtung nicht ausgeschlossen, sondern lediglich sinnvoll reglementiert ist.

Eine Freistellung nach Art. 81 Abs. 3 EGV kommt daher für diese Regelungen in Betracht.

dd. Verstoß gegen Art. 82 EGV

(1). Eingriff in den Schutzbereich

Nach Art. 82 Satz 1 EGV wären die untersuchten verbandsrechtlichen Bestimmungen mit dem Gemeinsamen Markt unvereinbar, wenn sie gegen das Verbot des Mißbrauchs einer marktbeherrschenden Stellung verstoßen.

Die Unternehmensqualität der Verbände und Vereine im Bereich des Profisports sowie die Beeinträchtigung des Handels zwischen den Mitgliedstaaten durch die Ausländer- und Transferbestimmungen wurde bereits im Rahmen der Darstellung zu Art. 81 Abs. 1 EGV erörtert und bejaht[1595].

Diesen Unternehmen kommt eine *beherrschende Stellung auf dem Gemeinsamen Markt oder auf einem wesentlichen Teil desselben* nach Art. 82 Abs. 1 EGV zu. Nach der Rechtsprechung

---

[1591] *Schollmeier/Krimphove* in: *Bleckmann*, S. 679; *Emmerich* in: *Dauses*: H. I., Rdnr. 172.
[1592] Zudem hat Generalanwalt *Lenz* in dem Verfahren „Bosman" Alternativmodelle zur Finanzierung der Vereine aufgezeigt, die im Gegensatz zu den Transferregelungen einen milderen Eingriff darstellen: Schlußanträge des Generalanwalts *Lenz*, Slg. 1995 I, 4921 (5014), Rdnr. 218 ff. (Rs. C-415/93).
[1593] Vgl. oben, 3.Abschn., II.3.c.dd.(1).
[1594] EuGH, Slg. 1973, 215 (239), Rdnr. 19 (Rs. 6/72).
[1595] Vgl. oben, 3.Abschn., II.3.d.cc.(1).

des Gerichtshofs[1596] ist von einer marktbeherrschenden Stellung auszugehen, wenn ein Unternehmen in der Lage ist, die Aufrechterhaltung eines wirksamen Wettbewerbs auf dem relevanten Markt zu verhindern, weil es sich gegenüber Wettbewerbern und Verbrauchern in nennenswertem Umfang unabhängig verhalten kann. Kriterien hierfür können das Bestehen eines Monopols, ein hoher Marktanteil, aber auch die Marktstruktur sein.
Auf dem Spielermarkt kommt den Clubs aufgrund ihrer strukturellen und wirtschaftlichen Verflechtung gegenüber den Sportlern eine kollektiv beherrschende Stellung zu[1597]. Im Hinblick auf die Verbände ergibt sich eine solche aus dem monopolbildenden „Ein-Platz-Prinzip"[1598].
Fraglich ist jedoch, ob im Zusammenhang mit den vorliegend untersuchten Bestimmungen auf die beherrschende Stellung der Verbände oder der Clubs abzustellen ist.
Generalanwalt *Lenz*[1599] hat in dem Verfahren „Bosman" die Ansicht vertreten, daß die fraglichen Regelungen zwar in den Verbandsnormen enthalten sind, sie jedoch das Anstellungsverhältnis zwischen Sportler und Club betreffen und daher als Vereinbarungen zwischen den Vereinen anzusehen sind.
Dieser Argumentation kann nicht gefolgt werden. Die Anwendung der untersuchten Regelungen im Verhältnis zwischen Sportler und Club beruht auf der lizenzvertraglichen Bindung der Vereine an die Verbände, weswegen den Clubs, als selber den Verbandsregelwerken unterworfenen Einheiten, die Verwendung dieser Bestimmungen nicht zugerechnet werden kann. Es ist daher im Rahmen der vorliegend untersuchten Bestimmungen alleine auf die marktbeherrschende Stellung der normgebenden Verbände abzustellen. Etwas anderes ergibt sich auch nicht aus der Mitwirkungsmöglichkeit der Vereine bei der Normsetzung[1600], da den Clubs insoweit keine alleinige Entscheidungsbefugnis zukommt und die Regelungen letztendlich durch die Verbände als von den Vereinen zu unterscheidenden Rechtsträgern geschaffen werden.

Die Verbände müßten durch die Schaffung der vorliegenden ausländerbegrenzenden und transferregelnden Bestimmungen ihre marktbeherrschende Stellung *mißbräuchlich ausnutzen.* Diese durch den Wortlaut des Art. 82 Satz 1 EGV und die beispielhafte Aufzählung von Mißbrauchstatbeständen in Art. 82 Satz 2 EGV nicht näher definierte Voraussetzung wird nach der Rechtsprechung der EuGH[1601] als „Verhaltensweise eines Unternehmens in beherrschender Stellung, die die Strukturen eines Marktes beeinflussen kann, auf dem der Wettbewerb gerade wegen der Anwesenheit des fraglichen Unternehmens bereits geschwächt ist und die Aufrechterhaltung des noch auf dem Markt bestehenden Wettbewerbs oder dessen Entwicklung durch die Verwendung von Mitteln behindert wird, welche von den Mitteln eines normalen Produkt- oder Dienstleistungsverkehrs abweichen", umschrieben. Somit handelt es sich bei der „mißbräuchlichen Ausnutzung" um einen objektiven Begriff, in dessen Rahmen es alleine auf das tatsächliche Handeln des Marktbeherrschers ankommt[1602], weshalb es keine Beachtung finden kann, ob die Verbände durch die Schaffung der Regelungen die Absicht hatten, den sportlichen Wettbewerb zwischen den Vereinen zu schützen und eine effektive Nachwuchsförderung zu gewährleisten. Vielmehr ist nach der Definition des EuGH für eine Verwirklichung des Tatbestandes von Art. 82 Satz 2 EGV, wie schon im Rahmen der Rechtfertigung von Verstößen gegen Art. 81 Abs. 1 EGV, maßgeblich, ob durch die fraglichen Bestimmungen der Verbände der Wettbewerb tatsächlich behindert bzw. geschwächt wird oder diese Regelungen trotz ihres wettbewerbsbe-

---

[1596] Vgl. oben, 2.Abschn., II.1.c.bb.(4).
[1597] Ebenda.
[1598] Vgl. oben, 1.Abschn., III.2.b.aa.(3).
[1599] Schlußanträge des Generalanwalts *Lenz*, Slg. 1995 I, 4921 (5037), Rdnr. 282 (Rs. C-415/93).
[1600] Vgl. oben, 3.Abschn., II.3.d.cc.(1).
[1601] U. a. EuGH, Slg. 1980, 3775 (3794), Rdnr. 27 (Rs. 31/80); EuGH, Slg. 1983, 3461 (3503), Rdnr. 37 (Rs. 322/81).
[1602] *Schröter* in: *Groeben/Thiesing/Ehlermann*, Art. 86 EGV a. F., Rdnr. 132.

schränkenden Charakters objektiv geeignet sind, den Wettbewerb herzustellen oder aufrecht zu erhalten. In diesem Zusammenhang ist auf die bei der Rechtfertigung von Eingriffen in den Schutzbereich des Art. 81 Abs. 1 EGV durch Maßnahmen, die der Förderung und Aufrechterhaltung des Wettbewerbs dienen, erzielten Ergebnisse zu verweisen[1603].

(2). Rechtfertigung der mißbräuchlichen Ausnutzung einer beherrschende Stellung

Durch das europarechtlich geschützte Grundrecht der Vereinigungsfreiheit sind aus denselben Gesichtspunkten wie im Rahmen von Art. 81 Abs. 1 EGV Verstöße gegen Art. 82 Satz 1 EGV gerechtfertigt[1604].
Demgegenüber ist die Möglichkeit einer Freistellung durch die Kommission wie nach Art. 81 Abs. 3 EGV durch den Wortlaut des Art. 82 EGV nicht vorgesehen und kommt eine entsprechende Anwendung dieser Vorschrift im Rahmen von Verstößen gegen Art. 82 EGV nicht in Betracht[1605].

e. Zwischen der EU/ihren Mitgliedstaaten und Drittstaaten geschlossene Abkommen

In den vorliegend untersuchten Verbandsregelwerken existieren, im Gegensatz zu den Bestimmungen anderer Sportverbände[1606], momentan keine Normen, die zwischen Staatsangehörigen von EU-Mitgliedstaaten und europäischen Nicht-EU-Ausländern unterscheiden.
So dürfen nach § 20 Nr. 8 Satz 1 LiSpSt des DFB Staatsangehörige eines Mitgliedsverbandes der UEFA unbegrenzt verpflichtet werden, so daß bezüglich der Sportler aus europäischen Nicht-EU-Staaten im Vergleich zu EU-Ausländern keine abweichenden Regeln gelten. Demgegenüber können z. B. nach § 20 Nr. 8 Satz 2 LiSpSt des DFB nur drei Sportler aus anderen Kontinenten durch die Clubs unter Vertrag genommen werden und wird die Erweiterung dieser Regelung auch auf europäische Nicht-EU-Ausländer im Rahmen der Diskussion um die Ausländerklauseln immer wieder von den Verbänden gefordert[1607].

Zusätzlich zu den Bereichen des Kartellrechts sowie der Niederlassungs- und Dienstleistungsfreiheit[1608] kommt der Gemeinschaft auch hinsichtlich der Fragen der Arbeitnehmerfreizügigkeit eine Vertragsschlußkompetenz zu. Eine solche besteht nach der Rechtsprechung des EuGH[1609] in den Bereichen, in denen eine im Vertrag vorgesehene Gemeinschaftspolitik durch gemeinschaftliche Regelungen ausgeführt wurde. Eine derartige, durch sekundäre Regelungen des Europarechts ausgeführte Gemeinschaftspolitik besteht hinsichtlich der Arbeitnehmerfreizügigkeit beim Erlaß von Verordnungen und Richtlinien nach Art. 40 EGV. Bei den untersuchten völkerrechtlichen Verträgen handelt es sich um „gemischte Abkommen"[1610], deren Vertragspartner sowohl die Gemeinschaft als auch die Mitgliedstaaten sind.

[1603] Vgl. oben, 3.Abschn., II.3.d.cc.(2).(a).
[1604] Vgl. oben, 3.Abschn., II.3.d.cc.(2).(b).
[1605] *Geiger*, Art. 85 EGV a. F., Rdnr. 41; *Jung* in: *Grabitz/Hilf*, Art. 82 EGV, Rdnr. 129.
[1606] So war z. B. Ziff. B 9.3 der Wettspielordnung des Deutschen Tischtennis-Bundes, der bei offiziellen Meisterschafts- und Pokalspielen die Einsatzberechtigung auf einen Ausländer pro Mannschaft beschränkte und dabei Spieler, die die Staatsangehörigkeit eines EU-Migliedstaates, Islands, Liechtensteins oder Norwegens besitzen, nicht als Ausländer i. S. d. Bestimmung definierte, Inhalt einer Klage vor dem LG Frankfurt a. M., SpuRt 1998, 78 (78 ff.).
[1607] Süddeutsche Zeitung vom 07.10.1998, S. 33.
[1608] Vgl. oben, 2.Abschn., II.4.b.dd.
[1609] Ebenda.
[1610] Ebenda.

Fraglich ist jedoch, ob sämtliche Vorschriften dieser Abkommen, vergleichbar mit den Regelungen des EGV[1611], geeignet sind, als Prüfungsmaßstab für die durch die Verbände in Ausübung ihrer grundgesetzlich gewährleisteten Verbandsautonomie geschaffenen Regelwerke zu dienen. Alle die Freizügigkeit der Arbeitnehmer regelnden Vertragsbestimmungen der Assoziierungsabkommen zwischen der Gemeinschaft und Mittel- und Osteuropäischen Ländern[1612] stehen, wie z. B. Art. 37 Abs. 1 des Europaabkommens mit Ungarn [1613], unter dem Vorbehalt „der in den einzelnen Mitgliedstaaten geltenden Bedingungen und Modalitäten".
Nach *Kahlenberg*[1614] und dem LG Frankfurt a. M.[1615] erhalten die Assoziierungsabkommen durch sog. Transformationsgesetze nach Art. 59 Abs. 2 GG in der nationalen Normenhierachie lediglich den Rang eines einfachen Gesetzes und sind daher nicht geeignet, die Verbandsregelwerke, die in Ausübung der höherrangigen grundrechtlich geschützten Vereinigungsfreiheit geschaffen wurden, zu beschränken. Zudem sei zu beachten, daß sich der in den Abkommen enthaltene Vorbehalt nicht nur auf das nationale Verfassungsrecht bezieht, sondern auch die Regelwerke der Sportverbände „als in den einzelnen Mitgliedstaaten geltende Bedingung und Modalität" erfaßt.
Dieser Auffassung ist mit *Gramlich/Niese*[1616] und *Heidersdorf*[1617] entgegenzuhalten, daß die aufgrund der geteilten Zuständigkeit geschlossenen „gemischten" Abkommen[1618] wegen der Beteiligung der EG als Vertragspartei nach Art. 300 Abs. 7 EGV „integrierender Bestandteil des Gemeinschaftsrechts" geworden sind[1619] und vom Anwendungsvorrang des Europarechts[1620] gegenüber Verbandsnormen und dem nationalen Verfassungsrecht[1621] erfaßt werden[1622], so daß auch die mit dem fraglichen Vorbehalt versehenen Klauseln der Assoziierungsabkommen nationalen Regelungen gleich welchen Ranges vorgehen. Eine Beschränkung durch die Verbandsautonomie kann sich daher nur durch das auf Gemeinschaftsebene garantierte Grundrecht der Vereinigungsfreiheit ergeben, welches aber, vergleichbar mit der Lage bei Eingriffen in Gewährleistungen des EGV durch die Sportverbände, erst auf der Rechtfertigungsebene Relevanz entfaltet.

Weil die Abkommen als „integrierender Bestandteil" des Gemeinschaftsrechts anzusehen sind, ist hinsichtlich der Eröffnung des Anwendungsbereichs dieser Bestimmungen auf die Ausführungen zur Anwendbarkeit des EGV auf die Verbandsregelwerke zu verweisen[1623]. Infolgedessen ist die Bestimmung des § 7 Nr. 1 lit. c LiSpSt des DFB vom „Sportvorbehalt" des Gemeinschaftsrechts gedeckt und daher dem Anwendungsbereich der Abkommen entzogen, wohingegen § 20 Nr. 8 Satz 2 LiSpSt des DFB, als eine mit der im Verfahren „Bosman" streitgegenständlichen „3 + 2 Regelung" vergleichbare Bestimmung, nicht dem „Sportvorbehalt" unterfällt.

Ob Staatsbürger von Drittstaaten aus den mit der EG und ihren Mitgliedstaaten geschlossenen Abkommen Rechte gegenüber den Sportverbänden herleiten können, die der Rechtmäßigkeit

[1611] Vgl. oben, 3.Abschn., II.3.a.
[1612] Vgl. Fußnote 823.
[1613] BGBl. 1993 II, 1472 (1478).
[1614] *Kahlenberg*, Anmerkung zum Urteil des LG Frankfurt vom 28.07.1997, SpuRt 1997, 170 (171).
[1615] LG Frankfurt a. M., SpuRt 1998, 78 (79).
[1616] *Gramlich/Niese*, SpuRt 1998, 61 (65).
[1617] *Heidersdorf*, ausländerklauseln im Profisport, S. 79.
[1618] Vgl. oben, 2.Abschn., II.4.b.ee.
[1619] EuGH, Slg. 1987, 3719 (3750), Rdnr. 7 (Rs. 12/86).
[1620] Vgl. oben, 2.Abschn., II.4.b.ee.
[1621] Vgl. oben, 3.Abschn., II.3.c.dd.(2).
[1622] Ebenda.
[1623] Vgl. oben, 3.Abschn., II.3.b.

verbandsrechtlicher Bestimmungen entgegenstehen, läßt sich nicht pauschal beantworten, sondern ist vom Inhalt und dem Wortlaut des einzelnen Abkommens abhängig.

aa. Das Abkommen über den Europäischen Wirtschaftsraum (EWR)

Dieses Abkommen[1624] stellt neben Niederlassungs- und Dienstleistungsfreiheit auch Arbeitnehmerfreizügigkeit her und enthält den Wettbewerbsregeln des EGV entsprechende Vorschriften[1625]. Diese Vertragsklauseln sind nach Art. 6 EWR im Einklang mit der Rechtsprechung des Gerichtshofes in den Verfahren „Walrave", „Dona", „Bosman" und „Lehtonen" auszulegen[1626], weshalb die Staatsangehörigen der EFTA-Staaten, ausgenommen Schweizer Staatsbürger, auch im Hinblick auf die Verbandsregelwerke im Rahmen des Genusses der EGV-Grundfreiheiten sowohl als Diskriminierungs- als auch als Beschränkungsverbote und bei der Anwendung der EGV-Kartellregelungen den Staatsangehörigen der EU-Staaten gleichgestellt sind[1627], so daß die zum EGV getroffenen Ausführungen[1628] auch in Bezug auf Sportler aus diesen Staaten gelten.

bb. Assoziierte außereuropäische Gebiete der EU-Mitgliedstaaten und Assoziierungsabkommen mit Drittstaaten

Die nach Art. 182 EGV hergestellte konstitutionelle Assoziierung der unselbständigen außereuropäischen Gebiete der EU-Mitgliedstaaten stellt im Hinblick auf die vorliegend untersuchten Sportler imGegensatz zur Niederlassungs- kein Dienstleistungssfreiheit her. Diese Personen können sich im Rahmen von Vorgängen, die der Dienstleistungs- oder Niederlassungsfreiheit unterfallen, auch nicht auf die Art. 81, 82 EGV berufen [1629].
Dies gilt auch für den Bereich der Arbeitnehmerfreizügigkeit, da Art. 186 EGV eine solche nicht unmittelbar anordnet, sondern lediglich den Abschluß weiterer Abkommen vorsieht. Bisher ist aber ein derartiger Vertrag nicht geschlossen worden, weswegen Art. 186 EGV für sich alleine mangels unmittelbarer Anwendbarkeit nicht geeignet ist, Arbeitnehmerfreizügigkeit herzustellen. Demnach können sich z. B. Profifußballspieler aus den unselbständigen außereuropäischen Gebieten als Arbeitnehmer i. S. d. EGV nicht gegenüber den im Rahmen dieser Arbeit dargestellten ausländerbegrenzenden und transferregelnden Klauseln der Sportverbände auf die nach Art. 182 EGV bestehende konstitutionelle Assoziierung mit der EG berufen. Auch finden die EGV-Wettbewerbsvorschriften im Verhältnis zu den außereuropäischen Gebieten der EU-Mitgliedstaaten nach Art. 183 Nr. 1 EGV keine Anwendung, soweit die Verbandsregelwerke Fragen zum Inhalt haben, die der Arbeitnehmerfreizügigkeit unterfallen[1630].

Neben den konstitutionellen Assoziierungen nach Art. 182 EGV hat die Gemeinschaft nach Art. 310 EGV unter Beteiligung der Mitgliedstaaten als Vertragsparteien mit einer Anzahl von Drittstaaten „gemischte" Abkommen geschlossen, „die eine Assoziierung mit gegenseitigen Rechten und Pflichten" vorsehen[1631]. Aufgrund des zum Teil abweichenden Wortlauts der in den verschiedenen Verträgen enthaltenen Regelungen, den in Bezug auf die unterschiedlichen Klauseln ergangenen Gerichtsentscheidungen und der Tatsache, daß den Abkommen teilweise völlig

[1624] BGBl. 1993 II, S. 1294.
[1625] Vgl. oben, 2.Abschn., II.4.b.ee.(1).
[1626] Ebenda.
[1627] Ebenda.
[1628] Vgl. oben, 3.Abschn., II.3.
[1629] Vgl. oben, 2.Abschn., II.4.b.ee.(2).
[1630] Vgl. Argumentation zur Dienstleistungs- und Niederlassungsfreiheit: ebenda.
[1631] Vgl oben, 2.Abschn., II.4.b.ee.(2).

divergierende Zielsetzungen zugrundeliegen, ist zwischen den einzelnen völkerrechtlichen Verträgen zu differenzieren.

(1). Das Lomé-Abkommen

Dieser völkerrechtliche Vertrag zwischen der EG, ihren Mitgliedstaaten und den AKP-Staaten[1632] (aus dem afrikanischen, karibischen und pazifischen Raum) enthält keinerlei Klauseln, die sich auf Fragen der Dienst- oder Niederlassungsfreiheit oder des Kartellrechts beziehen.
Demgegenüber beinhaltet das Lomé-Abkommen in Anhang VI eine „Gemeinsame Erklärung betreffend der Arbeitskräfte, die Staatsangehörige einer der Vertragsparteien sind, und sich rechtmäßig im Gebiet eines Mitgliedsstaates oder eines AKP-Staates aufhalten". Nach Nr. 1 dieser Erklärung gewähren die EU-Mitgliedstaaten den Arbeitnehmern aus den AKP-Staaten Regelungen, die Schutz vor Diskriminierungen im Bereich der Arbeits- und Entgeltbedingungen bewirken.
Nach der Rechtsprechung des Gerichtshofes in der Rechtssache „Demirel"[1633] ist eine Bestimmung eines von der Gemeinschaft, ihren Mitgliedstaaten und Drittländern geschlossenen Abkommens „als unmittelbar anwendbar anzusehen, wenn sie unter Berücksichtigung ihres Wortlautes und im Hinblick auf den Sinn und Zweck des Abkommens eine klare und eindeutige Verpflichtung enthält, deren Erfüllung oder deren Wirkungen nicht vom Erlaß eines weiteren Aktes abhängen". Nr. 1 der besagten Erklärung des Lomé-Abkommens sieht lediglich die Beachtung des Diskriminierungsverbotes bei der Schaffung weiterer „Regelungen" durch die Mitgliedstaaten der EU vor und ist daher nicht unmittelbar anwendbar. Zudem richtet sich der Wortlaut der Erklärung ausdrücklich nur an die EU-Mitgliedstaaten und ist daher nicht mit Drittwirkung gegenüber den Sportverbänden als Privaten versehen.
Das Lomé-Abkommen ist somit auch im Bereich der Arbeitnehmerfreizügigkeit nicht geeignet, eine Gleichstellung der Staatsangehörigen der AKP-Staaten mit den Staatsangehörigen der EU-Mitgliedstaaten herzustellen, weswegen z. B. die in § 20 Nr. 8 Satz 1 LiSpSt des DFB vorgesehene Ausländerklausel für nichteuropäische Spieler rechtmäßig ist und sich die Sportler aus den AKP-Staaten nicht auf Vorschriften des Lomé-Abkommens gegenüber den im Rahmen dieser Arbeit vorgestellten Transfervorschriften berufen können.

(2). Das Europa-Mittelmeer-Abkommen mit Israel

Dieses Assoziierungsabkommen[1634] enthält keine Bestimmungen zur Arbeitnehmerfreizügigkeit und sieht in Art. 29 Niederlassungs- und Dienstleistungsfreiheit lediglich für Gesellschaften, nicht aber für natürliche Personen, vor. Demgegenüber enthält Art. 36 Abs. 1 lit i, ii des Abkommens eine den Vorschriften der Art. 81, 82 EGV nachgebildete Bestimmung, nach der „alle Vereinbarungen zwischen Unternehmen, Beschlüsse von Unternehmensvereinigungen und aufeinander abgestimmte Verhaltensweisen, die eine Verhinderung, Einschränkung oder Verfälschung des Wettbewerbs bezwecken oder bewirken" bzw. „die mißbräuchliche Ausnutzung einer beherrschenden Stellung durch eine oder mehrere Unternehmen" verbieten.
Zwar erfassen die kartellrechtlichen Vorschriften der Assoziierungsabkommen, wie die ihnen zugrundeliegenden EG-Wettbewerbsbestimmungen[1635], grundsätzlich den gesamten weiten Bereich der Wirtschaft und somit auch den Austausch von Arbeits- bzw. Dienstleistungen. Dies gilt unter Heranziehung von Sinn und Zweck bzw. des Gesamtzusammenhangs des Europa-

---

[1632] BGBl. 1991 II, S. 2.
[1633] EuGH, Slg. 1987, 3719 (3752), Rdnr. 14 (Rs. 12/86).
[1634] BGBl. 1997 II, S. 1168.
[1635] Vgl. oben, 2.Abschn., II.1.c.bb.(4).

Mittelmeer-Abkommens mit Israel aber nicht für Art. 36 Abs. 1 lit. i, ii des Assoziierungsabkommens. Durch die Nichtgewährung von Niederlassungs-, Dienstleistungs- und Arbeitnehmerfreizügigkeit für natürliche Personen wird vielmehr klargestellt, daß, anders als die im Rahmen dieser Fragen nebeneinander anwendbaren EGV-Grundfreiheiten und Kartellvorschriften, diese Bereiche des Wirtschaftslebens von Art. 36 Abs. 1 lit. i, ii des Vertrages nicht erfaßt werden. Diese sich am Gesamtzusammenhang des Abkommens orientierende Auslegung wird bekräftigt durch das Fehlen einer den Wettbewerbsvorschriften der Europa-Abkommen mit den MOE`s[1636] entsprechenden Regelung in dem völkerrechtlichen Vertrag mit Israel, nach dem die Interpretation der assoziierungsvertraglichen Wettbewerbsvorschriften der Anwendung der Art. 81, 82 EGV zu entsprechen hat.

Das Europa-Mittelmeer-Abkommen mit Israel ist daher nicht geeignet, eine Gleichstellung israelischer Profisportler mit Staatsangehörigen der EU-Staaten herzustellen. Zwar unterfallen z. B. israelische Fußballprofis als Sportler eines der UEFA angehörenden Verbandes nicht der Regelung des § 20 Nr. 8 Satz 1 LiSpSt des DFB, jedoch können sich diese Akteure nicht gegenüber den im Rahmen dieser Arbeit dargestellten, auch für Staatsangehörige von EU-Staaten geltenden Ausländer- und Transferbestimmungen auf die Bestimmungen des Europa-Mittelmeer-Abkommens mit Israel berufen.

(3). Die Kooperationsabkommen mit Tunesien und Marokko

Diese Assoziierungsabkommen[1637] sehen keinerlei Regelungen zur Niederlassungs- und Dienstleistungsfreiheit oder dem EG-Kartellrecht entsprechende Vorschriften vor. Die Verträge enthalten aber in Art. 39 ff. bzw. Art. 40 ff. gleichlautende Klauseln zur Zusammenarbeit im Bereich der Arbeitskräfte, nach denen die EU-Mitgliedstaaten verpflichtet werden, den Arbeitnehmern marokkanischer/tunesischer Staatsangehörigkeit, die in ihrem Hoheitsgebiet beschäftigt sind, eine Behandlung zu gewähren, die hinsichtlich der Arbeits- und Beschäftigungsbedingungen keine aufgrund der Staatsangehörigkeit beruhende Benachteiligung gegenüber inländischen Arbeitnehmern bewirkt.

Fraglich ist zunächst, ob diese Bestimmungen nach den durch den EuGH im Verfahren „Demirel"[1638] entwickelten Grundsätzen zur unmittelbaren Geltung von Klauseln eines von der Gemeinschaft und ihren Mitgliedstaaten mit Drittstaaten geschlossenen Abkommens unmittelbar anwendbar sind, so daß sich der einzelne Sportler auf sie berufen kann.
Dies ist mit dem EuGH, der in dem Verfahren „Kziber"[1639] die unmittelbare Anwendbarkeit von Art. 40 des Kooperationsabkommens mit Marokko bejaht hat, auch hinsichtlich des wortgleichen Art. 39 des Vertrages mit Tunesien anzunehmen, da diese Bestimmungen unter Berücksichtigung ihres Wortlauts ein eindeutiges Diskriminierungsverbot enthalten, dessen Erfüllung nicht vom Erlaß weiterer Akte abhängig ist.
Dieser Rechtsprechung des Gerichtshofes zur unmittelbaren Geltung von Assoziierungsabkommen wird entgegengehalten[1640], daß der Gemeinschaft zwar eine Vertragsschluß-[1641], aber keine Regelungskompetenz bezüglich der Freizügigkeit von Drittstaatenangehörigen zukommt, da die

---

[1636] Vgl. oben, 2.Abschn., II.4.b.ee.(2).(b).
[1637] Kooperationsabkommen mit Tunesien (BGBl. 1978 II, S. 509); mit Marokko (BGBl. 1978 II, 690).
[1638] EuGH, Slg. 1987, 3719 (3752), Rdnr. 13 ff. (Rs. 12/86).
[1639] EuGH, Slg. 1991, 199 (226), Rdnr. 20 (Rs. C-18/90).
[1640] U. a. *Hailbronner* in: *Hailbronner*, Art. 48 EGV a. F., Rdnr. 32 h; Die Regierungen der Bundesrepublik Deutschland und des Vereinigten Königreiches in dem Verfahren „Demirel", EuGH, Slg. 1987, 3719 (3750), Rdnr. 6 (Rs. 12/86).
[1641] Vgl. oben, 2.Abschn., II.4.b.ee.

EU-Mitgliedstaaten im Hinblick auf die vor der Änderung des EUV durch den Amsterdamer Vertrag[1642] geschlossenen Assoziierungsabkommen nach Art. K.1 und Art. K.2 EUV a. F. die alleinige Zuständigkeit für die Einwanderungspolitik innehatten. Infolgedessen erstrecke sich die Auslegungszuständigkeit des EuGH im Bereich von „gemischten" Abkommen nicht auf Klauseln, für die keine Regelungskompetenz der Gemeinschaft besteht. Dieser Auffassung ist mit dem vom Gerichtshof in der Rechtssache „Demirel" [1643] getroffenen Aussagen zur Zuständigkeit des EuGH im Rahmen der Auslegung von „gemischten" Abkommen entgegenzuhalten, daß ein Assoziierungsabkommen eine besondere Beziehung zu einem Drittstaat herstellt und diesem ermöglicht, zumindest in gewissen Bereichen am Gemeinschaftssystem teilzuhaben. Infolgedessen ergibt sich aus der Vertragsschlußkompetenz nach Art. 310 EGV die Zuständigkeit der Gemeinschaft, die Erfüllung der Verpflichtungen in allen vom EGV erfaßten Bereichen gegenüber dem Drittstaat sicherzustellen. Sowohl die Dienstleistungs-, Niederlassungs- und Arbeitnehmerfreizügigkeit als auch das Wettbewerbsrecht werden durch den EGV geregelt, so daß dem EuGH bezüglich der „gemischten" Abkommen in allen diesen Bereichen eine Auslegungszuständigkeit zukommt.

Umstritten ist weiter, ob die Freizügigkeitsvorschriften der Art. 39 bzw. 40 der Kooperationsabkommen mit Tunesien und Marokko Drittwirkung haben, so daß diese Bestimmungen auch die Sportverbände binden.
Nach *Heidersdorf*[1644] sollen diese Regelungen der Assoziierungsabkommen gegenüber den Sportverbänden als Privaten Drittwirkung entfalten, da sich die Rechtsprechung des EuGH[1645] zur Anwendbarkeit der EGV-Grundfreiheiten im Privatrechtsverkehr auch auf die Klauseln der Verträge übertragen lasse. Zudem sei die Geltung der Bestimmungen der Abkommen zwischen Privatrechtssubjekten schon im Interesse einer effektiven und gleichmäßigen Durchsetzung der Diskriminierungsverbote im Arbeitsleben geboten. Etwas anderes ergibt sich auch nicht aus Art. 300 Abs. 7 EGV, nach dem die nach Maßgabe dieser Vorschrift geschlossenen Abkommen lediglich die Organe der Gemeinschaft und die EU-Mitgliedsstaaten binden, da ursprünglich auch nur die Mitgliedstaaten Adressaten der EGV-Grundfreiheiten waren, dieser Grundsatz durch den Gerichtshof im Interesse einer effektiven Durchsetzung des Gemeinschaftsrechts aber modifiziert wurde[1646].
Gegen die Annahme einer Drittwirkung der Art. 39 bzw. 40 der Kooperationsabkommen mit Tunesien und Marokko spricht jedoch der eindeutige Wortlaut dieser Vertragsklauseln, nach denen ausdrücklich nur die EU-Mitgliedstaaten verpflichtet werden. Im Gegensatz zu diesen Bestimmungen ergibt sich im Rahmen der EGV-Grundfreiheiten eine grundsätzliche Beschränkung des Adressatenkreises der jeweiligen Gewährleistung nicht schon aus dem Wortlaut, sondern erst aus einer systematischen Interpretation des EGV, nach der das Verhalten Privater grundsätzlich nur den Regelungen der Art. 81, 82 EGV unterfällt[1647]. Der EuGH hat in Durchbrechung dieses nicht im Wortlaut der Art. 39, 42 und 49 EGV ausdrücklich angelegten Grundsatzes die Satzungen der Sportverbände an den Grundfreiheiten des EGV gemessen. Einer derartigen Auslegung sind die Klauseln der Kooperationsabkommen, im Gegensatz zu den in den Europa-Abkommen mit mittel- und osteuropäischen Staaten enthaltenen Regelungen zur Arbeitnehmerfreizügigkeit[1648], aufgrund ihres eindeutigen Wortlauts nicht zugänglich. Zwar wird auch den Regelungen der Europa-Abkommen zur Niederlasssungsfreiheit Drittwirkung

[1642] BGBl. 1998 II, S. 387.
[1643] EuGH, Slg. 1987, 3719 (3751), Rdnr. 9 (Rs. 12/86).
[1644] *Heidersdorf*, Ausländerklauseln im Profisport, S. 78.
[1645] Vgl. oben, 2.Abschn., II.4.b.dd.
[1646] Vgl. oben, 2.Abschn., II.4.b.dd.
[1647] Ebenda.
[1648] Vgl. oben, 2.Abschn., II.4.b.ee.(2).(b).

zugeschrieben, obwohl deren ausdrücklicher Wortlaut auch nur die EU-Mitgliedstaaten verpflichtet[1649]. Jedoch hat sich die Auslegung der Abkommen nicht nur an deren Wortlaut zu orientieren, sondern ist auch die mit dem jeweiligen Abkommen verbundene Zielsetzung zu berücksichtigen. Infolgedessen rechtfertigt sich eine Differenzierung bezüglich der Drittwirkung der verschiedenen Assoziierungsabkommen unter Heranziehung von Sinn und Zweck der Verträge. Während den Europa-Abkommen als Beitrittsassoziierungen die Intention zugrundeliegt, auf Dauer eine Vollmitgliedschaft der assoziierten Staaten in der EU herbeizuführen, so daß es gerechtfertigt ist, die Rechtsprechung des EuGH zur Drittwirkung der Diskriminierungsverbote des EGV auf die Klauseln der Europaabkommen zu übertragen[1650], verfolgen die Kooperationsabkommen mit Tunesien und Marokko lediglich die Zielsetzung, eine Liberalisierung des Warenhandels und eine staatliche Zusammenarbeit im Bereich der Arbeitskräfte herzustellen. Nach Art. 1 der Kooperationsabkommen besteht die Intention dieser Abkommen darin, die Zusammenarbeit zwischen den Vertragsparteien zu fördern und die Entwicklung Tunesiens/ Marokkos voranzutreiben, so daß nur die EU-Mitgliedstaaten Adressaten der sich aus den Verträgen ergebenden Verpflichtungen sind. Zudem ergibt sich die Annahme der Drittwirkung der Niederlassungsregelungen der Europa-Abkommen in Anlehnung an die Auslegung der Klauseln dieser Verträge zur Arbeitnehmerfreizügigkeit aufgrund der wegen der „Konvergenz der Grundfreiheiten“ bei der Anwendung der Bestimmungen zu beachtenden Ähnlichkeit dieser Personengrundfreiheiten[1651]. Im Gegensatz zu den Europa-Abkommen enthalten die Kooperationsabkommen mit Marokko und Tunesien keine weiteren, die Personengrundfreiheiten regelnden Klauseln, die nach ihrem Wortlaut einer Auslegung zugänglich sind, die die Annahme einer Drittwirkung rechtfertigen würde. Infolgedessen ergibt sich eine Geltung von Art. 39 oder Art. 40 der Kooperationsabkommen mit Tunesien und Marokko im Privatrechtsverkehr auch nicht aus einer einheitlichen Auslegung der in dem Vertrag enthaltenen Personengrundfreiheiten.

Die Kooperationsabkommen sind daher nicht geeignet, eine Gleichstellung der tunesischen und marokkanischen Berufssportler mit Staatsangehörigen der EU-Staaten gegenüber den Verbänden herzustellen, weswegen z. B. die in § 20 Nr. 8 Satz 1 LiSpSt des DFB vorgesehene Ausländerklausel nicht aufgrund der genannten Kooperationsabkommen zu beanstanden ist und sich Sportler aus diesen Staaten nicht gegenüber den in dieser Arbeit dargestellten Transferregelungen auf die Bestimmungen dieser Abkommen berufen können.

(4). Das Assoziierungsabkommen mit der Türkei

Die durch Art. 13 und Art. 14 dieses völkerrechtlichen Vertrags[1652] niedergelegten Bestimmungen zur Niederlassungs- und Dienstleistungsfreiheit begründen keine subjektiven Rechte des Einzelnen; die durch Beschluß des Assoziationsrates geschaffenen Wettbewerbsvorschriften sind nicht auf den Sportbereich anwendbar[1653].

Im Bereich der Arbeitnehmerfreizügigkeit sieht Art. 12 des Abkommens vor, daß sich die Vertragsparteien von den Art. 48 bis 50 EGV a. F. leiten lassen, um untereinander Freizügigkeit herzustellen, und ist gemäß Art. 22 des Vertrages der Assoziationsrat befugt, zur Verwirklichung der Ziele des Abkommens Beschlüsse zu fassen. Nach Art. 36 des Zusatzprotokolls vom 23.11. 1970[1654] sollte die Freizügigkeit zwischen den EU-Mitgliedstaaten und der Türkei nach

---

[1649] Ebenda.
[1650] Ebenda.
[1651] Ebenda.
[1652] BGBl. 1964 II, S. 509.
[1653] Vgl. oben, 2.Abschn., II.4.b.ee.(2).(a).
[1654] ABl. EG 1972, Nr. L 293, 3.

den Grundsätzen des Art. 12 des Assoziierungsabkommens bis Ende 1986 schrittweise hergestellt werden. Die hierfür erforderlichen Regelungen sind aber bis heute nicht getroffen worden. Zudem bestimmt Art. 37 des Zusatzprotokolls, daß die Mitgliedstaaten der EU für die in der Gemeinschaft beschäftigten Arbeitnehmer türkischer Staatsangehörigkeit Regelungen vorsehen, die hinsichtlich der Arbeitsbedingungen und in Bezug auf das Entgelt keine auf der Staatsangehörigkeit beruhende Diskriminierung enthalten.

Diese Bestimmungen sind nach der Rechtsprechung des Gerichtshofes in der Rechtssache „Demirel“[1655] allesamt nicht unmittelbar anwendbar, da nach ihrem eindeutigen Wortlaut die Erfüllung der Verpflichtungen vom Erlaß weiterer Akte abhängt. Das Assoziierungsabkommen selber ist in „seinem Aufbau und seinem Inhalt dadurch gekennzeichnet, daß es allgemein die Ziele der Assoziierung nennt und Leitlinien für die Verwirklichung dieser Ziele festlegt, ohne selbst genaue Regeln dafür aufzustellen, wie diese Verwirklichung zu erreichen ist“[1656], so daß Art. 12 dieses völkerrechtlichen Vertrages lediglich Programmcharakter zukommt und die Umsetzung der Bestimmung von einem Beschluß des Assoziationsrates abhängt. Dieses gilt, trotz Ablauf der in Art. 36 des Zusatzprotokolls vorgesehenen Frist, auch für die Bestimmungen des Zusatzprotokolls, weil auch die Verwirklichung dieser Vorschriften von weiteren Akten abhängig ist. Zudem kommt Art. 37 des Zusatzprotokolls aufgrund seines klaren Wortlauts, durch den nur die EU-Mitgliedstaaten verpflichtet werden, unter Hinweis auf die im Rahmen der Kooperationsabkommen mit Marokko und Tunesien getroffenen Erwägungen[1657] keine Drittwirkung zu.

Auf Grundlage von Art. 12 und Art. 22 des Assoziierungsabkommens hat der Assoziationsrat jedoch am 19.09.1980 den Beschluß 1/80[1658] gefaßt, der in Art. 6 Abs. 1 bestimmt, daß „ein türkischer Arbeitnehmer, der dem regulären Arbeitsmarkt eines Mitgliedstaates angehört, in diesem Mitgliedstaat (und nur in diesem) nach vier Jahren ordnungsgemäßer Beschäftigung freien Zugang zu jeder von ihm gewählten Beschäftigung im Lohn- oder Gehaltsverhältnis hat“.

Der EuGH hat in dem Verfahren „Sevince“[1659] festgestellt, daß sich die Voraussetzungen für die unmittelbare Wirkung von Bestimmungen eines Beschlusses eines Assoziationsrates nach denselben Kriterien richten, wie sie in dem Urteil „Demirel“[1660] für die unmittelbare Anwendbarkeit der Klauseln des zugrundeliegenden Assoziierungsabkommens aufgestellt wurden. So hat der Gerichtshof[1661] die unmittelbare Geltung von Art. 6 Abs. 1 des Beschlusses 1/80 angenommen, da dieser nach seinem Wortlaut „klar, eindeutig und ohne daß dies an weitere Bedingungen geknüpft wäre, türkischen Arbeitnehmern nach einer bestimmten Anzahl von Jahren ordnungsgemäßer Beschäftigung in einem Mitgliedstaat das Recht auf freien Zugang zu jeder von ihnen gewählten Beschäftigung verleiht“. Durch diese Regelung sind die programmatischen Vorgaben des Art. 12 des Assoziierungsabkommens und des Art. 36 des Zusatzprotokolls in bestimmten Punkten verwirklicht worden. Dem steht auch nicht die in Art. 6 Abs. 3 des Beschlusses 1/80 enthaltene Bestimmung entgegen, wonach die Einzelheiten der Durchführung der den türkischen Arbeitnehmern zuerkannten Rechte durch Vorschriften der Mitgliedstaaten festzulegen seien. Durch diese Regelung wird lediglich vorgesehen, daß die EU-Mitgliedstaaten die ihnen obliegenden Verpflichtungen durch Verwaltungsmaßnahmen zu konkretisieren haben, soweit dies

[1655] EuGH, Slg. 1987, 3719 (3752 ff.), Rdnr. 18 ff. (Rs. 12/86).
[1656] EuGH, Slg. 1987, 3719 (3753), Rdnr. 20 (Rs. 12/86).
[1657] Vgl. oben, 3.Abschn., II.3.e.bb.(3).
[1658] Inf AuslR 1982, 33.
[1659] EuGH, Slg. 1990 I, 3461 (3501), Rdnr. 14 (Rs. C-192/89).
[1660] EuGH, Slg. 1987, 3719 (3752), Rdnr. 13 ff. (Rs. 12/86).
[1661] EuGH, Slg. 1990 I, 3461 (3502), Rdnr. 17 (Rs. C-192/89).

zur Durchführung des Beschlusses erforderlich ist, wobei den Mitgliedstaaten bei der Ausübung dieser Regelungsbefugnis nicht das Recht zukommt, die sich aus dem Beschluß ergebenden Rechte an Bedingungen zu binden oder einzuschränken[1662].

Fraglich ist daher, ob Art. 6 Abs. 1 des Beschlusses 1/80 Drittwirkung zukommt, so daß diese Bestimmung auch geeignet ist, Wirkung gegenüber den Sportverbänden zu entfalten.
Denkbar wäre, aus den von einem Teil der Literatur zur Begründung der Drittwirkung der Art. 39 bzw. Art. 40 der Kooperationsabkommen mit Tunesien und Marokko angeführten Gründen[1663] die durch den EuGH entwickelten Grundsätze zur Drittwirkung der EGV-Grundfreiheiten auf Art. 6 Abs. 1 des Beschlusses 1/80 zu übertragen.
Gegen diese Ansicht spricht jedoch mit *Gutmann*[1664], daß die Wirkung des untersuchten Assoziationsratsbeschlusses mit der von Richtlinien i. S. d. EGV vergleichbar ist, denen nach der Rechtsprechung des Gerichtshofes in der Rechtssache „Faccini Dori"[1665] keine Geltung im Rahmen von Privatrechtsverhältnissen zukommt. Richtlinien sind nach Art. 249 Satz 3 EGV lediglich für die EU-Mitgliedstaaten „hinsichtlich des zu erreichenden Ziels verbindlich", so daß ihr Adressat nur die Mitgliedstaaten sind und daher zwischen Privatpersonen keine unmittelbar durchsetzbaren Rechte geschaffen werden. Der gemeinsame Charakter von Richtlinien nach Art. 249 Satz 3 EGV und Art. 6 Abs. 1 des Beschlusses 1/80 ergibt sich daraus, daß beide Regelungen für die EU-Mitgliedstaaten hinsichtlich des zu verwirklichenden Ziels absolut verbindlich sind, jedoch sowohl nach Art. 249 Satz 3 EGV als auch nach Art. 6 Abs. 3 des Beschlusses Wahlfreiheit für den mitgliedstaatlichen Normgeber hinsichtlich der Form der Rechtsetzung besteht. Anders als die mit horizontaler Drittwirkung versehenen[1666] Verordnungen nach Art. 249 Satz 2 EGV, deren Geltung nicht der Mitwirkung der EU-Mitgliedstaaten in Form eines Inkorporierungsaktes bedarf[1667], sind nach Art. 6 Abs. 3 des Beschlusses 1/80 die Einzelheiten der Durchführung der den türkischen Arbeitnehmern zugestandenen Rechte durch Vorschriften der Mitgliedstaaten auszugestalten. Eine Nichtvergleichbarkeit der Rechtsnatur von Richtlinien und des Beschlusses des Assoziationsrates ergibt sich nicht daraus, daß Richtlinien nach Art. 249 Satz 3 EGV, im Gegensatz zu Art. 6 Abs. 1 des Beschlusses 1/80, grundsätzlich nicht unmittelbar anwendbar sind. Auch Richtlinien können im Einzelfall unmittelbare Wirkung im (vertikalen) Verhältnis zu den EU-Mitgliedstaaten entfalten, wenn sie zwar umgesetzt wurden, das harmonisierte Recht aber nicht den Vorgaben der Richtlinie entspricht[1668], nachdem die Umsetzungsfrist abgelaufen ist und soweit sie, vergleichbar mit dem vorliegenden Beschluß des Assoziationsrates, Vorschriften enthalten, die unbedingt und hinreichend genau sind[1669].

Somit bleibt festzuhalten, daß auch Art. 6 Abs. 1 des Beschlusses 1/80 mangels horizontaler Drittwirkung im Verhältnis zu Privatpersonen nicht geeignet ist, eine Gleichstellung türkischer Profisportler mit Akteuren, die Staatsangehörige von EU-Mitgliedstaaten sind, herzustellen.

[1662] EuGH, Slg. 1990 I, 3461 (3503), Rdnr. 22 (Rs. C-192/89).
[1663] Vgl. oben, 3.Abschn., II.3.e.bb.(3).
[1664] *Gutmann*, SpuRt 1997, 38 (40).
[1665] EuGH, NJW 1994, 2473 (2474), Rdnr. 24 (Rs. C-91/92).
[1666] U. a. *Schmidt* in: *Groeben/Thiesing/Ehlermann*, Art. 189 EGV a. F., Rdnr. 32.
[1667] Ebenda, Rdnr. 30.
[1668] *Geiger*, Art. 189 EGV a. F., Rdnr. 16.
[1669] *Schmidt* in: *Groeben/Thiesing/Ehlermann*, Art. 189 EGV a. F., Rdnr. 41.

(5). Die Europa-Abkommen mit mittel- und osteuropäischen Staaten (MOE)

Diese auf eine Beitrittsassoziierung gerichteten völkerrechtlichen Verträge[1670] sehen neben Regelungen, denen wie den sich auf den Dienstleistungsverkehr beziehenden Klauseln nur Programmcharakter zukommt[1671], hinsichtlich der Niederlassungsfreiheit (z. B. Art. 45 Abs. 3 EA mit der Slowakischen Republik, Art. 44 Abs. 3 EA mit Ungarn oder Art. 44 Abs. 3 EA mit Polen) und bezüglich der Arbeitnehmerfreizügigkeit (z. B. Art. 38 Abs. 1 EA mit der Slowakischen Republik, Art. 37 Abs. 1 EA mit Ungarn oder Art. 37 Abs. 1 EA mit Polen) weitgehend gleichlautende, unmittelbar anwendbare und mit Drittwirkung versehene Bestimmungen vor[1672], die im Rahmen dieser Gewährleistung eine Inländergleichbehandlung festlegen.
Den Vertragsklauseln kommt nicht, wie den EGV-Grundfreiheiten, die Wirkung eines darüber hinausgehenden Beschränkungsverbots zu[1673], so daß hinsichtlich eines Eingriffs in den Schutzbereich der Vertragsvorschriften durch Verbandsbestimmungen auf die Ausführungen zu den EGV-Grundfreiheiten in ihrer Eigenschaft als Inländergleichbehandlungsgebot zu verweisen[1674] ist. Infolgedessen sind die Vorschriften der Europa-Abkommen bezüglich der Arbeitnehmer- und Niederlassungsfreiheit nicht geeignet, vor unterschiedslos geltenden verbandsrechtlichen Regelungen zu schützen, und können damit keine Gleichbehandlung mit den Staatsangehörigen von EU-Mitgliedstaaten bezüglich der Transferbestimmungen herstellen.

Während die Klauseln zur Niederlassungsfreiheit nach ihrem Wortlaut eine vollständige Inländergleichbehandlung gewähren, setzen die Bestimmungen zur Arbeitnehmerfreizügigkeit voraus, daß der Arbeitnehmer „im Gebiet eines Mitgliedstaates rechtmäßig beschäftigt ist". Die Assoziierungsabkommen gewähren daher keinen mit der Freizügigkeit i. S. d. Art. 39 EGV vergleichbaren Schutz, sondern stehen nach ihrem klaren Wortlaut nicht Beschränkungen des Zugangs zum Arbeitsmarkt zu Lasten der Staatsangehörigen der Vertragspartner entgegen. Infolgedessen erfassen nach der überwiegenden Ansicht in der Literatur[1675] die Bestimmungen der Verträge nur verbandsrechtliche Normen, die die Ausgestaltung von Arbeitsbedingungen, z. B. in Bezug auf Entlohnung oder Entlassung regeln, und erfüllen die Frage der Beschäftigung betreffende Vorschriften der Verbände nicht den Tatbestand des Diskriminierungsverbots. Deswegen sind Regelungen nicht zu beanstanden, die den Abschluß von Sportleistungsverträgen mit Akteuren aus assoziierten Drittländern zahlenmäßig beschränken, wohingegen diese Sportler aber nach ihrer Einstellung hinsichtlich der Arbeitsbedingungen gleichzubehandeln sind[1676]. Umstritten ist daher, ob Ausländerklauseln, die die Zahl der bei einem Wettkampf einsetzbaren, bei einem Verein unter Vertrag stehenden ausländischen Spieler aus den Vertragsstaaten beschränken, mit dem Diskriminierungsverbot vereinbar sind.
Nach einem Beschluß des LG Frankfurt[1677] in einem Verfahren im Rahmen eines Antrags auf Erlaß einer einstweiligen Verfügung zwischen dem VfK Schifferstadt und dem Deutschen Rin-

---

[1670] Europaabkommen mit Polen (BGBl. 1993 II, S. 1316), Ungarn (BGBl. 1993 II, S. 1472), Rumänien (BGBl. 1994 II, S. 2957), Slowakei (BGBl. 1994 II, S. 3126), Tschechische Republik (BGBl. 1994 II, S. 3320), Bulgarien (BGBl. 1994 II, S. 2753), Estland (BGBl. 1996 II, S. 1666), Lettland (BGBl. 1996 II, S. 1879), Litauen (BGBl. 1996 II, 2186) und Slowenien (Bundesratsdrucksache 975/96); Abkommen über Partnerschaft und Zusammenarbeit mit Weißrußland (BGBl. 1997 II, S. 296), Kirgisistan (BGBl. 1997 II, S. 247), der Ukraine (BGBl. 1997 II, 268) und der Russischen Föderation (BGBl. 1997 II, S. 846).
[1671] Vgl. oben, 2.Abschn., II.4.b.ee.(2).(b).
[1672] Ebenda.
[1673] Ebenda.
[1674] Vgl. oben, 3.Abschn., II.3.c.cc.(1).
[1675] *Gutmann*, SpuRt 1997, 38 (40); *Flory*, Der Fall Bosman, S. 94.
[1676] Ebenso: *Heidersdorf*, Ausländerklauseln im Profisport, S. 79; *Weber*, RdA 1996, 107 (109).
[1677] LG Frankfurt, SpuRt 1997, 170 (170).

gerbund und nach Auffassung von *Kahlenberg*[1678] stellen nach der Rechtsprechung des EuGH in dem Verfahren „Bosman“[1679] Ausländerklauseln, die die Mitwirkung eines Akteurs an einer Sportbegegnung regeln, keine Ausgestaltung der Arbeitsbedingungen dar, sondern betreffen nur die Frage der Beschäftigung. Die Beschränkung der Einsetzbarkeit eines Sportlers stehe in ihrer faktischen Auswirkung einer Begrenzung seiner Beschäftigungsmöglichkeit gleich, da ein Verein, der um die zahlenmäßige Beschränkung der einzusetzenden Ausländer weiß, diese auch nicht verpflichten wird.
Dieser Ansicht ist jedoch mit dem LG Hannover[1680], welches im Verfahren des einstweiligen Rechtsschutzes zwischen einem Handballverein und dem Deutschen Handballbund über die Auslegung der Ausländerklausel des § 15 der DHB-Spielordnung zu entscheiden hatte, und nach Ansicht von *Gramlich/Niese*[1681] entgegenzuhalten, daß verbandsrechtlichen Bestimmungen, die die Einsetzbarkeit eines ausländischen Sportlers beschränken, keine unmittelbare Bedeutung für den Abschluß und den Bestand der Sportleistungsverträge mit diesem Akteur zukommt. Auch hat der EuGH in der durch das LG Frankfurt und *Kahlenberg* herangezogenen Passage seines Urteils in der Rechtssache „Bosman“[1682] lediglich festgestellt, daß durch derartige Regelungen „auch“ die Beschäftigungsmöglichkeit des Berufssportlers beschränkt wird. Diese mittelbare Beeinträchtigung der Beschäftigungsmöglichkeit ist jedoch keine zwingende Folge der fraglichen Regelungen, da die Vereine in der Lage sind, mehr ausländische Sportler unter Vertrag zu nehmen, als letztendlich im Wettkampf eingesetzt werden können. Vielmehr sind die Bestimmungen im Bereich der Arbeitsbedingungen anzusiedeln, da sie geeignet sind, den durch Sportleistungsvertrag an den Club gebundenen Spieler von einem Wettkampfeinsatz abzuhalten. So betonte auch das LG Frankfurt[1683], welches noch in dem oben genannten Verfahren zwischen dem VfK Schifferstadt und dem Deutschen Ringerbund festgestellt hatte, daß die fraglichen Ausländerklauseln nicht den Bereich der Arbeitsbedingungen betreffen, in einem Verfahren zwischen dem TTC Zugbrücke Grenzau und dem Deutschen Tischtennis-Bund, daß die fraglichen Bestimmungen auch „mittelbar die Arbeitsbedingungen des ausländischen Spielers berühren“. Durch den Wortlaut der die Arbeitnehmerfreizügigkeit regelnden Klauseln der Europa-Abkommen ist eine ausdrückliche Differenzierung zwischen einem nicht existenten Anspruch auf und bestehenden Rechtspositionen aus Beschäftigung vorgegeben. Somit erfordert die Anwendung dieser Vertragsbestimmungen, im Gegensatz zu Art. 39 Abs. 2 und 3 EGV, der beide Gewährleistungen erfaßt, eine klare Zuordnung, ob die jeweilige Maßnahme im Bereich der Arbeitsbedingungen oder der Beschäftigung anzusiedeln ist. Verbandsrechtliche Klauseln, durch die die Zahl der im Wettkampf einsetzbaren Spieler zahlenmäßig beschränkt wird, sind unabhängig davon, ob sie auch mittelbar in die Beschäftigungsmöglichkeit eingreifen, dem Bereich der Arbeitsbedingungen zuzuordnen und verletzen daher das Recht auf Inländergleichbehandlung der Sportler, die ordnungsgemäß bei einem Verein beschäftigt sind. Demgegenüber wäre eine dem § 20 Nr. 8 Satz 2 LiSpSt des DFB entsprechende Regelung, durch die die Verpflichtung von Sportlern, die Staatsangehörige des MOE`s sind, eingeschränkt wird, mit den Regelungen der Europa-Abkommen zur Arbeitnehmerfreizügigkeit vereinbar.

Weil aber die Europa-Abkommen nach ihrem Wortlaut und ihrer Intention keinen Anhaltspunkt dafür liefern, daß die in ihnen enthaltenen Gewährleistungen weiter reichen sollen als die der EGV-Grundfreiheiten, sind die Rechtfertigungsgründe und Schranken der EGV-Grundfreiheiten

---

[1678] Anmerkungen zu LG Frankfurt, SpuRt 1997, 170 (171).
[1679] EuGH, Slg. 1995 I, 4921 (5074), Rdnr. 120 (Rs. C-415/93).
[1680] LG Hannover, SpuRt 1998, 74 (76).
[1681] *Gramlich/Niese*, SpuRt 1998, 61 (65).
[1682] EuGH, Slg. 1995 I, 4921 (5074), Rdnr. 120 (Rs. C-415/93).
[1683] LG Frankfurt, SpuRt 1998, 78 (79).

in ihrer Eigenschaft als Diskriminierungsverbote[1684] auf die Gewährleistung der Niederlassungsfreiheit durch die Europa-Abkommen zu übertragen. Zudem ergibt sich die Eignung des europarechtlichen Grundrechts der Vereinigungsfreiheit zur Einschränkung der Klauseln der Europa-Abkommen auch daraus, daß die völkerrechtlichen Verträge nach Art. 300 Abs. 7 EGV „integrierender Bestandteil des Gemeinschaftsrechts" sind[1685]. Infolgedessen sind die vertraglichen Gewährleistungen nicht isoliert zu betrachten, sondern konkurrieren insbesondere mit den Zielsetzungen der Gemeinschaft nach Art. 2 und 3 EGV und sind deshalb nur insoweit schützenswert, wie es erforderlich ist, um die sonstigen essentiellen Forderungen des Gemeinschaftsrechts zu erfüllen. Zu diesen fundamentalen und mit den Zielsetzungen des EGV gleichwertigen „Politiken der Union" gehört es nach Art. 6 Abs. 2 EUV i. V. m. Art. 11 EMRK und den gemeinsamen Verfassungsüberlieferungen der Mitgliedstaaten auch, den Grundrechtsschutz auf gemeinschaftlicher Ebene zu gewährleisten[1686]. Somit sind, wie im Rahmen der Rechtfertigung tatbestandlicher Eingriffe in die EGV-Grundfreiheiten, die berührten Interessen unter Beachtung des Verhältnismäßigkeitsprinzips im Sinne praktischer Konkordanz zum Ausgleich zu bringen.

Verschiedene Europa-Abkommen (z. B. Art. 62 Abs. 1 EA mit Polen, Art. 62 Abs. 1 EA mit Ungarn, Art. 64 Abs. 1 EA mit der Slowakischen Republik) enthalten den Art. 81, 82 EGV wortlautgetreu nachgebildete, unmittelbar anwendbare und mit Drittwirkung im Privatrechtsverkehr versehene Wettbewerbsvorschriften, deren Auslegung sich nach Abs. 2 der jeweiligen Vertragsklauseln an den Grundlagen des EG-Kartellrechts zu orientieren hat[1687].
Infolgedessen sind sowohl auf die der Niederlassungsfreiheit unterfallenden Sportler als auch auf die Profis, die als Arbeitnehmer oder Dienstleistende i. S. der Abkommen zu qualifizieren sind, die im Rahmen der Art. 81, 82 EGV getroffenen Aussagen[1688] übertragbar. Einer sich am Gesamtzusammenhang der Europa-Abkommen orientierenden Auslegung, nach der die fehlende unmittelbare Anwendbarkeit der Klauseln zur Dienstleistungsfreiheit und der gegenüber Art. 39 EGV nur eingeschränkt gewährleistete Schutzbereich der Arbeitnehmerfreizügigkeit, wie im Fall des Europa-Mittelmeerabkommens mit Israel[1689], Auswirkungen auf die Anwendbarkeit der Wettbewerbsvorschriften der Verträge hat, steht der Wortlaut des Abs. 2 der jeweiligen kartellrechtlichen Klauseln der Assoziierungsabkommen mit den MOE`s entgegen[1690]. Nach diesen Vorschriften hat die Auslegung der in den Abkommen zum Wettbewerb getroffenen Regelungen auf Grundlage des EG-Kartellrechts zu erfolgen, so daß dessen Wertungen vollständig zu übernehmen sind und insbesondere nicht im Interesse der Respektierung eigener, von den Wertungen des EGV abweichender Aussagen der Verträge, wie der vom EGV abweichenden Ausgestaltung der Grundfreiheiten in den Europa-Abkommen, modifiziert werden dürfen.
Infolgedessen können sich die Staatsangehörigen der Vertragspartner gegenüber den unterschiedslos geltenden Transferregelungen und Bestimmungen zur zahlenmäßigen Ausländerbeschränkung wie Staatsangehörige von EU-Mitgliedstaaten[1691] auf die Wettbewerbsvorschriften der Europa-Abkommen berufen, so daß die Einführung einer dem § 20 Nr. 8 Satz 2 LiSpSt des DFB entsprechenden Regelung, durch die die Verpflichtung von Sportlern, die Staatsangehörige der MOE`s sind, zahlenmäßig begrenzt wird, gegen die Wettbewerbsvorschriften der Europa-Abkommen verstoßen würde.

[1684] Vgl. oben, 3.Abschn., II.3.c.dd.(2)./(3).
[1685] EuGH, Slg. 1987, 3719 (3750), Rdnr. 7 (Rs. 12/86).
[1686] Vgl. oben, 3.Abschn., II.3.d.cc.(2).(b).
[1687] Vgl. oben, 2.Abschn., II.4.b.ee.(2).(b).
[1688] Vgl. oben, 3.Abschn., II.3.d.
[1689] Vgl. oben, 3.Abschn., II.3.e.bb.(2).
[1690] Vgl. oben, 2.Abschn., II.4.b.ee.(2).(b).
[1691] Vgl. oben, 3.Abschn., II.3.d.

(6). Die Abkommen über Partnerschaft und Zusammenarbeit (AZP) mit den aus der ehemaligen UdSSR hervorgegangenen Staaten

Diese als „Entwicklungsassoziierungen" zu qualifizierenden völkerrechtlichen Verträge mit Weißrußland, der Kirgisischen Republik, der Ukraine und der Russischen Föderation[1692] enthalten keinerlei Regelungen, die darauf abzielen oder sonst geeignet sind, im Bereich der Niederlassungs- und Dienstleistungsfreiheit oder des Wettbewerbsrechts eine Gleichstellung von Sportlern aus diesen Staaten mit Profis, die Staatsangehörige der EU-Mitgliedstaaten sind, herzustellen[1693].
Die Akteure aus diesen Staaten können sich daher gegenüber den Sportverbänden nicht auf die jeweiligen Klauseln dieser Abkommen berufen.

Hinsichtlich der Gewährung von Arbeitnehmerfreizügigkeit sehen die Verträge mit der Kirgisischen Republik, der Ukraine und mit Weißrußland unter verschiedenen Artikeln (Art. 19 Abs. 1 des APZ mit der Kirgisischen Republik, Art. 24 Abs. 1 des APZ mit der Ukraine und Art. 23 Abs. 1 des APZ mit Weißrußland) vor, daß sich die Gemeinschaft und die EU-Mitgliedstaaten „bemühen" sicherzustellen, daß den Staatsangehörigen der Vertragspartner „hinsichtlich der Arbeitsbedingungen eine Behandlung gewährt wird, die keine auf der Staatsangehörigkeit beruhende Benachteiligung gegenüber den eigenen Staatsangehörigen bewirkt".
Unter Hinweis auf die Rechtsprechung des EuGH im Verfahren „Demirel"[1694] zur unmittelbaren Anwendbarkeit von Bestimmungen eines Assoziierungsabkommens ist diesen Klauseln, mangels Formulierung einer „klaren und eindeutigen Verpflichtung", eine derartige Wirkung abzusprechen[1695]. Vielmehr kommt diesen Regelungen zur Arbeitnehmerfreizügigkeit lediglich Programmcharakter zu, was sich auch aus einem Vergleich mit den entsprechenden Klauseln der Europa-Abkommen ergibt, nach denen ein Schutz vor Diskriminierung „gewährt" wird und nicht lediglich ein „Bemühen" vorgesehen ist. Infolgedessen bleibt festzuhalten, daß die Bestimmungen der Abkommen keine Gleichstellung der Sportler, die Staatsangehörige der Vertragsstaaten sind, herstellen und sich diese gegenüber den Transfervorschriften der Verbände oder Klauseln, die die Verpflichtung oder den Einsatz von ausländischen Sportlern zahlenmäßig begrenzen, nicht auf diese Vorschriften berufen können. Es wäre daher eine mit Art. 20 Nr. 8 Satz 2 LiSpSt des DFB vergleichbare Regelung, durch die die Verpflichtung von Spielern aus den Vertragsstaaten der AZP eingeschränkt wird, nicht zu beanstanden.

Etwas anderes ergibt sich in Bezug auf Art. 23 Abs. 1 des APZ mit der Russischen Föderation, wonach die Gemeinschaft und die EU-Mitgliedstaaten „sicherstellen", daß den Staatsangehörigen Rußlands eine Behandlung gewährt wird, „die hinsichtlich der Arbeitsbedingungen.....keine auf der Staatsangehörigkeit beruhende Benachteiligung gegenüber den eigenen Staatsangehörigen bewirkt". Diese Klausel spricht eine „klare und eindeutige Verpflichtung" aus, so daß ihr unmittelbare Wirkung zukommt. Abweichendes ergibt sich auch nicht aus Art. 27 des APZ mit der Russischen Föderation, nach dem „der Kooperationsrat Empfehlungen für die Durchführung der Art. 23 und 26 ausspricht". Hierdurch wird die Verwirklichung der Gewährleistung nicht wie im Fall von Art. 12 des Assoziierungsabkommens mit der Türkei[1696] vom Erlaß weiterer Akte abhängig gemacht. Eine Vergleich mit der Rechtswirkung von

---

[1692] Vgl. oben: Fußnote 1669.
[1693] Vgl. oben, 2.Abschn., II.4.b.ee.(2).(c).
[1694] EuGH, Slg. 1987, 3719 (3752), Rdnr. 14 (Rs. 12/86).
[1695] So im Ergebnis auch: *Streinz*, SpuRt 1998, 1 (49); *Kahlenberg*, Anmerkungen zu LG Frankfurt, SpuRt 1997, 170 (171).
[1696] Vgl. oben, 3.Abschn., II.3.e.bb.(4).

Empfehlungen nach Art. 249 Satz 5 EGV zeigt, daß der Abkommensbestimmung selber und nicht erst dem Vollzugsakt durch den Kooperationsrat unmittelbare Wirkung zukommen soll[1697]. Jedoch entfaltet die Regelung vergleichbar mit den nahezu gleichlautenden Art. 39 und Art. 40 der Kooperationsabkommen mit Tunesien und Marokko und den zu diesen Vertragsklauseln getroffenen Aussagen[1698] keine Drittwirkung im Privatrechtsverkehr[1699], so daß sich die russischen Sportler gegenüber den Sportverbänden nicht auf die Bestimmungen des APZ zur Arbeitnehmerfreizügigkeit berufen können und auch im Bezug auf diesen Personenkreis eine mit Art. 20 Nr. 8 Satz 2 LiSpSt des DFB vergleichbare Regelung rechtmäßig wäre.

1697 *Gramlich/Niese*, SpuRt 1998, 61 (65).
1698 Vgl. oben, 3.Abschn., II.3.e.bb.(3).
1699 So im Ergebnis auch: *Streinz*, SpuRt 1998, 1 (49).

4. Abschnitt: Schluß

I. Zusammenfassung der Ergebnisse

1. Die Rechtsverhältnisse des Profisportlers werden durch die seitens der nationalen und internationalen Sportverbände geschaffenen Regelwerke und die allgemeinen staatlichen Gesetze bestimmt. Die Verbandsvorschriften sind nicht geeignet, eine juristisch klare Unterscheidung zwischen Amateuren und Berufssportler zu treffen, so daß diese Differenzierung an Hand des staatlichen Rechts vorzunehmen ist.
2. Die Rechtsbeziehungen, die der Profisportler zur Ausübung seines Berufes begründet, unterteilen sich in den individualrechtlichen Sportleistungsvertrag und eine kollektiv-rechtliche Bindung an die Regelwerke der Vereine und Verbände.

3. Der Sportleistungsvertrag der Fußball- und Eishockeyspieler mit dem Verein ist als Arbeitsvertrag i. S. d. Zivilrechts zu qualifizieren, weswegen sich diese Sportler gegenüber den Clubs auf die Schutzvorschriften des Arbeitsrechts berufen können. Dies bleibt den Leichtathleten verwehrt, da diese bezüglich ihrer auf Erbringung von Sportleistung gerichteten Vertragsbeziehungen als selbständige Dienstleistende einzuordnen sind.
4. Die sich im Rahmen der inhaltlichen Ausgestaltung der Sportleistungsverträge ergebenden Pflichten des Sportlers beinhalten neben der Erbringung von Sportleistung auch Einschränkungen der freien Wahl der privaten Lebensführung und Freizeitgestaltung, die durch die mittelbare Wirkung der Grundrechte im Privatrechtsverkehr als Bestandteil des allgemeinen Persönlichkeitsrechts geschützt ist. Hinsichtlich der Mitwirkungspflichten des Sportlers an Werbeaktivitäten des Vertragspartners des Sportleistungsvertrages hat letzterer die grundrechtlich gewährte Menschenwürde, das allgemeine Persönlichkeitsrecht und die Gewissens- und Religionsfreiheit des Profis zu beachten. Soweit der Sportler selbständige Werbeaktivitäten entfaltet, ist die Kollision des durch Art. 12 GG geschützten Interesses des Sportlers an der Ausübung dieser Tätigkeit mit dem durch Art. 14 GG garantierten Interesse der Verbände, Vereine oder privaten Sportveranstalter an einer exklusiven Nutzung der sich im Zusammenhang mit der Sportveranstaltung ergebenden Vermarktungsmöglichkeiten dahingehend aufzulösen, daß dem Profi nicht jegliche Werbeaktivität im privaten oder im beruflichen Bereich untersagt werden kann. Jedoch kann der Sportler in der selbständigen Vermarktung seiner Person in dem Maße vertraglich beschränkt werden, wie er in angemessener Weise im Rahmen seiner Entlohnung an den durch die Vermarktung der Sportveranstaltung erzielten Einnahmen beteiligt wird. Diese Wertung ist auch auf der Ebene des nationalen Wettbewerbsrechts (§ 20 Abs. 1 GWB) zu berücksichtigen. Auch verstoßen die werbebeschränkenden Klauseln der Sportleistungsverträge nicht gegen die kartellrechtlichen Vorschriften der Art. 81, 82 EGV. Diese Regelungen sind auch auf die entsprechenden Bestimmungen der Sportleistungsverträge der deutschen Sportler mit ihren deutschen Vertragspartnern anwendbar, da sie der Möglichkeit nach geeignet sind, den Abschluß eines Werbevertrags mit einem Ausrüster aus einem anderen EU-Mitgliedstaat auszuschließen, weswegen sich vorliegend bezüglich der EGV-Wettbewerbsvorschriften die Frage der Inländerdiskriminierung nicht stellt. Jedoch sind die Beschränkungen der Werbeaktivitäten zur Aufrechterhaltung und Beibehaltung des Wettbewerbs im Sportbereich erforderlich und somit als wettbewerbsbeschränkende Maßnahme nach Art. 81 EGV gerechtfertigt und stellen sich nicht als mißbräuchliches Ausnutzen einer marktbeherrschenden Stellung gemäß Art. 82 EGV dar. Die in den Sportleistungsverträgen vorgesehenen Verhaltens- und Verschwiegenheitspflichten sind nicht als durch vertraglich bzw. vereinsrechtliche Loyalitäts- und Treuepflichten gerechtfertigte Eingriffe in die Meinungsfreiheit (Art. 5 GG) des Sportlers anzusehen.

5. Die sportleistungsvertragliche Pflicht der Vereine, Verbände und privaten Sportveranstalter als Dienstherren zur Entlohnung der Sportler umfaßt hinsichtlich der als Arbeitnehmer i. S. d. Zivilrechts zu qualifizierenden Fußball- und Eishockeyspieler auch die Entgeltfortzahlung im Krankheitsfall, soweit das monatliche Grundgehalt und die monatliche Spiel- und Erfolgsprämie betroffen sind. Demgegenüber haben die Spieler im Krankheitsfall keinen Anspruch auf Auszahlung der vollen Jahresleistungsprämie für das Erreichen eines Saisonziels, auch wenn diese Zahlungen gestaffelt innerhalb eines Kalenderjahres ausbezahlt werden, da es sich bei diesen Leistungen um Sondervergütungen nach § 4 a EntgeltfortzG handelt. Diese Differenzierung zwischen den verschiedenen Bestandteilen der Vergütung gilt auch bezüglich des Anspruchs auf Urlaubsentgelt nach § 11 BUrlG, da die Jahresleistungsprämien nicht als „Arbeitsverdienst" gemäß dieser Vorschrift, sondern als Sonderzahlungen einzuordnen sind. Im Gegensatz zu der Athletenvereinbarung zwischen dem Leichtathleten und dem DLV, nach der im Fall einer verbandsrechtlichen Wettkampfsperre eine Fortzahlung der Vergütung ausgeschlossen ist, enthalten die Sportleistungsverträge der Fußball- und Eishockeyspieler derartige Klauseln nicht und wirkt wegen der strikten Trennung zwischen der individual- und der kollektivrechtlichen Seite der Rechtsbeziehungen des Profis ein Verstoß gegen verbandsrechtliche Bestimmungen nicht unmittelbar auf die Durchführung des Arbeitsverhältnisses ein. Auch entfällt der Vergütungsanspruch des Profis bei einem schuldhaften Verstoß gegen Verbandsregelungen nicht nach § 323 BGB und führt eine Wettkampfsperre nicht zu einer Teilunmöglichkeit, da sich die geschuldete Sportleistung nicht in separate Trainings- und Wettkampfleistungen aufspalten läßt. Jedoch können schuldhafte Verstöße zu Schadensersatzansprüchen seitens des Vereins führen. Einem sich aus dem allgemeinen Persönlichkeitsrecht ergebenden Anspruch des Berufssportlers auf Teilnahme am Wettkampf stehen im Sportbereich schützenswerte Interessen des Dienstherren entgegen; jedoch hat sich die Entscheidung über die Nominierung an sachgerechten Erwägungen zu orientieren. Demgegenüber besteht ein Anspruch auf Teilnahme am Mannschaftstraining.

6. Die zeitlich befristeten Sportleistungsverträge enden durch Zeitablauf. Die „Optionsklausel" des § 11 Satz 4 und 5 DFB-Musterarbeitsvertrages ist als Umgehung der Rechtsprechung des EuGH im Verfahren „Bosman" unwirksam, soweit nicht der Transfer eines deutschen Sportlers innerhalb der deutschen Bundesliga behindert wird. Auch im Rahmen dieser Vereinswechsel besteht jedoch ein Verstoß gegen die Wettbewerbsregelungen des EGV und des Art. 12 GG. Zudem ergibt sich die Nichtigkeit der Vertragsbestimmung aus Gründen der gestörten Vertragsparität, demgegenüber die Klausel nicht als „überraschend" i. S. d. § 3 AGBG analog oder nach § 242 BGB einzustufen ist. Eine Beendigung des Sportleistungsvertrages innerhalb der Vertragslaufzeit ist nur durch außerordentliche Kündigung nach § 626 BGB möglich. Eine solche Kündigung seitens des Dienstherren kommt im Fall eines Verstoßes des Sportlers gegen Verbandsregelwerke nur dann in Betracht, wenn durch dieses Verhalten das Vertrauensverhältnis zwischen Sportler und Dienstherren, wie im Fall eines schuldhaften Dopingverstoßes, nachhaltig erschüttert worden ist. Sonstige Verfehlungen des Profis im Disziplinar- und Verhaltensbereich sind in der Regel nicht geeignet, eine außerordentliche Kündigung zu rechtfertigen. Eine derartige Beendigung des Sportleistungsvertrages kommt auch nicht im Fall des sportlichen Abstiegs des Vereins in eine untere Profiliga in Frage. Demgegenüber ist eine außerordentliche Kündigung gerechtfertigt, wenn der Sportler die geschuldete Sportleistung nicht mehr erbringen kann, da ihm die Lizenz für die Teilnahme am Spielbetrieb der 1. und 2. Bundesliga entzogen worden ist. Entgegen § 10 Satz 5 DFB-Musterarbeitsvertrag ist der Verein, falls er selber die Lizenz zur Teilnehme am Spielbetrieb der Lizenzligen verliert, nicht zur Kündigung nach § 626 BGB berechtigt. Im Fall der Insolvenz des Clubs kann dieser nach Eröffnung des Insolvenzverfahrens ausnahmsweise das befristete Arbeitsverhältnis ordentlich kündigen, was auch für eine ordentliche Kündigung durch den Sportler gilt. Eine außerordentliche Kündigung seitens des Profis kommt in Betracht, wenn gravierende Verstöße des Dienstherren gegen vertragliche Ne-

benpflichten eine Fortsetzung des Sportleistungsvertrages unzumutbar machen. Der sportliche Abstieg des Vereins im Profibereich rechtfertigt im Gegensatz zu einem Lizenzverlust des Clubs eine Kündigung nach § 626 BGB nicht. Im Fall der geplanten Ausgliederung der Profiabteilungen der Vereine und deren Umwandlungen in Kapitalgesellschaften besteht ein Widerspruchsrecht der Sportler nach § 324 UmwG i. V. m. § 613 a BGB, dessen Ausübung zur Folge hätte, daß das Arbeitsverhältnis nicht auf die Sportkapitalgesellschaften übergehen, sondern im Verhältnis zum Restverein bestehen bleiben würde. Dieser könnte der Beschäftigungspflicht gegenüber dem Spieler nicht mehr nachkommen, so daß der Profi zur außerordentlichen Kündigung berechtigt wäre. Etwas anderes gilt nur, wenn in künftige Sportleistungsverträge aufgenommen wird bzw. die bestehenden Verträge dahingehend abgeändert werden, daß das Widerspruchsrecht ausgeschlossen ist und der Club den Spieler anweisen kann, am Spielbetrieb der Kapitalgesellschaft teilzunehmen.
7. Auch die Sportleistungsverträge von ausländischen Sportlern mit inländischen Vereinen oder privaten Sportveranstaltern beurteilen sich gemäß den Vorschriften des EGBGB nach der deutschen Rechtsordnung, so daß hinsichtlich dieser Vertragsbeziehungen grundsätzlich nichts anderes als im Rahmen der rein inländischen Sachverhalte gilt. Abweichendes ergibt sich nur bezüglich des durch die mittelbare Wirkung der Grundrechte im Privatrechtsverkehr auf den Sportleistungsvertrag einwirkenden Art. 12 GG, der als „Deutschengrundrecht" nicht zugunsten ausländischer Sportler zur Anwendung kommt. Eine Benachteiligung ausländischer Fußball- und Eishockeyspieler verbietet jedoch der arbeitsrechtliche Gleichbehandlungsgrundsatz, wohingegen eine Gleichstellung ausländischer Leichtathleten hinsichtlich der untersuchten Vertragsbestimmungen nicht durch deutsches Verfassungsrecht (Art. 2 Abs. 1 GG, Art. 3 Abs. 3 GG, Art. 3 Abs. 1 GG i. V. m. völkervertraglichen Inländergleichbehandlungsklauseln) geboten ist. Das allgemeine Diskriminierungsverbot des Art. 12 EGV ist auf die Sportleistungsverträge nicht anwendbar, jedoch verbieten die speziellen EGV-Grundfreiheiten eine Benachteiligung der Staatsbürger von EU-Mitgliedsstaaten im Rahmen dieser Rechtsbeziehungen. Eine Besserstellung dieser Sportler im Hinblick auf die untersuchten Vertragsbestimmungen ergibt sich aber nicht durch Art. 39, 43, 49 EGV in ihrer Eigenschaft als Beschränkungsverbote. Dieses gilt nach den Bestimmungen des EWR-Vertrages auch für die Staatsangehörigen der Vertragsparteien dieses Abkommens und nach Art. 182 ff. EGV für die Bereiche der Niederlassungs- und Dienstleistungsfreiheit auch zugunsten der Bewohner der assoziierten außereuropäischen Gebiete. Aus den Assoziierungsabkommen mit Drittstaaten ergibt sich bezüglich der Sportleistungsverträge nur aus den mit den MOE geschlossenen „Europa-Abkommen" ein Diskriminierungsverbot, soweit der Bereich der Niederlassungsfreiheit betroffen ist. Ein Besserstellung von Berufssportlern, die Staatsangehörige der Vertragsstaaten der „Europa-Abkommen" sind, besteht nicht, da den verschiedenen Vertragsklauseln nicht die Qualität von Beschränkungsverboten zukommt.

8. Die kollektivrechtliche Bindung an die Regelwerke der nationalen und internationalen Verbände ist nicht als Arbeitsverhältnis i. S. d. Zivilrechts, sondern als schuldrechtlicher Vertrag sui generis gemäß §§ 305, 241 BGB einzuordnen.
Die Bindung der Sportler, die eine mittelbar mitgliedschaftliche Rechtsbeziehung zu den Verbänden unterhalten, an die nach der „modifizierten Normentheorie" als Rechtsnormen zu qualifizierenden Verbandsregelwerke und die Strafgewalt der Verbände unterfällt nicht der zugunsten der Verbände grundgesetzlich geschützten Vereinigungsfreiheit, sondern der für die Vereine ebenfalls als Bestandteil der Gewährleistung des Art. 9 Abs. 1 GG geschützten Garantie der intern-freien Funktionsentfaltung. Die vertragliche Bindung der Sportler an die Regelwerke und die Disziplinargewalt der Sportverbände hat ihre verfassungsrechtliche Grundlage in der durch die Verbandsautonomie gewährten externen Betätigungsfreiheit der Verbände und der

Vertragsfreiheit nach Art. 2 Abs. 1 GG (i V. m. Art. 19 Abs. 3 GG), wobei letztere Gewährleistung als lex generalis zurücktritt.

9. Die Begrenzung der Verbandsautonomie durch staatliche Maßnahmen kann nur zugunsten widerstreitender Grundrechtspositionen anderer Grundrechtsträger, unverzichtbarer rechtsstaatlicher Prinzipien und staatlicher Regelungsverpflichtungen erfolgen und ist nicht zum Schutz von Individualinteressen, die nicht mit Verfassungsrang versehen sind, zulässig. Auf die privatrechtliche Bindung des Sportlers an die Verbände wirkt die Verbandsautonomie wegen der mittelbaren Wirkung der Grundrechte im Rahmen einer Angemessenheitskontrolle nach § 242 BGB ein, bei der eine umfassende Abwägung aller Interessen der am Rechtsverhältnis Beteiligten, insbesondere unter Berücksichtigung grundrechtlich geschützter Positionen, zu erfolgen hat. Die staatlichen Zivilgerichte haben bei der Überprüfung der Rechtsbeziehung des Sportlers zum Verband die dieses Rechtsverhältnis über die zivilrechtlichen Generalklauseln beeinflussenden eigenständigen verbandsrechtlichen Wertungen zu respektieren. Andererseits wird die Verbandsautonomie nur im Rahmen der durch das Grundgesetz angelegten rechtsstaatlichen Prinzipien gewährt, so daß die Verbandsregelwerke und das auf deren Grundlage im Einzelfall gegenüber dem Sportler geführte Verfahren u. a. den Anspruch auf rechtliches Gehör (Art. 103 Abs. 1 GG), das Rückwirkungsverbot (Art. 103 Abs. 2 GG) und das Verbot der Doppelbestrafung (Art. 103 Abs. 3 GG) zu beachten haben. Im Rahmen der Angemessenheitskontrolle nach § 242 BGB sind die kollidierenden Grundrechte der Verbandsautonomie und der zugunsten des Sportlers durch Art. 12 Abs. 1 GG geschützten Berufsfreiheit zum Ausgleich zu bringen. Hierbei intensiviert sich wegen der Monopolstellung der Verbände die mittelbare Wirkung der Grundrechte im Privatrechtsverkehr unter Zurückdrängung der Privatautonomie und sind bei Anwendung der „Drei-Stufen-Theorie" des BVerfG nicht im Interesse der Allgemeinheit schützenswerte Gemeinschaftsgüter, sondern vernünftige Erwägungen des Sportwohls in die Abwägung einzustellen. Infolgedessen sind Regelungen, die die Freiheit der Berufssportausübung beschränken, zulässig, soweit sie durch vernünftige Erwägungen des Sportwohls legitimiert sind, demgegenüber subjektive Berufswahlregelungen lediglich zum Schutz wichtiger Belange des Sportwohls und objektive Berufswahlregelungen nur zum Schutz überragend wichtiger Sportgüter unter strikter Beachtung des Verhältnismäßigkeitsprinzips zulässig sind.

10. So stellt die Aus- und Weiterbildungsentschädigung nach Art. 59 SpO des DEB als objektive Berufswahlregelung keinen angemessenen Ausgleich zwischen der Berufsfreiheit des Spielers und dem Interesse der Verbände an einer effektiven Nachwuchsförderung als überragend wichtigem Sportgut dar. Eine Rechtfertigung ergibt sich auch nicht aus einer Abwägung des durch Art. 12 Abs. 1 GG geschützten Rechts des Sportlers auf freie Wahl des Arbeitsplatzes mit dem Interesse des Vereins auf Rückzahlung der Ausbildungskosten und der grundrechtlich geschützten Vertragsfreiheit im Berufsleben.

Etwas anderes ergibt sich bezüglich der als subjektive Berufswahlregelung i. S. d. „Drei-Stufen-Theorie" zu qualifizierenden Ausbildungs- und Förderungsentschädigung nach §§ 27, 30 LiSpSt des DFB, welche einen angemessenen Ausgleich zwischen den betroffenen verfassungsrechtlich geschützten Interessen der Sportler und der Verbände herstellt.

11. Auf die Bindung der ausländischen Sportler an die Regelwerke der deutschen Sportverbände findet nach den Vorschriften des EGBGB die deutsche Rechtsordnung Anwendung. Diese Sportler können sich aber auch gegenüber den Verbänden im Rahmen der Angemessenheitsprüfung nach § 242 BGB nicht auf Art. 12 Abs. 1 GG berufen und werden nicht direkt durch deutsches Verfassungsrecht deutschen Sportlern gleichgestellt. Zudem ergibt sich ein Diskriminierungsverbot nicht aus dem arbeitsrechtlichen Gleichbehandlungsgrundsatz, da auch die Fußball- und Eishockeysportler kein Arbeitsverhältnis zu den Verbänden unterhalten.

12. Jedoch werden die Staatsangehörigen von EU-Mitgliedstaaten durch das allgemeine Diskriminierungsverbot nach Art. 12 EGV, anders als im Rahmen der Sportleistungsverträge, auf der

Ebene des deutschen Verfassungsrechts den Inländern gleichgestellt, was bei der Angemessenheitsprüfung nach § 242 BGB durch die mittelbare Wirkung der Grundrechte zu beachten ist. Demgegenüber sind die EGV-Grundfreiheiten sowohl in ihrer Eigenschaft als spezielle Diskriminierungsverbote als auch in ihrer Wirkung als Beschränkungsverbote nicht vermittelt über die zivilrechtliche Generalklausel des § 242 BGB als mittelbar anwendbare Gewährleistungen zu beachten, sondern wirken unmittelbar auf den Privatrechtsverkehr ein.

13. Die Anwendung des EGV auf die Verbandsregelwerke ist nicht durch das Subsidiaritätsprinzip nach Art. 5 EGV, den Grundsatz des Vertrauensschutzes und nach Art. 151 EGV ausgeschlossen. Demgegenüber sind durch den dogmatisch als „begrenzte Bereichsausnahme" im Rahmen der Anwendbarkeit des EGV und nicht als Rechtfertigungsgrund einer tatbestandlichen Verletzung der EGV-Grundfreiheiten einzuordnenden „Sportvorbehalt" die Frage des Ausschlusses ausländischer Sportler aus der Nationalmannschaft und der „Dutzend-Paragraph" nach § 7 Nr. 1 lit. c LiSpSt des DFB dem Anwendungsbereich des EGV entzogen.

14. Der persönliche Anwendungsbereich der EGV-Grundfreiheiten ist in Bezug auf die als selbständige Dienstleistende i. S. d. Art. 43, 49 EGV und die als Arbeitnehmer gemäß Art. 39 EGV zu qualifizierenden Fußball- und Eishockeyspieler lediglich dann nicht eröffnet, wenn der inländische Berufssportler innerhalb Deutschlands den Club wechselt oder an einem Wettkampf im Inland teilnimmt bzw. wenn der deutsche Sportler seinen Wohnsitz in einem anderen EU-Mitgliedstaat genommen hat und seine Sportleistung dauerhaft im Inland erbringt.

Dies gilt auch, wenn der inländische Profi oder der Berufssportler, der Staatsangehöriger eines EU-Mitgliedstaates ist, zu einem Verein im Nicht-EU-Ausland wechselt oder dort als Leichtathlet seine Sportleistung erbringen möchte. Die durch die Nichtanwendbarkeit der EGV-Grundfreiheiten auf diese Sachverhalte entstehende „umgekehrte Diskriminierung" ist nicht durch die Vorschriften des Vertrages verboten oder durch eine Modifizierung des Gemeinschaftsrechts zu beheben. Vielmehr ist das Problem der Inländerdiskriminierung auf der Ebene des nationalen Verfassungsrechts nach Art. 3 Abs. 1 GG i. v. m. der jeweiligen EGV-Freizügigkeitsregelung zu lösen.

15. Durch ausländerbeschränkende Klauseln in den Verbandsregelwerken wird in den Schutzbereich der unmittelbar anwendbaren und gegenüber den Sportverbänden mit Drittwirkung versehenen Grundfreiheiten in ihrer Eigenschaft als Diskriminierungsverbote eingegriffen, wohingegen Transferbestimmungen wie Transfer- bzw. Aus- und Fortbildungsentschädigungen oder Transferwechselzeiten die EGV-Grundfreiheiten in ihrer Wirkung als Beschränkungsverbote verletzen.

16. Nach gefestigter EuGH-Rechtsprechung sind freizügigkeitsbeschränkende Regelungen, soweit sie in die Grundfreiheiten in ihrer Eigenschaft als Beschränkungsverbote eingreifen, gerechtfertigt, wenn die Vorschriften keinerlei diskriminierenden Wirkung zeigen, dem Allgemeininteresse dienen und angesichts der Bedeutung der Grundfreiheiten angemessen sind. So stellen die Entschädigungsregelungen der §§ 27, 30 LiSpSt des DFB und die „verzögerten Transferfristen" im Gegensatz zu der Regelung des Art. 59 SpO des DEB und „willkürlichen" oder „gestaffelten Transferfristen" einen verhältnismäßigen Eingriff in die Grundfreiheiten zum Schutz des Allgemeininteresses an der Wahrung eines gewissen Gleichgewichts zwischen den Vereinen, der Chancengleichheit, der Ungewißheit der Ergebnisse und der Nachwuchsförderung dar.

17. Die auf europarechtlicher Ebene nach Art. 6 Abs. 2 EUV, Art. 11 EMRK und den gemeinsamen Verfassungsüberlieferungen der EU-Mitgliedstaaten grundrechtlich gewährleistete Vereinigungsfreiheit, die im Rahmen der externen Vereinsbetätigungsfreiheit vergleichbar mit Art. 9 Abs. 1 GG die vertragliche Bindung der Sportler an die Verbände umfaßt, ist geeignet, einen Eingriff in die EGV-Grundfreiheiten sowohl in ihrer Eigenschaft als Diskriminierungs- als auch als Beschränkungsverbote zu rechtfertigen. Etwas anderes ergibt sich nicht daraus, daß die EGV-Grundfreiheiten unmittelbar auf das Privatrechtsverhältnis zwischen Sportler und Verband

einwirken, wohingegen die europarechtlichen Grundrechte lediglich mittelbare Drittwirkung entfalten. Die Kollision dieser Gewährleistungen ist unter Beachtung des Verhältnismäßigkeitsgrundsatzes im Sinne praktischer Konkordanz zu lösen. Hierbei ergibt sich durch eine an der „Drei-Stufen-Theorie" orientierte Abwägung, daß die Regelungen der §§ 27, 30 LiSpSt des DFB, die „verzögerten Transferfristen" und der „Duzendparagraph" nach § 7 Nr. 1 lit. c LiSpSt des DFB im Gegensatz zu den Verbandsvorschriften des Art. 59 SpO des DEB, den „willkürlichen" oder den „gestaffelten Transferfristen" und den Beschränkungen des Einsatzes oder der Verpflichtung von ausländischen Sportlern durch die Vereinigungsfreiheit gerechtfertigt sind.

18. Der in den Grundfreiheiten enthaltene ordre-Public-Vorbehalt ist nicht geeignet, freizügigkeitsbeschränkende Regelungen der Verbände zu rechtfertigen.

19. Die untersuchten Verbandsbestimmungen greifen in den Schutzbereich der Art. 81, 82 EGV ein. Jedoch sind die Regelungen der §§ 27, 30 LiSpSt des DFB, die „verzögerten Transferfristen" und der „Dutzendparagraph" nach § 7 Nr. 1 lit. c LiSpSt des DFB im Gegensatz zu Art. 59 SpO des DEB, den „willkürlichen" oder „gestaffelten Transferfristen" und den Beschränkungen des Einsatzes oder der Verpflichtung ausländischer Sportler als wettbewerbsbeschränkende Vorschriften gerechtfertigt, weil sie der Förderung und Aufrechterhaltung des Wettbewerbs dienen. Zudem ergibt sich wie im Rahmen eines Eingriffs in die EGV-Grundfreiheiten eine Rechtfertigung dieser Bestimmungen durch das auf gemeinschaftsrechtlicher Ebene geschützte Grundrecht der Vereinigungsfreiheit. Dieses ist als mit der in Art. 3 lit. g EGV niedergelegten Zielsetzung der Gemeinschaft der Herstellung eines freien und unverfälschten Wettbewerbs gleichrangige Intention des Gemeinschaftsrechts geeignet, wettbewerbsbeschränkende Maßnahmen i. S. d. Art. 81, 82 EGV zu rechtfertigen. Zudem kommt bezüglich der Regelungen der §§ 7 Nr. 1 lit. c, 27, 30 LiSpSt des DFB und „verzögerter Transferwechselzeiten" eine Freistellung nach Art. 81 Abs. 3 EGV in Betracht.

20. Die im Zusammenhang mit dem EGV erzielten Ergebnisse gelten nach dem EWR-Abkommen auch für die Staatsangehörigen der EFTA-Staaten, ausgenommen Schweizer Staatsbürger, und nach Art. 182 ff. EGV für die Bewohner der außereuropäischen Gebiete der EU-Mitgliedstaaten, soweit der Niederlassungs- oder der Dienstleistungsfreiheit unterfallende Sachverhalte vorliegen. Dies gilt nicht für den Bereich der Arbeitnehmerfreizügigkeit, so daß sich Fußball- und Eishockeyspieler nicht auf Art. 39, 81, 82 EGV berufen können.

21. Die mit Drittstaaten geschlossenen Assoziierungsabkommen sind geeignet, als Prüfungsmaßstab für die in Ausübung der grundrechtlich geschützten Vereinigungsfreiheit geschaffenen Verbandsregelwerke zu dienen. Jedoch entfalten die in diesen völkerrechtlichen Verträgen enthaltenen Klauseln zur Arbeitnehmer-, Niederlassungs- und Dienstleistungsfreiheit nicht die Wirkung von Beschränkungsverboten, so daß die Abkommen keinen Schutz vor unterschiedslos geltenden verbandsrechtlichen Regelungen wie den Transferbestimmungen gewähren.

22. Darüber hinaus sehen lediglich die Europa-Abkommen mit den MOE im Bereich der Arbeitnehmer- und Niederlassungsfreiheit unmittelbar anwendbare und mit Drittwirkung versehene Regelungen vor, die ein Diskriminierungsverbot statuieren, wobei auf dem Gebiet der Arbeitnehmerfreizügigkeit die Einschränkung gilt, daß eine Gleichbehandlung nur hinsichtlich der Arbeitsbedingungen und nicht bezüglich einer zahlenmäßigen Beschränkung des Abschlusses von Sportleistungsverträgen erfolgt. Regelungen, die die Zahl der im Wettkampf einsetzbaren unter Vertrag stehenden ausländischen Spieler aus den MOE beschränken, sind dem Bereich der Arbeitsbedingungen zuzuordnen und somit zu beanstanden.

Zudem können sich nur die Staatsangehörigen der MOE, egal welche Grundfreiheit auf ihre sportliche Betätigung Anwendung findet, gegenüber den Sportverbänden auf die in den Europa-Abkommen mit den MOE enthaltenen Wettbewerbsvorschriften berufen und sind so den Staatsangehörigen der EU-Mitgliedstaaten in diesem Bereich gleichgestellt, weswegen auch Regelungen im Anwendungsbereich der Arbeitnehmerfreizügigkeit, die eine zahlenmäßige Beschränkung des Abschlusses von Sportleistungsverträgen vorsehen, mit den Kartellvorschriften der Europa-Abkommen nicht vereinbar wären. Verstöße gegen die in den Europa-Abkommen enthaltenen Klauseln zur Inländergleichbehandlung und zum Kartellrecht können jedoch durch das europarechtlich gewährleistete Grundrecht der Vereinigungsfreiheit gerechtfertigt werden.

II. Ausblick

Die höchstrichterliche Rechtsprechung der letzten Jahre in Verfahren, in denen das Recht der Vereinigungsfreiheit berührt wurde, läßt die Tendenz erkennen, daß es die Gerichte zunehmend versäumen, dieser Gewährleistung eine ihrer Tragweite und ihrem grundrechtlichen Gewicht entsprechende Berücksichtigung einzuräumen.

So ist die Rechtsprechung des BVerfG[1700] dahingehend zu interpretieren, daß Art. 9 Abs. 1 GG trotz seiner klaren Schrankenregelung, vergleichbar mit Art. 2 Abs. 1 GG, auch zum Schutz von Rechtsgütern, die nicht mit Verfassungsrang ausgestattet sind, einschränkbar ist. Diese Interpretation der Schrankensystematik des Art. 9 Abs. 1 GG muß unter Hinweis darauf, daß nach der Grundrechtsdogmatik und der herausragenden Bedeutung von verfassungsrechtlich geschützten Rechtspositionen die Einschränkung vorbehaltlos gewährleisteter Freiheitsrechte durch ihre verfassungsimmanenten Schranken nur zum Schutz von Rechtsgütern möglich ist, die ihrerseits mit Verfassungsrang versehen sind, kritisiert werden.

Stärker maßgeblich für das privatrechtliche Verhältnis zwischen Sportler und Verband ist jedoch, daß der BGH in den letzten Jahrzehnten die zivilgerichtliche Kontrolldichte im Hinblick auf die Überprüfung von Verbandsregelungen und -maßnahmen stetig erweitert[1701] und in seinen jüngsten Entscheidungen zur Ausbildungs- und Förderungsentschädigung im Fußball- und Eishockeybereich die grundrechtlich zugunsten der Verbände gewährte Vereinigungsfreiheit gar nicht mehr beachtet hat. Es soll vorliegend nicht eine Rückkehr zu der älteren zivilgerichtlichen Judikatur propagiert werden, die mit Rücksicht auf den verfassungsrechtlichen Schutz der Verbandsautonomie keine Angemessenheitsprüfung nach § 242 BGB vorgenommen, sondern das Handeln der Verbände lediglich dahingehend überprüft hat, ob es sich als willkürlich oder grob unbillig darstellte, und so die „Allmacht“ der Verbände unter Nichtberücksichtigung legitimer Interessen der Sportler gefördert hat. Vielmehr wäre es wünschenswert gewesen, wenn die Entwicklung der Rechtsprechung zur Gewährung effektiven Rechtsschutzes gegen Verbandsmaßnahmen in der durch das „Reiter“-Urteil des BGH vorgegebenen Praxis ihren Abschluß gefunden hätte. Nach dieser ist sämtliches Handeln der Verbände gegenüber dem Sportler im Rahmen einer inhaltlichen Angemessenheitsprüfung nach § 242 BGB gerichtlich überprüfbar, wobei neben sonstigen schützenswerten Belangen insbesondere grundrechtlich abgesicherte Interessen durch die mittelbare Wirkung der Grundrechte im Privatrechtsverkehr zu berücksichtigen sind. Diese Praxis eröffnet die Möglichkeit, eine unkontrollierte Machtausübung der monopolartig strukturierten Sportverbände im Interesse des Schutzes der beruflichen Interessen des Sportlers effektiv zu begrenzen und sämtliche Umstände des Einzelfalls sowie die berührten Individualinteressen beider Parteien und somit auch die zugunsten der Sportverbände gewährte Verbandsautonomie angemessen zu berücksichtigen.

Im Gegensatz zur Rechtsprechung des BGH, deren Entwicklung dadurch geprägt ist, daß die Bedeutung der Vereinigungsfreiheit stetig zurückgedrängt wurde, hat der EuGH in seinen die Rechtsbeziehung zwischen Sportler und Verband betreffenden Entscheidungen zu keiner Zeit

---

[1700] Vgl. oben, 3.Abschn., II.2.

[1701] Vgl. oben, 3.Abschn., II.2.a.

die auf europarechtlicher Ebene schon vor Inkrafttreten des Art. 6 Abs. 2 EUV im Rahmen des gemeinschaftsrechtlichen Grundrechtsschutzes gewährleistete Vereinigungsfreiheit in angemessener Weise berücksichtigt. Lediglich im Verfahren „Bosman" hat der Gerichtshof die „rechtliche Autonomie" der Verbände erwähnt, ohne sich jedoch nähere Gedanken über den Schutzbereich des Gemeinschaftsgrundrechts der Vereinigungsfreiheit oder dessen Kollision mit EGV-Grundfreiheiten zu machen. Dieses Versäumnis wird auch nicht dadurch „geheilt", daß der EuGH Belange der Allgemeinheit, zu denen im Einzelfall auch besonders schützenswerte Privatinteressen zählen können, im Rahmen der Rechtfertigung tatbestandlicher Eingriffe in die EGV-Grundfreiheiten berücksichtigt hat, da hierdurch nur eine Einschränkung der Grundfreiheiten in ihrer Eigenschaft als Beschränkungsverbote möglich ist und im Rahmen einer Güterabwägung keine Gewichtung dahingehend erfolgen kann, ob es sich um ein grundrechtlich ausgestaltetes Individual- oder lediglich um ein sonstiges Allgemeininteresse ohne Verfassungsrang handelt. Zudem ist ein wirkungsvoller Schutz der Vereinigungsfreiheit in all ihren Facetten (Gründungs- und Beitrittsfreiheit, Bestandsgarantie, Garantie der intern-freien Funktionsentfaltung und äußere Vereinsbetätigungsfreiheit) auf der Ebene des Gemeinschaftsrechts nur durch eine Berücksichtigung der Verbandsautonomie als grundrechtlich geschütztes Individualinteresse möglich. Darüber hinaus werden die Regelungen der Art. 81, 82 EGV eine zunehmende Bedeutung im Rahmen der Überprüfung von Verbandsregelwerken und -maßnahmen erhalten, da diese Bestimmungen des EGV durch die Möglichkeit der Rechtfertigung wettbewerbsbeschränkender Maßnahmen, falls diese der Förderung und Aufrechterhaltung des Wettbewerbs dienen, Raum zur flexiblen Berücksichtigung der verschiedensten Interessen der am Sportleben Beteiligten bieten, wenn diese zum Erhalt der Funktionsfähigkeit des Profisports nötig sind. Die Kartellvorschriften des EGV können jedoch anders als die EGV-Grundfreiheiten in ihrer Eigenschaft als Beschränkungsverbote nicht zugunsten von Allgemeininteressen eingeschränkt werden, wenn diese nicht zur Aufrechterhaltung des Wettbewerbs nötig sind, so daß aufgrund einer sämtliche „Politiken der Union" beachtenden Auslegung des Gemeinschaftsrechts nur die grundrechtlich gewährte Vereinigungsfreiheit geeignet ist, im Rahmen der Art. 81, 82 EGV eine angemessene Berücksichtigung der individuellen Belange der Verbände herbeizuführen.

Der EuGH sollte daher -auch im Interesse der Verwirklichung eines effektiven Grundrechtsschutzes auf der Ebene des Europarechts- in künftigen das Rechtsverhältnis zwischen Sportler und Verband betreffenden Verfahren die Vereinigungsfreiheit und ihr Gewicht in angemessener Form beachten und individuelle Interessen in erster Linie über die europarechtlich geschützten Grundrechte berücksichtigen, statt private Belange als Allgemeininteressen in eine Güterabwägung einzubeziehen. Letztendlich würde damit bei der Überprüfung von Handlungen der Sportverbände auch auf gemeinschaftsrechtlicher Ebene zu einer Praxis gefunden werden, durch die sämtliche und insbesondere die als Grundfreiheiten oder als Grundrechte geschützten Interessen der am Sportleben Beteiligten durch eine umfassende inhaltliche Angemessenheitsprüfung in Ausgleich gebracht werden.

Literaturverzeichnis

Arens, Wolfgang, „Der deutsche Bosman", SpuRt 1997, S. 126 ff.

- Der Fall Bosman – Bewertungen und Folgerungen aus der Sicht des nationalen Rechts, SpuRt 1996, S. 39 ff.

Arens, Wolfgang/Jaques, Chris, Rechtliche Überlegungen zu § 11 der Spielerverträge im Berufsfußball, SpuRt 1997, S. 41 ff.

Auneau, Gérard, Le mouvement sportif europeén à l' épreuve du droit communautaire, in: Revue trimestrielle de droit europeén 1996, S. 101 ff.

Badura, Peter, Staatsrecht, 2. Aufl., München 1996

Bauer, Hartmut, Zum Grundrechtsschutz für die berufliche Betätigung von Ausländern, NVwZ 1990, S. 1152 ff.

Baumann, Wolfgang, Die Vereinsstrafgewalt des Deutschen Fußball-Bundes über die Bundesligavereine, Lizenzspieler und Fußball-Lehrer (zit.: Die Vereinsstrafgewalt), Bonn 1971

Beuthien, Volker/Wehler, Thomas, Stellung und Schutz der freien Mitarbeiter im Arbeits-recht, RdA 1978, S. 1 ff.

Bleckmann, Albert, Die umgekehrte Diskriminierung (discrimination à rebours) im EWG-Vertrag, RIW 1985, S. 917 ff.

- Europarecht, 6. Aufl., Münster 1997

- Staatsrecht II - Die Grundrechte, 4. Aufl., Köln 1997

Boecken, Winfried, Der Übergang von Arbeitsverhältnissen bei Spaltung nach dem neuen Umwandlungsrecht, ZIP 1994, S. 1087 ff.

Börner, Lothar, Berufssportler als Arbeitnehmer, Darmstadt 1973

Brömmekamp, Birgit, Berechnung des Urlaubsentgelts im Profifußball – Einbeziehung der Jahresprämie, SpuRt 1997, S. 50 ff.

Buchberger, Markus, Das Verbandsstrafverfahren deutscher Sportverbände – zur Anwendbarkeit rechtsstaatlicher Verfahrensgrundsätze, SpuRt 1996, S. 122 ff.

Buchner, Herbert, Die Rechtsstellung der Lizenzspieler, NJW 1976, S. 2242 ff.

- Die Rechtsverhältnisse im deutschen Lizenzfußball, RdA 1982, S. 1 ff.

Buhmann, Horst, Der Sieg in Olympia und in den anderen panhellenischen Spielen (zit.: Der Sieg in Olympia), München 1972

Burmeister, Joachim, Sportverbandswesen und Verfassungsrecht, DÖV 1978, S. 1 ff.

Caninenberg, Peter, Die Sportveranstaltungsausfallversicherung, Frankfurt a. M. 1988

Däubler, Wolfgang, Das Arbeitsrecht im neuen Umwandlungsgesetz, RdA 1995, S. 136 ff.

Dauses, Manfred A., Handbuch des EG-Wirtschaftsrechts, Bd. I und II, München 1999, zit.: Bearbeiter in: Dauses

Delanny, Philippe, L'Affaire „Union Cycliste International", in: Cahiers de droit europeén 1976, S. 204 ff.

Der Sport-Brockhaus, Alles vom Sport von A bis Z, Mannheim 1989

Dieckmann, Albrecht, Zur Zuständigkeit der ordentlichen Gerichte bei Streitigkeiten zwischen Amateur-Fußballspielern und Verein, in: Das Recht des Fußballspielers, Stuttgart 1980, S. 24 ff.

Dieterich, Thomas/Hanau, Peter/Schaub, Günter, Erfurter Kommentar zum Arbeitsrecht, München 1998, zit.: Bearbeiter in: Erfurter Kommentar zum Arbeitsrecht

Dölle, Hans, Internationales Privatrecht, Karlsruhe 1968

Dolzer, Rudolf, Bonner Kommentar, Bd. II, 90. Ergänzungslieferung zur 1. Aufl., Heidelberg 1999, zit.: Bearbeiter in: Bonner Kommentar

Dreier, Horst, Grundgesetz-Kommentar, Bd. I, Tübingen 1996, zit.: Bearbeiter in: Dreier

Duden, Das Große Fremdwörterbuch, Leipzig, Wien, Zürich 1994

Dürig, Günter, Grundrechte und Zivilrechtsprechung, in: Festschrift zum 75. Geburtstag von Nawiaski, Hg. Theodor, Maunz, München 1956, S. 157 ff., zit.: Dürig, Festschrift für Nawiaski

Eilers, Götz, Tatsachenentscheidung oder Regelverstoß? Das Urteil des DFB-Sportgerichts zur Aufhebung der Wertung des Spiels zwischen dem FC Bayern München und dem 1. FC Nürnberg, SpuRt 1994, S. 79 ff.

Erman, Walter, BGB Handkommentar, 1. Band, 9. Aufl., Köln 1993, zit.: Bearbeiter in: Erman

Ernst, Rolf, Die Ausübung der Vereinsgewalt – Dargestellt an den Befugnissen des Deutschen Fußball-Bundes (zit.: Die Ausübung der Vereinsgewalt), Köln 1969

Feger, Dieter, Grundrechtliche Aspekte des Rechts der Europäischen Gemeinschaft auf dem Gebiet der abhängigen Arbeit, RdA 1987, S. 13 ff.

Fenn, Herbert, Erfassung der Sportler durch die Disziplinargewalt der Sportverbände, SpuRt 1997, S. 77 ff.

Ferid, Murad, Internationales Privatrecht – Das neue Recht – Ein Leitfaden für Praxis und Ausbildung (zit.: Internationales Privatrecht), Frankfurt a. M. 1986

Fezer, Karl-Heinz, Europäisierung des Wettbewerbsrechts, JZ 1994, S. 317 ff.

Fischer, Hans Georg, EG-Freizügigkeit und Sport – Zur EG-rechtlichen Zulässigkeit von Ausländerklauseln im bezahlten Sport, SpuRt 1994, S. 174 ff.

Fischer, Ulrich, Die Spitzensportler des Mannschaftssports – Arbeitnehmer ?, SpuRt 1997, S. 181 ff.

Flory, Marcus, Der Fall Bosman – Revolution im Fußball ? (zit.: Der Fall Bosman), Kassel 1997

Franzke, Rainer, Der Sport im Streit mit der EU – Luxemburger Urteil ist sportwidrig, DFB-Journal 1995, S. 42 ff.

Fritzsche, Jörg, „Notwendige" Wettbewerbsbeschränkungen im Spannungsfeld von Verbot und Freistellung nach Art. 85 EGV, ZHR 1996, S. 31 ff.

Fritzweiler, Jochen/Pfister, Bernhard/Summerer, Thomas, Praxishandbuch Sportrecht, München 1998, zit.: Bearbeiter in: Praxishandbuch Sportrecht

Frowein, Jochen/Peukert, Wolfgang, Europäische MenschenRechts Konvention, EMRK-Kommentar, 2. Aufl., Kehl, Straßburg, Arlington, 1996, zit.: Bearbeiter in: Frowein/ Peukert

Füllgraf, Lutz, Der Lizenzfußball – eine vertragliche Dreierbeziehung im Arbeitsrecht (zit.: Der Lizenzfußball), Berlin 1981

Geiger, Rudolf, EG-Vertrag, 2. Aufl., München 1995

Giannini, Massimo-Severo, Prime osservazioni sugli ordinamenti guiridici sportivi, RDS 1949, S. 10 ff.

Gierke, Otto von, Deutsches Privatrecht, Bd. I, Leipzig 1895

Gitter, Wolfgang/ Schwarz, Wolfgang, Sport und Sozialversicherung, RdA 1982, S. 37 ff.

Götz, Volkmar, Anmerkung zur EuGH-Entscheidung „Steen II", JZ 1994, S. 1061 f.

Grabitz, Eberhard/Hilf, Meinhard, Das Recht der Europäischen Union, Komm., Bd. I und II, 14. Ergänzungslieferung zur 1. Aufl., München 1999, zit.: Bearbeiter in. Grabitz/ Hilf

Gramlich, Ludwig, Grundfreiheiten contra Grundrechte im Gemeinschaftsrecht ? – Überlegungen aus Anlaß der EuGH-Entscheidung „Bosman", DÖV 1996, S. 801 ff.

Gramlich, Ludwig/Niese, Lars Holger, Zweierlei Maß für Ausländer im (Liga-) Sport – Inländer-Gleichbehandlung und Völker- und Europarecht, SpuRt 1998, S. 61 ff.

Groeben, Hans von/Thiesing, Jochen/Ehlermann, Claus-Dieter, Kommentar zum EU-/EG Vertrag, Bd. I und II, 5. Aufl., Baden-Baden, zit.: Bearbeiter in: Groeben/Thiesing/ Ehlermann

Grunsky, Wolfgang, Das Recht auf Privatleben als Begrenzung vertraglicher Neben-pflichten, JuS 1989, S. 593 ff.

- Rechtliche Probleme des Arbeitsverhältnisses eines Bundesligaspielers zu seinem Ver-ein (zit.: Rechtliche Probleme des Arbeitsverhältnisses), in: Das Recht des Fußball-spielers, Stuttgart 1980, S. 50 ff.

Gutmann, Rolf, Schach, Sport und Europäischer Gerichtshof, SpuRt 1997, S. 38 ff.

Haas, Ulrich/Adolphsen, Jens, Verbandsmaßnahmen gegenüber Sportlern, NJW 1995, S. 2146 ff.

Haas, Ulrich/Prokop, Clemens, Die Athletenvereinbarung – Der Athlet als stilles Mitglied des Verbandes, SpuRt 1996, S. 109 ff.

Hailbronner, Kay/Klein, Eckart/Magiera, Siegfried/Müller-Graff, Peter-Christian, Handkommentar zum Vertrag über die Europäische Union (EUV/EGV), Bd. I und II, Köln, Berlin, Bonn, München 1998, zit.: Bearbeiter in: Hailbronner/Klein/Magiera/Müller-Graff

Hartung, Wolfgang, Anmerkungen zum Urteil des LAG Düsseldorf, SpuRt 1994, S. 198 ff.

Hasselbach, Kai, Der Vorrang des Gemeinschaftsrechts vor dem nationalen Ver-fassungsrecht nach dem Vertrag von Amsterdam, JZ 1997, S. 942 ff.

Heidersdorf, Christian, Ausländerklauseln im Profisport, Frankfurt a. M., Berlin 1998

Herdegen, Matthias, Europarecht, 2. Aufl., München 1999

Hermes, Georg, Das Grundrecht auf Schutz von Leben und Gesundheit – Schutzpflicht und Schutzanspruch aus Art. 2 Abs. 2 Satz 1 GG (zit. Das Grundrecht auf Schutz von Leben und Gesundheit), Heidelberg 1987

Hilf, Meinhard, Die Freizügigkeit des Berufsfußballspielers innerhalb der Europäischen Gemeinschaft, NJW 1984, S. 517 ff.

Hilf, Meinhard/Pache, Eckhard, Das Bosman-Urteil des EuGH, NJW 1996, S. 1169 ff.

Hilger, Marie-Luise, Zum Arbeitnehmer-Begriff, RdA 1989, S. 1 ff.

Hilpert, Horst, Organisation und Tätigkeit von Verbandsgerichten, Bay. VBl. 1988, S. 198 ff.

- Sport und Arbeitsrecht, RdA 1997, S. 92 ff.

Hohl, Michael, Rechtliche Probleme bei der Nominierung von Leistungssportlern – ein rechtstatsächlicher und -dogmatischer Beitrag zur rechtlichen Behandlung der deutschen Sportverbände (zit.: Nominierung von Leistungssportlern), Bayreuth 1992

Hueck, Götz, Einige Gedanken zum Begriff des Arbeitnehmers, RdA 1969, S. 216 ff.

Immenga, Ulrich/Mestmäcker, Ernst-Joachim, EG-Wettbewerbsrecht, Komm., 2. Bd., München 1997, zit.: Bearbeiter in: Immenga/Mestmäcker, EG-Wettbewerbsrecht

Immenga, Ulrich/Mestmäcker, Ernst-Joachim, Kommentar zum Kartellgesetz, 2. Aufl., München 1992, zit.: Immenga/Mestmäcker, Kom. zum KartellG

Imping, Andreas, Die arbeitsrechtliche Stellung des Fußballspielers zwischen Verein und Verbänden (zit.: Die arbeitsrechtliche Stellung des Fußballspielers), Köln 1995

Ipsen, Hans Peter, Europäisches Gemeinschaftsrecht, Tübingen 1972

Ipsen, Knut/Menzel, Eberhard/Epping, Volker, Völkerrecht, 4. Aufl., München 1999, zit.: Bearbeiter in: Ipsen/Menzel/Epping

Isensee, Josef, Subsidiaritätsprinzip und Verfassungsrecht, Berlin, 1968

Isensee, Josef/Kirchhof, Paul, Handbuch des Staatsrechts, Bd. VI, Heidelberg 1995, zit.: Bearbeiter in Handbuch des Staatsrechts

Jachmann, Monika, Arbeitnehmereigenschaft von Mannschaftssportlern bei Werbetätigkeit-Lohnsteuer - Abzug, SpuRt 1996, S. 185 ff.

Jarass, Hans D./Pieroth, Bodo, Grundgesetz für die Bundesrepublik Deutschland, Komm., 5. Aufl., München 2000, zit.: Bearbeiter in: Jarass/Pieroth

Kahlenberg, Harald, Anmerkungen zum Urteil des LG Frankfurt a. M. -2/140392/93- vom 18.01.1994, SpuRt 1994, S. 129 f.

- Anmerkungen zum Urteil des LG Frankfurt a. M. vom 28.07.1997, SpuRt 1997, S. 171 ff.

Kania, Thomas, Betriebsräte in Lizenzfußballvereinen, SpuRt 1994, S. 121 ff.

Kaske Joachim, Das arbeitsrechtliche Direktionsrecht und die arbeitsrechtliche Treuepflicht im Berufssport (zit.: Berufssport), Bayreuth 1983

Kewenig, Wilhelm A., Niederlassungsfreiheit, Freiheit des Dienstleistungsverkehrs und Inländerdiskriminierung, JZ 1990, S. 20 ff.

Klatt, Helmut, Die arbeitsrechtliche Stellung des Berufsfußballspielers, Bielefeld 1976

Klein, Willi von/Roth, Hans-Oskar, Deutsches Sporthandbuch, Mainz, Wiesbaden 1973

Klose, Martin, Die Rolle des Sport bei der europäischen Einigung – zum Problem von Ausländerklauseln (zit. Die Rolle des Sports), Berlin 1989

Kreßel, Eckhard, Arbeitsrechtliche Aspekte des neuen Umwandlungsbereinigungsgesetzes, BB 1995, S. 925 ff.

Krogmann, Mario, Grundrechte im Sport, Berlin 1998

Langen, Eugen/Bunte, Hermann-Josef, Kommentar zum deutschen und europäischen Kartellrecht, 7. Aufl., Neuwied 1994, zit.: Bearbeiter in: Langen/Bunte

Larenz, Karl, Lehrbuch des Schuldrechts, Bd. I, 14. Aufl., München 1979

Lenz, Carl Otto, EG-Handbuch Recht im Binnenmarkt, 2. Aufl., Herne, Berlin 1994

Lieb, Manfred, Beschäftigung auf Produktionsdauer – selbständige oder unselbständige Tätigkeit, RdA 1977, S. 210 ff.

Lohbeck, Eckhardt, Die Vereinsordnungen, MDR 1972, S. 381 ff.

Lukes, Rudolf, Erstreckung der Vereinsgewalt auf Nichtmitglieder durch Rechtsgeschäft, in: Festschrift für Harry Westermann, Karlsruhe 1974, S. 325 ff., zit.: Lukes, Festschrift für Westermann

Malatos, Andreas, Berufsfußball im europäischen Rechtsvergleich (zit.: Berufsfußball), Kehl 1988

Mangoldt, Hermann von/Klein, Friedrich/Starck, Christian, Bonner Grundgesetz Kommentar,Bd. I, 4. Aufl., München 1999, zit.: Bearbeiter in: v. Mangoldt/Klein/Starck

Matricke, Hans-Ulrich, Ausländerklauseln und Spielertransfers aus europarechtlicher Sicht, in: Sport und Recht in Europa (Ausländerklauseln und Spielertransfers), Will, Michael (Hg.), Saarbrücken 1988, S. 53 ff.

Maunz, Theodor/Dürig, Günter, Grundgesetz, Komm., Bd. I, 36. Ergänzungslieferung zur 1. Aufl., München 1999, zit.: Bearbeiter in: Maunz/Dürig

Meyer-Cording, Ulrich, Betriebsstrafe und Vereinsstrafe im Rechtsstaat, NJW 1966, S. 225 ff.

- Die Arbeitsverträge der Berufsfußballspieler, RdA 1982, S. 13 ff.

- Die Vereinsstrafe, Tübingen 1957

Meyer-Vorfelder, Gerhard, Die Ausgestaltung des Arbeitsverhältnisses eines Bundesligaspielers zu seinem Verein, in: Das Recht des Fußballspielers, S. 40 ff.

Münch, Ingo von/Kunig, Philip, Grundgesetz-Kommentar, Bd. I, 4. Aufl., München 1992, zit.: Bearbeiter in: Münch/Kunig

Münchener Kommentar zum Bürgerlichen Gesetzbuch, Bd. I und VII, 3. Aufl., München 1997, zit.: Mü-Ko/Bearbeiter

Mutius, Albert von, Die Vereinigungsfreiheit gem. Art. 9 Abs. 1 GG, Jura 1984, S. 193 ff.

Nasse, Norbert, Der Sportler und (s)ein Manager, SpuRt 1996, S. 113 ff.

- Wirksamkeit des § 11 der Fußballprofiverträge hinsichtlich Art. 48 EGV, Art. 12 GG, und AGBG analog, SpuRt 1997, S. 45 ff.

Nicolaysen, Gert, Inländerdiskriminierung im Warenverkehr, EuR 1991, S. 95 ff.

Niese, Lars Holger, Sport im Wandel – eine systemvergleichende Untersuchung des Sports in Ost- und Westdeutschland (vor und nach der Wiedervereinigung) unter besonderer Berücksichtigung der Dachverbände (zit.: Sport im Wandel), Frankfurt a. M. 1997

Oppermann, Thomas, Europarecht, 2. Aufl., München 1999

Osthoff, Karl-Heinz, Rechts- und sittenwidrige Entscheidungsbeschränkungen für Berufssportler, insbesondere für Lizenzfußballspieler (zit.: Entscheidungsbeschränkungen für Berufssportler), Bochum 1983

Palandt, Otto, Bürgerliches Gesetzbuch, Komm., 59. Aufl., München 2000, zit.: Palandt/ Bearbeiter

Palme, Christoph, Das Bosman-Urteil des EuGH: Ein Schlag gegen die Sportautonomie?, JZ 1996, S. 238 ff.

Palme, Christoph/Hepp-Schwab, Hermann/Wilske, Stephani, Freizügigkeit im Profisport –EG-rechtliche Gewährleistungen und prozessuale Durchsetzbarkeit, JZ 1994, S. 343 ff..

Pauly, Walter, Strukturfragen des unionsrechtlichen Grundrechtsschutzes - Zur konstitutionellen Bedeutung von Art. F Abs. 2 EUV -, EuR 1998, S. 242 ff.

Pfeifer, Wolfgang/Braun, Wilhelm, Etymologisches Wörterbuch des Deutschen, 3. Aufl., München 1995

Pfister, Bernhard, Bindung an Verbandsrecht in der Verbandshierarchie, SpuRt 1996, S. 48 ff.

Pieroth, Bodo/Schlink, Bernhard, Grundrechte-Staatsrecht II, 15. Aufl., Heidelberg 2000

Poschenrieder, Franz-Joachim, Sport als Arbeit – Konsequenzen aus arbeitsrechtlicher Sicht unter Einbeziehung der Grundrechte (zit.: Sport als Arbeit), München 1978

Preis, Bernd, Der Lizenzspieler im Bundesligafußball – Rechtsprobleme eines atypischen beruflichen Abhängigkeitsverhältnisses (zit.: Der Lizenzspieler), Frankfurt a. M. 1973

Preis, Ulrich, Grundfragen der Vertragsgestaltung im Arbeitsrecht, Neuwied 1993

Raupach, Arndt, „Structure follows strategy". Grundfragen der Organisation des Zivil- und Steuerrechts im Sport, dargestellt am Thema „Profigesellschaften", SpuRt 1996, S. 2 ff.

Reichert, Bernhard, Handbuch des Verbands- und Vereinsrechts, 7. Aufl., Neuwied 1999

Reschke, Eike, Handbuch des Sportrechts, Neuwied 1992

- Sport als Arbeit – zur rechtlichen Stellung von Amateuren und Profis (zit.: Sport als Arbeit) , Heidelberg 1993

Reuter, Dieter, Das selbstgeschaffene Recht des internationalen Sports im Konflikt mit dem Geltungsanspruch des nationalen Rechts, DZWir 1996, S. 1 ff.

- Probleme der Transferentschädigung im Fußballsport, NJW 1983, S. 649 ff.

Richardi, Reinhard/Wlotzke, Otfried, Münchener Handbuch zum Arbeitsrecht, Bd. I und II, München 1992, zit.: Bearbeiter in: Münchener Handbuch zum Arbeitsrecht

Romano, Santi, L'ordinamento giuridico, Firenze, Paris 1975

Sachs, Michael, Grundgesetz, Komm., 2. Aufl., München 1999, zit.: Bearbeiter in: Sachs

- Grundrechtsschutz beruflicher Betätigung von Ausländern, JuS 1989, S. 225 ff.

Samstag, Peter, Grenzen der Verbandsgewalt des DFB bei Spielerwechseln in bezahlten Fußball (zit.: Grenzen der Verbandsgewalt), Aachen 1995

Schaub, Günter, Arbeitsrechts-Handbuch, Komm., 9. Aufl., München 2000

Schilling, Theodor, Gleichheitssatz und Inländerdiskriminierung, JZ 1994, S. 8 ff.

Schimke, Martin, Sportrecht, Frankfurt a. M. 1996

Schirmer, Uwe, Die Rechtsstellung des Vertragsamateurs im Bereich des DFB, insbe-sondere aus arbeits- und sozialversicherungsrechtlicher Sicht (zit.: Die Rechtsstellung des Vertragsamateurs), Bayreuth 1989

Schlosser, Peter, Vereins- und Verbandsgerichtsbarkeit, München 1972

Schneider, Markus H., Sport und Recht – Sportsponsoring von Hochleistungssportlern unter rechtshistorischen und verfassungsrechtlichen Gesichtspunkten (zit.: Sport und Recht), Frankfurt a. M. 1998

Scholz, Rupert/Aulehner, Josef, Die „2+3" Regel und die Transferbestimmungen des Fußballsports im Lichte des europäischen Gemeinschaftsrechts, SpuRt 1996, S. 44 ff.

Schroeder, Werner, Anmerkungen zum Bosman-Urteil des EuGH, JZ 1996, S. 254 ff.

- Sport und europäische Integration – die Diskriminierung von Sportlern in der Europäischen Gemeinschaft (zit.: Sport und europäische Integration), München 1989

Schwabe, Jürgen, Probleme der Grundrechtsdogmatik, Darmstadt 1977

Schweitzer, Michael, Die Freizügigkeit des Berufssportlers in der Europäischen Gemein-schaft, in: Einbindung des nationalen Sportrechts in internationale Bezüge (zit.: Freizügigkeit des Berufssportlers), Reuter, Dieter (Hg.), Heidelberg 1987, S. 71 ff.

Seiter, Hugo, Vertrags- und arbeitsrechtliche Probleme der Werbung durch Spitzensportler, RuS, Band 3, Heidelberg 1985, S. 41 ff.

Siebold, Michael/Wichert, Joachim, Das Widerspruchsrecht der Fußballspieler gemäß § 613 a BGB bei der Ausgliederung der Profi-Abteilungen auf Kapitalgesellschaften, SpuRt 1995, S. 93 ff.

Soergel, Hans, Bürgerliches Gesetzbuch, Komm., Bd. I, 12. Aufl., Stuttgart 1991, zit.: Bearbeiter in: Soergel

Staatslexikon, Bd. V, Freiburg 1970

Staudinger, J., Kommentar zum Bürgerlichen Gesetzbuch mit Einführungsgesetz und Nebengesetzen, zweites Buch, Berlin 1996, zit.: Bearbeiter in: Staudinger

Stein, Ekkehart, Staatsrecht, 16. Aufl, Tübingen 1998

Steiner, Udo, Staat, Sport und Verfassung, DÖV 1983, S. 173 ff.

- Verfassungsfragen des Sports, NJW 1991, S. 2729 ff.

- Verfassungsrechtliche Aspekte des Kinderhochleistungssports, in: Kinderhochleistungssport, RuS, Bd. I, Heidelberg 1984, S. 41 ff.

Stern, Klaus, Das Staatsrecht der Bundesrepublik Deutschland (zit.: Staatsrecht), Bd. III/1, München 1988

Streinz, Rudolf, Die Auswirkungen des EG-Rechts auf den Sport, SpuRt 1998, S. 1 ff.

Summerer, Thomas, Internationales Sportrecht vor dem staatlichen Richter in der Bundesrepublik Deutschland, Schweiz, USA und England (zit.: Internationales Sportrecht), München 1990

Ulmer, Peter/Brandner, Erich/Hensen, Horst-Dieter, AGB-Gesetz – Kommentar zum Ge-setz zur Regelung des Rechts der Allgemeinen Geschäftsbedingungen, 8. Aufl., Köln 1997, zit.: Bearbeiter in: Ulmer/Brandner/Hensen

van Look, Frank, Vereinsstrafen als Vertragsstrafen – ein Beitrag zum inneren Vereinsrecht (zit.: Vereinsstrafen als Vertragsstrafen), Berlin 1990

Verdross, Alfred/ Simma, Bruno, Völkerrecht, 3. Aufl., Berlin 1984

Vetter, Eberhard, Akzessorische Anknüpfung von Subunternehmerverträgen bei internationalen Bau- und Industrieanlagen – Projekten, NJW 1987, S. 2124 ff.

Vieweg, Klaus, Die gerichtliche Nachprüfung von Vereinsstrafen- und Entscheidungen, JZ 1984, S. 167 ff.

- Disziplinargewalt und Inhaltskontrolle – Zum „Reiter – Urteil" des Bundes-gerichtshofes, SpuRt 1995, S. 97 ff.

- Doping, Realität und Recht, Berlin 1998

- Doping und Verbandsrecht – Zum Beschluß des DLV-Rechtsausschusses im Fall Breuer, Krabbe, Möller, NJW 1992, S. 2539 ff.

- Normsetzung und –anwendung deutscher und internationaler Verbände – eine rechtstatsächliche und rechtliche Untersuchung unter besonderer Berücksichtigung der Sportverbände (zit.: Normsetzung und –anwendung), Berlin 1990

- Zur Einführung: Sport und Recht, JuS 1983, S. 825 ff.

Vollkommer, Max, Zum Lizenzerteilungsstreit im Bundesligafußball, NJW 1983, S. 726 ff.

Wassermann, Rudolf, Kommentar zum Grundgesetz für die Bundesrepublik Deutschland, Bd. I, Darmstadt 1984, zit.: Bearbeiter in: AK-GG

Weber, Claus, Die Freizügigkeit für Arbeitnehmer in der EG nach der Entscheidung „Bos-man", RdA 1996, S. 106 ff.

Weiß, Wolfgang, Transfersysteme und Ausländerklauseln unter dem Licht des EG-Kartellrechts, SpuRt 1998, S. 97 ff.

Werner, Fritz, Sport und Recht, in: Recht und Staat, Heft 366, Tübingen 1968

Westermann, Harm Peter, Das Recht des Leistungssports – Ein Sonderprivatrecht, in: Festschrift für Fritz Rittner, München 1991, S. 771 ff., zit.: Westermann, Festschrift für Rittner

- Die Verbandsstrafgewalt und das allgemeine Recht – zugleich ein Beitrag zur juris-tischen Bewältigung des „Bundesliga-Skandals" (zit.: Die Verbandsstrafgewalt), Bielefeld 1972

- Erste praktische Folgen des „Bosman"-Urteils für die Organisation des Berufsfußballs, DZWir 1996, S. 82 ff.

Wiedemann, Gerhard, Kommentar zu den Gruppenfreistellungsverordnungen des EWG-Kartellrechts (zit.: Gruppenfreistellungsverordnungen), Köln 1998

Wiedemann, Herbert, Das Arbeitsverhältnis als Austausch- und Gemeinschaftsverhältnis (zit.: Das Arbeitsverhältnis) , Karlsruhe 1966

Will, Michael R./Autexier, Christian, Sportrecht in Europa, Heidelberg 1993

Wlotzke, Otfried, Arbeitsrechtliche Aspekte des neuen Umwandlungsrechts, DB 1995, S. 40 ff.

Wolf, Manfred/Horn, Norbert/Lindacher, Walter F., AGB-Gesetz: Gesetz zur Regelung des Rechts der Allgemeinen Geschäftsbedingungen, 4. Aufl., München 1999, zit.: Bear-beiter in: Wolf/Horn/Lindacher

Zöllner, Wolfgang/Loritz, Karl-Georg, Arbeitsrecht, Komm., 5. Aufl., München 1998, zit.: Bearbeiter in: Zöller/Loritz

Zulegg, Manfred, Der Sport im europäischen Gemeinschaftsrecht, in: Sportrecht in Europa, Will, Michael (Hg.), Heidelberg1993, S. 1 ff.

Peter Lang · Europäischer Verlag der Wissenschaften

Rainer T. Cherkeh

Betrug (§ 263 StGB), verübt durch Doping im Sport

Frankfurt/M., Berlin, Bern, Bruxelles, New York, Oxford, Wien, 2000. 270 S.
Schriften zum Strafrecht und Strafprozeßrecht.
Herausgegeben von Manfred Maiwald. Band 48
ISBN 3-631-35401-0 · br. DM 84.–*

Das Problem des Dopings im Sport zählt gegenwärtig zu den brisantesten sportpolitischen Themen. Im Mittelpunkt der Diskussion um eine strafrechtliche Aufarbeitung dieser Materie stand stets der Aspekt des Gesundheitsschutzes. Inwieweit auch der strafrechtliche Vermögensschutz berührt ist, wurde bislang kaum behandelt. Dies verwundert, ist doch die Kommerzialisierung und Professionalisierung im Sport keine neue Erscheinung, sondern eine Entwicklung, die mit der Dopingproblematik einhergeht. Es sind deshalb die wirtschaftlichen Gesichtspunkte des Dopings, die den Kern der Abhandlung bilden: Der Autor untersucht betrugsrelevante Verhaltensweisen des gedopten Sportlers, wobei er vor allem hinsichtlich der Betrugskonstellationen zum Nachteil des Sponsors Neuland betritt. Die Arbeit schließt mit der Erörterung eines gesetzgeberischen Handlungsbedarfs zum strafrechtlichen Schutz des Sportethos.

Aus dem Inhalt: Sportrechtliche Hintergründe · Leistungsstörungen beim Sponsoringvertrag durch Doping · Betrugskonstellationen zum Nachteil des Mitkonkurrenten, Veranstalters, Preisspenders, Zuschauers und Sponsors · Gesetzgeberischer Handlungsbedarf zum Schutz des Sportethos

Frankfurt/M · Berlin · Bern · Bruxelles · New York · Oxford · Wien
Auslieferung: Verlag Peter Lang AG
Jupiterstr. 15, CH-3000 Bern 15
Telefax (004131) 9402131
*inklusive Mehrwertsteuer
Preisänderungen vorbehalten

Kolibri 360 GmbH
Ferdinand-Jühlke-Straße 7
99095 Erfurt, Deutschland
produktsicherheit@kolibri360.de

Druck:
CPI Druckdienstleistungen GmbH
im Auftrag der
Kolibri 360 GmbH
Ferdinand-Jühlke-Str. 7
99095 Erfurt